人 口 · 经 济 · 社 会

# 全球家庭计划革命

## 人口政策和项目30年

The Global Family Planning
Revolution: Three Decades of
Population Policies and Programs

〔美〕沃伦·C.罗宾逊　约翰·A.罗斯/主编

彭伟斌　吴艳文 等/译
吴艳文　刘玉博　陈晓慧 等/校

社会科学文献出版社
SOCIAL SCIENCES ACADEMIC PRESS (CHINA)

本书获教育部人文社会科学青年项目（11YJC 840040）及杭州师范大学人文社会科学振兴计划"应用经济学平台建设与特色培育"项目资助

# 主编和作者简介

**主　编**

〔美〕沃伦·C. 罗宾逊（Warren C. Robinson），博士，有 40 多年经济、人口项目和研究方面的经验。孟加拉国、巴基斯坦和泰国政府的长期顾问，并且还在世界其他 30 多个国家做过短期项目。1986 ~ 1989 年，任美国驻印度大使馆高级政策顾问，1993 ~ 1995 年，任美国驻埃及大使馆高级政策顾问。在埃及工作期间，主要负责 1994 年 9 月在开罗召开的国际人口和发展会议的筹备工作。他是宾州州立大学人口研究中心创始人，独著及和别人合著了 5 本书，并发表了 100 多篇学术论文。

〔美〕约翰·A. 罗斯（John A. Ross），博士，有几十年家庭计划和生育率领域的应用研究、评估和项目设计方面的经验。出版了 20 多本书并发表了 100 多篇关于实验设计、评价、成本及支出问题、项目的统计系统指南、项目计划、未满足的需求及出生间隔模型等人口学方面的文章。他还特别关注通过批判性回顾及一系列国际人口统计学和项目数据的统计简编来积累更多的适用知识。曾把自己的研究和写作兴趣融入印度尼西亚、韩国和土耳其的生活，并与这些国家的行动项目及人口机构有着密切的合作关系。

**作　者**

**张伦·埃金（Ayse Akin）**，医学博士，妇产科医生，哈西德佩大学医学院公共卫生系教授，哈西德佩大学妇女问题研究和执行中心主任。担任哈西德佩大学－世界卫生组织生殖健康合作中心项目协调人。和世界卫生组织合作的关于生育限制的研究成果用于 1983 年颁布的土耳其第二个《人口计划法》的筹备过程中。曾在卫生部下属的家庭计划和妇幼卫生部门担任了 5 年领导。除担任教师外，还为国内外提供生殖健康领域的咨询。

**简·伯特兰（Jane Bertrand）**，博士，工商管理硕士，约翰霍普金斯大学布隆伯格公共卫生学院健康、行为和社会学系教授，学院交流中心主任。1976 ~ 1985 年，担任危地马拉的 APROFAM① 技术顾问，1995 ~ 2001 年，在中非地区从事 HIV/AIDS 项目评估工作。

**乔治·F. 布朗（George F. Brown）**，博士，公共卫生硕士，休利特基金会国际健康顾问。曾在洛克菲勒基金、人口理事会和国际发展研究中心任高级官员。1964 ~ 1966 年，任人口理事会在突尼斯家庭计划项目的第一任顾问，随后前往摩洛哥，1967 ~ 1969 年，任摩洛哥家庭计划项目第一任顾问。

**约翰·C. 考德威尔（John C. Caldwell）**，博士，澳大利亚国立大学人口学退休教授，1962 ~ 1964 年，任加纳大学社会学副教授和人口学高级研究员。1965 ~ 1999 年，仍常到加纳进行访问，曾在非洲旅行、研究和居住了很多年。

**法特马（Fatma H. El－Zanaty）**，博士，开罗大学经济学和政治科学教师，调查和统计应用中心主任，统计系教授。任 El－Zanaty 联合公司主席，直接参与了 1992 年以来的埃及人口健康调查。任联合国人口基金、美国国际开发署、世界银行及其他机构在埃及的大量人口计划项目研究的顾问。

---

① APROFAM，Asociacion Pro Bienestar de la Familia 的缩写，指家庭福利协会。

**范莹孙（Susan Fan）**，内外全科医学士，公共管理硕士，香港家庭计划学会执行主席。香港大学医学院研究生毕业，英国皇家妇产科学会成员。曾任香港医院管理局专业服务高级行政主管，现在仍为许多公共咨询组织和关于健康、HIV/AIDS 及性方面的非政府组织提供服务。香港大学临床荣誉副教授。2000 年被授予香港十大杰出青年。

**奥斯卡·哈卡维（Oscar Harkavy）**，博士，多年来一直指导福特基金人口和家庭计划方面的工作，1959 年以来曾无数次访问印度。曾担任人口资源中心主席，现仍是中心董事会成员。

**唐纳德·F. 黑赛尔（Donald F. Heisel）**，博士，1965～1968 年，从内罗毕大学研究机构借调到人口理事会，成为人口理事会非正式会员，1977 年前一直和人口理事会有合作关系，随后担任联合国人口司司长助理。目前任纽约市移民研究中心高级顾问。

**亚历杭德罗·N. 赫林（Alejandro N. Herrin）**，博士，菲律宾发展研究所访问研究员。1972～1978 年，任职于泽维尔大学卡加延德奥罗市棉兰老岛文化研究所，1978～2004 年，任职于菲律宾大学经济学院。从事人口测量、人口与发展问题的教学和研究工作，并与菲律宾经济发展局和人口理事会有着密切合作关系。

**特伦斯·H. 赫尔（Terence H. Hull）**，博士，1971 年以来一直从事印度尼西亚家庭计划项目的社会和政治方面的工作，主要进行"关于印度尼西亚人采取避孕措施的动机以及社区的服务需求的完成情况"的研究。曾与瓦莱丽·赫尔博士（Valerie Hull）在印度尼西亚政府系统内撰写了一些有关家庭计划作用方面的政治解释文章，曾建议印度尼西亚政府改善服务质量。与印度尼西亚同事共同研究人口、堕胎及生育权的相关法律。

**金泽日（Taek Il Kim）**，医学博士，在韩国家庭计划项目的设计和实施中扮演着重要角色，担任健康和社会事务部门妇婴健康机构负责人，曾担任卫生局局长。韩国国家家庭计划中心创始人，并担任负责人；家庭计划中心在韩国家庭计划的研究、评估和培训方面扮演着重要角色。曾在世界银行人口规划部门任职 7 年，参与了世界银行在亚洲地区的主要项目。后来担任韩国翰林大学首任校长。

**提姆西·金（Timothy King）**，博士，1969 年 8 月，开始在世界银行人口研究部门工作，1973～1982 年，任人口研究部门领导。曾任牙买加第一个人口项目评估组成员。

**吉列尔莫·洛佩斯·埃斯科瓦尔（Guillermo Lopez – Escobar）**，医学博士，理学硕士，美国外科医生学院会员，F. A. C. O. G.①，哥伦比亚波哥大区域人口中心主席。1969～1973 年，任哥伦比亚医学院协会人口研究部门（ASCOFAME）领导。曾任哥伦比亚国立大学和南佛罗里达大学妇产科教授。哥伦比亚国家社会科学院荣誉会员。

**安东尼·R. 米沙姆（Anthony R. Measham）**，医学博士，任世界银行、美国国家卫生研究院 Fogarty 国际中心、人口咨询局顾问。1970～1972 年，任哥伦比亚医学院协会人口委员会医学顾问。1972～1975 年，任人口理事会拉丁美洲地区办事处常驻代表，负责人口理事会在玻利维亚、哥伦比亚、厄瓜多尔和秘鲁的活动。

**卡罗琳·J. 敏（Caroline J. Min）**，公共卫生硕士，哥伦比亚大学梅尔曼公共卫生学院研究助理。

**理查德·穆尔（Richard Moore）**，博士，曾担任约翰·斯诺有限公司副总裁，现已退休，曾在联合国人口基金、福特基金和人口理事会工作，从事世界各地发展中国家的相关事务 40 多年。1971～1973 年，担任伊朗卫生部研究员，并担任国家家庭计划和母婴健康计划领导特别助理。

**艾伦·G. 罗森菲尔德（Allan G. Rosenfield）**，医学博士，哥伦比亚大学梅尔曼公共卫生学院院长、妇产科教授、公共卫生德勒马教授。曾担任人口理事会驻泰国代表，1967～1973 年，任泰国卫生部顾问。随后 10 年，和

---

① F. A. C. O. G. ，Fellow of the American College of Obstetricians and Gynecologists 的缩写，指美国妇产科医师学会会员。

泰国保持着密切联系。

**克利须那·罗伊（Krishna Roy）**，博士，曾任教于阿拉哈巴德大学和印度理工学院，在印度计划委员会任职期间，还担任人口和健康委员瓦腊纳西·劳（V. K. R. V. Rao）①的主要助理。1968～1976年，被联合国选派驻拉丁美洲，随后任教于哥伦比亚大学公共卫生学院。1979年回到联合国就任人口特别技术顾问和跨区顾问。1995年开始为10个拉丁美洲国家提供妇女生育权和生殖健康方面的技术援助，并在华盛顿特区帮助移民社区从事组织工作。

**弗雷德·赛（Fred Sai）**，医学学士，理学学士，英国皇家内科医师学会会员，公共卫生硕士，任加纳生殖健康和HIV/AIDS领域总统顾问。加纳家庭计划协会的发起者，担任国际计划生育联合会副秘书长和主席、世界银行高级人口顾问，还担任加纳大学医学院预防和社会医学教授、加纳国家卫生部部长。担任1984年在墨西哥召开的国际人口会议和1994年在开罗召开的人口与发展国际会议（ICPD）通过的《行动纲领》委员会主席。

**埃尔南·萨纽埃菲（Hernán Sanhueza）**，博士，理学硕士，对智利家庭计划的三个阶段做出了贡献。20世纪60年代初，曾是提供家庭计划服务的妇产科医生。后来担任智利家庭计划的评估者，并与拉丁美洲人口中心（CELADE）合作评估智利家庭计划项目的效果。后来担任国际计划生育联合会西半球区域主任，并为计划生育联合会的项目寻求国际投资和捐赠。

**罗伯特·桑蒂索·加尔维斯（Roberto Santiso-Gálvez）**，医学博士，在巴西、危地马拉和乌拉圭接受过培训的妇产科医生。危地马拉私人家庭计划协会（APROFAM）的创始人之一，并在1965年任APROFAM第一任主席，1966～1975年任项目协调人，1976～1996年任执行主任，并在危地马拉社会保障研究所（IGSS）设立了家庭计划服务。

---

① V. K. R. V. Rao（Vijayendra Kasturi Ranga Varadaraja Rao 的缩写），1908～1991，杰出的印度经济学家，政治家，教授和教育家。

斯蒂芬·W. 辛丁（Steven W. Sinding），博士，国际计划生育联合会前总干事。共在美国国际开发署、世界银行、洛克菲勒基金会、哥伦比亚大学和国际计划生育联合会工作了35年。并在巴基斯坦、菲律宾和肯尼亚等发展中国家生活和工作了10年。

郑鼎平（Nai Peng Tey），马来亚大学经济与管理学院应用统计系副教授。1992年任教于马来亚大学前，曾担任国家人口和家庭发展局（NPFDB）人口研究中心主任18年。目前仍在这个局工作。

贾亚恩蒂·M. 图兰德（Jayanti M. Tuladhar），博士，1969～1990年，与尼泊尔卫生部国家家庭计划项目保持联系，1992～1999年，任人口理事会驻印度尼西亚和印度项目合作者，目前任联合国人口基金（UNFPA）驻曼谷的生殖健康和家庭计划管理信息系统的国家技术服务队伍（CST）顾问。

尼克拉斯·H. 赖特（Nicholas H. Wright），医学博士，公共卫生硕士，流行病学家，威廉姆斯学院兼职教授，现已退休。曾帮助开发并评估了亚特兰大市的格拉迪纪念医院和乔治亚州卫生部的家庭计划服务，并在1963～1966年与疾病控制与预防中心（CDC）建立了联系，1967～1970年任人口理事会驻斯里兰卡代表，1973～1976年任驻泰国代表。他为国际卫生与卫生专业的本科学生开发了一门领导力课程。

邑梅腾（MuiTeng Yap），博士，新加坡政策研究所公共政策智囊机构资深研究员。1975～1979年，任新加坡家庭计划和人口局研究和评价机构统计学家，随后进入夏威夷大学学习；1987～1989年，曾在新加坡卫生部人口规划部门工作，随后到政策研究所工作。

# 译者简介

  **彭伟斌** 男，1973 年生，湖南岳阳人。上海社会科学院经济所人口、资源与环境经济学博士生，杭州师范大学性别发展与健康促进研究中心常务副主任、人口研究所副所长、经济与管理学院副教授，硕士生导师。主要从事人口政策学、人口城镇化等领域的研究与教学工作。

  **吴艳文** 女，1977 年生，陕西蒲城人。经济学博士，复旦大学社会学博士后流动站博士后，研究方向为人口政策和区域发展。

  **王美凤** 上海社会科学院经济研究所。

  **王　宏** 上海人口和计划生育宣传教育中心。

  **严予若** 西南财经大学。

  **张启新** 上海社会科学院经济研究所。

  **袁瑞娟** 浙江理工大学经管学院。

  **张莹莹** 浙江海洋学院经管学院。

  **王永华** 复旦大学中国保险与社会安全研究中心。

  **刘玉博** 上海社会科学院经济研究所。

  **孙　婷** 上海社会科学院经济研究所。

  **陈晓慧** 杭州师范大学人口研究所。

  **谢　珺** 上海社会科学院经济研究所。

# 译本　序　（一）

　　值此中国政府决定启动实施"一方是独生子女的夫妇可生育两个孩子"的政策之际，《全球家庭计划革命：人口政策和项目 30 年》一书的中译本（以下简称《家庭计划》）问世了。这是一件非常值得庆贺的事。

　　我国自 20 世纪 60 年代开始实行计划生育政策，迄今已经半个多世纪了。我国计划生育政策的渊源可以追溯到全球家庭计划运动，联合国人口基金为我国政府实施计划生育政策提供了有力的帮助和支持，包括人员培训和活动经费的支持。像国内人口领域的一些其他学者一样，我本人就是受该基金的资助公派出国进修并进而攻读博士学位后归国的。但是，我国公众对于家庭计划作为一项国际性运动的发展和演变知之甚少。《家庭计划》为全球家庭计划运动的主要特征和成就、相关的辩论和未来发展做了概述和展望，并提供了全球 6 个地区共 22 个国家家庭计划发展的案例，为我国读者了解全球家庭计划奉献了一本重要的参考书。

　　从本书中我们可以看到，家庭计划起源于两股独立的思想和行动潮流，即着眼于关注妇女权利尤其是避免意外怀孕的权利的生育控制运动，以及关注人口数量和自然资源（包括食物供给）之间的不平衡增长的新马尔萨斯主义思潮。前者更关注个人福利，而后者则更多地关注全社会福利。实际上，家庭计划运动自始至终存在着不同观点的辩论，尽管这些分歧没有妨碍它形成全球性的运动。争论的一个重要问题是家庭计划和经济社会发展对于降低生育率的作用问题。

1974年布加勒斯特世界人口会议肯定了家庭计划与发展之间的互补关系。20世纪60年代中期到90年代中期，包括中国在内的发展中国家的平均生育率从每个育龄妇女生育6个孩子下降到3个左右，同一时期妇女中避孕药具使用率从不到10%增加到60%。有研究认为现代生育率下降的一半可归功于家庭计划的实施。1994年在开罗举行的国际人口大会标志着全球家庭计划运动向强调满足妇女整体生殖健康需求的家庭计划和旨在增强妇女权利的社会经济政策措施的转折。宏观层面上全球人口增长速度的下降和人口问题紧迫性的削弱，以及微观层面上对生殖健康和权利的关注共同推动了这一重要转折。

我国生育政策的演变，经历了1949~1962年的生育政策讨论和酝酿阶段，1963~1979年以"晚、稀、少"（晚婚晚育、拉大生育间隔和减少生育数量）为主要特点的积极的计划生育政策，以及1980年以后的更加严格的生育控制政策，即一孩政策及此后城镇地区"一孩"和农村地区"一孩半"的政策。与世界上绝大多数国家采取自愿的家庭计划政策相比，我国计划生育政策的一个突出特点，是政府对家庭生育行为的强有力干预。2013年以决定放开"单独二孩"政策为标志，我国计划生育政策进入一个新阶段。

推动我国计划生育政策调整的一个重要因素，是我国实施计划生育政策以来的半个世纪中人口增长趋势的重大变化。我国妇女的总和生育率从1970年大约每个妇女生育5~6个孩子下降到目前生育不到1.5个孩子。同期我国人口增长率已经从2.6%下降到目前不足0.5%。与此同时我国人口正在快速老龄化。2012年我国65岁及以上老年人口占总人口的比例已经上升为9.4%。2012年我国15~59岁劳动年龄人口总量首次出现下降，这将是一个长期下降趋势的开端。我国人口总量将在2020年左右达到约14亿的峰值后开始负增长。

十八届三中全会通过的《中共中央关于全面深化改革若干重大问题的决定》（以下简称《决定》）强调让市场在资源配置中起决定性作用，并提出放开"单独二孩"政策，逐步调整完善生育政策。我个人认为，强调让市场在资源配置中起决定性作用，对计划生育政策的重要含义就是让夫妇在家庭资源配置的决策中，包括生育子女数量的决策中发挥决定性作用，或者说，从行政强制的"计划生育"向基于自愿的"家庭计划"回归。今后政府影响夫妇的生育决策将更多地通过公共服务和财税政策来鼓励他们少生（或多生）子女，而不是直接采取强制性的行政干预。从这个意义上说，我国计划生育的变动趋势将与国际上家庭计划运动的变动趋势相一致，即从着眼于降低人口增长率的目标转向更好地满足妇女生殖健康需求和旨在增强妇女权利的社会经济政策措施。相应地，计划生育政策将最终演变为妇婴健康或初级卫生保健系统的一部分。

从计划生育变动的趋势来看，目前我国放开"单独二孩"的生育政策只是生育政策调整的第一步。我个人估计，下一步的调整（很可能在 2015 年左右启动）是允许全体夫妇生育两个孩子，在 2020 年前后将进一步取消对生育子女数量的行政限制。估计在 2025 年以前，我国将像韩国、日本、新加坡等国家以及我国港澳台地区一样，从采取节制生育政策转向鼓励生育政策。

希望本书的出版，将有助于人们更好地理解国际家庭计划运动演变的脉络，以及更好地把握我国计划生育政策变动的过去和未来发展趋势。

左学金

中国人口学会原副会长

上海社会科学院研究员、原常务副院长

上海市政府参事

2013 年 12 月 31 日于上海

# 译本　序　（二）

当家庭计划（Family Planning）于1952年在印度首次被提出时，全世界的总和生育率在5左右，避孕在发展中国家代价昂贵，几乎没有面向大众的服务。目前全球总和生育率已经减半，80个国家/地区的总和生育率在更替水平之下，全球平均避孕现用率达到63%。大部分发展中国家/地区生育率的下降与20世纪60年代悄然兴起的家庭计划项目密不可分。本书通过对22个发展中国家/地区的家庭计划项目发展及经验、教训的分析，展示了半个多世纪以来丰富多彩的全球家庭计划发展历程。

本书各章作者大多是资深学者或家庭计划项目的多年实践者，他们不仅介绍了项目发展过程，而且对项目开展的背景有所交代，并对项目的成功经验以及教训进行了反思和总结。虽然各国家庭计划项目的发展历程并非一帆风顺，有时还相当曲折，但大多具有本书最后一章所总结的共性特点，即发展中国家的避孕现用率和生育率下降在很大程度上是政策和项目干预的结果。这显然与中国的计划生育成功极其相似，换句话说，中国固然有其自身的特色，但也具有和很多发展中国家相同的特点。

感谢译者们的辛勤工作，使更多中国读者能够了解这半个多世纪家庭计划发展的重要历史。记得当年我在网上看到此书，浏览之余，感到非常遗憾的是中国这个人口大国的经验竟然不在此列。中国 20 世纪 70 年代从"文革"的震荡中醒来后，成功地推广计划生育服务，倡导"晚稀少"，在不到 10 年的时间取得了巨大成就：避孕方法在 20 世纪 70 年代快速普及，此前只有少数城市提供有限的避孕服务，到 1982 年避孕现用率已上升到 69.5%；同期的总和生育率从接近 6 下降到 2.6。中国在经济欠发达、医疗卫生系统尚不健全的情况下普及计划生育服务，基本满足了群众的避孕需求。但由于此后推行的强制性生育政策难以得到国际社会的认可，普及避孕服务的成功做法并未得到国际社会应有的重视和评价。而中国在总结经验时往往缺乏系统全面的分析视角，在分析计划生育作用时未重视不同时期各种社会经济发展因素的贡献，且在评价成就时强调其控制人口数量的作用（如"少生四亿人"的说法），显得过于简单化且片面。作为一个占世界人口近四分之一的人口大国，中国经验的缺席不能不令人感到遗憾。

作为研究人口的学者，我在阅读本书后还感到似乎缺少了一部分重要内容。可能囿于本书的目的，各国案例介绍中过分注重项目本身，而对项目启动和实施的大背景交代得不够充分。社会经济发展显然对家庭计划项目的成败起着关键作用。事实上，家庭计划项目并不是单纯的卫生项目，而是社会项目，成功的家庭计划项目不可能独立于社会、经济、文化、环境而存在。对多个国家的研究发现，家庭计划项目只有在与提高妇女受教育程度、降低婴儿死亡率共同作用时，才能有效降低生育率（Jain & Ross，2012）。这也是各国案例中成败的关键因素之一。以中国为例，中国在经济尚不发达的 20 世纪50～70 年代有效地降低了婴儿死亡率和孕产妇死亡率，妇女普遍参与经济活动，妇女地位的提高等，这些变化都为 70 年代生育率的快速下降做了充足的准备。当时，群众的生育意愿已经降低，而一旦国家动用强大的力量提供普遍可以获得的避孕药具和服务，生育率就顺理成章地快速下降了。这既不是偶然，也不是奇迹，而是历史的必然。

了解国际家庭计划发展的历史，不仅仅可以帮助我们"温故"，更有助于"知新"。从某种角度上来说，家庭计划项目的成功避免了人们曾经预想的"人口危机"，并为此后的医疗卫生改革提供了经验。但不少国家项目所带有的控制人口数量的初衷，在完成了人口控制之后威胁到项目自身的可持续发展，导致了低生育水平下对其重要性的忽视。尤其在经济全球化的大背景下，一些国家出现了卫生系统私有化或健康预算地方化的倾向，削弱了原本强有力且资金充足的家庭计划项目。尽管本书中并未讨论这个问题，但著名人口学家邦戈茨牵头于 2012 年推出了"21 世纪的家庭计划项目"（Bangaarts，et al.，人口理事会，2012），该项目反思了 20 世纪 90 年代中期以来对家庭计划项目的忽视，评估了自愿家庭计划项目对生育率的影响，解释为什么需要增加对自愿家庭计划项目的投资和支持，同时对改善家庭计划服务、加强卫生系统、改善家庭计划宣传项目提出了具体建议，旨在重振自愿家庭计划项目，并使其更为有效。

不少发展中国家的家庭计划项目都是成功的，但要顺应 21 世纪的新人口形势，这些成功的家庭计划项目需要及时改革和转型，这是一个全球性的议题。我们如何全面、客观地总结和评价中国的计划生育历史，如何在已经控制了人口过快增长、生育率降低到 1.6 的低水平形势下，设计和开展中国 21 世纪的家庭计划？在中共中央十八届三中全会《决定》启动调整完善生育政策后，我们更需要认真思考这些问题。

郑真真

2014 年元月 9 日于北京西二旗

# Contents | 目录

**C**ontents　｜　目录

# Contents | 目录

# Contents  | 目录

# 正确看待家庭计划革命

20 世纪 50~80 年代在一些发展中国家实施的家庭计划项目是第二次世界大战（以下简称"二战"）后最重要的社会试验，考虑到这些项目的日常压力及大量人员参与其中，而这些国家家庭计划项目的实施细节、共同特征及其差异又缺乏档案资料，本书通过大量有用的信息和精确的分析填补了这方面的空白。

在没有先验可循的困难条件下，开展这些项目是复杂的工作。就像案例研究所论证的那样，没有哪一种策略可用来应对各种情况，在一个国家成功的项目不一定能在另一个国家很好地发挥作用，也就不足为怪了。然而，多种方法贯穿着一条主线：有效的起点都是基于对特定国家社会、经济和文化方面的可利用资源进行现实评估及其政治意愿。很多这方面的尝试也表明，坚持不懈的努力是非常重要的。因为项目常常会遇到很多无法预料的情况，但那些坚持不懈反复试验的国家常常能克服困难并使项目回到正轨。这些案例研究也表明，项目的成功执行是一门科学，更是一门艺术。关键在于知道什么时候采用激进改革，什么时候仅需对原有政策进行微调，而且这种智慧只可意会不可言传。许多国家的领导人以及那些帮助他们制定和执行家庭计划项目的专家们，如果在项目进展的关键时候具有这方面的技巧，这些国家就非常幸运。

首先，家庭计划项目价值的不确定性以及如何衡量项目成功与否，在一定程度上引发了大量研究生育与避孕实践测量与建模、生育能力问题、婚姻模式对生育的影响及许多相关话题。调查人员开发出新的搜集数据和测量这些内容的方法，但在面对不完全和不连续数据时做出很好估计也有挑战性，这些工作推动了人口统计学方法的进步。

其次，这些项目也极大地促进了科学评估。人们如何证明一项正在实施的项目也可以在其他社会经济状况不同的国家实施？研究者也开发出新的循证技术，其中一部分技术是建立在新的生育率和生育力模型基础上的，而另一些运用了统计方法中的结构分析和多层分析。

再次，这些项目使得人口学家需要和其他学科的专家一起合作，这包括公共卫生、经济学、社会学、政治科学以及心理学的专家。这些学科的视角是人口研究的重要组成部分，反过来，人口学的视角也影响到其他领域。这些学科之间的合作也扩展了人口学的研究主题，使得人口学开始研究健康、经济状况、家庭动态及社会功能等其他方面的更广泛的问题。例如，将现在的美国人口学会年会和 20 世纪 50 年代的年会相比较，可以发现人口学研究已经扩展到解决一系列健康和社会问题了。

最后，家庭计划的尝试吸引了许多新人才投入人口研究领域。由于受当时广泛宣传的人口快速增长的影响，许多来自不同学科的学生在研究生阶段选择从事人口统计和人口学研究。

此外，家庭计划项目为后来的卫生、社会和经济项目铺平了道路。它们旨在帮助改善母婴健康、消除疾病、改善营养状况、提高受教育机会、进行农村经济发展的大规模干预，使其具有可行性并使其合法化。当然也有一些 20 世纪 50 年代以前卫生方面的尝试和其他动机形成的一些项目，但是全球范围的家庭计划尝试使大规模的、真正有价值的项目可行且是理想的思想体系的形成。这些项目也帮助培训了一些从业医生，他们可以继续在其他项目中工作，并给试图进行这方面实践的国家提供经验教训。

我们很高兴地看到，这些有效的早期尝试得到了普遍的认可，并给那些正在普及生育健康项目的国家提供了很好的例证。更一般地来说，给全世界从事重要的社会、经济和健康项目的实践者们提供了帮助。

罗纳德·弗里德曼（Ronald Freedman）

罗德里克·D. 麦肯齐（Roderick D. McKenzie）社会学退休教授

人口研究中心退休研究员

密歇根大学社会研究所

艾伯特·I. 艾尔玛兰（Albert I. Hermalin）

社会学退休教授

人口研究中心退休研究员

密歇根大学社会研究所

# 前　言

在本书的写作过程中有这样的想法，即历史上曾经出现的国家家庭计划项目应该引起世界的关注。20 世纪 60 年代，作为处理新出现的社会问题的一种新的社会工具，家庭计划项目在许多发展中国家迅速蔓延。我们意识到这些十分重要的经验正面临消失的危险，用可靠的方式把这些项目记录下来主要基于以下几个原因：一是为那些不了解这些项目来源的年轻人，二是为了记录这段历史，三是把这些项目的经验教训用于其他领域。旨在不遗忘人类历史上第一次有组织的致力于降低过高生育率的家庭计划项目，并从这些项目中寻找有价值的资料。本书主要解决了以上这些问题。

1960 年后的几年里，出现了决定生育率的新因素——组织全社会力量使出生率下降到和死亡率相匹配的水平，并缓解教育、医疗、经济、住房、家庭系统等所面临的混乱。这意味着让更多妇女控制自己的生育，缓解家庭因抚养更多子女而带来的额外负担。新的避孕技术产生了一定的社会影响，并使个人获益。本书讲述的是不同国家的家庭计划项目在社会上和技术上的发展。

休利特基金会在经济上的慷慨解囊，约翰·斯诺（John Snow）公司以及匿名捐赠者的补充资金使得这本书得以出版，同时宾州州立大学人口研究所爽快地答应提供必要的机构联系。我们特别感谢世界银行，它们愿意打破常规出版计划外的书，我们也感谢托尼·米沙姆的认可和鼓励。还有许多人都以不同的方式对这个项目给予了帮助，我们在这里只能列出他们中的一部分，包括爱德华、卡罗尔、戈登、简、彼得、爱丽丝、玛丽、罗伯特、加文、杰克、约珥、理查德、汤姆、吉姆、马尔科姆、罗恩、卡洛斯、帕特里克、希尔兹、路得斯蒂夫和艾米。

最后需要对每一章的作者表示敬意，他们对参与这一课题表示出的热情一直激励着编者。作者们在很短的时间里非常努力地工作，并自愿腾出时间来阅读和评论其他人的作品，而对他们唯一的回报，是他们从中所获得的专业满足感：记下了他们在这个地球上创造好而新的东西的独特经历，以及为了人类共同利益而进行的社会性创造。这些社会性创造一直在持续且将继续演进。我们相信，本书的出版将有助于巩固这一传承。

沃伦·C. 罗宾逊（Warren C. Robinson）

约翰·A. 罗斯（John A. Ross）

# 第一章
## 概述和展望

 斯蒂芬·W. 辛丁

过去 20~25 年时间里出现了大量有关国家家庭计划运动的研究文献。这篇概述不是概括或总结这些文献（关于这方面的研究可阅读 Donaldson，1990；Donaldson & Tsui，1990；Harkavy，1995；Kantner & Kantner，2006），而是要强调那些在我看来是家庭计划运动的主要特征和成就以及关于这一问题的重要辩论，有些辩论一直持续到现在，并对未来生殖健康服务具有重要意义。构成本书主体的国别研究为本章归纳的内容提供了有力的实证依据。

### 家庭计划运动的起源

20 世纪 60 年代中期到 90 年代中期，两股独立的思想和行动潮流汇集在一起，推动了家庭计划运动的繁荣。第一股潮流是 20 世纪初玛格丽特·桑格（Margaret Sanger）、玛丽·斯特普（Marie Stopes）和其他先驱者发起的生育控制运动。这些改革者主要关注妇女权利和赋权，特别是避免妇女意外怀孕的权利，以及由意外生育所产生的社会问题，其中最根本的是妇女本

人的健康和幸福。

较晚出现的第二股潮流起源于 18 世纪末英国的社会哲学,最著名的代表是托马斯·马尔萨斯(Thomas Malthus)牧师。工业革命时期,托马斯·马尔萨斯担心日益繁荣的西欧国家出现人口快速增长和农业生产停滞之间的不平衡。马尔萨斯主义的现代表现是发展中国家和地区在"二战"后 10 年的人口快速增长。美国对人口快速增长的关注尤为突出,特别是那些关注战后自身发展格局和制度的精英。洛克菲勒三世是这次人口控制运动的代表和领导者①,他主要关心全社会的福利而不是个人福利。按照这些新马尔萨斯主义者的观点,人口和自然等其他资源(包括食物供给)之间的不平衡增长威胁到全社会的福祉。新马尔萨斯主义者最关注的是由于穷国人口快速增长引起的贫困和生活资料匮乏所导致的潜在政治动荡。

我们可以从不同的起点来追溯现代家庭计划运动的出现:1916 年,桑格创办了第一家生育控制诊所;1952 年,印度提出了第一个国家人口政策,几乎同时,国际计划生育联合会和洛克菲勒的人口理事会成立;20 世纪 60 年代中后期发达国家启动了面向发展中国家的人口项目资金和技术援助。我个人更倾向于把 1952 年作为家庭计划运动的起点,因为形成家庭计划运动的两股洪流在这一年第一次开始交汇。

### 达成共识:1952 ~ 1966 年

就像本书国别研究所论证的那样,生育控制和人口控制运动的结合并非一帆风顺。那些早期提出避孕和个人生育控制活动的人拒绝把降低国家人口快速增长的政策宣传纳入其中。因为他们担心这样会使政府容忍甚至提倡对个人生育决策的限制。很多人口控制的狂热支持者确信,为了降低人口增长

---

① 仍广泛用于媒体或家庭计划运动以外的"人口控制"这一术语在 1974 年布加勒斯特第一次世界人口会议后在本领域不再使用。许多发展中国家把这一术语看作新殖民主义的化身。我在这里使用这一词语是因为在本书讨论的时期这一术语仍很流行。

的目标，最主要的是限制个人生育自由。

诚然，很多人认为自愿控制生育足以导致生育率以及人口增长率显著下降。桑格就持这种观点，尽管她不喜欢也从来不接受家庭计划这一术语，认为这是掩饰本意的婉转表述，但她早期支持两者的融合，倡导个人生育自由和降低人口增长率。实际上，在这种融合观点的推动之下，1952年成立了国际计划生育联合会，洛克菲勒也是基于这种观点制定了人口理事会的使命，即为明智决策和项目实施提供依据的研究机构。渗透在这两个机构的思想原则是自愿原则，同时也意识到带有强制性政策的政治风险。最初被称为家庭计划方法以及后来的家庭计划运动都遵循了对政策和项目的非强制承诺①。

1952年后的一个时期是家庭计划服务（国际计划生育联合会在新成立时的8个成员基础上逐步发展新成员）和政策相关知识（人口理事会的研究项目包括基本人口动态变化）的缓慢增长时期。国际计划生育联合会成员由1952年新成立时的8个到20世纪60年代中期逐渐扩展，这些成员组织在很多发展中国家所做的工作有良好的发展前景，因为这些非官方机构的工作揭示了巨大的服务需求，特别是妇女的需求，也展现了多数公众从政治上接受家庭计划。

这一时期，以福特基金会为首的美国私人基金承担了这个新兴领域的很多费用。他们不但为在发展中国家从事研究和扩展家庭计划项目提供资金，而且也为培训发展中国家的第一代家庭计划领导人的项目和公共机构提供资金。然而，直到20世纪60年代中期，当从国际发展机构获得大规模资金时，才可看作国际资助真正的开始。最早的国际资助是瑞典政府于1962年在锡兰（今斯里兰卡）、印度和巴基斯坦支持的家庭计划工作。

受到很多先驱的影响而进入人口领域，但直到20世纪60年代中期才开

---

① 许多早期主张控制人口出生的人（特别是在英国和美国）大都来自优生学运动，20世纪初优生学运动的力量在这两个国家相当强大。直到恐怖的纳粹德国以其为名实行种族主义政策之前，优生学运动有一定的学术声望。

始形成明确共识，其主要观点既不是来自人口学领域，也不是来自公共卫生领域，而是发展经济学家们。人口经济学家寇尔和埃德加·胡佛、经济学家斯蒂芬·恩克，以及诺贝尔奖获得者缪尔达尔（Coale & Hoover, 1958; Enke, 1960; Myrdal, 1968）的论点被发展经济学者们广为接受，他们扮演了至关重要的角色，游说美国和一些欧洲国家政府决策者以及世界银行，认为人口快速增长是经济发展的主要障碍（尽管世界银行多年后才向人口项目提供贷款，不过当时确实资助了寇尔和胡佛出版他们的著作）。国际发展政策领域于1966年达成坚定共识，必须强制降低发展中国家的高人口增长率，达成共识的还包括越来越多的发展中国家的财政和发展规划部长们。

## 项目初期的失望及产生的争论：1966～1974年

国家家庭计划项目最早始于南亚和东亚地区，包括印度、巴基斯坦和斯里兰卡等南亚国家和中国香港、韩国、新加坡及中国台湾等东亚国家和地区，甚至在完全达成新的国际共识之前它们就已经开始了家庭计划项目。1960年前后，发明的现代宫内节育器和口服避孕药几乎实现了已婚夫妇获得方便有效的避孕药具的梦想。然而，如同本书的国别研究所呈现的那样，早期的一些项目（特别是印度和巴基斯坦）令人失望，生育率变化很小甚至没有变化，而且避孕药具的使用率变化也是如此。早期家庭计划存在缺乏经验、缺乏竞争力、文化冲突甚至公开欺诈等问题，早期家庭计划在南亚的失败导致许多地方强烈质疑国家家庭计划项目成功的可能性及其未来前景。

与此同时，东亚较小经济体的惊人进步（有时被称为示范项目）给家庭计划带来了希望，因为这些国家的避孕现用率（Contraceptive Prevalence Rate, CPR）迅速增加，而且生育率明显下降。然而，其他地区失望情绪依旧，且在最早直接参与政策和项目设计的人口学和公共卫生两个学科之间也存在分歧，因为它们对家庭计划项目为什么失败的解释完全不同。人口学家越来越相信，除贫困家庭对孩子的经济和感情价值外，文化上的局限性也是项目失败的主要原因。这种解释使人们认为只有广泛的社会经济转型才是降低生育率的必要条件。例如，增加妇女教育和工作机会，提高收入和改善现代老年人经济保障系统与降低婴儿和儿童死亡率，降低文盲率。社会科学者对仅靠家庭计划就能显著降低生育率持怀疑态度。加州大学伯克利分校的金斯利·戴维斯是最持这种观点的代表性人物之一（Davis，1967）。

相反，公共卫生专家认为早期项目失败的原因在于项目本身，包括没有完善的计划、实地工作人员培训不够、实地工作人员选择不当、反对虚假报告的措施不力等。他们认为可以通过修改和再设计项目来使其更有效①。因此引发了人口领域的两次"大辩论"之一，即关于降低生育率方法的分歧，或被称为"关于如何的辩论"（Sinding，2000）。尽管这场辩论持续了很多年，但这场辩论最激烈的时期是 20 世纪 60 年代末到 70 年代。直到南亚以外的国家特别是一些东亚、东南亚和拉丁美洲的家庭计划项目对人口产生了显著影响，这场"关于如何的辩论"才开始降温。

第二场辩论起源更早一些，也向国家人口项目倡导者提出了重要问题。自马尔萨斯时代以来，有不同形式的关于快速人口增长是否会对人类福祉有重要负面影响的辩论。随着时代变化，已经出现了强烈反对马尔萨斯关于人类再生产和食物供给之间关系的悲观观点（引申开来，包括自然和人类社会系统），并且产生了自然和人类社会系统可以不断适应环境变化的乐观观点——主流经济学的普遍观点——和与其说人口增长是贫困的原因，不如说是贫困表现的所谓马克思主义的意识形态观点。因此，现在争论的焦点是降低人口增长率是否是促进社会和经济发展的必要因素。我把这称为"关于是否的辩论"。

---

① 实际上，流行病学者 R. T. 拉文霍德在 1966～1978 年担任美国国际开发署的人口项目主任，他在《科学》杂志上发表了一篇文章反驳戴维斯的观点，他的观点此后也主导了美国国际开发署著名的家庭计划项目方式（Ravenholt，1969）。

到 20 世纪 70 年代初，国际上降低发展中国家人口增长速度的工作进展顺利。美国国会将大量国际援助资金用于人口项目；其他一些工业化国家也为发展中国家的家庭计划项目提供援助；世界银行也积极为人口项目提供贷款；联合国同意设立联合国人口活动基金会（现在已简化为联合国人口基金，但仍保留原来的缩写，UNFPA）。发展中国家在人口政策和其他家庭计划项目方面面临着很大压力，特别是来自美国政府的压力。一些美国的私人基金会已经加入福特基金会的行动，促进和支持全球人口项目。

这里需要特别提到一份很有影响力的报告（Draper，1959）的作者威廉·德雷珀，他最先主张美国的人口发展援助项目，同时他也是美国人口危机委员会（现在的国际人口行动组织）的创始人，一直坚持不懈地支持降低全球人口增长率。整个 20 世纪 60 年代，德雷珀的工作就是独自去说服美国国会在援助外国人口活动中投入资金，并大幅度增加这方面的资金，他还游说欧洲政府和日本支持国际计划生育联合会，并最终建立了联合国人口基金（Piotrow，1973）。换句话说，如果说福特基金会和人口理事会在普及家庭计划基础知识方面扮演着重要角色的话，那么德雷珀则建立了确保项目全面实施的必要的金融体系。20 世纪 60 年代末到 90 年代末，美国为人口和家庭计划项目提供的资金占全部资金总量的 50%，特别是从 20 世纪 50 年代初到 80 年代中期，美国在家庭计划领域扮演着非常重要的角色，而且在资金提供方面也是如此。尽管 R. T. 拉文霍德是一个有争议的人物，但我们不能否认其在担任美国国际开发署主任期间在援助重要项目方面的有效工作，并为开发署的海外援助确定了基本方向。

同样有影响力但很少得到认可的是德高望重的科尼（Spurgeon Keeny），他在联合国长期且杰出的工作之后加入人口理事会，并在亚洲许多国家家庭计划开拓项目中担任领导者。实际上，科尼和他的年轻热情的实地工作者团队在探索和完善家庭计划项目方面扮演着重要角色，而这是后来一些项目成功的基础。

## 关键时刻：1974 年布加勒斯特会议

1974 年 8 月，在布加勒斯特召开的世界人口会议上，所有的能量、活动包括许多潜在压力达到顶峰，在这次会议上"关于是否的辩论"和"关于如何的辩论"突然全出现了。社会主义阵营支持的一些发展中国家对新的国际经济秩序充满热情，在联合国就这个主题产生激烈辩论时，对人口项目是否有必要和是否可行以及如何设计人口政策持保留意见。发展中国家观点中最有代表性的是印度代表团负责人的经典话语。卡兰·辛格（Karan Singh）博士说"发展是最好的避孕药"，这句话似乎否定了印度政府 20 多年来通过绝育和提供避孕服务来降低人口增长率的积极探索。换句话说，别再提什么家庭计划项目，而应当投资项目解决高生育率的根本原因：贫穷和生育意愿。进一步引申的含义是，只要解决了人民的问题，人口问题自会解决。

这种说法主要是回应西方国家尤其是美国鼓吹全球人口目标从而极力推动人口控制的论调。许多国家认为美国的压力是经济发展的无知捷径，它忽视了极其重要的从根本上解决高生育率的更全面方法（而且成本更高）。林顿·约翰逊总统几年前的讲话不幸强化了这种质疑，他认为在家庭计划项目上花费 1 美元相当于在经济发展项目上花费 5 美元。此外，在拉文霍德领导下的美国国际开发署人口办公室推动家庭计划项目的政策和方法已被视为排斥其他降低生育率方法的典型。在这一点上美国与其他国家是不一样的，其他国家主要是支持一个更平衡的人口政策方法。

"关于如何的辩论"很多，而"关于是否的辩论"则相对很少，像中国和苏联等国家都怀疑这一主题，随后阿尔及利亚、阿根廷和许多撒哈拉沙漠以南非洲国家也存有怀疑，它们反对马尔萨斯主义的观点，强调人口快速增长是西方国家发明出来转移人们注意力以控制发展中国家的人口的理由，人口增长是这些国家不发达的表现而不是其原因。

同时，大多数东亚经济体都未参与这场意识形态的较量，中国香港、韩国、新加坡、中国台湾和泰国这些将来的"虎",还有印度尼西亚和菲律宾,已决定把实施家庭计划降低生育率作为它们经济发展策略的必要组成部分,这也是对"发展是最好的避孕药"这一主张的高度重视,即通过降低婴儿死亡率、提高妇女受教育水平、为老年人经济安全提供保证等来降低人口增长。东亚国家的实用做法并没有明确家庭计划和其他发展领域之间的关系,而是明智地将它们视为互补,结果也正是如此。

从某种程度上来说,布加勒斯特会议是一次精神宣泄:一些国家表达对美国及其盟国不满的机会。我这样说是因为在所有辩论之后,还是形成了共同文件《世界人口行动计划》,呼吁把家庭计划和其他将有助于降低家庭对孩子需求的发展投资相结合。实际上,参加布加勒斯特会议的大部分国家在随后几年里陆续宣布和实施人口政策,其中大多数包括自愿家庭计划项目。

也许最有影响力的是由人口理事会主席伯纳德·贝雷尔森提出的均衡方法。他强调大力支持家庭计划项目,认为这是降低生育率的最直接且成本最低的办法,贝雷尔森认为,控制生育率的家庭计划项目所能达到的最好水平是由实施时的社会经济背景决定的。因此,贝雷尔森要求在家庭计划项目中增加一些强化小规模家庭的措施。随着这些项目的实施,联合国人口基金、世界银行和其他发展机构都接受了贝雷尔森的方法,而且大多数国家实施家庭计划项目都参考了这种方法。

### 启动生育革命:1974 ~ 1994 年

绝大多数国家采取自愿家庭计划政策,并且其中大多数把自愿的家庭计划政策作为母婴健康或初级卫生保健系统的一部分。因此,布加勒斯特会议后的狂飙突进迎来了家庭计划的黄金时期,在随后 20 年时间里除撒哈拉沙漠以南非洲地区外的全球所有地区都出现了生育革命。①

----

① 与此同时,不到两年在印度发生了另一个戏剧性并具有讽刺意味的变化,开始出现最严厉的强制避孕:强迫成千上万的人绝育,其中绝大多数是男性。

这场革命包括什么内容呢？有两个统计数字帮助我们回答这个问题。20世纪60年代中期到90年代中期，包括中国在内的所有发展中国家的平均生育率从每个育龄妇女一生生育6个左右孩子下降到3个左右，下降了50%。同一时期，妇女中避孕现用率从不到10%增加到60%。当然，很难界定生育率下降的多大比例是由于组织实施家庭计划项目，多大比例是由于其他影响生育行为的因素自然造成的，但这两个事实表明，家庭计划项目或者更广泛意义上的人口政策发挥着重要作用。当今的工业化国家几乎用了一个世纪所实现的生育率下降在发展中国家仅用了一代人的时间，如果没有引起出生率下降的公共政策设计和帮助其实施的组织计划，发展中国家的生育率不可能下降得那么快。同样，那些采用了过分强制性家庭计划项目国家生育率下降的速度要比那些缺乏家庭计划项目或家庭计划项目很弱的国家要快（Ross & Mauldin，1997）。一项声望极高的研究认为，现代生育率下降有一半要归功于家庭计划项目（Bongaarts、Mauldin & Phillips，1990）。

20世纪60年代在东亚地区开始的家庭计划项目取得了显著成效，并在20世纪70年代到80年代迅速扩展到其他发展中国家。甚至在两个被认为最不可能取得家庭计划成功的国家也有显著的进步：孟加拉国和肯尼亚。孟加拉国是世界上最穷的国家之一，并且20世纪60年代巴基斯坦家庭计划项目的失败有一半是因为这个国家没做好；而肯尼亚是20世纪70年代世界上出生率最高的国家，平均每个妇女生育的孩子超过8个。1975~1995年，这两个国家的生育率都下降了一半。到20世纪90年代，许多拉丁美洲国家的生育率开始接近替代水平，平均每个妇女生育两个多孩子。中东和北非的阿尔及利亚、阿拉伯埃及共和国、摩洛哥和突尼斯以及亚洲的孟加拉国、印度尼西亚和马来西亚等国家的经验表明，伊斯兰教不是家庭计划项目的障碍，甚至撒哈拉沙漠以南非洲地区也存在比肯尼亚生育率下降更明显的国家。的确，博茨瓦纳和津巴布韦比肯尼亚的出生率下降得更早也下降得更多，像非洲南部其他国家一样，南非生育率也开始下降。加纳的生育率最近几年似乎也开始下降。然而，大部分撒哈拉沙漠以南非洲地区，特别是中非和西非的生育率则几乎没有下降，而这些国家几乎没有尝试过家庭计划项目。

经济发展水平和生育率迅速下降之间无疑存在反向关系。因此，相对更繁荣、文化水平更高和更健康的拉丁美洲国家，以相对较低的公共项目工作水平实现了生育率的快速下降，而那些更贫穷、更不健康而且教育也更不发达的国家，像孟加拉国和肯尼亚则需要进一步努力推动才能达到类似效果。一些国家（包括孟加拉国和印度尼西亚）的政府在少生孩子方面给夫妇特别是妇女很大压力。一些观察家认为，这些项目实际上是强制性地限制生育。虽然对某些做法有不同观点，如在孟加拉国，对接受绝育的人进行补偿表明这是一种激励方法，如果采取这样的办法，就是一种强制家庭计划；在印度尼西亚，给农村领导和项目工作人员制订一定的避孕目标，这种目标的压力导致一些社区将强制措施作为合理做法，特别是在爪哇岛；不过，没有人否认英迪拉·甘地和桑贾甲·甘地于 1976 年在印度实施的强制绝育活动，或者中国从 1979～1980 年开始实施并持续到现在的严格一胎化政策，这些都是强制家庭计划。换句话说，某些国家的社会经济条件并不是特别有利于快速、持续地降低生育率，实现低出生率的公共行动采取了擦边做法甚至跨越了完全自愿和强制之间的界限。这种强制家庭计划的做法激怒了人权活动人士和妇女健康倡导者，导致 20 世纪 90 年代初在人口政策和项目上出现了完全不同的政治倾向。

因此，尽管布加勒斯特时代在意识形态上和实践上都有激烈的辩论，但绝大多数国家在 20 世纪 70 年代就开始采用人口或家庭计划政策，在 20 世纪 80 年代及随后的时间里，这些国家都在不同程度上实施了家庭计划政策，使得全球生育率以布加勒斯特前时代没有预料到的、难以想象的速度下降。

### 变化的先兆：1984～1994 年

1984 年，在墨西哥城召开的布加勒斯特会议 10 周年庆祝大会上重申了

《世界人口行动计划》的基本原则。这次会议也为许多国家承诺实施自愿家庭计划项目和其他最终稳定人口的政策提供了一次机会。然而，此后长期严重影响家庭计划运动的愁云密布于墨西哥城。这就是美国突然宣布改变其长期支持人口和家庭计划的立场，而把人口增长看作是中性的，并明确反对堕胎。美国代表团态度的突然变化对于那些习惯于被敦促采取严厉行动降低生育率的代表团来说实在意外。里根政府开始兑现其在竞选时对宗教右翼的承诺，这在后来被称为"墨西哥城政策"。随后的 12 年时间里，这一政策引领着美国的国际人口事务并预示着 2001 年布什政府在国际合作上处理人口相关问题时走得更远。

和 1974 年相比，1994 年是完全不同的世界。联合国准备在开罗召开第三次世界人口会议，几个原因使得国际共识出现了新变化。第一，自 1974 年以来，全球人口已经发生了很大变化，亚洲、拉丁美洲和许多发展中国家都出现了大规模的生育率快速下降，这从很大程度上解决了人口问题。与此同时，一些曾经自信地预言世界上许多工业化国家的生育率已经稳定在替代水平的人口学家发现，这些工业化国家的生育率已经低于替代水平并稳定在这一低水平上，这引起人们担忧这些欧洲国家和一些东亚国家原住人口的可持续性问题。换句话说，对世界人口可能会爆炸的担忧已经完全消失了①。第二，强大且坚定的国际妇女运动的结论是，国际发展机构援助并在许多国家实施的人口运动威胁到妇女的健康和权利。这些妇女团体决定把人口与家庭计划运动变成生殖健康和权利的运动，也就是说，拒绝人口目标，关注改善个人权利和健康，同时尊重他们的生育自由。

## 1994 年国际人口与发展大会和模式变化

开罗会议上，宏观层面上缺乏对人口问题紧迫性的认识，微观层面上对

---

① 尽管 1965～2005 年印度增加了 6 亿人（相当于 1995 年整个撒哈拉沙漠以南非洲地区的人口总数），但这种恐惧减少了。

生殖健康和权利的关注，两者共同导致在全球人口政策和策略方面几乎完全的转变。国际人口与发展大会行动纲领明确要求放弃人口与家庭计划工作目标，支持更广泛意义上包括一系列生殖健康措施的政策纲领，其中包括满足妇女整体生殖健康需求的家庭计划及一系列旨在增强妇女能力和权利的社会和经济政策措施。人口问题不仅不是开罗会议议程的一个主要问题，会议结束时已几乎被完全遗忘。开罗会议后，家庭计划也几乎成为被遗忘的术语。实际上，行动纲领中关于服务项目的主要章节的名称在会议前的文件中是"家庭计划、生殖权利和生殖健康"，而在有 180 多个代表团出席的会议上通过的最终版本中所使用的名称是"生殖权利和生殖健康"。

开罗会议是家庭计划史真正意义上的分水岭。有些人把开罗会议看作是家庭计划运动的结束，许多女权主义者与妇女权利和人权活动家为此而庆贺，而传统的人口项目支持者（包括很多人口学家和担忧高生育率的其他人）对会议放弃数十年来对稳定人口的承诺而备感遗憾。开罗会议结束后的多年，全球范围内对人口问题的关注已经将人口增长从政治或发展的中心移开，与此同时，艾滋病毒感染的蔓延和艾滋病死亡的上升受到决策者的关注。在 2000 年几乎所有国家都同意的联合国千年发展目标中，没有任何关于人口增长或生殖健康或家庭计划的内容。实际上，在 20 世纪 90 年代的一系列全球会议上提出的目标中，开罗会议提出的人人享有生殖健康服务的目标，是唯一没有纳入千年发展目标中的全球目标。此外，从2001 年开始，美国加入了梵蒂冈的反对堕胎阵营，初期在政治上反对把堕胎和性及生殖健康问题混为一谈的共识开始出现争议，使得许多政府避而不谈生殖健康问题。因此，过去 10 年在家庭计划和相关的性及生殖健康领域的投入减少就毫不奇怪了（2005 年国际人口行动；Speidel[①]）。

---

① Speidel, J. Joseph, "Population Donor Landscape Analysis", In *Review of Packard Foundation International Grantmaking in Population, Sexual and Reproductive Health and Rights*, David and Lucile Packard Foundation, http://www.packard.org.

## 结　论

我们所进行的这项卓越的工作已经持续了 40 年，但究竟是成功还是失败？多大程度上实现了创始人所设定的目标？为我们留下了什么？国别研究的案例为我们提供了丰富的经验，其中大部分是成功经验，有些则不那么成功。在我看来，家庭计划运动是历史上最成功的发展合作案例之一。尽管伴有文化上和政治上的冲突，家庭计划运动仍和绿色革命一样，展现了集体政治意愿和强有力的国际合作结合所取得的成就。因此，对于采取全球行动有效解决全球变暖或遏制艾滋病蔓延等紧迫问题感到失望的人来说，家庭计划运动的经验应是希望的灯标。

## 参考文献

［1］ Bongaarts, John, W. Parker Mauldin, and James Phillips. 1990. "The Demographic Impact of Family Planning Programs." *Studies in Family Planning* 21 (6)：299 – 310.

［2］ Coale, Ansley, and Edgar Hoover. 1958. *Population Growth and Economic Development in Low – Income Countries：A Case Study of India's Prospects*. Princeton, NJ：Princeton University Press.

［3］ Davis, Kingsley. 1967. "Population Policy：Will Current Programs Succeed?" *Science* 158 (10)：730 – 39.

［4］ Donaldson, Peter J. 1990. *Nature against Us：The United States and the World Population Crisis, 1965 – 1980*. Chapel Hill, NC：University of North Carolina Press.

［5］ Donaldson, Peter J. , and Amy Ong Tsui. 1990. "The International Family Planning Movement." *Population Bulletin* 45 (3) .

［6］ Draper, William H. , Jr. 1959. *Report of the President's Committee to Study the U. S. Military Assistance Program*. Washington, D. C. ：Government Printing Office.

［7］ Enke, Stephen. 1960. "The Economics of Government Payments to Limit Population." *Economic Development and Cultural Change* 8 (4)：339 – 48.

［8］ Harkavy, Oscar. 1995. *Curbing Population Growth：An Insider's Perspective on the Population Movement*. New York：Plenum Press.

[9] Kantner, John F. , and Andrew Kantner. 2006. *The Struggle for International Consensus on Population and Development.* New York: Palgrave Macmillan.

[10] Myrdal, Gunnar. 1968. *Asian Drama: An Inquiry into the Poverty of Nations.* New York: Pantheon. Piotrow, Phyllis T. 1973. *World Population Crisis: U. S. Response.* New York: Praeger.

[11] Population Action International. 2005. *Progress and Promises: Trends in International Assistance for Reproductive Health and Population.* Washington, DC: Population Action International.

[12] Ravenholt, R. T. 1969. "A. I. D. 's Family Planning Strategy. " *Science* 10 (163): 124 – 27.

[13] Ross, John, and W. Parker Mauldin. 1997. *Measuring the Strength of Family Planning Programs.* Washington, DC: Futures Group International.

[14] Sinding, Steven W. 2000. "The Great Population Debates: How Relevant Are They for the 21st Century?" *American Journal of Public Health* 90 (12): 1841 – 47.

（彭伟斌　吴艳文　译　　郑真真　吴艳文　校）

第一部分

# 中东 和 北非

# 第二章
## 埃及的人口政策和项目演进

■ *沃伦·C. 罗宾逊，法特马*

20 世纪初，埃及统治精英、外国专家和顾问还不担心埃及人口太多。1883～1907 年英国驻埃及总领事克罗默伯爵针对埃及当时的情况写道："埃及现状的最大优点是在预算上没有潜在的经济问题。不像印度那样，财政部长需要应付过多的人口，而这些人平时大部分都生活在饥饿的边缘。他从来不必提马尔萨斯。"（Shanawamy，1973，p. 189）

进入 20 世纪后不久，这种状况开始发生变化。从 1897 年开始埃及进行了一系列现代人口普查，随着时间的推移，人们从 10 年一次的人口普查结果中发现人口在不断增长。这一时期发表了一些文献，学术界和医学界开始醒悟，意识到人口不断增长的长远意义。

开罗美国大学的社会学教授温德尔·克莱兰德开始关注这个主题，他主要是关注日益增加且显著的农民贫困问题，并出版了大量相关著作（Cleland，1936，1937，1939）。利用 1897 年以来每 10 年一次的人口普查系列数据，克莱兰德从统计上证明了埃及人口以几何级数增加。他注意到埃及是一个穷国，人口持续增加可能对国家的生存能力构成严重的威胁。克莱兰德认为埃及人口已经过剩，估计埃及仅可为 1200 万人口提供够一定标准的生活，但埃及总人口已经超过 1600 万人。针对这个问题，他制定了一个计划（Cleland，1939）要求：①增加和保护自然资源，包括所有可用耕地，这需要把一些中产阶级用于住宅建设的土地归耕；②鼓励人们移民到新灌区和苏丹；③通过提供公共避孕措施、提高教育水平和社会标准、立法提高结婚年龄、促进其他奖励低生育率惩罚高生育率的措施等来减少生育。克莱兰德没有担任任何政府职位，但 20 世纪 30 年代末在埃及召开的许多国内和国际会议上，他都有机会介绍他的研究，而且这些研究常常产生很多争议。其中争议最大的是建立生育控制项目，这表明当时保守的道德和宗教观念仍在埃及居统治地位。

随后不久，阿马尔研究了沙奇亚省的经济和社会发展情况并得出结论："真正的问题是人口问题。21 世纪初以来，人口迅速增加，但收入并未相应增加。"（Ammar，1942，p. 55）

埃及家庭计划的先驱者之一扎西娅·马尔祖克博士写道（Houston，1991，p. 121）：

> 1937 年我们开始考虑人口爆炸问题。大学教授、妇科医师、统计学家等都对埃及未来的人口问题产生了兴趣。我们组成一个非官方人口问题讨论小组，并试图召开一次会议，但认为最好先咨询一下宗教人士。幸运的是我们咨询的宗教权威并不反对家庭计划。他认为，如果危及妇女的健康和生活或担心他们处于艰苦贫穷的状态，必须实行家庭计划。根据他们的建议，我们积极组织并于 1937 年召开了由医学会发起的人口会议。

埃及家庭计划组织工作可以追溯到 1937 年。专栏 2.1 列出了这些主要事件的时间表。

| 专栏2.1 | 埃及家庭计划项目演进过程中主要事件时间表 |
|---|---|
| 年份 | 与家庭计划有关的主要事件 |
| 1937 | 温德尔·克莱兰德和其他学者证明埃及人口增长过快。在开罗组织了非官方家庭计划联合会。资哈尔大学颁布了伊斯兰教令,批准增加生育间隔的办法。 |
| 1953 | 总统纳赛尔支持控制人口的方法。 |
| 1957 | 社会事务部开始研究人口问题。 |
| 1960 | 半官方的埃及家庭计划研究联合会开始在城市产生影响。 |
| 1962 | 政府新宪章把人口作为一个主要问题。 |
| 1965 | 家庭计划最高委员会成立。<br>福特基金会、人口理事会等机构向埃及提供技术援助。<br>卫生部把家庭计划作为渐进项目。<br>使用口服避孕药使避孕现用率开始提高;限制使用宫内节育器。 |
| 1974 | 遵循布加勒斯特会议原则,把人口问题作为更广义发展问题的一部分。开展人口和发展项目。 |
| 1979~1980 | 埃及生育率调查表明人口和发展项目是失败的,人口政策开始动摇。 |
| 1981 | 发起"未来家庭"社会营销项目。 |
| 1985 | 设立了国家人口委员会,马赫·迈赫兰博士任秘书长,强化了家庭计划的管理、后勤和研究部门。 |
| 1985 | 取消了对宫内节育器的使用限制,引入了T铜宫内节育器,避孕现用率迅速提高。<br>美国国际开发署成为埃及家庭计划项目的主要捐助机构。 |
| 1988~1990 | 国家信息服务开始大规模的、高度集中的大众传媒运动,在全国宣传家庭计划。<br>开始实施门诊服务改进项目并迅速扩展到全国。<br>卫生部启动"金星项目"以提高家庭计划服务质量。 |
| 1992~1995 | 家庭计划项目处于转折点。<br>一系列调查表明避孕现用率不断提高,生育率不断下降。 |

## 迈向政府决策的第一步

埃及政府早就开始考虑人口问题。1939 年成立的埃及社会事务部主要研究人口问题及其社会意义。当时发布的几份政府报告都强调了土地、资源和人口增长之间的关系。在农村卫生院基础上形成了公共健康项目，因为他们认为高死亡率和高出生率之间存在某种关系，而且克莱兰德的书中也强调了这个概念（Cleland，1936）。克莱兰德计划的理论中隐含着这个思想，即高死亡率和高出生率都是现代化之前的人口特征。他认为现代化是由一系列相互变化组成的，首先出现的是死亡率降低，随后是出生率降低。

当然，这是用人口学家的思维形成的人口转型理论。这一理论是由汤普森和威尔科特斯于 20 世纪 20 年代末提出，诺德斯坦和戴维斯于 20 世纪 30 年代末提炼（Kirk，1996），并最终于第二次世界大战后形成的理论。克莱兰德和埃及其他学者无疑注意到了这些文献，并在考虑埃及问题的时候，多少在某种程度上受到这篇文献的引导。1942 年，克莱兰德与发展该理论的一些著名人物一起参加了米尔班克基金关于这些问题的研讨会。凯瑟为研讨会写了一份关于埃及人口形势的详细分析报告，并得出结论认为"埃及处于人口困境中"（Kiser，1942，p. 122）。由于埃及是第二次世界大战的主战场，所有这些问题都被搁置了。

## 后革命时代的矛盾

埃及现代政治可追溯至 1952 年推翻君主制时期。新政府在年轻官员贾迈勒·阿卜杜拉·纳赛尔的领导下，发起了影响深远的家庭计划项目，干预许多地区的经济和社会生活。他们的政策方法虽然具有进步意义，但也显现出集权性和独裁性，与埃及长期以来的传统治理模式无异（Goldschmidt，1990）。

他们采用的新方法也具有社会主义性质，但这并非埃及传统，与东欧和亚洲国家相比，埃及的社会主义显得更务实也更专断，具有明显的埃及特色。这种方式使埃及避免了部分（不是所有）欧洲社会主义发展模式成本极高的惨痛教训给发展中国家带来的损失，尤其是对其农业部门而言。

埃及新政府尝试采取人口政策。1953年11月，社会服务部部长给公共服务常务委员会提交了一份名为"埃及人口形势和国家人口政策规划的必要性"的备忘录。随后，1954年1月埃及成立了国家人口事务委员会，包括处理人口、医疗和人口增长等问题的专门小组。1955年初，医疗小组设立诊所，最初设立了8家，后来增加到15家，主要工作是为夫妇提供生育和不育服务（Farag，1970；Gadalla，1968；Ibrahim，1995；Ibrahim和Ibrahim，1996；Rizk，1955）。1957年，社会服务部部长在国民议会中提出了是否需要国家人口政策是否令人满意的问题，指出在人口问题上政府仍没有做出果断决定。

即便是经过慎重考虑才迈出的第一步也存在巨大争议，引起保守派包括当时势力强大的穆斯林兄弟会的强烈反对。然而，宗教观点也不尽相同，伊斯兰教法认为让女性终止生育的做法不符合伊斯兰教，但是为了妇女的健康或家庭福利，可以拉长生育间隔。实际上这种解释在当今的宗教教义中仍很普遍。

新政府最高领导人似乎并不反对家庭计划，但是他们怀疑家庭计划的有效性。埃及第一任总统穆罕默德·纳吉布写道："实现我们的愿望取决于多种因素，其中最重要的就是埃及迅速增加的人口。但是，在缺乏自来水、厕所和电灯的农村地区通过避孕来控制出生几乎不可行。我们认为更有效的控制生育的办法是为这些村庄提供基本的现代文明"（Naguib，1955，p.160）。

纳吉布的继任者纳赛尔表达了同样的矛盾心理。1953年纳赛尔说："埃及总人口是2200万人，以后每年将增加35万，再过50年，埃及人口将达到4400万人。如果我们希望提高生活水平，就不应该忘记'天上不会掉下财富'这个事实。如果我们熟悉财富限制的道理，我们就明白人口不断增加，意味着人们的生活水平将不断恶化。"（Shanawamy，1973，p. 193）不过，纳赛尔在 1959 年的一次后来常被引用的谈话中说："我们应当更多关注如何利用已有的资源而不是生育控制。我们仅居住和利用了国家 4% 的资源，其余没利用的资源几乎都是沙漠。如果我们扩张居住区域，而不是减少人口，我们很快就会找到一个解决方案。"（Shanawamy 1973，p. 194）

一些有影响的埃及人也有同感。他们认为，家庭计划似乎是个消极政策，而这个时代要有积极思维。埃及第一个五年计划中规划在尼罗河上新筑阿斯旺水坝，随着大坝完工，埃及对迅速工业化和经济增长还是很乐观的。不断增加的劳动力将变成受过教育的产业工人，他们可能为新埃及的工业增长贡献力量。另外，更微妙的因素给这些观点提供难以言表的支持。他们认为生育控制是"西方"的，而西方被看作正在衰落。同时，在阿拉伯国家中埃及的地位已很稳固，且如果埃及人口增加，那么中东在国际上的政治势力将得到加强。

在这种氛围中，人口政策的倡议减少，而且与人口相关的项目也停止了。1960 年，国家人口问题委员会变为非政府的埃及家庭计划研究联合会，实际上这个机构也是半官方的，因为得到政府的财政资助，而且在家庭计划联合会的各种机构中有政府官员任职，这些政府官员还协助门诊工作。然而，联合会的非政府组织身份意味着其是在官方政策范围之外进行活动，是积极地组织项目和根本不组织项目之间的折中。这段时间里，由于议会中的敌对质疑，政府仍未明确对人口增长所持立场。

然而，问题已经开始转向另一个方面。1962 年颁布了新国家宪章，列出了埃及的基本设想和指导原则。这个宪章明确把人口快速增长视为影响埃及人民生活水平提高的因素，"人口增长是埃及人民有效提高生产水平所面临的最大障碍"（翻译自 Makhlouf，2003，pp. 236 - 237）。为此，政府专门设立了一个部长级委员会研究"下一步要做什么"，并就这个问题和议会进行激烈辩论。艾资哈尔大学的伊斯兰学者认真考虑了这个问题，并再次裁定通过计划生育拉长两孩间隔与伊斯兰教义和习俗并不冲突。

部分政府领导内心的变化，是因为新政权把人们的期望已经提高到不现实的高水平。经过 10 年的高预期及激烈辩论，人们意识到未来一段时间不可能有生活水平的显著提高。高期望变成了高挫败感，而在几近绝望时求助于人口控制。高层领导也许还没有真正相信人口控制能起作用，但不妨试试看其效果。20 世纪 60 年代中期，政府开始认真考虑建立服务项目。

随后在开罗和亚历山大设立了家庭计划组织，并把埃及家庭计划研究联合会更名为埃及家庭计划协会，并成为总部设在伦敦的国际计划生育联合会的正式成员。家庭计划协会最初的运转资金主要来源于社会事务部下属和家庭计划无关的其他社会福利项目，以赞助协会的运行。1964 年，卫生部下属的研究部门设立了人口研究和家庭计划局，这是卫生部首次进入家庭计划领域。这一时期，人们可以获得现代避孕药具，虽然大部分是通过私营部门获得的。1965 年，埃及开始生产口服避孕药。1964 年，开始引进外国生产的新宫内节育器（IUD）。

## 第一个家庭计划项目

1965 年，埃及政府设立了人口和家庭计划的最高决策机构——家庭计划最高理事会，标志着家庭计划第一次在国家预算中有了一席之地（因此它是一个政府机构）。理事会的使命是统筹家庭计划，研究人口和经济、社会、医疗问题之间的关系，协调所有相关行政和私人部门的活动。

理事会由卫生、教育、文化和国家计划部门的部长，地方政府，内阁事务、宗教事务、社会事务、政治宣传和统计部门的负责人组成，总理掌握一定的权力。类似的组织是各省家庭计划顾问委员会，由 21 个省的省长组成。每个省由省长担任主席，由各地代表家庭计划最高理事会的各种机构的主管、代表本地其他利益群体的阿拉伯社会主义联盟代表一起组成。省顾问委员会之下设地区执行局，负责督导项目实施。家庭计划执行秘书处是国家层面实施家庭计划政策的机构。卫生部和社会事务部负责提供服务，因为这两个部的工作人员和设施已遍布全国。卫生部在现有结构上建立了国家家庭计划项目，社会事务部继续督导非政府组织，其中包括埃及家庭计划协会。新成立的家庭计划委员会协调各部之间的活动，并开展研究、培训、教育等活动。从 1966 年开始每年预算 100 万埃及镑。

尽管国际家庭计划联盟（前国际计划生育联合会）和几个美国机构（包括福特基金会、洛克菲勒基金会和人口理事会）提供了一些技术和物资援助，但埃及的国家政策和项目要比这些外国捐赠早 10 年。因为当时政府间的双边和多边国际援助机构尚未涉及人口和家庭计划领域。20 世纪 60 年代末情况出现了戏剧性的变化。20 世纪 60 年代中期，瑞典国际发展合作机构开始为埃及家庭计划提供技术援助。1968 年成立了联合国人口活动基金会，随后不久，美国国际开发署也得到准许为家庭计划活动提供援助，世界银行对人口问题的兴趣也可追溯到这一时期。在埃及家庭计划项目后期，这些捐赠开始产生作用，但只有非政府组织（福特基金会、人口理事会和洛克菲勒基金会）真正帮助埃及形成第一个人口政策（Croley，1969；Husein，1977）。

1966 年，埃及已经有了旨在降低生育和人口增长的政策和项目。这个项目有直接且明确的目标，并有系统的组织。埃及政府决定利用卫生部和社会事务部现有的设施和人员，提供避孕服务和供给避孕药具，并把整个项目看作是正在实施的其他与健康相关活动的一部分。结果众多新成立的委员会的所有成员完全忙于其他活动，家庭计划最高理事会成了空架子。理事会几乎很少（假如有的话）真正开会，家庭计划执行委员会是真正的领导。该机构及其地方分支执行委员会的工作人员都由卫生部现有工作人员组成，另支付他们基本工资的 30%。同时，通过诊所来提供家庭计划服务，诊所在常规的开放时间外每周必须有 3 个下午专门为家庭计划活动开放，并且对医生和其他工作人员的服务以加班费的形式给予报酬。他们可以收取适当费用（每包口服避孕药 0.1 埃及镑，每只 IUD 1 埃及镑），其中一半费用归医生，一半归其他工作人员。

采用这种方法的目的是试图快速建立一个节约使用有限的人员和临床资源的项目。从积极的方面来看，几乎一夜之间在全国建立了 2000 多家门诊、医院和其他服务点。此外，使用卫生部的设施确保家庭计划完全纳入常规医疗活动，这一点为大多数家庭计划专家所青睐。然而，实际会稍微有些不同。实际形成的仅是家庭计划项目的外表，很多内容只是存在于文件中，而没有形成一个可以完全运行的服务系统。这个结构的缺点很快就显现出来。奥姆兰回顾项目时（Omran，1973，p. 127）警告说，"项目的优势可能变成它的弱点"，并指出项目的设计令人敬佩，但在实施方面存在许多需要解决的问题。

**第一个家庭计划项目评论**

加达拉（Gadalla，1968，pp. 215 - 220）对这个项目的一些主要问题发表了以下详细的分析和评论。

● 项目资金不足。1965 ~ 1970 年，平均每年分配给家庭计划委员会的资金是每名 15 ~ 45 岁的已婚妇女 5.5 埃及镑，其中大部分成为管理和行政费用支出。

● 高层领导变换频繁。在项目开始的 4 年，家庭计划执行委员会主席更换了 5 次，一些省级委员会也发生了类似的人员变动。领导缺乏连续性，项目的方向也很不确定。

● 项目领导人缺乏组织和运行家庭计划活动的知识和经验。没有可以照搬的模式，外国捐赠机构提供的建议和技术援助不总是所需要的。家庭计划委员会不是先开展小规模试点、然后再发展切实可行、发展适合本地情况的项目，而是立即实施了全国性的项目。一旦在全国范围内实施，就很难调整方案或缩小规模。

● 卫生部和家庭计划委员会的分工和责任混乱。大多数工作人员是全职的卫生部雇员并在家庭计划委员会兼职，但他们真正对哪一个机构及其活动负责却不明确。

● 工作人员培训不足。卫生部和其他招募来从事家庭计划工作的人员很少或没有经过专门培训，而对项目实施起着重要作用的各地执行机构的成员则根本没有经过培训。

● 避孕药具供应不足。可以普遍得到的只有避孕药，但其供应来源很不可靠。宫内节育器虽很受欢迎，但只有部分政府医院的工作人员经过手术培训，药具供应也无法满足需求。

● 服务质量差。在诊所实施宫内节育器放置时，他们术前不咨询当事人，并且没有术后跟踪服务，工作人员没有准备好应对服务对象的问题和错误看法。避孕药在发放时没有仔细介绍，工作人员不在乎更换品牌，而这可能导致并发症和副作用，而工作人员没有能力处理这些问题。

● 领导人对项目的承诺不断变化。尽管 1965 年总统签署了家庭计划项目，但似乎有了其他想法，此后很少提及这个项目。中低层的政治和行政领导人对政策或项目也不予理睬，而服务对象和基层工作者意识到了这个问题。媒体与保守的宗教和政治团体反对家庭计划理念的声音强烈并持续不断。

● 项目缺乏协调一致的宣传教育，而且出于实际考虑，一直是"隐蔽的"。考虑到政府推销和宣传其他发展目标和项目，家庭计划项目在这些方面的缺乏表明，政府也并未当真。

由于管理上的失败使得实际活动的资金不足，因为如果项目需要，国际援助机构已准备提供援助。1969 年，联合国评估小组访问埃及后，新成立的联合国人口活动基金开始提供避孕药具和技术援助。1971 年，联合国人口活动基金会和埃及政府签署了为期 5 年的 640 万美元的协议，这项资金比家庭计划执行委员会、联合国儿童基金会、世界卫生组织、福特基金会和其他国际组织提供的资金多了一倍。然而，这些援助并没有得到很好的利用，且常因行政原因耽误而使资金没有用完。

另有一些对埃及第一个家庭计划项目更为负面的问题。例如，马尔科姆·波茨在与沃伦·C. 罗宾逊 2002 年 12 月 10 日的私人交流中写道：

在世界银行团队中，我惊讶于他们想把这么多钱用于政府卫生中心。我看到的这些中心人员配备很差或实际上自我封闭。一个穷人可能会因骨折去这些门诊，但他们对政府系统没有信任，几乎没人会为了预防目的去这些中心。我已经看到过第一阶段的结果，这是一个自上而下的官僚主义做法，对一般人来说没有任何意义。毫不夸张地说，这就是供给做法。

## 人口控制策略的冲突

埃及政府高层间的持续矛盾心理可以部分解释第一次家庭计划项目的失败。埃及的发展战略家从来没有把家庭计划作为优先考虑内容。纳赛尔总统、国家政治和行政领导从来没有真正相信家庭计划会在国家经济社会发展中产生作用，政府的五年经济和社会发展计划的相关文件反映了这种怀疑态度（且不断怀疑）。尽管正式的五年经济计划提出了人口增长问题，但在官方发展计划和策略文件中几乎淹没了降低生育率的目标，因为四项行动中只有一项是应对人口数量过多的，其他三项是在新社区中重新安置人员、重组现有的村庄及提高劳动力的技术水平与提高劳动生产率。所有的政府文件都没有显示国家在高生育率方面的紧迫感，而负责实施新人口控制政策的中低层政府官员很快就知道高层缺乏紧迫感。

经济计划专家强调增加资源禀赋而不是减少人口。埃及已开始实施土地复垦工程，1952 年以来，可耕和/或可居住地数量已经增加了 25%。政府已经竭尽全力开垦沙漠地带，在贫瘠地区建造新的定居点，并且在尼罗河三角洲建立了一些新城镇。然而，其他可耕和可居住的土地由于沙漠的无情入侵而丧失。最近的一份政策文件评论道："人口政策的第二个目标是 20 世纪70 年代中期提出的更平衡的空间分布。就这个目标而言，仍没有明显的成效。"（Ibrahim & Ibrahim，1996，p. 31）

某种程度上来说，通过重组来增加新城镇或农村地区的人口增长率，以减少大城市地区的人口增长率的方法在埃及取得了成功，甚至到今天这一说法仍成立。近期的经济计划包括在上埃及地区、Toshika 或新谷项目的大规模新开垦计划，但这个政策对人口密集地区并没有大的影响。在开罗，人口密度超过每平方公里 25000 人，并且在开罗和亚历山大的一些人口稠密地区，每平方公里的人口数超过 10 万人，而埃及的平均人口密度是每平方公里 50 人。

## 家庭计划的第二阶段

一些批评家认为家庭计划项目第一阶段的工作毫无希望地过于简学化。他们认为，人类生育是处在一定社会文化环境中。这种观点认为，在埃及这样普遍流行传统文化的乡村和农业社会中，人们对家庭计划存在心理上的逆反是很正常的。他们声称，不能诱导人们接受家庭计划，除非潜在的文化基础变了，否则提供避孕方法不会产生任何效果。因此，为了家庭计划项目成功，必须把完全重构埃及乡村生活作为家庭计划工作的一部分。当时这个观点很流行，也似乎既直观又合理。因此，新的项目策略必须基于这个前提，而且被叫作"人口和发展项目"。

于是，1970 年该项目已进入由新政策观点推动的全新阶段：人口和发展项目。新人口和发展项目没有去纠正加达拉及其他批评指出的现有服务系统的具体缺点，不是改革现有的方法，而是采用了完全不同的另一种方式。它在宣传教育方面采用低调的引导式推销方法，避免冒犯那些反对家庭计划的集体和个人。最重要的一点是这次新招募的基层工作人员多为年轻女性，而且都身兼数职，并在村委会监督下工作。这些工作人员主要负责家庭计划动员和其他发展及社区建设工作。

后来证明这个人口与发展项目也存在问题。在有资金保证的情况下，经过 10 年的努力工作，客观的评估结果显示，埃及的避孕现用率没有增加，且生育率没有下降。这表明新方法和以前的方法都不成功。事实上避孕现用率还有小幅下降，项目影响也有减弱。

20 世纪 80 年代中期的情况是，旨在降低生育率的政策实施了 20 年后，没有产生任何效果。按大多数标准来看，当时政府的努力既持久也实用。当一种方法不能很好地起作用的时候，也尝试了另一种办法，但都不奏效。这些经历似乎证实了很多人一直坚持的观点：家庭计划就是不适合穆斯林或埃及人，也不可能在这些地区普及（Warwick，1982）。

## 社会经济基础的变化

政府一方面试图控制生育率，另一方面通过艰苦努力，以实现整体经济社会发展，实践证明后者更成功。埃及死亡率大幅度降低，教育水平（包括女性）提高，住房、交通、通信基础设施得到了显著改善。

人口控制从经济基础和社会服务变化中获益。实现了结构转型，通过增加教育和医疗人力资本投资，影响公共部门提供家庭计划服务的能力，并提高公众使用这些服务的意识和接受力，或许也改变了人们的价值观和意愿（Cleland & Wilson，1987；Moreland，2005）。而社会发展促进避孕知识和实践的传播则落后相当长一段时期。

## 20 世纪 80 年代项目的主要变化

20 世纪 80 年代中后期，在许多人几乎要忽略埃及家庭计划项目的时候，项目开始有了起色。1985 ~ 1988 年，埃及避孕现用率增加且生育率迅速下降，并且一直持续到 2000 年以后（Makhlouf，2003；Moreland，2005）。如同后面将要讨论的一样，这一时期的历史表明，已经出现的一系列变化和发展对避孕服务项目影响的范围及效果产生了很大影响。

### 项目的组织和领导改善

1985 年颁布的总统法令使家庭计划项目的结构发生了重要变化，新成立的国家人口委员会（NPC）取代原先的家庭计划最高理事会。但这个新委员会除了任命马赫·马兰医生担任秘书长（同时担任家庭计划执行委员会主席）外，其他人员都与原家庭计划最高理事会相同。马兰有妇产科专业和大学教授的背景，担任这一职务后很快成为在媒体上常出现的争议人物。他常公开发表言论，但媒体常批评甚至嘲笑他。在他的领导下，家庭计划项目备受关注，家庭计划成为埃及非常重要的问题（Rakia，1994）。

总统胡斯尼·穆巴拉克支持国家人口委员会的工作，他常对项目的发展非常关心，从1982年开始频繁表态大力支持家庭计划项目。国家人口委员会是所有捐助家庭计划活动机构的首选，而美国国际开发署给国家人口委员会的捐助特别多。在培训工作人员方面，在国家人口委员会中设立了美国国际开发署的发展子项目，以协助21个省成立人口委员会计划和协调办公室，帮助国家人口委员会形成有效的管理和研究能力。

国家人口委员会受资助开展了1988年（第一次）和1992年（第二次）埃及人口和健康调查。国家人口委员会与中央动员和统计局合作研究项目，确保及时完成1986年人口普查的出版工作，并与开罗人口中心合作开展其他调查及分析数据。这些调查由美国国际开发署聘用的国际技术援助组参与，但由本地机构和人员实施。

### 私营部门参与服务工作

1979年，半官方的埃及家庭计划协会发起城市社区服务项目，1980年由社会事务部正式注册。项目首先在开罗开始实施，随后扩展到亚历山大和尼罗河三角洲其他城市，其目的是推动私营医疗护理部门参与家庭计划服务和药具发放。1981年该项目扩展到美国国际开发署的援助项目中，并重新命名为"未来家庭"，这是一个发放药具的社会营销方案。未来家庭项目是由非政府组织发起，但通过政府任命董事会间接受政府控制。美国国际开发署免费为未来家庭项目提供避孕药具，并使私人部门和非政府组织服务部门以低于市场价格获得这些药具。未来家庭项目很快成为商业药房避孕药以及私人医生的宫内节育器的主要来源。未来家庭项目最初主要集中在与现有私人非政府医疗设施有紧密联系的城市地区，但很快就在农村地区建立了服务机制，未来家庭项目网络几乎覆盖全国。几乎所有以前不能获得避孕药具（特别是避孕药）的偏远农村都可得到这些药具。

### 启动重点突出的大众传媒项目

大众传媒参与家庭计划的活动可追溯到 1978 年，当时在联合国人口活动基金会的资助下，政府国家信息服务部门建立了家庭计划宣传中心（埃及有两个国家频道和几个地区电视频道，以及几家为各种市场服务的广播电台，但是都受国家信息服务部门控制）。20 世纪 70 年代末 80 年代初，埃及广播和电视信息大部分内容是教育性的，强调国家面临人口增长过快的问题，但却很少将这个问题与受众的日常社会和经济问题相关联。而且很少关注避孕方法、避孕的好处、避孕药具的来源和其他可能遇到的问题（Bogue，1983）。

传媒项目的调查评估结果指出，宣传需要更有针对性地介绍避孕方法和供给来源。随后政府在 20 世纪 80 年代中期发起了一项新运动。这是一个涉及海报、宣传单和服务人员等多个媒介的运动，强调使用电子媒介（特别是电视）。第二次人口和健康调查表明电视的普及率很高，1992 年超过 90%的城市家庭和 70%的农村家庭拥有一台电视。从全国范围来看，电视的拥有量甚至高于收音机。研究还表明，电视是大多数妇女获取新信息的主要来源。

新国家信息服务项目使家庭计划运动家喻户晓，并进一步讨论大家庭为孩子提供衣食和教育如何麻烦，最后公开讨论具体的避孕技术。1995～1997年，采用广播插入广告、戏剧和在其他节目中插播信息等办法公开讨论避孕技术及其可能有的副作用。这使得家庭计划项目不仅提供信息，而且成了一种行为变化（Robinson & Lewis，2003）。

### 扩大选择范围

宫内节育器很快成了最普及的避孕方法，但这种方法的广泛使用在埃及医疗界引起了不小的麻烦。20 世纪 80 年代中期以前，埃及医学协会规定医院和大诊所正规妇产科医生才能从事宫内节育器置入，按照此规定，大多数医生不能提供这项服务。改变这个陈旧的规定、普及 IUD，需要政府施加很大压力。从一个服务导向项目来说，人口和发展项目已经变成了口服避孕药项目，但埃及妇女似乎更喜欢长效避孕方法，宫内节育器方法更容易获得后，对其需求迅速增加。改进后的宫内节育器 T 铜 380A 比原先的副作用更小，且几乎能无限期使用，20 世纪 80 年代中期引入后很快得到妇女的青睐。这要求大量培训人员，这项工作很快完成了。私人医生通过社会营销项目获得新宫内节育器，且有很大比例的宫内节育器手术由他们来实施。

**提高服务质量**

1987 年，美国国际开发署资助临床服务改进项目，其中包括改善埃及家庭计划协会诊所设施、建立新诊所和扩大在职培训服务。临床服务改进项目计划在 20 个省的 112 家诊所实施，其中包括许多第一次列入项目的偏远的南埃及地区。向地方诊所提供的培训是收费的，这些收入再用于临床服务改进项目，以进一步改进和扩大这个项目。临床服务改进项目的诊所成了整个服务提供系统的典范，并使卫生部更关注门诊服务质量，最终促成了"金星诊所计划"。在这个计划中，卫生部形成了一个服务质量评估表，然后这些诊所用这个表对诊所进行评估，通过评估的诊所给予现金奖励和金星奖。

美国国际开发署子项目资助了很多新措施，并给大量私人诊所和机构提供培训和供应物资，引导他们进入家庭计划服务供应系统，改善服务质量。这些活动包括埃及青年医生协会在私人诊所中培训新医生和家庭计划助手、全面的家庭护理项目和科普协会的社会关怀、建立并维持诊所及外展活动，农村社区的家庭计划项目和科普协会为 50 个乡村提供社区服务。省妇女发展委员会和家庭计划培训与研究所共同培训全埃及的妇女领袖，提升她们的领导技能，普及家庭计划知识。家庭生活教育和咨询项目的专业培训与 12 个省的家庭计划联合会共同培训家庭计划咨询员，国际家庭计划机构实施了三个示范小项目。这一时期援助资金的流向也很重要，因为大多数新的和/或改进的策略是和具体的资金援助项目相联系的。这些工作的结果是避孕现用率明显增加（Mahran，1995；Mahran、El－Zanaty & Way，1995；Robinson & El－Zanaty，2006）。

### 经验教训

从埃及的经验中可以得出以下结论：

• 家庭收入和消费的快速增加不是生育率下降的先决条件，而社会经济基础的改善是导致传统观点弱化和少生孩子蔚然成风的重要因素。

• 对于改变态度和避孕的接受程度而言，专门针对农村或有性别视角的项目似乎没有重要作用。

• 家庭计划项目必须吸引公众注意，必须公开讨论，这是家庭计划问题得到公众认可的最好方式。

• 高层政治领导人的公开支持有助于激励项目人员，即使对服务对象可能没那么大作用。

• 项目必须有足够的资金支持，才有可能采取试点方法。

• 与项目相关的研究在识别和解决问题方面起着重要作用。

• 私营部门应负责提供大部分服务。

• 服务的质量（包括多种避孕方法的选择）比工作人员数或诊所数更重要。

• 只有自愿或非强制的项目才能运作得最好。

从某种意义上讲，中间层政府官员没有热衷于家庭计划项目是一件好事。埃及避免了犯目标过大的错误，且没有给服务对象和工作人员太大压力，因此项目结果也不会有迅速反弹的负面风险。埃及没有把高生育率看作是需要采取紧急措施的传染病，即使面对明显的失败也没有采取应急做法，而其他国家的案例表明这些做法是一种灾难。

## 最终评论

埃及家庭计划项目从未完全失败。自 20 世纪 60 年代以来，埃及的避孕现用率上升，生育率缓慢但稳定下降。估计 1960 年埃及已婚妇女的避孕现用率是 5%。1965 年实施家庭计划项目后影响较小，1970 年埃及已婚妇女的避孕现用率上升到 10% 左右。从 1975 年开始进行的一系列国家避孕现用率和生育率调查在有些年份上与家庭计划项目统计报告的结果有差别，但在总变化趋势上是一致的。1975 年埃及第一次全国避孕调查报告的避孕现用率是 26%。在人口和发展项目时期避孕现用率开始稳定下来（稍微有一点下降），1980 年为 24%。到 20 世纪 80 年代中期，避孕现用率再一次上升，到第一次人口和健康调查（1988 年）时达到 37.8%，第二次人口与健康调查（1992 年）时达到 47.1%。因此，埃及家庭计划项目 30 年历史中，避孕现用率仅在短期内没有上升（Moreland，2005）。随着时间的推移，政策研究指出问题，家庭计划项目管理者逐步改善不足之处。人们似乎曾经对项目预期过高过快，在项目工作持续努力初现成果时却放弃了。

## 参考文献

[1] Ammar, Abbas M. 1942. *A Demographic Study of an Egyptian Province: Sahrqiya*. London: Percy Lund and Humphrey.

[2] Bogue, Donald J. 1983. *How to Evaluate a Communications Campaign for Family Planning: A Demonstration Based on Data from the SIS Program in Egypt, 1980 – 82*. Research Report 6, Carolina Population Center. Chapel Hill, NC: University of North Carolina Press.

[3] Cleland, John, and Chris Wilson. 1987. "Demand Theories of Fertility: An Iconoclastic View." *Population Studies* 41 (2): 237 – 59.

[4] Cleland, Wendell. 1936. *The Population Problem in Egypt*. Lancaster, PA: Science Press.

[5] ——. 1937. "Egypt's Population Problem." *L' Egypte Contemporaine* 28: 67 – 87.

[6] ——. 1939. "A Population Plan for Egypt." *L' Egypte Contemporaine* 30: 461 – 84.

[ 7 ] Croley, H. T. 1969. *The United Arab Republic.* Country Profiles Series. New York: Population Council.

[ 8 ] Farag, M. 1970. "The Origin and Development of Family Planning in the U. A. R. " In *Report of Cairo Demographic Center Annual Meeting*, *1969*, 55 - 87. Cairo: Cairo Demographic Center.

[ 9 ] Gadalla, S. 1968. "Population Problems and Family Planning in Egypt. " Paper presented at the Eighth International Conference of Anthropological and Ethnographic Sciences, September, Tokyo. Also published as Reprint 14 by the American University in Cairo.

[ 10 ] Goldschmidt, Arthur E. 1990. *Modern Egypt.* Cairo: American University in Cairo Press.

[ 11 ] Houston, Perdita, ed. 1991. *The Right to Choose: Pioneers in Women's Health and Family Planning.* London: Earthscan Publications.

[ 12 ] Husein, Hassan M. 1977. "United Arab Republic. " In *Family Planning in the Developing Worlds: A Review of Programs*, ed. W. B. Watson, 143 - 150. New York: Population Council.

[ 13 ] Ibrahim, Barbara, and Saad Eddin Ibrahim. 1996. "Egypt's Population Policy: The Long March of State and Civil Society. " In *Do Population Policies Matter?*, ed. Anrudh K. Jain, 19 - 52. New York: Population Council.

[ 14 ] Ibrahim, Saad Eddin. 1995. "State, Women and Civil Society: An Evaluation of Egypt's Population Policy. " In *Family*, *Gender*, *and Population in the Middle East: Policies in Context*, ed. Carla Makhlouf Obermeyer, 57 - 89. Cairo: American University in Cairo Press.

[ 15 ] Kirk, Dudley. 1996. "Demographic Transition Theory. " *Population Studies* 50 (3): 361 - 88. Kiser, Clyde V. 1942. "The Demographic Position of Egypt. " In *Demographic Studies of Selected Areas of Rapid Growth*, ed. Clyde V. Kiser, 99 - 122. New York: Milbank Memorial Fund.

[ 16 ] Mahran, Maher. 1995. "The National Population Council's Huge Achievement for the Last Ten Years" (in Arabic). *Al Wafd*, January 23.

[ 17 ] Mahran, Maher, Fatma H. El - Zanaty, and Ann Way, eds. 1995. *Perspectives on Fertility and Family Planning in Egypt.* Calverton, MD, and Cairo: National Population Council and Macro International.

[ 18 ] Makhlouf, Hesham H. , ed. 2003. *Population of Egypt in the Twentieth Century.* Cairo: Cairo Demographic Center.

[ 19 ] Moreland, Scott. 2005. *Egypt's Demographic Transition: Assessing 25 Years of Family Planning.* Washington, DC: Futures Group International.

[ 20 ] Naguib, Mohammed. 1955. *Egypt's Destiny.* London: Victor Gollancz.

[ 21 ] Omran, A. R. ed. 1973. *Egypt: Population Prospects and Problems.* Chapel Hill, NC: University of North Carolina Press.

[ 22 ] Rakia, Nina. 1994. "We Will Solve the Problem: An Interview with Prof. Maher Mahran of Egypt. " *Integration* (41): 4 - 7.

[23] Rizk, Hanna. 1955. "Population Policies in Egypt." In *Fifth International Conference of Planned Parenthood, Tokyo, Japan, October 1955*, ed. G. Pincus. London: International Planned Parenthood Federation.

[24] Robinson, Warren C., and Fatma H. El – Zanaty. 2006. *The Demographic Revolution in Modern Egypt*. Lanham, MD: Lexington Books.

[25] Robinson, Warren C., and Gary Lewis. 2003. "Cost – Effectiveness Analysis of Behaviour Change Interventions: A Proposed New Approach and an Application to Egypt." *Journal of Biosocial Science* 35 (3): 95 – 110.

[26] Shanawamy, H. 1973. "Stages in the Development of a Population Control Policy." In *Egypt: Population Problems and Prospects*, ed. A. R. Omran, 189 – 219. Chapel Hill, NC: University of North Carolina Press.

[27] Warwick, Donald P. 1982. *Bitter Pills*. New York: Cambridge University Press.

（彭伟斌　吴艳文　译　　郑真真　吴艳文　校）

# 第三章

## 伊朗的家庭计划：1960～1979 年[*]

■ 理查德·穆尔

20 世纪 60 年代初中期，伊朗是第一波发动国家人口和家庭计划的发展中国家之一。在家庭计划方面没有经验可以借鉴，也几乎没有教训可以学习，可供利用的工具和方法也很少，在如此复杂的环境下，伊朗成了家庭计划历史上的先锋。最初，大多数发展中国家（特别是传统伊斯兰国家）认为家庭计划项目在文化上和政治上都非常敏感。1967～1979年，通过提供充足的物资、国际援助和强大政治支持等不懈努力，伊朗的家庭计划项目发展迅速，积累了一些经验并取得了一些有用的结果和成就。本章重点考察这一时期，并把这一时期作为整个项目的第一阶段。然而，1979 年初伊朗发生伊斯兰革命时，很快就发现伊朗国王的家庭计划项目及其社会现代化倡议缺乏宗教团体和其他团体的支持。此外，当时伊斯兰革命的领导者基本上是鼓励生育的。1979～1988 年可看作是家

* 作者希望感谢乔尔·蒙塔古、鲍勃·吉莱斯皮、约翰·弗里森和史蒂夫·索特，他们都是经验丰富的老手——在准备这一章期间他们提出了许多有益的意见和明智的建议。也感谢桑迪·利伯曼在内容构想上的创意。来自沃伦·C. 罗宾逊编辑上的支持特别受益，非常感谢。

庭计划项目的第二个阶段。然而，1989 年出现了根本性的转变，这些领导人完全改变了他们的观点，并在家庭计划方面创造了骄人的业绩。1988 年至今这一时期可看作是家庭计划项目的第三个阶段。本章主要事件的大事年表见专栏 3.1。

| 专栏 3.1 | 伊朗家庭计划主要事件时间表 |
|---|---|
| 年份 | 与家庭计划有关的主要事件 |
| 1961 | 取消避孕药具进口限制，启动商业销售。 |
| 1962 | 伊朗国王通过建立卫生服务队和其他"革命性团体"等白色革命发动社会改革。 |
| 1966 | 人口普查结果公布。人口委员会检查家庭计划项目并提出建议。 |
| 1967 | 伊朗国王签署了德黑兰宣言，作为国家人口和家庭计划的基础。 |
| | 卫生部家庭计划部门成立。 |
| | 家庭计划高级协调委员会成立。 |
| | 家庭计划服务启动并迅速扩展开来。 |
| 1968 | 人口理事会任命 1968~1975 年的常驻家庭计划顾问。 |
| 1969 | 联合国发展项目派常驻人口项目顾问（后来称为高级人口顾问）前往德黑兰。1973 年，联合国人口基金协调员代替常驻人口项目顾问。 |
| 1970 | 政府设定 20 年内年人口增长减少到 1% 的目标。 |
| | 首先在伊斯法罕省实施宣传项目，随后逐步在其他省份实施。 |
| 1972 | 美国西屋公司的研究表明，私营部门负责一半的避孕服务。 |
| 1973 | 第五个经济发展计划（1973~1978 年）把家庭计划项目经费增加到 1 亿美元。 |
| | 启动世界银行项目，后于 1977 年取消了该项目。 |
| 1974 | 石油收入的急剧增加使伊朗社会发生变化。 |

| 年份 | 与家庭计划有关的主要事件 |
|---|---|
| 20 世纪 70 年代中期 | 政府发动全国范围的大众传播活动。 |
| 20 世纪 70 年代末期 | 超过 2000 家诊所提供家庭计划服务。 |
| 1979 | 革命政府推翻了伊朗国王政权，暂停官方人口和家庭计划政策和项目。 |
| 1981～1988 | 两伊战争。 |
| 1989 | 伊朗伊斯兰共和国重新开始并迅速扩展家庭计划政策和项目。 |

## 背　景

伊朗是一个地域很广且拥有高山、大沙漠、热带低地以及炎热、干燥平原的地理多样化的国家。伊朗历史上是农业国，人口密度很低，只是通过断断续续的结合才形成一个松散国家。20 世纪 60 年代末 70 年代初的现代化包括迅速改善大众传媒、普及教育和交通工具。

1956 年伊朗第一次全国普查报告的总人口是 1900 万人，比 10 年前所估计的总人口数 1590 万人要高。到 1966 年，伊朗的总人口增加到 2580 万人，1976 年增加到 3370 万人。伊朗城乡生育率差异非常突出：1966 年城市地区的总和生育率是每个妇女生育 7 个孩子，而农村地区是 8.2 个孩子，并且这种差异始终存在（Bulatao & Richardson，1994）。

同样，人口分布的变化也很明显。例如，1956 年，32% 的人口生活在城市地区，但到 1966 年，城市人口已经占总人口的 38%，到 1976 年几乎占总人口的一半，达到 47%（Bulatao & Richardson，1994）。1956～1966 年，德黑兰的人口增加了 80%（Moore、Asayesh & Montague，1974）。在农村地区，66500 个乡村居住了 60% 的育龄妇女，而 12% 的育龄妇女住在人口不到 5 万人的小镇。此外，伊朗 40% 的村庄是人口不到 250 人的村庄（世界银行，1973）。设立服务设施的速度赶上城市人口增长的速度，同时还要为广大农村居民提供各种各样的创造性服务显然是艰巨的任务。

城乡分割也因与其他因素高度相关而显得非常重要。包括信仰、文化水平和贫富差距，而这些因素和现代经济体系、获得和利用信息、获得医疗和其他社会服务、健康状况和生育率、妇女地位以及开放的影响和思想之间存在一定的联系。20 世纪 60 年代中后期，尽管现代化和公共服务所带来的好处扩散到农村地区，但城市中产阶级和农村大多数人的观念和生活方式的差距仍在不断扩大。例如，1966 年城市地区的识字率是 51%，而农村地区仅为 15%。

总的来说，传统上伊朗妇女的地位很低。1966 年伊朗妇女的识字率仅18%，而男性的识字率是 41%（Friesen & Moore，1972）。另外，尽管伊朗皇室在 1935 年就采取各种措施来改善妇女地位，但 1974 年伊朗的名人录中女性仅占 7.5%。

伊朗人均收入从 1962 年的 192 美元增加到 1972 年的 420 美元（Friesen & Moore，1972）。1972～1990 年，人均收入从 420 美元增加到超过 2000 美元。收入迅猛增加的原因是 1974～1975 年石油价格的攀升：伊朗的石油收入从 1972 年的 26 亿美元增加到 1974～1975 年的 200 亿美元。在其他影响方面，石油价格的暴涨导致出现一系列重要的社会经济变化，经济规模的迅速扩大。经济增长加速了基础设施改善和工业发展，并引起城市移民的快速增加。

尽管宗教领袖同意政府控制人口的政策和项目，但他们强烈反对绝育和任何形式的可能导致流产的避孕（即使是在受孕初始）。他们不认为口服避孕药是一种堕胎药。宗教、传统观念以及宗教领袖对农村地区和城市的传统组成部分如市场商贩和穷人中影响很大。这些传统观念与居住在城市和大城镇的更为现代的中产阶级的价值观念和行为方式形成鲜明对比。人们意识到，伊朗国王在行动上主要使用各种强制方法来控制伊斯兰宗教机构，避免形成权力中心。作为这项行动的一部分，伊朗国王实际上任命所有穆斯林重要领导人。事实上，伊朗人知道各级宗教机构是完全反对任何可能影响女性的法定和个人地位的变化。伊朗国王的同盟者们（包括德黑兰的上层阶级和受过良好教育的人）把穆斯林看作阻碍进步的保守派。然而，他们没有意识到城乡的商贩和穷人都受这种观点的影响。

自20世纪60年代初以来，由于伊朗国王的努力，已经进行了一系列社会经济和法律改革（即所谓的"白色革命"的一部分），认为改革将会提升社会服务、改善生活条件、提高妇女地位、建立现代化的基础设施和现代化的国家。遗憾的是，这些改革的做法至少和改革内容同等重要，而这做法是"强加"。尽管伊朗国王及其有一定影响力、但却不受欢迎的妹妹阿什拉芙公主有很多支持者，但主要是那些可能直接获益者或看到了国家将可能获益的有识之士。伊朗国王的方式是下命令，且压制任何反对意见。在家庭计划项目存在这些局限的情况下，且1966年粗出生率是每千人49名活产婴儿，1976年粗出生率仍是40‰左右，难怪1978年人口委员会认为伊朗到2000年人口粗出生率仍不可能降低到20‰。尽管伊朗在家庭计划方面做出了承诺并付出了努力，且在家庭计划实施的前10年进行大量投入，但仍被归为与阿富汗、尼泊尔、尼日利亚和苏丹属于同一类型的国家（Berelson，1978）。

## 激励因素、启动政策和实施机制

随着伊朗人口和社会经济方面的问题越来越多、越来越严重，伊朗政府做出了回应。回应表现为设置政策目标及应对方法。一个正式的家庭计划服务和信息机构得以建立以实施这些政策。

### 重要性

早在20世纪50年代初，国际计划生育联合会就在伊朗发起了家庭计划服务。直到 1957 年，这些服务中才包括专门咨询服务，当时国际计划生育联合会通过商业部门引入避孕药具。然而值得注意的是，直到 20 世纪 60 年代初，伊朗政府仍主张适度鼓励生育。

通过研究 1956 年人口普查数据，第一次表明伊朗可能面临人口问题，这些研究表明伊朗人口增长迅速。伊朗政府对此感到震惊，随后组成了一个人口委员会。1966 年人口普查表明，伊朗人口年增长率超过 3%，这一结果震动了政府并促使其采取措施。伊朗未来人口可能超过 1 亿，也就是说，仅需要 23 年，伊朗人口就将翻一番；需要以比联合国预测快两倍的速度增加避孕现用率；城市地区年轻的人口结构和人口迅速增加的经济社会意义；所有这些因素都促使伊朗采用降低生育率的人口政策，并在全国范围内开始实施相关项目（Friesen & Moore，1972）。

1966 年，伊朗政府邀请人口理事会为伊朗如何处理人口问题提供咨询（Keeny 等，1967）。此外，伊朗政府派几名卫生部官员去埃及和巴基斯坦学习人口项目。伊朗官员甚至皇室成员也成了联合国国际和地区论坛及其他有关人口和家庭计划问题活动的积极参加者。

因发展中国家人口增长而不断敲响的国际警钟无疑强化了伊朗对人口和经济问题的担忧。例如，1974 年在布加勒斯特大会通过的《世界人口行动计划》中所涉及的关注和行动在伊朗广为人知，整个 20 世纪 60~70 年代伊朗对国际上发表的观点政策和计划的关注程度不断增加。政府认真地研究了国际的发展情况和影响，这对伊朗自身的政策和计划起到了重要的作用。

伊朗当时的环境不利于政府发动全国性的限制生育的家庭计划项目。因为伊朗大部分人是文盲，他们既保守又传统（特别是在农村地区），又是多生育主义者，至少他们还很难理解人满为患的概念。此外，伊朗的婴儿死亡率仍很高，且没有建立起相应的社会保障系统，因此大多数夫妇赞同高生育率，他们认为孩子是社会经济的来源。同样，许多夫妇无疑将宗教的或仅仅是保守和传统的因素作为高生育率的根据。

### 政策

1967 年，《德黑兰宣言》第一次宣布政府的人口政策，宣称家庭计划是一项人权，并试图通过推动家庭计划来提高国家和家庭的社会经济福利。1970 年，政府颁布了更积极、更有针对性的政策，阐述了人口和家庭计划项目的最终目标，即 20 年内把年人口增长率降低到 1%。

为了实施这一项目，政府通过了一系列法律并采取了各种政策。最明显和最重要的工作是明确职责，1967 年把人口和家庭计划任务交给卫生部主管家庭计划的副部长负责。几个月内，政府通过了卫生部提交的关于家庭计划项目的预算。在这个项目中，卫生部人口和家庭计划局（以下简称家庭计划局）在卫生部所有诊所和初级保健卫生设施提供服务和信息，培训医疗和医疗辅助人员、支持卫生教育活动并鼓励研究。通过法律规定，废除限制绝育和流产，在高中和大学的课程设置中包含人口相关课程，进一步提高妇女地位。

家庭计划项目的总目标是帮助夫妇控制家庭规模，也就是说，在家庭孩子数量和家庭经济状况间找到一个平衡点。更确切地说，该项目试图改变育龄夫妇有关避孕的知识、态度和做法。主要通过提供相关信息改变其思想以及增加现代避孕方法的使用等实现这一目标。

像其他家庭计划项目一样，尽管农村地区有移动诊所，但伊朗家庭计划项目主要集中在城市，且通过门诊来提供服务。实际上，家庭计划项目沿用了这些服务设施，因为这些门诊和工作人员已在卫生部和各种其他组织之下，而且在城市地区，这些基础设施影响甚至左右其服务的人群。诊所在原有的初级保健服务范围内的提供避孕服务和信息。但很难扩大服务范围，因为交通等条件差距很大（Moore，1974）。后来，负责为农村妇女提供口服避孕药的辅助卫生工作者、助产士和乡村卫生工作者，有些在经过培训后试着进行宫内节育器放置。除了经济条件较好的人缴纳一点注册费外，一般是免费提供预防性的家庭计划健康服务。

家庭计划项目几乎完全依赖单一类型的避孕药具——避孕药，大约90%的人使用这种方法，而很少提到避孕套、宫内节育器、绝育或人工流产等。国家战略家和人口学家不支持仅靠一种避孕方法，特别是避孕药使用比例这么高，主要是因为那些已经生育了他们想生育孩子的妇女而且年龄超过31岁的妇女有最大避孕需求。在这些妇女的一生中，还要度过多年的育龄期，只有长效避孕方法更有意义。强调使用避孕药背后的原因是当时的避孕技术还不成熟。宫内节育器还处于试验阶段，而大规模引入的避孕环（福特基金会在20世纪60年代中期引入印度的一种避孕方法）会产生复杂的并发症。伊朗家庭计划项目以避孕药为主另一个原因是当时几乎完全没有女医生，没有受过培训可以进行宫内节育器置入的助产士，而且农村地区没有进行这些较复杂临床方法的医疗基础设施。此外，宗教领袖不允许使用绝育方法。

人口理事会通过实施产后家庭计划项目支持伊朗增加家庭计划服务，最初这个方法似乎很有效。然而，像许多国家产后项目一样，伊朗的产后项目并没有真正开始，而且从未推广。尽管还不清楚是什么原因导致出现这些情况，但可能与项目导向有关，即事实上大多数项目旨在对人口产生影响，而不是满足妇女的生殖健康需求。尽管这个项目推广现代避孕方法，但传统避孕方法仍很普遍。

与当前关于人工流产的观点不同，当时许多国际观察家和伊朗官员敦促家庭计划项目使用所有可能限制生育的方法，包括人工流产（Moore Asayesh & Montague，1974）。直到20世纪70年代末，联合国人口基金仍给伊朗政府提供大量月经调节（人工流产）工具包。然而，尽管非项目的人工流产很普遍，平均每名妇女流产三次，但伊朗官方从来没有推广人工流产（Bulatao & Richardson，1994）。

项目针对的高生育率群体过分依赖单一避孕方法限制了项目进展。考虑到项目的特点、服务者缺乏避孕经验、采购和使用避孕药相对容易，依赖避孕药似乎是一个理性决策。但这难以解释为什么不尽早花精力引进并提供避孕套，最终引入长效避孕的绝育手段，同时推广拉长生育间隔。

家庭计划项目的目标人群主要是那些还没有完成想要的生育数量的城市年轻妇女。几乎完全依靠临时间隔生育的妇女意味着，实际上项目很少把老年妇女（已经完成了生育并有更大的动机开始避孕）、农村妇女和男性作为提供信息和服务的目标。而且对于为未婚夫妇或年轻人提供避孕服务，则没有具体的政策。估计这些人必须从私营部门购买避孕药具。

## 政府项目

国家健康和家庭计划项目是一项高度复杂的工作。必须建立一定的组织，提供人力和其他资源，进行协调和管理，以更有效地发挥项目功能。

### 组织、管理和能力

卫生部家庭计划局主要由五个单位构成：人口事务办公室，妇女健康事务办公室，技术事务指导部（包括宣传动员、临床服务和技术培训），研究和计划指导部（包括评估），母婴健康与营养指导部。并由三个副局长领导三个指导部。

母婴健康与营养（MCHN）指导部和妇女健康事务办公室的目的是将家庭计划纳入更为主流的母婴健康与营养服务，并借助其国家健康和家庭计划宣传动员能力。作者尚未注意到有研究评估项目是否能从当时家庭计划和母婴健康与营养的创新合作中获益。

家庭计划局在省级家庭计划的负责人由省级卫生局任命，并向其汇报工作。重要事务由家庭计划局高级官员共同决策。

家庭计划局的一项重要工作是为提供家庭计划服务的所有官方诊所制订标准，并形成基本工作模式，主要包括工作人员、设备、药品、避孕服务方式及项目的记录管理。卫生部授权一家非营利公司采购和供应避孕药具，这家公司负责为政府卫生中心提供避孕药具，并且也为其他政府和非政府组织供应口服避孕药。人口理事会主要提供宫内节育器，瑞典国际发展合作机构提供避孕套，而且也可通过大量商业网点获得口服避孕药。

卫生部家庭计划项目主要通过卫生部网络和诊所来实施。由于估计范围变动非常大，因此几乎不可能比较准确地说明特定年份固定和移动诊所数量。主要问题是有些数据仅包括卫生部的诊所，而有些数据不仅包括卫生部的诊所，还包括其他机构的诊所。而且家庭计划局缺乏诊所数量的相关记录。弗雷森和摩尔（Friesen & Moore，1972）估计，1967 年只有 160 家诊所提供家庭计划服务，而托塔卡尼（Zatuchni，1975）估计 1974 年达到 2200 家。1972 年，家庭计划局估计要想在全国各地提供良好的服务，第五个经济发展计划末（1978 年）需要 2450 家诊所①。这需要非全日诊所和私营诊所来协助实现，且移动诊所作为补充。这种分析有一定道理，1974 年这个项目已经完善了大部分诊所的基础设施。然而，仅诊所数量也不能表明基础设施已经比较完备，因为诊所位置也非常重要，要确保人们更容易到达诊所，但由于项目使用了卫生部和其他机构的一些诊所，所以并不能进行诊所选址。

到底是利用固定设施在诊所提供服务，还是采取在基层提供服务的方式，政策取向对获得服务、咨询和信息具有重要意义。大多数人必须去诊所进行避孕前筛查以及初次和后续获得避孕药具，且每次只能得到一个月的药，意味着必须每月就诊一次。这种情况阻碍他们去就诊，并使一些人（特别是农村妇女）退出家庭计划项目。此外，较常用的避孕药很快就发放完了，使得获取这些药更难（Moore，1974）。

意识到农村家庭计划项目存在不足后，家庭计划局试图增加农村药店数量和临床人员（主要是助产士），并把技术要求较低的工作交给水平较低的人员来完成。家庭计划局还计划扩大家访的数量，由非医疗工作

---

① 2450 家诊所是基于 1972 年的人口数字。这个数字是假定农村人口 1800 万，且每 1 万人使用一间诊所来估算，共 1800 家诊所；城市人口 1300 万，且每 2000 人一家诊所来估算，共 650 家诊所（Friesen & Moore，1972）。

人员到服务对象家中，提供咨询和避孕药具。家庭计划局还考虑利用各地的非项目工作人员，像村干部和接生婆帮助推介避孕相关知识和分发药具。

## 经济来源

1967 年项目拨款只有 50 万美元。此后政府财政支持不断增加，到 1972 年增加到 920 万美元。第五个经济发展计划（1973～1978 年）拨给家庭计划项目 1 亿美元，再加上卫生服务系统划拨的 7 亿美元（世界银行，1982）。我们注意到，大部分家庭计划项目的基础设施和人力资源投入不计入家庭计划项目，而是由其所属机构或卫生部预算。结果家庭计划项目资金都能得到保证，甚至有些浪费。

国外捐赠者提供援助的形式主要包括提供一定的研究、短期和长期咨询、海外研究、奖学金及研究考察、培训、通信器材、避孕药具和交通工具等。

## 部门间关系

伊朗家庭计划项目中最有意思的是自称提供服务、信息机构的数量和范围。实际上一些机构所付出的努力远超过其他机构。1967 年成立的家庭计划高级协调委员会包括 12 个机构，这还不包括属于家庭计划局内部组织的妇女健康组织，但还有一些其他机构活跃在家庭计划领域，包括教育部、劳动部、住房和发展部、农业部和土地改革部门。每一个机构都声称可以为家庭计划项目提供指导并培训家庭计划工作人员，并鼓励其部门人员宣传家庭计划信息。劳动部提出为工厂工人及其亲属提供家庭计划服务的相关保险，并把这作为健康服务的一部分。宪兵队（负责农村地区和边境地区的安全）、军队、警察和国家石油公司为他们的职员提供同样的服务，此外还有所谓的革命队。伊朗国王于 1962 年建立该队实施社会改革和发展活动，包括家庭计划活动，队员分属各职能单位，如识字队、男性健康队、妇女健康队、扩大和发展队（Friesen & Moore，1972）。

### 人力资源

家庭计划局并不招聘工作人员，而是直接管理家庭计划事务并为家庭计划工作人员支付报酬。而家庭计划工作人员隶属于卫生部或参与项目的其他机构。参与诊所临床工作的卫生部工作人员，在家庭计划局主要担任培训师、顾问、标准制定者、避孕药具提供者、计划者和协调者。此外，700多名年轻的妇女健康兵团成员经过家庭计划相关的特别培训后开始参与临床和基层工作。

尽管这种安排有积极的一面，但也意味着，从实践上和技术上来说，家庭计划局不能控制提供服务的这些机构和人员。因此，即使家庭计划局负责家庭计划项目，也不可能有效控制这些关键问题。

医生和护士的短缺造成服务扩张时期的很多问题。主要因素包括，医生和护士都不愿离开大城市，而家庭计划项目是需要大量医疗人员的项目，很多医生去海外学习或远离需要医疗人员的地方或根本不回这些地区，而且诊所是按照工作人员的数量和类型确定编制，没有考虑工作关系和工作负荷。家庭计划服务要求过多不必要的医疗筛查，对获得如口服避孕药这种相对简单的方法强加更多的障碍。就此意义而言，它有些过度医疗化了。这些政策也意味着过分且不切实际地依靠经过训练的医务人员。

为了适当激励工作人员并为已婚妇女提供咨询，家庭计划项目培养了一批"成熟"的实地工作者。他们一般都是受过6年学校教育且年满25岁的已婚人士，而且居住在实际工作的地区。到1971年，有455名这类实地工作者经过培训上岗，最终目标是培训5000名实地工作者。

在家庭计划工作人员的数量和专业一定的情况下，为了提供大量相关服务，家庭计划局就必须提供大量培训（包括长期的和短期的、技术的和非技术的）。而为了提供这些培训，家庭计划局在全国建立了很多培训中心。

## 宣传和教育

家庭计划局为了传播家庭计划方面的信息并把家庭计划和教育系统联系起来，建立了一个受技术领域专家监督的特殊部门。通过提供信息并给予激励的方法，家庭计划局把大众媒体、临床咨询和其他正式和非正式的渠道（如社会工作者、老师、现场同伴教育者、许多农村卫生和发展干部）结合起来。农村地区主要是妇女健康军团提供家庭计划信息。这些成员曾在全国家庭计划诊所和妇幼保健中心工作，一般认为能提高避孕接受率（Ziai，1974）。

虽然有周期性的全国家庭计划信息和教育运动，但也主要集中在城市地区。从20世纪70年代中期开始，出现大规模的每日宣传活动，但即使这样也没有搜集到重要的数据信息，而且也没有为未来扩大市场提供相应研究和评估的数据（Aghajanian，1994）。许多家庭计划项目的结论是，从长远来看，很难在如此复杂的环境下改变人们的态度和行为。考虑到伊朗是保守的伊斯兰国家，这在项目初期或许确实如此。为了寻求指导家庭计划项目的最好方法，伊朗政府和人口理事会于1970年在伊斯法罕省实施了大规模宣传项目。搜集了大量关于目标群体的有用信息，并提出了对家庭计划未来知识、态度和实践有影响的方法（Moore、Asayesh & Montague，1974）。

令人惊讶的是，直到1972年，这个项目很少去尝试直接吸纳服务对象。虽然旨在通过大量使用母婴健康与营养诊所而将妇女置于家庭计划信息和服务的积极环境中，但没有任何关于如何最好地利用这一条件的评估记载（Friesen & Moore，1972）。

政府通过大规模学校教育活动来应对人口问题。由教育部依据家庭计划局的意见来实施，包括修改课程和教材，家庭计划局也向公立学校老师介绍和解释人口概念。到1971年末，已经有2000多名老师参加过为期一天的培训会议。

与联合国教科文组织合作，政府和人口理事会在伊斯法罕省发起了成人识字活动，其中包括以家庭计划为主的妇女识字活动。为了推动项目的实施，项目明确指派扫盲团领导和中小学老师来支持；设立家庭计划培训项目；并主要依赖无线电广播来尝试大众媒体的推广（BobGillespie，个人交流，2006）。

### 监测、评价和研究

尽管进行了一定的努力，但 1979 年项目第一阶段结束时，家庭计划局的项目监测和评估能力仍很差。项目在按目标评估进展能力上的局限，意味着项目管理和决策者缺乏总结经验和中途调整的必要信息。（世界银行，1982），而在 10 年前即 1972 年的研究中证明存在同样的问题（Moore，1974；Moore、Asayesh & Montague，1974）。该研究认为，是由于政府运作的极端政治化，因而无法搜集计划目标相关的信息并传播结果，因此，在这样的环境下从事评估和计划工作可能会有风险。而且，几乎所有发展中国家的家庭计划项目一般都缺乏评估和计划。值得一提的是，尽管这样，这个项目仍有借鉴意义。

与国家家庭计划项目的监测和评估能力不足形成对照的是，在 20 世纪 60～70 年代，很少有国家家庭计划项目能像在伊朗所开展的那样洋溢着评估研究和试验的活力。家庭计划研究项目是多样化的，并且包括了大量运作研究，包括研究旨在增加伊朗干部给南部偏远地区人们提供信息和服务的能力（亚太经社理事会，1977；Ronaghy，1976；Ronaghy 等，1976；Zeighami & Zeighami，1976；Zeighami 等，1976、1977）。其他研究论证了如何构思、设计和实施大规模服务项目，以及如何通过医疗卫生体系来更好地解决健康问题（Assar & Jaksic，1975）。

到目前为止，伊朗家庭计划项目第一阶段中最大、最具创新精神且最有影响力的运作研究是最初伊朗政府和人口理事会在伊斯法罕省实施的合作项目，该项目还引入并检验了家庭计划服务的很多内容。例如，示范项目中引入和检验综合性的宣传和服务方法，当时除伊朗外的人几乎都不知道这种方法；改善农村基层卫生服务以防止青少年怀孕和提高结婚年龄；增加生育间隔并强化家庭生 2 ~ 3 个孩子的愿望；动员医生和医辅人员提供宫内节育器手术和口服避孕药；使用长效避孕手段；通过如伊斯兰毛拉、健康和扫盲团成员、村领导、传统乡村接生婆和学校老师来支持家庭计划活动；取消避孕药的处方限制并由政府现代家庭计划机构提供避孕药；实施市场化方案。这个项目也进行大量关于知识、态度和行为的调查。最后，这个综合性项目的最大特点是在设拉子、胡齐斯坦和伊朗阿塞拜疆省完全复制伊斯法罕省的项目。

研究项目论证了在试验地区知识、态度和实践的显著提高。而且，这个方案的调查结果也对了解家庭计划项目目标群体的知识特征做出了重要贡献（Gillespie & Loghmani，1972；Lieberman、Gillespie & Loghmani，1973；Treadway、Gillespie & Loghmani，1976）。例如，示范项目和其他研究表明，伊朗妇女直到生育达到理想家庭规模后才使用避孕药具。在伊斯法罕省，妇女接受家庭计划项目的平均年龄是 31 岁，而这时一般都生育了 5 个活产婴儿并且不想再生更多孩子（Gillespie & Loghmani，1972）。伊朗其他地区的经验表明，在伊朗这种状况非常普遍且很典型（Ajami，1976）。

许多其他研究同时也在进行，其中很多对增加项目需求、接受服务能力以及增强目标人群的覆盖面等方面都有贡献。至于项目领导者在多大程度上利用研究结果和建议以加强学习、发展政策和项目中期的及时调整则是不得而知的。

伊朗家庭计划项目最显著和最具创造性的特征是相关研究的数量和内容。当时其他国家的家庭计划项目根本无法与其比较，20 世纪 60 ~ 70 年代伊朗家庭计划项目的评估研究可能达到当时国际上的最高水平。

### 私营部门

20 世纪 60 年代，伊朗有许多有影响力且已被广泛接受的非政府机构。他们大多数集中关注社会福利问题，并在家庭计划项目中发挥了积极作用。其中包括红狮太阳会（伊朗版的红新月会或红十字会）、社会服务权力组织、伊朗妇女组织、保护妇女和儿童协会、伊朗社区服务中心、伊朗家庭计划协会

（国际计划生育联合会成员）和很多大学。我们注意到，几乎每个组织都和皇室有着紧密联系或受皇室管理，或和政府有某种紧密关系。此外，除了接受其他基金资助外，大部分组织接受政府资助（Friesen & Moore，1972）。

1961 年之前进口避孕药在伊朗是非法的。此后，进口避孕药合法化并允许在商业领域进行销售，药店和私人诊所成为提供避孕服务的积极参与者。此外，直到 1972 年出现西屋人口中心的相关研究，之前人们几乎不知道商业领域在家庭计划服务中的作用（1973）。西屋的研究认为，伊朗有一半的药具是由商业领域提供的；避孕药具的潜在增长空间很大；并就如何凭借政府、进口商、制造商、零售商和消费者水平使潜在增长得以实现提出了许多建议。但不知道政府是否采用了西屋研究的建议。

1971 年，联合国向伊朗派出了以罗德·卡拉登为首的调查团。调查团估计，伊朗每月通过商业渠道销售的避孕药是 9 万到 10 万套，相当于当时分发避孕药数的 39% ~ 43%。如果这个估计准确的话，这大概相当于西屋研究估计的总量。

### 项目成效

除了得出确切结果（如分配的避孕药数量）外，这里总结的大部分项目成效（特别是人口学方面的）是不确定的。在一定影响下，搜集、分析和报告数据的人员缺乏对特定问题的共识使这个问题更加严重。此外，一些调查和人口普查得出的某个或多个指标的结果并不一致，例如，由于数据来源不同，1976 年的总和生育率指标在 5.5 ~ 6.8 变动（Bulatao & Richardson，1994）。更奇怪的是，这些数据来自同一次人口普查的基础数据。在这种情况下，作者仅把数字列出来似乎更有意义。就目前来说，项目影响分为三类：口服避孕药的配给和销售、新接受服务者和避孕人数、避孕现用率。此外，还有人口效果概览。由于伊朗项目主要是使用避孕药，这里仅给出这种方法的数据。尽管讨论的每一种效果的城乡差异很明显，但为了简单起见，除传统避孕方法外，这里不说明城乡差异。

## 口服避孕药的配给和购买

表 3.1 显示了每月项目配给和商业购买的口服避孕药数量。表明在 1968~1978 年，项目配给的避孕药急剧增加。此外，根据扎塔卡尼（1975）所说，至少有 800 名专家和其他私人医生进行宫内节育器手术。考虑到欠发达国家商业领域数据信息的质量，这无疑低估了宫内节育器的作用。

**表 3.1 特定年份每月项目配给和商业购买的口服避孕药数量**

| 方　　法 | 1968 年 | 1871 年 | 1974 年 | 1978 年 |
|---|---|---|---|---|
| 项目分配 | 1433 | 21000 | — | 389000 |
| 商业购买 | 50000 | 100000 | 225000 | — |

注："—"为无效值。
资料来源：Friesen & Moore，1972；Mehryar 等，2000。

## 新接受服务者

扎塔卡尼（1975）估计，1970 年 4 月至 1974 年 9 月间，埃及家庭计划项目有约 231 万个新接受服务者。平均每月新接受项目服务的人数（注：有些人可能不止一次作为新接受者）从 1968 年的 7700 名增加到 1972 年的 46100 名，1974 年每月达到 5 万名左右（世界银行，1982）。而 1974 年大约有 60 万名新接受者，比 1973 年上涨了 4%。

## 避孕普及率

表 3.2 表明 1972~1978 年 15~49 岁已婚育龄妇女使用家庭计划服务的比例。1969 年估计这一比例仅 3%（Bulatao & Richardson，1994）[1]。但这些估计几乎是不可靠的，也很难进行比较。例如，亚太经社理事会的一项研究

---

[1] 由于数字来源不同，已经证明重新提高避孕数字的信心从某种程度上来说特别困难。这部分主要是基于 Bulatao & Richardson（1994）服务统计的保守数字。

（1974）估计当年避孕现用率是44.9%，似乎这个数字又太高了。后来的研究运用比较方法估计菲律宾1974年的避孕现用率是30%，印度城市地区的避孕现用率是42%。

表 3.2　特定年份的避孕现用率

| 年份 | 15～49 岁的已婚妇女中使用避孕药具的百分比 |
|---|---|
| 1972 | 8 |
| 1974 | 14 |
| 1976～1977 | 36 |
| 1978 | 36～38 |

资料来源：Bulatao & Richardson，1994。

表 3.3 列出了使用传统避孕方法（像体外排精）在所有避孕方法中所占的比例。显然，传统方法在避孕中发挥了很大作用，并且从 20 世纪 70 年代初到 90 年代初，传统避孕方法在城市地区的变化很小。20 世纪 60 年代中期到 70 年代初在德黑兰进行的一项调查表明，所有的避孕方法中使用传统方法的比例在 45%～55%。1971 年在农村妇女中进行的知识、态度和实践研究表明，24% 的受访者更偏好体外排精（Friesen，1969；Friesen & Moore，1972）。

表 3.3　特定年份传统避孕方法使用占全部避孕的百分比

| 地方 | 1972 年 | 1976 年 | 1989 年 | 1992 年 |
|---|---|---|---|---|
| 城市 | 35.3 | 37.4 | 48.8 | 36.4 |
| 农村 | 37.1 | 25.5 | 32.8 | 20.2 |

注：这里的数字基于调查数据，可能会高估。
资料来源：Bulatao & Richardson，1994。

针对这种情况，需要注意两件事情。第一，尽管经济上可以负担的现代避孕方法越来越多，而且政府也敦促使用这些现代避孕方法，但传统避孕方法仍很普遍。第二，城市居民中使用传统避孕方法的比例一直高于农村地区。实际上，城市居民对传统避孕方法的依赖比任何现代避孕方法都大，而传统避孕方法在农民中则是第二流行的方法（Bulatao & Richardson，1994）。这一发现对以前一些很明显的结论提出了质疑。奇怪的是，文献研究中很少关注这种异常现象。答案可能是城市居民比农民更不隐晦并提及体外排精法，农民可能觉得回答这样的问题比较尴尬。另外，或许城市居民由于接受了更多教育而更容易理解问题，也有利于更好地了解避孕方法是什么。然而，所有这些都仅仅是猜测，没有任何实证（Steve Solter，个人访谈，2006年9月）。

**人口效果**

表 3.4 提供了 1956 ~ 1986 年的总生育率、粗出生率和人口增长率信息。布拉陶和理查德森（Bulatao & Richardson，1994）指出，粗出生率和总和生育率的模式类似。粗出生率从 50 个活产婴儿下降到 42 个意味着取得了很大的进步，但一直高于政府的每千人 38 个活产婴儿的粗出生率目标。至于人口增长率，1976 年人口增长率降低到 2.68% 表明这方面取得了进步，但仍高于政府设定的 2.6% 的人口增长率目标。未能完成目标是由于出生率下降的速度慢于期望的下降速度。依据总和生育率和粗出生率数据，1986 年人口增长率提高到 3.83%。就像前面数字表明的，整个 20世纪 50 ~ 60 年代，伊朗经历了高生育率，70 年代生育率大幅下降，80 年代生育率反弹后开始缓慢下降。

表 3.4　特定年份的总和生育率、粗出生率和人口增长率

| 年　　份 | 1956 | 1965 | 1966 | 1975 | 1976 | 1985 | 1986 |
|---|---|---|---|---|---|---|---|
| 总和生育率（妇女一生平均生育的孩子数） | — | 7.6 | — | 6.5 | — | 7.0 | — |
| 粗出生率（每千人活产数） | 50 | — | 50 | — | 42 | — | 48 |
| 人口增长率（%） | 1.74 | — | >3 | — | 2.68 | — | 3.83 |

注："—"为无效值。

资料来源：Bulatao & Richardson，1994。

### 项目效果总结

这个项目开展迅速并在初期就显示出很好的效果。随着生育率和粗出生率降低，避孕药具的配给或购买，新接受者、避孕使用者等数量不断增加。在很短的时间内取得这样的结果还是不错的。然而，正如本章始终所提到的，任何有关项目进展的评估必须考虑新倡议所面对的许多约束和挑战。

### 外部援助及其影响

伊朗家庭计划项目利用了大量外部资金和物资援助。实际上，这些援助起初帮助人们关注人口问题，随后说明国家家庭计划项目的特点及政策在其中所起的重要作用。绝大多数外国援助重视技术和人力资源发展问题，而不注重经济或物质方面。按照国际机构提供援助的数量和种类，不同的组织扮演着不同的作用。难以判断哪一个机构比其他机构更重要。项目开始时，最积极且有影响力的境外机构包括人口理事会、许多联合国机构［联合国，联合国教科组织，联合国人口活动基金，亚洲和远东经济委员会（后来改为亚太经社理事会）］和美国国际开发总署。另外还有瑞典国际发展合作机构、国际计划生育联合会、世界银行和联合国儿童基金。

### 人口理事会

许多观察家认为，20 世纪 60 年代到 1979 年，驻伊朗的所有境外机构中最有影响力的是人口理事会。其中有几个重要因素使人口理事会在伊朗的家庭计划项目中扮演了独特而重要的作用。首先，在人口和家庭计划领域，人口理事会是最早的享誉世界的技术专家智囊机构。因此，1966 年政府会要求人口理事会审核伊朗的人口和家庭计划服务情况，并对新人口和家庭计划项目提出建议也就不足为奇了。伊朗国家人口问题亟须解决方案，科尼等（Keeny et al.，1967）的报告提供了特别指导。对基于当时些许经验而建立的家庭计划项目，报告也提供了一个如何设计和实施的精确模板。这在 40 年前尚是代表先进技术水平的方法，引人注目的是人口理事会的建议和伊朗最终实施的家庭计划项目的政策、服务和信息等高度一致。

此外，1968～1975 年，人口理事会常驻伊朗的两个顾问利用其特殊身份，对项目领导人甚至整个政府产生一定的影响。

最后，人口理事会为当时实施的研究项目（包括示范项目）提供技术支持负有很大责任。与其他机构相比，人口理事会对 20 世纪 70 年代的大量评估式研究和试验进行了资助。此外，人口理事会以项目培训的形式提供了大量重要资助，包括法拉赫妇产科医院的 4 年产后家庭计划服务项目、居民咨询、大量短期咨询、全国性的协调和辅助工作、提供数据处理设备和宫内节育器（Friesen & Moore，1972；JoelMontague，个人访谈，2006 年 9 月）。

### 联合国机构

1969 年，联合国开发计划署任命人口项目官员，后来指定为高级人口顾问。1971 年，联合国通过一个团队（这个团队包括世界卫生组织和联合国教科文组织）对伊朗家庭计划项目进行全面回顾。团队的研究结果和建议成了后续项目的基础，并被提交给新成立的联合国人口活动基金会。1973 年，联合国人口活动基金会的作用开始扩大，而且在伊朗产生了作用。1973 年底，联合国人口活动基金会宣布从 17 名协调人中派遣一名前往考察德黑兰监督伊朗的人口项目（联合国人口活动基金会，1973）。联合国亚洲和远东经济委员会为伊朗家庭计划项目提供了培训，并举办伊朗官员参加的会议和专题讨论会（Friesen & Moore，1972）。

### 美国国际开发署

美国政府通过密歇根大学、北卡罗来纳大学和约翰霍普金斯大学为伊朗提供实习生机会来帮助伊朗开展家庭计划项目。美国国际开发署也为许多研究项目提供资金、奖学金或通过这三所大学提供其他形式的支持。此外，美国国际开发署也为人口理事会提供产后家庭计划项目资金、科研经费和额外的奖学金（Friesen & Moore，1972）。

### 世界银行

世界银行在伊朗仅做过一个人口项目。该项目于 1973 年 5 月获批，1977 年 3 月取消，期间仅批复了 64 万美元，并动用了 1650 万美元贷款。像许多世界银行项目一样，这个项目是为了把健康和家庭计划服务项目扩展到小城镇，还包括改善国家项目管理、提高培训质量和范围，并为随后的营养计划做好铺垫。世界银行仅给两项研究提供资助，包括管理评估及为营养计划做准备的营养研究。世界银行一份公开的内部报告指出人口计划失败有许多原因，其中有些是非常致命的，包括设计问题和采购延迟、成本超支及卫生部官员没有对项目做出承诺（世界银行，1982）①。

### 1960 ~ 1979 年项目评估

像许多国家的家庭计划项目一样，尽管伊朗的项目取得了很大成绩，但也存在许多问题和缺点。这部分旨在展现当时伊朗家庭计划项目的实际情况。

### 成绩

1967 年初，除了在城市地区一些私人企业销售避孕药具和一些非政府组织提供避孕服务外，伊朗几乎没有家庭计划相关活动。短短几年之内，家庭计划活动已经成为伊朗五年计划的重要组成部分，有大量的资金

---

① 读到这些对主要捐赠者项目评估的批评是具有刺激性的，它仅直接指出世界银行在许多国家的经验不足。此外，世界银行有较新的家庭计划项目，即使世界银行工作人员从一开始就把其作为"风险"项目，但仍继续提供支持。人们质疑是否世界银行的项目规划和管理方法至少部分表明他们关注这一问题。

可用（甚至浪费），还形成了国家家庭计划项目并配备了一定的人员，提供涉及多部门的服务和信息，家庭计划范围以外的大量社会措施已经到位（Zatuchni，1975）。从一开始就有政府最高层领导明确支持家庭计划项目。此外，考虑到项目的发展特征和设施不足，项目在避孕药具的配给、接受率和使用率以及降低生育率方面都取得了一些成绩。取得的成绩主要包括：

• 为了应对农村地区医生短缺，家庭计划局试图通过医辅人员和志愿者干部提供信息和服务，以弥补农村地区基础设施较差的状况。特别是在20世纪60年代初的发展中国家，招募大量经过医学或其他培训且具有服务导向意识的年轻人对这项社会改革意义重大。

• 为了应对长效避孕方法的需求，家庭计划项目试行了产后家庭计划项目（强调宫内节育器）和医辅人员置入宫内节育器。

• 为了提高与年龄较大妇女的交流能力，家庭计划项目派出年长的已婚妇女进行基层动员。

• 家庭计划项目不是建立好基础设施后才开始运转，而是利用现有的基础设施和人员，使得这个项目尽快启动。

• 尽管项目本身关注人口问题，但它是国家提高妇女地位和增进社会福利的一部分。

• 项目领导层征求外部意见，得到了国际社会和其他项目宝贵的技术支持和鼓励。

• 20世纪70年代末，家庭计划通过全国2000多家诊所提供服务。

• 避孕服务与其他预防性服务（特别是母婴健康）相结合。

• 家庭计划项目参与和/或发起了一项积极的计划、学习和创新的政策研究项目。

• 项目领导人试图通过提供免费的或价格极低的服务来提高服务的可得性和接受率。

• 发起了大规模的媒体宣传活动，增强了20世纪70年代初到70年代中期家庭计划项目的知识、态度和实践，补充了辅助医务干部和志愿者在社区所做的工作。

### 问题和局限性

家庭计划项目必然面临许多问题和制约因素，其中一些能避免，另一些却不可避免。也许有人认为，管理上的约束在一个新项目成长过程中最痛苦的，而其中很多约束即使不可避免，也是可矫正的。注意下面列出的问题和制约因素中与背景及项目的领导和管理有关的内容，项目领导和管理层没有重视对项目成就的评估。

• 1967 年以前，伊朗没有现代避孕方法使用的历史，因此没有这方面的经验和知识，无疑对初期的工作产生了重要影响。该项目努力克服这一弊端，但这些努力也只能逐步产生作用。

• 项目主要的目标群体是保守的、倾向多生育且长期得不到服务的农村人口。这一背景对项目形成了持久的负面影响。此外，农村地区比城镇和城市地区更不发达，更少接近通信、交通、社会服务和其他基础设施。

• 宗教领袖不拥护和不支持项目是一个重要问题。

• 城市地区集中了家庭计划项目所需的现有基础设施，而农村地区的基础设施很缺乏，这成为农村妇女获得服务的主要制约因素。即使项目使用传统医生、护理人员和志愿者扩大农村服务和信息来解决这一问题，但这些问题从来没有得到解决。

• 年轻的城市女性几乎完全倾向于使用避孕药，这些妇女比想停止生育的年长农村妇女对生育间隔更感兴趣。此外，城市妇女能较容易地在市场上买到避孕药具。

• 伊朗石油收入的增加对限制人口增长和生育率有负面作用。最终对政府和普通人支持家庭计划项目产生一定的影响。

• 家庭计划项目管理者在控制项目的方向、协调与其他利益相关者的关系、给卫生部和其他服务基础设施的经济和人员施加影响方面没有权威。

- 家庭计划项目的策略、政策和目标不明确，并且没有在全国范围内开展项目。典型的例子是缺乏针对性地面向所有已婚育龄妇女，影响了项目的有效集中力量和计划。

- 项目缺乏相关资料记录，而且几乎没有评估结果，国家领导人也很少收到项目的反馈意见（世界银行，1982）。

- 在项目过度依赖避孕药且难以逆转的情况下，为何极少尝试推广避孕套并做好铺垫来最终引入长效的避孕方法尚不清楚。使问题变得更糟的是，口服避孕药的供给政策极为严格，每次他们只允许妇女获得一个月的药。

- 在需求方面，由于过度依赖大众传媒而很少利用市场研究改进宣传策略，包括目标、信息、渠道和评估影响。此外，年轻未婚干部的作用尚不清楚，项目对新接受者和退出者没有太多直接影响。

- 项目相关政策过度强调医疗的作用，而且配备的人力不足，恶化了医生和护士短缺的问题（尤其是在农村地区）。

## 结　论

在家庭计划项目存在的问题和局限性方面，亚洲等地区每一项新家庭计划项目都会影响或可能会影响很多人（Moore、Asayesh & Montague，1974）。令人吃惊的是，即使在35年后的今天，以前存在的很多（不是大多数）问题仍没有达到妇幼健康、生殖健康等公共健康项目的标准。这些长期存在的问题包括项目缺少战略、策略，如最大限度地获取服务；项目优先设置和目标设定不明确；监管系统薄弱，护理质量不高；缺乏监测和评价系统，决策制订缺少数据支持，并且极少吸取经验教训；很少使用成本效果分析方法；部门之间缺乏协调。

从积极的一面来看，项目取得了骄人的成绩，特别是考虑到伊朗是设计和实施国家家庭计划项目的先驱。家庭计划项目早期的观点是"国家家庭计划项目主要是在快速现代化的岛国或半岛地区的国家取得成功"（Moore、

Asayesh & Montague，1974，p. 400），并且这种观点持续了很多年。考虑到这种观点的普遍性及伊朗面临的现实挑战，很难对伊朗能否成功实施家庭计划项目持乐观态度。抛开这一观点，项目第一阶段直接得出的结论是，伊朗家庭计划项目比第一批实施家庭计划项目的其他国家（像埃及、巴基斯坦和土耳其）做得都要好。

**后记：后来发展的评价**

本章讨论的主要是伊朗家庭计划项目的第一阶段，这是由伊朗国王1967～1979 年发起实施的项目。然而，后来的 1979～1988 年以及 1988 年到现在的两个阶段展现了项目后来的进展，并帮助我们理解伊朗国王在发起家庭计划项目上的贡献。这部分简要概述后面两个阶段。

## 家庭计划项目的第二阶段：1979～1988 年

1979 年，伊斯兰革命领导人决定停止家庭计划项目。理由很简单，他们不认为人口增长是一个问题。1981 年中开始的历时 8 年的两伊战争中人员的伤亡使他们意识到这一点。新的革命当局恢复伊斯兰法律、削减妇女权利，而且要求用传统价值观代替现行制度安排。这些变化包括：终止家庭计划项目，包括取消以前的生育控制政策；撤销卫生部家庭计划局；取消家庭计划高级协调委员会；停止宣传教育项目；关闭家庭计划专门诊所。然而，官方家庭计划项目的终止实际上并不意味着伊朗家庭计划服务和供给结束。卫生部母婴健康与营养服务、零售网点和私人诊所、医生仍在继续提供家庭计划服务。

尽管伊朗伊斯兰共和国有明确的鼓励生育政策，但这一时期的数据表明，尽管从 1979 年革命开始时家庭计划用户暂时减少（从 520 万减少到420 万），但 1981 年家庭计划用户数达到 560 万。此后，家庭计划用户数量继续缓慢增加，到 1987 年超过 700 万。这一时期进行的数次调查显示，大多数家庭赞同限制孩子数量（Mehryar 等，2000）。然而，即使使用避孕药具的数量增加，总和生育率仍明显增加，人口总量显著增加。1986 年普查数据表明，伊朗总人口已经从 1976 年的 3370 万增加到近 5000 万人（Aghajanian，1994；Bulatao & Richardson，1994）。

## 家庭计划项目第三阶段：1988 年到现在

1988 年，伊朗领导人开始意识到 1986 年人口普查结果的负面含义。并且当时两伊战争结束了，伊朗领导人又考虑把家庭计划作为国家的重点问题。因此，政府部门于 1988 年初考虑控制人口增长需要哪些政策和计划。可能是从前一阶段的家庭计划的不足中吸取了教训，但更可能是来自伊朗自身的宗教倾向与毛拉主导的权力结构，政府努力与宗教机构磋商，并获得了宗教机构的支持。1989 年初，伊朗政府宣布了议会批准的国家家庭计划政策。像以前一样，卫生部负责项目实施并掌握了大量资源，为所有已婚夫妇提供免费避孕服务。仿效第一阶段的工作，在项目涉及的众多机构和部门之间建立一套协调机制。毫无疑问，当时的项目从伊朗国王的项目中吸取了很多经验，包括传播家庭计划知识，并从当时培训的大量人员以及 1961 年以来私营部门避孕药具供给增加中受益。

避孕现用率不断增加表明这个项目是成功的，避孕现用率从 1989 年的 49% 增加到 1997 年的 76%。另一个重要成就是城乡避孕现用率差距缩小到 10%，这很大程度上是通过大量部署农村当地的卫生工作者来实现的。同避孕现用率一样，人口增长率从 1980 年的 3.9% 下降到 1991 年的 2.5%。同样，粗出生率从 1973～1976 年的每千人 43 名活产婴儿下降到 1996 年的 21 名。而且虽然人口增长率下降，但每年新增人口数仍接近历史最高，并可能会更高。考虑到年龄结构，即使生育率控制在替代水平，伊朗人口最终仍将翻番（Aghajanian，1994；Bulatao & Richardson，1994；Mehryar 等，2000）。

## 参考文献

[ 1 ] Aghajanian, Akbar. 1994. "Family Planning and Contraceptive Use in Iran, 1967 – 1992." *International Family Planning Perspectives* 20 (2): 66 – 69.

[ 2 ] Ajami, I. 1976. "Differential Fertility in Peasant Communities: A Study of Six Iranian villages." *Population Studies* 30 (3): 453 – 563.

[ 3 ] Assar, M., and Z. Jaksic. 1975. "A Health Services Development Project in Iran." In *Health by the People*, ed. K. W. Newell, 112 – 27. Geneva: World Health Organization.

[ 4 ] Berelson, Bernard. 1978. "Programs and Prospects for Fertility Reduction: What? Where?" Working Paper, Center for Policy Studies, Population Council, New York.

[ 5 ] Bulatao, Rodolfo A., and Gail Richardson. 1994. "Fertility and Family Planning in Iran." Discussion Paper Series 13, World Bank, Washington, DC.

[ 6 ] Economic and Social Commission for Asia and the Pacific. 1974. "Family Planning Practiceand Its Socio – Demographic and Communication Correlates." In *Husband – Wife Communication and Practice of Family Planning*, 113 – 33. Asian Population Studies Series 16 ( E/CN. 11/1212) . Bangkok: Economic and Social Commission for Asia and the Pacific.

[ 7 ] ——. 1977. "Health Worker Pilot Project." *Asian and Pacific Population Programme News* 6 (4): 23.

[ 8 ] Friesen, John K. 1969. *Iran. Country Profiles Series.* New York: Population Council.

[ 9 ] Friesen, John K., and Richard Moore. 1972. "Iran." *Country Profiles.* New York: PopulationCouncil.

[10] Gillespie, R. W., and M. Loghmani. 1972. "The Isfahan Communications Projects." Unpublished

[11] Report, Ministry of Health, Family Planning Division, Tehran.

[12] Keeny, S. M., W. P. Mauldin, G. F. Brown, and L. M. Hellman. 1967. "Iran: Report on Population Growth and Family Planning." *Studies in Family Planning* 20 (June): 3 – 6.

[13] Lieberman, S. S., Robert W. Gillespie, and M. Loghmani. 1973. "The Isfahan Communications Project." *Studies in Family Planning* IV (4): 73 – 100.

[14] Mehryar, Amir H., Joel Montague, Farzaneh Roudi, and Farzaneh Tajdini. 2000. "Iranian Family Planning Program at the Threshold of the 21st Century." Paper presented at the

[15] International Union for Scientific Study of Population seminar on "Family Planning Programmes in the 21st Century," Dhaka.

[16] Moore, Richard. 1974. "Supply and Demand Aspects of Oral Pill Delivery in Iranian

Family Planning Clinics." Ph. D. dissertation, Cornell University, Ithaca, NY.

[17] Moore, Richard, Khalil Asayesh, and Joel Montague. 1974. "Population and Family Planning in Iran." *Middle East Journal* 28 (4): 396 – 408.

[18] Ronaghy, H. A. 1976. "Middle Level Health Workers Training Project in Iran." In *Village Health Workers: Proceedings of a Workshop, Shiraz, Iran, March 1976,* ed. H. A. Ronaghy,

[19] Y. Mousseau – Gershman, and A. Dorozynski, 11 – 13. Ottawa: International Development Research Centre.

[20] Ronaghy, H. A., E. Najaradeh, T. A. Schwartz, S. S. Russell, S. Solter, and B. Zeighami. 1976. "The Front Line Health Worker: Selection, Training, and Performance." *American Journal of Public Health* 66 (3): 273 – 77.

[21] Treadway, R. C., R. W. Gillespie, and M. Loghmani. 1976. "The Model Family Planning Project in Isfahan, Iran." *Studies in Family Planning* VII (11): 308 – 21.

[22] UNFPA (United Nations Population Fund). 1973. *Annual Report.* New York: UNFPA. Westinghouse Population Center. 1973. *Distribution of Contraceptives in the Commercial Sector of Iran.* Columbia, MD: Westinghouse Population Center.

[23] World Bank. 1973. *Report and Recommendation of the President to the Executive Directorson a Proposed Loan to the Government of Iran for a Population Project.* Washington, DC: World Bank.

[24] ——. 1982. "Project Performance Audit Report: Iran Population Project (Loan 928 – IRN)." Report, 3790, World Bank, Washington, DC.

[25] Zatuchni, Gerald I. 1975. "Iran." *Studies in Family Planning* 6 (8): 302 – 4.

[26] Zeighami, B., and E. Zeighami. 1976. "Evaluation of Iranian Village Health Workers'

[27] Efficacy." In *Village Health Workers: Proceedings of a Workshop, Shiraz, Iran, March 1976,* ed. H. A. Ronaghy, Y. Mousseau – Gershman, and A. Dorozynski, 14 – 20. Ottawa: International Development Research Centre.

[28] Zeighami, E., B. Zeighami, A. E. Eftekhari, and P. Khoshnevis. 1976. "Effectiveness of the Iranian Auxiliary Midwife in IUD Insertion." *Studies in Family Planning* 7 (9): 261 – 63.

[29] Zeighami, E., B. Zeighami, I. Javidian, and S. Zimmer. 1977. "The Rural Health Worker as a Family Planning Provider: A Village Trial in Iran." *Studies in Family Planning* 8 (7): 184 – 87.

[30] Ziai, L. 1974. "Population Education in Iran." In *Population Education in the Asian Region: A Conference on Needs and Directions,* ed. J. Middleton, 88 – 92. Report of the International Conference on Population Education in the Asian Region, Tagaytay City, Philippines, January 14 – 21. Honolulu: East – West Center.

（彭伟斌　吴艳文　译　　郑真真　刘玉博　校）

# 第四章

## 突尼斯：家庭计划初现

■ 乔治·F. 布朗

突尼斯位于地中海南面，是北非马格里布地区三个阿拉伯国家之一。突尼斯与阿尔及利亚和摩洛哥原都属于法国殖民地，并于1956年获得独立。突尼斯几乎全是穆斯林和阿拉伯人，并与该地区的原住民——柏柏尔血统融合。突尼斯独立时以农业发展为主，工业基础薄弱，自然资源非常有限。突尼斯独立时，哈比卜·布尔吉巴是国家领导的最佳人选，并于1956~1978年担任突尼斯第一任总统。独立以来，突尼斯已经制定了较齐备的社会经济政策，但政治立场相对中立，除马格里布地区邻国和美国外，仍和法国保持紧密联系。由于布尔吉巴主张自由的政治和社会政策，突尼斯和其他阿拉伯国家的关系最初很紧张。独立之后，突尼斯是一党制，反对党的势力非常弱。唯一政党是由布尔吉巴在独立战争期间建立的新宪政党。

独立后不久，布尔吉巴总统发起了一系列影响到所有人（特别是妇女）的特别社会改革（Daly，1966；Gueddana，2001）。他放宽了影响社会生活许多方面的法律、法规和法令，最著名的包括：

- 提高妇女社会地位，赋予妇女完全公民权，包括选举权和不戴面纱的权利。
- 禁止一夫多妻制，给妇女充分的离婚权。
- 提高最低结婚年龄至女 17 岁、男 20 岁。
- 消除进口及销售避孕药具的壁垒，提供避孕相关的信息。
- 对生五个孩子的妇女，因个人原因（非医学原因）的流产合法化。
- 政府的家庭津贴仅限于前四个孩子。
- 提高受教育水平，特别是妇女的受教育水平。
- 妇女绝育合法化。

开始进行国家家庭计划项目之前颁布的这些法律、法令的变化，在当时特别是伊斯兰国家都是非常罕见的。即使在今天，妇女地位的这些显著变化仍领先于其他所有伊斯兰国家。人们（包括宗教领袖）接受这些法律和法规，反映了突尼斯社会在政治上和文化上相对进步，并为进一步发起国家家庭计划项目奠定了坚实的基础。

## 家庭计划的起源

1962 年发布的政府第一份国家经济和社会发展计划指出，要实现社会经济发展目标，必须减缓人口增长，尽管 10 年远景目标假定，随着社会与经济发展，即使政府不干预，人口增长也将会下降。（Daly，1966）。

1962 年初，曾在巴基斯坦工作并熟悉巴基斯坦初期家庭计划项目的福特基金会驻突尼斯代表与突尼斯官员和人口理事会讨论了突尼斯发动政府主导的家庭计划的可能性（Mauldin、Berelson & Hardy，1963）。政府发展规划官员也担心突尼斯人口增长过快。专栏 4.1 是主要事件大事年表。

1963 年，人口理事会工作人员访问了突尼斯市，政府起草了一份家庭计划项目的初步计划。1963 年，一群突尼斯高级官员访问了几个亚洲国家，另一群官员于 1964 年参加了第二届宫内节育器手术国际会议，并与许多专家共同讨论人口政策、家庭计划和避孕技术问题。1964 年初，在突尼斯市召开的全国研讨会回顾了所有人口和家庭计划问题，吸引了报纸和电台来报道这次会议，参加会议的人员包括全国妇女联盟、工会和新宪政党的代表。布尔吉巴总统作了强烈支持突尼斯家庭计划的演讲，强调需要降低人口增长以实现经济和社会发展（Daly，1966）。

| 专栏 4.1 | 突尼斯人口和家庭计划大事年表 |
|---|---|
| **年份** | **与家庭计划有关的主要事件** |
| 1956～1961 | 通过立法提高妇女地位，包括给妇女投票权、去掉妇女面纱、禁止一夫多妻制、提高最低结婚年龄、妇女享有离婚权、生育 5 个孩子的妇女享受堕胎权和绝育权。 |
| 1962 | 政府 10 年经济社会发展计划呼吁降低人口增长率以实现经济和社会目标。 |
| 1963 | 突尼斯政府和福特基金会官员讨论在人口问题上进行合作。<br>突尼斯官员参观亚洲国家的人口和家庭计划项目。<br>政府设计了一个强调使用宫内节育器的家庭计划试验项目。 |
| 1964 | 突尼斯官员参观美国人口和家庭计划项目并参加了宫内节育器国际会议。<br>召开全国家庭计划会议。<br>开始实施家庭计划试验项目。<br>实施有关家庭计划知识、态度和实践的调查。<br>开始实施人口理事会技术援助项目。 |
| 1965 | 流动家庭计划诊所开业。<br>新宪政党和国家妇女联盟积极参与家庭计划项目。 |

| 年份 | 与家庭计划有关的主要事件 |
|------|------------------------|
| 1966 | 启动全国家庭计划项目。 |
| | 布尔吉巴总统在讲话中表达了对人口增长率下降太快的担忧。 |
| | 布尔吉巴总统签署了联合国人口宣言。 |
| 1967 | 广泛使用口服避孕药。 |
| | 开始产后项目。 |
| | 美国国际开发署正式开始援助。 |
| 1968 | 突尼斯家庭计划协会成立。 |
| | 布尔吉巴总统表示大力支持家庭计划。 |
| 1973 | 国家家庭计划和发展办公室成立。 |
| | 加强家庭计划项目管理，增加了避孕方法种类，改善教育工作。 |
| | 进一步放开堕胎法，并取消早期的限制条件。 |

## 家庭计划试验阶段：1964～1966 年

1964 年，随着开展国家有关家庭计划知识、态度和实践的调查，家庭计划试验项目进入实施阶段。调查显示，生育了四个或更多孩子的妇女为了控制他们的家庭规模有很强的避孕需求。人们普遍缺乏避孕知识，也很少采取避孕措施。调查指出："很大比例的受访者对限制家庭规模的知识很有兴趣，并声明他们会使用这些方法。"（Morsa，1966，p. 590）

1964 年 6 月，在福特基金会的资金支持和人口理事会的技术援助下，开始实施家庭计划门诊工作（瑞典国际发展合作机构在一个小村庄发起了包括避孕在内的早期妇幼健康项目）。卫生部阿莫·戴利主任医生管理这个项目，没有其他专门工作人员来管理这个项目。医生和助产士都接受过避孕培训，尤其是双 S 形宫内节育器手术培训。整个试验阶段，特别强调使用宫内节育器，其次是口服避孕药，很少采用其他避孕方法和绝育措施。

开始时，家庭计划被引入主要中心城市的 12 家诊所和医院。1966 年试验结束时，39 个医疗中心提供家庭计划服务，若干个移动诊所开始每周巡视很多省份的边远地区，它们主要是提供宫内节育器手术。突尼斯市的 3 家大医院也成立了家庭计划门诊，作为全国范围卫生人员的培训中心。

两名对偏远省份家庭计划很热心的医疗官员（Beja & Le Kef）做了一项重要工作，他们每周集中组织农村地区的妇女进行宫内节育器置入手术，并把一些妇女带到地区医院接受服务，包括绝育手术。新宪政党在这两个省的基层组织积极动员本地人民，为他们提供资讯，为妇女提供便利的交通工具，并宣传布尔吉巴总统的讲话内容（编者，1966）。高层的政治活动和政治高压带有明显的强制性，但并没有推广，而且带有强制性的活动不是卫生部的项目。在后来的几年里，新宪政党偶尔也会反复使用强制措施。贝雅和勒凯夫解释，在试验的第一年，宫内节育器几乎占到了一半。在农村地区使用流动诊所这一举措后来推广到全国。

在突尼斯，家庭计划和人口问题信息的主要来源是报纸和电台。国家妇女联盟公开支持家庭计划试验项目。此外，由于信息不足和通信设施有限，提供给服务对象的信息不充分（Povey & Brown，1968）。

到试验结束时，有 27817 名妇女在 39 家诊所就诊，18523 名妇女使用了宫内节育器。尽管这些结果很有限，但也表明有了一个良好的开端。随后很快出现了问题，即管理薄弱，缺乏卫生和教育人员，咨询和随访也做得不好，公共信息和知识仍很缺乏，也几乎没有项目评价。无疑，过多强调使用宫内节育器限制了个人的选择，而且关于这个方法的负面谣言也不断出现。随访不够，且很少强调解决副作用问题。这些缺点无疑使人们对宫内节育器产生负面情绪。

关于家庭计划项目的数量有限的研究和评价几乎都集中在宫内节育器的临床表现方面（Brown & Sabbagh，1965；Vallin 等，1968）。研究表明，在所有使用宫内节育器的妇女中，在第一年其有效性超过 70%，这和当时宫内节育器的国际经验结果类似。总的来说，试验阶段向人民和医务人员介绍了家庭计划和避孕的概念，动员了国家机构，为开展全国性项目奠定了基础。没有出现明显反对这一项目的情况，对家庭计划概念及家庭计划需求的反应都是积极的。

## 全国家庭计划：1966～1972 年

1966 年 6 月，正式启动全国性的家庭计划项目。尽管是全国性的项目，但卫生部的行政架构中并没有家庭计划的位置。虽然几个部委官员对家庭计划负责，但阿莫·戴利医生拥有决定权，他还负责其他的一些事情。所有服务都免费，包括人工流产和绝育。

突尼斯市的三家医院继续提供口服避孕药、绝育和堕胎等多项服务。而突尼斯其他地区，由于缺乏医疗基础设施，实施家庭计划主要是依靠流动家庭计划小组，每省有一个小组。每个小组由一名妇科医生（通常来自东欧或苏联的合同医生）、一名助产士、一名护士、一名司机和一名办事员组成。每个小组配有一辆医疗设备车，以及进行宫内避孕手术的折叠椅。流动小组每周定期去农村诊所，偶尔也去学校或政府机关，主要服务内容是宫内节育器置入，很多小组只提供这一项服务。那些也发放避孕套、杀精剂并处理妇科问题的小组，显然更受农村欢迎。流动家庭计划小组的成本很高，而且需要这种小组服务的人很少，特别是在南部偏远省份，显然组建这样的小组不划算（Lapham，1970）。由于需求小而成本高，几个月后，南部偏远省份的流动小组就停止了工作。1967 年，尽管整个家庭计划项目都可以得到口服避孕药，但卫生工作人员往往对发放避孕药持保留态度，因为他们认为妇女还不能正确使用。在大医院发起了在产前或产后立刻给妇女提供避孕信息和药具的产后项目，这个项目和人口委员会的国际产后项目有关（Lapham，1970；Povey & Brown，1968）。

在实施国家家庭计划项目时，1966年8月出现了一次明显的倒退。布尔吉巴总统的讲话表明似乎方向发生了改变，他说："如果我们不想变成一个老龄化国家，我们必须要生孩子。"（Povey & Brown，1968，p.621）这完全出乎大家的意料。提供给总统的关于国家人口增长率的数据显然是不准确的，使得他认为人口增长率已经下降到2.3%。而实际的人口增长率是2.8%。他认为，如果突尼斯夫妇不增加生育，那么突尼斯就会像法国在两次世界大战期间那样受低生育率影响。虽然这次倒退只是暂时的，并有可能减缓项目初期的步伐，但对项目长期发展的影响很有限。有趣的是，布尔吉巴总统是由洛克菲勒三世发起并经联合国秘书长U.Thant签署的《联合国人口宣言》的12个国家首脑之一（联合国，1967）。人口宣言强调全世界人口的无计划增长问题，并声明自愿家庭计划符合国家和家庭切身利益。

尽管有总统的这次讲话，但国家家庭计划项目仍继续向前推进。从某种程度上说，这一时期的宣传和教育还有所加强，但社会工作者和国家妇女联合会在教育方面的努力却很有限。在政党态度积极的同时，总统的讲话缓和了试验时期出现的强制情况，这无疑是正面的进步。与流动诊所合作部署小规模的机动教育团队，但这几乎没有产生什么影响。总的来说，宣传和教育是国家家庭计划项目初期阶段的薄弱环节，部分原因是原来属于卫生部的一部分医疗卫生教育项目划归社会事务部，且遇到预算不足和其他部门不配合的问题。然而，公众对家庭计划的态度却越来越积极，而且更公开地讨论避孕问题（Daly，1969；Povey & Brown，1968）。

这一时期家庭计划在其他方面的进展包括，1968年在突尼斯一名妇科医生陶布德·本谢赫带领下，在国际计划生育联合会支持下成立突尼斯家庭计划协会。该协会从事家庭计划项目的宣传教育工作，并对反对放松堕胎法的某些观点予以反击。其他团体（包括新宪政党、国家妇女联合会、宗教领袖）和媒体也支持国家家庭计划项目（Gueddana，2001）。

其他捐赠者（尤其是美国国际开发署和瑞典国际发展合作机构）开始

为项目提供资助。此后，美国政府成为迄今为止突尼斯国家家庭计划项目最大的支持者。

## 结　果

莱珀曼（1970，1971）对1964～1969年的家庭计划结果进行了分析。他估计粗出生率由1964年的每千人50例活产婴儿下降到1968年的43例。结婚年龄提高是影响粗出生率下降的最重要因素，而使用避孕药具对粗出生率下降的作用小于1/3。表4.1表明，尽管避孕药具的使用者数量很少，但1964～1969年持续增加，宫内节育器避孕仍占主导，而且使用其他避孕方法的数量也增加了（如人工流产）。这一明显的变化表明，突尼斯家庭计划的特征是尝试采用综合避孕方法，在避孕方法上有了更多选择。

表 4.1　1964～1969 年避孕药具接受者的估计数量

| 方　法 | 1964 年 | 1965 年 | 1966 年 | 1967 年 | 1968 年 | 1969 年 |
|---|---|---|---|---|---|---|
| 宫内节育器 | 1030 | 11575 | 20539 | 23546 | 27085 | 28610 |
| 口服避孕药 | 0 | 183 | 140 | 431 | 2884 | 4212 |
| 避孕套 | 1055 | 521 | 310 | 298 | 1295 | 1654 |
| 其他阻隔避孕法 | 428 | 164 | 80 | 52 | 147 | 283 |
| 女性绝育 | 278 | 604 | 1263 | 1855 | 3200 | 4481 |

资料来源：莱珀曼（Lapham），1970。

总的来说，尽管家庭计划项目存在一些明显的致命弱点，特别是关于人员、宣传教育、管理、临床咨询、护理跟进和研究及评估等，但政府认为突尼斯家庭计划项目初期阶段是很成功的。尽管整个项目期间口服避孕药是由私人药店销售的，且销量在不断增加，但项目极少关注这一方面。实际上，项目开始之前总统宣布的大幅度提高最低结婚年龄对出生率的影响比家庭计划项目对出生率的影响更大。

## 家庭计划项目的发展：1973 年至今

1973 年国家家庭计划和发展办公室的成立标志着家庭计划项目已超越了服务的功能渐趋成熟，并大大增强了项目自身的能力（Gastineau & Sandron，2000；Gueddana，2001）。第一次有全职专业人员致力于项目的具体工作。这一阶段的工作重点扩大了，包括关注整体社会福利、扩大培训方面的试点、极大的研究力度，包括经济社会研究、关注社会政策立法及其影响等更广泛的宣传教育项目。布尔吉巴总统重申支持家庭计划，并推动形成了以他名字命名的家庭计划项目推广年度奖。

家庭计划项目的临床服务和培训也取得了很大进步，主要由私营部门来做。图 4.1 表明，避孕数量稳步增长，由 1970 年的 12% 增加到 1994 年的 60%，也就是说，在 23 年的时间里平均每年提高 2.1 个百分点，远高于国际平均水平。

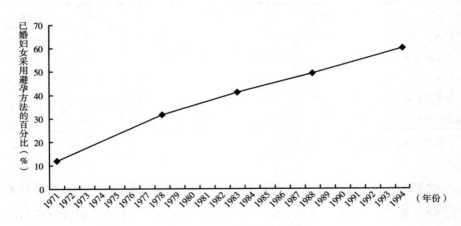

**图 4.1  1971～1994 年避孕现用率**

资料来源：国家调查。

图 4.2 展示了突尼斯男女使用的主要避孕方法，并呈现异常广泛的多种方法构成。1978～1994 年宫内节育器、口服避孕药和女性绝育都得到广泛

使用，避孕套和其他方法也可获得。1973 年进一步放开堕胎法消除了很多限制条件。避孕套在这一时期的使用略有增加，虽然也可以使用其他阻隔避孕法，但不常有人使用，而输精管结扎术则从未普及。实际上，包括宣传教育在内的家庭计划项目很少直接涉及男性。传统方法从某种程度上来说仍很重要。到 2002 年，摩洛哥和突尼斯已经有 60% 的夫妇采取避孕措施，但突尼斯增加得更快些，并且也开始得更早些。

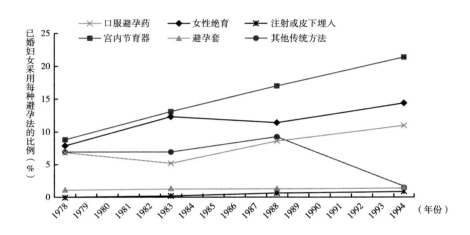

**图 4.2 1978～1994 年避孕方法使用情况**

资料来源：国家调查。

进一步放宽社会保障、堕胎和女性绝育方面的法律限制有助于增强家庭计划项目的深度和广度。由美国国际开发署、世界银行、联合国人口基金和其他国际援助机构提供的资金大幅度增加。由于 20 世纪 80 年代突尼斯发生了重大政治和社会变化，国家家庭计划和发展办公室继续扩大。1987 年，本·阿里接替布尔吉巴出任总统，继续支持家庭计划项目。到 2006 年，突尼斯总和生育率已经低于替代水平。突尼斯成为非洲大陆上总和生育率最低的国家，并低于大部分发展中国家（Population Reference Burear，2006）。因此，突尼斯在 40 年时间里已经完全实现了降低生育率、实现人口低增长的目标。

政府的社会经济政策（特别像前面提到的提高最低结婚年龄）有助于生育率的急剧下降。间接来说，显著提高妇女地位及受教育水平有助于生育率的大幅下降。

## 国际影响

由于突尼斯家庭计划项目是阿拉伯国家也是非洲大陆第一个家庭计划项目，作为里程碑式的事件，1965 年在日内瓦召开的国际家庭计划第一次研讨会（Berelson 等，1966）和 1966 年尼日利亚召开的第一届非洲人口会议都提到了突尼斯家庭计划项目，并进行了广泛讨论。家庭计划初期阶段，突尼斯在社会政策领域的进步和在提高妇女地位方面的努力引起广泛关注，并继续引起国际上的关注（Vallin & Locoh，2001）。

最初突尼斯对邻国摩洛哥产生了显著的影响。摩洛哥 1966 年发起国家家庭计划项目之前，两国的高层官员间进行了一些交流。在随后几年中，突尼斯官员和撒哈拉沙漠以南法语非洲国家间的技术交流促成了在突尼斯举办避孕技术方面的临床医师培训讲座。

## 突尼斯家庭计划初期的人口与社会政策反思

布尔吉巴总统发起的突尼斯独立后的社会自由化政策和法律在伊斯兰国家中是独一无二的，其为家庭计划项目奠定的基础对项目的成功非常重要。其他发展中国家都没有制定并颁布这样一个全面的政策、法律和行政措施来提高妇女地位、提高文化水平、鼓励小规模家庭、改善经济状况并推广避孕、绝育和流产等服务。甚至在 40 年后，也很少有国家出台这种综合性的人口政策。

想想是什么促使布尔吉巴总统推行如此开明的人口和社会发展政策是很有意义的。1966 年访问突尼斯期间，人口理事会的董事会主席洛克菲勒三世和人口理事会主任弗兰克·诺德斯坦会见了布尔吉巴总统。洛克菲勒称赞布尔吉巴总统在人口政策方面很有远见，并问他是如何形成这些想法的。布尔吉巴回答说："J'ai de baggage dans ma tête."（"我有很多智慧。"）（布尔吉巴总统对洛克菲勒三世的谈话，1966 年春，作者记录）。

尽管没有公开解读这个神秘的回应，但一名记者在多年后写道："当布尔吉巴还是个孩子的时候，他母亲因生育第八个孩子而去世，那个孩子永远也忘不了这个痛楚和损失，但是也不可将之解读为他后来在突尼斯实施推动家庭计划的原因。"[1]（Geyer，2000，p. 1）无论是什么影响了布尔吉巴总统，也许是因为他才华横溢，但布尔吉巴总统多年来在社会发展、妇女权利和家庭计划方面的一贯承诺对突尼斯及其他国家的人口政策和项目有着重要影响。

## 结　论

1964 年突尼斯家庭计划项目试验阶段和 1966 年的初期推广为 20 世纪 70 年代开始的全面家庭计划项目奠定了坚实的基础并创造了条件。在 1964 年试点项目之前发布了强有力的人口和社会发展政策，对家庭计划提供支持和做好舆论准备至关重要。引入新的避孕技术，特别是宫内节育器是一个重要因素，其他可用的避孕技术包括口服避孕药、绝育和人工流产在内的避孕服务也相当重要。项目开始时有一些限制条件并存在一些缺陷，但项目得到高层政治上的强力支持，并花了几年时间来修正项目所产生的问题。在 40 多年时间里，突尼斯已婚育龄妇女的避孕现用率从不足 10% 增加到超过 60%；总和生育率从 6 减少到 2，或低于替代水平；人口增长率从 2.8% 下降到 1.1%（Population Reference Burear，2006）。

---

[1]　Geyer, G. A, *HabibBourguiba's Original Thinking Led to Tunisia's Success*（UExpress Syndicate），http：//www. bourguiba. com.

随着新家庭计划项目稳步发展，社会领域的重要变化（包括提高结婚年龄、降低死亡率和提高教育水平特别是女性教育水平）对生育率和家庭计划的接受有很大影响（Vallin & Locoh，2001）。突尼斯在人口和发展政策及家庭计划实施方面的成绩和创造性为这一地区其他国家甚至全世界其他国家树立了榜样。

## 参考文献

［1］Ayad，M.，and H. Jamai. 2001. "Les Déterminants de la Fécondité." In *Population et*, *Développement en Tunisie*, ed. J. Vallin and T. Locoh，171 – 202. Paris：Ceres Editions.

［2］Berelson B.，R. K. Anderson，O. Harkavy，J. Maier，W. P. Mauldin，and S. J. Segal， eds. 1966.

［3］*Family Planning and Population Programs*. Chicago：University of Chicago Press.

［4］Brown，G. F.，and G. Sabbagh. 1965. "L' Efficacité de la Contraception Intra – utérine en Milieu Tunisien." *La Tunisie Médicale* 44（5）：318 – 21.

［5］Daly，A. 1966. "Tunisia." In *Family Planning and Population Programs*, ed. B. Berelson， R. K. Anderson，O. Harkavy，J. Maier，W. P. Mauldin，and S. J. Segal，151 – 62. Chicago：University of Chicago Press.

［6］——. 1969. "Tunisia：The Liberation of Women and the Improvement of Society." In *Family Planning Programs：An International Survey*, ed. B. Berelson，113 – 24. New York： Basic Books.

［7］Editors. 1966. "Tunisia：The Role of the Political Party." *Studies in Family Planning* 1 （13）：5 – 6.

［8］Gastineau，B.，and F. Sandron. 2000. *La Politique de Planification Familiale en Tunisie，1964 – 2000.*" Paris：Ceres Editions.

［9］Gueddana，N. 2001. "L' expérience du Programme de Planification Familiale（1956 – 1996）." In *Population et Développement en Tunisie*, ed. J. Vallin and T. Locoh，202 – 32. Paris：Ceres Editions.

［10］Lapham，R. J. 1970. "Family Planning and Fertility in Tunisia." *Demography* 7（2）：241 – 53.

［11］——. 1971. "Family Planning in Tunisia and Morocco：A Summary and Evaluation of the Recent Record." *Studies in Family Planning* 2（7）：101 – 110.

［12］Mauldin，W. P.，B. Berelson，and J. Hardy. 1963. "Tunisia：Proposed Family Planning Program." *Studies in Family Planning* 1（2）：3 – 4.

[13] Morsa, J. 1966. "The Tunisia Survey: A Preliminary Analysis." In *Family Planning and Population Programs*, ed. B. Berelson, R. K. Anderson, O. Harkavy, J. Maier, W. P. Mauldin, and S. J. Segal, 581 – 94. Chicago: University of Chicago Press.

[14] Population Reference Bureau. 2006. *World Population Data Sheet.* Washington, DC: Population Reference Bureau.

[15] Povey, W. G., and G. F. Brown. 1968. "Tunisia's Experience in Family Planning." *Demography* 5 (2): 620 – 26.

[16] United Nations. 1967. "Declaration of Population." *Studies in Family Planning* 1 (16): 1 – 12. Vallin J., M. Limaim, G. Brown, and G. Sabbagh. 1968. "L'Efficacité de la Contraception Intra – utérine dans le Gouvernorat du Kef (Tunisie)." *La Tunisie Médicale* 46 (2): 121 – 30.

[17] Vallin J., and T. Locoh. 2001. "Les Leçons de l'Expérience Tunisienne." In *Population et Développement en Tunisie*, ed. J. Vallin and T. Locoh, 569 – 82. Paris: Ceres Editions.

（彭伟斌　吴艳文　译　郑真真　刘玉博　校）

# 第五章

## 摩洛哥：家庭计划的第一步

■ 乔治·F. 布朗

摩洛哥是位于非洲西北角的阿拉伯马格里布联盟国家之一。从 1966 年开始家庭计划试验时，摩洛哥总人口 1300 万。2005 年，摩洛哥人口已经增加到 3000 万，几乎全是穆斯林（占 99%），除了生活在阿特拉斯山地区的少数民族说柏柏尔语外，其他几乎都说阿拉伯语。摩洛哥紧邻马格利布地区的阿尔及利亚和突尼斯，1912 年沦为法国殖民地。摩洛哥北部地区曾是西班牙殖民地。摩洛哥 1956 年获得独立，并且是一个以农业为主的社会，在独立之初，摩洛哥人的文化水平普遍较低——平均来说，农村地区 18% 的男性和 2% 的女性，城市地区 41% 的男性和 17% 的女性接受过教育。摩洛哥人的初婚年龄很低，特别是在农村地区，女性的平均初婚年龄是 15.5 岁，男性的平均初婚年龄是 22.3 岁。

从政治上来说，摩洛哥实行的是国王拥有强大权力的君主立宪制。尽管政治上存在反对党，但摩洛哥主要还是一党专政，而且政治上的动荡很值得注意，特别是 20 世纪 70 年代发生的试图推翻君主制度的事件。国王是这个保守的宗教国家的精神和宗教领袖。

1966 年，摩洛哥的总和生育率高达 7.2，而其死亡率尽管仍很高，但已经开始下降了。据估计，摩洛哥 1966 年的人口增长率是 3.2%。

## 摩洛哥家庭计划的缘起

政府担心人口高增长最初源于 1965 年经济计划部的分析，其中计算了人口快速增长对教育、住房、就业和其他发展领域的经济影响。分析中也包含了假设出生率下降的人口预测，并论证了到 1985 年人口增长率降低到 2.5% 所产生的巨大经济利益（Brown，1968；Castadot & Laraqui，1973；摩洛哥，1965）。与此同时，一个到访摩洛哥的世界银行代表团强调，摩洛哥人口增长正在达到或超过经济增长。同样的因素也影响到邻近的突尼斯人口政策及 1964 年开始实行的国家家庭计划项目。1965 年，摩洛哥和突尼斯两国开始互派高级发展计划和卫生官员（Brown，1968）。专栏 5.1 列出了主要事件年表。

通过与福特基金会和人口理事会驻突尼斯工作人员接触，从 1966 年开始，摩洛哥开始从人口理事会获得资金和技术支持，在国际家庭计划支持下，一些摩洛哥医生前往欧洲进行避孕方面的培训。同年，卫生部推出第一批家庭计划服务并举办家庭计划全国研讨会。在研讨会上，卫生部部长发表重要声明（Castadot & Laraqui，1973），强调生育间隔对健康状况的重要性，发展部长声称，需要全国一起来对高生育率及相关公共卫生需求做出反应，以减少人口增长，实现经济社会进步，改善妇女健康状况（Castadot & Laraqui，1973）。

摩洛哥国王汉森二世是 1966 年签署《联合国人口宣言》的 12 个国家元首之一（联合国，1967）。

此外，1966 年皇室成立了人口高级委员会和省级委员会。即使这些委员会很少开会，但它们的成立反映了社会和政府需要高层参与家庭计划的意识。一个更实际的行动是 1967 年废除了殖民时期禁止销售避孕药具的法律（Brown，1968；Castadot & Laraqui，1973）。

| 专栏5.1 | 摩洛哥1965~1971年人口和家庭计划大事年表 |
|---|---|
| 年份 | 与家庭计划有关的主要事件 |
| 1965 | 计划委员会开始进行人口预测，分析人口对经济的影响，并提出联合国技术支持的解决方案。 |
| | 摩洛哥和突尼斯政府官员之间开始讨论人口和家庭计划。 |
| | 卫生部得到福特基金会、人口理事会及国际计划生育联合会提供的避孕用品，并开始讨论避孕问题。 |
| | 第一批医务人员参加国际计划生育联合会在布鲁塞尔和伦敦举办的培训课程。 |
| 1966 | 第一家家庭计划诊所开业。卫生部要求每个省都提供家庭计划服务，并特别强调宫内节育器的使用。 |
| | 福特基金会提供资金资助政府的家庭计划用品、装备及技术支持。 |
| | 皇室任命国家人口委员会和省级委员会。 |
| | 摩洛哥国王汉森二世签署了联合国人口宣言。 |
| | 经过广泛宣传的摩洛哥家庭计划研讨会在首都拉巴特举行。 |
| | 瑞典国际发展合作机构援助在城市地区进行的知识、态度和实践研究。 |
| | 人口理事会提供技术人员援助。 |
| 1967 | 皇室废除殖民时期禁止避孕的法令。 |
| | 家庭计划服务逐步扩展到每个省。 |
| | 瑞典国际发展合作机构援助农村地区进行的知识、态度和实践研究。 |
| 1968 | 国家人口委员会召开第一次会议。 |
| | 五年发展计划（1968~1972年）强调降低人口增长率的重要性，包括强有力的国家家庭计划项目，其目的是降低人口出生率10%，并在5年时间里施行50万例宫内节育器置入。 |
| | 开始培训家庭计划医疗助理。 |

| 年份 | 与家庭计划有关的主要事件 |
|------|--------------------------|
| 1968 | 卫生中心开始发放口服避孕药。 |
| 1969 | 任命了第一个全职的家庭计划医疗主任，负责实施家庭计划项目。 |
|      | 在卡萨布兰卡市开始实施通过烟草销售点补贴销售避孕套的销售计划。 |
|      | 加强口服避孕药的使用。 |
|      | 美国国际开发署开始对摩洛哥家庭计划项目进行经济和技术支持。 |
| 1970 | 经济计划部门敦促所有医生迅速加强并实施项目。 |
|      | 摩洛哥妇女联合会主席法蒂玛·祖赫拉·拉拉公主公开在拉巴特主持家庭计划会议。 |
|      | 取消家庭计划卫生辅助项目，所有医疗人员都有教育责任。 |
|      | 因需求不足，取消通过烟草销售点来辅助销售避孕套的商业销售计划。 |
|      | 在巴黎召开的经济合作与发展组织会议上，财政部部长宣布扩大家庭计划项目。政府承诺增加家庭计划预算。 |
| 1971 | 法国家庭计划团体组织了一场全国研讨会。 |
|      | 摩洛哥家庭计划协会成立，主席是法蒂玛·祖赫拉·拉拉公主。国际计划生育联合会提供援助。 |
|      | 评估显示，全国只实现了20%的家庭计划目标，包括宫内节育器和避孕药使用者合计，服务只覆盖了不到育龄妇女的1%。 |

## 第一个全国家庭计划调查

为了确定与家庭计划相关的知识、态度和实践，除了在拉巴特附近地区进行小规模调查外，政府 1966 年和 1967 年分别在城市地区和农村地区实施了调查。调查得到瑞典国际发展合作机构的支持。这些调查表明了大众对家庭计划的普遍支持态度，特别是那些已经生育了 3 个或更多孩子妇女的态度，但她们关于家庭计划知识和实践的信息则非常有限。当大多数有 3 个或更多个孩子的妇女表示，她们不想生育更多孩子的时候，仍有一些人表示不愿意尝试家庭计划方法。除了缺乏避孕方面的信息以及避孕的负面影响外，她们援引了宗教、文化和婚姻关系等原因（摩洛哥，1970；Lapham，1970）。总的来说，政府官员受摩洛哥夫妇对这些问题的兴趣及愿意说出对这些问题的看法所鼓舞，迄今为止，即使询问这些问题仍非常敏感。提高知识水平以及使人们使用家庭计划方法虽很困难，但必须克服。

## 家庭计划项目的开始——1966～1970 年

卫生部于 1966 年启动国家家庭计划项目。把这个项目融入卫生部现有的技术服务部门的公共卫生服务系统，因此这个项目并没有成立专门的领导机构，也没有很强的行政管理。卫生部官员认为，全面整合家庭计划项目和卫生服务项目可最大化可用资源，在确保一定医疗程序的基础上，使这些资源不重复建设。20 个省以及几个大城市的卫生中心设立了这些服务项目，摩洛哥最大城市卡萨布兰卡建立了多个服务中心。作为整个公共卫生服务的一部分，到 1968 年已有 110 个这样的服务中心提供家庭计划服务。在几个省也建立了为数不多的农村服务中心（Brown，1968）。

最初，这个项目几乎是完全采用双 S 形宫内节育器（IUD）。卫生部官员称，如果起初没有可利用的宫内节育器，不可能着手实施家庭计划项目。因为他坚信，对摩洛哥妇女而言，只有这种长效方法才是合适且有效的（Larbi Chraibi，与 George Brown 的个人谈话，1966）。项目实施一年后，口服避孕药被加进了这个项目中，但仅是少量使用，即在病人去诊所时医生发给一个月的药，此后需要去药店购买。最初，许多医生（大多数是法国或其他欧洲国家的）反对使用口服避孕药，担心这些药会有副作用，这点和摩洛哥妇女担心的问题一致。从商业上来说，口服避孕药可在药房买到，但政府没有尝试和药房合作来刺激销售或降低价格。1968 年，诊所开始给病人提供三个月的口服避孕药。一些医疗中心也使用避孕套和阴道杀精剂，但不积极宣传。由于很少做妇女绝育手术，也没有男性绝育服务，而且堕胎是违法的，因此几乎没有这些方面的记录。

1966 年，摩洛哥卫生服务组织还很薄弱，农村卫生服务很有限，外来卫生人员主要来自法国和东欧国家，且占公共卫生管理和服务人员的很大比例。一段时间后，培训了越来越多的摩洛哥卫生人员，情况逐渐得到改善，但仍有很大局限性。许多欧洲医生由于没有接受过家庭计划方面的培训，常常比摩洛哥医生更保守，更不愿意提供避孕服务。卫生部健康教育和统计部门同样也很孱弱，他们的研究极其有限。家庭计划教育方面仅仅局限于在诊所内和病人的交流，而公开媒体或出版物中几乎没有这方面的信息。实际上，这个项目几乎没有公开，反映了对这个问题的态度仍是保守的或试验性的。新成立的医学院和法国大学保持紧密联系，医学院第一任院长反对设置家庭计划相关课程。除了 1969 年对宫内节育器进行有限的、试验性的研究外，摩洛哥一直没有进行临床方面的相关研究。

在项目实施的最初两年，宫内节育器使用者的平均年龄是 30.8 岁，而且平均生育了 5.3 个孩子。因此，该项目最初服务的妇女很大程度上是那些已经实现了生育意愿、但离育龄期结束还有多年的人。没有专门针对年轻妇女的项目，所有服务都只针对已婚妇女（Brown，1968）。

### 家庭计划培训和信息

卫生部官员很快就意识到，这个项目的主要缺点是服务对象及所有民众没有获得足够多家庭计划方面的知识。1968 年，卫生部开始实施一项特别计划：从护理学校近年毕业生中挑选 35 名学生，经过包括理论和操作的 14 周强化课程后把他们培训成医疗助理。随后，这些医疗助理被派往 5 个主要城市的区域卫生中心，他们主要是给妇幼保健诊所的潜在服务对象提供避孕知识。然而，医疗助理项目也存在很大问题，包括：这些助理一般都比较年轻；挑选助理的工作是强制的而不是自愿的；服务对象基本上都是女性，但有一半的医疗助理是男性；医疗工作人员及助理监督者缺乏相关训练（Garnier，1969）。一年后医疗助理计划被迫中止，这些助理重新进入医疗干部队伍。1969 年在护士学校教师中举办了研讨会，家庭计划进入护士学校课程。培训大量卫生人员这一更艰巨的任务仍有待解决。

除了信息和知识外，卫生部还给卫生所印刷了一些小册子和挂图，并拍了一部电影。在项目前三年，没有政府高层的公开声明或支持，而且禁止公众讨论家庭计划问题。尽管 1966 年国王哈桑二世签署了《联合国人口宣言》，但他也没有在国内的任何演讲中提到家庭计划和人口问题。大多数政府高级官员纷纷仿效他，而且媒体也保持沉默。1970 年 5 月，这一状况开始发生变化。法蒂玛·祖赫拉·拉拉公主担任摩洛哥妇女联合会主席，公开在拉巴特主持家庭计划会议，随后在 1971 年初，由法国家庭计划团体发起，在拉巴特召开了一次研讨会，这次会议引起了摩洛哥媒体的高度关注（Lapham，1971）。

1971 年，在国际计划生育联合会帮助下，摩洛哥家庭计划协会成立。家庭计划协会的目的是通过分发家庭计划方面的资料开展宣传教育，在政府仍低调或保持沉默的情况下成功地公开讨论家庭计划。摩洛哥妇女联合会也通过在新闻周报及组织的会议上出版家庭计划相关文章来帮助妇女了解这一项目（Castadot & Laraqui，1973）。

### 组织结构变化

高级行政职位的变化是 1969 年设立了负责整个项目的专职高级官员这一新职位。摩洛哥任命阿卜杜勒·卡迪尔·拉腊基博士担任家庭计划项目主任兼秘书长。最初并没有给他配备大量人员，但设立这个职位是认识到实施这个项目需要付出很大努力。最初，拉腊基办公室给省级卫生官员发布改善家庭计划工作的指令，但是几乎都没有实施。由于一些地区的项目主管非常热情，因此项目实施效果在各地有很大不同（Lapham，1971）。

在卫生部统计部门的努力下，统计服务变得更加条理化和系统化，并开始进行少量评估研究，但更综合性的研究和评估工作仍有待进行。

**避孕药具的商业销售**

家庭计划项目开始实施时，市场上可以买到口服避孕药了，但是最初价格相对昂贵，可能只有少量城市中产阶级妇女和外国人才购买。随着项目的完善，销售逐渐扩大，更多妇女可以从公共卫生院获得这些药物。随后价格有所下降，但家庭计划项目没有和药店合作或降低价格。据估计，药店卖出的口服避孕药数量从 1966 年的每月 10000 剂增加到 1970 年的每月 53000 剂（Lapham，1971）。

1969 年，政府尝试开始通过垄断全国烟草销售的准自治国有企业——国家烟草委员会引入避孕套销售补贴进行社会销售。最早是印度尝试避孕套的社会销售。卫生部以极低价格（三个避孕套 4 美分）给国家烟草委员会提供超过 100 万个避孕套，通过烟草委员会在卡萨布兰卡的 633 个门店进行销售。尽管国家烟草委员会高级官员愿意承担避孕套的销售工作，但他们没有花精力宣传这个项目、指导零售商或提供销售点的信息，而且卫生部没有任何支持或鼓励信息发布的行动。结果，第一年只售出 100800 个避孕套，此后这个项目就被搁置了（Castadot & Laraqui，1973）。很明显，这个项目和家庭计划整体试验遇到同样的问题：即缺乏相关知识，而且新举措的信息公开化初期总是非常敏感。20 年过去了，避孕套的新社会营销计划才得以成功实施。

## 人口与发展计划：1968～1972 年

1968 年，经济计划部门发布了五年计划（1968～1972 年），并在人口变动和家庭计划方面提出了宏伟目标。计划中强调（摩洛哥，1968，引自 Castadot & Laraqui，1973，p.5）："摩洛哥人口增长太快。我们可以想象，如果不采取适当补救措施，长期人口增长的后果将是失业率上升、城市人口过多。尽快实行包括下面内容的人口政策非常重要：

- 实施家庭计划政策；

- 创造新就业机会；

- 建立包括贫民窟改造的城市重建计划；

- 设计临时性的移民政策。"

人口政策预计把出生率从每千人 50 例活产婴儿逐步减少到 1972 年的 45 例，到 1985 年减少到 35 例。也设想把初婚年龄逐步提高到女 18 岁男 21 岁。至于家庭援助，则引入法制改革（直到 1972 年，仍没有实施这些改革）。为了实现这些人口目标，计划要求除公共教育计划外，也要增强家庭计划项目，并有宏伟的目标：在计划实施期间，实施 50 万例宫内节育器置入，并广泛应用口服避孕药和其他避孕措施。招募一支由 600 名男女组成的志愿者队伍，并有大量资金来支持这些工作。

计划中的这些目标并没有付诸实际行动；至少开始的时候，几乎没有详细的项目实施方案；卫生部没有获得政府财政的大力支持。而同时，美国国际开发署启动了新的资金支持计划，随后不断增加援助资金并成为摩洛哥家庭计划项目最重要的援助机构（Hajji 等，2003）。

显然，这些目标是完全不现实的，特别是宫内节育器手术目标是项目初期每年实际数量的 10 倍多。该计划非常强调宫内节育器这种避孕手段。不过，五年计划明确了降低人口增长和扩大家庭计划工作的基本原则。计划没有落实的情况在随后几年里不断出现。

## 结　果

第一个五年计划（1966～1970 年）时期项目进展得很缓慢，但是避孕药具的使用稳步增加。表 5.1 表明，到 1970 年，各种避孕药具的接受者数量增加到 25067 人，早期强调宫内节育器的状况在 1970 年发生了变化，更多的人开始使用口服避孕药。实际上，由于表中数据不包括口服避孕药销售量，因此低估了口服避孕药使用人数。而很少采用绝育和避孕套等其他避孕措施（Lapham，1971）。

表 5.1　1966～1970 年避孕药具接受者的估计数量

| 方　法 | 1966 年 | 1967 年 | 1968 年 | 1969 年 | 1970 年 |
|---|---|---|---|---|---|
| 宫内节育器（首次使用） | 6427 | 5036 | 6520 | 10987 | 9763 |
| 口服避孕药[a] | — | — | — | 9257 | 14275 |
| 避孕套[a] | — | — | — | 1060 | 1029 |
| 合　计 | 6427 | 5036 | 6520 | 21304 | 25067 |

资料来源：Brown，1968，1969；Lapham，1971。
注："—"表示无法获得；a 只有公共部门的数据。

1968～1972 年五年计划提出的目标如期实现。莱珀曼（1971）估计，到 1970 年，这个项目仅影响到 0.9% 的育龄妇女，影响的妇女数量太少以至不能对出生率产生影响。

宫内节育器的使用数量很少表明项目后续跟进不足，且有大量人员从项目中退出，估计 1972 年有 60%（Robbins 等，1976）。避孕药具负面影响方面，妇女们没有足够多信息，除了负面谣言外，宫内节育器脱落而导致的怀孕更使人对这种方法产生怀疑。很明显，即使必须去药店购买，大多数女性仍更喜欢口服避孕药。到 1972 年，登记使用口服避孕药的超过 19000 人，而宫内节育器的使用者仅 5300 人。因此，尽管政府强调使用宫内节育器，但人们更偏好口服避孕药的模式在项目实施初期就建立起来了。

尽管在 20 个省都推行了这个项目，或至少培训了一些医疗人员，但只有几个省（特别是大城市）的医疗主管非常积极，并组织了大量的培训和服务。而其他省的领导则不主动，显得更保守些。因此，从服务可得性和接受者数量来说，项目都很不平衡。除了极少数服务很差或基本没实施相关项目的农村地区，几乎不存在覆盖全国的信息和培训，避孕套的社会营销计划试验也被搁置。开始建立中央家庭计划管理体系，但没有形成与之相适应的很强的行政和统计体系。在家庭计划项目中培训卫生工作人员和卫生学科学生的工作才刚刚起步。

总的来说，考虑到摩洛哥极度保守的宗教文化，前四年项目对生育率的影响仍太小，这样的成绩不太理想。特别值得注意的是，经济计划部始终强调人口增长和家庭计划是经济发展进程的重要组成部分。卫生部提供的服务仍很有限，尽管有所进展，且家庭计划接受者数量逐步增加，在缺乏有组织的宣传教育项目下已算难得了。

## 项目发展：1971 年至今

20 世纪 70 年代后期到 80 年代，由于大量的政府承诺和来自外部的援助，特别是美国国际开发署的大力支持，家庭计划项目发展很快。美国国际开发署咨询报告（Robbins 等，1976）强调项目的成就和不足，这更激励项目的进一步开展。该报告指出，避孕药具新接受者数量不及新增加育龄妇女人数，项目仍未对生育率产生显著影响，建议政府增强承诺力度。

20 世纪 80 年代，随着建立更强的中央和省级行政体系、覆盖面更广的服务、扩大卫生人员的培训以及更公开的信息和训练，这一项目迅速推进。近年，摩洛哥毕业的卫生专业人员持续增加和外籍医生的迁居推动了家庭计划项目。社区卫生工作者承担的家访综合项目 1977 年仅在一个省进行试点，到 1980 年就在全国推广。这是第一次在农村完成的综合性人口项目。此外，鼓励在药店销售口服避孕药和 1989 年的避孕套社会营销计划的成功都是不断努力的结果。尽管试图引入可注射、可植入避孕方法并重新努力扩大宫内避孕器的使用，但增加避孕方法使用种类的尝试仍是不成功的。

图5.1显示，到2004年，已婚育龄妇女中已有63%的人采取避孕措施。在各种避孕方法中（见图5.2），偏好口服避孕药，2004年已婚育龄妇女中使用口服避孕药的比例达到40.1%，而使用宫内节育器的比例仅5.4%。而女性生理周期避孕、妇女绝育、注射剂避孕和避孕套等其他避孕方法则很少使用（ORC Macro，2005）。

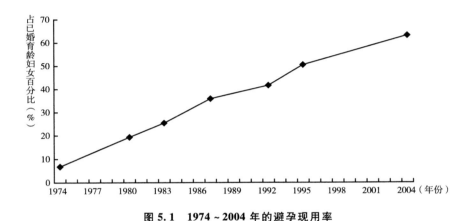

**图5.1　1974~2004年的避孕现用率**

资料来源：Ross，Stover & Adelaja 2005，表 A.1。

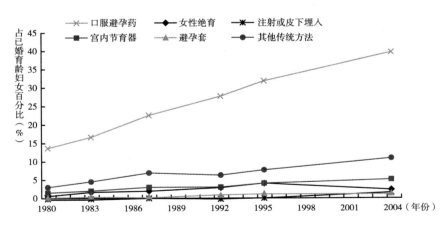

**图5.2　1980~2004年避孕方法的使用情况**

资料来源：Ross，Stover & Adelaja 2005，表 A.1。

同时，服务质量稳步提高。1994 年在开罗召开国际人口与发展大会后，卫生部扩大了生殖健康计划，把家庭计划、孕产妇及儿童健康、包括艾滋病在内的性传播疾病等列入其中。国家援助从关注人口快速增长转变为强调改善生活质量及满足人们生殖健康需求。

总和生育率已经从 1966 年的 7.2 下降到 2006 年的 2.5；死亡率也大幅下降；预期寿命已达到 70 岁；人口增长率已从 1966 年的 3.2% 下降到 2006 年的 1.6%（人口资料局，2006）。

无疑，社会经济状况的重大变化在摩洛哥生育率下降过程中发挥了重要作用。1966～2006 年，经济社会发展方面取得了很大进步，包括提高结婚年龄、人们（尤其是女孩）的受教育水平提高、人均收入增加、死亡率降低、城市化进程加快等。所有这些因素为家庭计划和生育率下降营造了一个更好的环境。一个有关生育率决定因素的研究得出结论说，摩洛哥生育率降低 44% 归因于结婚年龄提高，55% 得益于使用避孕药具（Ayad，1999）。

## 结 论

摩洛哥早期国家人口和家庭计划项目在充满希望的同时，也显得缓慢而又谨慎。然而，这些早期的努力坚持了下来，为旨在普及避孕知识、满足妇女生殖健康需求、降低人口增长率的家庭计划取得成功奠定了基础。经济计划部门是政府为了实现经济发展试图降低生育率的最早支持者。项目开始之初由于没有国家领导人的公开声明和支持，以及缺乏公开信息和知识，导致家庭计划项目进展缓慢。但同时，也未遭到政治上的反对。在家庭计划项目初期，卫生部把家庭计划和卫生服务结合起来的决定使得项目进展缓慢且不均衡，但也许这一决定避免了医务人员的过度热情或是出现太多失误。最初，家庭计划知识和避孕套销售两项试验都是失败的，然而，多年后这两个方面都表现不错。开罗会议强调生殖健康后，家庭计划项目的理论基础由原来的减少人口转变为提高生殖健康和关注国民福祉。

为什么大多数摩洛哥妇女从根本上拒绝政府推荐的宫内节育器转而采用口服避孕药呢？避免植入性的妇科手术以及宫内节育器的副作用是重要原因，早期的误导性信息和负面传闻可能起了一定作用，根本问题是信息不足及跟踪服务不够导致退出率很高。然而，不应小看宫内节育器在项目初期所发挥的作用，正如政府主要官员认为，宫内节育器在国家家庭计划项目初期是非常必要的。

把摩洛哥家庭计划的早期尝试与其邻国突尼斯早两年实施的国家家庭计划（见第四章）进行比较有一定的启发意义。不像摩洛哥家庭计划那样，突尼斯家庭计划项目受到总统持续且有力的支持，总统颁布了一些法律来提高妇女社会地位并鼓励低生育率。突尼斯家庭计划项目未纳入基本医疗服务，项目初期发展非常迅速，但也由于地方政治集团的过分强调，而受到伤害，时有强制行为发生，并产生了一些反抗。而摩洛哥家庭计划项目启动初期的低调做法，避免了极端行为，并最终使避孕在一个更保守的社会里流行。这两个国家都在降低生育率方面取得了显著进展，摩洛哥比突尼斯晚几年。

**参考文献**

［1］ Ayad，M. 1999. *La fécondité au Maroc: niveaux et déterminants de 1980 a 1995*. Demographic and Health Surveys. Calverton，MD：ORC Macro.

［2］ Brown，George F. 1968. "Moroccan Family Planning Program: Progress and Problems." *Demography* 5（2）：627 – 31.

［3］ ——. 1969. "Le Programme de Planification Familiale au Maroc." *Revue Tunisienne de Sciences Sociales* 17 – 18：283 – 90.

［4］ Castadot，R.，and A. Laraqui. 1973. "Morocco." Country Profiles Series. New York：Population Council.

［5］ Garnier，J. – C. 1969. "Morocco: Training and Utilization of Family Planning Field Workers." *Studies in Family Planning* 1（47）：1 – 5.

［6］ Hajji，N.，S. Wright，G. Escudero，M. Abdou – Oukil，and M. B. Ouchrif. 2003. *Morocco*

*Reproductive Health and Child Health Programs*: *30 Years of Collaboration*, *USAID and*

[7] *Ministry of Health of Morocco*, *1971 – 2000*. Chapel Hill, NC: University of North Carolina, Carolina Population Center.

[8] Kingdom of Morocco. 1965. *Projections de Population*, *Répercussions sur Certains Aspects de l' Economie du Pays et Solutions Proposées*. Rabat: Royal Cabinet, General Delegation for National Promotion and Planning.

[9] ——. 1968. *Plan Quadriennal*, *1968 – 72*. Rabat: Ministry of Economic Planning.

[10] ——. 1970. *Enquête d' Opinion sur la Planification Familiale*, *Milieu Urbain*. Rabat: Ministry of Health, Secretariat of Planning of the Prime Minister's Office.

[11] Lapham, R. 1970. "Morocco: Family Planning Attitudes, Knowledge, and Practice in the Sais Plain. " *Studies in Family Planning* 1 (58): 32.

[12] ——. 1971. "Family Planning in Tunisia and Morocco: A Summary and Evaluation of the Recent Record. " *Studies in Family Planning* 2 (4): 101 – 10.

[13] ORC Macro. 2005. *Enquête sur la Population et la Sante Familiale*, *2003 – 04*. Calverton, MD: ORC Macro.

[14] Population Reference Bureau. 2006. *2006 World Population Data Sheet*. Washington, DC: Population Reference Bureau.

[15] Robbins, J. C. , R. P. Bernard, D. Mutchler, and L. S. Zabin. 1976. "Report of the Evaluating Team of the Morocco Family Planning Program. " AID/pha/C – 1100 Ltr. POP/FPS 1/2/76.

[16] Washington, DC: American Public Health Association and U. S. Agency for International Development.

[17] Ross, J. A. , J. Stover, and D. Adelaja. 2005. *Profiles for Family Planning and Reproductive Health Programs*: *116 Countries*, 2nd ed. Glastonbury, CT: Futures Group.

[18] United Nations. 1967. "Declaration of Population. " *Studies in Family Planning* 1 (16): 1 – 12.

（彭伟斌　吴艳文　译　郑真真　吴艳文　校）

第二部分

# 欧洲 和 中亚

# 第六章

## 土耳其出现家庭计划项目

■ 艾斯·E. 埃肯

　　土耳其是位于欧亚大陆的中东国家，占地约 77 万平方公里，人口 7000 多万，且几乎（占 98%）都是穆斯林。1927～2000 年，土耳其人口迅速增加，增长了 5 倍。其间，土耳其人口增长速度从 1940～1945 年的不足 1.6% 增加到 1955～1960 年的 2.85%。1999～2000 年，土耳其人口增长率是 1.83%。对比土耳其 1955 年和 2000 年的人口金字塔可以看出，年龄结构的惊人变化，从底部反映出人口快速增长、转变到 15 岁以下各年龄逐渐萎缩的结构。实际上，土耳其 2000 年人口金字塔形状和许多发达国家的人口金字塔形状非常相似。在同一时期，土耳其平均家庭规模从 5.7 人降至 4.5 人，下降了 21%。1950～2000 年城市人口比例稳定增加也就不足为奇，城市人口占总人口的比重从 25% 上升到 65%。人们的受教育水平也普遍提高。1935 年 30% 的男性和 10% 的女性受过教育，但是根据 2000 年人口普查数据，2000 年受教育人口比例已经提高到男 94%、女 81%。因此，土耳其近年来已经发生了深刻的人口和社会变化。

　　20 世纪 20 年代初，土耳其陷入多年战争。当时土耳其约 1300 万人口，

1911～1922年战争期间的死亡率非常高。因此，当时的国家人口政策是尽快增加人口。国家禁止进口避孕药具，堕胎违法，禁止对避孕方法和物品进行广告宣传和教育，给大家庭提供经济上的支持，而且这些政策实施了很多年（Tokgöz & Akın，1983）。

20世纪20～30年代，土耳其年人口增长率大约是每年2%或更低，但到50年代中期，突然猛增到年均3%左右（Metiner，1969）。这是因为第二次世界大战后，疟疾得到根除、抗生素的出现和政府改善儿童健康服务使死亡率迅速降低。此外，像其他国家一样，许多男性从军队回到家庭导致出现婴儿潮（Fişek，1983；Metiner，1969）。

因此，1945～1960年出现了明显的人口变化。1958～1962年，年人口增长率3.0%～3.2%，15岁及以下人口占总人口的比例是41.5%，粗出生率是每千人约45例活产婴儿，粗死亡率已经下降到13‰。此外，非法堕胎迅速增加。所有这些因素对未来人口变动有着非常重要的意义，使得政府想把年人口增长率从3.2%降到2.0%（Cerit，1989；ÜNER，1984；ÜNER & Fişek，1961）。

### 鼓励生育的人口政策：1923～1965年

就像前面提到的，土耳其在第一次世界大战和独立战争期间人口大量减少，加之当时的高婴儿死亡率，土耳其政府认为应该增加人口来满足国防需求，并解决农业劳动力短缺问题。1923年成立共和国之前，凯末尔·阿塔图尔克宣布土耳其第三次国民大会开幕并发表声明："我们在国民健康和社会救助领域的目标是保护和加强国民的健康状况，降低死亡率，消除传染病，增加人口数量，并提高生育能力。"（Altıok，1978，pp.53－54）

此后，阿塔图尔克多次强调增加人口的愿望，并在1924年土耳其大国民议会开幕演讲中再次表明这一观点，并最终形成国家人口政策。随后几年制定了一系列对人口增长有直接或间接影响的法律法规（见专栏6.1）。

例如，1926 年土耳其最小结婚年龄降到男 18 岁女 17 岁，1938 年进一步降到男 17 岁女 15 岁。其他几个法律法规也明确鼓励生育。1929 年、1930 年相继通过了地方政府和自治市的法律，强制要求几个地方行政机构实施旨在增加人口的政策，包括改善公众健康状况、建立免费妇产医院、免费或以很低的成本价为穷人提供药品。1930 年的《综合卫生法》是鼓励生育最具体的法律。这项法律强加了一些义务给卫生部，包括鼓励生育并给那些已经生育了 6 个以上数量孩子的妇女现金奖励或授予其勋章，禁止进口和销售避孕药具（Altıok，1978；Fişek，1963，1964b，1986b；Fişek & Shorter，1968）。

| 专栏6.1 | 土耳其家庭计划主要事件年表 |
|---|---|
| 年份 | 与家庭计划有关的主要事件 |
| 1923 | 制定了鼓励生育的人口政策；立法支持人口快速增长。 |
| 20 世纪 50 年代 | 由于非法人工流产，孕产妇死亡率很高。 |
| 1958 | 人口变化出现了转折，开始努力扭转鼓励生育的人口政策。卫生部建立了一个顾问小组评价过多生育所产生的健康方面的问题。 |
| 1959 | 调查数据表明，农村的婴儿死亡率和孕产妇死亡率非常高；据估计，53% 的孕产妇死亡是由堕胎引起的。 |
| 1960 | 发生武装革命。努斯雷特·费赛克博士担任卫生部副部长。改变鼓励生育人口政策的宣传活动开始增加。 |
| 1961 | 开始准备新人口计划法，并有来自卫生部、非政府组织以及个人的广泛参与。 |
| 1963 | 人口理事会工作小组评估国家人口形势，并协助进行全国范围的调查，显示人们普遍对避孕和对政府帮助提供避孕药具感兴趣。 |

| 年份 | 与家庭计划有关的主要事件 |
|------|--------------------------|
| 1964 | 任命卫生部新家庭计划部门第一任主任。 |
| 1965 | 议会通过了第一部控制生育人口计划的法律。 |
| 1965~1966 | 哈斯特比大学设立了公共卫生系和人口研究所。 |
| | 教育部和国防部等多个部门在它们的教育项目中介绍家庭计划。 |
| | 第一批 10 个试点诊所开业。 |
| 1967~1968 | 流动小组为农村家庭提供信息和服务。 |
| 1979 | 开始强化早期控制生育法律的活动。 |
| 1983 | 通过了第二部人口计划法，授权培训一些非医生实施宫内节育器置入，孕妇要求且怀孕不到 10 周的人工流产合法化，允许全科医生实施终止妊娠手术，患者提出要求的男女绝育手术合法化，全国范围内家庭计划服务，建立跨部门合作。 |
| 1983~2000 | 已婚夫妇中使用避孕药具的比例增加到 71%，堕胎所产生的意外事故减少，由于不安全堕胎导致的孕产妇死亡迅速减少，总和生育率下降到 2.2。 |

在土耳其堕胎永远是一个敏感话题。在鼓励生育时期，许多法律试图阻止堕胎。1926 年通过的土耳其刑法源于意大利刑法，把人工流产看作犯罪。1936 年推出的刑法修正案增加了对人工流产的惩罚，并惩罚试图避免怀孕的行为。1953 年的修正案中，对堕胎的惩罚再次增加。然而，几项研究证明，尽管有相关法律，堕胎仍很普遍（Fişek，1967a，1972；Kis‚nis‚çi & Akın，1978）。怀孕妇女中，约 1/5 会堕胎，这是一个很高的比例，并且堕胎是孕产妇死亡的主要原因之一（Altıok，1978；Fişek，1963，1964b，1986a；Özbay & Shorter，1970）。

此外，出现了一些给孩子免税或基于孩子数量分配资源的法律，并给那些多子女家庭土地优先分配权（1938），给公共部门职员适当的子女抚养费

（1944），并基于孩子数量减免所得税（1949）。许多法律鼓励从海外移民，给移民法律或经济利益。在这期间，所有政党都采用了政府鼓励生育的政策，反映在他们不但通过了明确或隐含鼓励生育的法律，而且在政党项目和大众媒体的材料中也表现出来。直到1958年，这一情况仍没有发生变化。

## 转向抑制生育的政策：1965年

改变鼓励生育人口政策是一个艰难的过程。它需要许多人、非政府组织和社会团体花费大量时间和精力。第一篇抨击人口增长的是哈鲁卡·狄龙教授在民族报和凡克尔·巴伊库尔特在共和报上发表的文章。狄龙（Cillov）认为人口增长太快对城市有很大影响，并强调需要控制人口增长（Fişek，1963，1964b）。1958年妇产科医生齐亚·杜尔穆斯、内吉代特·埃雷努斯和赖斯·埃雷兹博士以及泽卡伊·阿尔古乃·布拉克医生要求改变人口政策，并使避孕方法合法化。安卡拉最大医院院长和著名专家布拉克注意到，许多妇女由于人工流产使病情加重，而且其中很多都死了。他记录了这些医院的案例，证明了意外怀孕和不安全堕胎对妇女健康的不良后果。随后他给卫生部写信声称，由于不安全堕胎已使孕产妇死亡率增加，因此必须采取措施阻止这些死亡事件的发生，避孕应该合法化。

在布拉克发出这封信后不久，卫生部成立了专门委员会调查与堕胎有关的问题，确定相关医学问题并讨论对策。他们提交的报告指出，尽管土耳其刑法有关于堕胎的严格条款，但堕胎规模仍很大，并且绝大多数堕胎案例没有进入司法诉讼。报告表明，医务人员为了个人利益而施行堕胎手术，且大多数堕胎手术是在缺乏医疗设施的地方进行的，导致严重的医疗事故甚至死亡。委员会报告尽管承认反堕胎法，并对维持其非法表示接受，但认为出于医学需要，应该允许堕胎。此外，委员会认为应该允许避孕，使得妇女不必生育不想要的孩子，应该改变法律，使妇女能像其他国家妇女那样利用避孕药具。尽管报告中还没有提到任何政策变化，但它是政府官方出台的第一份关于家庭计划的合法化文件（Altıok，1978；Fişek，1963，1964b，1967a；Holzhausen，1987；国家计划组织，1993；üner & Fişek，1961）。

1958年，卫生部成立了一个由大学教授和著名专家组成的顾问小组，对过多生育所产生的健康方面的问题进行独立评估，并提出相应解决方案。这个小组建议取消避孕方面现有的法律障碍，并提供避孕药具；然而，除非有相关医学指征，否则他们反对堕胎。顾问小组把他们的建议提交给司法部，并希望得到司法部的支持。但司法部没有批准这些建议（Fişek，1964b；Levine & üner，1978）。

1959年，在137个村庄进行的一项调查显示，农村婴儿死亡率是每1000例活产有165例死亡，孕产妇死亡率是每10万活产有280名孕产妇死亡。此外，调查估计，53%的孕产妇死亡是由堕胎引起的。这项研究的其他两个方面也很重要。第一，它在堕胎和孕产妇死亡率之间建立了联系，增强了卫生部委员会对于堕胎问题的看法。第二，由于努斯雷特·费赛克教授是调查负责人，更重要的是1960年武装革命后，他担任了6年卫生部副部长（Altıok，1978；Fişek，1963，1964b；国家计划组织，1993）。

1960年5月27日，土耳其发生武装革命，此后全国实施了一系列计划和改革，包括监管和法律的变化。起草的新宪法强调，建立总理办公室领导下的国家计划组织。同时，人口计划成了主要目标（Anderson，1970），而且费赛克在其中扮演了极为重要的角色。他在公共卫生的许多领域是先锋人物，为抑制生育的新人口计划法所做的准备工作非常宝贵。他在国内和国际首先提出这个问题，并与布拉克和其他思想领袖（包括一些非政府组织）密切交流。费赛克带头努力改变法律，后来起草了1965年的相关法律（Anderson，1970；官方公报，1965）。

1960年军事干预后建立了国家计划组织，并在卫生部和国家计划组织间展开了讨论。代表们一致认为，必须改变传统人口政策，并建议议会在第一个五年发展计划和人口计划法中采纳抑制生育的人口政策。甚至此前已经放宽旧政策的限制，允许有限进口避孕药具。第一个五年发展计划讨论由高人口增长率引起的问题，认为这削弱了国内生产总值增长，必须控制人口增长。这个计划主张废除反对避孕的相关法律，设立家庭计划项目，并为公众提供家庭计划教育，且政府采纳了这个提议（Altıok，1978；Fişek，1964b，1967b；国家计划组织，1993）。

在整个变化过程中，宣传活动是非常重要的。例如，1960 年 12 月，费赛克在卫生部卫生研究所组织了由著名医生、宗教领袖、社会学家和人口学家出席的关于生育控制的大型座谈会。广泛讨论生育控制问题，每个学科的代表陈述了他们自己的看法和观点。这个论坛的结果也在媒体讨论了一段时间，此后这个问题被提上日程。报纸上出现了一些文章，讨论需要一个抑制出生的人口政策。与此同时，安卡拉妇科协会组织了几次关于家庭计划的大型年会，并得到媒体的紧密跟踪报道。

政策发生改变的一个主要原因是每年出现的大量堕胎情况。尽管还没有年度确切数字，但常认为每年非法人工流产的数量大约有 50 万人次，而每年由堕胎并发症引起的死亡大约是 1000 人（Fişek，1967a；Metiner，1969）。第二个原因是，农业机械化的出现导致快速城市化，使得最大城市中有一半人口生活在新出现的棚户区。城市没有足够的居住设施和工作机会以供养大家庭。

1961 年开始设计新法律，涉及卫生部官员、非政府组织以及一些有独到见解的个人之间的紧密合作。在宣传方面土耳其家庭计划协会和安卡拉妇科协会极为积极，举办了大量讲座并召开了全国性会议。改变鼓励生育的人口政策逐渐得到医学界甚至全国的支持，政策制定者也开始动摇。然而，需要更多的证据和支持。

1963 年初，土耳其政府要求人口理事会派一个专家组分析人口因素、进行实地调查，以确定在全国范围内实施家庭计划的可行性，并提供操作指导和成本建议。这使土耳其政府和人口理事会在项目上正式达成了共识（Anderson，1970；Metiner，1969）。人口理事会帮助实施全国范围的知识、态度和行为调查，调查 300 个村庄和 5000 多个城市居民。这是土耳其第一次进行类似的调查。这个调查发现的有价值信息有助于后来的国家家庭计划项目。调查表明，农村绝大多数妇女渴望由政府主导的家庭计划项目。调查表明，60%的家庭仅希望有2～4个孩子，大多数30岁以上且结婚10年的夫妇根本不想生更多的孩子；约67%的农村居民和87%的城市居民希望了解更多的避孕知识（Berelson，1964；Metiner，1966，1969）。

因此，即使在1963年禁止避孕药具生产和销售时，数据显示已经形成小规模家庭的趋势，大部分夫妇同意避孕，大约有2/3的人还希望了解更多避孕方法。同时，避孕知识非常有限，43%的夫妇不知道具体的避孕办法。这项全国性调查和一些小规模研究表明，土耳其家庭对家庭计划是持赞同态度的。

1964年人口计划法批准之前，卫生部成立了家庭计划组织。并任命在美国接受过培训的经验丰富的妇产科医生图尔古特·梅蒂内尔担任主任。在这期间，卫生部也赞助了几次研讨会和小组讨论，组织了全国性详细计划准备阶段的工作。

同样在1964年，土耳其家庭计划各个方面的工作人员在美国接受培训，人口理事会派代表常驻土耳其协助项目规划、开始本地培训并帮助实施该项目。还有常驻和临时顾问，在必要时与思想领袖、非政府组织及社区共同合作。

所有这些进展都帮助扭转了舆论的方向。

## 人口计划法及其结果：1965～1967年

新人口计划法旨在为全国范围开展家庭计划项目提供资金和实施的法律框架。这项法律由议会和参议院通过，总统于1965年4月签署的。法律规定家庭计划的目的是使个人能生育他们想生育的孩子，并允许使用预防措施（避孕）。卫生部负责实施项目、培训避孕药具管理人员以及为公众提供培训。法律还严格规定了实施堕胎和绝育的医疗条件，并对违法行为予以处罚。

国会对这项法案的辩论很有意思，体现了一些参与者对人口问题的潜在观念。同时也表明他们不甚了解关于人口变化的综合性信息。只有卫生部似乎对问题的理解还具有人口学框架。这一点也不惊奇，因为讨论人口问题在土耳其还是新话题，相应的技术知识很少。这场辩论的特殊之处还在于，"局外人"费赛克两次在国会为这项法律辩护并提供了技术细节。国会成员缺乏人口增长的信息，他们实际上被推动着颠覆这项40年的政策，在某种程度上导致这场辩论的缺乏条理。

出现了几个小问题，其中之一具有象征意义的：项目名称是什么？在第一个五年发展计划原稿中，国家计划组织已经初步表明，项目名称应叫作家庭计划项目。政府把其变为人口计划项目，认为这个新名字更中性且不含有侵犯家庭隐私权的意思。在后来的国会辩论中，卫生部内的官方实施机构被称作人口计划总指挥部。然而，从那时开始的所有实质性讨论中，每个人都提到了家庭计划项目。

更有意义的辩论是降低生育率所使用的方法。当大部分人主张允许避孕时，只有两个人主张堕胎合法化。1967年签署了一些规定，列举了堕胎和绝育所需要的医疗条件，但是除了这些，直到20世纪80年代，1965年的人口政策仍未发生变化（Altıok，1978）。

## 支持和反对

除了来自社会各行业外，主要是大多数人民群众支持1965年的法律。而反对者主要不是来自农村妇女，而是那些受过一定教育的消息不灵通人士。其中包括在伊斯坦布尔和伊兹密尔的商人，他们错误地认为，如果土耳其人口众多，他们将有更大的市场。另一种反对意见认为，为了土耳其有更强大的军队及在国际事务中更有话语权，必须有更多的人口。还有人则认为，如果土耳其经济得到改善，那么出生率会自动降低。此外，一些妇产科医生反对家庭计划项目，因为这在某种程度上影响他们的工作。不时有纯医学方面的页面宣传，认为口服避孕药和宫内节育器对身体有害。总的来说，由于没有宗教方面的严厉反对出现，避免了反对问题。土耳其也是相对单一的语言体系，避免了种族竞争和担心某一群族比其他群族人口增长快的问题。

**早期的实施办法**

项目初期采取的许多措施似乎都是为了实现第一个五年发展计划制定的目标。教育部计划 1965~1966 学年开始在初高中生物学课程中加大人类生育的相关内容，在社会研究课程中包含人口增长的社会、经济和政治意义的内容。两个教育项目是针对武装部队的士兵，其中一个是为已婚人员，另一个是为退役之前的所有人员。新法律规定了教育部和国防部的职责。此外，卫生部计划和农村事务部与农业部的项目信息紧密协调。其他信息、教育和沟通计划项目是面向其他人，例如有几个孩子的夫妇、未婚人士、男性同盟和妇女组织、工会、大企业职员、大学学生和政府公务员。

在卫生部高等医学委员会建议下成立了由大学教员和卫生部工作人员组成的科学委员会。随后，10 家试点诊所在全国各地陆续开张，经过 6 个月观察，委员会允许销售两类口服避孕药，并允许使用宫内节育器。经过官方实验室分析后获得科学委员会批准，并经过避孕药具委员会审核后，其他避孕药具方被许可使用。

为了有效部署项目的实际服务内容，这项计划利用卫生部现有设备和人员（Fişek，1964b；Metiner，1966；Ross，1966），并由一个小的中央机构来培训公共卫生服务人员。这个机构是在卫生部副部长直接管理下的一个独立部门。为了克服临床服务人员短缺，特别是在 80% 人口居住的农村地区，一个办法是招募 200 多个医学研究生（无论男女）并在妇科知识和宫内节育器手术方面培训他们。这是 200 个流动小组的基础。公共服务免费提供宫内节育器手术，其他避孕方法收费。项目的目标是每年为 5% 的育龄妇女提供服务，并希望累计效果能大大改善母婴健康。

家庭计划协会及 20 个分支机构协助教育和临床工作。另一个很有价值的小组织是安卡拉大学的妇女协会，协会成员自愿去乡村、城郊社区和工厂提供信息，并引导这些地方的母亲去接受服务。

### 流动小组

在知会公众和提供服务的各种方法中，一个关键的方法是使用流动小组。通过这种方式，避孕药具特别是宫内节育器被带到村民的家门口和大城市的棚户区。流动小组协同工作，一组提供教育和信息，另一组提供医疗服务。流动小组包括男女教育人士，他们首先拜访这些村庄，随后医疗小组进行跟踪并提供临床服务。在 1967 年、1968 年，流动小组取得了令人瞩目的成绩，找到了大多数农村女性感兴趣的问题。实际上，早期家庭计划的特点之一是无论什么时候要求讨论或提供服务，乡村人民都热情合作。像其他国家一样，20 世纪 60 年代土耳其的大多数已婚夫妇想学习一些家庭计划知识或参与家庭计划。

### 预算和捐赠者

根据来源不同，可把家庭计划总预算分成三个部分。第一部分是国会批准的卫生部每年在家庭计划方面的预算。第二部分是补助金或称配套资金，是由财政部和美国国际开发署共同商定，覆盖省级家庭计划主任、田野工作人员的差旅支出、奖励费用、研究费用、项目评估和宣传教育材料的印刷费用等。第三部分是外国基金资助。瑞典国际发展合作机构主要资助口服避孕药，人口理事会提供咨询、车辆维修、避孕药具、先进的计算设备、教育材料、奖学金和附加薪资的援助，福特基金会资助人口研究。技术援助主要来自人口理事会的常驻顾问，并有少量来自美国国际开发署和福特基金会。土耳其也得到了世界卫生组织培训项目的援助，家庭计划协会从国际计划生育联合会得到一些资金援助。

### 研究

主要研究机构在哈斯特比大学，受福特基金会资助，该大学于1966年成立了人口研究所。1967年开始培训第一批两年制人口研究硕士学位研究生。这个研究所也进行详细的人口和家庭动态调查，并让学生在医学院从事研究项目。人口研究所发布土耳其家庭计划项目和人口问题季报。1968年，研究所用1963年首创的使用知识、态度和实践问卷与1963年调查进行了全国性的比较研究，也参与了后来与卫生部合作的人口与健康调查，并得到国际上的支持。

此外，1965年成立了哈斯特比大学公共卫生系（原社区医疗系）。作为医学教育的一部分，公共卫生系强调社区医疗的预防方面，包括生殖和家庭健康。后来，公共卫生系帮助卫生部扩展家庭计划工作，除了家庭计划项目的国家培训项目外，还特别包括卫生服务研究活动。1978年，公共卫生系成了世界卫生组织家庭计划和生殖健康协作中心，直到今天仍在继续扮演着这个角色。

### 结果

随着时间的推移，避孕实践明显滞后于避孕态度和知识。到1978年，只有50%的夫妇使用避孕药具，而其中2/3的夫妇用的是失败率很高的传统避孕方法（见表6.1）。在鼓励生育已经实施了10年的背景下，1965年前正式形成了政策，随后逐步启动国家家庭计划项目。1965年以前，公众甚至大多数医生中，有关口服避孕药、宫内节育器和阴道泡腾片等现代避孕药具的知识很有限。市面上出售的唯一避孕药具是避孕套，主要原因是避孕套具有预防性病传播的作用。1964年实施了第一例宫内节育器手术，而直到1967年才可用阴道霜剂和泡腾片（Fişek & Shorter, 1968）。土耳其避孕方法的整体可得性比其他国家要低。

**表 6.1　特定年份避孕药具的使用情况**

（15～49 岁已婚或同居的女性中使用避孕药具的百分比）

单位：%

| 方　法　＼　年　份 | 1963 | 1978 | 1983 | 1988 | 1993 | 1998 | 2003 |
|---|---|---|---|---|---|---|---|
| 所有方法 | 22.0 | 50.0 | 61.5 | 63.4 | 62.6 | 63.9 | 71.0 |
| 宫内节育器 | 0.0 | 4.0 | 8.9 | 17.1 | 18.8 | 19.8 | 20.0 |
| 避孕药 | 1.0 | 8.0 | 9.0 | 7.6 | 4.9 | 4.4 | 4.7 |
| 避孕套 | 4.3 | 4.0 | 4.9 | 8.9 | 6.6 | 8.2 | 10.8 |
| 绝育手术（女） | 0.0 | 0.0 | 0.1 | 2.2 | 2.9 | 4.2 | 5.8 |
| 体外排精法 | 10.4 | 22.0 | 31.1 | 31.0 | 26.2 | 24.4 | 26.4 |
| 其他 | 12.0 | 12.1 | 8.6 | 10.2 | 3.2 | 2.8 | 4.1 |
| 总有效率 | 5.3 | 18.0 | 27.2 | 32.3 | 34.5 | 37.7 | 42.5 |
| 总无效率 | 22.4 | 32.0 | 34.2 | 31.0 | 28.1 | 25.5 | 28.5 |
| 未满足的避孕需求 a | — | — | — | — | 12.0 | 10.0 | 6.0 |
| 每 100 名孕妇的堕胎数 | 7.6 | 16.8 | 19.0 | 23.6 | 18.0 | 14.5 | 11.3 |

注：“—”为没有可利用的数字。

a 为夫妇可以怀孕且没使用任何避孕措施，但至少两年不想生孩子。

资料来源：哈斯特比大学和卫生部所做的国家调查。

　　然而，这个项目也有许多积极作用得到了领导认可，特别是考虑到对受法律和惯例约束的鼓励生育思想的彻底逆转。这些积极特点包括：

　　• 及时评估、归纳 1945～1950 年后突然出现的人口和健康问题，即人口高增长、母婴死亡率、堕胎率和未能满足的避孕需求。1963 年全国调查及后来的调查都是必不可少的。

　　• 初期只有少数领导人进行承诺，且只有个别有影响力的人强调这个问题。

　　• 特别是土耳其家庭计划协会和安卡拉妇科协会在政府以外进行的大量宣传活动。

　　• 军方在家庭计划方面的积极态度。

　　• 卫生部出现有远见的人。

　　• 甚至在人口计划法实施以前就出现了改善接生服务设施，包括培训医疗卫生人员和组建流动小组。

　　• 与提供技术和经济支持的相关国际机构有效合作。

尽管逆转了鼓励生育的政策，制订新法律和建立国家行动计划都不是完全成功的，在适当的时候，需要重新评估这些问题。

## 后来发展：1980～1983 年

　　前面所提到的深刻变化意味着家庭计划到了一个历史性革命时刻，后面还会出现很多事情。首先考虑相关法律的进展。

### 修改第一部人口计划法

　　显然，1965 年的人口计划法在家庭计划服务和为公众提供避孕相关信息方面有了实质性的进展。然而，1980 年对项目实施情况的回顾表明，提供的服务仍然不能完全满足公众需要（Fişek，1983；Özbay，1975）。传统避孕方法仍是最常使用的避孕手段。直到 1993 年，在已使用的避孕方法中，现代避孕方法的比例才超过一半（见图 6.1）。

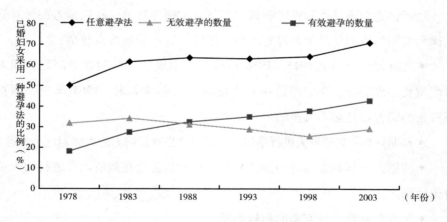

**图 6.1　1978～2003 年避孕现用率**

资料来源：哈斯特比大学与卫生和社会事务部所做的国家人口和健康调查。

　　尽管人们获取的知识不断增加，但主要依赖传统避孕方法仍存在很多问题，因为这些方法常常无效，且阻碍了现代避孕方法的传播。另一个严重问题是，虽禁止人工流产，但流产数量每年仍在不断增加。

堕胎几乎是较高社会阶层的妇女普遍使用的控制生育方法，这种方法是医疗专家提供的成本极高的服务。而低收入阶层妇女常常不得不采用自我人工流产，这通常会导致严重伤害甚至死亡。据估计，1981年有30万妇女人工流产和5万自我人工流产（Akın，1992）。这表明，尽管有相关法律，但服务上仍存在很大差距。因此，修改1965年法律最初主要是扩大分娩服务并使服务更有效、更公平合理。最初有两种策略（Akın，1999，2001）：一种基于科学研究，另一种通过宣传。

### 科学方法

除一些临床研究外，几次地区性和全国性的流行病学调查也证明了非法人工流产的负面影响。这些影响包括以下几点。

• 哈斯特比大学人口研究所和卫生部1963年开始的每5年一次的全国追踪调查，分析表明避孕发展趋势差强人意。

• 以具体社区为基础的人工流产的研究。

• 前面所提到的哈斯特比大学公共卫生系的三个主要研究：

①非医生经过培训也能像医生一样成功地实施宫内节育器置入，使201名经过培训的助产士实施手术并在随后1年里随访（1979）。

②世界卫生组织多个研究中心提供了非法流产给保健系统带来巨大负担的证据（1979~1981年）。

③引进了一种简单安全的终止妊娠技术（手动真空吸宫器），有35名全科医生接受这方面的技术培训并在随后一年随访。表明经过培训的全科医生可以使用手动真空吸宫器在孕初期终止妊娠（1981）。

这些研究结果用于宣传目的并成为新法律的依据（Akın，1992）。

### 宣传活动

在1980年人口计划法修改工作准备阶段，另一个武装政府掌权，其领导人似乎看好人口问题。宣传活动如下。

- 在卫生部、非政府组织和大学组织的几次会议上，以前的研究结果都得到广泛传播和宣传。

- 媒体形成的关于人口问题的项目和文章都得到总统支持。在科学期刊、杂志和报纸上出现大量文章。

- 在国会，武装政府组织了关于医疗卫生改革的研讨会，并把相关研究结果提交给政府有关部门。

由于有了有说服力的研究结果和政治上的支持，妇婴健康和家庭计划总指挥部（前家庭计划总指挥部）准备新的法律（人口计划咨询委员会，1994）。1983 年 5 月通过了新人口计划法。它包括以下新内容（公报，1983）。

- 授权培训新的非医疗人员施行宫内节育器置入。

- 夫妇要求的、怀孕不超过 10 周的人工流产合法化。

- 经过培训的全科医生经过批准可以实施终止妊娠手术。

- 男女要求的绝育手术合法化。

- 全国范围内提供家庭计划服务的部门加强合作。

新人口计划法生效的几年里，出现了如下一些有利结果。

- 由不安全堕胎引起的孕产妇死亡几乎消失了。

- 很少有人工流产并发症患者住院了。

- 人工流产给卫生保健系统带来的负担减少。

- 人工流产的个人成本降低。

- 人工流产的使用开始增加，但到 1990 年后开始不断减少（见图 6.1）。15~49 岁年龄组中每 100 名妇女的流产发生率下降到几乎可以忽略不计的水平（见表 6.2），主要是由于避孕导致怀孕减少，而且大部分怀孕都是想要的。

- 1983~1988 年，宫内节育器使用率增加了一倍。

- 1993 年，有效避孕药具使用率第一次超过传统方法使用率（见表 6.1 和图 6.1）。

- 卫生部成立了人口计划顾问委员会，通过部门间合作推动家庭计划活

**表 6.2　选择的调查年份前一年的人工流产率**

| 年　份 | 每年的人工流产数量 | | |
| --- | --- | --- | --- |
| | 每 100 名孕妇 | 每 100 名 15～49 岁的女性 | 每 100 名活产婴儿 |
| 1983 年人口和健康调查 | 19.0 | 2.8 | 15.4 |
| 1988 年人口和健康调查 | 23.6 | 5.5 | 35.1 |
| 1993 年人口和健康调查 | 18.0 | 3.1 | 26.0 |
| 1998 年人口和健康调查 | 14.5 | 2.5 | 20.9 |
| 2003 年人口和健康调查 | 11.3 | 0.4 | 13.9 |

资料来源：国家人口和健康调查。

动（Aytaç，1992；国家计划组织，1994）。

1988～2003 年出现了一些重大变化（见表 6.3）。到 2003 年，总和生育率下降到 2.2，71% 的夫妇使用避孕药具。此外，传统避孕方法和现代避孕方法的平衡已经平稳转化，特别是在普通人群、不识字或至少受过中学教育的女性中。

**表 6.3　选择年份的特定人口指标**

| 指　　标　　年　份 | 1988 | 1993 | 1998 | 2003 |
| --- | --- | --- | --- | --- |
| 普通人口 | | | | |
| 　粗死亡率（每 1000 人） | — | 22.9 | 23.4 | 19.7 |
| 　总和生育率（每名妇女生育的孩子数） | 3.4 | 2.7 | 2.6 | 2.2 |
| 　一般生育率（每 1000 名 15～49 岁女性） | — | 95.0 | 94.0 | 79.0 |
| 　使用所有避孕方法（占已婚妇女百分比） | 63.4 | 62.6 | 63.9 | 71.0 |
| 　不用任何避孕方法（占已婚妇女百分比） | 36.6 | 37.4 | 36.1 | 29.0 |
| 　现代避孕方法（占已婚妇女百分比） | 31.0 | 34.5 | 37.7 | 42.5 |
| 　传统避孕方法（占已婚妇女百分比） | 32.3 | 28.1 | 26.1 | 28.5 |
| 不识字妇女（占已婚妇女百分比） | | | | |
| 　现代避孕方法 | — | 25.0 | 28.1 | 29.9 |
| 　传统避孕方法 | — | 24.0 | 22.5 | 26.9 |
| 至少受过中学教育的女性（占已婚妇女百分比） | | | | |
| 　现代避孕方法 | — | 48.0 | 52.8 | 50.8 |
| 　传统避孕方法 | — | 38.7 | 22.5 | 26.5 |

资料来源：卫生部和哈斯特比大学所做的国家调查。
注："—"为没有有效值。

### 经验教训和结论

随着人口政策在 1965 年的历史性逆转和 1980 年的修订，土耳其的经验表明以下一些有效方法可以改变法律：

- 敢于承诺的强大领导；
- 基于经验研究的科学证据支持；
- 多渠道宣传（会议、出版物和媒体）；
- 政府和私人机构的跨部门合作；
- 国际合作和支持。

最主要的教训是堕胎合法化，这在预防堕胎相关的并发症和孕产妇死亡方面产生了很大影响。三大趋势互相支持：堕胎更安全、孕产妇死亡率下降和大量使用现代避孕方法。图 6.2 表明了避孕现用率的同步变化。随着堕胎合法化，国家研究和实际操作的证据在说服决策者和反对者方面都是有效的。与世界卫生组织、自愿和安全避孕协会、国际人口援助服务和约翰霍普金斯大学生殖健康国际教育项目等机构合作也非常有价值。

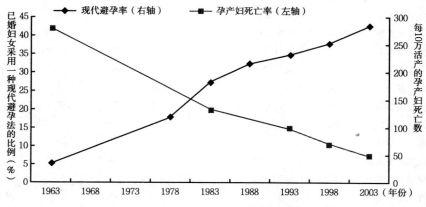

**图 6.2　1963～2003 年现代方法避孕现用率和孕产妇死亡率**

资料来源：避孕现用率：全国调查。孕产妇死亡率：Akın & Dogan，2000；世界卫生组织、卫生部和国家计划组织估计数；AVSC；IPAS；JHPIEGO。

尽管土耳其在家庭计划方面取得了显著成绩，还需要继续努力减少未满足的避孕需求从而避免意外怀孕。此外，必须提高土耳其妇女社会地位，应当增强妇女赋权，将其作为防止早婚、早育、意外怀孕，并降低高风险妊娠相关的孕产死亡公共政策。各级领导必须优先考虑这些问题和工作以确保全国家庭计划的成功。

土耳其未来在家庭计划方面的需求包括：系统审查政策、法规、服务设施，以确保高质量家庭计划和生殖健康服务的可持续性；建立国家管理信息系统；扩大科学和运作研究范围；扩大和增强家庭计划和生殖健康培训；增加全国培训师资；努力提高避孕技术并为公众提供相关服务；保持国际合作与协作。

## 参考文献

[ 1 ] Akın，Ays¸e. 1992. "The Present and Future of Family Planning in Turkey." In *Planning for the Future of Family Planning in Turkey*: *Proceedings of the Abant/Bolu Meeting*, 40 – 55. Ankara：Ministry of Health.

[ 2 ] ——. 1999. "Cultural and Psychosocial Factors Affecting Contraceptive Use and Abortion in Two Provinces of Turkey." In *Abortion in the Developing World*, ed. A. I. Mundigo and C. Indriso, 191 – 211. World Health Organization.

[ 3 ] ——. 2001. "Implementing the ICPD Programme of Action：The Turkish Experience." In *Sexual and Reproductive Health*：*Recent Advances*，*Future Directions*, 2 vols. , ed. Chander P. Puri and Paul F. A. Van Look, vol. I, 57 – 69. New Delhi：New Age International.

[ 4 ] Akın，Ays¸e, and M. Dogan. 2000. *Survey on Causes of Maternal Mortality from Hospital Records in Turkey*. Ankara：Ministry of Health.

[ 5 ] Altıok，Esen. 1978. "The Development of a Population Policy and Its Implementation." In *Population Policy Formation and Implementation in Turkey*, ed. Ned Levine and Sunday üner, 53 – 74. Ankara：Hacettepe University Publications.

[ 6 ] Anderson，Lewis S. 1970. *Turkey*. Country Profiles Series. New York：Population Council. Aytaç，U. 1992. "Family Planning Work of the Ministry of Health." In *Planning for the Future of Family Planning in Turkey*：*Proceedings of the Abant/Bolu Meeting*, 13 – 25. Ankara：Ministry of Health.

[ 7 ] Berelson，Bernard. 1964. "Turkey：National Survey on Population." *Studies in Family Planning* 1（5）：1 – 5.

[8] Cerit, S. 1989. *Türkiye'de Nüfus Döğurganlıkve Ölümlülük*. Ankara: Yeniçağ Basın – Yayın.

[9] Fi ek, Nusret H. 1963. "Türkiye'de Nüfus Planlaması Çalıs,maları." Reprinted in 1998 in *Kitaplas,mamıs,Yazıları – II içinde – Ana Çocuk Sǎglīgı, Nüfus Sorunları ve Aile Planlaması*, ed. R. Derleyen Dirican, 171 – 72. Ankara: Türk Tabipleri Birlīgi Publications.

[10] ——. 1964a. "Nüfus Planlamasında Hükumetlerin Sorumlulǔgu." Reprinted in 1998 in *Kitapla,smamı,s Yazıları – II içinde – Ana Çocuk Saǎglīgı, Nüfus Sorunları ve Aile Planlaması*, ed. R. Derleyen Dirican, 173 – 76. Ankara: Türk Tabipleri Birlīgi Publications.

[11] ——. 1964b. "Türkiye'de Nüfus Sorunlarının Ele Alını,s Tarzı ve Planlar." Reprinted in 1998 in *Kitaplas,mamıs,Yazıları – II içinde – Ana Çocuk Sǎglīgı, Nüfus Sorunları ve Aile Planlaması*, ed. R. Derleyen Dirican, 161 – 70. Ankara: Türk Tabipleri Birlīgi Publications.

[12] ——. 1967a. "Çocuk Dü,sürmenin Sosyal Yönü." Reprinted in 1998 in *Kitaplas, mamıs, Yazıları – II içinde – Ana Çocuk Sǎglīgı, Nüfus Sorunları ve Aile Planlaması*, ed. R. Derleyen Dirican, 151 – 60. Ankara: Türk Tabipleri Birlīgi Publications.

[13] ——. 1967b. "Türkiye'de Nüfus Planlaması." Reprinted in 1998 in *Kitaplas, mamıs, Yazıları – II içinde – Ana Çocuk Sǎglīgı, Nüfus Sorunları ve Aile Planlaması*, ed. R. Derleyen Dirican, 177 – 81. Ankara: Türk Tabipleri Birlīgi Publications.

[14] ——. 1972. "Türkiye'de Döğurganlık, Çocuk Düs, ürme ve Gebelīgi Önleyici Yöntem Kullanma Arasındaki · Ilis,kiler." Reprinted in 1998 in *Kitaplas,mamıs, Yazıları – II içinde – Ana Çocuk Sǎglīgı, Nüfus Sorunları ve Aile Planlaması*, ed. R. Derleyen Dirican, 195 – 203. Ankara: Türk Tabipleri Birlīgi Publications.

[15] ——. 1983. "Dünyada ve Türkiye'de Nüfus Sorunu." In *Hekimler · Için Aile Planlaması El Kitabı*, ed. Ays,e Akın, 1 – 21. Ankara: Tanıt Press.

[16] ——. 1986a. "As,ırı Döğurganlık ve Sǎghk." Reprinted in 1998 in *Kitaplas,mamısı Yazıları – II içinde – Ana Çocuk Sǎglīgı, Nüfus Sorunları ve Aile Planlaması*, ed. R. Derleyen Dirican, 127 – 28. Ankara: Türk Tabipleri Birlīgi Publications.

[17] ——. 1986b. "Türkiye'de Aile Planlaması Program Stratejisi." Reprinted in 1998 in *Kitaplas,mamıs,Yazıları – II içinde – Ana Çocuk Sǎglīgı, Nüfus Sorunları ve Aile Planlaması*, ed. R. Derleyen Dirican, 182 – 87. Ankara: Türk Tabipleri Birlīgi Publications.

[18] Fis,ek, Nusret H. and Frederic C. Shorter. 1968. "Fertility Control in Turkey." *Demography* 5 (2): 578 – 89.

[19] Holzhausen, W. 1987. "The Population Problem in Turkey (as Seen from the Perspective of a Foreign Donor)." *Nüfusbilim Dergisi (Turkish Journal of Population Studies)* 9: 63 – 73.

[20] Kis,nis,çi, H., and A. Akın. 1978. "Türkiye'de Düs,üklerle ilgili Epidemiyolojik Bir Aras,tırma." In *Türkiye'de Nüfusun Yapısı ve Nüfus Sorunları—1973 Aras,tırması*, 113 – 32. Ankara: Hacettepe University Publications.

[21] Levine, N., and S. üner. 1978. *Population Policy Formation and Implementation in Turkey*. Ankara: Hacettepe University Publications.

全球家庭计划革命：人口政策和项目 30 年

[22] MetinerTurgut. 1966. "Implications of the Conference: Turkey." In *Family Planning and Population Programs: A Review of World Developments*, ed. Bernard Berelson, R. K.

[23] Anderson, O. Harkavy, J. Maier, W. P. Mauldin, and S. J. Segal, 807 – 8. Chicago: University of Chicago Press.

[24] ——. 1969. "Turkey: Answering the Demands of the People." In *Population: Challenging World Crisis*, ed. Bernard Berelson, 100 – 10. Voice of America Forum Lectures. Washington, DC: Government Printing Office.

[25] *Official Gazette*. 1965. *557 Sayılı Nüfus Planlaması Hakkında Kanun*. Ankara: General Directorate of Publications. April 10.

[26] ——. 1983. *2827 Sayılı Nüfus Planlaması Hakkında Kanun*; *Tüzük ve Yönetmelikler*. Ankara: General Directorate of Publications. May 27.

[27] Özbay, Ferhunde. 1975. "Türkiye'de 1963, 1968 ve 1973 Yıllarında Aile Planlaması Uygulamalarında ve Doǧurganlıktaki Děgis,meler." Paper presented at the Second Conference on Turkish Demography, Çes,me – Izmir, Turkey.

[28] Özbay, Ferhunde, and Frederic C. Shorter. 1970. "Turkey: Changes in Birth Control Practices, 1963 to 1968." *Studies in Family Planning* 1 (51): 1 – 7.

[29] Population Planning Advisory Board. 1994. *Nüfus Planlaması Danıs,ma Kurulu Çalıs,maları, 1993 – 1994*. Ankara: Ministry of Health.

[30] Ross, John. 1966. "Recent Events in Population Control." *Studies in Family Planning* 1 (9): 1 – 5.

[31] StatePlanning Organization. 1993. *Turkey: National Report to the 1994 International Conference on Population and Development*. Ankara: State Planning Organization.

[32] ——. 1994. *Nüfus ve Nüfusun Yapısı*. Ankara: Government of Turkey.

[33] Tokgöz, T., and Ays,e Akın. 1983. "Türkiye'de Aile Planlaması Çalıs,maları." In *Hekimler · Için Aile Planlaması El Kitabı içinde*, ed. A. Akın, 22 – 29. Ankara: Tanıt Matbaası.

[34] üner, Sunday. 1984. *Türkiye Nüfusu: Boyutlar Sorunlar Yorumlar*. Ankara: Semih Offset Press.

[35] üner, R., and Nusret H. Fis,ek. 1961. *Türkiye'de Doǧum Kontrolünün Uygulanması üzerinde · Incelemeler*. Ankara: Ministry of Health and Social Affairs.

（吴艳文　彭伟斌　译　郑真真　陈晓慧　校）

第三部分

# 拉丁美洲 和 加勒比海地区

# 第七章

## 智利的家庭计划：一个意外的故事

■ 埃尔南·萨纽埃萨

家庭计划能在拉丁美洲取得成功，在过去这是一个持续了多年而不切实际的梦想。高生育率及许多国家政府领导人对家庭计划持消极态度是拉丁美洲一直以来不变的特征；此外天主教会的反对也是一个难以逾越的屏障。这些障碍的确存在：一些早期调查显示家庭计划知识极度欠缺，而且家庭计划也很少被采用。至少就理论方面而言，大家庭规模的理想到 20 世纪 50 年代后期仍未消退。但意料之外的事情发生了，在 60 年代初妇女有机会接触家庭计划后不久，许多神话与能察觉到的障碍很快就被证明是错误的：天主教对个人在家庭计划中的决策几乎不发挥任何作用，政策制定者对其影响也变得有限，并且与大多数拉丁美洲人的观念和需求也形成了明显差异。

在拉丁美洲很长一段历史时期内，拉丁美洲人为争取发展所作的努力就是一个繁荣与萧条交替的恶性循环过程，成功的案例很少。但是，相对这一残酷现实，智利家庭计划的确是成功案例中屈指可数的一个。专栏 7.1 列出了智利家庭计划大事年表。

| 专栏7.1 | 智利家庭计划大事年表 |
|---|---|
| 年份 | 与家庭计划有关的主要事件 |
| 20 世纪 50 年代 | 关注流产和意外怀孕对孕产死亡率和发病率的影响，并引发了对堕胎和生殖行为的流行病学研究。 |
| 20 世纪 50 年代末 60 年代初 | 开始引入新避孕技术——宫内节育器和口服避孕药。开发、测试国产宫内节育器并提供给公众。 |
| 1961~1962 | 国际计划生育联合会首次访问智利，成立智利家庭保护委员会。 |
| 1963 | 国际计划生育联合会向家庭计划工作人员提供了财政援助与国际交流的机会，其他国际机构和基金会效仿了这一做法。 |
| 1964 | 国民健康服务（NHS）采纳了第一个家庭计划政策。 |
| 1965 | 成立了智利家庭保护协会，并成为国际计划生育联合会成员，协会为家庭计划项目提供了技术咨询与物资援助。 |
| 1966 | 国民健康服务修订了家庭计划目标并扩展了国际机构捐赠项目。 |
| 1967 | 智利保护家庭协会协办了在智利首都圣地亚哥举办的第八届国际家庭计划会议。爱德华多·弗雷总统宣布会议开幕。 |
| 1968 | 梵蒂冈发布《人类生命》通谕，重申了反对人工避孕的立场。反对家庭计划的组织和个人呼声更加响亮，并开始形成国际联盟。然而，人们所持的态度与行为方式并未发生本质变化。 |
| 1970 | 选举产生了社会主义政府，家庭计划项目在萨尔瓦多·阿连德总统领导下继续开展。 |
| 1973 | 智利发生了军事政变，政府由奥古斯托·皮诺切特将军接管。尽管人民生活受到影响，并受到国民医疗保健制度预算减少的影响，但家庭计划项目仍旧继续开展。 |

全球家庭计划革命：人口政策和项目 30 年

| 年份 | 与家庭计划有关的主要事件 |
|------|--------------------------|
| 1989 | 在皮诺切特任期，修订了《健康准则》第十九条，以进一步限制堕胎。 |
| 1990 年至今 | 重建了民主政府，使得言论自由和社区参与增加。结束独裁统治后新当选的所有行政当局继续支持着家庭计划。 |
| | 女权运动在性别分析（对男女的社会角色、需要和机会不同的理解）、避孕药具提供者和接受者之间互动方面的呼声更大，对家庭计划项目产生积极影响。 |
| 2001 ~2006 | 经过法律上的不断挑战，国家监管机构允许出售有处方的紧急避孕药（醋酸美伦孕酮片）。2004 年，紧急避孕包含在遭受性暴力妇女的常规护理中；2006 年，卫生部在公共医疗机构提供的免费常规生育调节服务中包括了紧急避孕药。 |

## 背　景

自 20 世纪 50 年代以来，智利的公共卫生官员和政策制定者一直关注着本国高水平的孕产死亡率、婴儿死亡率和发病率。1952 年，国民健康服务体系（NHS）建立，该体系创建的一个驱动因素是：人们认为有必要提高全民的覆盖面。这需要用一个适当的医疗体系来实现。该体系提供的其他服务中，重点关注良好的产科护理。然而，10 年之后，孕产妇死亡率仍旧很高，即每 10 万例活产儿就有 280 个孕产妇死亡（Avendaño，1975）。在 20 世纪 60 年代初期，尽管人工流产在当时和现在来说都是非法的，但人工流产率持续走高已经变得非常显著了。很显然，提高分娩服务的覆盖面和服务质量依旧不够，导致人工流产的根源需要通过帮助妇女预防意外怀孕来解决。另一个关注点是婴儿死亡率。自 20 世纪 50 年代中期以来，每 1000 名活产中就有 100 多名婴儿死亡，此种状况几乎一直处于稳定状态（Avendaño，1975）。

古史记录表明，人类一直寻找能控制生育的方法。到 20 世纪 50 年代末，全世界开始重新关注避孕技术的改进，因为当时较为普遍关注对非法堕胎与非意愿生育所产生的健康后果的处理。在智利，引起一些医生关注的特定避孕用具是丝制宫内节育器，由恩斯特·格拉芬贝格博士于 1929 年在德国发明。杰米·齐珀研发了一种尼龙线环状的智利版本的宫内节育器。在测试其有效性与安全性之后，圣地亚哥巴罗斯·卢科医院中的医生开始使用这一避孕工具。妇女立即就接受了该项新技术。不久之后，在其他服务点上，越来越多的医生开始给妇女置入宫内节育器，首先是在圣地亚哥实施，然后普及到国内其他地区。

20 世纪 60 年代初，口服避孕药的发展及其有效性对家庭计划初期尝试产生了巨大的推动作用。口服避孕药因其特性而成为宫内节育器的一个很好补充。由于药房提供口服避孕药无须处方，同时也无须经过医生同意，所以口服避孕药的使用极为普遍，尤其是在年轻妇女当中。从那时起，智利80% ~ 90% 的避孕药具使用者选用宫内节育器或口服避孕药。

20 世纪 60 年代初期，智利成为拉丁美洲国家中家庭计划的早期采用者，当时该家庭计划融合了几个因素，其中一些因素也带动了国内家庭计划的快速扩展。第一，已经存在好多年的公共健康兴趣与专业知识造就了一批训练有素的专业骨干队伍。那时，公共卫生公立学校已有胜任此项工作的记录，并且该学校能为智利的医生和许多拉丁美洲其他国家的医师提供培训。由于这一公共卫生传统，按照拉丁美洲的标准，智利有相对较好的卫生监测和统计体系，该体系支持公共卫生系统发现和跟踪重大健康问题。自 1835 年以来，智利也有了定期人口普查数据，人口普查每 10 年左右进行一次，从而提供了足够可靠的基础数据。

第二，智利在那个时候已经建立了全民健康体系，此体系覆盖面广，并且在医院与其他服务点为蓝领工人及其家人提供免费的或者象征性收费的健康服务。此外，国民健康服务体系覆盖的人口超过了 50%。

第三，卫生领域的专家们意识到预防意外妊娠的巨大需求，这显著表现在高人工流产发生率带来的孕产死亡率和发病率方面的沉重代价。截至 1964～1965 年，估计约 2/5 的孕产妇死于堕胎（Avendaño，1975），即大约每万例活产 29 个孕产死亡（Cabrera 等，1975）。

第四，在当时，联合国的许多专门机构设立在智利，其中包括拉丁美洲的人口统计中心。这些机构加强了智利的组织、个人与国际组织间的互动，并且有助于智利的组织和个人学习一些专业知识。

第五，确保人们能获得家庭计划服务的一个关键环节是护士－助产士专业团体的建立。她们都是经过大学培训的专业人士，能为妇女提供产科护理，类似于今天美国的护师。但是这些护理助产士专门从事妇产科，和需要避孕的妇女打的交道比医生要多，这不仅是因为她们本身就是女性，而且是因为与产科医师以及妇科医生相比，护理助产士的数量更多并且在全国有更广的分布。国民健康服务做出一项明智决定，从 1974 年开始允许护理助产士给妇女置入宫内节育器和提供其他类型的避孕药具。这项决定扩大了避孕受众的覆盖面，解决了可能妨碍广泛获得避孕药具的瓶颈。

20 世纪 60 年代初，智利人并不认为人口快速增长是一个问题。人们的普遍观念是在现行增长率上，国家能够在可预见的未来从容应对。在拉丁美洲的其他国家也存在同样的信念和观点。尽管 20 世纪 60 年代中期在 5 个拉美国家的首都进行了调查，这项调查表明值得决策者考虑的人口快速增长问题开始出现了。调查同时也表明即使接受采访的领导人中有 56% 宣称自己关注人口快速增长，但是仅有 25% 的领导人认为人口快速增长在他们的国家是一个问题（Stycos，1970）。奇怪的是，当时与人口增长相联系的这一状况与 20 世纪 80 年代人们对艾滋病的看法是相似的。也就是说，除了智利，这种问题也同样影响着其他国家。

到 1965 年，拉美人口统计中心开展的人口调查揭示了人口快速增长的形势。这一形势归因于高生育率和下降的死亡率，在农村地区尤其显著。在那时，对快速人口增长及其对健康和发展可能带来的负面影响的关注开始引起全世界的重视，人们设定了各种各样的模型并使用具体的数据来研究人口变量与发展间的相互关系。

## 家庭计划的历史

1961 年，国际计划生育联合会（IPPF）通过其西半球区域办事处联系智利卫生当局了解国家家庭计划的现状。1962 年，一名国际计划生育联合会官员出访智利，以便建立联系并探索合作的可能性。访问期间与包括著名医生在内的许多人进行了一系列讨论，同时，由于问题本身的性质和所涉及的人物，媒体对此进行了广泛宣传。这次会议也给已经很积极的医生团体（主要包括妇科医师、妇科医生与公共卫生专家）以很大的激励，推动他们根据兴趣扩大现行家庭计划活动。卫生当局低调、有效地参与此事，卫生当局给服务点提供设施和国民保健服务工作人员，而且在事前并未做过正式承诺。

1962 年，卫生当局唯一的官方行动是由当时国民健康服务部门的负责人古斯塔沃·弗里克博士创建了顾问委员会，研究如何降低人口流产发生率及其健康和经济代价。当时他邀请在家庭计划工作的医生核心团体，后来组成智利保护家庭委员会。该委员会经过一段时间逐步形成了，它为国民健康服务提供了第一个正式建议，并在 1965 年转变成一个私有非营利性组织——智利保护家庭协会（Asociación Chilena de Protección de la Familia, APROFA）此后成为国际计划生育联合会的成员。APROFA 在其 40 多年的历史中一直支持着智利的家庭计划项目。

到 1963 年，国际计划生育联合会开始给智利组织提供资金援助和物质援助，这使得家庭计划教育和服务进一步扩展。

与人类性和生育相关的议题一直是敏感和备受争议的话题。所有宗教对性表达和性行为是予以禁忌并严格限制的，天主教会也不例外。因此，值得注意的是所有事情发生在这样一个时期，即当智利在总统豪尔赫·亚历山德里与右翼保守党统治之下时，而且这些保守党在天主教国家中是很猖獗的。

1964 年，新的国民政府选举产生了。基督教民主党总统爱德华多·弗雷与天主教会有很密切的联系，其内阁同样如此。考虑到教会对人工避孕的一贯反对，所以人们可能预期由于选举可能发生与家庭计划活动相关的对抗反应。但并没有发生。实际上，与之相反，国民健康服务的新主任仔细考虑了弗里克顾问委员会的建议，在这些建议的基础上，宣布采纳政府的第一个家庭计划政策。此政策的目的是在尊重个人理性和尊严的同时，降低非最佳状态下进行堕胎的风险。

1965 年，在此政策下，国民健康服务（NHS）通过其母亲和儿童健康项目开始正式在其服务设施中提供家庭计划服务。那个时候，服务于各种各样社区人群需要的其他健康网络也开始给他们的选区提供家庭计划服务，这样的社区团体包括公务员、军队、警察等。

由于其他一些原因，1965 年对智利家庭计划而言是一个重要的年份。新成立的家庭计划协会 APROFA，已经开始申请加入国际计划生育联合会的程序，并于联合会达成一致，共同计划和组织 1967 年在智利召开第八次国际家庭计划会议。APROFA 的董事会主席埃尔南多·罗梅罗博士被任命为即将召开的会议秘书长，这一举措将会提高协会在该国的知名度并产生巨大影响。会议的准备工作吸引了公共部门和私人部门中许多有影响力的组织和个人参与，这一准备工作对决定该家庭计划的未来走向是很关键的。

来自 87 个国家的 1000 多个代表团出席了这一会议，会议倡导了国际计划生育联合会主要概念中的两个，即家庭计划是一项基本人权；在人口、自然资源和生产率之间应该维持一种均衡，而这种均衡是人类幸福、繁荣与和平的必要条件。智利总统为该会议揭幕，从而正式认可了这次会议。总统在讲话中提到要研究与正确对待快速人口增长所引发的问题。同时人口和家庭计划领域在全世界范围内吸引了越来越多人的关注，这次会议不仅在智利，同时也在国际上产生了明显的反响。

多年以来，家庭计划在国民健康服务的母亲和儿童健康项目中不断演进，但其主要焦点总是试图降低母婴死亡率和通过培养为人父母的责任以及为人们提供决定如何处理事情的必要手段来提升家庭幸福。随着时间推移，政策进行了改善并越来越明确。例如，国民健康服务在1966年的一份文件中为项目制定了具体目标，包括100%的人工流产都在医院进行，住院分娩达到40%，使用各种服务点的妇女达到育龄妇女的10%。

选举后，1970年弗雷政府接替了萨尔瓦多·阿连德社会主义政权。1973年，发生了一场血腥的军事政变，紧随其后的是镇压和奥克斯托·皮诺切特的长期军事独裁专政。这后面两个政权中的任何一个政权关于家庭计划都有自己的观点并且依他们各自的观点来采取行动。例如，阿连德主政时期，卫生部引进了妇女保健一体化的概念，其中将家庭计划作为一个不可分割的组成部分。妇女一生中接受预防与治疗的健康服务从青春期就已开始了，政府项目提供了相关服务。阿连德政府也对避孕新方法的引入设置了限制，表明仅有被美国食品和药物管理局批准的避孕新方法才能使用。在皮诺切特政府下，1978～1979年一个短暂的鼓励生育运动阻碍了避孕药具的使用。这一事件发生在国民健康服务裁员期间，同时，该事件使得生育率暂时提高。但到1982年，生育率又继续下降。随后，1989年新堕胎法进一步限制了合法堕胎。

从20世纪家庭计划迈出第一步的60年代至80年代的这20年里，国民健康服务与其他主要的健康机构历经政府的各种各样的变化不间断地继续提供着服务，其中一些服务明显地影响了所有智利人的生活。这体现出一个明显迹象，即对问题的承诺以及制度成熟性和稳定性的迹象。此外，APROFA能适应政治现实的变化，也能与各种政府进行有效的合作。

## 主要人物

家庭计划始于以一群有影响力的医生为代表的私人部门，他们关注导致高水平孕产和婴儿死亡率与发病率的严重健康问题。他们接受国际组织的物质援助，其他国家也有相同的情况。其中一些人担心由于持续高的生育率与下降的死亡率引起的快速人口增长速度，通过彼此之间以及与发展中国家机构的合作，他们开始研究这一问题。

这些医生，早期的先锋者，自发组织起来，改善并扩大其影响的领域，以及通过建立 APROFA 来延续初期运动。这些医生中一些人是产科学和公共卫生的教授，这些教授开始培训计划生育与相关学科的其他医生和卫生人员，其中相关学科是设立在他们所工作的大学中。他们权威的专业指导在当时卫生当局制定的决策中起到了决定性影响。

1960～1980 年，家庭计划服务的提供者一直是政府，将来也继续由政府来担当。该服务是政府通过其妇幼项目、其他准政府组织和商业部门（包括医生和药房）来提供的，这些地方的口服避孕药仍然是不需要处方出售的。

随着时间推移，APROFA 作为国际计划生育联合会成员的私人协会与国民健康服务之间的合作至关重要。APROFA 最先发起推动家庭计划，随后借助国民保健服务实施了与家庭计划相关的行动。该协会也是连接国际援助与政府的一条纽带。通过与国民保健服务达成的系列协议，多年以来 APROFA 一直提供大部分进口避孕药、设备及国民保健服务曾经用来扩展项目的其他物品。APROFA 还帮助协调为智利和来自其他拉美国家的卫生工作人员提供培训。此外，APROFA 也为国民保健服务在服务统计和监督系统发展中提供技术上的援助。

APROFA 是在一个极度保守的社会中（有人认为是拉丁美洲最保守的社会）最早开启基础性教育教师培训的组织机构之一，这项活动得到政府的默许。当时，所有参与的人士都心照不宣地认为他们会因将性教育问题带入课堂而受到指责，而私人组织能更容易承受这种批评压力。

第一个关注智利家庭计划的国际机构是国际计划生育联合会。该会自1961 年起就一直与智利进行合作。在智利，20 世纪 60 年代中叶其他国际组织机构也开始涉足家庭计划与人口项目的各个领域,并且这些国际机构在自身发展、影响规模、速度与家庭计划的形成中也扮演着重要的角色。在一些场合中,它们的参与也偶尔招致争议与质疑,有观点认为,家庭计划从捐助者那里接受更多援助,对发展的其他方面造成损害。当时为智利提供援助的有一些很重要的机构,包括福特基金会和洛克菲勒基金会、人口理事会、美国国际开发署、联合国人口基金会与开拓者基金会。

起初,国际计划生育联合会为 APROFA 提供核心资金并资助该组织的运行经费。同时国际计划生育联合会也是一个资金渠道,此项资金来源于为避孕商品和设备研发服务的美国国际开发署。多年以来,它一直给各种项目和方案提供资金援助和技术援助,例如从性教育教师培训到引入机构可持续发展的概念和技术。

福特基金会对人口动态与生殖生理的发展做出了重大贡献。它给拉丁美洲人口统计中心与拉丁美洲人类生殖研究协会提供研究与培训的重要支持。拉丁美洲人口统计中心与拉丁美洲人类生殖研究协会都位于圣地亚哥。同时福特基金会也为在国外攻读研究生的专业人士提供助学金。洛克菲勒基金会支持家庭计划项目的发展和评估,包括产后家庭计划。

许多其他国际组织机构也提供了各种类型的援助。人口理事会为帮助人类生殖研究和项目活动提供了资金。开拓者基金会为医生和其他医务人员培训课程提供了资金。美国国际开发署一方面通过其他组织间接地提供财政支持,另一方面直接地为国民健康服务提供基础设施、设备和薪水。美国国际开发署也给教育部培训家庭生活的教师和性教育教师提供资源,以及直至1992 年给全国家庭计划项目捐赠避孕药具。在 1972 年,联合国人口基金会与政府签署了一项协议,此协议包括支持母婴卫生保健项目和提升家庭福利项目,包括提供健康教育,为帮助有计划和负责任的家庭减轻贫困提供便捷服务。

智利与国际社会合作的结果包括共享经验教训;培训其他国家专业人士;开展研究;尤其是在生殖生理、避孕药具开发和公共卫生方面。

**智利对国际家庭计划的贡献**

国际家庭计划团体高度肯定一些智利人的贡献。杰米·齐珀博士对新型宫内节育器的改进及投入使用所做的努力带来了这一领域的巨大突破。这一智利版本的宫内节育器早期在智利应用并产生了持久影响，它使智利绝大多数妇女一直采用宫内节育器。本杰明·维尔是一个在公共卫生领域声名卓著的教授，他培养了大量医学学生和家庭计划医生，还对决策者教育以及人口变量与健康间相互作用的公众教育有所贡献；博士后胡安·迪亚斯和阿尼巴尔·方德斯有关生殖健康问题及其对社会的影响的基础、应用研究与培训，有一个持续、成功的跟踪记录；在智利生殖医学研究所，博士后奥拉西奥·克罗克萨托与索莱达·迪亚斯团队合作在生殖生理学、避孕方法开发和评估、家庭计划项目受众与服务供应者之间的动态相互作用以及紧急避孕的引入上已站在了研究前沿。

**反对家庭计划**

相比美国和其他一些拉丁美洲国家对家庭计划的反对，智利的反对是温和的，这种情况看上去更像发生在欧洲国家的情况。

**天主教会的角色**

与预期可能出现的情况相反，天主教会对新家庭计划倡议的反应并不强烈。APROFA 首届董事会主席罗梅罗声称在他所参加的一个在圣卢卡斯医学专科学院——一个天主教保守的医学智囊团的会议上，一个笃信宗教的产科医生公开地捍卫了宫内节育器的使用（Romero，1969）。红衣主教里卡多·席尔瓦参加了这次会议。他在会议闭幕时说，调节生育数量是许多夫妻的职责，没有一般与刚性的规则可用来设立选择可使用的方法。然后他还说，当每对夫妇做出决策时，应该遵循自己的判断。

1968 年，梵蒂冈发布《人类生命》通谕（*the Encyclica Humanae Vitae*）（副标题是生育规制）后，在智利，天主教会持有的避孕立场开始改变并变得强硬。即便在那时，坚决反对家庭计划是教会阶层倡导的事情，而非教区以下地方行政区域或乡村牧师的主张。大部分人都没有意识到教会是反对避孕的。在西部的圣地亚哥，1970 年的一次调查发现，小部分妇女对家庭计划持消极看法，其中，仅有 8% 的人是出于宗教的原因反对家庭计划（Vaessen & Sanhueza，1971）。最重要的原因是人们观念中仍然认为，避孕可能对身体健康带来风险。然而，正式的宗教反对在制定政策时对一些决策者造成一定程度的阻碍，还有一些天主教医生争辩说宫内节育器和口服避孕药可能是堕胎药，而这些堕胎药会带来严重的并发症与副作用。不过，这未能对卫生当局继续推进家庭计划或天主教妇女避孕构成主要障碍。

在罗马，20 世纪 60 年代对天主教阶层来说是困难的时代。解放神学派有了重大进展，尤其是在拉丁美洲旨在重新定义教会的社会正义、贫穷和人权领域的使命方面更是如此。很大程度上是在创建于 1955 年的拉丁美洲主教委员会的督促下，教皇约翰二十三世曾呼吁组织第二次梵蒂冈理事会（1962～1965 年），几年内举行的一系列会议重新考虑了教会在当今世界中的立场。20 世纪 60 年代初，拉丁美洲主教委员会正在组织一次将于 1968 年在哥伦比亚麦德林举行的拉丁美洲主教会议。拉丁美洲天主教主教们的社会关注被新闻媒体大量报道，并且对美洲政治领导者的思想产生了影响。然而，1963 年教皇约翰二十三世去世后，新教皇保罗六世对拉丁美洲教会的社会主义色彩感到担忧，回到传统保守立场的天主教立场。保罗六世的《人类生命》通谕（*the Encyclica Humanae Vitae*）拒绝在任何环境下采用任何人工避孕方式，这一立场自 1968 年以来一直是梵蒂冈的立场。通谕发布后，出于宗教原因而反对家庭计划的人更为嚣张，并更有组织和更多的资金。这些都成为家庭计划和性教育进程中由来已久的障碍，并延缓了智利和其他地方的政府行动。尽管如此，绝大多数群众的态度没有改变，人们仍一直使用现代有效的家庭计划措施，辅之以流产，因为人们需要它们。

## 政治反对

作为一项健康与个人的权利，有组织的政治团体没有对家庭计划发表较强烈的反对。一些部门的极端左派怀疑国际组织机构为"人口控制"提供资金的动机。一种说辞指出，这是北部帝国主义想要限制人口增长的另一种表达方式，此种做法是为了挫败发展中国家无产阶级的革命。这种立场可能被危言耸听的人口增长论者所增强，他们预言如果我们不立即采取行动阻止人口增长的话，将面临一场严重的人类灾难。这种论据在智利并不是一个大问题，因为家庭计划的主要目的是帮助想避免意外怀孕的人，它（家庭计划）从未被当作是一种控制人口增长的工具。

## 人权反对

在家庭计划项目初期，一些女权主义者和其他人权团体反对使用诸如生育控制之类的术语，这种反对暗含了工作中一些外部因素阻止妇女生孩子。当这一术语改为生育调节时，这种温和的反对声平息了。更重要的是，有组织的妇女运动也关注由使用避孕药引发的潜在并发症，同时还关注医生提供服务时家长式的做法，以及关注将性别视角纳入项目活动的需要。由女权主义者提出的论据与批评最初引发了与家庭计划建立之间的摩擦，但从长期来看，通过迫使家庭计划项目进行自我分析，它有积极的影响。这样就改善了服务条款的许多方面，除此之外，还有维护家庭计划受众的权益，其中包括受到有尊严的待遇，接受适当的咨询，并参与决策。

## 项目结果

20 世纪 60 年代初，智利的人口是 760 万，粗出生率是 37‰，死亡率为 12‰。20 世纪 50 年代初，由于持续走高的生育率与下降的死亡率，智利开始了快速的人口增长。20 世纪 60 年代初，智利人口自然增长率达到了年均

2.5%的峰值。这一时期智利的总和生育率超过了 5，婴儿死亡率是 114‰（联合国，2002）。

随着家庭计划生育知识和避孕使用更为普遍，在 20 世纪 60 年代，生育率开始下降，到 20 世纪 90 年代初期，生育率、一般死亡率和婴儿死亡率已经大幅下降。到 1990～1995 年，粗出生率下降到 2.25%，死亡率下降到 0.64%。婴儿死亡率显著地降低到 16.9‰，自然人口增长率是 1.6%（联合国，2002）。

这一切发生在扩展家庭计划活动与避孕药使用的时期，随着智利社会大规模现代化，其中包括教育水平的提升和初级卫生保健的完善，较好的生活条件，农村向城市大幅度迁移并导致到 1990 年约有 85% 的人居住在城市。许多因素影响了这种转变。结果人们更容易获得和使用有效家庭计划，多胎生育下降了，同时不想要的生育也减少了。总出生人数下降了，生育间隔变长了。同时，孕产死亡率从 1964 年高达 283/10 万下降到 1990 年的 40/10 万（APROFA，1992）与 2000 年的 20/10 万左右（卫生部，2006）。20 世纪 70 年代至 80 年代，妇女生育第一胎的平均年龄仍然大约在 24 岁，但是生育间隔的时间从两年增加到三年以及总生育数明显下降了，尤其是在年长的女性中。生育率下降在人口教育程度较低的阶层尤为突出（国家统计研究所，1989）。

由于智利没有像拉美和全球其他国家那样定期开展全国生育调查、从有代表性的育龄妇女样本中获取信息，因而有关家庭计划使用的信息是从服务统计中获得的，诸如在国民保健服务设备与其他健康服务中已注册的服务对象。APROFA 与卫生部等机构也试图获得有关口服避孕药与其他不涉及医疗步骤的避孕药具使用的信息，比如制药公司把药物分配给药房的信息。然后将服务统计与人口普查和人口统计结合起来分析，从而推断项目有效性的结论。这一过程只能描述可见趋势但无从解决因果关系，因为影响人们态度与行为的许多其他因素在起作用，其中一些是前面所叙述过的。

一旦项目开始实施，可用的信息表明家庭计划能被迅速接受和使用。在

1964～1974 年，在受益于国民保健服务、其他保健网络和药房的育龄妇女中，使用避孕服务的育龄妇女数量从 5.9 万增加到 53.9 万。这代表着目标人群覆盖范围从 3.5% 增加到 22.9%（Cabrera 等，1975）。出生率和婴儿死亡率分别下降了 29.8% 和 38.5%（Cabrera 等，1975），家庭计划项目活跃用户的育龄妇女数量增长了 86%。

卫生部最新信息表明，国民健康服务（现称国家健康服务体系）的服务对象中，使用避孕者的数量从 1990 年的 60 万人增加到 2004 年的 110 万人。这是一个较大幅度的增加。在此期间，生育率一直在下降，2003 年总和生育率下降到 1.9%（卫生部，2006）。

有关避孕构成的最可靠信息来自 1989～1990 年 APROFA 的一次人口调查，此项调查包含了居住在城市和乡村 1400 名育龄妇女的样本，调查表明，56.6% 的城市育龄妇女与 53.6% 的乡村育龄妇女使用避孕药具。样本中大约有一半妇女使用宫内节育器。城市妇女使用口服避孕药的比例（26%）高于乡村妇女（22%）。同时，农村妇女绝育比例（17%）高于城市（10%）。2001 年的国家卫生服务体系数据表明，在使用公共健康设施中，大多数避孕用户（58%）是宫内节育器使用者，大约有 3% 的人用口服避孕药，同时绝育女性仅占避孕使用者的 2.5%（Schiappacasse 等，2003）。

2000 年一项研究健康与生活质量的全国性家庭调查显示，52.5% 的受访者说当时没有使用避孕方法，其中有 80% 的人说没有使用的原因是不需要。避孕使用者中，一半以上的是从公共健康资源中获得避孕药具的，多于 1/4 的人避孕用品来源于私人健康服务，剩余使用者的药具则是从药房获得的（卫生部，2006）。

## 人工流产

由于非法人工流产是家庭计划的激励因素之一，有必要进一步讨论这个问题。尽管堕胎是非法的，但在智利堕胎始终是一种常见的做法。由于这种情况，获取堕胎规模与其他特性的具体数据是困难的。20 世纪 50 年代，有关堕胎的主要信息来源是医院和急诊室的记录，这些记录公认被严重低估。普拉扎与布里奥内斯（1962）研究发现：人工流产手术中有 41% 是在急诊室进行的，有 8% 是在医院进行的。对人工流产相关问题的治疗约耗用 1/4 的产科资源。此外，医院统计资料表明，堕胎后住院治疗人数出现急速上升趋势，从 1937 年的 84‰ 活产迅速增至 1960 年的 223‰（Armijo & Monreal，1964）。

在 20 世纪 50 年代末和 60 年代初，智利进行了拉丁美洲第一个社区研究，更详尽地了解有关堕胎的情况。估计表明，约有 1/3 的妊娠结局是流产（Tabah & Samuel，1961），其中 75% ～90% 是人工流产。大多数估计得出这样的结论：5 个孕产死亡中，有 3 个是由堕胎引起的。1962 年在圣地亚哥的另一个家庭调查表明，20 ～44 岁的受访妇女中，26% 有过堕胎经历，而其中又约有 1/3 的堕胎导致了后续住院（Armijo & Monreal，1964）。

20 世纪 60 ～80 年代，源于 1938 年的堕胎立法（健康准则第十九条款）生效了，允许出于"医疗原因"而进行堕胎，尽管在当时堕胎仍是不合法的，但多数情况下，堕胎很少被谴责或被起诉。虽然社会道德规范蔑视堕胎，但是它有一种默契，即当一个人不幸地要决定堕胎时，这就是个人的事情了。1989 年，在皮诺切特专政期间，《健康准则》第十九条内容做了如下的改变："禁止任何诱导堕胎的行为。"这就意味着在任何情况下，即使是为了挽救一个孕妇的生命，堕胎也是违法的。引诱堕胎的谴责和起诉变得更加频繁，但这种谴责和起诉除在少数医院外，总体而言仍很少见，在这少数几个医院中，这种谴责和起诉明显与其几个过分热心的医生有关。堕胎后需要照顾的妇女能很快地识别一些医院的情况，就不会再去这些医院。

20 世纪 60 年代初，在智利卫生社团间流行的看法是使大众易于获得安全而有效的避孕工具，将之作为一种替代流产的生育控制的方法。在一篇优秀的论文中，雷克纳（1966）描述了一种模式，即在家庭计划项目第一阶段，对小规模家庭的兴趣超过了避孕药具的可得性，堕胎将会增加了，然而当避孕变得比较成熟时，随后堕胎逐渐下降。

一些研究者决定分析精心设计的家庭计划项目对流产、孕胎次妇女及婴儿死亡率的影响。为此，1965 年，他们在圣格雷戈里奥开始了研究项目，圣格雷戈里奥是圣地亚哥市拥有 3.6 万人的一个工人阶级社区。研究人员进行了基线人口调查，此调查是了解生育水平、堕胎与其他人口基本特征的 20% 家庭住户的随机抽样调查。这次调查之后，提供教育、信息与服务的家庭计划项目在该区域的国民健康服务设施中开始实施。考虑到重复堕胎的可能性，项目重点关注了以前有过堕胎经历的女性。项目的教育部分主要包括小组座谈和个人访谈。两年后，又进行了一次调查，此调查表明在 1966 年，采取避孕措施的育龄妇女已经从 12.2% 增加到 28%，同时伴随着 19.4% 的生育率下降和 40.2% 的堕胎率下降（Faundes, Rodriguez - Galant & Avendaño，1969）。这些都是令人鼓舞的成果。但是，与持续时间短、范围小而资源丰富的社会实验相对比，假如在现实生活条件下，家庭计划项目能否在更大范围取得类似效果，尚令人怀疑。

研究人员所作的诸多努力测量了家庭计划对堕胎率的影响，然而他们要证明这一点是很困难的，因为很难获得可靠数据和许多影响人们决定的变量，其中包括在性行为和控制生育时影响决策的因素，包括可以及时获得可靠的避孕药具，并能始终正确地使用这些避孕药具。因此，尽管家庭计划可以帮助人们有效防止意外怀孕，但堕胎仍是一个常见的选择。在智利，组织家庭计划 27 年后，1987 年的估计表明，堕胎仍是控制生育的方法。在这一年（1987 年），一些人估算大约有 19.5 万例流产，其中 90% 或是 17.6 万例是人工流产。据此估算，38.8% 的妊娠结局是流产，其中 60% 的怀孕是因为避孕失败造成的。而由流产并发症引起的住院率从 1965 年的每万名育龄妇女 291 例下降到 1987 年的 105 例（Requena，1991），由堕胎引发的死亡率也从 107 例/10 万人下降到 2000 年的 5 例/10 万人（Schiappacasse 等，2003）。

## 结　论

因为传统上家庭计划服务一直是通过国民保健服务与其他健康网络的母婴健康项目来提供的，重要的人口群体在定义上已被系统地排除在外，比如青少年和男性。由于许多功利性目的，只有已经怀孕的妇女才有机会接近这一计划。甚至一些针对青少年的成功项目，比如 1981 年在圣地亚哥北部的妇产科部门实施的项目，针对的主要对象也仅是怀孕的少女与她们的朋友。

如果有效的性教育和家庭计划项目能针对青少年在性活跃之前实施，这将在减少智利年轻妇女大量怀孕和非婚子女生育方面产生积极的影响。多年以来，智利的非婚生育子女数一直居高不下。由于总的生育数是下降的，非婚生育子女数占总生育数的比重从 1965 年的 17.5% 增加到 1988 年的 33% 左右（Hudson，1994）。20 世纪 80 年代中期，20 岁以下妇女生育的子女有一半以上属非婚生育（Viel & Campos，1987）。青少年生育率下降幅度小于其他年龄人口的生育率下降，到 2000 年，青少年的生育数占总生育数的 16.2%。这是由于性教育和性服务可获得性的限制造成的（卫生部，2006）。

此外，智利倾向于把家庭计划作为一个医学问题而不是社会问题。大多数的讨论都集中于技术和物流、服务提供者和病人、有效性与副作用以及避孕方法操作的方式上。毫无疑问，这些是重要的事情，但家庭计划的人性维度也很重要，包括关注不同外部环境对人们在性与生育方面决策的影响，在这些方面提供或剥夺满足需求的机会对人们生活的影响。

最后，从获得资源和所做决定的方面而言，男性与女性历来就存在的性别差异与权利差异问题，这一点直到最近才被考虑。女权运动在质疑医学理念以及为女性提供信息、咨询与服务需求方面均有指导性意义。有时这些有争议的和困难的问题很大程度上使对话更为复杂，因此也更加接近人们现实的生活。近年来，公共和私人部门组织以及个人试图解决这些问题，并处理与之相关的问题。

与其他国家发生的情况有所不同的是，智利从来没有一个唯独专注于家庭计划的纵向项目。尽管一开始几个人与大部分医生的参与是很重要的，但在这个领域，国家从来就没有一个主要领导者。家庭计划进程总是以随之而来的制度方法实施，有关的服务也被整合到现有的卫生网络中。

40 年以前，家庭计划不是一种万能的灵丹妙药，或者是一颗能解决所有发展问题和人们生活问题的魔弹，但它是一个有用的和重要的工具，这个工具是人们需要的和想要控制自己生殖的工具。而一个好的家庭计划项目将会直接改善人们的现实生活，并且能为一个国家从根本上解决贫困与建立起发展的基础提供宝贵时间。

显然家庭计划不能孤立运作，但一定社会背景和政策框架可以促进或阻碍人们了解与使用家庭计划。当人们在社会中能自由表达和做决策，政府部门和私人部门投资于教育、健康与更好的生活条件，妇女也有机会获得广泛的社会参与时，家庭计划就可以在社会上更好地运作。在过去 20 年左右的时间里，智利已在这方面取得了进展。1990 年军事独裁专政结束后，自由表达与自由政治决策有了重大进展。从那时起，已经选举了四任总统，最后一位是一名女性。由于有着良好的财政管理，目前智利也许是拉丁美洲国家中最有偿付能力的国家。这表明消除贫穷需要人们齐心协力，尽管仍然存在巨大的贫富差距，但共同努力已经显示出积极效果。

这是家庭计划在今天运作的背景。全国的孕产死亡率、围产死亡率和婴儿死亡率方面的指标是南美大陆上最好的。在很大程度上，这可归因于家庭计划的持续性与成功。智利的项目正吸取国际家庭计划的经验教训，并积极地将提高质量与性别分析的概念结合在一起。毫无疑问，服务对象有从训练有素的服务提供者处获得免费和知情选择的避孕方法以及享有尊重和保密的权利，而家庭计划要使保障范围能拓展到满足这些需求，有很长一段路要走。在防止青少年意外怀孕方面，政府最近批准了紧急避孕药的免费发放，这项服务是针对 14 岁及以上的女性。这个决定引起了极大的争议，但在撰写本文时，在这个问题上，总统和她的卫生部长对此一直保持坚定立场。

## 参考文献

［1］ APROFA（Asociación Chilena de Protección de la Familia）. 1992. *Boletín de Asociación Chilena de Protección de la Familia* 28（7 – 12）: 1 – 2.

［2］ Armijo, R. , and T. Monreal. 1964. "Epidemiologia del Aborto Provocado en Santiago." *Revista Medica de Chile* 92: 548 – 57.

［3］ Avendaño, O. 1975. "Desarrollo Histórico de la Planificación Familiar en Chile y en el Mundo." Draft, Asociación Chilena de Protección de la Familia, Santiago.

［4］ Cabrera, R. , G. Delgado, E. Taucher, and O. Avendaño. 1975. "Evaluation of Ten Years of Family Planning in Chile." Presentation and panel discussion at the XVIth Chilean Congress of Obstetrics and Gynecology, December 1, Santiago.

［5］ Faundes, Anibal, G. Rodriguez – Galant, and O. Avendaño. 1969. "Efectos de un Programa de Planificación de la Familia sobre las Tasas de Fecundidad y Aborto de una Población Marginal de Santiago." *Revista Chilena de Obstetricia y Ginecologia* 34（2）: 67 – 76.

［5］ Hudson, Rex A. , ed. 1994. *Chile: A Country Study.* Washington, DC: U. S. Library of Congress, Federal Research Division.

［6］ Ministry of Health. 2006. *Normas Nacionales Sobre Regulación de la Fertilidad.* Santiago: Ministry of Health.

［7］ National Institute of Statistics. 1989. *Anuario Demografía.* Santiago: National Institute of Statistics.

［8］ Plaza, S. , and H. Briones. 1962. "El Aborto como Problema Asistencial." *Revista Medica de Chile* 91: 294 – 97.

［9］ Requena, M. 1966. "Condiciones Determinantes del Aborto Inducido." *Revista Medica de Chile* 94: 714 – 22.

［10］ ——. 1991. "Induced Abortion: A Vulnerable Public Health Problem." *Enfoques de atención primaria* 6（1）: 11 – 18.

［11］ Romero, H. 1969. "Chile: The Abortion Epidemic." In *Population: Challenging World Crisis*, ed. B. Berelson, 149 – 60. Voice of America Forum Lectures. Washington, DC: Government Printing Office.

［12］ Schiappacasse, V. , P. Vidal, L. Casas, C. Dides, and S. Diaz. 2003. *Chile: Situación de la Salud y los Derechos Sexuales y Reproductivos.* Santiago: National Service for Women.

［13］ Stycos, J. M. 1970. "Public and Private Opinion on Population and Family Planning."

*Studiesin Family Planning* 1 (51): 10 – 17.

[14] Tabah, L., and R. Samuel. 1961. "Encuesta de Fecundidad y de Actitudes Relativas a la Formación de la Familia: Resultados Preliminaríes." *Cuadernos Medico Sociales* 2: 19 – 21.

[15] United Nations. 2002. *World Population Prospects: The 2000 Revision. Highlights.* http://www.un.org/esa/population/publications/wpp2002/WPP2002 – HIGHLIGHTS rev1. PDF.

[16] Vaessen, M., and H. Sanhueza. 1971. *Resultados de una Encuesta sobre Planificación Familiar en el área Occidental de Santiago.* Series A, no. 116. Santiago: Latin American Demographic Center.

[17] Viel, Benjamin, and Waldo Campos. 1987. "Chilean History of Infant and Maternal Mortality, 1940 – 1986." *International Family Planning Perspectives* (special issue): 24 – 28.

（王美凤　译　　吴艳文　陈晓慧　校）

# 第八章

## 冲破困难：哥伦比亚在家庭计划革命中的角色

■ 安东尼·R. 米沙姆，吉列尔莫·洛佩斯·埃斯科瓦尔

本文认为，许多发展中国家旨在降低人口增长率和普及家庭计划而设计的人口政策，成为 20 世纪最不寻常的社会和政治变革现象之一。说这些变化是革命性的一点也不夸张，诸如公共安全饮用水供给与污水处理，可以用来证明 20 世纪 60 年代和 20 世纪 70 年代发生的事件与以往几个世纪公共政策领域发生的其他重大变革同等重要。在此背景之下，可能鲜有学者或观察家足够相信，在拉丁美洲最为保守且有宗教信仰的国家中，哥伦比亚会成为南美大陆的第一个实施明确人口政策的国家，此人口政策提倡降低人口增长率和普及家庭计划服务，尤其是对穷人而言。幸运的是，这些背景、过程和一系列事件已被记录在系列文章和书籍中（如 Daguer 与 Riccardi，2005；Echeverry，1991；Ott，1977；Perez，1976；Perez 与 Gomez，1974）。本章着重介绍上述研究成果并通过作者观察的结果对其进行了补充，本章还试图总结发生在 20 世纪 60 年代与 70 年代中不寻常的事件，并总结可供当前和未来类似问题借鉴的经验教训。专栏 8.1 列出了有关哥伦比亚家庭计划的大事年表。

| 专栏 8.1 | 哥伦比亚家庭计划活动大事年表 |
|---|---|
| 年份 | 与家庭计划有关的主要事件 |
| 1964 | 哥伦比亚医学协会（Asociación Colombianade Facultadesde Medicina，ASCOFAME）以埃尔南·门多萨博士牵头，在人口研究分会开展人口研究。 |
| 1965 | 在哥伦比亚卡利举行的泛美人口大会上，前总统阿尔弗托·耶拉斯·卡马戈极力主张采取控制人口增长的措施。<br>哥伦比亚家庭福利协会（PROFAMILIA，后成为国际计划生育联合会成员）开始在私营部门启动家庭计划。 |
| 1966 | 福特基金会为哥伦比亚医学协会提供技术援助和经济援助。<br>吉列尔莫·莱昂·巴伦西亚政府的管理部门批准使用美国配套资金来培训家庭计划公共卫生人员。 |
| 1967 | 卡洛斯·耶拉斯·雷斯特雷波政府批准了卫生部与哥伦比亚医学协会就家庭计划培训达成的一项协议。<br>在政府卫生设施中，哥伦比亚医学协会开始提供家庭计划服务。 |
| 1968 | 尚处于萌芽状态的家庭计划项目遭遇挫折：梵蒂冈发布《人类生命》通谕，教皇访问了哥伦比亚，门多萨突然去世，卫生部与哥伦比亚医学协会的协议到期。 |
| 1969 | 恢复家庭计划工作，出台国家项目以及批准人口政策。<br>卫生部启动妇幼健康项目，并开始提供家庭计划服务。<br>在哥伦比亚医学协会，吉列尔莫·洛佩斯·埃斯科瓦尔博士接替了门多萨。<br>主要来自美国的大规模外部资助投入哥伦比亚医学协会，卫生部以及哥伦比亚家庭福利协会中。 |

| 年份 | 与家庭计划有关的主要事件 |
|------|------------------------|
| 1969 | 1968 年末,国家计划部涉足人口领域,向国家经济与社会政策国家委员会递交了一份全国人口政策草案。<br>卡洛斯·耶拉斯·雷斯特雷波政府批准了国家人口政策,政策的目标之一是通过降低生育率改变人口增长率。 |
| 1970 | 相似的人口政策声明被纳入帕斯特拉纳政府 1970~1973 年的发展计划。 |

## 哥伦比亚是怎样成为拉丁美洲人口政策先驱的?

20 世纪五六十年代,拉丁美洲的人口增长率是世界上最高的,包括哥伦比亚在内的一些国家年增长率已超过 3%。1951~1964 年,哥伦比亚的年增长率略高于 3%(Perez,1976)。1973 年,哥伦比亚拥有 2270 万人口,在拉丁美洲人口最密集的国家中位居第四。

在全国性人口政策形成与家庭计划项目开展之前,生育率就下降了。有关估算表明,1960~1964 年至 1965~1969 年间,20~39 岁育龄妇女年龄别生育率下降了 26%(Simmons & Cardona,1973)。

高人工流产率(Lopez-Escobar,1978)导致了大量死亡、高失能水平以及大量的入院治疗,这些都被详细地加以记录并受到哥伦比亚医学专家和其他人士的深切关注。然而,正如奥特(1977)指出的那样,推动生育控制政策的通常理由,即人口增长对经济增长、人口密度和提供公共服务方面的负面影响,总的来说在哥伦比亚并非是突出性的问题。奥特(1977)提到哥伦比亚在人口政策发展方面存在多重障碍:

- 民族主义；

- 鼓励生育的文化规范与传统；

- 马克思主义政治运动；

- 刻板的官僚作风；

- 缺乏训练有素的医护人员；

- 农村基础设施的不足。

此外，天主教会的影响极为强大。确实，哥伦比亚教会统治集团在拉丁美洲拥有一个最强大也最不激进的令人敬畏的声誉。

在拉丁美洲当时的大背景下，哥伦比亚在人口政策形成中是如何成为一个先驱者与领导者的？很大程度上，似乎主要是因为少数能干且尽责的哥伦比亚人的行动，以及往往出人意料的政策进程（Bauer & Gergen，1968；Measham，1972；Ott，1977）。1965 年 8 月，在哥伦比亚卡利举行的有关人口的泛美会议上，前总统阿尔弗托·耶拉斯·卡马戈强烈主张控制人口增长措施。这为卡洛斯·耶拉斯·雷斯特雷波在人口政策发展中发挥重要作用奠定了基础，而且卡洛斯·耶拉斯·雷斯特雷波是在 1966～1970 年任职的总统。除了耶拉斯·卡马戈（Ross，1966）与耶拉斯·雷斯特雷波之外，负责重大政策变化的小圈子内的大多数人是医生，在众所周知的拉美传统中，医生在国民生活许多方面发挥着主导作用。

在这场复杂而又动人的戏剧中，任职在哥伦比亚医学协会的三个主要人物是：协会主席帕尔加布里埃尔·贝拉斯克斯；人口研究负责人埃尔南·门多萨；门多萨的接班人吉列尔莫·洛佩斯·埃斯科瓦尔。其他领导人有耶拉斯·雷斯特雷波、行政机构的卫生部部长安东尼奥·奥多涅斯普拉亚；做为国际计划生育联合会成员的哥伦比亚家庭福利协会成员费尔南多·塔马约与贡萨洛·埃切韦里（Asociación Probienestar de la Familia Colombiana，PROFAMILIA）；泛美（Pan-American）联盟医学院协会成员豪尔赫·维拉尔。所有这些人都是医生。1964～1970 年在政策逐渐展开的进程中，主要的参与者有总统办事处、卫生部、哥伦比亚天主教统治阶层，哥伦比亚医学协会和哥伦比亚家庭福利协会。其他的群体，特别是一些大学、工会、妇女组织与非政府组织，也都发挥着一定的作用。

## 人口政策的发展：1964～1970 年

政策过程通常是复杂的、特殊的，不可能有一种严格的科学方法对其进行分析（Lindblom，1968）。事情通常是不可预测的，个体之间的相互作用也很难解释清楚，据不同观察者的假设和对多种因素的权衡，结果也是不同的。然而，在哥伦比亚人口政策史中，对总统卡洛斯·耶拉斯·雷斯特雷波发挥的作用怎么评价都不过分。如果没有他的德高望重，能否取得成功是值得怀疑的，更不要说他在经济学上的造诣及其大胆而富有远见的作风。早在成为总统之前，耶拉斯就"意识到了人口增长的宏观经济影响"（Ott，1977，p. 5）。

耶拉斯·雷斯特雷波在任期屡次提及快速人口增长对教育、住房及就业带来的冲击。另外，他认识到发展规划中人口趋势的整体作用。耶拉斯聘用了合格的技术专家，并且与他们进行密切合作，同时极大地加强了国家规划署的力量，这一部门在哥伦比亚人口政策形成中起到了关键性的作用。

差不多在耶拉斯正准备接任总统的同一时期，先前提及的医生们经过分析和行动，为国家人口政策和母婴保健及家庭计划项目奠定了基础。1964年，哥伦比亚医学协会建立了人口研究分会（DPS），并任命门多萨为主任。门多萨是"一个有着聪慧头脑、坚强意志与巨大工作能力的人"（Ott，1977，p. 3），他组织了国家人口研讨会，社会人口调查，堕胎研究，特别是由哥伦比亚医学协会的 10 个医学院成员管理的试点家庭计划项目。

哥伦比亚医学协会进行了生育率和健康调查，随后，此调查由区域人口中心担任，清楚地表明家庭计划服务的需要与需求（Bravo，1979；Simmons & Cardona，1973）。门多萨将此做为证据证实了人口问题的存在以及需要为之而有所作为。在此期间，哥伦比亚医学协会避免与教会阶层发生冲突，同时收集数据与组织力量。就教会本身而言，正等待着 1968 年宣布的《人类生命》教皇通谕（*the Papal Encyclical Humanae Vitae*）。

1965 年，塔马约建立哥伦比亚家庭福利协会，并迅速在各大城市开起了家庭计划诊所（Tamayo，1978）。塔马约是一位极受尊敬的妇产科医生，其同行产科医生贡萨洛·埃切韦里立刻加入协会，贡萨洛·埃切韦里是哥伦比亚家庭福利协会农村家庭计划项目的设计师，也是其他一些领域的创新型人才。与哥伦比亚家庭福利协会试点家庭计划项目（这些项目嵌入了母婴保健服务）所不同的是，哥伦比亚家庭福利协会单独锁定家庭计划与其他有关的问题和服务，比如防治妇科感染、子宫颈癌筛查、不孕症治疗。

哥伦比亚家庭福利协会服务总是高质量的，有很好的管理，以及精心监测和评估服务。结果，哥伦比亚家庭福利协会很快成为了国际计划生育联合会最杰出的成员，哥伦比亚家庭福利协会也是社区家庭计划服务公认的先驱。卫生部在 1969 年开始在母婴健康计划中提供家庭计划服务，卫生部是最后一个参与进来的，但并非最不重要。然而，甚至在更早，吉列尔莫·莱昂·巴伦西亚的政府管理部门（1962～1966）已经批准了在家庭计划中使用美国配套基金来培养医生。早在耶拉斯政府就签署了提供这种培训的哥伦比亚医学协会与卫生部间的契约。在哥伦比亚人口和家庭计划工作中，这些来自美国和福特基金会（支持哥伦比亚医学协会人口工作）与国际计划生育联合会（支持哥伦比亚家庭福利协会）的支持，是最早的外部援助。

因此，到 1966 年，哥伦比亚医学协会培训医生与支持试点家庭计划的会员所作的努力为国家人口政策悄悄地打下了基础；哥伦比亚家庭福利协会大张旗鼓地提供优质家庭计划服务，并对这类服务需求很有信心；卫生部通过欧多尼兹发挥着更谨慎的作用，欧多尼兹是总统耶拉斯四年管理时期都在内阁的一个知己。这三方的行动在多大程度上相互协调？对这个有趣问题的确切答案也许永远不为人知。据我们所知的 7 个医生领袖彼此是认识的，他们交流频繁，且共有广泛普及家庭计划服务的强烈动机，特别是面向穷人的服务，以及使自己国家采取一项明确的人口政策。其中之一（7 个医生中的一个）洛佩斯·埃斯科瓦尔的经历暗示他们为了追求共同的目标密切合作。在历史上扮演了主要角色的这 7 个医生受到了高度的重视，他们 7 个是所在行业的精英成员，拥有极高的声誉，同时在哥伦比亚的精英中有着广泛的社交网。毫无疑问，这些要部分归功于他们的胆识和承受批评与攻击的能力，尤其是来自教会与政治左翼的批评与攻击。

领导人扮演的角色，反映了他们的个人风格。欧多尼兹是一个天生的、有政治家气度的发言人，他的发言柔和且富有理性，非常适合处理来自拥护者和批评者对曝光事件的质疑。他有很强的政治悟性，是总统的亲信。塔马约是一个相当独立的人，他做他认为对国家有利的事情，并挑战一切阻碍他的人或事情，几乎没有人敢这样做。门多萨也是一个拥有很强政治天赋和战略天赋的人，但是，如果他认为合适的话，他更倾向于保持一种对抗性的姿态。这种做法会导致多方受损，但是门多萨角色的重要性再强调也不为过。哥伦比亚家庭福利协会和哥伦比亚医学协会就象避雷针一样，分流了对欧多尼兹行政管理机构的批评。

## 悲剧和冲突：1968 年

通过人口政策的采纳和初期家庭计划项目的扩展，正当发展看似非常顺利的时候，紧接着就出现了一连串挫折。1968 年 7 月 29 日，梵蒂冈发布了禁止使用"人工"避孕方法的《人类生命》通谕；1968 年 8 月 22～24 日，教皇访问哥伦比亚；1968 年 8 月 28 日，门多萨突然逝世于肺癌。此外，1968 年 7 月 1 日，哥伦比亚家庭福利协会与卫生部间重要的合同到期了，这个合同未能再续一年。这些事件显然削弱了人口政策发展与国家家庭计划发展的势头。奥特（1977）从两个方面解释了随后的低迷状态：其一是政策演变中处于中心地位的政治考虑；其二则是实质上所有力量都集于门多萨一身的趋势。

## 国家人口政策的采纳：1969～1970 年

1968 年 8 月，事态开始有了好转，主要参与者的决心总能如愿。碰巧，国会批准了卡洛斯·耶拉斯·雷斯特雷波 1968 年 12 月重构国家规划机构的提议，要求国家规划署"为制定一项人口政策，应研究人口现象及其经济和社会影响"（Ott，1977，p. 5）。有关分析随之进行，国家规划署、卫生部、人口研究分会与安第斯大学之间也展开了讨论，最终形成了一项政策草案并于 1969 年 7 月提交给国家经济和社会政策委员会。总统耶拉斯主持此委员会审议意见，理事会批准了这一政策，此政策成为国家发展计划（1969～1973）的一部分。奥特（Ott，1977，p. 5）将这项政策的主要特点概括如下：

"近期目标"是"获得较合适的人口区域分布和通过降低生育率来改变目前的人口增长率"。关于降低增长率，提出了两种主要方法：①提高民众的教育水平，目的是推动现代化建设的进程，促进更多的社会参与，并增加为人父母的责任感。②提供家庭计划信息与服务，这将会"确保应有的医疗服务与保证对求医者良知的尊重"。而且，进行对"人口与社会经济学因素间关系"的研究，其目的是制定具体的政策措施。这一切意味着人口不再被视为主要是一个健康问题；旨在解决问题的政策已经正式成为整体发展战略的一个组成部分。

## 国民家庭计划项目：1969～2005 年

20 世纪 70 年代初，哥伦比亚启动了一个完善的国民家庭计划项目，该项目包括卫生部妇幼保健计划、哥伦比亚家庭福利协会城乡项目、哥伦比亚医学协会协调服务的小网络与一个充满活力的私人部门。从 1969 年开始，在妇幼保健计划以及约 30 个地区医院（Rizo，1978）内的产后家庭计划项目中，卫生部提供了家庭计划服务，其中妇幼保健计划在全国 1200 个保健中心和服务点网络内实施。1968 年产后家庭计划项目由哥伦比亚家庭福利协会启动，20 世纪 70 年代初，该家庭计划项目转交给卫生部。

到 1974 年，哥伦比亚家庭福利协会运行着 40 家城市家庭计划诊所、实施产后医院项目和城乡两地的社区分发项目。哥伦比亚家庭福利协会因其诸多创新项目而得名，其中许多创新之处包括与一些国家咖啡种植者协会达成一个成功的合作计划。1974 年，每月销售大约 55 万套的口服避孕药，其中私人部门的销售占总销售量的一半以上。卫生部、哥伦比亚家庭福利协会、哥伦比亚家庭福利协会与私人部门间的合作项目意味着到 20 世纪 70 年代初，家庭计划服务惠及了绝大多数人口，与十多年前的情况形成了鲜明的对比。表 8.1 提供了 1975 年的分项目家庭计划新接受者的数据。

表 8.1　1975 年诊所项目中的家庭计划新接受者（分项目和方法）

| 部　门 | IUD | | 口服避孕 | | 不孕不育 | | 其他情况 | | 总人数 | |
|---|---|---|---|---|---|---|---|---|---|---|
| | 数量 | % | 数量 | % | 数量 | % | 数量 | % | 数量 | % |
| 哥伦比亚家庭福利协会[a] | 32553 | 43 | 28793 | 38 | 8998 | 12 | 5111 | 7 | 75401 | 43 |
| 卫生部 | 27963 | 30 | 60898 | 65 | 0 | 0 | 4973 | 5 | 93834 | 53 |
| 哥伦比亚家医学协会[b] | 3766 | 47 | 2849 | 35 | 1081 | 13 | 368 | 5 | 8064 | 4 |
| 合　计 | 64282 | 36 | 92486 | 52 | 10079 | 6 | 10452 | 6 | 177299 | 100 |

注：a. 哥伦比亚家庭福利协会城市社区的分发项目中大约有 49000 个新接受者，乡村分发项目中有 23604 个新接受者。几乎所有的接受者都选择口服避孕药。这些接受者的数量是不计入总数的。

b. 估计新接受者合计人数的数据是 1～10 月的。

资料来源：Echeverry，Londono 与 Bailey 1977。

从 20 世纪 60 年代开始，避孕药具的使用持续快速增加。在 1969 年，预计在已婚妇女中避孕现用率达到了 28%。到 1978 年，估计上升到 48%，不到 10 年的时间增加了 20 个百分点（John Ross，与 Anthony Measham 的私人交流，2006）。目前哥伦比亚自夸是世界上拥有最高避孕现用率的国家之一。2005 年，避孕现用率估计达到 76.9%（Levine 等，2006）。生育率下降如此迅速，以致于预计到 1985 年才实现的生育率在 1975 年就达到了（Perez，1976）。图 8.1 展示了 15 ~ 49 岁年龄段已婚妇女避孕药具总体使用的增长情况，图 8.2 显示 1977 ~ 2005 年期间不同避孕方法的使用比例显现戏剧性的转变。

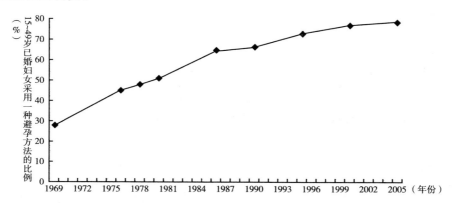

**图 8.1  1989 ~ 2005 年所有避孕方法的总避孕现用率**

资料来源：John Ross，Personal Communication to Anthony Measham，2006。

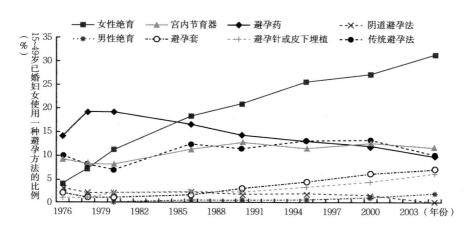

**图 8.2  1977 ~ 2005 年按方法划分的避孕现用率**

资料来源：John Ross，personal communication to Anthony Measham，2006。

20 世纪 50 ~ 70 年代，哥伦比亚发生了主要人口转变。粗出生率从 20 世纪 50 年代的 45‰下降到 1973 年的 32‰，婴儿死亡率从 1964 年的 100‰

左右降到了 1973 年的 76‰。到 1971 年，粗死亡率已经从 1964 年的 15‰下降到了 10%，导致每年约 2.2% 的人口增长率，低于 20 世纪 50 年代高达 3% 的人口增长率（Perez，1976）。大约在 20 年的时间里，这些人口的转变提高了人口福利。尽管对家庭计划的贡献大小一直有争议，但是，家庭计划毫无疑问发挥了重要作用。

## 对项目背景的进一步分析

在短短的几年内，一个关键的问题是，深受宗教与文化传统恶劣环境制约的哥伦比亚是如何能够推进国家人口政策和生育减少项目的？奥特（1977）提供了对哥伦比亚医学协会作用的独特见解，除政府之外，毋庸置疑，哥伦比亚医学协会扮演了重要的机构角色。奥特写道，在门多萨的领导下，哥伦比亚医学协会正确地认为对家庭计划与降低生育率的反对是易处理的。特别是高的堕胎率以及在理想与现实家庭规模间巨大的差距暗示了"家庭计划巨大的潜在需求"（Ott，1977，p. 7）。至关重要的是，门多萨与他的同事认识到他们面对的挑战实质上是政治性的：只有在全国改变对家庭计划的看法，更重要的是，政府负责提供必需的服务，人口政策与家庭计划项目才有可能存在。

这个推理使哥伦比亚医学协会得出这样的结论：增强公众对家庭计划福利的益处和人口政策与经济发展两者间重要联系的了解，对构建政府行动的政治支持是关键的。哥伦比亚医学协会同样敏感地意识到教会的政治脆弱性，在当时这被一系列的问题所困扰着，包括有关社会角色共识的缺乏、神职人员的短缺、大众较低的参与度。因此，人口研究分会决定使用以下战略与战术来支持基层与决策层：

- 研究人口增长、社会发展与经济发展三者间的联系，证明生育控制的收益。

- 研究与项目实施并行，如在医学院试点家庭计划项目及在医院实施产后家庭计划项目。

- 建立大学支持基地。

- 广泛利用大众媒体、社区的演讲，以及寻求潜在的盟友如工会与妇女团体，以此提高公众意识。

- 视教会为一个政治实体。

- 在不破坏运动主要目标的情况下，除非运动强大到足以赶上对手并与对手达成和解，否则要避免与对手对抗。

然而，哥伦比亚医学协会的整体策略看似富有光明前景并能获得大众的理解，但也极具风险。尤其是，广泛利用外部援助的努力"容易受到美国影响和操纵的指控"（Ott，1977，p. 8）。另外，人口研究分会的激进做法与意欲引起公众争议的想法可能会毁坏整个事业，哥伦比亚医学协会实际上在对待教会方面比对待政治左派更在行。然而，难以评价也难以猜测这一精心构思的工作策略是否成功，甚至难以判断其主要架构者在长久以来的斗争中是否得以幸存。最后，认识到哥伦比亚家庭福利协会发挥的关键作用是很重要的，同时其管理期间，总统耶拉斯·雷斯特雷波的大力支持与卫生部长欧多尼兹发挥的主要作用，都是哥伦比亚医学协会成功的关键。

门多萨对策略进行了适当的自我总结："哥伦比亚医学院协会的分区人口研究认为，当有人能够（有力）和强烈表明严重威胁的现象存在时，它可能引起国民支持的反应。相应地，这将导致达到建议目标的可能性。无疑代表了改革最大阻力的文化障碍是可以克服的。"（引自 Ott，1977，p. 8）

### 监督与评估

哥伦比亚家庭计划项目由卫生部、哥伦比亚家庭福利协会和哥伦比亚医学协会提供的服务组成，因认真监测和评估以及根据服务统计和评估研究及时调整工作方向而闻名。许多因素导致了这种令人羡慕的做法。第一，人口研究分会由哥伦比亚医学协会下的医学院组建，因此有浓厚的学术传统；第二，在门多萨与卡洛斯·耶拉斯·雷斯特雷波的先后领导下，哥伦比亚医学协会开展了全面的研究与评估项目，大多数集中由人口研究分会的评估组实施。

从 20 世纪 60 年代末起，哥伦比亚医学协会收集了全国家庭计划项目所有组成部分的服务统计资料。哥伦比亚医学协会广泛地传播了这些调查结果，并设计研究以及检验假设和试用新方法的试点项目，例如产后家庭计划项目。哥伦比亚家庭福利协会也大力投资在研究与评价中，并建立了自己的评估部门，例如，此评估部门承担了农村家庭计划项目的评估和开拓性的男性与女性绝育项目的评估（Bailey & Correa，1975；Echeverry，1975；MacCorquodale & Pullum，1974）。举两个例子，当哥伦比亚家庭福利协会意识到其服务不能满足农村居民的需求时，就与咖啡种植者协会建立了一个创新的社区计划；当有证据表明，有服务需求的城市居民无法到达固定的诊所时，哥伦比亚家庭福利协会就制订了一个城市社区避孕服务计划。

许多其他机构加入了人口和家庭计划信息的数据和分析工作，包括在麦德林的安蒂奥基亚大学的公共卫生学院；哥伦比亚医学协会的 10 个医学院成员，特别是在卡利与安第斯的山谷大学、波哥大的公立 Javeriana 大学；还有区域人口中心以及哥伦比亚人口研究会。

### 外部援助的作用

许多国际机构提供了资金与技术援助，还有一些设备和物资，用来支持几个哥伦比亚机构的人口与家庭计划工作。可以说，早期的支持发挥着至关重要的作用。更确切地说，是当人口与家庭计划在哥伦比亚仍有争议，捐赠者与接收者双方都冒着风险时，尤其是来自北美的资助，20 世纪 60 年代中后期所提供的资金和技术援助起到了关键作用。20 世纪 70 年代初，形势依然动荡。那时，主流媒体《哥伦比亚日报》获取并公布了人口理事会为哥伦比亚所做的预算，声称该预算费是为支付两个美国技术顾问的薪水。

福特基金会是最早提供资金与技术援助的机构之一，随后很快又有国际计划生育联合会（IPPF）、人口理事会和美国国际开发署（USAID）。资助哥伦比亚医学协会与其他实体的人口理事会的大部分资金源于美国国际开发署。福特基金会的波哥大办事处信仰"赌人"，在门多萨身上下了大赌注并得到了高回报。20世纪70年代，福特基金会、人口理事会、泛美健康组织和美国国际开发署，各自在哥伦比亚都至少有一个技术顾问。

1973~1974年，外部机构批准的持续1~5年的家庭计划援助项目总计超过500万美元（Perez，1976）。那时三个主要捐助者是国际计划生育联合会、泛美健康组织和美国国际开发署。国际计划生育联合会资金资助了哥伦比亚家庭福利协会，泛美健康组织的大部分经费资助了卫生部，美国国际开发署的资金则用于资助大型项目，例如由哥伦比亚医学协会协调的产后家庭计划项目。其他捐助者，按资助幅度降序排列依次为北卡罗来纳州大学（主要是美国国际开发署资金）；开拓者基金会（the Pathfinder Fund）；联合国人口基金（the United Nations Population Fund）；世界教育（World Education）；通用电气节奏（General Electric TEMPO）；家庭计划国际援助（Family Planning International Assistance）；华盛顿特区的乔治华盛顿大学（George Washington University in Washington，D. C.）；芝加哥大学（the University of Chicago）；世界邻居（World Neighbors）；自愿绝育协会（即现在的意真达机构，Engender Health）。宝贵的支持也来源于加拿大国家发展研究中心（the International Development Research Centre of Canada）、新奥尔良杜兰大学的家庭健康基金会（the Family Health Foundation at Tulane University in New Orleans）和史密森学会（美国国际开发署资金）。

这种援助有多重要？毫无疑问，资金与技术支持促进了政策制定和推动了高质量的家庭计划发展。资金，例如医院产后项目的资金，允许项目在更大范围内展开，并可能加速改革的步伐。此外，现场的技术顾问与多元化国际往来使哥伦比亚同行们更容易找到信息来源与援助。然而，鉴于哥伦比亚领导人在技术能力和战略战术方面都精明老练，难以想象若没有外部援助，他们就不能达到目标。

## 经验教训

林德布洛姆（1968，p. 23）把决策准确描述为"一个极其复杂的分析和政治的过程，无始无终，边界也最不确定"。由于它可能是模糊与不成熟的，政策过程通常精确地取决于少数几个变量：问题的显著性，领导阶层，关键利益群体对问题的理解、政治权力和政府意愿。哥伦比亚家庭计划项目的进程表明，上述变量中的其中两个在此情况下是最重要的：政府改变政策的意愿，就如有胆识的总统耶拉斯·雷斯特雷波所示范的那样；一流的领导，特别是埃切韦里、洛佩斯·埃斯科瓦尔，门多萨、欧多尼兹和塔马约的贡献。

另外两点是值得强调的。首先，政策进程中的怪异特点为采纳新的有争议政策的增添了不确定性：它可能随时脱轨。在这种情况下，哥伦比亚克服了巨大的障碍，尤其是1968年的事件。如果耶拉斯政府的行政机构发生了无法预料的问题，教会或国会如果更有组织地反对，或齐心协力诬蔑整个事业是美国授意，随后是否会有不同结果都是不可知的。其次，不可能确定明确的答案，因为决策过程分析方法的技术发展水平阻碍了科学回答这个问题，即所有历史事件发生的原因。

以下是从哥伦比亚经验中总结的三条主要经验教训。

• 政治领导和政治权力是极为重要的，与技术专家的领导同等重要，这些技术专家全力以赴，精力充沛，并使用精明战略和战术。

• 在重要的利益集团间提供可信证据并广泛传播十分关键。在哥伦比亚，哥伦比亚医学协会和其他学术机构详细地记录了国家人口状况，还证明了人口变量与经济社会发展前景间的关系。同等重要的还有，人口研究分会与其合作者开展研究和示范性项目，这些都清楚地显示了家庭计划需求程度，其中包括人工流产的发生率、生育意愿和实际生育之间的差距。

• 在人口政策和家庭计划项目发展中，外部援助起到了重要的推动作用，不仅是财政方面的援助。就哥伦比亚来说，有了丰富的国家专业知识，技术援助就不那么重要了，尽管其利用信息来源和其他资源建立起重要的联系。然而，哥伦比亚的经验表明，国家领袖及全国力量所做出的大量努力是不可替代的。外部援助可能是一条危险之旅途，因为它为反对者破坏国家努力提供了可乘之机，使他们有了国外势力操纵的借口。

事后来看，本应做什么和本来能够做什么有差异吗？答案似乎是差异非常小。哥伦比亚案例是一个杰出的成功故事，再也想不出比这更好的故事了。哥伦比亚有幸是独一无二的，甚至在拉丁美洲也如此，因为它拥有许多才华横溢的医生与其他专家，他们中的很多人为了一个信念而甘冒事业和名誉风险。在政治意愿不那么强，或有魄力或远见的专业领导人不那么突出的情况下，可能就需要采取其他方式了。

## 经验教训对于其他国家或其他问题的适用性

分析哥伦比亚案例，其中许多经验教训似乎可用于其他国家的各种政策和项目，包括环境、卫生保健服务、教育和营养不良等方面的政策。哥伦比亚的经验教训可能很有用，在解决明显有争议的问题时可适用于大部分人。政治领导与政治意愿的重要性通常在任何民主制度下都是最主要的，联邦系统可能是个例外，其中不同的州与不同的市或许采用唯独适合自身需求的政策与项目。

在决策过程中，个人所起的作用不太直截了当。哥伦比亚案例的显著特点之一是，一个小群体发挥着巨大的影响，他们中的大多数人是同行。这一现象的部分原因取决于这样一个事实：通常在拉丁美洲社会，尤其是在哥伦比亚，有阶层分明的社会经济结构。因此，即使人数众多，任何特定行业的领袖，例如医学，很大程度上可能会拥有相同的特权背景。这有几个意义：

第一，这个精英团体的许多成员可能认同地位高则责任重的观念；第二，凭借他们的社会经济地位，相对于阶层不那么分明的社会而言，他们能更自由地从事利他的事业；第三，对比其他环境下的情况，这些个人在决策过程中可能会有更大的影响力；第四，特定职业的精英可能会认识许多地位相似的同行，以及相同阶层的许多其他社会成员，从而产生良好的沟通、共同的价值观和影响事情结果的能力。在很多其他状况下，这么少数几个人不可能产生如此大的影响。

在努力改变政策和引导行动计划的发展中，事实及其传播显然具有强烈的影响。哥伦比亚家庭计划的支持者当然明白这点并采取了行动。将学术机构引入决策过程是哥伦比亚案例中特别有效的实践，还有同时进行研究和行动，重视评估和研究，以及把科学实证转变成容易被非专业人士理解的语言。

来自哥伦比亚最后也可能是最重要的经验是，追求社会变革的领导者所具备的个人兼性与特征有着决定性的重要意义。动机与魄力的重要性是显而易见的，所需要的耐心也是很明显的，同时面对反对者需要有勇气和睿智，知道何时该大胆前行，何时又应谨慎小心。不过，敏锐的政治直觉，解析的精明，权衡各种政治战略与战术利弊的能力，以及愿意根据环境需要改变战略与战术，似乎比什么都重要。

## 参考文献

[1] Bailey, J., and J. Correa. 1975. "Evaluation of the PROFAMILIA Rural Family Planning Program." *Studies in Family Planning* 6 (6): 148 - 55.

[2] Bauer, R. A., and K. J. Gergen. 1968. *The Study of Policy Formation*. New York: Free Press.

[3] Bravo, G. 1979. "Socio - Economic Factors Affecting Fertility Decline in Colombia." *Population Studies* 65 (65): 116 - 21.

[4] Daguer, C., and M. Riccardi. 2005. *Al derecho y al reves: La revolución de los derechos sexuales y eproductivos en Colombia*. Bogotá: Asociación Probienestar de la Familia

Colombiana.

[5] Echeverry, Gonzalo. 1975. "Development of the PROFAMILIA Rural Family Planning Program in Colombia." *Studies in Family Planning* 6 (6): 142 - 47.

[6] ——. 1991. *Contra Viento y Marea: A? os de Planificación Familiar en Colombia*. Bogotá: Colombian Association for the Study of Population.

[7] Echeverry, Gonzalo, J. B. Londono, and J. Bailey. 1977. "Colombia." In *Family Planning in the Developing World: A Review of Programs*, ed. W. B. Watson, 42 - 43. New York: Population Council.

[8] Levine, R., A. Langer, N. Birdsall, G. Matheny, M. Wright, and A. Bayer. 2006. "Contraception." In *Disease Control Priorities in Developing Countries*, 2nd ed., ed. D. T. Jamison,

[9] J. G. Breman, Anthony R. Measham, G. Alleyne, M. Claeson, D. Evans, P. Jha, A. Mills, and P. Musgrove, 1075 - 90. New York: Oxford University Press.

[10] Lindblom, C. E. 1968. *The Policy - Making Process*. Englewood Cliffs, NJ: Prentice - Hall.

[11] Lopez - Escobar, Guillermo. 1978. *Aborto: Interrogantes, comentarios y resultados parciales de algunas investigaciones en Colombia*. Monograph 8. Bogotá: Regional Population Center.

[12] MacCorquodale, D. W., and T. W. Pullum. 1974. "A Mathematical Model for Determining Family Planning Clinic Effectiveness." *Studies in Family Planning* 5 (7): 232 - 38.

[13] Measham, Anthony R. 1972. *Family Planning in North Carolina: The Politics of a Lukewarm Issue*. Monograph 17. Chapel Hill, NC: University of North Carolina, Carolina Population Center.

[14] Ott, E. R. 1977. "Population Policy Formation in Colombia: The Role of ASCOFAME. *Studies in Family Planning* 8 (1): 2 - 10.

[15] Perez, E. 1976. *Colombia*. Country Profiles Series. New York: Population Council.

[16] Perez, E. and F. Gomez. 1974. "Family Planning Programs: World Review." *Studies in Family Planning* 6 (8): 268 - 70.

[17] Rizo, A. 1978. "Colombia 1969 - 1978: A Case Study in Population Dynamics. Statement, April 25, 1978." In *Population and Development: Status and Trends of Family Planning/Population Programs in Developing Countries*, vol. II, 313 - 30. Washington, DC: Government Printing Office.

[18] Ross, John A. 1966. "Recent Events in Population Control." *Studies in Family Planning* 1 (9): 1 - 5.

[19] Simmons, A. B., and R. Cardona. 1973. *Family Planning in Colombia: Changes in Attitude and Acceptance, 1964 - 69*. Ottawa: International Development Research Centre.

[20] Tamayo, Fernando. 1978. "The Colombian Experience: A Statement to the Congress of

the United States. " In *Population and Development*: *Status and Trends of Family Planning/Population Programs in Developing Countries*, vol. II, 299 – 312. Washington, DC: Government Printing Office.

（王美凤　译　郑真真　陈晓慧　校）

**全球家庭计划革命：人口政策和项目 30 年**

# 第九章

## 危地马拉：家庭计划运动的开创期[*]

■ 罗伯特·桑蒂索·加尔维斯，简·T. 贝特朗

　　本章聚焦国际家庭计划运动最成功的项目。危地马拉不是国际上著名的成功案例之一，但是它被收编本卷恰恰是因为其当初引入项目时历尽艰辛，且斗争延续至今，这无疑对理解国际家庭计划运动有很好的启发作用。鉴于其他章节所描述的，政治愿望和强力领导能够克服使用避孕药具的社会和文化障碍，危地马拉的案例研究聚焦自20世纪60年代以来，政府最高层抵制家庭计划，这种状况一直持续了30年，阻碍了家庭计划的推广。尽管在20世纪60年代中期成立了有活力的民间家庭计划协会，但40年后，在避孕使用方面，危地马拉在拉丁美洲地区仍很落后（Population Reference Bureau，2006）。

---

[*] 感谢以下人员为本章的访谈、记载及文件资料提供有价值信息方面的贡献：Enrique Castillo Arenales，Cynthia Burski，Johnny Long，Melida Muralles，Maria Antonieta Pineda，Oscar Rodriguez 和 Ricardo López Urzúa。

## 20 世纪 60 年代初的社会政治背景

在 20 世纪 60 年代，总人口约 480 万人的危地马拉面临严重的社会政治问题。它有着拉丁美洲地区最差的社会经济指标：年人均收入 315 美元，66% 的人口生活在农村，62% 的人口是文盲，69% 的人口缺乏饮用水，仅 21% 的人口有卫生设施。当时，出生率很高，为 44.8‰，妇女平均有 6.6 个子女。15 岁以下的年轻人占总人口的 46%，男权主义和歧视妇女极为普遍。可用的医疗服务很少，危地马拉在卫生部门的投入预算远低于其他拉丁美洲国家。危地马拉超过一半的人口是当地土著居民（即玛雅人），他们属于 23 个不同的语言群体，大部分是文盲，不能说西班牙语，远离主流文化（Morales，1970）。同时，危地马拉政府军和游击队之间的冲突引起大规模社会混乱。这就是家庭计划在危地马拉开展的大致背景。正如当时美国国际开发署的卫生官员唐纳德·麦科克代尔（Donald MacCorquodale）博士所言："这个时期根本不合适开始这类项目。"（辛西娅·布尔斯基和罗伯特·桑蒂索·加尔维斯私人往来信件，2006）

20 世纪 60 年代初始形势乐观，部分源于美国政府促进拉美国家发展的 10 年计划。各种国际组织，诸如世界卫生组织、泛美卫生组织、中美洲国家组织等都积极支持和参与这个计划以改善拉丁美洲地区的健康状况，这给拉美地区母婴健康带来了新的希望。同时，对于许多人口问题的忧虑也日益增长，包括极高的非法堕胎率、年轻人对性教育的需求以及快速人口增长对社会经济发展的影响。一些研究人员开始对堕胎、孕产妇死亡率、避孕、性行为及人口动态开展初步研究（关于这些研究的著名文献索引可参见 Arias de Blois，1978）。大量会议和学术研讨会分析这些主题。出版社尤其对有关人口爆炸的主题颇感兴趣。例如，广播新闻《危地马拉掠影》在每周一次的专题节目中对人口问题予以深度关注和报道，La Semana 等刊物内容涉及堕胎和性教育等主题（李嘉图·洛佩斯·乌苏亚和作者私人通信，2006）。

20世纪60年代，危地马拉的许多政府部门和组织参与到人口相关活动中来，包括：卫生部、教育部、农业部、劳动部，大学，国家妇产科协会，工会，农业合作社，危地马拉社会安全协会（IGSS）。大量的国际组织也参与其中，包括联合国教科文组织、世界卫生组织、拉丁美洲和加勒比海人口中心、泛美医学院联合会（总部在哥伦比亚）、开拓者基金会、美国疾病预防和控制中心、自愿绝育者协会（JHPIEGO）、Juárez 联营公司。所有组织想通过战胜贫困、文盲、低水平教育和恶劣的健康状况来改善危地马拉人的生活质量。显然，大部分组织支持家庭计划活动。

20世纪60~70年代，危地马拉家庭计划开始阶段的经历与其他拉美国家十分相似。也就是说，肇源于一个意识到急需家庭计划的有奉献精神的核心团队，通过建立组织来为人们提供相关服务，并不懈努力以赢得政府对这个项目的支持。然而，与其他国家不同的是，这些国家要么政府本身支持家庭计划项目，要么接受民间家庭计划协会已经建立的可行的类似项目，危地马拉政府一直到2000年才对家庭计划项目提供强力的支持。而且，由于总统的更替，这种支持没有得以延续。

## 家庭计划的先驱

危地马拉家庭计划的开展可追溯到1962年。当时国际计划生育联合会对在许多拉美国家推广这个项目充满兴趣。20世纪60年代初，国际计划生育联合会西半球地区技术主任奥弗莉亚·门多萨（Ofelia Mendoza）博士的足迹遍布该地区的绝大部分国家，让人们意识到需要家庭计划，并鼓励他们去建立民间协会，这些协会最终会成为国际计划生育联合会的会员。门多萨鼓励那些对项目感兴趣的专业人士去创设这样的组织，其目标在公众中推广家庭计划概念，促进人们对家庭计划概念的接受，并给需要者提供优质服务。专栏9.1是危地马拉家庭计划主要相关事件大事年表。

1962年3月，19名危地马拉卫生专家响应门多萨的号召，创办了推进家庭计划的私人协会。他们成立了一个由卡斯蒂略博士负责的筹备领导委员会（Pineda，1977）。随后，卡斯蒂略和尤兰达护士参加了在美国纽约举行的国际计划生育联合会会议，并在会上与其他国家的代表进一步讨论了该地区家庭计划需求。纽约会议后，筹备委员会成立了两个委员会，一个负责吸纳新成员，另一个负责起草新协会章程（Galich，1971）。新协会获得合法地位的进程较为缓慢，直到卡斯蒂略利用他的政治关系才最终实现。1964 年 8 月，内政部批准了章程。10 月，当地官方报纸《中美洲日报》报道了家庭福利协会获得合法地位。任命罗伯特·桑蒂索·加尔维斯博士为协会会长。1969 年，家庭福利协会正式成为国际计划生育联合会的附属机构。

| 专栏 9.1 | 危地马拉家庭计划活动大事年表 |
|---|---|
| **年份** | **与家庭计划有关的主要事件** |
| **1962** | 19 名卫生专家组成私人家庭计划协会的筹备领导委员会成立。 |
| **1963** | 这些创始成员制定了私人家庭计划协会章程。 |
| **1964** | 家庭福利协会（APROFAM）取得合法地位。 |
| **1965** | 家庭福利协会在危地马拉城创办了由一名医生、一名护士和一个社工组成的诊所。危地马拉社会安全协会开办了一个家庭计划诊所。 |
| **1967** | 美国国际开发署与卫生部、家庭福利协会签署了一份题为人口和乡村健康的三方协议，有效期为 1969 ~1973 年，其中家庭福利协会被授权在卫生部的 20 个中心设立家庭计划服务。 |
| **1968** | 梵蒂冈签署了《人类生命》通谕。危地马拉天主教会对家庭福利协会的反对加剧。屈从于天主教的压力，危地马拉社会安全协会不得不严厉限制家庭计划服务。 |
| **1969** | 政府改组了卫生部，并设立了孕产妇、儿童和家庭健康三个部门涵盖家庭计划的内容。卫生部延缓向其下属的卫生中心传播有关实施家庭计划服务信息。 |

| 年份 | 与家庭计划有关的主要事件 |
|---|---|
| 1970 | 美国国际开发署修改其协议，在卫生部内成立了一个整合信息、教育和培训的机构。卫生部同意将家庭计划拓展到450个医疗结构。<br><br>家庭福利协会负责分发避孕药具和培训卫生部工作人员。 |
| 1973 | 美国国际开发署与卫生部签订的协议延续至1976年。 |
| 1976 | 与美国国际开发署的三方协议有关的一份评估产生了复杂的结果。一场地震死亡25000人，并摧毁了卫生部的大部分基础设施。<br><br>卫生部全力重建基础设施。卫生部关闭了信息、教育和培训办公室。<br><br>美国国际开发署、卫生部和家庭福利协会签署了第二份协议，有效期是1976~1980年。 |
| 1977~1978 | 三方协议下的活动进展顺利，覆盖范围扩大到492个销售点。<br><br>鼓励生育的团体开始抨击和反对宫内节育器。 |
| 1979 | 屈服于宗教压力，卫生部中止了家庭计划项目，要求取出所有宫内节育器，中止绝育以及与家庭福利协会的合作。<br><br>私人部门说服卫生部重启家庭计划项目，但卫生部仅仅同意在144个卫生单位开展，并且只允许医生提供相关服务。 |
| 1980~1983 | 美国国际开发署与卫生部签署一份新协议，有效期至1987年。<br><br>发生了两次政变。家庭计划项目未受影响。基督教福音派教徒里奥斯·蒙特总统给家庭计划提供了一些支持。 |
| 1985 | 家庭计划支持者成功地使确保夫妻有权决定子女数量成为危地马拉新宪法第47条。然而，反对者也成功地在新宪法中增加了一条，称生命起始于受孕，其目的在于攻击避孕等同于堕胎了。 |

| 年份 | 与家庭计划有关的主要事件 |
|------|--------------------------|
| 1986 | 危地马拉大主教给美国罗纳德·里根总统写信，指控妇女的大量绝育行为没有得到她们本人同意，请他中止美国对家庭计划的援助。为此，里根总统派委员会前往危地马拉进行调查并得出结论：主教的指控毫无根据。<br>卫生部的一项变动对家庭计划稍加倾斜。 |
| 1992 | 美国国际开发署和卫生部签署了一份协议，有效期为1992～1996年。<br>一些国会议员筹备社会发展法案。 |
| 1993 | 迫于宗教的压力，最初支持该法案的豪尔赫·塞拉诺总统并没有批准法案通过。<br>一次政变使得新总统上台。 |
| 1994～1996 | 拉米罗·德莱昂·卡皮奥总统指示危地马拉代表团在人口和发展国际会议上支持梵蒂冈的立场。<br>家庭计划项目仍以较低水平继续开展。<br>媒体重点报道有关家庭计划的争论。 |
| 1996～2000 | 面对家庭计划的支持者和反对者，阿尔瓦罗·阿尔苏总统决定将此主题付诸公众讨论。没有政治上强力支持，家庭计划项目仍旧继续开展。 |
| 2000～2004 | 阿方索·波蒂略总统在政治上对家庭计划予以支持。<br>强烈支持生殖健康的社会发展法案开始生效（2001）。<br>社会发展和人口政策指导家庭计划的实施和监督（2002）。<br>酒类饮料征税法案指定专用于生殖健康的资金（2004）。 |
| 2005～2006 | 酒类饮料征税法所得款项没有按照指定用于生殖健康。<br>公民社会准备《普遍公平获得家庭计划服务及其与国家生殖健康工作的整合法案》，确保资金用于避孕。 |

| 年份 | 与家庭计划有关的主要事件 |
|------|--------------------------|
| 2005～2006 | 国会通过这一法案。然而，由于法案要求学校进行性教育，使得天主教会和基督教福音派支持的奥斯卡·贝尔赫总统否决了该法案。 |
| 2006 | 总统对法案的否决为时已晚，法案得以推广实施。 |
| | 公民社会组织审计专项资金以确保被用于生殖健康和购买避孕药具。 |

## 家庭福利协会对家庭计划缺乏政府支持的回应

正如本书所描述的那样，20世纪60～70年代，像印度、印度尼西亚和韩国等一些发展中国家都制定了各自的人口政策来刺激避孕服务的推广。然而其他像哥斯达黎加等国家根本没有从此类政策中获益，更别说取得显著进步。还有像加纳等一些国家制定了人口政策，但对推进家庭计划项目的效果并不显著。与此相对，危地马拉既没有人口政策，政治上也不愿意去支持家庭计划项目。在一些场合，家庭福利协会试图与支持家庭计划的一些立法会议员合作制定全国人口政策，但是由于教会和政府反对以及部分政府机构没有承诺，使得这个政策从未兑现。实际上，直到2001年社会发展法案才开始生效，直到2002年人口发展政策才正式形成，甚至到现在，一些观察家还质疑这个法案对实际提供服务和避孕药具使用的效果。

从20世纪60年代中期开始，家庭福利协会开始填补家庭计划领导者的空白，并为家庭计划项目设立如下目标：

- 改善家庭健康；
- 鼓励家庭团结；
- 提高现代生育控制方法的使用意识。

为实现这些目标，家庭计划项目强调提供人口信息和培训，提供优质的家庭计划服务，并与有类似目标的其他官方和私人机构积极开展协作。

1965 年 1 月，家庭福利协会在危地马拉城的拉美医院开办了由一名医生、一个社工和一位护士组成的第一家诊所。服务提供者的宗旨是给顾客提供优质服务，以便口碑相传，带动更多的人群前来接受服务。就避孕的方式而言，顾客可以选择避孕药或者宫内节育器，宫内节育器最初是用马古利斯（盘香圈）宫内节育器，后来是用利普斯（双股尾丝蛇形）宫内节育器。

从一开始，社工人员主要在政府的妇产科医院开展外延服务，针对工作场所和卫生中心的妇女开展宣传工作。这实现了进一步创造需求的目的，家庭福利协会不得不延长诊所营业服务时间。从家庭福利协会开办诊所服务起，国际计划生育联合会的西半球区域办公室为其宣传教育工作提供资金援助。国际计划生育联合会和开拓者基金会捐赠避孕药具等物品。避孕扩展到使用杀精片剂和避孕套等方法。

家庭福利协会为诊所增补了更多全职医生，他们的职责是为诊所的工作人员提供现场培训，包括医生在内的诊所工作人员也会去其他拉美国家接受培训。

对家庭计划服务的利用在逐步提升（见图 9.1），家庭福利协会则搬迁到危地马拉城人口稠密地区玻利瓦尔大道上一个更大的场所。

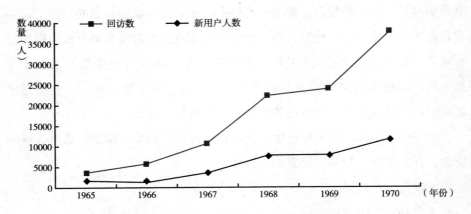

图 9.1　家庭福利协会的新用户人数和回访数（1965~1970 年）

资料来源：家庭福利协会。

当家庭福利协会在危地马拉城创办第一家诊所时，危地马拉社会安全协会也建立了自己的家庭计划项目。危地马拉社会安全协会属于半自治机构。按照规定，危地马拉所有雇用超过 4 人的雇主必须在危地马拉社会安全协会注册登记。雇主提供工资总额的 10%，雇员支付工资的 4% 以获得卫生和社会服务。为了降低工人阶层中较高的非法堕胎率，危地马拉社会安全协会通过与家庭福利协会合作，建立了家庭咨询诊所为其孕产妇提供服务。家庭福利协会的援助包括培训医疗人员和为危地马拉社会安全协会供应避孕药具。家庭福利协会主任桑蒂索监督危地马拉社会安全协会的相关活动。

1965～1968 年，由于家庭计划服务需求显著增加，危地马拉社会安全协会护士和社工人数翻了一番，并扩大了服务场所。当时危地马拉社会安全协会主任阿圭勒是一个有着强烈社会良知的人，在推动危地马拉社会安全协会实施家庭计划初期展示了其伟大的领导能力。然而，1968 年，随着危地马拉社会安全协会领导人变更，新的负责人对实施家庭计划服务严加限制。只有经历过一次流产，或者经历过三次剖腹产，或者出现高危时，妇女才能接受相关服务。尽管家庭福利协会仍继续提供避孕药具，然而，危地马拉社会安全协会的工作在几年时间里急剧减少。①

总之，20 世纪 60 年代，在家庭福利协会和危地马拉社会安全协会领导下建立了家庭计划服务。另外，在家庭计划和生殖健康研究中、在决策者中宣传人口问题、在公众中开展宣传教育活动以及培训诊所工作人员方面，家庭福利协会发挥了主要作用。在积极协调应对圣卡洛斯大学和天主教会不时威胁结束家庭计划项目过程中，家庭福利协会也起到了关键的作用。

---

① 在 20 世纪 70 年代，危地马拉社会安全协会获得腹腔镜设备以用于绝育手术，来自哥斯达黎加和萨尔瓦多的医生培训危地马拉社会安全协会实施这个手术的医生，家庭福利协会把危地马拉社会安全协会的员工送至约翰霍普金斯大学接受培训，并支援一名熟练的技术人员以维护设备。20 世纪 70 年代，女性绝育成为危地马拉社会安全协会提供的主要避孕方法。

## 卫生部的作用

在整个过程中，卫生部在哪儿呢？危地马拉与国际计划生育联合会成员的大多数拉美国家在避孕服务模式方面类似。因而，危地马拉卫生部在引领家庭计划运动中的职责缺失毫不奇怪。然而，令人惊异的是与那些在20世纪70~80年代欣然接受家庭计划的大部分拉美国家不同，危地马拉政府竟然花了40年的时间才开始强力支持避孕服务。

1967年，卫生部首次参与家庭计划，与美国国际开发署、家庭福利协会签署一份三方协议（520 – 0189号）提供家庭计划服务。胡利奥·塞萨尔·门德斯·蒙特内格罗总统执政时期签署这一协议的是时任卫生部部长的内阁成员埃米利奥博士，他以极大的热忱开展了这个合作，承诺在现有的医疗中心提供服务。此后不久，迫于鼓励生育团体的政治压力，卫生部减少了服务参与，并把提供服务的医疗中心由235个压缩至20个，乡村地区的流动服务单位从10个缩减至6个。随后，流动服务单位中止了运作。政府对项目的支持趋于弱化，工作人员经验不足，担心来自天主教会的批评。按照三方协议，家庭福利协会需要在实施家庭计划服务中培训卫生部工作人员、购置卫生部服务机构的避孕用品和管理家庭计划项目。这样，卫生部能够探知新服务的普及性，而不必完全认可家庭计划（Burski，1977）。

通过政府场所实施服务所带来的问题很早就显露出来。卫生部与美国国际开发署协商，向医生提供经济上的激励，以鼓励其推广口服避孕药或宫内节育器。理由在于，医生提供这些服务所得报酬通常过低，而这些增加的收益用于补偿他们额外的工作量。然而，这种经济的激励适得其反。卫生部的其他工作人员以此认为对家庭计划有所偏爱，这反而给避孕服务实施树立了更多对立面。此外，由于卫生部把项目管理委托给家庭福利协会，后者负责对参与项目的医生进行月度检查，有批评认为这种做法篡夺了政府职能。大众传媒广泛宣传了这种矛盾，政治反对派则抓住这个机会去败坏政府信誉。

1968 年，政府取消了经济激励，但在此之前，这种经济激励对家庭计划项目、家庭福利协会和美国国际开发署造成了相当大的危害。

尽管，在执行三方协议的过程中出现了许多问题，且收效甚微，但在 1969 年年底，美国国际开发署仍加大了对该项目的支持，但前提是卫生部需要完全负责家庭计划项目，而不是委托给家庭福利协会。

1969 年，政府颁布重新改组卫生部业务范围的法令。作为改组过程的一部分，建立了孕产妇、儿童和家庭健康部门，负责实施避孕服务的家庭咨询项目也包括在其中。然而，基于害怕教会、大学和左派领导人对卫生部的攻击，在全国范围内，卫生部延缓传播新项目的信息给全体工作人员，甚至卫生部为家庭咨询项目所取的委婉的名字都反映了其不愿意公开支持家庭计划。

此后不久，政府在孕产妇、儿童和家庭健康部门内设立了一个独立机构，该机构主要开展宣传、教育和培训工作，并与家庭福利协会紧密合作以推进卫生部的家庭计划工作。然而，卫生部内那些具有类似信息、教育、交流和培训活动的部门很快就与这个新部门产生矛盾。这个新部门试图与卫生部内的其他机构合作，但是天主教会继续通过捏造有关家庭计划的负面新闻和虚假信息以对其施加压力。例如，免疫项目同意制作一些海报在健康中心宣传疫苗接种和家庭计划。由于发现在免疫包的药瓶标签上有"消毒水"的字眼，有关免疫疫苗将使接种儿童丧失生育能力的谣言很快就传播开来（"消毒"和"不育"的拼法相同——译者注）。这个事件在当地报纸引起很大轰动，败坏了免疫项目和家庭计划项目的声誉。

卫生部项目进一步要求引进先进软件以跟踪统计服务数据，从而为决策提供重要资料。20 世纪 70 年代初，美国疾病控制和预防中心的专家介绍这个软件，但危地马拉工作人员从未真正掌握这个系统，而这个系统也没有满足危地马拉的需要。如果在卫生部内对这个项目推广予以更密切的监测和更大的支持，这个新项目可能进展更为顺利（几年后，随着技术进步，卫生部购买一个新的计算机系统用于所有机构以便网络化管理。然而，最后也证明这种网络化管理是很难的，反映了在没有适当的监测和评估的系统内部所固有的挑战）。

在卫生部的相关机构里实施家庭计划服务的头几年几近混乱。即使第一个协议收效甚微，美国国际开发署仍决定扩大其对项目的经济和技术援助，卫生部对此十分惊奇。人们只能推测决策是基于危地马拉人口对各种发展援助的迫切需要，加上美国国际开发署对在发展中国家尽可能广泛地推动家庭计划的热情。

## 美国国际开发署的贡献

1964 年，麦科克代尔作为美国国际开发署危地马拉代表团的医疗官员来到危地马拉。同年，美国国际开发署授权代表团在整个拉美地区资助人口和家庭计划项目。代表团领导马文·韦斯曼任命麦科克代尔开始就人口和家庭计划相关活动与恩里克上校所实际领导的政府展开谈判。在这届政府任期，麦科克代尔没有取得任何进展。即使政府官员非常友善地接待他，但一旦提及任何家庭计划问题，讨论就变得非常紧张。美国国际开发署随后极力去接洽其他政府组织，但也被客气地拒绝了。显然，危地马拉太偏向天主教。美国国际开发署甚至向多个组织提供资助以开展有关生育的知识、态度和实践的调查，但没有任何组织承接资助。

麦科克代尔咨询家庭福利协会领导人桑蒂索（Santiso – Gálvez），后者建议他去拜访圣卡洛斯（San Carlos）大学医学院院长。尽管医学院有着强烈的马克思主义倾向，考虑到关于人口快速增长的持续争论，桑蒂索认为系主任可能对在人口问题上引导民意颇有兴趣。大学生通过涂鸦、海报、抗议、口头威胁所表达的公开的反美情绪震惊了麦科克代尔。然而，院长胡里奥（Julio deLeón）亲切地接待了他，在听了他的说明后，同意大学参与研究。但是提醒麦科克代尔，无论研究的结果是什么，他本人都不愿意支持家庭计划。麦科克代尔同意不让他卷入其中。

科利亚多博士 1967 年为这项《危地马拉家庭研究》收集了数据，但因其左派观点，他遭到了来自反共团体的死亡威胁而不得不离开这个国家。几乎同时，圣卡洛斯大学遭到了许多次袭击，许多教授被反共团体谋杀，这一切反映了危地马拉当时极度混乱的政治环境。在国外，科利亚多才完成了数据分析，并最终出版了研究结果（Collado，1968）。

麦科克代尔认为主要研究结果是积极的，并打算把这些研究结果提交给主要领导。但是，代表团新领导迪恩·辛顿和人口健康新官员詹姆斯·金博士认为结果可能有利于马克思主义者。麦科克代尔后来解释道："《危地马拉家庭研究》从没有如韦斯曼先生和我所想的那样发布，我认为这项研究的 2500 份发行本中的绝大部分都在仓库里腐烂掉了，我保存在自己书房里的这本很可能是为数不多留存下来的。"（MacCorquodale，2002）

### 其他合作机构的贡献

1967 年签订的三方协议中，美国国际开发署也给 Valley 大学提供资助，让他们为 3000 多名教师设计关于性教育和人类发展的从幼儿园到初中的课程材料。教育部和 Valley 大学合作的该项目始于 1968 年，并一直延续到 1975 年。作为合作过程的一部分，他们参加了大量国内外会议。在设计和成型出版阶段，这些为学生和教师设计的课程材料遇到了无数问题。最后，负责把性教育纳入正式课程的教育部根本没有采取行动。为了促进性教育和人类发展而设计生产出来的课程资料被存放在仓库，并在 1976 年危地马拉地震中毁坏了。显然，面对各种压力，政府只好放弃在学校里提供性教育。

其他机构对早期的危地马拉家庭计划运动也有贡献。作为美洲 10 年健康计划的一部分，泛美卫生组织是一个极好的资金和技术援助来源。它资助几次地区会议来分析探讨中美洲地区的健康形势，然后针对不同地区和国别提出具体建议。其中一个建议是把家庭计划合并到正在实施的母婴健康服务中。

美洲国家组织的分支机构中美洲国家组织为健康和性教育提供奖学金并

资助地区性会议。萨尔瓦多的医生胡安博士负责中美洲国家组织的卫生部门，并是这些活动的重要联络人。

几个总部在美国的组织对于增强危地马拉家庭计划做出了贡献。开拓者基金会是最早提供培训、避孕用品和评估援助的组织之一。一些来自美国疾病控制和预防中心生殖健康部的专家帮助设计了前文提到的计算机信息系统和物流系统，后来又协助进行了危地马拉国家避孕现用率调查（Burski，1977）。

其他国际组织在提供技术援助方面也发挥重要作用，尽管这是在1960～1970 年之后，但它是本书所关注的一个重要时期。这些组织包括：芝加哥大学援助的信息、教育、交流和评估；人口理事会援助的运营研究；Juárez联营公司资助管理和培训；约翰霍普金斯大学国际妇产科教育项目（JHPIEGO）为自愿绝育提供的培训和设备；致力于国际生殖健康教育的约翰霍普金斯项目所提供的自愿绝育培训。

从过去40 年危地马拉各届政府来看，外国援助对建立家庭计划而言，从最好的角度来看是支持不够，从最坏的角度看是公然的敌意。但在确保大部分人获得避孕服务方面，国外援助确实起到了关键作用。危地马拉家庭计划项目最初资助来自国际计划生育联合会西半球区域办公室，后来得到美国国际开发署及其合作机构的资助，其他组织的资助力度更小，由于援助资金不雄厚，使得致力于家庭计划的先驱几乎难以维持该项目。

## 监督和评估

20 世纪60～70 年代，家庭福利协会的评估由跟踪服务的数据统计组成，例如，新老使用者数量、活动开展的过程指标，如在诊所和社区座谈和开会的次数以及这些活动的参与人数。在服务实施的最初几年里，家庭福利协会收集了一条有用信息，即服务对家的居住地，这个信息指导决策者将诊所扩展到边缘地区。此外，研究人员进行临时专项研究，发现民众对宫颈涂片检查有巨大需求。基于这些结果，家庭福利协会开始在其诊所提供宫颈涂片检查，并培训细胞学技术人员（Galich，1971）[1]，而家庭福利协会成为第一个面向大众开展宫颈癌症宣传活动的危地马拉组织。

20世纪60~70年代，监管和评估工作的主要局限是只关注量化结果。举例来说，家庭福利协会在培训卫生部、危地马拉社会安全协会以及家庭福利协会的在诊所里实施家庭计划服务的工作人员方面起到了至关重要的作用[2]。回顾起来，如果对这些培训的评估更关注培训内容以及接受培训者此后的工作表现（工作能力），将更有帮助。但事实上很少有证据显示家庭福利协会培训的效果或可供改进培训的信息。

监管和评估工作的第二个局限是获得新增服务对象、回访者和退出者以及积极使用者的精确数据较为困难。一方面，这个统计活动耗费了大量工作人员的时间；另一方面，源于机构浮夸导致的重复记录问题使得人们质疑其精确性。直到20世纪90年代，最终采用了"夫妻保护伞"指标，这个由实施家庭计划服务产生的避孕效果测量很大程度上解决了这个问题。

20世纪70年代初，美国疾病控制和预防中心提供顾问建立一个计算机信息管理系统。如前所述，这个系统并没有起作用，部分是因为缺乏足够跟进，部分是因为卫生部没有给家庭计划足够的重视（Burski，1977）。后来，在20世纪80~90年代，家庭福利协会更加致力于运营研究和其他评估项目（与来自芝加哥大学、图兰大学以及人口理事会的研究人员一起参与），以至于能够对项目动态有一个更好的认识。至少有15篇相关文章发表于同行评审的国际期刊。家庭福利协会也参与了在危地马拉开展的有全国代表性的生育和家庭计划调查的设计以及部分数据收集和分析工作（1978、1984、1987、1995、1998和2002）。

---

[1] 培训在国家癌症研究院举办，随后，在设立在危地马拉城的罗斯福医院中美洲细胞学学院举办。

[2] 例如，1967~1970年，家庭福利协会培训了85个医生、93个护士、164个后备护士、475个社会推动者和42个其他人员。

## 阻碍危地马拉推广家庭计划的因素

几年前，本章作者试图证实为什么危地马拉在接受家庭计划上落后于其他拉美邻国。我们认为有四个因素阻挠了这一进程（Santiso – Gálvez & Bertrand，2004）：①天主教会对政府制订有关家庭计划决定的强大影响；②主要大学的左派立场；③人口的种族构成；④1966～1996 年，肆虐国家的国内政局动荡。对危地马拉而言，任何单一的因素都不是独特的，但所有四个因素集中到一个国家，便对家庭计划的成效产生了致命性影响。特别是前面两个因素对于制定人口政策和强力的家庭计划项目的早期工作阻碍尤甚。

### 天主教

20 世纪 60 年代，危地马拉大多数人是天主教徒（从那时起，基督教福音派的人口比例稳步提高，福音派同样倾向于反对家庭计划，但在精英阶层没有产生类似影响）。一国强大的天主教会的存在本身并不妨碍家庭计划（如哥伦比亚和墨西哥），但是，当教会和政府联合反对家庭计划时，就产生了很恶劣的影响。在危地马拉，各级政府官员不断面临来自教会的反对推广家庭计划的压力，尤其是在国家层面。教会的广泛影响阻止了一些杰出领导人在家庭福利协会领导委员会任职，并引起其他人从委员会辞职。教会领导人和政府官员指控家庭福利协会及其领导委员会推动堕胎，而情况并非如此（考虑到家庭计划所面临的不利形势，家庭福利协会一直避免卷入任何使堕胎合法化的企图）。由于一小群致力于健康事业的先驱仍然确信家庭计划的益处，活动才得以延续。

1965 年，家庭福利协会开办第一家家庭计划诊所后不久，天主教会在一封教会公告函中阐明其反对家庭计划项目和使用人工避孕。然而，以后几年，教会的抨击相对温和，那是梵蒂冈审视其避孕立场的时期。事实上，教会内外的许多人预期教会将缓和对家庭计划的反对（McLaughlin，1982）。在观望时期，危地马拉主教会议的一些成员与里卡多博士和桑蒂索讨论如何提高危地马拉年轻人的教育水平。他们甚至提议每一个教堂给一所学校提供愿意负责家庭教育、家庭计划和避孕方面的专家，向学生讲授这些内容（作为正规学校教育的补充），前提是按照教会的道德和价值观进行讲授，照此进展，教会对家庭计划的立场也会如预期的发生改变。然而，1968年7月发布的《人类生命》通谕，明确反对"人工避孕"，导致教会和当地非政府组织之间可能的合作谈话突然中止。由梵蒂冈插手干预，教会最初对家庭福利协会和危地马拉社会安全协会的家庭计划项目的反对趋于强化。卫生部、家庭福利协会和美国国际开发署之间的三方协议成为被攻击的目标（Burksi，1977）。

自20世纪60年代开始，迄今已40年，天主教会尽力去影响每一届危地马拉政府，以抵制采纳和扩展家庭计划，不同政府对待家庭计划的态度从中立到微弱支持再到公开反对。也许最大力的支持是2000～2004年的阿方索·波蒂略政府，但是目前的奥斯卡·贝尔赫政府则不尽如人意。在过去40年中，教会曾数次威胁要完全终止家庭计划，并不止一次几乎实施。像前面提到的，天主教会的强大并不一定阻碍家庭计划的扩展。与其归咎于天主教会，不如归咎于天主教会和统治精英在家庭计划问题上的亲密关系。

### 圣卡洛斯大学

圣卡洛斯大学过去和现在一直是危地马拉顶级的学术机构。在20世纪60～70年代大学里的决策者和当权者是激进的左派人士。圣卡洛斯大学在阻碍家庭计划项目开展中发挥了关键作用。大学领导人和家庭计划支持者之间的争论可追溯到20世纪60年代。例如，1968年，这个大学主办了一个题为"人口和发展"的会议，经济学系和医学院成员强烈谴责人口计划是美国政府的帝国主义阴谋，是与马克思主义革命目的背道而驰的活动（Osorio - Paz 和 Lemus - Mendoza，1968）。来自危地马拉国内外的其他人员极力为这个人口计划的益处辩护。会议组织者——经济学系的成员控制着会议结论，以至于会议结论完全否定人口和家庭计划项目。随后，他们将会议结论提交给天主教会。虽然出于不同原因，但在反对家庭计划的立场上，教会与大学显然是一致的。

对美国滋生敌意的主要因素源于1954年的军事入侵。美国支持卡洛斯上校领导的政变，逼走哈科沃·阿本斯·古斯曼总统，因其征用联合水果公司的香蕉农场，美国认为他是一个共产主义者。美国专横的势力和影响遍及西半球，在那个时期犹如一棵棘刺蔓生在许多拉美国家内部，而向往革命的声音经常在大学响起。

圣卡洛斯大学反美的风气是如此强烈，以至于大学做出的决定实际上违背了自己的利益。例如，大学拒绝了来自美国凯洛格基金会（Kellogg Foundation）的一份价值300万美元的牙医学实验设备的捐赠。具有讽刺意味的是，哥斯达黎加医学院院长罗德里戈·古铁雷斯博士（自称是马克思主义者并是各种选举中的马克思主义政党的主席候选人）选择接受凯洛格基金会的捐赠。在另一个案例中，圣卡洛斯大学拒绝了拉丁美洲费迪南德·瑞斯人口统计中心在危地马拉援建中美洲人口研究分中心。后来，这个地区人口研究分中心建立在哥斯达黎加，随后发展成为拉美地区最好的人口统计研究中心，为中美洲培养了大量的人口统计学家。

圣卡洛斯大学反对家庭计划的消极影响直到如今仍在延续。首先，大学当局禁止有关人类生殖领域的研究，阻止霍华德·塔特姆博士对宫内节育器的研究，后来拒绝有关避孕针剂和奎纳克林（用于阻塞输卵管）的研究。其次，大学不准许培训家庭计划、避孕和其他有关人类生殖方面的医学学生。当即将毕业或者新近毕业的医学学生被派往乡村地区实习时，他们甚至没有受到最基本的避孕方面的培训。类似的，由天主教徒管理的国家护士学校也拒绝对学生进行这种类型的培训。因此，从这些项目毕业的医生和护士没有具备实施家庭计划服务应有的知识和技能。此外，他们对家庭计划采取的消极态度，使得政府部门里对家庭计划的软弱派和不支持派结合起来，进一步遏制了公共部门的家庭计划。即使大学开始允许医学院的学生接受来自约翰霍普金斯项目与家庭福利协会在 1992～1994 年合作的有关生殖健康的国际教育培训课程，家庭计划在职培训的缺乏仍影响着整个卫生系统。

### 国家的种族结构

超过一半的危地马拉人是玛雅印第安人，并由 23 个不同的方言部落组成。尽管作为一个多数族群，土著人忍受着讲西班牙语的拉美裔人对其几十年的社会和经济压迫（自从被征服以后，白人和混血人掌控着国家经济资源）。绝大多数玛雅人生活在贫困的乡村地区，经受着孕产妇和婴幼儿的高死亡率，接受着较低的文化教育。另外，他们独特的世界观（玛雅宇宙观），有计划地控制生育的一些方面相冲突。在政治权利、教育水平以及对媒体和西方观念的接受方面拉美裔人和玛雅人有着显著不同，在避孕使用和理解上，讲西班牙语的拉美和玛雅人的文化价值观存在巨大的差异（2002年，52.8% 的西班牙语拉美已婚妇女使用避孕药具，而玛雅人只有23.8%）。然而，在 20 世纪 60 年代这并非一个主要的问题。作为早期的项目，设法提高生活在城市地区的低收入拉美裔人的家庭计划需求和服务才是首先需要关注的问题。然而，与此同时，这个主导国家社会经济和文化价值的群体并没有帮助国家推介家庭计划。

### 国内冲突

20 世纪 60 年代，国内武装冲突开始，随后 70 年代发展成国内战争，到 80 年代到达顶峰，一直持续到 1996 年签订和平协议。冲突首先在东部高原地区出现，危地马拉军队在当地反复地攻打游击队。此后不久，冲突转移至西北山地地区，深入土著居民生活的大部分地区。20 世纪 80 年代内战期间，正如许多"消失"的人一样，任何企图获得各种领导地位的玛雅人面临着巨大风险，而其他人则设法逃离了这个国家。在暴力和混乱的局面中，政府和非政府组织已经无法为农村居民提供卫生服务，也几乎不可能找到其它工作。许多地区的社会服务基础设施几乎不存在了。尽管在 20 世纪 80 ~ 90 年代这个形势对家庭计划服务扩展到乡村地区有着巨大影响，但由于项目目标人群主要是在城市地区，因而并没有对早期家庭计划产生重要影响。

## 经验教训

由于处在不同的社会文化背景和家庭计划的不同历史时点，危地马拉家庭计划实践中获得的经验教训可能对其他国家的家庭计划项目的价值很有限。尽管如此，危地马拉的实践对那些政府支持力度很小且社会文化条件不适宜的国家推进家庭计划有一定的借鉴意义。

危地马拉的实践显示了在一个天主教会和政府联合反对家庭计划的国家推行家庭计划是何等的困难。促进家庭计划推进的几个策略最后证明都是有问题的，包括：让国际计划生育联合会的会员组织管理卫生部的项目，对医生提供计生服务进行经济激励。来自顶级大学的强烈反对有很大的负面影响，包括阻碍避孕药具的研究、培训卫生工作者和提供避孕服务。危地马拉人数众多的土著人口和最初动荡的国内形势，特别是 20 世纪 80 ~ 90 年代的国内形势，是阻碍家庭计划推进的其他因素。

尽管面临这些阻碍，以下几个因素也使得家庭计划在最初时期得以开展：第一，家庭福利协会很快成长为一个充满活力的组织，并填补了卫生部所留下的空白，不仅创建了并在后来扩展了自己的诊所，帮助危地马拉社会安全协会建立了一个诊所，多年来与其他发展伙伴一起合作增加人们接受避孕的机会；第二，即使社会精英阶层反对家庭计划，但人们对避孕的需求非常强烈，并积极响应提供的服务；第三，尽管收效甚微，但美国国际开发署从没有动摇其对家庭计划的资金和技术资助；第四，媒体的关键人物使人口和家庭计划的主题处于公众的视野之内，并且不时挑战天主教会的立场。

至于事后认识到应采取的不同做法可能是，更多地致力于理解社会政治背景和设计与执行更适合当地需要的项目。非政府组织、国会议员、家庭计划拥护者、妇女团体、国际机构以及其他组织也应该给卫生部施加更大的压力，让其担负起家庭计划的领导职责，而不是由家庭福利协会代行这个职责。当然，卫生部应该在部门内更广泛地宣传建立家庭计划的法律协议，这可能有利于避免因给家庭计划服务提供者以经济激励而导致对该项目产生敌对情绪。

对那些在不利条件下引入家庭计划而挣扎奋斗的国家而言，以下建议可能是中肯的：

- 研究和理解与家庭计划相关的社会文化背景；
- 拥有稳固的获得可靠资金和技术资助的资源；
- 整合家庭计划和其他卫生服务，例如妇科癌症筛查、性行为、青春期以及不孕不育，这些都有助于提高项目的可接受性和服务实施的效率；
- 鼓励卫生部接受提供优质家庭计划服务的应有职责，并与其他政府部门合作，如与教育部、劳动部、经济部和财政部联手实施服务；
- 改进机构之间在家庭计划上的合作以避免重复，提高项目的有效性；
- 确保对职前和在职的人士实施避孕服务的培训以改进家庭计划服务的质量；
- 监督受过培训者的工作表现，以确保他们能够确实提供优质服务；
- 建立一个包括定量和定性方法、过程指标以及影响评估的连续监督和评估项目。

## 结　论

家庭计划先驱者在 20 世纪 60 年代所面临的困难，为日后进一步发展所遇到的障碍埋下了伏笔。家庭福利协会通过提供避孕服务、倡导、培训、宣传、教育以及研究，弥补了卫生部在家庭计划服务工作上的领导缺失。然而政治上支持的不足、天主教会持续不断的攻击、周期性的国内政局动荡都影响了家庭福利协会相关工作的开展，结果使得危地马拉的避孕普及仍处于较低水平。

## 参考文献

[ 1 ] APROFAM (Asociación Pro Bienestar de la Familia). 1971. *Informe Annual de APROFAM*. Guatemala City：APROFAM.

[ 2 ] Arias de Blois, Jorge. 1978. *Demografía Guatemalteca 1960 – 1976：una bibliografía anotada*. Guatemala City：Universidad del Valle.

[ 3 ] Burski, Cynthia. 1977. *Family Planning in Guatemala*. Consultant report. Guatemala City.

[ 4 ] Collado, Rolando. 1968. *La Familia en Guatemala*. Guatemala City：University of San Carlos.

[ 5 ] Galich, López Luis. 1971. "Informe de Actividades de APROFAM." Paper presented at the First National Conference on the Family, Infancy, and Youth, Council for Social Well – Being, Guatemala City, April.

[ 6 ] MacCorquodale, Donald. 2002. "How Family Planning Came to Guatemala." Unpublished document, Guatemala City.

[ 7 ] McLaughlin, Loretta. 1982. *The Pill, John Rock, and the Church：The Biography of a Revolution*. Boston：Little Brown and Company.

[ 8 ] Morales, Annette de Fortin Zoila. 1970. "Salud Materno Infantíl en Guatemala." Graduating thesis, University of San Carlos, Guatemala City.

[ 9 ] Osorio – Paz, Saul, and Bernardo Lemus – Mendoza. 1968. *Seminario sobre La Población y el Desarrollo Económico*. Guatemala City：University of San Carlos, Faculty of Economic Sciences.

[ 10 ] Pineda, Maria Antonieta. 1977. *Juntas Directivas de APROFAM*. Guatemala City：Asociación Pro Bienestar de la Familia.

[ 11 ] Population Reference Bureau. 2006. *World Population Data Sheet*. Washington, DC：Population Reference Bureau.

[ 12 ] Santiso – Gálvez, Roberto, and Jane Bertrand. 2004. "The Delayed Contraceptive Revolution in Guatemala." *Human Organization* 63（1）：57 – 67.

（王宏　译　郑真真　吴艳文　校）

# 第十章
## 牙买加的家庭计划和世界银行项目的开展

■ 提姆西·金

　　和其他国家一样，牙买加倡导家庭计划项目的先驱是那些致力于提高贫困妇女同胞福祉的人们，他们也可能意识到人口迅速增加的社会危害。然而，当最终人口控制成为国家政策的时候，项目的初衷和国家为之付出的努力并不协调，这一点可以从牙买加的家庭计划项目主要事件看出来（见专栏 10.1 牙买加主要事件时间表）。与此相关的问题是，家庭计划工作是否应该独立开展，也就是说，应当安排专人负责这项工作，还是应该将其纳入公共卫生服务里。这些问题并不是牙买加所独有的，但牙买加的独特性在于，它是世界银行贷款家庭计划项目的首个国家。家庭计划项目的公共支出和几乎所有银行投资的基础设施很不同，而当时对于家庭计划项目贷款的设计和评估没有违背银行放贷的原则，需要银行高层一系列决策。这些决策在很多年的时间里影响着世界银行的人口专项贷款，也让其遭受很多来自银行外部的质疑（例如在本书第三章讨论的伊朗项目）。为此，本章将聚焦于世界银行的贷款过程。

## 专栏 10.1　牙买加家庭计划项目演进过程中主要事件时间表

| 年份 | 与家庭计划有关的主要事件 |
|---|---|
| 1939 | 牙买加生育控制社团成立。 |
| 1950 | 蓝沃兹和贝丝·雅各布在圣安教堂开始家庭计划工作。 |
| 1954 | 雅各布家族在圣安成立了一个诊所。 |
| 1956 | 牙买加家庭计划协会成立。 |
| 1962 | 牙买加家庭计划协会接管牙买加家庭计划社团的资产。 |
| 1963 | 五年独立计划注意到人口增长对经济的负效应。 |
| 1966 | 家庭计划部门在卫生部成立。 |
| 1967 | 国家家庭计划委员会成立。 |
| 1968 年 1 月 | 蓝沃兹·雅各布成为国家家庭计划委员会的执行主席。 |
| 1968 年 4 月 | 罗伯特·麦克纳马拉成为世界银行的总裁。 |
| 1968 年 11 月 | 牙买加要求世界银行对家庭计划运动进行贷款。 |
| 1969 年 1 月 | 世界银行派出人口项目观察组。 |
| 1969 年 12 月 | 世界银行派出人口项目评估组。 |
| 1970 年 6 月 | 世界银行执行董事会批准了人口项目的贷款。 |
| 1970 年 8 月 | 国家家庭计划委员会被赋予法律地位。 |
| 1974 年 4 月 | 家庭计划整合到健康服务中。 |
| 1977 年 3 月 | 世界银行贷款结束。 |

## 私人努力

对于一个多山且人口稠密的小岛而言，人口增长的压力很早就引起了知识界的关注，这可以追溯到那个依赖蔗糖和香蕉出口的 20 世纪 30 年代。按照当时的世界水平，人口出生率很并不算高，从 1921 年的 37‰ 下降到 1936～1940 年的 32.1‰（Zachariah，1973）。然而人口死亡率下降得更快，出生预期寿命从 1920 年的 35 岁提高到 1940 年的 48 岁（这些数据引自 Riley，2005，他在文章中讨论了不同的估计结果）。

让人奇怪的是，促使家庭计划项目开展的初衷竟然源于人们对养老金的关注（Jacobs，日期不详）。两个牙买加妇女到伦敦莫顿牙买加公司寻求帮助，被告知只有牙买加采取控制人口的措施，他们才会考虑施以援助。作为回应，她们于 1939 年成立了家庭计划联盟，且得到了当地不同部门的领导支持，包括未来的首席部长诺曼·曼利；她们还在金斯敦开办了诊所提供咨询和其他服务。

曼利新近建立的人民民族党，提出控制人口的主张（Rosen，1973），几年后由亚历山大·布斯塔曼特建立的反对党牙买加工党，宣称该主张意在减少黑人人口。随后牙买加工党又放弃了这项指责。实际上 20 年后该党组建的政府首次发展了国家财政拨款的家庭计划项目。然而，在 18 年民主自治的过程中，总理职位由亚历山大·布斯塔曼特过渡到曼利，随后又根据选举结果返回到亚历山大·布斯塔曼特。但两个政党均未开展家庭计划。将家庭计划项目视为种族谋杀的观点根深蒂固，并且在 20 世纪 70 年代的黑人权利运动中被炒得沸沸扬扬。

政府委员会于 1941 年所做的一份失业问题研究报告中也提到家庭计划服务和教育应该为多数人享有（Rosen，1973），但是并没有采取任何措施，即使是牙买加家庭计划联盟也没有对生育率的变化起过任何明显的作用（20 世纪 40 年代的诊所平均每个月只有 15 个家庭接受家庭计划服务）。[①] 出生率在第二次世界大战后迅猛增至 1960 年的 42.4‰（Zachariah，1973），同期的死亡率下降到 8.9‰。70 年代早期，由于很多人移民去了英国，导致

---

① 这些数字来自未公开出版的世界银行报告。本章使用的统计数字也大多来自世界银行未公开出版的报告。这些报告借鉴了当地主要是政府部门的资料，我通常没有特别指出该报告来源于某条特定信息或最初来源。

牙买加的人口自然增长率（出生率减去死亡率）从高于 3% 到下降至不到 1%。尽管 1960 年以后粗出生率下降，70 年代的人口普查结果表明：这只是人们选择性移民以及年龄结构变化的结果，并非源于生育率的下降。

1950 年，蓝沃兹·雅各布医生和夫人贝丝在牙买加北岸的圣安教区启动了一个项目：向公共诊所提供避孕用品，并于 1954 年在当地建立了一个诊所。他们从多个渠道提高对该项目的财政支持，包括很多小型美国基金。1956 年，这个项目发展成为牙买加家庭计划协会（JFPA），后来成为刚刚建立的国际计划生育联合会的成员。1962 年，牙买加家庭计划协会承接了牙买加家庭计划联盟的资产。1964 年，美国国际开发署提供给牙买加家庭计划协会两套车载设备，也即美国国际开发署的第一批捐赠物资。① 直到 1982 年雅各布博士去世之前，雅各布（Jacobs）夫妇在牙买加家庭计划自愿运动中一直担任主导地位。

## 政府计划和项目

雅各布夫妇和两个政党的首领都很熟络，努力游说他们开展积极的政府项目。1960 年人口普查时，天主教徒大约仅占总人口的 7%（Ebanks、Jacobs & Goldson，1971），但他们和其他人一起一直反对雅各布（Jacobs）组织的项目，政治家一直保持沉默。然而在 20 世纪 70 年代初期，生育率和家庭计划的调查结果显示，社会经济地位较低的女性所期望的子女数远低于现有子女数；而且大多数牙买加妇女虽然对家庭计划了解甚少，却支持这种想法。这些结果无疑推动了对家庭计划项目的政治态度转变（Ebanks、Jacobs & Goldson，1971；Stycos，1964）。1962 年英国通过联邦移民法后，通过向外移民缓解劳动力增长问题的可能性更小了，人们对人口增长的长期

---

① 雅各布（日期不详）说这是美国国际开发署的第一笔捐赠，但是并不清楚这属于流动设备中的第一批，还是对家庭计划活动的第一批捐赠。

担忧有所增强。以出口和铝土矿、旅游业为主的产业只能提供有限的就业岗位。整个60年代国家的失业率为15%～20%，已经被视为一个重要的社会和政治问题了。在金斯敦尤为明显，表现为人口稠密且为小规模农业生产的贫困地区外迁的人更多，特别是在青年人中，情况更糟糕：1960年的普查显示，14～19岁人口有40%失业，20～24岁人口也有30%处于失业状态。犯罪频发，与高失业率密切相关。

随着1962年全面独立，牙买加工党制订了1963～1968年的5年独立计划，其中一项为：政府意识到人口快速增长给社会和个人带来的不利影响，计划改善家庭计划的服务信息，提高服务的可得性（Williams，1969）。这是一个信号，意味着关于家庭计划的政治纷争已逐渐平息，并不表示对家庭计划的警惕性已经消失。政府拒绝参加1964年6月西印度群岛大学的全国人口论坛（Rosen，1973）。直到1972年，总理仍要求牙买加工党的财政部长爱德华·希捷，不参加由牙买加家庭计划委员会在该大学组织的会议开幕式，担心此举会冒犯天主教会。迈克尔·曼利作为在野党的领袖，也取消了原本同意的在大会闭幕式上的发言（Jacobs，日期不详）。

岛上最大的妇产科医院维多利亚朱比利医院（VJH），每年接生全岛20%～25%的新生儿，从1964年4月开始在人口理事会的资助下，开展产后宫内节育器项目的试点。该项目的成功促使3个月以后卫生部在公告中宣布，将在14个公立医院成立家庭计划中心。宫内节育器是最早提供的唯一避孕方法。公告强调了项目的自愿性。由于缺乏医生和培训员，家庭计划项目进展比较缓慢，在项目执行的前15个月里只实施了6000例上环（Williams，1969）。关于某些妇女使用宫内节育器后产生流血或腹痛副作用的报告使得宫内节育器的普及变得困难，甚至有传言说使用宫内节育器会致癌。

1965年天主教会在牙买加首都金斯敦开办诊所教授安全期避孕法的时候，公众支持进一步推动了家庭计划发展（Ebanks、Jacobs & Goldson，1971）。这对教会来说是一个变革的时代，许多民众期待教会改变对避孕的立场。1966 年，卫生部成立了家庭计划小组来"协调家庭计划工作，指导这一重大项目的方向"（Williams，1969，p. 140）。1967 年 9 月，半自治的国家家庭计划委员会（NFPB）取代了家庭计划小组，该董事会由来自专业人士和商业领袖的 9 名成员组成，他们每两三个月会面一次，制定政策和批准预算。委员会成员由卫生部部长任命，部长对此负全责。委员会成立了自己的行政机构，拥有 60 多个行政人员。1968 年 1 月，蓝沃兹·雅各布卸任牙买加家庭计划协会的主席，转而成为国家家庭计划委员会的首位执行主任。6 月，国家家庭计划委员会启动了一个三年项目，号召开展宣传活动，将提供家庭计划服务的诊所增加 50%，向所有妇女免费提供宫颈涂片检查，并培训必要的工作人员。委员会宣布 1975 年之前将出生率降到 25‰的目标。1970 年 8 月，尽管国家家庭计划委员会和卫生部的隶属关系没有明显改变，但它已成为一个法定组织。

卫生部提供家庭计划服务的诊所数量成倍增长，从 1966 年的 25 个提高到 1 年后的 50 个，1969 年有 94 个，1970 年发展到 137 个。比较有特色的是，尽管金斯敦有 4 个全天候的诊所，健康中心还是会每个月安排 1～4 个半日制服务。一个诊所团队包括一名医生、一个经过培训的护士、一个助产士和一名记录员。医生和护士由卫生部雇用，助产士和记录员由教区理事会雇用。服务提供的避孕方法包括避孕套、避孕药、宫内节育器、避孕膜和其他阴道用的方法。这些避孕药具均为免费提供，只对避孕药收取象征性的每盒 0.12 美元费用，但如果服务对象付不起也不一定收。维多利亚医院提供女性绝育手术。那时候在牙买加流产还是违法的，除非是为了保护母亲的生命安全。项目的焦点集中于女性，在 70% 的新生儿为婚外生育的社会，这是个符合国情的战略。在 20 世纪 50 年代的生育率抽样调查中，育龄妇女仅有 20% 为已婚，44% 为事实婚姻，其他为"临时关系"。至 1969 年 8 月，超过 60% 的服务对象选择了避孕药，14% 选择了上环。到 1970 年 8 月，47000 名妇女成为项目的服务对象，几乎占 15～44 岁女性的 12%（Ebanks、Jacobs & Goldson，1971）。

因为国家家庭计划委员会要对卫生部负责，雅各布转向国家家庭计划委员会任职曾被期望能加强卫生部和家庭计划协会之间的合作。尤其是贝丝·雅各布成为牙买加家庭计划协会的主席。然而卫生部和牙买加家庭计划协会的竞争很快表面化。尽管家庭计划项目依赖于健康服务的实体设备，但它却是独立预算，在卫生部有怨言说牙买加家庭计划协会对国家家庭计划委员会施加影响太多。牙买加家庭计划协会也知悉卫生部官员曾经尝试劝阻潜在海外资助机构不要给牙买加家庭计划协会直接支持（Jacobs，日期不详）。

1966 年，牙买加家庭计划协会在圣安组织了各为倡导员的项目，由那些在当地有较好声誉的避孕使用者来倡导采用家庭计划方法，并提供这些服务可得性的信息。国家家庭计划委员会委托牙买加家庭计划协会，招募、培训、部署和监督管理 120 个在教区工作的倡导员，并支付每周 30 美金的报酬。从卫生部公共健康专业人士的视角而言，这些倡导员看起来资质较差。他们的活动和诊所的合作很差，而且诊所只占项目服务对象的很小一部分①。1969 年，卫生部收回了鼓励采访者项目的财政支持并将其搁置。牙买加家庭计划协会也和国家家庭计划委员会达成约定，除了已有的两个，不会再增加诊所的数量。

许多国外组织支持国家家庭计划委员会和牙买加家庭计划协会的活动，也帮助西印度大学进行人口研究。美国国际开发署提供了避孕药具、相关设备和各种咨询服务。福特基金会对记录、评价和培训研究等工作也提供了支持。人口理事会对产后项目提供了宫内节育器和支持。除此之外，开拓者基金会、国际计划生育联合会、洛克菲勒基金、泛美航空健康组织、联合国人口基金、教会世界服务社等也都参与了帮助和支持。然而最大的外资来源确实非同寻常，它并不是捐赠，而是世界银行对牙买加政府的 200 万美元的

---

① 数据显示，1969 年仅有 16% 的服务对象、1970 年仅有 4% 的服务对象称自己是听了倡导员的介绍去寻求服务的，如此低的数字说明这个项目可能已经中断。

贷款。

## 世界银行和人口

世界银行的执行董事会于 1970 年 6 月 16 日批准了第一笔世界银行向人口项目的贷款。贷款内容在很大程度上受制于在这个完全不同于其他贷款的领域中，要尽量遵循银行的正常贷款步骤的努力。为了理解这一点，我们需要了解银行的历史、程序和基本原理，以及为什么银行决定涉足一个并不太合适的领域。事实上，这一被批准的项目在 30 个月之前是难以想象的。

1967 年 12 月，林登·约翰逊总统（Lyndon Johnson）令人吃惊地任命国防部部长罗伯特·麦克纳马拉（Robert McNamara）为世界银行行长，并由世界银行执行董事会通过。通常世行行长由联合国和欧洲国际货币基金组织常务董事任命。麦克纳马拉于 2 月份离开了五角大楼，4 月份去世行报到。银行以经济专家出名，财政部长和中央银行理事也都是从事过经济发展研究，他们每年和国际货币基金组织共同列席银行会议。然而，对欧洲和北美而言，很少有人会想到世界银行将会由这样一个全球最著名的人来领导。

国际货币基金组织和世界银行于 1944 年 7 月在新罕布什尔（New Hampshire）的布雷顿森林（Bretton Woods）的国际大会上成立，旨在设计必要的规则和制度，以保证战后国际经济能比战前更为成功地运行。很显然，为满足战后经济重建以及长期发展的需要而投资的基金数额巨大，那些最迫切需要贷款的政府至少在合理条件下并不具备资格接受信用贷款。世界银行（原为国际复兴开发银行，IBRD）的作用是在投资者（美国当时是且一直是最大的投资者）许可下的资本市场借贷，并把收益重新贷给资本市场还信誉不足的国家。银行进行的详细缜密的审查包括救济对象使用该贷款后的经济展望和预期，以确保这笔资金能够促进经济重建和长期发展，这样他们才会进行贷款资助。贷款通常由公共部门实体申请，至少要取得政府担保（1956年，银行建立了附属机构国际金融公司，对不用政府担保的私人部门进行贷款）。

银行于1946年正式开业，最初的四笔业务是面向欧洲的重建项目，持续到20世纪50年代，该项目随后被认为与银行的组织协定相违背。因为协定最初是要对投资项目进行外汇资助，本币融资仅仅是"在超常情况下"。随后银行开始只向发展中国家的工程项目提供贷款，主要是公共事业的基础设施，较少涉足工业和农业。一旦投资工程结束，贷款也随之终结；国家也要为项目的运作提供财政支持（除非该项目不能产生足够多的税收）；因此银行没有负担周期性的运营费用。银行发展了内部专家评议和网络咨询，以帮助政府分析在各个项目的支出优先顺序上引起的利益权衡、取舍和设计。为贷款国提供可选择的方案是银行最有用的特点之一，但是银行仅仅保留很少的专家在华盛顿总部，支付相当丰厚的报酬，而且需要大量的国际旅行。那时每个项目贷款之前在银行内部都会从几个方面进行评估考量，也会在华盛顿总部进行最终贷款合同的商议，经过银行执行董事会的讨论才会最终获批。这一流程意味着每个项目的成本无疑会很高。银行不得不以借款和放款利率的合理差价来计算成本：直到1964年，贷款都比国际复兴开发银行（IBRD）的借款费用要高出1.25个百分点，可以在未来15~25年偿还，还有一个3~5年的宽限期。随后决定贷款利率的方法降低了利息差。这也意味着银行所能放贷的数额也降到了最低额。对牙买加人口项目200万美元的贷款在那个时候接近于理想的最低值。

银行发放小额贷款的另一个理由是被银行职员讨论中称为"杠杆效率"的一种期望。这个词在现今看来可能认为不合时宜，而且本章作者也在1969年进入世界银行时也觉得有点不可思议，但是这种作用并未弱化（参见关于影响的讨论，Mason、Asher，1973，pp. 420－456）。与贷款对象可能会提供或希望达成的建议相比，银行在部门分析中更看重政策建议这一部分，该部分在贷款完成之前的某一阶段会转变成为条款。在借款方被邀约谈判之前，在项目被送到银行董事会批准之前（直到现在每个项目都会被正式提交到董事会议上），在一个签约贷款的有效支付启动之前，甚至项目特定部分的支付之前都可能会有这样的条款。正式的贷款协议会附有很多单边保证函，大多是表示同意对关键制度的重组以及政府同意提供项目需要的当地财政支出。条款附加于贷款合同上意味着对批准项目的监管而不仅仅是对过程的监督：这涉及对贷款协议上某些后来证明行之无效或对项目收益引起无理拖延的条款进行周期性的重新商议。银行认为项目的最小额贷款对自己在限制条款方面是必需的，以保证借款人的利益，但是也需要借款人在政治上可能会有艰难的行动。①

世界银行需要清楚，未来经济发展能够利用其贷款，因而需要有能力深入分析这种前景，并分析不同政策的可能影响。银行经常与资深官员讨论国家报告，许多人确实发现这些讨论是有益的。直到 1980 年贷款项目恢复以后，银行贷款这一最初作为解决国际债务危机的措施，一般也不包括总方针，但是贷款项目的规模可能受到银行经济战略和管理的影响。银行在决定贷款项目规模时有可能考虑到一个国家的人口政策，这成为银行涉足人口领域时的积极因素。

除了工作人员之外，银行还有一组经济学家。他们对运作任务提供支持，但是因为银行对经济发展理论知识也极为需要，所以经济学家也承担了多方面的研究工作，尽管直到 20 世纪 70 年代早期才有系统研究的项目。值得注意的是，当银行很多研究活动越来越与贷款项目、国家分析相关，尽管人口政策在 1968 年才开始引起银行正式的兴趣，但银行在 20 世纪 50 年代中期对印度人口预测的开创性研究提供了许多财政支持和研究援助（Coale、Hoover，1958）。

----

① 发挥杠杆作用并不是需要世界银行的工作人员比当地官员和公务员有更多的智慧，而是很多情况下很多部长或部门不愿意执行必要的而且在政治上不受欢迎的措施（尤其是对财政部）。银行可能会增加让他们采取正确行为的压力。

20 世纪 50 年代末，最穷国家尤其是南亚国家对附加债务的偿还能力越来越有限。1960 年，国际开发协会（IDA）因为世界银行富裕成员方的 3 年一资助而重新焕发生机，它们进行仅需支付 0.75% 服务费的软贷款，50 年的偿还期还有 10 年的宽限期（贷款期限随后被缩短，根据该国的收入水平而定）。国际复兴开发银行和国际开发协会的成员资格差不多是同等的，在员工之间也没有差别，仅仅在出借条款方面两个机构有所不同。[①] 贴现应用于项目经济收益的流动，对两种类型的项目没有不同，都通常用市场价格或国际价格计算。国际开发协会的资源紧缺稀少，因此只对相对贫穷的世行成员方提供。

通常是国家的经济形势而不是项目的性质决定了国家接受国际开发协会贷款的可能性。牙买加从没有资格获取国际开发协会的贷款。当牙买加获得人口项目贷款的时候，在拉美国家和加勒比海地区来说，牙买加是人均收入最高的国家，也从来没有可能性从其他渠道获得，只能通过正常国际复兴开发银行条款的规定取得。这种对放款项目的规定被银行外面的人员广泛误解，错位的批评最终指向银行，尤其是来自美国国际开发署人口项目主管雷·雷文霍尔特对人口项目贷款中某些条款的批评。

20 世纪 60 年代初期，农业贷款项目急剧扩大。1962 年，世界银行开始了教育项目的第一笔贷款，这是它在社会部门的首次项目，但是很快强烈意识到人力资本的增长对经济快速发展的至关必要性，这意味着有一点背离前期的贷款政策，而开始表现为：对教育贷款的理由频频指向那些有明显进行劳动力培训需要的国家。教育贷款项目集中于职业技术教育、培训和一般的中等教育。实际的项目组成部分通常包括建筑，这是银行已经固定下来的运行程序。

---

① 正式来讲，这是两个独立的法律实体，都是世界银行集团的一部分。除非另有说明或明显的背景下，世界银行这个词通常指代世界银行集团，而不用国际复兴开发银行表示。

银行决定对家庭计划项目进行资助，仅由于麦克纳马拉使银行确信全球人口问题的严重性。麦克纳马拉在世界银行工作的最初 42 个月里进行了八次重要的演讲。其中四次在理事会的年会上，一次在布宜诺斯艾利斯向美洲新闻协会演讲，一次向纽约债券俱乐部，另外两次演讲是在学术场合（McNamara，1981）。在他作为世行行长的首次演讲中，他宣布银行将为家庭计划项目贷款。除了在债券俱乐部的演讲以外，人口问题都是其他所有演讲的重要部分；事实上这也是他于 1969 年在诺特丹大学演讲的唯一主题。针对债券俱乐部的演讲本意是使银行债权人消除疑虑加倍贷款，他强调银行不只是一个财政部门，也是一个开发机构，不会做任何降低银行良好信誉的事情。尽管没有聚焦于人口问题，麦克纳马拉还是提出了"家庭计划领域的贷款可能有最高的经济回报"（McNamara，1981，p. 64）。直至 1971 年，尽管对此类信息最有同感的银行官员会对人口问题认真关注，但麦克纳马拉的言论已经显得是反复的老调重弹。

银行内外的许多人都同意麦克纳马拉对人口增长问题的密切关注。事实上，在可以称为"自由主义发展团体"中对于人口问题已经达成了共识，麦克纳马拉不久就会成为其中公认的杰出一员。猜测麦克纳马拉受哪种来源的影响最深，毫无意义也毫不相干，但显然这些影响来自银行外部。外部权威之一是与肯尼迪家族关系密切的芭芭拉·华德，另一个是哈佛的霍利斯·钱纳里，由麦克纳马拉 1970 年带到银行建立一个他所信任的政策团队。麦克纳马拉知识面很广，而且他和福特基金会相互交流，后者在家庭计划领域里变得积极起来。也有一些人视野未必能这么宽广：美国的国防部门中的部分人只关注饥饿的影响，失业人员对政府稳定性以及世界和平的潜在影响，担心因此损害美国的安全和繁荣。麦克纳马拉曾经在 1966 年 5 月在蒙特利尔的演讲中提到安全和发展的关系："在现代社会，安全意味着发展……没有发展就不可能有安全。一个发展中的国家如果不能发展就不可能维持安全。"（Shapley，1993，p. 381）

在世界银行的历史上，凯普尔、路易斯和韦伯（Kapur，Lewis，Webb，

1997）认为麦克纳马拉关注人口问题是在银行日益关注并将消除贫困问题作为明确的发展目标的大背景下，这个发展目标不同于总体经济增长问题，也不是与之完全互补的关系。他们描述 1959～1960 年为"覆盖穷人"以及麦克纳马拉任行长的早期为"贫困升级"。在他们的分析研究中，麦克纳马拉把关注人口问题作为关注贫困和不平等的第一步，至少遏制住对越来越多美国问题的关注趋势。凯普尔、路易斯和韦伯（Kapur，Lewis，Webb，1997）认为一旦银行在 20 世纪 70 年代后开始聚焦小农问题和消除贫困的议题，强调人口控制的声音就很快减弱。尽管这对银行作为一个机构来说可能明显是对的，但对麦克纳马拉个人则不然，人口仍是他下一次在学术场合演讲的主题，他在 1977 年 4 月在麻省理工学院的演讲，不是以贫困问题开始的，而是关注全球人口的快速增长。

当然麦克纳马拉终归是一个不怕困难的人：如果有问题，就一定能找到解决问题的方法。如果是发展问题，世界银行又是发展机构，理所应当就该帮助解决问题。其中可以做的一件事情就包括对经济报告进行分析以辨明人口增长已经阻碍了其他目标的实现，并激励政府采取控制人口增长的政策。这可能会招致怀疑，认为银行可能会把人口政策作为国家信贷可靠性评估的一部分，或是提供贷款的条件。银行也开始不停地否认这一关联的存在。这一观点如何产生已经无迹可查，尽管作者曾经被告知可能来源于麦克纳马拉曾经在高级职员会议上的评论。无论如何，在 1969 年的年会上，许多拉美国家和菲律宾发表了一份声明，说明根据他们的理解，世界银行不会将特定的家庭计划项目作为贷款的条件，因为任何此类关联都是不可接受的。这份声明再次在批准某个人口项目的董事会议上宣读。然而谣言从未停息：在 20 世纪 70 年代中期，一个新闻工作者曾为寻求答案努力了很久，也问过本章作者，世界银行政策中人口政策和放贷之间是否存在联系。

当然，银行也会直接贷款给家庭计划项目以支持限制生育的政策。于是问题出现了，如果行长关注全球性的问题和发展问题，全球人口增长集中的地方是南亚和印度尼西亚，为什么第一笔贷款却给了小小的加勒比地区。人们可能期望的答案是："这是一个新议题，我们有我们的考虑。我们从小国家做起，通过一个既定的项目可以学习以后怎么做。"或许银行也可能意向试探了几个可能借款的国家，牙买加将可能是唯一积极回应的国家。可惜这不是事实。

## 牙买加人口项目

1968 年 5 月，世界银行经济使团访问了牙买加。除了一个来自联合国粮食农业组织的专家是和银行有合作项目之外，其他 6 个成员都来自银行职员。尽管缺乏人口问题的专家，使团的报告无疑特别选择了银行新行长感兴趣的内容，在人口控制方面的报告篇幅与关键生产部门相似，如农业、采矿业和旅游业，明显多于对工业的重视。似乎是使团成员最初提出家庭计划项目的可能性。

9 月 30 日，麦克纳马拉在他的首次年会上作了演讲，宣称银行将寻求机会对家庭计划项目提供设备方面的财政支持。牙买加财政部长爱德华·希捷立刻注意到这种可能性，其时他和部里的其他官员正在参加会议。11 月，财政部正式要求指派专家帮助准备项目报告。银行的工作人员经常因劝说不情愿的政府申请项目贷款而遭到批评，这既有利于个人事业，从利他角度也有利于银行的运行，所以应当强调，在这件事上一直是财政部完全自愿希望获得世界银行的人口项目。

银行感到自身需要在很多细节上重新审视这一项目而且同意了至少三年的计划方案。他们询问了人口理事会和其他相关专家。最终，一名在中国台湾有丰富经验的顾问山姆·基尼领导了一个使团，其中包括 K. 卡纳哥特纳姆，一位成功负责过新加坡家庭计划项目的医生；泛美健康组织提供了一个顾问；两名银行职员。政府高兴地接待了这个使团，但（口头）要求不要宣扬。银行也认为这样最合适，因为虽然行长公开表示要为家庭计划项目贷款，但银行职员中无人清楚这是什么样的项目。

在关于一个可能项目的任何讨论之前，银行首先要考虑的一个重要问题是它为什么要放贷给这个项目？银行建立的目的是对资金投资项目的国外部分筹措资金，并在必要情况下对国外专家支付报酬。一个家庭计划项目主要的公共支出是工资、奖金和避孕药具的配给。然而牙买加一直面临的问题是医生和护士移居国外，却从未有建议提出项目本身需要国外医务人员。外部资助将提供避孕药具或至少是有所补助。此外，项目预算相较于其他贷款的正常数额来说是适度的：评价表明在 1968 财政年度（1968 年 4 月到 1969 年 3 月），国家家庭计划委员会预算为 48 万美元，但使用贷款没有超过 36 万美元。①

世界银行贷款委员会于 1968 年 12 月对这个问题进行了彻底的讨论。贷款委员会是行长下面最终的借贷权威机构，必须在预期贷款被送往董事会前彻底讨论清楚。委员会主席是主管银行常务事务的副行长，包括贷款和借款国家的经济研究，委员会成员也在极大程度上对世界上不同地区的项目负责。一个地区部门（从 1972 年开始为地区的副主管）由项目策划人员支持向董事会（之前是向贷款委员会）提交计划。对于牙买加的项目计划，主角是负责西半球的部门，主张应对家庭计划项目取消对当地贷款或运营成本的常规限制。如果银行只将融资限于设备、车辆和外籍人员的资金成本，即使对一个项目进行超过 3 年 100% 的融资也只需 30 万美元。面对这样小的投资，银行将毫无优势。部门也宣称项目先期的运营成本会对后期有贡献，可以看作是对项目后期的一个投资，并指出公路养护工程方面的先例。然而贷款委员会的成员认为，融资当地运营成本会破坏银行的形象，不利于在金融界的定位。他们还认为银行的有限融资不代表他们可以拒绝所需的帮助，银行没有融资的部分可能会得到其他来源的融资。于是银行和牙买加当局达成共识，此类问题在被审查之前持开放态度，先不讨论融资的可能性范围。

---

① 作为比较，牙买加家庭计划协会的预算为 17.7 万美元。

1 月下旬审查团到了牙买加，并于 3 月将准备好的报告初稿送往牙买加政府。报告赞扬了政府的承诺和保证，并认为接受家庭计划项目的大环境是有利的。然而报告也批评了该项工作缺乏对妇女的服务覆盖和跟踪服务，指出该项目是"以诊所为中心而不是以人为中心"。建议项目的职责应该从国家家庭计划委员会转移到卫生部的家庭计划部门，该举措将监督倡导员，逐步增加倡导员数量并完善培训。国家家庭计划委员会将开展宣传教育活动以提高公众对该项目的认知和支持，设计培训计划，并对拟议的家庭计划部门提供技术建议。国家家庭计划委员会还将继续评估项目的进展和当地的目标，它将设置部门，及时监控服务统计数字以便新问题并找到解决方法，而且还将定期抽样检查。除了这些主要建议，该报告还在附件中提出了大量针对人员能力的评估和培训。

该报告接下来还提出了关于项目设备的若干建议。提出扩展维多利亚医院，该医院是如此拥挤，一半的母亲产后 24 小时内就得让出床位，很多人不得不共享床位。这些产妇产后接受家庭计划的只有 5% ~6%，而其他项目中这一比例会有 30% ~50%。扩展成本估计约为 30 万美元。显然医院分娩有大量需求，报告建议改进孕妇设施，包括在偏远的农村地区建立小的产院，总成本估计为 40 万美元。依据教育贷款的经验，报告估计这笔 70 万美元的贷款会有 30% 来自国外。该报告还建议建立护士培训学校，政府估计约花费 200 万美元。

问题因此被转给贷款委员会。在 3 月把报告提交给贷款委员会以后，西半球部门认为如果银行参与这个项目，当地政府会更有可能令人满意地落实这些建议。为了更大地扩大影响力，银行愿意比通常更高的设施成本来融资，也许达到 90%。贷款委员会主席支持这个对产妇和婴儿健康有利的提议。其他人则认为，除了牙买加，许多贫穷国家也需要家庭计划项目，只是没有资源来资助当地的运营成本。如果银行贷款给家庭计划项目，多多少少会扭曲这些设备在融资上的成本。他们也提出所有的家庭计划支出可以定义为向最终产出的投资，即避孕所——避免的生育，而不是反复考虑该产出。

主席提出了使用银行利润支付当前家庭计划项目费用的可能性①。并且认为他需要行长的建议。

由于麦克纳马拉曾对贷款委员会提出过人口问题，尽管其成员意见不同，他个人仍对人口问题很有兴趣，因此对他提出这个问题，答案也是很显然的。贷款委员会在会议上一提出这个问题，行长就说他准备对牙买加家庭计划项目提供 50 万美元贷款支持健康设施，该项目的总支出大约在 70 万美元。几分钟后接着说："他通常对银行贷款融资到家庭计划项目的经常性投资的愿望表示怀疑，无论如何就牙买加而言，没有理由为这种方法辩护。"随后主席和行长再次谈起了这个议题。显然，这个问题已经是资金和运营成本之间的关系问题，而不再是国外和国内支付的问题。8 月，主席通知地区部门行长准备融资合适项目的 70%，即使国外成本只占很小的比例，也没有必要为某个国家融资当地成本。

这可能是银行涉入人口问题的历史早期过程中最有争议性的决定。多年以后，随着银行开始把扶贫问题作为关注的重要议题，这种强制性也放松了，但也不能认为理所当然，他们必须明确事实。人们很容易猜测行长决定带来的利弊影响。仅仅一个月之后他作了两个重要演讲：一个是在诺特丹大学，集中在人口问题方面；另一个是在纽约债券俱乐部，目的是消除债权人的疑虑，他的贷款项目不会影响银行的良好声誉。然而还需要强调的是，贷款委员会主席是有经验、有判断力而且有素质的，这些使得他成为委员会成员中最受尊敬的人，他向行长提出议题的利弊，无疑是赞同这个结果。

贷款委员会会议首先包括项目评估和评定的定量方法讨论（报告包括一个简要粗略的对减少出生的成本收益估算）。当时，银行从未直接资助过卫生服务，所以项目对受益人健康和心理安慰的贡献被正式忽略了。五

---

① 这个时候，世界银行的利润很高，对如何使用这些利润也没有明确政策。后来几年里，世界银行决定一部分用于投资国际开发协会（IDA）——软贷款基金。在随后银行贷款获得高利润的几年里，它的盈利能力使得可以降低贷款利率。最终，银行的主要大股东决定应该返回到设备融资。

年后，银行在一篇文章中特别提到了董事会对健康直接融资问题的讨论，随后发表（World Bank，1975）。报告指出越来越多的世行援助项目包括了健康问题，尤其是供水、卫生和家庭计划生育方面，也包括对城市和农村贫困地区的健康方面进行援助。文章建议应该对健康效应进行明确分析，在现有的贷款模式下，项目设计应该越来越多地包括对改善低收入人群健康状况的干预和完善。尽管该报告没有排除对健康项目直接贷款，但直到1979年才最终向取消健康项目的直接贷款，那时还是反对引入这样的项目。

　　1968年4月麦克纳马拉初到银行任职时，仅有一名工作人员可称得上是人口专家。那时乔治·C.泽丹刚到经济部门的一个特别机构，在刚完成的哈佛大学博士论文中以埃及为例对家庭计划的成本收益进行了分析。部门的微调产生了一个以霍金斯为首，包括泽丹为创办人的人口研究部门。从此无论是在国际会议上做报告还是对贷款项目的跟进都有一个聚焦人口研究的部门来参与，但是当时贷款的技术工作还是由专门的项目部门来完成。这些部门具有完全不同于国家部门的组织机构，它们负责商议政府提交的贷款项目。① 因此贷款给家庭计划项目意味着银行需要一个人口项目部门。当卡纳哥特纳姆参与牙买加评审使团的时候，他就非正式地受邀为这个部门的领导，而且他也接受了。

　　在家庭计划面向孕产妇和儿童健康的背景下，医生的选择与银行的决定之间的联合明显影响着银行贷款的方向，以及政策建议。那时家庭计划项目专家在关于家庭计划是否应与健康服务结合的问题上有分歧。卡纳哥特纳姆不能离开新加坡长达几个月，因此在很大程度上要依赖从其他地方尤其是从人口研究部门借调专家。泽丹离开了人口研究部门成为负责人口贷款项目的

①　这是为了确保项目的技术质量，世界银行不用考虑和其他国家的关系。在一个以系统性和能够对冲突目标进行深入分析为荣的机构里，项目部门和国家部门的争论是不可避免的，也是必需的。问题在于这种人事安排表明除了贷款委员会主席没人有权力解决此类争论。1972年重组后在5个地区副总裁下面设立了项目部。

新部门首任主管。

地区部门在 4 月底提交给财政部评审团的报告，附函对银行计划实施小项目的设想进行了总结，还说要在可行性研究后才会考虑援助护士培训学校。如果培训学校的建议合理，也会准备融资几个教育项目。几周后，定期讨论与政府的贷款计划的会议开始了，地区部门代表与财政和卫生部长讨论了这些提议。后者对这些建议的反应很积极，尽管他们对贷款要扩大健康中心的数量心存疑虑。卫生部长极力反对将该领域的操作从国家家庭计划委员会转移到卫生部的提议，理由是国家家庭计划委员会是新成立的部门，他正在提出完善管理质量的措施，自己的部门很薄弱，没有能力承担新责任。这都是技术上的问题，超出了地区部门的能力范围，所以尽管卡纳哥特纳姆没有正式就职，他也会在访问牙买加时对这个问题加以讨论。

7 月份发生了这些讨论，银行同意国家家庭计划委员会保留其领域责任，但强调必须重组和加强，奠定其法律基础，并最终成为贷款有效性的一个条款。卡纳哥特纳姆与一位银行建筑师相伴而行，维多利亚医院将异地扩建，从 100 张床位增加到 160 张，容量有效翻番，而成本上升更高。这个新扩展包括一个助产学校，还计划增加的 10 个农村孕产中心和健康服务的完善与发展，项目总成本估计有 200 万美元。这是银行将要在 12 月份提出由代表团评议的报告中的核心内容。

评估过程中，一个软件内容会被添加以补充原来的实体硬件项目。银行项目会提供外国咨询服务给借款人是很常见的。外国顾问的存在有助于银行反驳在董事会审批流程中认为这仅仅是一个医院项目的指责。接下来将会研究对专业医生、护士和助产士进行重组安排是否具有成本效益并缓解工作人员短缺。由于已经向国家家庭计划委员会推荐了一个短期培训顾问，家庭计划工作人员和设施的最佳使用地点是在金斯敦。银行评估团队提出了这些建议，在 3 月对牙买加进行了一次快速访问，他们曾试过从其他机构获得这项资金，如美国国际开发署，但是未遂，仅仅是方案而已。

值得注意的是，该项目没有提出任何长驻外部援助；牙买加人可以继续操纵局势。要求世界银行批准国家家庭计划委员会首席执行官的任命是有争议的，但是仍停留在贷款协议上。这是另一个密切相关的软件组件：年度外部审查。在批准项目的董事会会议上，至少一名执行董事认为后续工作应该留给牙买加政府去做，因为一些主题审查可能被关注，如评估报告中描述的那样，需要搜集执行董事称为"私密统计"的资料，如果让国外机构进行此工作，隐私被侵犯会更糟糕。

在董事会的评价会议上，会提出项目准备的细节问题，但是华盛顿的主要议题是向董事会解释方案的正确性。提交报告的作者详细分析了减少出生的收益并在银行广泛讨论（初始版本于 1970 年发表）。这是第一次做这样的区分社会收益和相关家庭收益的分析。不必掩盖这种分析的主要限制性：没有办法去估计产科设施支出多少、出生减少多少会使得家庭计划项目被接受，忽视这项目带给服务对象的健康和心理安慰会造成负面印象。此外，在比较一个项目的成本和收益时，当分析员对成本收益的考量和主要目标相关时会比较满意。没有人会假装他们的支出建议能够最有效地提高家庭计划项目的接受程度。在妇女更倾向于口服避孕药的情况下，一个纯粹的产后项目能达到什么目标可能总是被质疑。银行确实达成共识，1970 年 11 月，国家家庭计划委员会可以对后期项目的重启制订计划。

对这个议题的知识含量关注的程度很高，当项目文件呈到贷款委员会的时候，包括一个评价该项目的定量依据的附录。尽管忽视了健康和福祉的好处，报告表明减少出生的经济效益仍然很大。该附录是否应该包括在内，委员会起了争议。多数人认为它能支持行长过去的演讲。行长和主席却觉得详细的经济分析会引起潜在的争论，应该被撤下。最终呈给董事会的报告仅包括泛泛的社会经济效应。

## 附　言

　　正如这本书要关注的是 20 世纪 60 年代，因此也应该在 1970 年董事会批准的高调中结束这个故事（这也标志着作者参加牙买加项目的结束）。银行和政府有充足理由对家庭计划项目和整个方案保持乐观。天主教会和左翼的潜在反对并没有威胁到该项目的广泛党派支持，银行批准了主要的条款——国家家庭计划委员会的半自治更明确了其法规地位——在贷款批准签约之后应被遵循。

　　可是从方案的角度来看，这种乐观证明是不可取的。该项目 1977 年 3 月结束，贷款也已经完全支付，尽管方案下的投资项目尚未完成。那时银行政策是项目完成后的一两年，运作评价部门将进行审计，和政府讨论它们的发现并报告给董事会。毋庸置疑，1979 年 6 月发布的审计报告严厉批评了这个项目。

　　主要问题出在项目的硬件设施实施方面。评估报告中列出了最初的时间表，表明农村妇产医院将在 1972 年 1 月完成，维多利亚医院的扩展和相关工作也要在 1973 年 9 月结束。农村妇产中心被耽误了，即便最后完成了，使用状况并不好，很多人最后还是转向综合性的医疗中心。成本膨胀使得贷款规模不足，项目结束时，维多利亚医院的扩展远未完成。事实上，在审计报告前尚未结束。审计报告指出维多利亚医院项目被议会和高级官员认为是一场灾难。然而，工程建设延期的原因与人并无关系。比如因为罢工和政治不稳定有 1 年的时间没有对施工现场监督指导，这显然是项目外部的问题。其他问题都归结于这一事实：一个新成立的银行部门和没有经验的执行机构没有充分吸取世界银行和牙买加积累下来的专业技术和经验，项目管理因此很无力。

　　审议还讨论了软件设施，并且质疑将一个垂直的家庭计划项目和卫生服务进行整合是否明智。这个建议最初由银行代表团提出来的时候，卫生部部长极力反对过，但是后来对这一整合过程会慢慢发生表示理解。当法定半自治的国家家庭计划委员会并没有完善垂直项目的管理时，事实已经很明显了。1972年6月第一次也是仅有的一次外部专家考察，他们对项目的运行持批评态度。雅各布已经卸任执行董事，但仍然在自己的原办公室做医学主任，国家家庭计划委员会仍然以临时的方式运行，没有任何长期计划。此外，卫生部和国家家庭计划委员会如果紧密结合将使卫生部的诊所得到很好的利用，可惜没有做到。60%的卫生工作人员没有接受计划生育的培训。

与世界银行的预期相反，国家家庭计划委员会没有启用倡导员项目，而是雇用了极少量的家庭计划教育官员和助理。从高退出率可知追踪项目接受者的能力缺乏。20世纪70年代初每年新增22000～25000名家庭计划的服务对象，大约占15～44岁女性人口的7%，估计1970～1974年这一比例也只从9%上升到11%。外部审查认为至少需要200名入户服务人员。

审查注意到一个相当大的改进：产后项目。1970年负责产后服务的员工对70%的产妇提供了避孕信息，估计30%的孕产妇接受了家庭计划。另一个估计是那时候有19%的分娩者接受家庭计划。在新的设施完工之前产后服务已经做得很好了，说明在世行项目投资和家庭计划接受程度之间只存在微弱的关系。

面对审查，政府强调已经培训了300名社区健康助理，而且还进一步增长。政府的长期计划是最终超过2000名社区健康助理。这个策略隐含家庭计划项目与普通健康服务之间的关系越来越密切。1974年重大举措正式发生了，国家家庭计划委员会的143名家庭计划教育工作者转到了卫生部（NFPB继续存在，主要负责宣传教育活动和评估）。

与政治必要性相比，与卫生服务的整合可能并不主要受世行最初建议的影响。20世纪70年代初，黑人权利运动对家庭计划是种族主义阴谋的指责，单一目标的项目容易在政治上受到攻击。这也使得政府不愿听从来自国外的建议，缩减了对项目提出建议的咨询服务。审计报告认为家庭计划和卫生服务的整合降低了人们对家庭计划的关注，医务人员有诊疗的优先顺序，社区工作者缺乏训练，因此新增的家庭计划接受者在 1975 年以后下降。[①]尽管粗死亡率并未如国家家庭计划委员会最初期望的那样下降（出生率在 1968 ~ 1975 年从 35‰下降到 25‰），审计报告指出 1974 年下降到 30‰，然后稳定下来。

就像 1970 年过于乐观一样，在 1979 年又显得过于悲观。与一个很好的诊所网络进行联合有很强大的力量，尤其是 1974 年的政治气候，在 20 世纪 70 年代后期的时候，依托诊所的家庭服务辅以美国国际开发署为扩大商业流通而配给的避孕药，粗生育率下降了。然而，粗出生率并非一个好的生育率指标，容易被年龄结构的变化误导。生育率在 1970 年下降：1965 ~ 1969 年总和生育率大约为 5.8；1970 ~ 1974 年约为 5.0；1975 ~ 1979 年约为 4.0（联合国经济和社会事务部）。[②] 这显著表明，虽然不可能识别项目的哪一部分有最大影响，然而家庭计划服务的可得性增强有助于生育率的下降。生育率还在持续下降，总和生育率最近估计在 2.4 左右。[③]

从牙买加项目早期运作中或从世界银行对此类项目援助的尝试中可以吸取教训吗？这些教训又是什么呢？在牙买加，产后项目的成功使得 1973 ~ 1974 年扩展到 5 家医院，而且人们对产后项目逐渐接受了，尤其在那些口服避孕药已经成为女性避孕选择的地区。当然，项目需要有效的追踪随访，医院和这些活动仅仅是家庭计划这一庞大项目的一部分，商业流通也是非常重要的。银行方面越来越认识到，人口控制是比初期人口项目设计更为复杂和困难的事情。后来的项目开始关注软件，尤其在培训、调查、评估和技术援助方面，这些都是牙买加 1976 年 6 月提交给银行董事会的二期人口项目的重要组成部分。项目聚焦于将家庭计划和母婴保健结合起来，包括改善营

---

① 从未发表来源获得的数据与官方接受的下降数字有很大不同。Robinson（1981）报告说服务统计数字在 1976 年比官方数据有小的下降，1977 年有上升而不是下降。

② 总和生育率 2.1 被认为是更替水平。

③ 这是美国人口统计局的估计数字，和联合国引用数字相同。

养。这些都在银行贷款的许可目标之列。银行在一个县试将融资与项目整合，如果证明成功即被复制。大约 20% 的涉外成本全部由银行资助，即技术援助。

对于第二个项目，世行仅对国外资本成本部分进行融资。随后几年，银行只对政府支出方面进行融资的刚性意愿慢慢放松了，特别是放松了对当地成本和涉外成本的区别对待。然而这一差别并没有消失很多年，说明这一银行投资的贷款政策中非常可取的变化并非源于牙买加项目。[①]

## 参考文献

［1］ Coale, Ansley J., and Edgar M. Hoover. 1958. *Population Growth and Economic Development in Low – Income Countries: A Case Study of India's Prospects.* Princeton, NJ: Princeton University Press.

［2］ Ebanks, G. E., Lenworth M. Jacobs, and Sylvia Goldson. 1971. *Jamaica* Country Profiles Series. New York: Population Council.

［3］ Jacobs, Beth. N. d. (but probably 1996). *A History of Voluntary Family Planning in Jamaica* St. Ann's Bay, Jamaica: Jamaica Family Planning Association.

［4］ Kapur, Devesh, John P. Lewis, and Richard Webb. 1997. *The World Bank: Its First Half Century.* Washington, DC: Brookings Institution Press.

［5］ King, Timothy. 1970. "The Measurement of the Economic Benefits from Family Planning Programs and Projects." Working Paper 71, World Bank, Economics Department, Washington, DC.

［6］ Mason, Edward S., and Robert E. Asher. 1973. *The World Bank Since Bretton Woods.* Washington, DC: Brookings Institution.

［7］ McNamara, Robert S. 1981. *The McNamara Years at the World Bank.* Baltimore, MD: Johns Hopkins University Press.

［8］ Riley, James C. 2005. *Poverty and Life Expectancy: The Jamaica Paradox.* Cambridge, U. K.: Cambridge University Press.

［9］ Robinson, W. 1981. *A Cost – Benefit Analysis of the Proposed Jamaica Family Planning Project.*

---

① 作者感谢 Tatiana Proskuryakova 提供世界银行 2004 年颁布的财政政策，其中清晰表明银行准备对项目的当地支出和经常性费用进行融资。

Washington, DC: American Public Health Association.

[10] Rosen, Robert C. 1973. *Law and Population Growth in Jamaica.* Law and Population Programme Monograph 10. Medford, MA: Tufts University, Fletcher School of Law and Diplomacy.

[11] Shapley, Deborah. 1993. *Promise and Power: The Life and Times of Robert McNamara.* Boston: Little Brown.

[12] Stycos, J. M. 1964. *The Control of Human Fertility in Jamaica.* Ithaca, NY: Cornell University Press.

[13] United Nations Department of Economic and Social Affairs. 2005. *World Population Prospects.* New York: United Nations.

[14] Williams, L. L. 1969. "Jamaica: Crisis on a Small Island." In *Population: Changing World Crisis*, ed. Bernard Berelson, 123 – 32. Voice of America Forum Lectures. Washington, DC: Voice of America.

[15] World Bank. 1975. *Health: Sector Policy Paper.* Washington, DC: World Bank.

[16] Zachariah, K. C. 1973. "Family Planning and Fertility Trends in Jamaica." Staff Working Paper 167, World Bank, Washington, DC.

（严予若　译　郑真真　刘玉博　校）

第四部分

# 东亚 和 太平洋地区

# 第十一章
## 韩国的突破性进展

■ 金泽日，约翰·A. 罗斯

当我遇到年轻人时，他们通常都会问我："你有几个孩子？"在过去30年里我对于这个问题的回答都是一样的，那就是："我有5个孩子，4个儿子，1个女儿。"但是他们的反应却大相径庭。在20世纪50年代，他们会说："你是世界上最幸福的人。"在60年代，他们的反应是："你真幸运，但你应该有一个困难的时期。"在70年代，这一反应变成了："你怎么会有这么多孩子？"现在，他们会直言不讳地说："你一定是疯了。"

引自1982年的一条专业笔记

20世纪50年代末60年代初，大韩民国看到其发展经济的努力因高速的人口增长率而遭阻滞。政府决定通过世界上首个国家家庭计划项目来降低人口增长率。正如本书中讨论的其他国家的情况一样，家庭计划项目依靠增加使用避孕药具、流产（尽管已经很普遍）或给个人施加巨大压力（在中国发生的情况）等方式，而不是提高结婚年龄（尽管实际结婚年龄已提高）。与其他许多国家相比，韩国的家庭计划更多采取群众运动的方式帮助人们扭转传统的鼓励生育的态度，建立新型小家庭标准。更特别的是，这个新项目的一部分内容是避孕药具的广泛培训及其获得方式。本章主要利用查（Cha，1966）；曹（Cho）和金（Kim，1992）；曹，孔和金（Cho、Kong & Kim，1984）；韩等（Han 等，1970）；金和金（Kim & Kim，1966）；金，罗斯和沃斯（Kim、Ross & Worth，1972）；以及沃特森（Watson，1977）等人的描述来评述韩国的经验。专栏 11.1 列出了这些主要事件的大事年表。

**专栏 11.1　韩国家庭计划活动大事年表**

| 年份 | 与家庭计划有关的主要事件 |
|---|---|
| 1961 | 作为 1962 年启动的经济发展计划的一部分，政府正式通过了国家家庭计划政策。 |
| | 废除禁止进口和国内生产避孕药的法律。 |
| | 韩国家庭计划联合会作为民间志愿者组织而成立。 |
| 1962 | 采用"更少的孩子，更好地成长"的口号。 |
| | 卫生部和社会事务部运用政府医疗服务系统实施国家家庭计划项目。 |
| | 国家的 183 个医疗中心都建立了家庭计划咨询诊所，并安排家庭计划工作者坐诊。 |
| | 家庭计划项目向人们介绍输精管结扎、避孕套、避孕凝胶（后者在 1963 年逐渐减少）等避孕措施。 |
| | 家庭计划工作者和输精管切除术医生的培训项目开始启动。 |
| 1963 | 公共卫生局下新设立了母婴健康科。 |
| | 183 个医疗中心都分别增加了两名资深家庭计划工作者。 |
| | 官方 10 年家庭计划方案获准列入政府长期经济发展计划框架。 |
| | 总理大臣向各部委发出书面命令，就如何在各自的管辖范围内执行人口措施和从事家庭计划活动做出了指示。 |

| 年份 | 与家庭计划有关的主要事件 |
|------|--------------------------|
| 1964 | 1473 个镇卫生分中心都配备 1 名家庭计划保健员。 |
|      | 开始培训实施宫内节育器手术医生。 |
|      | 宫内节育器项目被纳入国家家庭计划项目。 |
|      | 家庭计划流动工作队开始覆盖边远地区。 |
|      | 国家计划实行家庭计划目标体系。 |
| 1965 | 建立了家庭计划调查和评估团队。 |
| 1968 | 在全国组织了家庭计划项目母亲俱乐部。 |
|      | 国家家庭计划项目引入口服避孕药，开始是用于做过宫内节育器手术的妇女，1969 年开始广泛用于所有妇女。 |
| 1971 | 韩国家庭计划研究所成立。 |
|      | 家庭计划提出的口号是"无论男女，只生二胎"。 |
| 1972 | 通过在卫生与社会事务部内新设立的母婴保健科进一步强化了项目组织。 |
| 1973 | 母婴保健法出台，一定条件下的人工流产合法化，因医学原因使用宫内节育器合法化。 |
| 1974 | 城市特殊项目开始在低收入地区、医院、工业区以及军队驻地实施。 |
|      | 月经调节服务被纳入国家计划。 |
|      | 家庭免税的条件面向最多 3 个孩子的家庭。 |
| 1975 | 培训实施女性腹腔镜绝育医生的项目启动。 |
|      | 韩国自愿绝育协会成立。 |

## 背　景

五个特殊情况造就了韩国历史性的环境：第一，日本自 1910 年吞并了整个朝鲜半岛，并占领至 1945 年第二次世界大战结束，当时日本占领者因战败突然离开了韩国，留下了一个烂摊子；第二，100 多万韩国人从"满洲国"和日本返回故乡，造成了大量同化问题；第三，朝鲜半岛画定了"三八线"以后①，数千名逃离俄罗斯的北方居民也来到韩国定居，同时，美军也在韩国设立了基地；第四，最具破坏性的是 1950 年 6 月突然爆发了朝鲜战争，导致人们驾车逃至釜山半岛的南端，一路上破坏了许多基础设施。首尔三度易手，没有一幢完整的建筑；第五，大批士兵回国后，原本因大规模人口迁徙和战争损失导致已被打乱的人口结构又因 1953 年后的婴儿潮而发生变化。最高领导的软弱无能使这种极端混乱的困难时期一直延续到 1961 年，终于引发了一场军事政变，同时也开创了一个重大的变革时期。

## 开　始

1961 年以前，尽管当时存在强烈的男孩偏好和鼓励生育的政策，但已经出现偏好使用避孕药具的迹象。生活条件极其艰难，尤其是朝鲜战争的众多难民，人们对孕妇选择堕胎持更为宽容的态度。一般情况下，人们首先是采取避孕行为，但如果发现怀孕则选择终止妊娠，这似乎是当时一种比较普遍的做法。

同时，一些领导人开始采取第一步骤来促进避孕知识培训以及早期的家庭计划服务。首尔成立了母亲协会，并附带诊所。1958 ~ 1959 年，地方基督教卫理公会的领导在四个城市建立了许多诊所。首尔国立大学医学院的教职员工对家庭计划也很感兴趣，学术界和医学界的权威们经常聚会讨论为家庭计划开发一些项目。与此同时，由于避孕套在美国和韩国士兵中广泛散布，避孕套已经越来越为人们所熟悉，并开始进入黑市（日本的一部旧法

---

① 1945 年第二次世界大战结束时，朝鲜半岛被"三八线"划分成两半，当时美国提出了一项行动，同意苏联参与解除日军武装，以结束其对朝鲜的占领。朝鲜战争（1950 ~ 1953 年）留下非军事区的分割线，并一直持续至今。

律仍然禁止进口和生产避孕药）。韩国人到其他国家访问时，西方国家盛行的小规模家庭给他们留下了深刻的印象，并使他们意识到 20 世纪 50 年代初开始的有关人口将爆炸性增长的国际辩论的情况。所有这些变化开始改变政府内外的舆论氛围。早在 1956 年，卫生和社会事务部医疗事务局负责人在面对总统反对家庭计划的情况下提出启动国家项目的不成功建议。1957 年，在未得到上级主管部门重视的情况下，一项家庭示范计划培训从事家庭计划工作人员，并鼓励他们与农村妇女一起讨论家庭计划。1959 年，尽管当时并没有采取进一步的行动，母婴健康子委员会的技术咨询委员会开始在卫生和社会事务部内正式讨论家庭计划方案的必要性。

人口状况也变得更加令人不安。除了大规模移民、混乱的婚姻模式和年龄分布，伴随着朝鲜战争结束而出现的 1953 年的婴儿潮等都提高了出生率，同时，儿童死亡率下降，使得人口负担变成政府规划者的负担。1961 年，这一阶段的综合特征已经形成：绝望的社会条件、人口压力、一些早期服务产生的初步反应以及著名领导人之间观点的变化，这些一起形成这一阶段的特征。新政府正是乘历史性时机应运问世，并开创了一条根本变革之路。

## 历史转折：1961～1962 年

1961 年 5 月的军事政变产生了具有现代思维的一群领导人，他们致力于重建国家、经济发展和改善人类福利。一种自由辩论的想法和偏离传统考虑的新感觉盛行。政府设立了一系列有关民族复兴的咨询小组，其中一个小组允许公共卫生和学术界去推广有利于家庭计划的思路。启动了一项有关国家人口政策的工作，在朴正熙（Hee Sup Chung）的强力领导下，要求卫生和社会事务部在 3 个月内提出建议。

在政府扭转传统家庭价值观念之前，必须解决四个麻烦问题，即：

● 考虑到扩大和延续家族以及经济上对男孩需求的深刻依赖，人们会如何反应？

- 如果避孕药广泛传播，那么伦理和性道德将会发生什么变化？

- 其他政府机构是否会接受并支持家庭计划的努力？

- 对韩国的长远发展来说，生育限制意味着什么？因为长远发展需要越来越多的劳动力。此外，难道一个更大的人口规模不会给其带来更大的国际影响力吗？

最终，实现经济发展的强烈驱动超越了这些担忧。当局决定继续降低人口增长率，但要保持低调。这项新计划创建伊始便被纳入卫生和社会事务部的体系结构，同时作为一项活动被纳入新的孕母婴保健科。这比完全新设一个局要好得多，因为新设一个局会妨碍与卫生和社会事务部以及与其他部委的合作。而且如果新方案失败或造成重大丑闻，还会增加公众难堪。

这项新政策相当具体：要求卫生和社会事务部做到正式指令包括以下几点（Kim、Ross & Worth，1972）：

- 设计实施家庭计划项目的法律，并颁布相应政策；

- 废除禁止进口避孕药的法律，并允许进口所有类型的避孕药；

- 促进国内生产避孕药，并注意控制其质量；

- 将家庭计划信息和教育计划项目实施工作交给一个与其他政府机构和非政府机构合作的特殊国家重建运动；

- 培训家庭计划工作者；

- 寻求并适当使用国外援助；

- 建立家庭计划诊所；

- 设立家庭计划咨询委员会；

- 支持对家庭计划方案有兴趣的民营机构。


## 新十年计划：1964～1973 年

随着政策的设立，需要有一个具体的计划来决定，什么样的行动会切实地减少生育率以及减少多少。1963 年，没有一份权威性文献可以证明大量使用避孕药导致生育率下降，但配合五年经济计划中新的人口增长目标必须进行一些计算。早期的目标是到1961年人口增长率下降到2.9%，1966年下降到2.7%，但经济计划委员会将其进一步调整为1966年下降到2.5%和1971年下降到2.0%。因此，韩国的人口增长率10年间下降1个百分点，这正好是日本在过去的10年中已经实现的下降速度。

计算需要具体到那些采取了各种避孕方法的人数，他们可以持续使用多久，以及生育率下降多少等指标。为了实现这一目标，到1971年，45%的年龄在20～44岁的已婚妇女必须采取避孕措施，而1961年时这一数字仅5%。政府计划向32%的夫妇提供服务，而私人机构为13%的夫妇提供服务。所有的政府活动都必须由预算拨款，所以需要估计宫内节育器、结扎输精管、使用避孕套和阴道泡沫或凝胶的用户数字，并将其与采取这些方法夫妇的预计生育率相联系。考虑到宫内节育器脱落和避孕套、泡沫和胶冻等手段低效，计算时将所有这些都考虑进来，并意识到一些采取输精管结扎的夫妇将过45岁，或由于婚姻结束而不再怀孕的问题。同时还注意到，13%的使用私人机构提供家庭计划的夫妇中，已有一部分人间接地得到该项目的刺激。这些结果包含在全国生育率和死亡率预测中，并与每年的费用联系起来。在1963年实现这样的目标是一个创新，预计在未来几年将广泛进入美国和其他国家研究人员的研究工作中。

## 项目机制

既然已有计划在手，并且其目标明确，就必须建立新项目的运作机制。需要为所有人提供有用的信息。而要做到这一点，信息和教育两者都是必需的，同时，控制生育的思想对公众而言很大程度上是一种新事物。因此，强调告知而不是说服公众，是因为公众首先必须要了解新方法以及获得新方法的途径。

分娩体系的再提供方法和临床方法是不同的。下岗工人和母亲俱乐部分发避孕套、阴道泡沫和凝胶（以及后来的口服避孕药）。私人医生主要用他们自己医疗设施负责提供两种临床方法，包括宫内节育器和输精管结扎术。从全国来看，每个地区都有一些签约医生负责其所在地的上述工作，但并非全部医生都签约，因为那样就会减少每名医生的客户数量。大约 1075 名医生参与了宫内节育器手术培训并被授予相应资格，490 名医生接受了输精管切除术的培训。每做一例宫内节育器手术或输精管切除术，医生们可以分别获得 1.10 美元和 3.30 美元。所有这些服务都是免费提供的，包括后续的保健，男性接受输精管切除术可以获得约 3 美元以补偿其工作时间的损失。

卫生和社会事务部的医疗中心网络也是这一新项目的核心，通过在每个乡镇招聘一名普通家庭计划工作者的重要决定而增强其工作。这些人大多数是具有高中文凭的女性，其中挑选 1473 名进行了最艰苦的基础培训。然后指派她们去主持小组会议、家访和分发物资。她们同时还是 1968 年在村庄建立的母亲俱乐部的基本成员。成功的关键在于她们还兼任卫生工作人员和乡负责人，对其工作的评价部分地源于其所在乡镇家庭计划方面的进展。这种安排同时加强了新基层工作者对总体方案的支持。

项目的行政架构是双通道式的，既通过卫生和社会事务部也通过内政部。后者包括从省长到县、乡负责人等公务员。它可以指导地方政府的人事安排、中央预算的资金分配并对方案给予应有的重视。文化和公共信息部还通过广播、报纸、电影院线以及后来出现的电视协助工作。

该项目的资金主要来自国家发展预算，反映了经济计划委员会的承诺及其降低人口增长的焦点。其他资金来自卫生和社会事务部、省和地方政府预算。政府的资金并非唾手可得，它一般可用于包括避孕用品、通过韩国家庭计划联合会实施的一些信息发布、教育和通信工作、对方案的评估、小型的试验和试点项目以及流动工作队等项目。而外国捐助者的重要作用就在于帮助政府对这些项目进行筛选，而不是直接介入服务。捐助者也提供一些技术援助。年度工作目标与预算是紧密相关的，支付给医生的费用包括实际实施宫内节育器和输精管切除术的人数所需的配套预算。因此，年度发放避孕药具的目标必须包括在预算拨款内，反过来，预算一旦批准则会对该领域的相应表现产生压力。权力下放力度相当大，资金和目标首先下放到省里，然后在全省的每个县、每个乡镇逐级下放。地区间的相对预算分配部分基于人口特征，部分基于公众的反应和过去一年实施项目的结果。

项目包括韩国家庭计划联合会分会的一股强大的民间力量，作为国家努力推进家庭计划的一支有生力量，韩国家庭计划联合会成立于 1961 年广泛宣传推动家庭计划的年代。韩国家庭计划联合会的工作是紧密协调这项公众项目，而这是政府不愿承担的功能。由于韩国家庭计划联合会意识到它比政府机构更能获得公众的信任，所以它替代政府处理了大量类似公共教育的事务。并在 1968 年成立母亲俱乐部时起到了关键作用，同时在宫内节育器脱落项目中增加使用口服避孕药（一开始，妇女们因担心可能的风险而不使用口服避孕药，而使用宫内节育器，但这种约束在第二年就结束了）。韩国家庭计划联合会在全国各地实施了很多培训项目，并管理流动工作队和大量外国援助，同时进行了一系列重要研究。

## 干中学

项目开始时，没有其他国家的案例可供参考，考虑到迫切需要处理严重的人口问题，也没有时间开展试点活动。只能在全国同时启动这个项目，而不是在限定区域开始一些试点，然后逐步推广到全国。开始实施的一些试点也几乎同时在全国展开。开始时服务质量很差，但在随后几年中明显提高。他们从内部评价体系和技术咨询的快速反馈以及行为导向的学术团体的信息获益。这方面的领导者主要来自首尔国立大学和延世大学的公共卫生学院，当然许多其他机构也做了大量重要的工作。

### 信息和教育

大多数人根据他们的经验来判断新信息的信号，公众支持那些与人们熟知的鼓励生育和大家庭理念背道而驰的风向。包括总统、总理和其他部门领导在内的国家最高层领导人都曾公开赞同和私下支持这种新观点①。在项目刚刚起步阶段，政治攻击曾蛊惑一时，需要防止反计划的谣言。韩国家庭计划联合会是信息资料中心，必须确保给予公众的信息渠道畅通。项目初期，信息的主要渠道有无线电广播、电影短片、音像制品和海报传单等印刷品。从个人层面来看，家访和小组会议已在大多数农村地区普及。1964～1966年的一项全国调查显示，声称已经了解宫内节育器的已婚妇女的比例从11%上升到60%。

## 培 训

从一开始就存在巨大的培训需求，韩国家庭计划联合会与卫生和社会事务部的计划人员合作承担了其中大部分工作。作为一个私人机构，韩国家庭计划联合会可以灵活地为医生和各种顾问安排时间，更有效地处理资金，并可以随时与外国捐助者一起合作。在培训事务中，韩国家庭计划联合会主要承担了安排培训课程、讲师、教材和设施等工作，但卫生和社会事务部最终要对培训课程内容做出决定，责令工作人员汇报培训的进程，并监督全部工作。韩国家庭计划联合会还长期与教育部合作，承接其再培训工作。与捐助者的这种伙伴关系一直处于良性互动状态，其功能是政府无法轻易取代的。

在培训医生之前首先必须由各种新团体招揽用户，而且在全国各地选拔医生实施输精管结扎术和宫内节育器手术培训业已进行。然而，这些早期参加培训的医生不都为家庭计划项目提供服务，部分人是因其技术难以保证，部分人是担心客户投诉，还有一些人则干脆从事有更多收益的其他工作，而私人医生是早期临床服务的主要来源。

---

① 这种支持与目前的艾滋病宣传运动遥相呼应，而国家领导的首肯则是关键。

一项值得注意的工作是培训了 1473 名乡镇工作人员，在农村地区他们一个人平均能为 1600 对夫妇提供服务（在城市地区，每 1 名工作人员平均要为 2400 对夫妇提供服务）。工作人员来自本地，并建起了一系列区域培训中心实施近 100 期初级培训，他们一般在县卫生中心积累工作经验，并在第二年进行 20 天的补习课程培训。其他培训主要面向城市和各级行政部门卫生工作人员。培训是面向医生、卫生工作人员、一般工作者和管理员的跨年度项目的一项内容。

乡镇下岗工人后来升级为合格的助理护士，最终还培训成为农村综合卫生网络的多用途技工。由于家庭计划项目在预算拨款中受到青睐，所以它是农村地区建立母婴健康服务的先驱。

## 流动医疗队

建立了流动医疗队系统为偏远地区提供服务。约有 20% 的夫妇生活在缺医少药的 600 多个乡镇中，在这些乡镇工作的人员抱怨说，他们那儿还有不少想要进行宫内节育器或输精管结扎术的夫妇，但他们缺乏在附近接受这种服务的机会。在另外一些乡镇，医生们分布较散，且流动性大。除了新宫内节育器手术外，许多老客户还需要跟踪服务。流动工作队概念通过韩国家庭计划联合会的两辆示范面包车已先行进入人们的视野，然后上层做出决定，成立了 10 支流动队伍活跃在最大的 8 个道。尽管不能满足所有需要，但他们仍做出了重要贡献。像在其他国家一样，流动工作队具有以下四个主要功能：

- 为缺医少药的地区提供初始和后续服务；
- 为当地具有实行宫内节育器和输精管结扎术资质的医生提供在职培训；
- 帮助当地医生为距离医院较远的夫妇提供相应的门诊服务；
- 与当地工作人员合作实施提供公共信息和教育的计划。

1967 年，这 10 支流动工作队从卫生和社会事务部转到韩国家庭计划联合会，并在 1970 年直接划归各省级政府管理。它们在车内配备了进行宫内节育器和输精管结扎术的设备，并安装了投影机供小组会议时使用。每个流动队由一名医生、一名护士助产士、一名健康指导和一名司机组成。提供服务的地方主要集中在缺医少药地区以及手术成功率比较低并有较多副作用记录的地区。赶集日市场上常聚集很多人，流动服务队经常会在那天去为他们提供服务。

这项工作的需求量非常大，工作队一个月通常有 17 ~ 18 天在路上奔波，有时要往返于 3 ~ 4 个县的 15 个乡镇，而且还常在简陋的条件和恶劣的天气下进行工作。然而，这个流动工作队每年却完成 5% 的宫内节育器手术。4 年内，工作队实施了 65000 多例宫内节育器手术和 4000 多例输精管结扎术，并培训了 2500 名乡村医生。这一骄人业绩主要归功于上层对专职工作人员的管理，优厚的薪酬，招聘刚从医学院毕业并在地方进行相应工作的敬业的年轻医生。

## 评估和研究

韩国家庭计划项目在建立异常丰富的评估和研究的过程方面是非常幸运的。在捐助者支持下，1965 年，一个特别评估小组开始工作，后来又派驻技术顾问。工作流程是医生负责采集提交宫内节育器和输精管结扎术的基本信息，小组处理支付凭证的报销。该小组还定期公布一系列国家信息、态度和行为调查；宫内节育器跟踪调查以及后来的口服避孕药使用情况跟踪调查。由当地顾问撰写的这些重要的调查报告、研究结果和总结等相继在国际期刊或在一些会议上发表。除咨询小组与感兴趣的大学和机构的工作人员外，卫生和社会事务部以及韩国家庭计划联合会的领导们也会收到这些报告，并用来帮助周期性地调整项目计划。以首尔国立大学的 E. Hyock Kwon 博士和延世大学的 Jae Mo Yang 博士为首的研究小组撰写了大量帮助修改项目的研究和试验成果。1967 年年底，已经出现近 50 份由本国或有兴趣的外国学者撰写的有关韩国经验的报告。

### 未采取的措施

韩国的家庭计划项目是国际上最强的项目之一，但它没有利用任何强制生育的措施，否则可能会更强。像大多数项目一样，它是通过使用避孕药具，排除其他替代办法，达到减少婚内生育的模式。

第一，堕胎从来不是项目的一部分。实际上，避孕最终变得如此普遍，使得意外怀孕和堕胎数量都下降。然而，人们熟悉堕胎，许多医生以较低的成本提供堕胎手术。尽管堕胎在技术上是非法的，但受处罚的概率则很小。1963 年和 1964 年曾两次试图使堕胎合法化，但由于缺乏政府当局和议会的支持都以失败告终。直至 1973 年，包括特殊情况下的人工流产等内容的母婴保健法才获通过和合法化。这缓和了因流产保密问题而带来的紧张氛围。

第二，说服夫妇推迟结婚不是项目的内容。尽管如此，平均结婚年龄依然迅速增加，这主要是因为越来越多的妇女进入劳动力市场，很多女性更愿意完成高中学业后进大学深造，城市化运动进一步加速，同时妇女的整体地位在提高。

第三，奖惩办法也不是项目初期的内容。后来，从 20 世纪 70 年代末开始，只生育两个或更少孩子就绝育的夫妇获得各种优惠，向雇员提供家庭计划服务的公司获得税收减免（此外，影响妇女继承财产的法律也放开了）。

第四，项目的必要方案中省略了产后项目，因为大多数分娩是在家里进行的。[①] 此外，护理人员不能实施宫内节育器手术，只有授权医生才能施行此手术。在迷你腹腔镜和腹腔镜手术尚未问世以前，由于缺乏医疗设备，女性

---

① 1972 年，只有 13% 的婴儿是在医院和诊所出生的。但是到了 1988 年，这一数字已经上升至 94%（Cho、Seo 和 Tan 1990）。

的绝育从一开始就没有被列入项目。私人部门的活动很受欢迎，允许自由进口避孕药具，但在当时还没有社会营销方案，而且该项目也没有对药房或商店出售避孕套的激励措施（直到20世纪60年代末才可使用口服避孕药）。

到此为止已经完成了很多项目任务。然而，没有一部国家项目可以包揽一切，或者说试图一蹴而就的项目可能会有适得其反的效果，并使得管理混乱以及资源的浪费。在随后几年中，项目得到进一步扩充。

## 地方文化和历史因素的重要性

韩国家庭计划项目的成就出现在快速社会经济变革的背景之下。观察家们为韩国在25年内改造社会并引领韩国成为"亚洲四小龙"之一的光辉路径做出了种种原因解释。生育率的快速下降改变了整个国家的年龄分布，为家庭和国家投资释放了更多资源。随着捐助者和商业来源的额外资本，尤其是美国以外国援助的形式对韩国注入的资本都对韩国提供了帮助。一个对发展有着强烈关注并对每一个部门都设有明确目标的新政府，当然也会强化其人口发展方向的转变。来自朝鲜的威胁、日本占领遗留下来的宿仇、被困在半岛上的压迫感以及对朝鲜战争的残酷记忆都转化成推动发展的巨大能量。所有的技术援助在广泛进行，其中包括：通过最上层政府制定的经济规划，美军向韩国士兵和文职雇员的技能转移，以及广泛的海外培训（包括在越南工作过的合同工的经历）。对年轻一代而言，这是一个充满机会的全新时代。

这一切的发生都源于这里的人们已经有着很高的识字率，坚定地致力于教育，并愿意牺牲自己来提升子女的受教育水平。也因为他们是同一个民族，使用同一种语言。在一个经济自由以及旅行和运动都十分方便的国家，妇女地位已经提高至使她们可以更多地参与劳动和获得更多教育。20世纪60年代末出现的也许不是最重要的变化，大多数人知道，只有当她们想要生孩子的时候才能生孩子。

## 结　果

1964 年的全国调查显示，避孕药具使用从历史上不到 10% 的水平上升至 20 世纪 70 年代中期的 45% 左右（见图 11.1），并最终稳定在 80%。

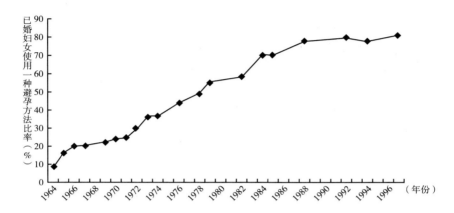

**图 11.1　1964～1997 年避孕现用率：已婚妇女使用一种避孕方法的比率**

资料来源：Ross、Stover 和 Adelaja，2005，表 A.1。

家庭计划项目初期，混合使用避孕方法反映了宫内节育器项目的压力（见图 11.2）。这一时期，按照使用宫内节育器夫妇的比例和宫内节育器在总避孕药具中所占份额来看，都是很成功的。随后在 1968 年，口服避孕药被引进到宫内节育器脱落，一年后所有夫妇都开始使用口服避孕药。1971年，宫内节育器使用获得相当大进展。然而，它的重要性此后逐渐变弱，在此后几年中，女性绝育这一更简单的方法被开发出来，并且得到该项目的鼓励，随后绝育成为最主要的避孕方法。

另一种跟踪避孕药具使用状况的方法是关注妇女婚姻的持续时间。1971年使用回顾性信息的调查显示，1955～1961 年，在结婚 5～9 年的不同时期中，只有 8% 的已婚妇女采用避孕措施，但在 1958～1964 年，这一数字已上升到 18%，在 1961～1967 年升至 25%，在 1964～1970 年升至 39%。在

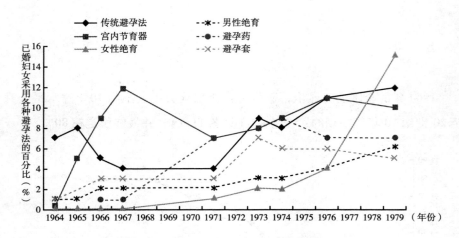

**图 11.2　1964~1979 年已婚妇女的混合避孕方法组合**

资料来源：Ross、Stover 和 Adelaja，2005，表 A.1。

结婚 10~14 年的妇女中，她们生育的孩子数多于她们想要生的孩子数，采用避孕措施的妇女也呈直线上升趋势，从 1955~1961 年的 32% 上升到 1964~1970 年的 72%（Foreit，1982）。

还有一种追踪使用避孕药具的方法是关注儿童数。图 11.3 表明，在 1965~1973 年，曾经使用过避孕措施的夫妇比例显著增加，然而儿童数增加更多。值得关注的是只有两个孩子的夫妇，他们的比例从 18% 上升到 48%。

年轻一代中，这些变化尤为明显。尽管仍有男孩偏好，但理想家庭的规模却在不断下降。实际上，20~29 岁的妻子中认为三个或以上是理想孩子数的比例大幅度下降，从 1965 年的 30% 以上跌至 1973 年的 13%。同时，认为四个是理想孩子数的百分比由 27% 降至 10%。到 1973 年，已生两个孩子的妇女中，40% 的人不希望要更多的孩子。

家庭计划项目特别向对避孕药几乎毫不知情的农村地区提供避孕药具和服务。实际上，它不均衡地将资源和工作人员分配到教育水平低于城市的农村地区。在受教育程度低的群组，避孕药具使用的增加速度要快于受教育水

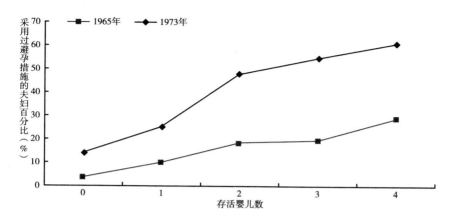

**图 11.3　1965 年和 1973 年从生存儿童数看夫妇使用避孕药具比例**

资料来源：Ross 和 Koh，1975，p. 26。

平高的群体，从而从整体上缩小了群体间使用先进方法的差距。例如，1965～1973 年，年龄在 30～39 岁小学文化程度的已婚妇女中曾经使用过避孕药的比例大幅上升，从 20% 增加到 53%，而同年龄段的中学文化程度的已婚妇女使用避孕药具的比例就上升较慢，由 54% 增加到 72%。因此，家庭计划项目强调对人口中最弱势群体使项目获益最多。1965～1973 年，在各种年龄和家庭规模人群中使用人工流产的人数增加。如在 20～29 岁年龄组，曾经流过产的已婚妇女比例从 6% 上升到 16%，在 30～39 岁年龄组，这一比例则从 15% 上升至 36%。在各年龄组中，有过堕胎记录的百分比与婴儿存活数都在上升。这反映了社会急剧变化，以及避孕药具使用滞后。可用的避孕方法并不一定适合所有人。一旦避孕失败，最终就很容易堕胎，因为这种方法简便低廉。后来，避孕药和女性绝育手术帮助解决这些问题，也使堕胎率下降。

### 经验教训

由于韩国的家庭计划出现得比较早，韩国的经验非常重要并迅速扩散至其他国家。大批参观者前往韩国，因为韩国的两种情况都处于领先地位，一是他们的项目获得了成功，二是项目是如何成功实施的。每年约有 150 名参观者从全世界的发展中国家来到韩国，每位参观者在韩国至少滞留一个星期完整地参与实地项目和各大学在城市和农村地区的试点项目。一系列会议报告和出版物记录了韩国的经验和成果，并给国际上的追随者留下了永恒的印记。当然，并非所有结果都是积极的：一个重大打击在于，发现宫内节育器的续用率显著低于它们在早期临床试验中的续用率，尽管每年有很多人使用宫内节育器，但使用宫内节育器的人数稳定下来。尽管最终数量会增加，也只是用每年新增使用人数来平衡原来的数字。同样，每一种再供给方法最终都达到稳定水平。这一发现迫使人们对每年的用户数字进行修正，以符合该项目的目标。

从积极的一面来看，韩国以及泰国等的早期项目反驳了对传统社会存在变革潜力很悲观的观点。它表明：

- 农村穷人可以接受宫内节育器、口服避孕药、绝育等；

- 高层通过公共教育支持管理可以逆转文化上支持生育的传统；

- 私人家庭计划协会可以与政府合作，并可大大地强化政府的工作；

- 在激励私人医疗机构和商业销售计划的帮助下，作为项目和非项目影响结合的结果，生育水平可以迅速回落；

- 可以大规模使用口服避孕药（甚至在 20 世纪 60 年代末是大剂量的）；

- 一种新的行为变化以及国家家庭计划方案是可行的，可以帮助改善有关生殖态度和做法的观念，还可以消除模仿别人怎么做的许多无知之举，并使许多新避孕方法的使用合法化。

韩国的经验同时还确保其他国家计划在这一领域方案的可行性和有效性。这些包括：广泛使用大众媒体、通过家访和小组会议确保个人和一线工作人员接触、提供当时所有的避孕方法、提高母婴保健服务和使用私人医疗机构。但所有这些都依靠下面几个基本要素：

- 长期经济发展计划一部分的雄心勃勃的项目目标；
- 一个适于对完成目标进行长期密切监控的系统；
- 由强有力的评估和研究小组支撑的由卫生和社会事务部及内政部组成的双重管理体制；
- 根据当地政府的配套资金而进行的中央政府预算拨款；
- 来自总统、总理、经济计划委员会和财政部强大而持续的政治承诺；
- 韩国家庭计划联合会在动员舆论领袖和学术团体中以及在支持政府项目时所提供的关键援助中都发挥了积极的作用。

## 1975 年以后的发展

正如图 11.1 显示的，避孕药具的使用表现出很强的上升趋势，并稳定在 80%。20 世纪 80 年代，项目经历了一系列的修正，使用各种各样的奖励措施、鼓励绝育并强调两孩家庭甚至是独生子女家庭。最终，生育率降至更低水平，政府才逐渐改弦易辙，转而采取鼓励生育的政策，以在一个更有利的年龄结构和对劳动力的长期需求中寻求利益平衡。到那时，家庭计划项目已在与韩国经济转型的大合唱中高奏凯歌，并获得了大大提高生活水平和增进妇女健康、减少母婴死亡的生殖行为革命。

**参考文献**

［1］Cha, Youn Keun. 1966. "South Korea." In *Family Planning and Population Programs*: *A Review of World Developments*, ed. Bernard Berelson, Richmond K. Anderson, Oscar Harkavy, John Maier, W. Parker Mauldin, and Sheldon Segal, 21 – 30. Chicago: University of Chicago Press.

［2］Cho, Nam Hoon, and Hyun Oak Kim. 1992. *An Overview of the National Family Planning Program in Korea*: *A Summary Explanation*. Seoul: Korea Institute for Health and Social Affairs, 19 – 26.

[3] Cho, Nam Hoon, Sae Kwon Kong, and Jong Kwon Lim. 1984. "Recent Changes in Contraceptive Use and Fertility in Korea." *Journal of Population and Health Studies* 4 (2): 63 - 79.

[4] Cho, Nam Hoon, Moon Hee Seo, and Boon Ann Tan. 1990. "Recent Changes in the Population Control Policy and Its Future Directions in Korea." *Journal of Population, Health, nd Social Welfare* 10 (2): 152 - 172.

[5] Foreit, James R. 1982. "The Transition in Korean Family Planning Behavior 1935 - 1976: A Retrospective Cohort Analysis," *Studies in Family Planning*, 8 (9): 227 - 36.

[6] Han, Dae Woo, George C. Worth, Eung Ik Kim, Thomas Bacon, and Stanley Hudson. 1970. *The Republic of Korea*. Country Profiles Series. New York: Population Council.

[7] Kim, Taek Il, and Syng Wook Kim. 1966. "Mass Use of Intra - Uterine Contraceptive Devices in Korea." In *Family Planning and Population Programs: A Review of World Developments*, ed. Bernard Berelson, Richmond K. Anderson, Oscar Harkavy, John Maier, W. Parker Mauldin, and Sheldon Segal, 425 - 32. Chicago: University of Chicago Press.

[8] Kim, Taek Il, John A. Ross, and George C. Worth. 1972. *The Korean National Family Planning Program*. New York: Population Council.

[9] Kwon, Tai Hwan. 1982. "Exploring Sociocultural Explanations of Fertility Transition in Korea." Unpublished manuscript, Seoul.

[10] Ross, John A., and Kap Suk Koh. 1975. "Transition to the Small Family: a Comparison of 1964 - 1973 Time Trends in Korea and Taiwan." In *Population Change in the Pacific Region*, ed. Yunshik Chang and Peter J. Donaldson, 121 - 39. Vancouver, Canada: Pacific Science Association.

[11] Ross, John A., John Stover, and Demi Adelaja. 2005. *Profiles for Family Planning and Reproductive Health Programs: 116 Countries*, 2nd ed. Glastonbury, CT: Futures Group.

[12] Watson, Walter B., ed. 1977. *Family Planning in the Developing World: A Review of Programs.* New York: Population Council.

（张启新　译　吴艳文　刘玉博　校）

# 第十二章

## 中国香港：家庭计划的演进[*]

■ 范莹孙

## 起　源

中国香港的家庭计划运动开始于 1936 年 6 月，当时香港优生学会成立，并由尼克松教授任会长，李曹秀群任秘书长。用王国栋教授（后来担任香港家庭计划指导会会长和主席）的话来说："香港优生学会的出现很大程度上是避孕运动的先锋人物玛格丽特·桑格夫人访问香港的结果。"（香港家庭计划指导会，1975，第 4 页）这个学会隶属于国际计划生育联合会（伦敦和纽约）、国家生育控制协会（伦敦）以及避孕临床研究机构（纽约），这几个机构最终成为美国家庭计划联合会和英国家庭计划协会。

优生学会最初只在湾仔贝夫人妇幼保健中心设立了一个独立门诊。后来又在九龙和 Tsan Yuk 医院设立了门诊。到 1940 年，中国香港优生学会经营

---

[*]　本章改编自范莹孙（2002），并征得作者本人同意。

着 5 家诊所,并有几名兼职女医生和护士。由于第二次世界大战时日本占领了香港,优生学会的工作被迫中断。据估计,香港当时人口 160 万人,然而,战时有很多人因饥荒被迫离开香港。1945 年战争结束时,只有大约 1/3 的人留下来。战争结束后,很多人返回香港,人口随之大幅增长。到 1950 年,人口已经增加到约 236 万,随后在香港出现了住房短缺、人口过度拥挤和普遍贫困问题。

当时香港非常需要家庭计划。1950 年 3 月,原优生学会的余留成员聚在一起考虑香港人口面临的挑战。他们决定把优生学会改名为香港家庭计划指导会(FPAHK,简称家计会),并于 1950 年 9 月制订了在湾仔贝夫人(Violet Peel)妇幼保健中心重新开始家庭计划门诊的计划。从那时开始,香港家庭计划指导会的工作越拓越宽。

### 国际家庭计划运动

1952 年 11 月,在孟买召开的国际会议上成立了国际计划生育联合会。香港家庭计划指导会的第一任主席王国栋参加了这次会议,这次会议有 14 个国家的近 500 名代表参加,几乎所有的代表都是家庭计划运动的先驱。中国香港与联邦德国、荷兰、印度、新加坡、瑞典、英国以及美国一起成为国际计划生育联合会的创始成员。

### 家庭计划初期的诊所

香港家庭计划指导会最开始运行时只有一个诊所,一周提供两次服务。由于缺少资金,服务很大程度上依赖于热心公益的志愿者:1951 年,诊所的 41 个工作人员中有 40 个是志愿者。第一年,有 1655 人来诊所就诊。他们的平均年龄是 35 岁,每个家庭的平均存活婴儿数是 6.8 个,家庭平均月收入只有 150 美元。在随后几年里,陆续在九龙和新界新开了一些诊所。专栏 12.1 是主要事件的年表。

| 专栏 12.1 | 香港家庭计划活动大事年表 |
|---|---|
| 年份 | 与家庭计划有关的主要事件 |
| 1950 | 1936 年成立的香港优生学会改组后命名为香港家庭计划指导会，提供避孕指导服务。 |
| 1952 | 香港作为创始成员之一成立了国际计划生育联合会。 |
| 1955 | 政府开始支持家计会的活动。 |
| | 个别接触方式的工作开始。 |
| 1956 | 首间生育指导所成立。 |
| 1964 | 国际计划生育联合会开始提供资助。 |
| 1967 | 进行了全港首次"家庭计划知识、态度和行为调查"。 |
| | 开展性教育。 |
| 1974 | 香港医务卫生署接管家计会的 32 家政府母婴健康院内的避孕指导所。 |
| 1975 | 开展"两个够哂数"运动。 |
| 1976 | 引入经腹结扎手术。 |
| 1978 | 开始青年咨询服务。 |
| 1979 | 成立首个妇女会。 |
| | 推出终止怀孕手术。 |
| | 推出婚前体格检查服务。 |
| 1981 | 在越南难民营建立家庭计划诊所。 |
| | 提供人工受孕服务。 |
| 1986 | 扩展对在校青少年的研究，后来发展成青少年性研究。 |
| | 首间青少年保健中心成立。 |
| 1987 | 开展"家庭计划，要做得哥"运动。 |
| | 婚前综合服务取代新婚人士的婚前体格检查。 |
| 1988 | 家计会总部迁至目前的地址湾仔，并于 1989 年正式启用。 |
| 1991 | 开始启用医护资讯管理系统。 |
| 1992 | 发起妇女健康运动。 |
| | 引入妇产科医学检查服务。 |

| 年份 | 与家庭计划有关的主要事件 |
|------|------------------------|
| 1996 | 发起家庭性教育运动。 |
| 1998 | 开展移动诊所服务。 |
|      | 孕前准备服务开始。 |
|      | 引入为从中国内地新迁入香港的妇女提供三年教育和信息服务项目。 |
| 1999 | 开始更年期服务。 |
|      | 社区的性教育流动图书馆开张。 |
| 2000 | 庆祝家计会成立50周年。 |
| 2001 | 公布首次男性健康调查结果。 |
|      | 好男人诊所开张。 |
| 2002 | 推行约会、婚姻和性咨询。 |
| 2003 | 宫颈病诊所开张。 |
|      | 宫颈刮片手术首次培训课程开始,支持政府倡导的在全港范围宫颈癌常规检查项目。 |
| 2004 | 性和生殖健康首次护士进修课程和首次针对非专科医生的进修课程开始。 |

1955年,家计会重新改组,拥有了自己的办公场所和建筑。政府在湾仔的轩尼诗道给了它们一片地,赛马会捐给它们12.5万美元承担建设费用。同样也在1955年,香港政府向家计会提供了一小笔5000港元(约640美元)的资金,这对家计会来说是向前迈进了一大步。1956年10月,格兰瑟姆夫人为家计会的第一栋办公楼和新总部揭幕。1960年,家计会的第二个中心在九龙开张了,1973年11月,家计会在新界的元朗中心开张。

1961~1963年,可深入到农村妇女的流动诊所项目运行。这一项目不仅为农村妇女提供诊疗服务，而且也用于教育和社会工作相关项目。另一个项目是 1966 年开始的流动诊所，包括家计会工作人员和政府的两个流动健康诊所，为偏远岛屿和乡村提供服务。更多的诊所在重建区域和低收入人群聚集区域开业。在家计会活动的鼎盛时期，在全香港分布着 62 家提供相关服务的诊所。

## 社区支持

香港家庭计划项目主要靠自助精神和社会责任感，特别是在医学界、妇女团体以及主要领导者中。起初，主要是由志愿的医生和护士（和一个兼职护士）提供服务。家计会的志愿者也从事必要的管理工作。直到 1957 年，家计会才雇用了全职秘书处理日常的联络工作和行政事务。1961 年，林贝聿嘉加入家计会并担任执行秘书，随后成为家计会的信息、教育和通信主管。当时家计会有 55 名雇员，1973 年增加到 200 多个。家计会是从一个小小的志愿机构逐步发展成扎根于社区的、国际知名的、受人尊敬的大的非政府组织。

家计会早期资金主要来源于捐款和捐赠。1955 年，家计会得到第一笔价值 5000 港元的政府拨款，随后拨款逐年增加，1974 年达到 165 万港元。第二个也是家计会最大的资金来源是国际计划生育联合会和其他国际与地方机构的捐助资金。由于政府拨款和不同渠道的捐款，家计会能够提供低收费服务。客户只需要名义上的挂号费就可以得到价格低廉的避孕药具。

## 沟通和宣传

中国传统文化总是偏爱大家庭。在家计会成立初期，很多人拒绝家庭计划思想，但是香港最终因拥有世界最高的避孕现用率而自豪。公众认知和接受态度的变化归因于家计会广泛而深入的公共教育活动，最终使得人们关注家庭计划，并使这种态度得以强化。多年以来，家计会几乎采用了所有可利用的途径将信息传达给公众。印刷品是它们最先使用的信息传播渠道。家计会印刷了说明小册子并免费发给公众，并不时地在报纸和杂志中刊登广告。在电视机发明以前，广播是另一个最普遍的信息传播渠道。它还通过各种渠道（如公告、演讲、广播剧、歌曲、会谈等）将家计会的信息传达到家家户户。

随着电影的日益普及，电影也能影响大量观众。本地电影院生产并捐赠了幻灯片，1961年，家计会制作了第一部电影《两个家庭的故事》，首映式由政府部门、街坊协会（邻里社区团体）以及其他福利机构的代表参加。家计会继续制作和购买电影，建成了规模超过100部电影的电影图书馆，并将这些电影借给公众。家计会在电影中播放宣传短片，后来在电视中也播放。

另一个宣传方法是在中环天星码头、工厂、福利院、住宅小区以及其他公共场所张贴广告。家计会也参加很多自己或者其他团体组织在不同社区中心的展会和展览。1960～1974年，家计会在香港工业出品展览会拥有一个展台，直到香港中华厂商联合会停止举办工展会。

此外，家计会每年都举办大型宣传活动。包括写论文、做缝纫、拍照片、绘画、设计海报、设计标语以及电话调查。这些活动让公众认识家计会，激发公众的兴趣并鼓励公众参与。

### 实地调查和探访

从一开始，家计会就通过采取个别接触的工作方式来传播家庭计划概念的策略。1955年，家计会的首个社会工作者开始探访以促进追求公平的妇女使用避孕药具。1965年，家计会已雇用了20名实地工作者，1971年增加到55名。初期，实地调查工作非常困难。调查人员经常会吃闭门羹，会有狗朝他们吠叫，而且他们必须去乡村地区，常常跋山涉水到一些乡村小屋。

然而，由于他们坚持不懈的努力和对这些妇女的同情，实地工作者最终克服了许多妇女对他们的怀疑、迷信和无知态度，特别是那些教育水平和收入水平较低的妇女。

实地调查者在产科医院和产后诊所进行调查，甚至也创造性地在结婚登记处和出生登记处开展工作。他们把名片送到各种社会机构，便于这些社会机构指引那些需要咨询家庭计划的妇女联系家计会的调查人员，随后他们就去拜访这些人。

1974 年，国际计划生育联合会开展了一项在社区分发避孕药具的新项目，这个项目已经被包括香港在内的所有成员广泛采纳。他们将家庭计划的信息传播到农村地区，在农村商店安放一些避孕药具，并且这些商店用作放置避孕药具的仓库。实地工作者可以在那里将避孕药具卖给那些决定避孕的妇女，随后这些妇女可以从当地商店获得随后需要的避孕药具。通过这种方式，农村妇女能够很方便地得到避孕药具。

## 婚姻生活信息服务

家计会的创始成员和首任会长，并为家庭计划运动贡献了 60 多年的李女士在 1959 年开了一家婚姻指导所，她作为首个咨询专家工作了几年。婚姻指导所提供婚姻指导，重点放在对年轻夫妇的结婚和性生活准备方面。婚姻指导所在婚姻登记处向新婚夫妇发放工作手册以鼓励他们来寻求咨询，并得到越来越多夫妇的回应，他们在婚姻指导所得到了解决婚姻问题和采取避孕措施的帮助。1966 年，李女士成为香港首个立法会女议员，并很快抓住机会在立法会支持家庭计划事业，呼吁制定人口政策，改变歧视妇女的规章制度。

### 从家庭生活教育到性教育：1967～1975 年

1967 年，在美国公益服务委员会的资助下，家计会开始了一项被称作

"家庭生活教育"的工作。在那个年代，"性"是一个禁忌的词汇，以至很少公开使用"性教育"这个词。而相对无伤大雅的"家庭生活教育"则被广泛接受。家计会早期的工作重点放在查找和收集资料，对海外著作进行改编或翻译以为香港所用。

家庭生活教育项目的主要成绩之一是起草了小学的家庭生活教育提纲，1975 年开始把中学也包含在内。随着 1970 年家庭生活教育指导办公室雇用了职员，家计会大大地扩大了工作范围。包括青春期生理和心理变化、家庭关系、人类生育和性、青少年约会和求爱关系等的咨询工作同时在中小学、大学以及在生理或心理方面有障碍者的学校开展。

用培养训练方法，家计会召开一系列研讨会并颁发证书给参加培训的老师和社会工作者，使得他们能够从事家庭生活教育部门的工作，回答学生和当事人的问题。家庭生活教育项目也利用电视、广播以及报纸的专栏回答读者提问。

当时，家计会倡导的"人口教育"还是一个新观念。家计会于 1973 年举办首届"人口教育研讨会"，会议强调人口意识和有责任的公民。教师代表一致同意应该在中学引入人口教育，但是又感到因缺乏物质资源而受阻。家计会带头制作了一个有关人口教育的特征、范围和理论基础的信息传单，并在教师和青年工作者中散发。它也结合教育部的"面向中学的新社会研究课程提纲"准备了用于课堂教学的人口教育教师手册。

到 1975 年，家计会收集到很多进行家庭生活教育和人口教育的视听设备，包括胶卷、幻灯片、图表、字幕片、磁带、杂志和书。家计会自己的出版物包括有很好的分销网络的小本子、小册子和时事通讯。1972 年，家计会建立了一个系统地将这些资料进行归类整理的参考书阅览室，以方便工作人员、学生、学者、媒体和公众查询。

### 研究和监测

除了坚持对顾客和服务进行广泛的系统记录外，家计会多年来还进行了一系列调查。最早的调查是在 1967 年进行的，调查显示妻子年龄小于 45 岁的夫妇中 44% 的夫妇已经采用了避孕措施。1972 年这个数据上升至 54%，接下来的 10 年里达到更高的水平，其中女性绝育和口服避孕药在避孕措施中占主导地位。系统记录诊所采用避孕药具妇女的年龄、平等情况，表明越来越多的生育孩子数量较少的年轻夫妇采取避孕措施的趋势。两个孩子的家庭已成为标准家庭。

家计会与密歇根大学合作的系列研究表明，1961 ~ 1965 年出生率的下降大部分（约 80%）是由人口年龄变化以及适婚人口分布的变化造成的，20% 是由特定年龄已婚妇女生育率的下降（年龄别结婚率）造成的（Freedman & Lee，1989）。然而，1965 ~ 1968 年出生率下降更快，避孕药具的使用起了主要的作用，主要是家计会引入的新近发明的宫内节育器的使用，也反映了药房和私人医师的大量工作。

香港生育率的下降引起了国际上的广泛关注，中国香港的经验与其他亚洲国家类似，由于某些相同的原因，这些亚洲国家在同一时期经历了出生率下降（Coale & Freedman，1993）。香港 1979 年达到了每个妇女大约生 2.1 个孩子的生育率替代水平（Freedman & Lee，1989），采取避孕措施的夫妇最终达到 80%。

## 多样化以满足需求变化：20 世纪 70 年代

尽管这卷书主要涉及的是 20 世纪 70 年代中期以前的大规模家庭计划项目形成时期，但是香港家庭计划的重大变化发生在那之后的时期。20 世纪 70 年代家计会的工作重点发生了变化。政府部门认识到家庭计划的重要性，开始吸收家庭计划诊所进入妇幼保健院。到 1975 年，家计会已将 32 个诊所移交给政府，但仍直接运转其他 26 家诊所。同时，家计会建立了一些专门诊所施行输精管结扎术或进行婚姻指导和咨询，帮助解决低生育能力问题。建立了热线电话，为了便于记忆，1973 年电话号码改成 722222，一连串的

2 表示两孩家庭是最理想的。引入了产后家庭计划项目，鼓励妇女在分娩后马上进行避孕，以便扩大怀孕间隔，并在微创剖腹术和后穹窿镜检查后进行妇女绝育。1979 年，开始有孕前和孕后咨询的终止妊娠服务。为了适应不断变化的社区需求而提供服务的传统，家计会不再局限于生育控制，而是积极地扩展关于性和生殖健康相关领域的服务。

随后几年，家计会致力于满足社区多部门的需求而提供其他专门服务。增加了青少年服务，旨在为未婚的年轻人提供咨询和临床服务。建立了婚前检查服务，1979 ~ 1990 年为超过 15 万人提供实验检测和教育讨论会相关服务。为强奸受害者提供服务，为他们做心理辅导、避孕和疾病测试。为残疾人、精神病人和聋人提供专门服务。除了为 1997 年香港回归之后从内地来的新移民提供服务外，也为外来务工人员和越南偷渡者提供服务。

1975 年，家计会成立 25 周年纪念。在过去的 25 年里，家计会为超过 40 万人提供服务，接待来访人数超过了 300 万人。20 世纪 70 年代初，家计会成功地将大量的常规服务移交给政府，那时也发生了一些转变，创新初期许多人采用避孕措施使得管理成本大大增加。家计会的作用随着时代发展而变化：在战后初期，集中在提供易获得的、负担得起的生育控制服务，这些服务帮助香港维持一个相对稳定的人口增长。接下来的几年里，家计会增加了性教育、年轻人性特征和妇女健康等项目。最后，主要围绕临床服务、信息发布和教育，从婚前年轻夫妇到育龄妇女的各种小群体的一系列活动。1975 年首次提出的"两个足够"的口号已深入人心。每 5 年持续进行的有关知识、态度和实施的调查表明，理想的家庭规模和实际家庭规模分别从 1972 年的 3.2 和 3.3 降至 1981 年的 2.1。根据大量的临床顾客数据，家计会在开展生育调节新方法的试验方面处于独一无二的位置，包括低剂量口服避孕药、荷尔蒙宫内节育器，特别是与香港大学妇产科学系关于紧急避孕方面的合作。

25 周年纪念会赞扬了家计会的杰出先锋志愿者的贡献，包括家计会第一任会长 Laura Li 女士，她于 1952 年加入家计会，并承担了包括主席和会长在内的不同岗位的工作，并在 1980 年退休前一直是家计会的赞助人。由于 1975 年也是国际妇女年，家计会在这一年庆祝 25 周年纪念会是很合适的。

## 参考文献

[1] Coale, Ansley J., and Ronald Freedman. 1993. "Similarities in the Fertility Transition in China and Three Other East Asian Populations." In *The Revolution in Asian Fertility: Dimensions, Causes, and Implications*, ed. Richard Leete and Iqbal Alam, 208 – 38. Oxford, U. K.: Clarendon Press.

[2] FPAHK (Family Planning Association of Hong Kong). 1969. *Hong Kong*. Country Profiles Series. New York: Population Council.

[3] ——. 1975. *The Family Planning Association of Hong Kong Silver Jubilee*. Hong Kong: FPAHK.

[4] Fan, Susan. 2002. "The Family Planning Association of Hong Kong: Half a Century of Voluntarism Dedicated to Sexual and Reproductive Health." *Hong Kong Journal of Gynaecology Obstetrics and Midwifery* 3 (1): 2 – 16.

[5] Freedman, Ronald, and Joseph Lee. 1989. "The Fertility Transition in Hong Kong: 1961 – 1987." Research Report 89 – 159, University of Michigan, Population Studies Center, Ann Arbor, MI.

（袁瑞娟　译　彭伟斌　陈晓慧　校）

# 第十三章
## 新加坡：人口政策和计划[*]

■ 邑梅腾

　　新加坡从一个伴有高失业率的年轻的、人口快速增长的国家转型为一个人口快速老化的、净劳动输入的国家，这种人口转变是非常显著的。新加坡总和生育率从 1957 年每名妇女生育 6 个多孩子达到"二战"后生育高峰的顶点，到 1977 年迅速下降到替代率水平以下。预测表明，新加坡老年人口（65 岁及以上）将会倍增，即老年人口占总人口比重在 1997 ~ 2018 年由 7% 增加到 14%，也就是说，比迄今为止老龄化速度最快的国家日本用时（26 年）还要短（Kinsella & Gist，1995）。新加坡政府旨在控制人口增长率的人口政策和项目开始于国家独立后的初期阶段，一般来讲，在已知事件同时发生的情况下，不太可能直接去测量政府的人口政策和项目的贡献情况，但是人们通常认为（新加坡政府的）那些政策和项目是成功的。特别地，新加坡因其严格的国家家庭计划项目而著名，这些家庭计划项目包括旨在减少生育的激励措施和惩罚措施。然而，现如今新加坡是实施鼓励生育政策的少数

---

　　[*] 本章改编自 Mason（2001）。作者感谢 Andrew Mason 允许使用他的文章。

国家之一。

政府对人口问题的紧迫性态度在小国背景下更容易理解。正如前新加坡人口规划局领导张保罗所观察到的："新加坡人口规划的本质是在极端的土地约束条件下，管理人口增长以使之与经济需要相适应。"（Cheung，1995，p. 100）新加坡是一个没有腹地的城市岛国，除了人口之外，岛国缺乏自然资源。因此，新加坡强调本国人力资源的最大化就不足为怪了。

1959 年，新加坡成为英联邦下的一个自治国家。当人民行动党领导下的现政府在这一年掌权时，新加坡的年人口增长率为 4%～5%，这一高增长率主要归因于人口的高自然增长率，此外，净迁入增强了人口增长率。新成立的政府面临着经济增长下的高失业问题，以及由人口快速增长带来的社会服务需求不断增加的问题（S. Lee，1979）。1965 年 8 月，随着与马来西亚一项为期两年的合并和更具希望的共同市场的突然结束，新加坡成为一个完全独立的国家。1968 年，英国军方的撤退加强了（军人）失去工作后的不安全感。

20 世纪 80 年代中期以来，新加坡政府的关注点包括劳动力增长、劳动力活力和（生育持续在世代更替水平以下及人口老龄化情况下）国家稳定经济增长的能力等议题。现在人们认为人口规模大是未来经济增长的关键组成部分（新加坡政府，1991；K. Lee，2005；Lian，2004）。规划者认为相对于过去来讲，地理面积的限制已不再那么关键，因为相对于早期认为的（国家可以容纳的）合意人口为 300 万人来讲，他们认为国家现在可以很舒适地承载超过 500 万的更多人口[①]（Wan、Loh & Chen，1976）。然而，Cheung（1995）告诫大家不要为了达到更大的人口规模而使人口增长过快，他引证说明了鼓励人口政策所产生的动量以及这种动量已逆转（同样参见 Yap，1995）。人口规划成为一个更为复杂的经济需要与社会政治考量之间的平衡，前者是指

---

① UrbanRedevelopmentAuthority. "Concept Plan：Towards a Thriving World Class Cityin the 21st Century". Urban Redevelopment Authority，Government of Singapore. http：//www. ura. gov. sg/concept plan200 文改编自 Mason（2001）。

对更多更好的能胜任工作的员工的需求，后者是指对被抚养人口和种族平衡之间的社会及政治考量。专栏 13.1 给出了重大事件的时间表。

| 专栏 13.1 | 新加坡家庭计划活动大事年表 |
|---|---|
| **年份** | **与家庭计划有关的主要事件** |
| 1949 | 新加坡家庭计划协会成立。 |
| 1959 | 人民行动党掌权，新加坡成为一个自治国家和英联邦成员方之一。 |
| 1965 | 新加坡完全从马来西亚独立出来。 |
| 1966 | 首次发布了有关家庭计划和生育的官方政策。<br>国家家庭计划项目启动。<br>新加坡家庭计划和人口委员会成立，归属卫生部。 |
| 1969 | 引进不利于大家庭的激励措施。 |
| 1970 | 绝育和堕胎合法化。 |
| 1972 | 采用两孩家庭标准。 |
| 1975～1976 | 总和生育率达到更替水平。<br>绝育和堕胎自主化。 |
| 1977 | 总和生育率降至更替水平以下。 |
| 1983 | 总理李光耀提出了婚姻和生育上的教育差异议题，激起了后来为大家所熟知的婚姻大讨论。 |
| 1984 | 鼓励有大学学位的女性生育更多孩子的激励措施；然而，这些女性子女的小学注册登记优先权计划是有争议的，一年后被废弃。<br>社会发展局成立，旨在促进大学毕业生之间的相互联系，以帮助受过良好教育的女性找到伴侣。 |
| 1987 | 随着有选择地鼓励生育政策（其标语是："如果你能负担得起的话，生育三个或更多的孩子"）的采纳，抑制生育的政策被取消。 |

## 生育政策

可将新加坡生育政策和项目的演变分为三个阶段：政府对家庭计划活动的间接干预阶段（1949～1965年），抑制生育阶段（1966～1986年）和鼓励生育阶段（1987年至现在）。

### 第一阶段：间接的政府干预，1949～1965年

1966年以前新加坡没有关于家庭计划和生育控制方面的官方政策。受"二战"造成的高度贫困的激励，同时考虑到频繁生育对妇女和她们家庭的健康与福利的有害影响，一个志愿者团体在1949年引进了家庭计划（Pakshong，1967；Saw，1980，1991；Zhou，1996）。该志愿者团体建立了一个志愿性组织——新加坡家庭计划协会，该协会的主要目标包括：①为公众提供家庭计划教育，并向他们提供避孕设施，以满足已婚夫妇扩大或限制其家庭规模的需要；②促进家庭计划中心的建立，该中心除了向女性提供避孕措施建议之外，还向女性提供有关不孕、小型妇科疾病治疗，以及有关婚姻问题的咨询建议等；③鼓励生育健康的孩子，如果父母能够给予这些孩子一个合理的发展机会的话，那么这些孩子将会成为国家的一笔财富（新加坡家庭计划协会，1954）。

1949～1950年，医师协会会员仅有3个诊所作为手术场所。之后，提供这些服务的诊所数量增加很快，到1965年增加到34个。同期，新接受注册者的数量从600人增加到将近1000人。仅在1965年，诊所接待以前的注册者就超过了94000人次。协会领导人觉得如此沉重的需求已经超出了组织的现有能力，他们一再要求政府承担起诊所服务的责任来。虽然1968年以前家庭计划协会一直在它自身拥有的3个经营场所继续提供服务，但是1966年以后，随着新加坡家庭计划和人口委员会（SFPPB）的建立，以及国家家庭计划和人口项目（此后被称作国家家庭计划项目）的创设，政府

也开始逐渐承担一些责任。1986 年，家庭计划协会更名为新加坡家长计划协会，自此以后，它将精力集中在教育与咨询活动上。

尽管 1949～1965 年家庭计划协会是家庭计划服务的主要提供者，但政府（先是英国殖民政府，随后是新加坡人自己的政府）在家庭计划服务方面发挥着越来越重要的作用。政府曾给协会提供了较大规模的补助金，从 1949～1950 年的 5000 新加坡元稳步增加到 1957～1965 年的 10 万新加坡元或更多。政府诊所给协会提供越来越大的空间，包括在优越地段给协会总部提供一块土地，每年象征性地收取 1 新加坡元作为年租金，以方便家庭计划协会提供家庭计划服务。福特基金会为协会的建筑、设备和人员培训提供了所需的资金。1960 年 11 月，作为政府大众健康教育计划的一部分，政府和协会在全国范围内发起了长达 3 个月之久的家庭计划活动。人民行动党宣传家庭计划信息，其目的旨在将其作为 1959 年大选时党的一个（宣传）平台。人民行动党的文件《未来的任务：新加坡人民行动党的五年计划，1959～1965 年》也成为其赢得选举后党的行动纲领。

### 第二阶段：抑制生育的政策，1966～1986 年

抑制生育阶段是假定政府负有强烈的、直接的家庭计划责任为特征。除了家庭计划协会要求政府接管之外，1965 年 8 月新加坡突然获得独立也成为政策变化的驱动力。人民行动党领导人不相信新加坡作为一个没有自然资源的小岛能够独立生存下去，但是尝试与马来西亚合并仅仅在两年之后就以失败而告终。尽管人口年增长率已从 20 世纪 50 年代末的过高比重（每年 4%～5%）缓慢下降，但在新加坡即将独立前，人口增长率仍保持在约 2.5% 的较高水平上。虽然还存在低水平的选择性移民，但由于马来西亚和新加坡在分离不久后就对边境进行了管理，因而对外来移民的控制还是比较容易做到的。

就生育控制而言，新加坡以其创新性的（一些有说服力的观点）项目和政策而著名。

1966 年 1 月，政府启动了国家家庭计划和人口项目。新加坡家庭计划和人口委员会是在 1965 年 12 月的一项议会法案中确立的，它是卫生部下的一个法定机构，负责项目的日常运行。新加坡家庭计划和人口委员会的目标是：①作为独家代理机构，促进和传播与家庭计划有关的信息；②发起和从事人口控制项目；③激发对人口统计学的兴趣；④针对所有与家庭计划和人口控制有关的问题，向政府提出建议（Saw，1991）。委员会是在家庭计划协会要求政府接管家庭计划临床服务之后，随着政府对新加坡家庭计划活动状况的评审确立起来的。政府接受了评审委员会关于假定政府对临床工作、研究和宣传负有完全责任的建议，但是将接管时间推迟到了 1966 年 1 月 1 日，而不是委员会以前所建议的 1965 年 10 月 1 日（新加坡政府，1965）。和过去一样，政府在全岛的母婴健康诊所网络中为家庭计划服务提供空间，从高管（包括一些部门领导）到内科医生、护士、助产士和非专业人士等政府全体人员，都享有与委员会几乎无缝的网络服务。

创建委员会的法案也规定任何人、协会，或者对"促进和传播家庭计划信息感兴趣"，或者对"销售或分发任何药品、制剂或者用于此目的的物品"感兴趣的团体必须向委员会登记。于是从 1966 年开始，家庭计划协会（除了在 1968 年和 1971 年的短暂中断之外）和天主教的慈善医疗协会成为该委员会下的注册机构。已在新加坡医疗委员会注册并且允许私人开业医师开处方和出售避孕药具，不需要再次向卫生部登记。

最初，国家家庭计划项目宣传建立小型家庭，但并不指定小型家庭的具体规模。1972 年，国家采纳了两孩家庭标准，以期通过采用该标准将生育率降至并保持在更替水平，达到零人口增长的目标。1977 年，由于婴儿潮的预期影响隐约可见，故而在项目中加入了一些有关晚婚、晚育和生育间隔的信息。人口统计学和项目的目标是按照出生率或者生育率的减少以及在每一个五年计划末要达到的接受者的数量确定下来的（见表 13.1）。这些目标中的大部分目标已经达成，甚至是超额完成，其中最重要的（成绩）是在

1975 年总和生育率达到了替代水平，提前 5 年达到了初定目标。由于总和生育率在替代水平以下持续下降，所以 1980 年以后，发展中的五年计划实践结束，20 世纪 80 年代的早期活动主要聚焦在项目维护上。

表 13.1　新加坡家庭计划和人口委员会（SFPPB）五年计划目标和成绩

| 计　划 | 目　　标 | 成　就 |
|---|---|---|
| 第一个<br>五年计划<br>（1966～1970 年） | 降低粗出生率，从 1964 年的 32‰降低到 1970 年的 20‰；<br>对年龄在 15～44 岁的所有已婚女性中的 60% 提供家庭计划服务 | 到 1970 年，粗出生率下降至 22.1‰；<br>总共有 156556 女性人口，或者说占生育年龄已婚女性 62% 的女性从委员会的诊所中接受了家庭计划 |
| 第二个<br>五年计划<br>（1971～1975 年） | 将粗生育率从 1970 年的 22.1‰降至 1975 年的 18.0‰；<br>计划在 1971～1975 年，每年招募 16000 名新接受者，该期共计划招募 80000 人；<br>保留已经注册该项目的 156556 名接受者；<br>促进已经完成家庭规模的男性和女性进行绝育；<br>在年轻人（结婚年龄的年轻人，新婚夫妇，尤其是那些低收入和低教育水平群体）中建立有关家庭计划和家庭计划收益的意识 | 1975 年粗生育率为每千人口生育 17.8 个孩子；<br>总共招募了 89501 个新接受者，超出目标 11.9% |
| 第三个<br>五年计划<br>（1976～1980 年） | 将生育率维持在替代水平（每个妇女生育 2.0 个孩子），以便到 2030 年达到人口的零增长 | 1980 年总和生育率为每个妇女生育 1.8 个孩子 |

资料来源：各年新加坡家庭计划和人口委员会。

　　随着上述措施的实施，国家家庭计划项目提供了广泛的避孕服务，这些服务通过政府在全岛范围经营的家庭计划生育和母婴保健诊所网络展开。国家家庭计划项目除提供广泛的避孕服务外，还提供包括家庭拜访、在农村设立流动诊所、针对男性的家庭计划诊所等其他服务。政府除了提供可逆的避孕措施外，1970 年又使绝育合法化。1975 年，为使绝育手术能够满足需求，政府进一步放宽对绝育的限制，而且手术费用适中，在政府医院和输精管切除手术诊所里，每次绝育手术仅需花费 5 新加坡元。

　　1973 年以来进行的（家庭计划）知识、态度和实践调查结果显示，政府医院和诊所是为妇女提供避孕措施的主要渠道（见表 13.2），但随着时间的推移，对私营部门渠道的依赖在增加。

表 13.2 部分年份避孕药具供应来源

单位：%

| 来源 \ 年份 | 1977 | 1982 | 1987 | 1992 |
|---|---|---|---|---|
| 政府诊所和医院 | 74.1 | 70.1 | 61.6 | 50.9 |
| 一般开业医师 | 14.8 | 18.4 | | |
| 药房和药店 | 4.9 | 5.0 | 38.4a | 49.1a |
| 其他 | 6.2 | 6.5 | | |

资料来源：卫生部，人口规划部门数据。a. 包括所有来自私人部门的数据。

同样，1970 年堕胎合法化，1975 年开始自主化。根据 Saw（1991，p.233）的研究，实施堕胎自主化后的评估显示：1970 年法律"运行良好"，而且"政府已经决定采用一个以减少受孕为目的的全面的人口控制项目"。随着绝育和堕胎的合法化，只要卫生部依据堕胎法律批准私人执业医师及其营业场所，那么他们就可以从事上述手术。

除了提供诊所服务外，（家庭计划）项目还包括一个丰富多样的特色交流项目，涵盖包括学生在内的几乎所有人群。20 世纪 70 年代初，出生人数开始增加，人口出生率水平下降。1972 年，新加坡家庭计划和人口委员会（SFPPB）新设了信息局、教育局和交流局，以便加强对家庭计划的宣传，让人们接受每家只生育两个孩子的家庭模式。几乎所有大众传播媒介，包括广播、电视、报纸与杂志、剧院、广告牌和公交车显示屏等都派上了用场，委员会还免费发放了海报、宣传册、帖纸、滑板、钥匙链、日历和钢笔等多种宣传资料，为新婚夫妇、社区负责人、工会领导人、教师和学校校长组织了多场讲座和研讨会，提供包括产后和绝育后面对面鼓励的交流服务，同时还设立了电话信息服务。新加坡国土面积很小，人口高度城市化，这些因素很可能有利于上述政策的推广实施。

然而，新加坡（家庭计划）项目最突出的特点或许是其具有激励性和抑制性的一揽子社会政策，这些社会政策旨在推动大家接受绝育措施和小家庭模式，拒绝大家庭模式。这些政策措施从 1969 年开始实施，后来逐渐加强。根据 Wan 和 Loh（1979，pp. 102 - 103）的研究，"许多社会政策的基本目的……是减少或消除政府为某些服务所支付的沉重补贴……理由是那些享受了服务项目的人应该采取更具责任心的人口再生产行为，因为他们享受的服务是由其他纳税人支付的"。

新加坡家庭计划项目的具体措施包括：限制前三个婴儿出生的产假，后来又扩展到限制前两个婴儿出生的产假；对有子女但继续生育的产妇收取累进分娩费；限制生育前三个婴儿的家庭所得税减免；在分配公寓时优先考虑子女少的家庭；一年级学生入学注册时优先考虑只有三个或更少子女家庭的儿童。促进自愿绝育的激励措施包括：为生育了第三个或者更多婴儿之后做绝育手术的女性公务员提供带薪产假；为做过绝育手术的公务员额外提供正常假期之外的七天带薪假期；对那些由政府部分补贴医疗费用的产妇，如果这些产妇产后接受绝育手术，则可以免除分娩费用；在一年级学生入学注册时，优先考虑那些其父母在 40 岁前最多生育两个小孩并已绝育的儿童。虽然拥有三个或三个以上孩子的父母可能不能让他们年龄较小的孩子进入理想的学校，但是在现行的入学方案中，并没有儿童失学现象。同样的，在当时既定的扩大公共住宅方案中，一般都不会剥夺符合住宅管理部门条件的家庭享受公共住宅的权利。

1984 年，政府开始放松抑制生育的强硬立场，并在受过良好教育的妇女中引入可供选择的措施，以促使其家庭规模扩大。这一发展是围绕李光耀总理的"一边倒生育模式"公开讨论展开的。受过良好教育的妇女平均只生育了不到两个小孩，而未受过良好教育的妇女却平均生育了三个小孩。另外受过良好教育的妇女比未受过良好教育的妇女更有可能保持单身（K. Lee，1983）。李光耀总理建议修改现行的生育政策，"以便使受过良好教育的妇女能生育更多孩子，从而在下一代中具有足够的代表性"（Saw，1990，p. 44）。虽然他承认是天赋而不是占社会 80% 或者 20% 的家庭决定一个人成就的大小，但他还是相信受过良好教育的妇女更有可能为子女提供一个良好的成长环境。

政府修改了相关生育政策，一年级注册时优先考虑那些母亲接受过高等教育并且生育了三个以上孩子的小孩（大学学历母亲项目），对拥有某种学术职称的母亲的所得税减免力度也在增加（Saw，1990）。与此同时，政府提高了在政府医院里生育第三个婴儿及其之后婴儿的分娩费用，从而使得低收入群体生育更多婴儿时的成本相对增加；另外，政府实施了一项价值10000新加坡元的住宅专款项目，以鼓励那些缺乏教育背景的低收入父母生育两个婴儿后做绝育手术。政府设立了一个专门机构促进有大学学历的男女进行交往，以便提高他们之间结婚的比例。后来，政府放弃了大学学历母亲项目，因为它引发了争论，而且该措施的潜在受益儿童很少。

随着新加坡政府管理服务部管理合理化活动的推进，国会废除了当年新加坡家庭计划和人口委员会得以成立的法案，新加坡家庭计划和人口委员会（SFPPB）也于1986年6月撤销。新加坡家庭计划和人口委员会撤销后，委员会的人员和功能转入卫生部。事实上，委员会的唯一职责就是实施全国家庭计划项目，新加坡人口政策抑制阶段随着该委员会的撤销也随之结束，不过，新加坡政府在其母婴保健诊所仍继续提供各种家庭计划服务。

### 第三阶段：1987年至现在

新加坡人口政策的第三个阶段官方上始于1987年3月。当时（新加坡）第一副总理吴作栋（后来的总理和目前的高级部长）宣布新人口政策，新人口政策劝诫有能力负担的新加坡人组成有三个或更多孩子的大家庭，促进结婚也是新政策不可分割的一部分。和往常一样，政府出台了一系列财政措施和其他激励措施来支持大家庭政策，比如：①降低抚养孩子的财政负担（对生育第三个孩子和第四个孩子的家庭进行部分退税激励，对生育超过四个孩子的家庭进行所得税减免激励）；②减轻女性工作和抚养子女之间矛盾的激励（儿童保育补贴，保姆退税，照顾生病孩子的休假，无薪假和公共部门的兼职）；③对早期两孩激励政策进行修正，使之与新政策相一致（取代过去对两孩家庭的激励政策，对三个孩子的家庭住房分配以及小学入学注册给予优先权利）（Yap，1995）。有堕胎和绝育要求的有两个或者更少孩子的妇女要接受咨询服务并重新考虑她们的决定。通过住房津贴和儿童教育奖学金鼓励低教育水平、低收入水平的夫妇履行家庭计划（尽管不要求堕胎）并限制其家庭生育两个孩子。这些年来政府已经对激励进行了修订和加强，最新版本的修订是在 2004 年。

## 人口与发展政策的整合

20 世纪 60 年代初，随着联合国和世界银行等机构专家的介绍与推荐，新加坡实施了工业化政策。根据程萧华（1991，p. 182）的观察："新加坡从一个严重依赖转口贸易的发展中国家，跨入了新兴工业化国家行列，并且逐步建立起多元经济，这种多元经济将生产、运输、通信、银行、金融和旅游作为贸易的补充。"程萧华（1991，p. 215）认为经济在战后，特别是在独立后的动态表现"很大程度上归因于政府的不懈努力"；并且认为"政府为了确保发展的成果能（给人们）带来更高水平的生活，在推动家庭计划方面很积极，并且也很成功"。福西特和陈爱菊（1979，p. 252）评估新加坡经验的观察报告如下："人口增长、分布和构成是政府一直高度关注的问题……政治领导人一贯强调人口控制的重要性，这主要基于对新加坡规模小以及缺乏自然资源的争论……简而言之，新加坡的自然和社会特征促使（事实上是要求）其在人口规划中优先考虑人口统计，同时，政治领导毫不犹豫地将其明确有力地表达为国家政策的重要部分。"

新加坡发展规划中的人口变化，尤其是生育率下降，或许能够从开国元勋——内阁部长吴庆瑞 1969 年为国际货币基金组织和世界银行成员所做的演说中得以最好的说明。根据被誉为新加坡经济设计师吴庆瑞的说法，20世纪 50 年代末 60 年代初出生率的下降使得增加教育上的支出成为可能，而

"不必担心发生其他发展中国家已经发生了的情况，即受过良好教育的毕业生像洪流一样涌入劳动力市场而不能受雇用。而且，教育支出也有望稳定……这个问题假定了一个有限的维度，并且希望所产出的 GNP 增量不被不受控制的人口增长耗掉的情况下，仍有可能继续发展项目"（Goh，1969，p. 131）。

然而，吴庆瑞以其特有的坦率，承认最初的生育率下降并不是政府发展规划的结果，而是基于一个事实之后的有用发现。这一事实是："如果人民行动党注意到之前 20 年的人口趋势，那么，它可能会不愿做出提供免费普及初等教育的选举承诺。但是在选举宣言起草时，人民行动党很少会咨询人口学家的意见。"（K. Goh，1969，p. 130）。

尽管如此，人口增长与发展之间的关系，以及人口增长对人们生活质量的影响并未引起政府的注意。1961～1964 年，新加坡发展计划确定将控制人口增长（包括生育控制和移民控制）作为解决困扰新加坡高失业和经济压力的解决办法。然而，根据苏·安·李（1979）的观点，政府面临的政治约束，尤其是考虑到马来半岛的移民控制问题，新加坡发展计划并未强调工业发展。家庭计划白皮书（新加坡政府，1965，para. 8.1）宣称所提出的家庭计划项目的"主要目的"是为了"将我们的女性从生育和养育不必要的大量孩子的负担中解放出来，并且将增加人类幸福作为一个结果"的同时，增加了如下声明（para 8.4，在原文中强调）：

> 为了给我们的人民提供更好的社会服务，我们每年在教育、住房、医疗等上面已经投入了大量的公共基金。如果我们当下的人口增长率仍不加以限制，那么未来我们几乎不可能保持这一（服务）标准……通过限制每年出生婴儿的数量，我们不但能够提高母亲的幸福（感），而且还可以增加家庭的幸福（感）；与此同时，通过提高（人们的）生活水平，将数百万的公共基金输送到新加坡的生产经济发展中从而增加更多的就业机会与（经济）繁荣，我们还能够提高公民的一般福利。

新加坡家庭计划和人口委员会前高级官员玛格丽特·卢这样解释人口控制和经济发展之间的关系："新加坡国家计划和人口项目的创立，可以说首先已经开始从微观层面上提高母亲、孩子和总家庭单位的健康与福利，并且已经开始从宏观层面上促进生育下降以助于社会经济的发展进程。这两个目标……符合提高人们生活质量的终极目标。"（Loh，1976，p.26）

政府不同部门通过两种方式参与人口规划和政策发展。首先，新加坡家庭计划和人口委员会成员包括来自政府部门机构（如教育部、社会事务部、新加坡广播公司）的高级官员，以及专业学者和医学界成员。类似的，20世纪80年代中期常任卫生秘书长就职，他领导部门间的人口委员会，并且建议政府（考虑）新的人口政策，但是委员会成员包括来自其他政府部门的利益相关者和学界人士。通过（不同部门成员共同组成委员会成员）这种方式，政府相关部门意识到了人口问题，而且，各级政府部门制订了它们自己的奖励或惩罚措施以鼓励夫妇组成小家庭，比如，教育部制订了与一年级入学有关的激励和惩罚措施，而房屋发展局在公共住房中加入了相关（激励和惩罚）措施（Loh，1976）。

规划者涉足人口规划的另一种方式是专题座谈会，专题座谈会是由新加坡家庭计划和人口委员会在国家家庭计划项目第一个十年计划完成后的1976年4月组织的。各级政府部门管理者和专业学者受邀检查各种人口方案对国家的经济发展、体育发展和环境等的含义。家庭计划和人口委员会以他们推荐的人口方案为基础，来设定明确的纲领性目标（卫生部，1977；Wan、Loh和Chen，1976）。同样的，20世纪90年代初，委员会的附属委员会将人口和住房小组委员会吸纳进来，并对新加坡的概念计划——新加坡体育发展蓝图进行了评估（Cheong-Chua，1995，附录4.2）。

与先前强力抵制生育的立场不同，政府近来更为合理地思考了其新的鼓励生育的人口政策，政府认为这一新的、鼓励生育的人口政策对一个国家的长期发展是必要的。吴作栋表达了他对新加坡持续低生育的关心，他说：
"我们不得不密切关注生育趋势和生育模式，因为它们关乎我们的繁荣和安全，甚至关乎整个国家的生存。"（C. Goh，1986）

一开始，政府不仅仅关注人口规模或者人口增长率，而且还关注人口质量。生育政策和迁移政策是政府发展战略最重要部分。在启动国家家庭计划项目时，卫生部长杨玉麟同时声明："对我们来讲，家庭计划是……一项全国性的重要问题，事实上也是一项迫切的问题。在独立后的新加坡，我们最好的生存机会，是强调质量而不是数量（Saw，1980，p. 52）。"前总理李光耀在 1974 年的一次采访中，对政府大力抵制生育的立场解释如下："哪一天我们能够突破这一核心部分，那么哪一天我们的人口问题也就得以解决。我们可以达到（人口）零增长，甚至是人口负增长。然后，我们可以通过选择我们需要的移民来运行现代更高（水平）的技术经济（Fawcett & Chen，1979，p. 251）。"因此，1987 年有选择性地鼓励生育的新人口政策，代表了政府强调人口质量的一种延续。实际上，尽管新加坡希望控制人口增长率，但是它仍一直允许那些被认为是经济净贡献者（移民）的流入（Yap，1993）。

新加坡正在加紧移民（简称为寻找人才），因为尽管近些年采取了一些鼓励生育的措施，但新加坡已是生育率跌至"超低"生育水平国家的行列。现在新加坡采取了三方面的策略：鼓励婚姻和生育策略、增加移民策略和吸引新加坡海外群体策略。新加坡采取这些策略的原因，用新加坡副总理黄根成（他还负责人口问题）2006 年 8 月接受采访时的话来讲是："我们希望我们（的人口）能够自我更替，并且最终使我们的人口在我们（国家）走向一个充满活力的、开放的和成功的现代城市的过程中得以增长。"①

①　Channel NewsAsia. "Interview with DPM Wong KanSeng on Population Issues". MediaCorp News. http：//www. channelnewsasia. com/stories/singaporelocalnews/view/226426/1/. html.

## 人口影响

新加坡的生育下降开始于国家家庭计划项目实施之前。正如前内阁部长吴庆瑞所说的，生育率下降在很大程度上可能要归因于家庭计划协会的工作满足服务需求。家庭计划的接受情况是这样的：协会诊所中新的避孕接受者的数量从 1949 年的 600 人暴增到 1965 年的近 10000 人。帕克松（1967）估计认为，在所有意外怀孕的女性当中，新接受者的比例从 1957 年的 2% 上升到 1963～1964 年的 4%。帕克松还估计，连同从其他来源获得避孕药具或者传统避孕方法（比如体外射精或者安全期）一起，诊所为 9%～10% 的符合条件的女性提供服务。

表 13.3 显示了 1966～1995 年可逆方法接受者、绝育和堕胎的数量。可逆避孕方法数据是指在新加坡家庭计划和人口委员会注册的接受者，然而，绝育和堕胎的数据包括政府执行的项目和经认可的专用设施。有关可逆避孕方法的使用者（这些使用者从私人部门获得服务）的数据是无效的。正如先前提到的，避孕接受者的数量甚至还超出了委员会的宏伟目标。

**表 13.3　1966～1995 年新加坡家庭计划和人口委员会新老接受者、绝育及堕胎数量**

| 年份 | 家庭计划接受者 | | 绝育 | | 堕胎 a |
|---|---|---|---|---|---|
| | 新 | 老 | 女性 | 男性 | |
| 1966 | 30410 | — | — | — | — |
| 1967 | 30935 | — | — | — | — |
| 1968 | 35338 | — | — | — | — |
| 1969 | 35643 | — | — | — | — |
| 1970 | 24230 | — | 2321 | 51 | 1913 |
| 1971 | 17749 | — | 3871 | 99 | 3407 |
| 1972 | 17666 | — | 5842 | 347 | 3806 |
| 1973 | 19102 | — | 8964 | 374 | 5252 |
| 1974 | 18292 | — | 9241 | 326 | 7175 |

| 年份 | 家庭计划接受者 | | 绝育 | | |
|------|------|------|------|------|------|
| | 新 | 老 | 女性 | 男性 | 堕胎 a |
| 1975 | 16692 | — | 9495 | 453 | 12873 |
| 1976 | 17674 | — | 10310 | 408 | 15496 |
| 1977 | 15158 | — | 8236 | 351 | 16443 |
| 1978 | 15192 | — | 7447 | 340 | 17246 |
| 1979 | 15266 | — | 6768 | 495 | 16999 |
| 1980 | 15009 | — | 6487 | 458 | 18219 |
| 1981 | 14534 | — | 6312 | 486 | 18890 |
| 1982 | 14651 | — | 6011 | 494 | 19110 |
| 1983 | 13741 | — | 5571 | 456 | 19100 |
| 1984 | 12481 | — | 5417 | 369 | 22190 |
| 1985 | 12686 | 69772 | 5233 | 257 | 23512 |
| 1986 | 11460 | 67410 | 4504 | 264 | 23035 |
| 1987 | 8573 | 59416 | 3524 | 128 | 21226 |
| 1988 | 7412 | 52414 | 4398 | 171 | 20135 |
| 1989 | 7436 | 44976 | 4367 | 172 | 20619 |
| 1990 | 6535 | 41653 | 4394 | 134 | 18470 |
| 1991 | 6575 | 42019 | 4697 | 163 | 17798 |
| 1992 | 5581 | 35986 | 5225 | 154 | 17073 |
| 1993 | 5061 | 33621 | 5549 | 128 | 16476 |
| 1994 | 4716 | 31649 | 5309 | 125 | 15690 |
| 1995 | 3892 | 29024 | 5410 | 152 | 14504 |

注："—"为无效值。

a. 1970 ~ 1975 数据不包括月经调节。

资料来源：卫生部数据。

估计当下普遍采用的特效方法是从 1973 年和 1992 年之间实施的周期性的知识、态度和行为调查中获得的（见表 13.4）。当下（避孕方法的）总实施率已从 1973 年占已婚育龄妇女的 60% 上升到 1982 年的 74%。假定一些人在任何时候都不要求避孕，因为这些人要么打算要孩子、已经怀孕，要么不育，那么后面的数据很可能是避孕盛行率的饱和水平。与当年 3 月新的鼓励人口政策相一致，1987 年避孕现用率降至 67%。这些年来，避孕方法的组合比例也发生了变化。绝育夫妇的比例从 1973 年的大约 11% 剧增到 1977 年的 22%，并且在 1987 年以前一直保持在该水平上。1987 年以后，避孕现用率下降，这是与人们转向使用避孕套和可靠性低的传统方法相伴产生的。

**表 13.4　选定年份使用的避孕方法（年龄介于 15～44 岁的目前已婚妇女的百分比）**

| 方法＼年份 | 1973 | 1977 | 1982 | 1987 | 1992 |
|---|---|---|---|---|---|
| 总实施率 | 60.1 | 71.3 | 74.2 | 67.4 | 64.8 |
| 口服避孕药 | 21.7 | 17.0 | 11.6 | 7.3 | 6.9 |
| 避孕套 | 17.0 | 20.8 | 24.3 | 17.3 | 21.7 |
| 绝育(男性和女性) | 10.8 | 21.9 | 22.9 | 21.8 | 15.3 |
| 宫内节育器 | 3.3 | 3.1 | — | 4.6 | 6.5 |
| 传统方法 a | — | — | 1.2 | 14.4 | 13.3 |
| 其他 | 7.3 | 8.5 | 14.2 | 2.0 | 1.1 |

注："—" 为无效值。
a. 包括安全期避孕法和体外排精避孕法。
资料来源：卫生部，人口规划部门数据。

1987 年避孕（方法）使用（率）下降的另外一个原因可能是许多夫妇打算在第二年生孩子。因为人们认为 1988 年是双吉祥年，这一年是中国农历龙年；同时，用普通话和广东话来讲，数字 88 象征着双繁荣。与 20 世纪 80 年代初每年出生 40000～42000 人相比，1988 年出生人数急剧上升，当年出生人数将近 53000 人。

调查也同样显示，已婚育龄妇女出生子女数量从平均每名妇女 1973 年的 3.4 个孩子下降到 1987 年的 2.0 个孩子（见表 13.5）。值得一提的是，（生育数量）下降速度在所有三大族群当中是最明显的。传统上讲，实际家庭规模和期望家庭规模是不同的，譬如：马来人希望并且（实际）生育的孩子最多，而中国人最少。随着教育水平的提高，（实际家庭规模和期望家庭规模之间的）这种差异也缩小了。

表 13.5　选定年份分种族和教育程度的实际出生孩子和期望出生孩子平均数

| 种类 \ 年份 | 1973 | 1977 | 1982 | 1987 | 1992 |
|---|---|---|---|---|---|
| 被调查对象实际生育子女数（分民族） | | | | | |
| 所有民族 | 3.4 | 2.8 | 2.2 | 2.0 | 2.0 |
| 中国人 | 3.2 | 2.7 | 2.2 | 2.0 | 1.9 |
| 马来人 | 3.9 | 3.4 | 2.5 | 2.1 | 2.4 |
| 印度人 | 3.7 | 3.1 | 2.3 | 2.0 | 2.0 |
| 被调查对象意愿生育子女数（分民族） | | | | | |
| 所有民族 | 3.7 | 3.1 | 2.7 | 2.9 | 2.9 |
| 中国人 | 3.6 | 2.9 | 2.6 | 2.8 | 2.7 |
| 马来人 | 4.5 | 3.7 | 3.2 | 3.6 | 3.6 |
| 印度人 | 3.8 | 3.2 | 2.7 | 3.0 | 2.9 |
| 被调查对象实际生育子女数（分教育程度） | | | | | |
| 无正规教育 | 4.5 | 4.0 | 3.4 | 2.7 | 2.4 |
| 初级教育 | 3.1 | 2.9 | 2.5 | 2.1 | 2.2 |
| 中级教育 | 1.9 | 1.9 | 1.7 | 1.8 | 1.8 |
| 高等教育 | 1.7 | 1.7 | 1.4 | 1.2 | 1.4 |

资料来源：卫生部，人口规划部门数据。

　　据报道，调查对象生育孩子的数量一贯要比他们期望生育孩子的数量低，这表明还存在多余的生育能力。自 1977 年以来，期望家庭规模一直保持在一个相对稳定的水平上，大约为三个孩子，一直高于总和生育率。这一现象有可能是政府在促进公民接受两孩家庭政策发挥了一定作用。比如，1982 年接受调查的对象中，奖励和惩罚措施从不同方面影响了 6% ~24% 的受访者采纳两孩政策来决定自己的家庭规模；同时，在两孩以下的受访者中，家庭计划政策可能影响其中 11% ~35% 的家庭采纳政策生育两个孩子。（Emmanuel 等，1984）。其中，正如程萧华（Cheng，1991）和福西特和陈爱菊（Fawcett & Chen，1979）已经注意到的，女性教育和劳动参与的提高、健康水平的改善，以及社会保障的改进等，可能会影响家庭对与生育、孩子成本－价值相关的（一些）计算。

　　另一种衡量国家家庭计划项目效果的方法是估计避免出生的人数。假设在避孕措施使用和避免出生的人数之间有一年的滞后期，陈和潘（1977）估计认为：1967～1976 年避免出生的人数超过了 25 万人次，同时，该项目可对数据的 3/4 做出解释。他们估计项目的贡献比例已从 1967 年的 27%（3937 人出生）上升到 1976 年的近 88%（35725 人出生）。项目中应用的避免生育的方法中，避孕药的贡献最大（将近占避免出生人数的 54%），其次为绝育（19%），再次为避孕套（15%）。

### 家庭计划活动的成本

最初，项目以低成本为使用者提供避孕服务和物资。家庭计划白皮书（新加坡政府，1965）对公民补贴费用结构规定如下：首次使用铜制 T 形宫内节育器（IUD）费用为 10 新加坡元，随后再使用为每次 5 新加坡元，以月为周期的口服避孕药为 1.50 新加坡元，外科结扎为 25 新加坡元。此外，接受社会救济的人员接受免费的避孕服务，但是非公民按未受资助来进行收费（首次使用宫内节育器的收取 50 新加坡元，随后再使用为每次 25 新加坡元，以月为周期的口服避孕药为 4.5 新加坡元，外科结扎为 100 新加坡元）。从 1967 年开始，宫内节育器使用费用下降到 5 新加坡元，且一直保持在这一水平，尽管后来在 1983 年引进了收费为 30 新加坡元的新型宫内节育器。自 1966 年以来，避孕套的费用（每 6 个为 0.5 新加坡元）和避孕膜的费用（每个为 2 新加坡元）一直都保持不变，而且，1968 年以来每疗程避孕药的费用一直保持在 1 新加坡元不变。政府诊所和医院收取的绝育（男性和女性）费用和堕胎费用最初为每个手术 5 新加坡元，但是由于 20 世纪 80 年代中期政府医院的私有化，这一标准也开始改变。

如前所述，政府甚至在其创办家庭项目前就开始对家庭计划活动提供财政支持。政府补助家庭计划活动的价值从 1949～1950 年的 5000 新加坡元上升到 1958 年的 12 万新加坡元，随后，在 1959～1965 年下降至每年 10 万新加坡元。即使政府假定其在 1966 年对国家家庭计划项目承担完全责任，但

（事实上）直到 1968 年，政府仍继续向家庭计划协会提供每年 1 万新加坡元的补助。随着新加坡家庭计划和人口委员会的建立，政府将其资助翻了一番，在第一个五年计划期间（1966～1970 年），资助从每年 10 万新加坡元提升到每年 20 万新加坡元。20 世纪 70 年代，政府对委员会家庭计划活动的支持上升幅度很显著，达到 150 万新加坡元，最终在 20 世纪 80 年代政府资金支持超过了 300 万新加坡元（见图 13.1）。

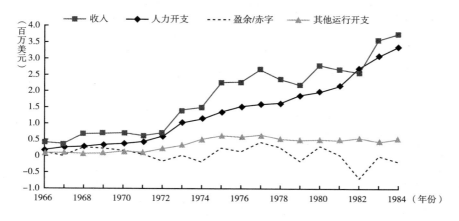

**图 13.1　1966～1984 年新加坡计划和人口委员会收入和支出**

资料来源：SFPPB，1984。

卫生部与新加坡家庭计划和人口委员会共用员工和经营场所，图 13.1 中不包括卫生部的项目成本。正如表 13.6 所示，家庭计划预算占政府总预算不到 1%，占卫生总预算不到 2%。1997 年 3 月，卫生部估计其当下对家庭计划服务的支出每年合计约为 110 万新加坡元。

另外一种衡量政府人口政策成本的方法是通过政府因各种奖励计划而放弃的收益。按照卫生部的说法，卫生部并不监控（政府因各种奖励计划而放弃的收益）这一信息，因为有很多政府机构都在管理奖励计划，从而使得总成本很难估计。

各类国际机构和海外基金会对该项目进行了现金和非现金捐助。值得注意的是，福特基金会为国家家庭计划项目总部（后来成为新加坡家庭计划和人口委员会总部）的建设、培训和设备等提供了资金支持。1985 ~ 1996年，国际计划生育联合会为新加坡家庭计划协会每年提供约23.5万新加坡元（合7.7万美元）到将近10.5万新加坡元的资金。本地募集到的资金补充了国际计划生育联合会为新加坡家庭计划协会提供的资金，与其他国家相比，新加坡这一项目收到的援助资金的数量很少。

表 13.6　家庭计划、保健和政府总预算

| 年份 | 国家家庭计划项目（新加坡元，百万） | 卫生部（新加坡元，百万） | 政府总预算（新加坡元，百万） | 家庭计划预算 | | 保健支出占总预算的百分比 |
| --- | --- | --- | --- | --- | --- | --- |
| | | | | 占总预算的百分比 | 占保健预算的百分比[a] | |
| 1978 | 2.8 | 177.6 | 3668 | 0.08 | 1.6 | 4.8 |
| 1979 | 2.9 | 187.8 | 3885 | 0.07 | 1.5 | 4.8 |
| 1980 | 3.3 | 217.0 | 4113 | 0.08 | 1.5 | 5.3 |
| 1981 | 3.6 | 272.3 | 6335 | 0.06 | 1.3 | 4.3 |
| 1982 | 3.7 | 318.7 | 7638 | 0.05 | 1.2 | 4.2 |
| 1983 | 3.9 | 363.5 | 8871 | 0.04 | 1.1 | 4.1 |

资料来源：Nortman，1985。

a. 因为家庭计划预算未包含在卫生部预算内，故所示数据为家庭计划预算对保健预算的比率。

## 结　论

与大多数其他国家相比，新加坡的国家人口管理更加坚决，也更成功。一旦政府认识到人口增长率高得令人难以接受，政府就会采取有力的措施（加以限制），这些包括避孕、绝育、堕胎、政府教育和奖励措施，以及婚姻措施和移民措施等。之后，当这些措施连同快速的社会变迁使得生育下降到一个令人难以接受的较低水平时，政府修正了它的政策并引入了反向激励措施。从关注人类福祉出发，政策基本原理与发展目标是紧密相连的。

人口政策（包括与生殖相关的人口政策和用于控制移民的人口政策）继续成为新加坡发展战略中一个不可分割的组成部分。一个占主导地位的观

点是生育率下降促成了新加坡独立早期的发展，或者至少为其发展提供了喘息空间，因为生育率下降为将资源输送到生产发展中去提供了许可，否则，资源将会花费在维持一个快速增长的人口上面。比如，按照世界银行（1993）的建议，假如在通常情况下，人力资本发展有助于促进经济发展，那么，正如通常所公认的严格的生育控制政策有助于生育率下降一样，新加坡采用的严格的生育控制政策无疑有助于新加坡经济的发展。新加坡调整了其人口政策，以满足规划者所认为的经济发展下一阶段的要求，其中包括更快的劳动力增长要求。然而，新的生育政策成功与否还有待观察，因为经过最初一段时间的上升后，总和生育率好像又再次下降。由于移民带来的人口快速增加会给新加坡带来社会影响和政治影响，所以（政府）在人口增长方面无疑要加以谨慎处理。

## 参考文献

［1］Chen, Ai Ju, and Pang Swee Lan. 1977. "Births Averted by Ten Years (1966 - 1975) of the National Family Planning and Population Programme." Paper 48, Singapore Family Planning and Population Board, Singapore.

［2］Cheng, Siok Hwa. 1991. "Economic Change and Industrialization." In *A History of Singapore*, ed. Ernest C. T. Chew and Edwin Lee, 182 - 216. Singapore: Oxford University Press.

［3］Cheong - Chua, Koon Hean. 1995. "Urban Land - Use Planning in Singapore: Towards A Tropical City of Excellence." In *Environment and the City: Sharing Singapore's Experience and Future Challenges*, ed. Giok Ling Ooi, 108 - 29. Singapore: Times Academic Press.

［4］Cheung, Paul, P. L. 1995. "Planning Within Limits: Population Policy and Sustainable Population Growth." In *Environment and the City: Sharing Singapore's Experience and Future Challenges*, ed. Giok Ling Ooi, 100 - 08. Singapore: Times Academic Press.

［5］Emmanuel, S. C., S. B. Li, T. P. Ng, and A. J. Chen. 1984. *Third National Family Planning and Population Survey, 1982*. Studies on Health and Family Planning in Association of Southeast Asian Nations Countries, Phase II, Association of Southeast Asian Nations - Australian Population Programme. Singapore: Singapore Family Planning and Population Board.

［6］ Family Planning Association of Singapore. 1954. *Fifth Annual Report.* Singapore: Family Planning Association of Singapore.

［7］ Fawcett, James T., and Peter S. J. Chen. 1979. "Public Policy and Population Change: An Appraisal of the Singapore Experience." In *Public Policy and Population Change in Singapore*, ed. Peter S. J. Chen and James T. Fawcett, 243 – 58. New York: Population Council.

［8］ Goh, Chok Tong. 1986. "The Second Long March." Speech delivered at the Nanyang Technological Institute, August 4. Reproduced as Appendix D in Saw 1990.

［9］ Goh, Keng Swee. 1969. "Population Control." Speech delivered on October 1 at the International Monetary Fund and International Bank for Reconstruction and Development Annual Meetings, Washington, DC. Reproduced in Goh, Keng Swee. 1995. *The Economics of Modernization*, 2nd ed. Singapore: Federal Publications.

［10］ Government of Singapore. 1965. *Family Planning in Singapore.* White Paper. Singapore: Government Printers.

［11］ ——. 1991. *Singapore: The Next Lap.* Singapore: Times Editions.

［12］ Kinsella, Kevin, and Yvonne J Gist. 1995. *Older Workers, Retirement and Pensions: A Comparative International Chartbook.* Washington, DC: U. S. Bureau of the Census.

［13］ Lee, Kuan Yew. 1983. "Talent for the Future." Speech delivered at the National Day Rally on August 14. Reproduced as appendix A in Saw 1990.

［14］ ——. 2005. Speech in Parliament on the Proposal to Develop Integrated Resorts, April 19, Singapore.

［15］ Lee, Soo Ann. 1979. "Population, Industrial Development, and Economic Growth." In *Public Policy and Population Change in Singapore*, ed. Peter S. J. Chen and James T. Fawcett, 229 – 40. New York: Population Council.

［16］ Lian, Daniel. 2004. *A Bigger Singapore?* Singapore: Morgan Stanley Equity Research Asia/Pacific.

［17］ Loh, Margaret. 1976. "Beyond Family Planning Measures in Singapore." Paper 40, Singapore Family Planning and Population Board, Singapore.

［18］ Mason, Andrew, ed. 2001. *Population Policies and Programs in East Asia.* Occasional Papers, Population and Health Series 123. Honolulu, East – West Center.

［19］ Ministry of Health. 1977. *Population and Trends.* Singapore: Ministry of Health.

［20］ Nortman, D. 1985. *Population and Family Planning: A Compendium of Data through 1983.* New York: Population Council.

［21］ Pakshong, Dolly I. 1967. "Family Planning in Singapore 1949 – 1964." Diploma in Public Health dissertation, University of Singapore.

［22］ Saw, Swee Hock. 1980. *Population Control for Zero Growth in Singapore.* Singapore: Oxford University Press.

［23］ ——. 1990. *Changes in the Fertility Policy of Singapore.* Institute of Policy Studies Occasional Paper 2. Singapore: Times Academic Press.

[24] ——. 1991. "Population Growth and Control." In *A History of Singapore*, ed. Ernest C. T. Chew and Edwin Lee, 219 - 41. Singapore: Oxford University Press.

[25] SFPPB (Singapore Family Planning and Population Board). 1984, 1995, various years. *Annual Report*. Singapore: SFPPB.

[26] Wan, Fook Kee, and Margaret Loh. 1979. "Fertility Policies and the National Family Planning and Population Program." In *Public Policy and Population Change in Singapore*, ed. Peter S. J. Chen and James T. Fawcett, 97 - 108. New York: Population Council.

[27] Wan, Fook Kee, Margaret Loh, and Chen Ai Ju. 1976. "Population and Family Planning in Singapore." Paper 46, Singapore Family Planning and Population Board, Singapore.

[28] World Bank. 1993. *The East Asian Miracle: Economic Growth and Public Policy*. New York: Oxford University Press.

[29] Yap, Mui Teng. 1993. "Policy Options for Low Fertility Countries: The Singapore Experience." In *International Population Conference Montreal 1993*, vol. 4, 73 - 89. Liege, Belgium: International Union for the Scientific Study of Population.

[30] ——. 1995. "Singapore's 'Three or More' Policy." *Business Times*, Trends supplement, June 24.

[31] Zhou, Mei. 1996. *The Life of Family Planning Pioneer, Constance Goh: A Point of Light*. Singapore: Graham Brash.

（张莹莹　译　彭伟斌　陈晓慧　校）

# 第十四章

## 泰国国家家庭计划的出现

■ 艾伦·G. 罗森菲尔德，卡罗琳·J. 敏

20 世纪 60 年中期以前，泰国人口委员会资助过一个专门为家庭计划提供产后服务的项目。该项目内容包括宫内节育器、口服避孕药和产后妇女绝育，这些服务都在曼谷的四家医院进行。除此之外，当时泰国政府并未提供其他家庭计划服务。朱拉隆功（Chulalongkorn）医院是上述四家医院之一，它们建立的宫内节育器科是世界上规模最大的科室之一，到 20 世纪 60 年代末，在口碑相传的作用下，泰国几乎所有省份的妇女都来这个科室就诊（Rosenfield、Asavasena & Mikhanorn，1973）。一般来说，避孕药只能由医生开处方，而大部分医生都在曼谷或其他的城市地区执业，这就极大地限制了农村地区的妇女享受这一服务。

当时的政府并不愿去认识人口问题，所以一直到 1970 年才正式颁布了促进家庭计划的人口政策。不过，实际上在 1967 年底的时候，泰国公共卫生部的新任副部长就悄悄地开始了一个全国范围的家庭计划项目，这个项目最后成为全国性家庭计划的雏形。这个项目在过去服务薄弱的地方开始大力拓展家庭计划服务，建立了国家项目的总体架构，并把家庭计划服务整合到

现有的卫生基础设施之内。

在家庭计划形成阶段所取得的成绩尤其值得关注，因为这些活动是在没有政府法令、没有公共信息宣传造势、没有全职的家庭计划工作人员、没有既定目标、没有激励措施的前提下进行的。家庭计划服务的规模之所以能快速发展起来的关键因素是，公共卫生部积极尝试并授权对助理接生员的职能进行扩展。同时，泰国文化中的一些因素也有助于夫妇们接受家庭计划（Rosenfield et al.，1982）。

## 20 世纪 60 年代的泰国

20 世纪 60 年代初，像很多其他发展中国家一样，泰国主要是一个农村社会，大部分人口都从事农业生产。社会和经济发展都发生在较大的城市，特别是曼谷，而农村地区的变化则很缓慢。表 14.1 提供了 20 世纪 60 年代初期和末期的社会文化基本状况。1960 年，泰国 22～44 岁的妇女识字率达到 2/3，表明泰国妇女的社会地位比较高，不过达到初级以上教育水平的比例还是很低，只有 4.2%。虽然由于语言和生活方式的不同还存在地区和阶层差异，但是从宗教信仰上来说，泰国人在文化上是很同质化的。超过 90% 的人口信奉小乘佛教，他们强调个人自主，以及对个人行为负责。

**表 14.1  1960 年和 1970 年的社会经济指数**

| 指　　数 | 1960 年 | 1970 年 |
|---|---|---|
| 识字率 | | |
| 　10 岁及以上总人口识字率（%） | 70.8 | 81.8 |
| 　20～44 岁妇女的识字率（%） | 66.2 | 82.0 |
| 中等或高等教育 | | |
| 　9～29 岁总人口的比例（%） | — | 6.4 |
| 　20～44 岁妇女的比例（%） | 4.2 | 5.8 |
| 从事农业经济活动人口比例（%） | 82.3 | 79.3 |
| 居住在大都市区的人口比例（%） | 12.5 | 13.2 |
| 预期寿命（年） | 53.0 | 57.6 |

注："—" 为无效值。

资料来源：Knodel 和 Debavalya，1978。

政府提供了主要的现代卫生服务，公共卫生部负责提供首都城市之外的大部分卫生服务。全国 71 个省拥有 84 家省级医院，病床数从 50 张到 450 张不等，曼谷拥有 3 家大型医院。在农村地区，公共卫生部通过近 4000 个卫生中心构成的网络来提供治疗和预防服务。但是只有 175 家健康中心有医生坐诊，其余的健康中心人员由一名助理接生员和一名男性卫生员组成，或者仅包括一名助理接生员。接生中心是最小级别的卫生中心，要覆盖 2000～3000 人口。政府的医护人员，例如医生，主要都在医院或者市区的卫生中心工作（Hemachudha & Rosenfield，1975）。

据 1960 年的普查数据，20 世纪 60 年代初的总人口数大约为 2700 万，45% 的人口在 15 岁以下。人口增长率每年都在 3% 以上（Gille & Balfour，1964）。这一时期每位妇女都要生育 6 个以上的孩子（人口研究所和人口调研部，1977）。尽管人口空前增长，政府实质上还是保持着鼓励生育的态度。除了在曼谷提供的产后服务，政府并未提供家庭计划服务。不过在 1964 年，Potharam 项目中对一个农村地区的研究显示，妇女对家庭计划服务感兴趣。在 20 世纪 60 年代的很长时间内，大多数农村地区实际上被排除在避孕服务之外。

## 早期的家庭计划活动：1963～1967 年

1959 年，世界银行经济使命指出，泰国过高的人口出生率可能会对经济发展造成负面后果。虽然政府对人口问题不甚关心，但在公共卫生部官员和学者们的兴趣驱动下，从 1963 年开始，召开了一系列人口问题研讨会。"第一届全国人口研讨会"由泰国国家研究委员会发起，由人口委员会资助，会议对人口高增长率进行了讨论，并建议对这个问题进行更细致的研究（Gille & Balfour，1964）。国家人口研讨会又分别在 1965 年和 1968 年举办了两次。

**Potharam 研究项目**

作为第一届研讨会的产物，1964 年，公共卫生部和国家研究委员会在曼谷市郊的农村地区 Potharam 启动了一个小型的示范项目（Hawley & Prachuabmoh，1966；Prachuabmoh & Thomlinson，1971）。在 18 个月的行动期内，由为数不多的几个卫生中心提供家庭计划服务。政府的卫生人员在传统接生员以及少量特别招聘的一线员工的协助下，负责对用户进行教育和动员。一项针对基本知识、态度和行为的调查发现，不到 5% 的已婚妇女对现代避孕方法有所了解；不到 3% 的夫妇正在使用避孕措施，包括绝育；而 70% 的妇女不想再生更多的孩子。在项目行动期内，有超过 30% 的已婚妇女接受了避孕措施，多数选用了宫内节育器，其次是绝育。跟踪调查发现，这个地区超过 80% 的妇女了解一种或几种现代避孕手段。这个项目有助于向政府官员展示，农村地区的夫妇有避孕意愿，如果具备家庭计划服务的条件，他们是会使用的。

**基于医院的家庭计划项目**

1965 年，曼谷的几家医院决定开设家庭计划科，包括 Chulalongkorn 医院，它的家庭计划科只提供上环服务。1966 年，四家曼谷医院加入了由人口委员会发起的国际产后项目（Zatuchni，1970）：包括朱拉隆功医院、一家医学院教学机构、一家卫生部下属的大型妇科医院和一家曼谷市区的全科医院。这是国际潮流之一隅，很多实行家庭计划的国家都在产前病房和产后病房为产妇提供家庭计划培训，并在产妇出院前以及出院后的几个月内提供避孕措施，主要方式是上环和绝育。

20 世纪 70 年代中期，泰国的产后项目已经扩展到曼谷之外的八个省级医院和公共卫生部所属的三个妇幼保健中心。从 1966 年到 1971 年 11 月，将近 10 万名妇女在生育或者流产之后的三个月内接受了家庭计划服务，大多数在出院前就已上环或绝育。朱拉隆功医院的家庭计划科成为当时世界最大的宫内节育器科室之一。在 1965 ～ 1971 年，家庭计划科接收了 66000 名新的宫内节育器用户（Rosenfield & Varakamin，1972）。在此科室最初几年的运营中，66 个省的妇女来这里上环。这个数字非常可观，因为医院并未在外部开展公开信息活动。妇女们是通过非正规渠道的口碑获知这些服务的（Fawcett、Somboonsuk & Khaisang，1967；Rosenfield、Asavasena & Mikhanorn，1973）。

## 家庭健康项目，1968 ～ 1970 年：全国家庭计划的先导

1967 年，国家公共卫生部副部长丰卡萨拉博士暗中指示公共卫生部的主要官员策划一个全国范围的家庭计划研究项目。当时公开的目标是为了培训公共卫生部的人员，以便提供家庭计划的信息和服务，为政府的姿态转变做好准备。丰卡萨拉和几个高级部长级官员也密切关注泰国的人口高出生率，希望开始为贫困妇女提供家庭计划服务，特别是那些身处农村地区、条件受限的妇女。

公共卫生部家庭健康处在萨文森那博士领导下，策划实施了一个三年的（1968 ～ 1970 年）家庭健康项目，要求 84 个省级医院至少各培训一名医生和一名护士，并且所有在农村工作的医生、护士和助理接生员都要接受培训。培训课程有一周的时间，对每类人员有针对性地进行。通常，课程主要关注人口动态，包括泰国人口高增长率对社会经济发展的影响，以及拟采用的避孕方式，主要是宫内节育器和口服避孕药。对助理接生员的课程主要侧重避孕方法方面的信息，让他们能够化解一些可能产生的恐惧和谣言。在 1968 ～ 1970 年，大约 330 名医生、700 名护士和 3090 名助理接生员接受了培训（Rosenfield 等，1971）。1970 年，又为男性医务人员提供了两天的培训课程，让他们协助进行项目动员工作。

在人员培训之后，家庭计划科就要在各个医院和配备有一名医生的卫生中心开设起来。没有医生只有助理接生员的卫生中心则只负责为妇女提

供信息和动员，并指导潜在用户到家庭计划科就诊。1970 年，大约 350 个家庭计划科在医院和卫生中心开办起来（Hemachudha & Rosenfield，1975）。在这段时间内禁止信息的公开发布，主要是依靠潜在用户和满意用户之间的交流来促进家庭计划。不论是对整个项目，还是对单个工作人员，都没有设定目标或配额。此外，也没有为工作人员和潜在用户提供任何激励措施。公共卫生部对于那些有承受能力的妇女收取很少一点费用（一个疗程的药品收费上限是 0.25 美元，一个宫内节育器收费上限是 1 美元）。

### 培训助理接生员发放口服避孕药

按照规定只有医生才可以开口服避孕药的处方或者进行上环手术，这严重限制了农村地区家庭计划服务的使用。1968 年，在泰国 6000 名医生中 60% 以上在曼谷工作，其余大多数人在其他城市地区工作（Bryant，1969）。据估计当时农村地区医患比达到了一名医生对应大约 11 万人（Hemachudha & Rosenfield，1975）。本章作者之一（Rosenfield）是公共卫生部的顾问，曾帮助卫生部对推广避孕服务的备选方案进行测试。经过对相关医疗问题的全面考察，1969 年启动了一项试点研究，来测试助理接生员安全开处方的能力（Rosenfield & Limcharoen，1972）。在四个省的试点中，助理接生员要受训使用一个特别设计的检查清单，清单中包括了简单的病历和检查，以此对用药有禁忌的妇女进行过滤。并不需要盆腔检查，对过往病史的所有问题都回答"是"的妇女，将被要求去找医生就诊。

在试点省份接受药品的妇女人数在研究开始后的 6 个月是研究开始前 6 个月的 4 倍，而在试点省份接受药品的妇女比例比其他控制组的省份明显要高。另外，从 12 个月的连续使用率来看，从助理接生员那里获得药品的妇女比例要比从医生那里获得药品的比例高。从助理接生员那里获得药品的妇女的副作用发生率也没有增加。

20 世纪 70 年代中期，公共卫生部考察了这些情况，规定助理接生员可以开避孕药。这是一个关键的决定，正好与内阁颁布的官方人口政策相呼应。政府认为，助理接生员从人口实践和家庭计划中获得培训让他们足以胜任新职责。因此，新规定马上就增加了家庭计划服务站的数量，从不到350个科室提高到3500个，它们主要分布在农村地区，这让国家项目能够以比预想快得多的速度发展。

### 对活动进行监督和评估

除了像之前所进行的研究那样的特别项目，政府又设立了一个中央研究与评估组来定期监控项目绩效。所有的科室都要向这个机构提交特别定制的就医者记录表以及一份月度活动报告。那些不直接由公共卫生部运作的家庭计划科，包括由曼谷市卫生局和私人机构运营的科室，也要求提交同样的信息。评估组对 1969～1970 年的就医者分为三个时间段进行抽样分析，整个时段内就医者特征并未发现有任何显著差异。在所有新增加的就医者中，有约 80% 的人生活在农村地区，超过 2/3 来自农业家庭，超过 90% 接受过 4 年或者 4 年以下的正规学校教育，大约 80% 之前从未使用过任何避孕措施。从总样本来看，超过 50% 的新用户都在 30 岁以下。大多数的妇女，有超过 90% 的比例，主要从朋友和亲属那里获得关于家庭计划的信息，少部分从卫生人员那里获得（Rosenfield 等，1971）。

在此期间，农村地区的新用户相比城市地区的数量有了一定增长。1965～1968 年，56% 的家庭计划新用户来自曼谷，1970 年这个数字只有 17%。这就意味着，从农村卫生中心获得服务的新用户比例从 14% 提高到 1970 年的 61%。

表 14.2 对用户在家庭健康项目期间所采用的避孕措施进行了详列。1968～1970 年用户人数明显上升。1970 年使用避孕药妇女数量的提高，说明公共卫生部在那一年所颁布的关于助理接生员可以开处方的新规定已奏效。

表 14.2　1968～1970 年采用各类避孕方法的家庭计划人数

| 避孕方法 | 1968 年 | | 1969 年 | | 1970 年 | | 合计 | |
|---|---|---|---|---|---|---|---|---|
| | 数量 | 百分比 | 数量 | 百分比 | 数量 | 百分比 | 数量 | 百分比 |
| 宫内节育器 | 35300 | 62 | 54496 | 42 | 74404 | 33 | 164200 | 40 |
| 口服避孕药 | 10000 | 17 | 60459 | 46 | 132387 | 59 | 202846 | 49 |
| 妇女绝育 | 12000 | 21 | 15265 | 12 | 18648 | 8 | 45913 | 11 |
| 合　　计 | 57300 | 100 | 130220 | 100 | 225439 | 100 | 412959 | 100 |

注：由于报告系统直到年中才运转良好，因此，1968 年的数字是近似值。
资料来源：Rosenfield 等，1971。

### 项目的组织和融资

由于没有家庭计划活动的官方法规，所以单独设立家庭计划的基础设施是不可行的。另外，卫生部官员认为可以将家庭计划活动整合到国家卫生基础设施之中，这样既可以利用现有资源和人员，又有助于普遍提升妇幼保健系统的水平。项目运作和中央评估组都归公共卫生部所属的家庭卫生处管理，而医学研究和医院运营则归公共卫生部卫生服务局下属的省级医院管理处管理。

国家预算中没有特别为家庭计划活动安排资金。项目费用是间接包括在各种卫生部下属单位的预算中，作为费用划拨到现有人员和机构。此外，人口委员会在项目初期提供了一小笔费用用于培训（1969 年，联合国儿童基金又进行了补充）、雇用本地工作人员以及其他费用。美国国际开发署提供了大量实物支持，包括口服避孕药、医院和研究设备以及车辆（Rosenfield 等，1971）。到 20 世纪 70 年代初，美国国际开发署成了最大的捐助者。这段时间，其他的组织包括国际计划生育联合会和福特基金会、洛克菲勒基金会，也为家庭计划活动提供了援助，援助对象是除公共卫生部之外的各个机构。这些机构提供的技术和资金支持对于泰国家庭计划的成功启动非常重要。

### 克服政治约束

这段时期内，军队领导人和其他军方和政府官员们并不认为泰国存在严重的人口问题，他们反对鼓励家庭计划。虽然这并未阻止公共卫生部继续推进它们的项目，不过这些反对的确限制了项目的选择。一个关键的制约因素是，限制有利于家庭计划的公开交流。纵然在早期活动中显示出了人与人的口碑交流十分有效，卫生部还是认为有必要开展教育运动让更多的妇女了解家庭计划（Rosenfield、Asavasena & Mikhanorn，1973）。那些一开始就能够接受家庭计划服务的妇女是自发性动机最强的，而要改变更多人的生育行为就需要做出更多努力。不过一般来说，公共卫生部有能力在没有正式支持的情况下，对创新性的家庭计划服务方式进行试验并推广。

1968 年，在人口委员会的资金和技术支持下，国家经济和社会发展委员会在其人力规划处内成立了一个人口组。根据内阁的要求，人口组的第一个任务是考察人口问题并提出建议。1970 年，人口组提交了第一份报告，经过公共卫生部的努力，这个报告很快就促成内阁颁布的官方人口政策，1972 开始推广第一个全国性的家庭计划。

## 国家家庭计划项目：1970 ~ 1980 年

新人口政策号召通过提供家庭计划信息和服务来降低人口出生率。政府制订的一个五年计划（1972 ~ 1976 年），目标是到 1976 年年底将出生率从 3% 以上降至 2.5%。家庭健康项目变成国家家庭计划项目（NFPP），家庭计划活动被整合到现有的卫生基础设施中。专栏 14.1 提供了主要的大事记。

专栏 14.1　　泰国家庭计划活动大事年表

| 年份 | 与家庭计划有关的主要事件 |
|---|---|
| 1963 | 召开第一届国家人口研讨会讨论人口问题。 |
| 1964 | 在 Potharam 发起家庭计划示范项目。 |
| 1966 | 曼谷的四家医院加入国际产后项目。 |
| 1967 | 公共卫生部副部长建立家庭计划项目。 |
| 1970 | 公共卫生部授权助理助产士分发口服避孕药。 |
|  | 内阁发布了促进自愿家庭计划的人口政策。 |
|  | 家庭健康项目变成国家家庭计划项目。 |
| 1972 | 泰国外科医生开发出腹部微创手术。 |
| 1974 | 非政府组织发起了第一个面向社区的分派项目。 |
| 1977 | 公共卫生部批准使用注射避孕。 |

20 世纪 70 年代，国家家庭计划项目扩大了避孕措施的范围。1972 年，泰国医生开发出腹部微创手术，是对绝育技术的一种改良，只需要在腹部开很小切口就可以进入输卵管。在农村或省级地区，很多医生对于腹腔镜绝育手术既缺乏设备又缺乏培训，在这种条件下也可以施行手术。这种技术后来成为泰国乃至全球一种重要的绝育方法。1977 年，公共卫生部正式批准了长效醋酸甲羟孕酮避孕针（商用名叫作 Depo – Provera）。一段时间后，这种注射药的使用有了很大增长。

基于过去的结果，国家家庭计划项目继续扩展助理接生员的作用来满足需求。公共卫生部考察了利用护士和接生员来植入宫内节育器的可行性，发现这种方式是安全的（Wright 等，1977）。然而，因为多数护士和接生员在医院和城市的卫生中心工作，所以对他们进行培训不会对宫内节育器的使用有太大作用。公共卫生部因而研究了利用助理接生员来植入宫内节育器的效果，发现助理接生员可以与医生和接生员完成得一样好（Sujpluem、Bennett & Kolsartsanee，1978）。公共卫生部也进行了研究，来决定助理接生员是否也能够提供长效醋酸甲羟孕酮的注射，以及完成绝育手术，通常这些都是辅助性的。

由助理接生员派发药品很安全，这让公共卫生部也同意了基于社区派发的想法。"社区家庭计划服务"私营组织（后来改名为"人口和社区发展协会"）是发展中国家最成功的致力于社区发展和家庭计划的非政府机构，它在 1974 年开始了第一个基于社区的派发项目。米猜·威拉瓦亚是泰国最具人格魅力的人物之一，他于 20 世纪 70 年代初创立了这个组织。他最初的一项工作是通过开展避孕套吹气球比赛等活动来消除人们对避孕套的敏感情绪，他的工作很成功，以至于泰国很多地方的人都把避孕套叫作"米猜"（Mechai）。随着公共卫生部项目的推进，人口与社区发展协会也在社区家庭计划中协助提供教育和服务。

国家家庭计划项目在为妇女提供服务方面非常成功。根据国家家庭计划项目的服务统计，家庭计划服务的新用户人数从 1970 年的 22.5 万人跃升到 1980 年的 112 万人（Rosenfield 等，1982）。这段时间避孕药具的使用也稳步增加。15～44 岁已婚女性使用避孕药具的比例从 1969～1970 年的 14% 增加到 1978～1979 年的 53%，到 1993 年达到了 70%（见图 14.1）。

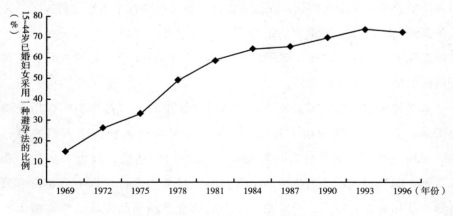

**图 14.1　1969～1996 年避孕药具使用偏好**

资料来源：Ross、Stover 和 Adelaja，2005，表 A.1。

全球家庭计划革命：人口政策和项目 30 年

随着时间的推移，已婚妇女使用不同避孕药具的比例也在变化（见图14.2）。1996年，23%的人使用避孕药，紧随其后的是绝育手术（22%），第三位是注射避孕（18%），而采用宫内节育器的比例则已经降低到3%。到1978~1979年，城乡之间避孕方法的差异已经几乎消失。超过80%的农村妇女和66%的城市妇女称他们从政府机构获得节育器具（Kamnuansilpa、Chamratrithirong & Knodel，1982）。

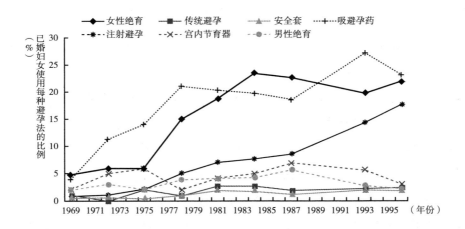

**图14.2　1969~1996年不同避孕药具的使用情况**

资料来源：Ross、Stover 和 Adelaja，2005，表 A.1。

在20世纪50年代和60年代初，人口出生率的峰值超过了3%，但到80年代上半叶，则降到了不到2%（Chayovan、Kamnuansilpa & Knodel，1988）。这一变化表明，自20世纪60年代末开始，生育率迅速下降，主要归因于婚内生育率的降低而非婚姻方式的变化（Knodel & Debavalya，1978）。1969~1979年，婚内生育率降低了差不多40%（Kamnuansilpa、Chamratrithirong & Knodel，1982）。观察家们赞扬国家家庭计划项目在"生育革命"中扮演了重要角色（Knodel & Debavalya，1978）。

## 泰国文化的影响

早期泰国家庭计划工作是在既无政府支持也无广泛经济社会发展的前提下发生的，这种成功可以部分归因于泰国的文化。泰国妇女相对其他发展中国家妇女所拥有的比较高的社会地位对于避孕现用率的快速提高可能起到了作用。如前所述，20 世纪 60 年代初妇女识字率比较高。她们也可以自由地从事社会和经济活动，因而她们可以接触到新的理念和生活方式。佛教里面的自由思想也使男性和女性都能容易地接受现代化的生育态度和行为方式（Knodel & Debavalya，1978）。佛教教义没有特别鼓励生育的思想，也不禁止使用避孕手段。另外，绝大多数泰国人信奉小乘佛教，小乘佛教强调每个人只对自己的救赎负责，因而泰国人对彼此的行为不大进行评判。泰国佛教中养成的个人自主和隐私的思想也把那些对家庭计划或褒或贬的社会压力排除在外。在农村，家族或者更大范围的社区都不会对个人行为进行控制。例如，泰国没有指定婚姻，亲族不能对下一代的婚姻进行控制。并且，佛教不但让信众们联系过去，也让他们能够产生一种与时俱进的实用主义态度。这种实用主义不仅明显体现在夫妇们针对家庭计划的行为中，也体现在公共卫生部对助理接生员进行职业责任测试的决策中。认识到农村地区缺乏医生的状况后，公共卫生部官员毫不犹豫地颁布了适宜的规定，促进了全国范围的家庭计划服务开展。

## 服务项目中使用非医疗人员

泰国经验表明，用替代性的方法来提供服务既安全又必要，到今天这一经验仍然奏效。预防和治疗服务不必一定要医生或者高度专业的人员来操作。自 20 世纪 60 年代以来，在发展中国家的农村地区缺医生甚至缺护士的状况一直没有改善，当前医疗工作人员的负担很重，尤其是在 HIV/AIDS 蔓延的情况下。如果全球健康项目的一个主要目的是全面推广，那么扩展和使用各级卫生人员就很关键。

泰国的家庭计划项目是最早打破医生制约的案例之一。使用辅助卫生人员的理念很快就扩展到很多其他国家的家庭计划项目中。最近，一些国家在降低产妇死亡和发病的项目中就通过起用护士和辅助性人员来提供紧急产科护理，旨在解决全球 HIV/AIDS 蔓延的项目也在重新审视各种卫生人员在检验、治疗和护理中的作用。这种方法并不意味着护理标准的降低。公共卫生部官员反而必须要考虑，对于某项工作是否只有受过高等训练的医生和护士才能胜任，还是其他人也可以做。国家必须基于风险－收益的评估来建立人力资源政策，这种评估需要保证卫生服务的覆盖面。

## 结　语

20 世纪 60 年代末的活动很大程度上决定了泰国家庭计划的未来。在官方没有颁布法规的情况下，公共卫生部启动了人员培训，来解决已经威胁到泰国社会经济发展的严重人口问题。它们没有建立单独的基础设施，而是成功利用已有的资源和卫生工作人员来执行家庭计划活动。因地制宜并从人们的需求出发一开始就是项目的指导原则，公共卫生部迅速拓展了助理接生员的职责，在全国范围内提供家庭计划服务。三年运行期间，在没有设定目标、没有为工作人员或者潜在用户提供激励也无法进行公开宣传运动的情况下，家庭健康项目为大量用户提供了避孕服务。当 1970 年颁布正式的人口政策的时候，对国家家庭计划项目进行了很好的定位，继续强化其工作。从 20 世纪 60 年代末到 70 年代，泰国在避孕手段和生育率方面所出现的变化使其成为亚洲家庭计划最大的成功案例之一。公共卫生部的创新思想和实用主义，以及泰国文化的开放性，共同推动了家庭计划成功。泰国 2005 年的人口增长率仅不到 1%，而 1965 年是 3%。

## 参考文献

[1] Bryant, John. 1969. *Health and the Developing World*. Ithaca, NY: Cornell University Press.

[2] Chayovan, Napaporn, Peerasit Kamnuansilpa, and John Knodel. 1988. *Thailand: Demographic and Health Survey, 1987*. Bangkok: Chulalongkorn University, Institute of Population Studies.

[3] Fawcett, James T., Aree Somboonsuk, and Sumol Khaisang. 1967. "Thailand: An Analysis of Time and Distance Factors at an IUD Clinic in Bangkok." *Studies in Family Planning* 1 (19): 8 - 12.

[4] Gille, Halvor, and Marshall C. Balfour. 1964. "National Seminar on Population Problems of Thailand: Conclusions of the Seminar." *Studies in Family Planning* 1 (4): 1 - 5.

[5] Hawley, Amos H., and Visid Prachuabmoh. 1966. "Family Growth and Family Planning in a Rural District of Thailand." In *Family Planning and Population Programs*, ed. Bernard Berelson, Richmond K. Anderson, Oscar Harkavy, John Maier, W. Parker Mauldin, and Sheldon J. Segal, 523 - 44. Chicago: University of Chicago Press.

[6] Hemachudha, Chitt, and Allan Rosenfield. 1975. "National Health Services and Family Planning: Thailand, a Case Study." *American Journal of Public Health* 65 (8): 864 - 71.

[7] Institute of Population Studies and Population Survey Division. 1977. *The Survey of Fertility in Thailand: Country Report (1975)*, vols. I and II. Bangkok: Chulalongkorn University and National Statistical Office.

[8] Kamnuansilpa, Peerasit, Aphichat Chamratrithirong, and John Knodel. 1982. "Thailand's Reproductive Revolution: An Update." *International Family Planning Perspectives* 8 (2): 51 - 56.

[9] Knodel, John, and Nibhon Debavalya. 1978. "Thailand's Reproductive Revolution." *International Family Planning Perspectives and Digest* 4 (2): 34 - 49.

[10] Prachuabmoh, Visid, and Ralph Thomlinson, eds. 1971. *The Potharam Study*. Research Report 4. Bangkok: Chulalongkorn University, Institute of Population Studies.

[11] Rosenfield, Allan, Winich Asavasena, and Jumroon Mikhanorn. 1973. "Person - to - Person Communication in Thailand." *Studies in Family Planning* 4 (6): 145 - 49.

[12] Rosenfield, Allan, Anthony Bennett, Somsak Varakamin, and Donald Lauro. 1982. "Thailand's Family Planning Program: An Asian Success Story." *International Family Planning Perspectives* 8 (2): 43 - 51.

[13] Rosenfield, Allan, Chitt Hemachudha, Winich Asavasena, and Somsak Varakamin. 1971. "Thailand: Family Planning Activities 1968 to 1970." *Studies in Family Planning* 2

全球家庭计划革命：人口政策和项目 30 年

(9): 181 - 92.

[14] Rosenfield, Allan, and Charoon Limcharoen. 1972. "Auxiliary Midwife Prescription of Oral Contraceptives: An Experimental Project in Thailand." *American Journal of Obstetrics and Gynecology* 114 (7): 942 - 49.

[15] Rosenfield, Allan, and Somsak Varakamin. 1972. "The Postpartum Approach to Family Planning: Experiences in Thailand, from 1966 to 1971." *American Journal of Obstetrics and Gynecology* 113 (1): 1 - 13.

[16] Ross, John A., John Stover, and Demi Adelaja. 2005. *Profiles for Family Planning and Reproductive Health Programs: 116 Countries*, 2nd ed. Glastonbury CT: Futures Group.

[17] Sujpluem, Chusie, T. Bennett, and W. Kolsartsanee. 1978. *Auxiliary Midwife IUD Insertion: Results of a Comparative Study*. Bangkok: Ministry of Public Health, Family Health Division.

[18] Wright, Nicholas H., Chusie Sujpluem, Allan Rosenfield, and Somsak Varakamin. 1977. "Nurse - Midwife Insertion of the Copper T in Thailand: Performance, Acceptance, and Programmatic Effects." *Studies in Family Planning* 8 (9): 237 - 43.

[19] Zatuchni, Gerald I., ed. 1970. *Post - Partum Family Planning: A Report on the International Program*. New York: McGraw - Hill.

（王永华　译　彭伟斌　陈晓慧　校）

# 第十五章
## 印度尼西亚家庭计划的形成期

■ 特伦斯·H. 赫尔

世界各国实行家庭计划的经历虽然千差万别，但是也存在一些共同点，其中的教训可供借鉴。不论是孟加拉国围绕鼓励措施之激辩，还是中国"一胎化"政策，抑或印度独裁统治下所推行的人口控制尝试，在考察这些问题的时候，必须在文化和历史框架中，对行为嬗变加以解释，而归纳出的主题常常可适用于相当不同的背景之下。

家庭计划项目是在关键人物的精心运作下所促成的一种结果，这种结果继而促成了制度、后勤保障系统和各种卫生和社会资源的形成。同时，人们也要经历一种观念上的剧烈转变，这种转变引导人们从偏好大家庭转向偏好小家庭。这就是印度尼西亚的经历：通过关键人物的积极运作，加上剧烈的社会变革，使得印度尼西亚在 40 年的时间里从高生育率国家转变为替代生育水平的国家。

印度尼西亚建国于 1945～1949 年（见专栏 15.1）。之后几年印度尼西亚与西方国家的关系实现了正常化，开始参加一些国际家庭计划活动。由于苏加诺总统明确反对由政府为家庭计划提供帮助，为此印度尼西亚民间成立了私人性质的家庭计划协会。1965 年，政府发生了更迭。从此，开启了一扇举世瞩目的家庭计划大门。

| 专栏 15.1 | 印度尼西亚家庭计划项目演进过程中主要事件时间表 |
| --- | --- |
| **年份** | **与家庭计划有关的主要事件** |
| 1945 | 苏加诺和哈达宣布印度尼西亚摆脱荷兰而独立，此后开始革命斗争。1949 年联合国同意印度尼西亚正式独立。 |
| 1956 | 美国国际开发署资助印度尼西亚医生在纽约接受家庭计划的技术培训。苏加诺总统不愿考虑为家庭计划提供政府支持。 |
| 1957 | 印度尼西亚志愿性的家庭计划协会（Planned Parenthood Association）成立了，它是一个民间的、非营利的、非政府组织，它通过庞大的农村诊所网络为妇女提供避孕服务。 |
| 1965 | 一场未遂的政变引发了苏加诺政府的倒台，"新秩序"政府的苏哈托将军走向前台，于 1967 年成为代总统。 |
| 1967 | "雅加达试点项目"（Jakarta Pilot Project）是第一个政府支持的关于大规模推行生育控制的活动。国家家庭计划学会成立，1970 年它变成了国家家庭计划协调委员会。 |
| 20 世纪 70 年代早期 | 国家家庭计划协调委员会开始实施基于乡村的避孕服务战略，利用本地工作人员，采用层级式的后勤和管理结构。这个体系是由国际捐助支持的，它从爪哇岛和巴厘岛开始，之后扩展到遴选出来的一些外岛省份，最后在全国都获得采用。 |
| 20 世纪 80 年代早期 | 家庭计划越来越受到一些与苏哈托政府不和的伊斯兰少数派领袖的诟病。全国范围内第一次明确显现出生育率的实质性下降。 |
| 1997 | 印度尼西亚盾崩盘，印度尼西亚卷入亚洲经济危机。 |

| 年份 | 与家庭计划有关的主要事件 |
|------|--------------------------|
| 1998 | "新秩序"政府倒台,改革期开始。 |
| 1999～2001 | 妇女权利部做了改革家庭计划协调委员会的尝试。 |
| 2001～2007 | 家庭计划协调委员会被归于卫生部领导,但委员会的主席还可以直接向人民福利协调部长报告。 |

## 家庭计划的政治承诺,1965～1994年

1965～1966年,在印度尼西亚政变和反政变风波之后,政府发生了更迭,这一时期也标志着家庭计划政治处于关键节点上。现在人们往往把当时的历史简化成了这样一系列事件:苏加诺总统在当政期间(1950～1965年)禁止家庭计划。"新秩序"(新政权)在1966年上台后,苏哈托总统在1967年签署了"世界领导人人口宣言",并于1968年成立了家庭计划学会,1970年将家庭计划学会提升到协调委员会的级别,拥有直接对总统负责的地位。家庭计划这个问题是从程序化的、制度变迁的角度来看待的。

1989年,苏哈托总统因为在家庭计划建立过程中所起到的核心作用,以及在项目执行过程中所给予的不懈支持而获得了国际认可,被联合国授予"人口奖"。的确,苏哈托在20年中对家庭计划做出了卓越贡献。不过,在政府家庭计划的启动过程中,历史事件的细节也很重要,这些细节使我们深切地认识到,在克服政府的惰性以及化解对家庭计划的敌视情绪时所面临的重重困难。同时这些细节也有助于澄清在印度尼西亚治理结构发生剧变时期的一些政治动态。

在政府家庭计划项目发起过程中有两个关键的政治人物,即苏哈托将军(后来成为总统)和雅加达的行政长官阿里·萨迪金将军。1966～1968年,苏哈托巧施手腕,使其在1965～1966年政变期间攫取的权力逐步合法化

（Liddle，1985）。恢复与联合国的官方关系是苏哈托的首要任务之一，因为印度尼西亚曾经与马来西亚发生对峙，此前还试图驱逐西巴布亚的荷兰人，从而造成了印度尼西亚与联合国的关系破裂。要想源源不断地获得国际援助，这样的外交承认是很必要的。来自苏哈托的计划委员会中的技术官僚以及各个捐助方都众口一词向雅加达建言：为了获得发展资助，苏哈托需要对印度尼西亚的人口增长进行控制。苏哈托的想法跟苏加诺差不多，他认为，人口控制在宗教势力的反对下是不可能完成的任务，宗教观点普遍认为人口控制是违反伦理的行为。不过苏哈托也无法漠视这一建议。

1966 年 4 月，苏加诺正在日趋淡出政坛，身陷政治重围的苏加诺任命萨迪金为雅加达的行政长官。显然，这一举动如果没有掌握着实权的苏哈托的默许是无法达成的。萨迪金过去是陆战队员，曾经负责后勤系统以及作战战略制定等方面的工作。雅加达城市无计划扩展而又民生凋敝，这给他带来了切切实实的挑战。他以军人的热情慨然赴任，组建"部队"，建立目标，并隔三岔五地巡视"战场"（萨迪金，1989 年 6 月 25 日 T. Hull 和 N. Widyantoro 采访稿）。苏哈托的工作着眼于政治权谋和宏大战略，而萨迪金则每天都要面对管理城市需求的各种实际问题。纵使首都的发展很迅速，也还是赶不上居民需求的增长速度，这些需求包括住房、卫生、水、教育和基础设施等。

人口问题虽然与苏哈托和萨迪金都有关，不过它在国家和城市层面上的含义是不一样的（Sadli，1963）。"新秩序"主要关心经济增长和政治稳定，强调的是经济重构和社会控制。1966 年发生的街道游行示威有力地冲击了苏加诺政府，压制了共产主义。事件平息以后，政府告知示威者们需要在军政府的引导下才能继续开展正常的活动。政府把政治斗争看作是经济增长的大敌，要求所有的政党都要唯政府马首是瞻。大部分政党最后都被由政府实质控制的两大党派吞并了。

不少在新政府委员会任职的人积极要求进行生育控制，这些人包括美国培训过的规划官员（技术官僚）、福特基金会咨询专家、印度尼西亚家庭计划协会（Planned Parenthood Association）的领导、医生以及世界银行使团的人员。苏哈托在采纳这些建议时态度审慎。与此同时，干劲十足的萨迪金一边整饬雅加达破败的房子、学校、交通和基础服务，一边也在快速学习人口学知识。人口的快速增长意味着，无论新政府工作步伐有多快，似乎总是追不上人口的增长。直至 1966 年上半年的这段时间，萨迪金在讲话中还经常在讲话把城市的诸多问题与人口的快速增长联系起来。

到 1966 年下半年，萨迪金给家庭计划协会出题，要求设计一个项目来帮助减缓首都的人口自然增长率。在这之前的 10 年里，协会已经开发了一个由私人诊所和家庭计划培训中心组成的网络，但是这些都没有足够的资源来满足人口的巨大需求。这些至多是做个样子，表示政府如果给协会补贴，则协会能办哪些事。萨迪金是第一个要运作这些资源的政治领导人。雅加达试点项目（Jakarta Pilot Project）是印度尼西亚第一个政府资助的家庭计划项目，于 1967 年 4 月正式建立运行。为了协助项目开展活动，萨迪金经常在诊所的开张仪式和研讨会上发表热烈的支持讲话，并鼓励家庭计划活动与城市卫生部门的活动进行整合。在 1966 ～ 1968 年，大多数官方家庭计划的行动都纳入市政府的监管之下，后来，当其他地区也要启动家庭计划项目的时候，雅加达被当成了成功的典型。雅加达的经验证明，强有力的、有针对性的领导能够克服来自宗教势力的反对和社会的阻挠（Hull，1987）。

如果只关注苏哈托和萨迪金等人的个体行为，我们就会忽视当时的环境，在更广大的社会中发生的辩论和态度转变。有个例子可以说明当时的微妙形势，以及政治因素在印度尼西亚家庭计划发展中的重要性。直接促成官方家庭计划项目得以建立的关键活动是于 1968 年编纂出版的名叫《家庭计划的宗教观》的宣传册（Panitya Adhoc Keluarga Berentjana，是后来的家庭计划委员会，1968）。这个宣传册是基于 1967 年 2 月举行的由政府代表和宗教领袖共同参加的一次小组讨论会形成的，它的目的是为了立此存照，记录下印度尼西亚五个正式承认的宗教中的四个，即伊斯兰教、基督教新教、天主教以及印度教，都已经原则上接受了家庭计划。此次协商未包括佛教，因为当时很多印度尼西亚人不把佛教看作是一种宗教。讨论会和宣传册，抓住了一个社会变革的重要时刻，对于生育控制的道义性共识来说是一个转折点，印度尼西亚全国上下的态度从强烈的负面评价变成了非常正面的评价。

这场讨论的参与者们所提出的很多观点在几十年后还充满争议。宣传册反复谴责堕胎，但是它表达的对堕胎的定义却常常是含糊不清且自相矛盾的。对于接受家庭计划的动机，宣传册是从家庭福利的角度进行表述的，认为生太多孩子对于母亲和后代都是一种威胁。但是同时它声明：“如果采用生育控制是出于自私自利的原因，只为了拥有奢靡的生活方式以及类似之目的，则显然不能为各宗教所接受。”（Panitya Adhoc Keluarga Berentjana，1968，p. 8）总之，虽然各个宗教可以接受生育控制，但前提是，家庭计划要本着负责、无私以及道义性的原则。基于全国共识所形成的这些定义遗留了大量的重要生殖健康方面的问题没有解决（还有延宕至今的人权问题）——从堕胎和辅助生育技术，到青少年和未婚人群的服务，到一切相关性行为和性认同的问题。不过 1967～1968 年所取得的社会突破，为政府工作方式的转变提供了基础，而这种转变直接导致生育率下降。

1967～1968 年，以萨迪金在雅加达的项目为成功典型，苏哈托当局决定在全国启动家庭计划项目。结果，当家庭计划要嵌入官僚体系的时候，一大堆新问题被摆到了前台。有很多错综复杂的行政问题常涉其中。最突出的是预算和人员问题，另外也很重要的是关于权力的使用问题，包括由谁来掌管诊所和外展服务，优先进行什么研究，由谁制定评估条款，由谁掌握海外援助的管理权。一般来说，这些问题都可以在国家计划生育协调委员会（NFPCB）后来的授权书中找到答案，NFPCB 的职责是对政府直属部门以及非政府组织的活动中进行协调。但是从一开始，NFPCB 就远不仅是一个协调机构。1968 年，印度尼西亚家庭计划协会将其在爪哇岛和巴厘岛的诊所、设备和医疗用品通过卫生部移交给 NFPCB。海外捐助方重点投资给 NFPCB，助其建立强大的管理机构，使其能够运作后勤系统、培训和推广活动，它们认为卫生部和信息部的现有部门无力完成这些工作。随着NFPCB接受执行责任的越来越大，它的协调功能变得越来越命令化，带上了控制性，在海外资金的慷慨资助下，越来越多的员工参与到项目的建立和运行之中。

家庭计划的一线工作人员的薪资和装备是由 NFPCB 而非卫生部提供的。随着时间推移，他们的人数超过了 6000 名，他们向政府施加压力并最终获得了体制内的永久身份。这一切都使 NFPCB 在市政府中的扩张变得顺理成章了，经过 10 年的发展，NFPCB 已经成为一个准政府部门，拥有庞大的人员和车队，在雅加达、各个省会和很多行政区以及地区之下的乡镇都有自己显眼的建筑。

可以理解，NFPCB 的快速发展及其与国外援助的便利对接，造成了更多的原有政府部门的妒忌，特别是卫生部和中央统计局。从部长的官邸到地区分部和诊所，关于 NFPCB 越俎代庖的非议不绝于耳（Warwick，1986）。同时，NFPCB 却把自己的使命看作是在解决人口爆炸这一十万火急的问题，他们认为，要绕过复杂且僵化的政府体系，他们的这种运作方式是必要之举。

国外的观察团经常声援 NFPCB 的这种说法，不过在一段时间后他们开始认识到，从长期发展来看，需要将人口计划项目很好地整合到政府部门的工作中，并植根于社会（例如 Snodgrass，1978）。到 20 世纪 70 年代后期，NFPCB 更加努力地去融合政府部门和社会团体的力量来实施国外资助的项目，并在美国国际开发署以及联合国人口基金会的协助下，为中央和省级地区的政府和非政府组织人员提供培训（Haryono，1982；Sumbung，1989）。

不过冲突并未完全化解。针对生育水平以及避孕现用率的计量方法和目标，NFPCB 和中央统计局存在明显对立。它们对于当时避孕现用率的估计结果经常分歧巨大，有个阶段 NFPCB 宣称这个数字在 60% 左右，而中央统计局认为是 40%，双方都不愿去尝试调整自己的估计方法以便进行有效对比。因为各个国际基金机构都对项目有要求，所以 NFPCB 就把名声孤注一掷地押在妇女实际使用避孕方法比例的估计数字上，因此，这样的统计差距就不仅仅是学术兴趣的问题了。的确，进行数据评估的印度尼西亚国内外学者有时候发现，如果他们的研究对 NFPCB 数据的有效性提出了质疑，或者给出的解释对旨在降低生育率的官方项目的名声不利，则他们的工作要么被阻挠，要么被忽略，要么被禁止（例如 Streatfield，1985）。

官方的解释认为，印度尼西亚是人口生育率下降先于经济大幅增长出现的案例，这样，就可以将这种结果算作政府家庭计划项目的大功一件（Freedman、Khoo、Supraptilah，1981；Sinquefield、Sungkono，1979）。虽然很多人口学家把 NFPCB 的角色诠释为催化剂而非导致出生率转变的主要推动机制，但是带有政治色彩的流行性解释把情况简化成了这样一种理念，即政府通过政策、规划和后勤管理的强力执行而打造出来这样一个巨大的转变。项目的资助者世界银行和美国国际开发署对这个有点天真的说法表示欢迎，经常还加以宣传，很多开发机构把印度尼西亚当作其他发展中国家的楷模，还为 NFPCB 和苏哈托颁发了诸多奖项。

20 世纪 80 年代早期，NFPCB 把自己看作各类人口政策的核心权威机构，积极履行由其领导制定的工作计划。其中也插手了劳动力开发、城市化、再安置等事务。

1984 年，国家人口与环境部建立了，归于艾米尔·萨利姆教授领导，他是一位雷厉风行并经验老到的部长，很快将 NFPCB 的权力削减回一个更小的范围内，使其只负责协调具体的生育控制工作。总统此举在政府管理中颇显大师水准，达到了一石二鸟的效果：一方面强化了 NFPCB 在家庭计划方面的职责；另一方面减少了 NFPCB 与劳工、移民与公共事务部、中央统计局以及国家计划委员会之间的角力。

10 年后，风水倒转。家庭计划的总设计师哈约诺·苏约诺博士被任命为人口部的部长，而环境部长则被分到单独的部门。新设立的人口部门与 NFPCB 在各地同址办公，增补几名副部长全权负责监控人口变动和评估家庭计划绩效。虽然它们在官方是独立的实体，但人们都认为是人口部使NFPCB 的地位和名号合法化。

随着 NFPCB 建立的庞大体系发展，以及其在政府体系中对活动进行水平和垂直整合，并时常和那些与家庭计划服务没有直接关系的部门相联合，NFPCB 终于获得了法律认可。在 1970 ~ 1990 年，家庭计划在印度尼西亚社会中随处可见，在招贴画上、房屋上、印度尼西亚列岛间穿梭的汽车上，到处都是 NFPCB 的蓝色标志，家庭计划的口号在各个场合天天讲，包括电视和电台、传统戏院、童子军、妇女团体，还有学校课堂等，在总统的讲话中也被经常提及。很多社会组织，例如宗教团体、工厂、演艺班子和青年团体等，都积极宣传家庭计划的信息，协助家庭计划服务的组织工作。

印度尼西亚的家庭计划项目成为东南亚地区政府与社会间精诚合作的成功范例之一，这是真正的合作，因为家庭计划中的各机构并没有带家庭计划之名，但是它们行了家庭计划之实，这种做法得到了社会的接受和积极参与。

家庭计划的信息经常出自信息部、教育部、卫生部，或者妇女事务部，无论信息来源如何，人们都能看出是 KAH – BAY（KB 是家庭计划的首写字母缩略语），并把它们当作无缝联结的有机整体。实际上，家庭计划远不是无缝联结的，在官僚政治体系的争吵中经常出现撕裂和扯皮，只不过领导人能够很高明地在表面上对冲突进行修补，能够维持一种政府和社会利益之间的错觉式的完美平衡。

## 20 世纪 80 年代宗教反对声音的崛起

用别的办法批评苏哈托世俗政权的路行不通，伊斯兰宗教群体有时候会转向家庭计划问题，以宗教和道德的名义发起攻击。它们迫使政府至少在表面上采取行动来应对宗教敏感问题（Aidid，1987）。在很多情况下冲突表现得很露骨。例如，在1984年"普里奥克事件"中，发生了大规模的街道游行示威，军队武装介入，在雅加达港口地区很多人被捕或被打死。这些活动是由宗教领袖怂恿造成的，宗教领袖们批评家庭计划项目的实施和其他一些事情。几年后，东爪哇岛的警察封禁了很多伊斯兰教书籍，因为这些书籍谴责一些生育控制行为。作为一个明显充满道德敏感性的项目，家庭计划成了反政府团体的天然靶子。但形势更严峻的是，新秩序政府把所有伊斯兰政党压缩成一个实力微弱的政党团体（联合发展党）后，主流伊斯兰教团体都从公开的政治活动中退出了。在这种情形下，家庭计划成了为数不多的可以在相对非政治场合提出批评的问题之一。

在家庭计划早期，各个宗教领袖都对家庭计划的具体方式表达了不满，尤其是宫内节育器、避孕套和堕胎。一些保守派领袖对这种由父母代行神权来决定子女人数的僭越思想提出质疑（Akbar, 1959）。随着家庭计划在社会上被更普遍地接受，以及NFPCB的做大做强，宗教的反对声音就转向了具体的行为或政策。例如，1983年，一本流传广泛的杂志*Panji Masyarakat*声称，NFPCB正在实行强制性的手段，以及不恰当的生育控制方法。

这本杂志报道了1983年伊斯兰学者大会的决议，决议对绝育手术和非紧急情况下的妊娠中止行为提出了谴责。这是对政府指名道姓的批评，因为政府曾经支持绝育手术，并且默许由医务人员施行月经调节术来流产。伊斯兰学者大会只接受使用宫内节育器，前提是须由女性医生施行置入，或者在紧急情况下由男性医生代行但是必须有接受者的丈夫或者另外一名女性在场。这种非议不仅影响了公众对于家庭计划项目的态度，而且形成了反对NFPCB政策和活动的思想障碍，阻止了绝育手术的正式采用，妨碍了社区动员和奖罚活动等人口计划策略的开展。

伊斯兰教对家庭计划的非难体现了正在经历重大变革的家庭计划项目所面临的潜在危险，这种危险是为了保持伊斯兰政党在国内政治版图上的东山再起而造成的。即使苏哈托政府积极扶持伊斯兰教的实力，例如资助清真寺，加强在公立学校的宗教教育，在世俗典礼和政府会议中加入宗教仪式，并将其贯穿于大众传媒之中。但是，穆斯林的领袖们仍然在很多方面对于新秩序政府颇有微词（Suryadinata，1989）。穆斯林的反对声音在 20 世纪 80 年代和 90 年代早期不是特别强烈，但是保守的伊斯兰教在苏哈托 1998 年下台后成为一股不可忽视的主要力量，因而家庭计划项目受到日益严厉的审查。

整个 20 世纪 90 年代期间，家庭计划项目顺应政治理念和政治结构的变化进行了重构。

## 政局变幻中的家庭计划，1980～2000 年

虽然国际社会将印度尼西亚奉为家庭计划的典型，但是很明显，在印度尼西亚发生的变化远不只是避孕措施的传播和出生率的下降。到 1980 年，快节奏、大范围的经济进步越来越清晰了，相伴而来的是剧烈的社会变革。不过很多评估报告还是把家庭计划分开来看。例如，兰普汉姆和默德林（1985）的分析框架即是如此，他们受到了恩特伟索（1989）和赫尔南德斯（1984，1989）的批评（另见 Mauldin 和 Ross，1991）。如果观察家们采取更广阔的视角来看待家庭计划，家庭计划就被看作一个实现广泛的经济和社会变革重要手段，它重点强调创收计划、家庭福利目标，或者所谓的接受者群体（Giridhar、Sattar & Kang，1989；Haryono & Shutt，1989；Warwick，1986）。家庭计划很少被放在印度尼西亚正在发生的更广阔的意识形态和政治变革环境下进行分析（可见于 Hull，1987；Hull & Hull，1997；Hugo 等，1987；McNicoll，1997）。

这种分析模式是比较新颖的，因为政治形态，特别是政治变革的意识形态支撑，对于决定政府项目的建立、发展和结果都是至关重要的，这种政府项目包括家庭计划、健康、教育和社会发展等。甚至家庭计划中对农村进行避孕、人口教育的那些部分，例如，基于社区的避孕药具发放系统的建立，

归根结底都是乡村结构转变的产物。这种转变根源于殖民地时代，后来在新秩序政府统治下转变步伐加快了（MacAndrews，1986；Warren，1986）。中央政府成功地发展出一条紧紧掌控的直线管理体系，它穿过各个行政层级，直达乡村中的干部骨干，这些干部靠内务部吃饭，为内务部效力。家庭计划项目是处于新式治理边缘上的发展（尽管这个边缘很重要），也代表了一个社会化的过程，而它所处的这个社会，为了在具有差异性的基础上建设一个统一的国家形象，正在与不同的道路选择做斗争。

1965～1990年，出生率实质上减半了，此期间所见证的社会变迁是前所未有的，它是一系列边缘化运动互相推动而产生的一个转变过程。推动社会变迁，与其说是家庭计划中的正规机构，还不如说是发端于20世纪70年代的石油繁荣。石油繁荣促成了经济的大发展，还有政府控制所营造的稳定环境。这种发展反过来支撑了官僚机构的改革和沟通方式的创新，使得地方与中央能够上传下达。没有这些更基本的改变，NFPCB便没有坚实的基础，并在此基础上采取行动，达到在物流和信息方面的目标，以促进避孕措施的推广。

这些政治和行政上的关键变革都归功于新秩序政府本身的特点。从旧秩序到新秩序的变迁蕴涵着政治权力的一次重新分配，这使得充当家庭计划主要阻力的伊斯兰宗教势力和国家主义的经济计划，都让位于那些支持生育控制的势力了，它们就是世俗的威权主义和现代化的技术官僚计划体系。新日程中包括建设高规格的机构大楼，投巨资改善中央政府部门，加强地方政府的控制力，指引所有的社会组织在潘查希拉（国家意识形态的五条原则）共同意识形态旗帜下实现发展目标。潘查希拉创立于1945年，那时正是印度尼西亚独立前夕，它的创立为世俗国家的建立打下了基础。五条原则可以总结成：信奉神灵、国家统一、人道主义、社会公平以及协商治理（van Ufford，1987）。早在意识形态的形成时期，很多的保守伊斯兰政治流派领导人就曾推动篡改潘查希拉甚至倡议直接摒弃，向有利于形成基于宗教意识形态的伊斯兰教国家发展，并且他们后来提得越来越频繁。家庭计划已经成为世俗国家的产物，同时包含了很多对伊斯兰教价值观和教义很敏感的政策（Fathuddin，1993）。

　　有观点认为印度尼西亚绝大多数人是穆斯林，这是要求建立伊斯兰教国家的基础。伊斯兰教国家的倡导者经常引用人口数字表明伊斯兰教众多达95%，而并非普查数字的87%。实用主义的说法则认为，伊斯兰教信徒的相当一部分只是统计意义上的穆斯林，这些人之所以说他们信教只是因为在官方身份卡的宗教勾选上图方便。1945年在苏加诺统治时期，反对宗教政治的声音居压倒优势，苏哈托一直将这种状态维持到1998年。苏哈托的继任者哈比比（B. J. Habibie，在位时间1998~1999年）和瓦希德（Abdurrahman Wahid，在位时间1999~2001年）比苏哈托更加具宗教倾向。保守的宗教势力在2000~2006年增大了压力，哈比比和瓦希德拒绝向伊斯兰教国家的转变，他们各自对国家的设想分别是技术官僚掌权的国家和人本主义的民主国家。他们的继任者梅加瓦蒂（Megawati Sukarnoputri，在位时间2001~2004年）是苏加诺的女儿，她顶住日益增大的压力，维持了国家的世俗性。这些压力大多来自国家立法委员和地区领导人，他们希望通过宪法将宗教国家的性质制度化，宪章中要包括一系列针对穆斯林的法律和程序，同时也尊重其他宗教的政治权利。苏西洛（Susilo Bambang Yudhoyono）于2004年当选为总统，面对宗教团体更加公开的叫板，他还是保持着世俗性的承诺。很多世俗人士担心对于世俗国家理念的挑战会使社会碎片化，特别是对于家庭计划项目，因为它牵涉死亡、妇女角色、家庭，尤其是青少年生殖健康等问题，所以会首当其冲。

　　从20世纪80年代早期到苏哈托下台，一直到当前的改革时期，婚姻和家庭关系中发生的社会变迁乘上了全球化的东风。全球化以发展主义和消费主义为标志。进入90年代，家庭计划项目顺应政治思想和政治结构的变革，也进行了改造。对国有企业和金融部门的解除管制和私有化运动也体现在家庭计划的自负盈亏项目（Self Sufficiency Program）中。避孕服务私有化，以及政府卫生支出中的很多削减，都有利于私人部门的发展。私有化和世俗势力的崛起挑战了新秩序政府早期建立的那种封闭的威权主义状态，1989 年之后，这种崛起也响应了诸如要求政府公开、加强议会作用和权力多元化等呼声。扩大政府参与度和增强官僚机构的反馈能力的诉求，在媒体和专业人士中催生了通过事例揭丑的做法，也导致对家庭计划中那种为达目标不择手段的做法所引起的不满到处传播（Hull，1991）。无怪乎在 1994 年开罗国际人口和发展大会前后，NFPCB 在定义更全面的生殖健康服务时，采用了优质服务的思路。而捐赠方和非政府组织认为，优质服务不过是装点门面而已，而不是真诚的承诺，听到这种非议也不足为奇。

口号无法战胜威权主义者传统，直到 1997～1999 年，挑战并最终打败新秩序政府的政治力量才被动员起来，并制定了改革日程表。人们普遍认为，这些转变是民主进程强化的标志，也表明了国家精英内部消除冲突的决心。在这种情形下，国家很难集中精力解决妇女的生殖健康需求问题。

## 在使用避孕措施和生育率下降方面所取得的成就

1999 年瓦希德总统上台，无论当时国家形势看起来有多么动荡，人口形势并没有让技术官僚们感到担心，虽然这个问题已经困扰他们 30 年了。相反，家庭计划和出生率的报道好像还很乐观，至少从发展趋势来看是这样。新的领导层承袭了之前家庭计划的成就（见表 15.1）。至 20 世纪 90 年代早期，大多数已婚夫妇都采取了生育控制，这很大程度上表明多种避孕措施在全国范围内都可方便得到。避孕套、男性绝育和体外射精的自使用率一直维持在低水平，1987 年有 3.1% 的夫妇使用，到 2003 年是 2.8%，这凸现了印度尼西亚性别平等的缺乏。

如果在这段时期内，印度尼西亚在家庭计划项目中能更强调一下男性避孕方法的话，避孕现用率甚至能达到更高水平。而官方在这个问题上却畏缩了。不管是社会上还是家庭计划项目的领导者们对推广男性避孕方法的态度都非常保守。他们日益质疑避孕套的使用效果以及男性绝育的可接受性，虽然公众对男性避孕法非常有兴趣尝试，官方还是对此选择了漠视态度。这就好像惊吓了的马群一样：一旦几位保守的领导人对于男性避孕法在道德上或者有效性上表示了担忧，马群就开始四散奔逃了，男性绝育带来的那种男性被阉割的原始恐惧，以及从避孕套的胶孔隙间往外渗漏的景象，使他们充满了胡思乱想。这样造成的结果是，印度尼西亚家庭计划中（以及艾滋病预防中）的避孕套报告使用数一直呈稳步下降趋势，而成本相对低廉的男性绝育手术人数甚至还达不到女性人数的 1/9。女性反倒不像男性那样容易惶恐，至少她们更能承受采取生育控制时所要遭受的一些副作用和身体不适。在缺乏支持的环境下，女性经常变换着避孕方法，坚持进行生育控制。

**表 15.1　使用者报告的生育控制手段，选择部分年份 15～49 岁已婚妇女的百分比**

| 方法＼年份 | 1976 | 1987 | 1991 | 1994 | 1997 | 2003 |
|---|---|---|---|---|---|---|
| 官方计划的方法 | 17.2 | 40.7 | 43.7 | 48.4 | 51.3 | 52.4 |
| 　宫内节育器 | 4.1 | 13.2 | 13.3 | 10.3 | 8.1 | 6.2 |
| 　避孕药 | 11.6 | 16.1 | 14.8 | 17.1 | 15.4 | 13.2 |
| 　注射 | — | 9.4 | 11.7 | 15.2 | 21.1 | 27.8 |
| 　皮埋 | — | 0.4 | 3.1 | 4.9 | 6.0 | 4.3 |
| 　避孕套 | 1.5 | 1.6 | 0.8 | 0.9 | 0.7 | 0.9 |
| 家庭计划提倡但非官方方法 | 0.1 | 3.3 | 3.3 | 3.8 | 3.4 | 4.1 |
| 　女性绝育 | 0.1 | 3.1 | 2.7 | 3.1 | 3.0 | 3.7 |
| 　男性绝育 | 0.0 | 0.2 | 0.6 | 0.7 | 0.4 | 0.4 |
| 传统方法 | 1.0 | 6.0 | 2.7 | 2.7 | 2.7 | 3.7 |
| 　安全期 | 0.8 | 1.2 | 1.1 | 1.1 | 1.1 | 1.6 |
| 　体外射精 | 0.1 | 1.3 | 0.7 | 0.8 | 0.8 | 1.5 |
| 　其他，包括草药和按摩 | 0.1 | 3.5 | 0.9 | 0.8 | 0.8 | 0.6 |
| 正在使用任何一种方法 | 18.3 | 49.8 | 49.7 | 54.7 | 57.4 | 60.2 |
| 未使用避孕方法 | 81.7 | 52.3 | 50.3 | 45.3 | 42.6 | 39.7 |

注："—"表示数据不详。

资料来源：1976 年印度尼西亚人口调查；1987 年避孕现用率调查；1991 年、1994 年、1997 年、2003 年人口与健康调查。

避孕方法的使用构成一直是多样的，多数人选择使用这样或那样的荷尔蒙方法，只是很少一部分人坚持使用宫内节育器。还有的妇女报告说，她们使用传统方法例如安全期或者草药制剂。1970 年，妇女们被集中起来上大课，学习有关生育控制的知识。到 1977 年，实际上所有的印度尼西亚妇女都知道如何获得和怎样使用各种避孕方法了，并且也已经在践行这些知识。特别是年轻女性意识到，避孕措施对延迟或者间隔怀孕起到了重要作用，只有这样她们才可以参加正式劳动。此外，随着经济快速发展，在避孕用具的获得渠道方面，人们逐渐从政府转向私人部门，很多人从接生员开的诊所里购买避孕针剂或者皮埋避孕。这些诊所虽小但收益颇丰。人们的生育观念发生了深刻变化。在回答研究者们的调研问题时，小夫妻们都不提那句"每个孩子都会带来好运"的爪哇俗语（Hull，1973）。相反，他们倒是历数着养育孩子的成本，毕竟这个飞速变化的世界充满物欲，学费也不便宜。

　　采取避孕措施的上升趋势似乎标志着印度尼西亚妇女生育意愿在发生变化，不过很多决策者还是担心，如果官方家庭计划的压力稍有放松还是会导致形势的反复。实质上，精英们认为，印度尼西亚妇女需要不断引导才能控制生育。与此同时，有的观察家担心，整个国家的避孕后勤配送系统很脆弱，对政府预算的任何冲击都会导致避孕服务崩溃。1997 年发生的经济危机正好创造了他们所担心的条件：经济衰退冲击了家庭计划的预算，相伴发生的政治变革还发出了终结威权主义的呼声。家庭计划新上任的领导人着手建立新的策略，修订任务宣言促进资源参与，提高服务质量。表 15.1 表明在危机后的数年里，尽管几家主要的全国性报纸还在不停地鼓噪说经济危机会造成生育高峰，避孕措施的使用率不但没有下降反而上升了，即便女性所采用的避孕手段也已发生了实质性变化。

　　关键的一点可能是，到经济危机发生的时候，家庭计划已经在所有政治、宗教和社会团体中成为广泛被接受的事物。另外，人们普遍认为，NPPCB 在规划、管理和循证决策方面是最强有力的政府部门之一。危机一来，NFPCB 的工作人员马上就能发现有需求的地区，并合理安排快速的支援介入，捐助方也快速行动起来满足用具方面的需求。因而在 1998～2003 年没有发生有关避孕供给的全国性危机。尽管一些相对偏远的地区在某些避孕服务的供给上，的确碰到了物流和人员短缺方面的问题（Hull，1998）。

避孕使用在 30 年间实现了稳定增长，这与印度尼西亚女性生活中的主要变化息息相关。聚焦青少年和成年人在关键决策期的状况，普查发现，女性在教育和正式工作中的参与度都显著增加了。1970 年，大约 50% 的 10～14 岁女孩能够上学，但是，1990 年，80% 都上学了，2000 年，达到了 92%。同时，这个年龄段参加正式工作的人数下降了，这个趋势与社会研究的观察结果相吻合：青少年不大会像先辈那样参与什么家庭的或者非正式的工作了，部分原因就是上学。影响 10～14 岁女孩状态的还有一个主要因素，就是她们的母亲在 20 世纪 70～80 年代生孩子也少了，因此这些正值青春韶华的女孩子就不用帮着照料一大堆弟弟妹妹了。随着高胎次出生的减少，儿童可以从各方面获益，包括自由的时间、家庭资源份额的增加、对学习的鼓励。

年龄大一些的青少年的情况就有点不同。虽然他们继续上学的可能性更大，但是，正在上学的 15～19 岁年龄组的女孩所占的比例也只不过从 1971 年的 20% 上升到 1990 年的 33%，而另外还有 33% 参加了正式劳动。在 1990 年，这个年龄段中大约 20% 的人已经结婚。他们好像没有加入当时一系列方兴未艾的变革。她们可能还是希望上学，学校位置不足或者录取费用是她们面临的障碍。就业可能具有吸引力，不过正式劳动力中的好工作需要训练有素才行。较大年龄的青少年逐渐不再被定义为成年人（成年人身份是根据婚姻状况给予的），也不是儿童，这意味着他们只是非正式劳动力，并且对将来的选择也无所适从。当然婚姻还是重头戏，只是寻找伴侣变得更成问题了。年轻人开始热衷于寻找真爱，不过父母之命仍旧起到重要作用。到 2000 年，15～19 岁群体已经发生了巨大变化，50% 的女孩上学，只有 25% 参加正式工作，仅仅 12% 已婚。

年轻人发现社会变革开启了新的选择，具体的选择则与他们所处的社会阶层有关（Hull，2002）。对于精英阶层和成长中的中产阶级来说，高等教育的快速扩张意味着他们可以延长在各种专业教育和学术研究上的学习时间。很多高等教育机构是由私人部门运作的，它们培养的男女学生可以从事服务和行政管理工作，还有一些可以培养教师和医务工作者。很少有大学生可以兼顾婚姻和学习，倒是有的人可以半工半读。追求职业生涯的想法使年轻女性开始重新考虑婚姻的时间和方式。逐渐地，婚姻不再一定意味着早生育了。其中有两个原因：一是婚姻可能会因高等教育而延迟；二是走入职场和生儿育女之间会产生冲突。就像所有发达国家的妇女一样，年轻的女性会在家庭和试图追求个人发展之间纠结。在大城市，越来越多的女性为化解压力而保持独身，把精力投入到工作中。但是对于大多数女性来说，婚姻是切实的愿望。为了既实现职业目标又不耽误养育孩子，在孩子出生后的比较困难的几年里，她们利用家庭、保姆以及产假来解决问题。

图 15.1 和表 15.2 显示的年龄别生育率可以看到这些变化的影响。15～19 岁年龄组婚育的可能性越来越小。1965～2000 年，这个群体的生育率下

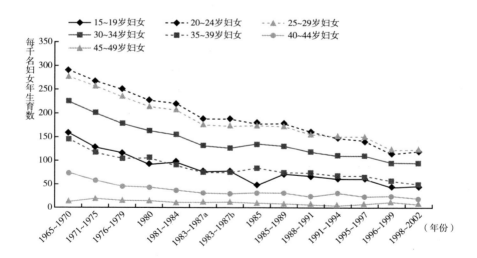

**图 15.1　1965～1970 年到 1999～2002 年的年龄别生育率下降**

注：X 轴没有比例尺。

资料来源：1971 年人口普查；1976 年的人口普查间的人口调查；1987 年避孕现用率调查；1991 年、1994 年、1997 年、2002 年/2003 年人口与健康调查；2002 年、2003 年、2004 年国内社会和经济调查。

降了 67%。对年轻成年女性在同等年龄下进行比较，2000 年生育率不到 20 世纪 60 年代的一半。在这些女性中，先是出现推迟生育现象，而后她们生孩子的数量也减少了。在所有年龄组中，连续各次调查都发现生育率在稳步下降。从 60 年代到 2000 年，总和生育率的下降幅度达到 56%。这表明，决策者对 1997 年经济危机会造成生育高峰的担忧完全没有事实依据。

**表 15.2  1964～2002 年龄别和总和生育率**

| 参照时期（年份） | 各时期年龄段 | | | | | | | 总和生育率（每个妇女的生育数） |
|---|---|---|---|---|---|---|---|---|
| | 15～19 | 20～24 | 25～29 | 30～34 | 35～39 | 40～44 | 45～49 | |
| 1965～1970 | 158 | 290 | 277 | 224 | 146 | 75 | 12 | 5.9 |
| 1971～1975 | 127 | 265 | 256 | 199 | 118 | 57 | 18 | 5.2 |
| 1976～1979 | 116 | 248 | 232 | 177 | 104 | 46 | 13 | 4.7 |
| 1980 | 90 | 226 | 213 | 163 | 105 | 43 | 14 | 4.3 |
| 1981～1984 | 95 | 220 | 206 | 154 | 89 | 37 | 10 | 4.1 |
| 1983～1987a | 75 | 189 | 174 | 130 | 75 | 32 | 10 | 3.4 |
| 1983～1987b | 78 | 188 | 172 | 126 | 75 | 29 | 10 | 3.4 |
| 1985 | 46 | 176 | 173 | 134 | 83 | 32 | 10 | 3.3 |
| 1985～1989 | 71 | 179 | 171 | 129 | 75 | 31 | 9 | 3.3 |
| 1988～1991 | 67 | 162 | 157 | 117 | 73 | 23 | 7 | 3.0 |
| 1991～1994 | 61 | 148 | 150 | 109 | 68 | 31 | 4 | 2.9 |
| 1995～1997 | 62 | 143 | 149 | 108 | 66 | 24 | 6 | 2.8 |
| 1996～1999 | 44 | 114 | 122 | 95 | 56 | 26 | 12 | 2.3 |
| 2000（1998～2002 平均） | 46 | 120 | 123 | 93 | 50 | 19 | 5 | 2.3 |
| 2000～2003 | 51 | 131 | 143 | 99 | 66 | 19 | 4 | 2.6 |
| 百分比下降 | 67 | 55 | 48 | 55 | 55 | 75 | 67 | 56 |

资料来源：1971 年普查；1976 年人口调查；1987 年避孕普及调查；1991 年、1994 年、1997 年、2002 年/2003 年人口与健康调查；2002 年、2003 年、2004 年国家社会经济调查汇编。

对图 15.1 的解释要慎重，因为资料来源以及总和生育率的估算方法都不够理想。由于印度尼西亚生育登记系统不完善，必须通过定期普查和调查对生育率进行估算，但估算技术并不精确。有的方法是基于产妇近期生育日期报告，但产妇的记忆会出现差错。有的方法是通过观察某个年龄段妇女的生育总数来计算最近的生育率，有时候还要利用统计手段将一种形式的报告转化成年度出生人数的估计数。报告方法和估计方法两者的缺点合起来会造成结果朝不同方向上偏离，使数据源和估算方法可能无法与其他数据源和估算方法做比较。不过，如图 15.1 所示，所有生育率的下降趋势是相当一致的，这为我们的结论增添了信心，即生育率真的已经发生了实质性下降，并且仍将继续下降。在表 15.2 中总和生育率的近期趋势是无规律的，让人很难完全理解。在连续的调查数据中，TFR 从 3.0 下降到 2.9 再下降到 2.8，然后在后面两次调查中又突然下降到 2.3，这是不可能的。在最新的调查中，它又回到了长期的趋势 2.6。原因是，全国性调查的执行机构会稍有不同，所以方法上的差异会有所影响；家庭计划项目或者人口的变化也会造成这种无规律变化。

基于当前印度尼西亚政治的不确定性，说生育率不会再次回升是不明智的。但同时，也没有证据表明政府或者公众喜欢更高的生育率。即便是因为经济管理不当，以及卫生和避孕服务的供给上出现政治冲突，造成生育率下降趋缓，它可能仍然会维持长期下降趋势。不过，对此命题需要仔细推敲。

### 充满变数时代的生殖健康展望

如同对过去的看法会因为对历史事件的解读不同而有所差异一样，未来情景也会因为对事件的可能发展路径的合理假设不同而存在多种可能。用这种观点来描述印度尼西亚在威权主义的底子上艰难建立民主的过程再恰当不过了。要预判生殖健康的未来政治处境需要深入到更多的有关当前政治过程发展趋势的细节中去，这里不可能写得那么细。但是有迹象表明，新秩序政府时期的一些有价值的遗产可以保留，而威权主义下的很多更严重的错误也可以克服。因此，人口趋势的性质和人口政策的挑战必须根据家庭计划的历史来进行理解。

作为美国国际开发署资助的"生殖健康/家庭计划技术成就维持"项目的一部分，哈耶斯（2006）总结了近期关于未来印度尼西亚家庭计划的探讨。这项研究一开始就提出疑问，在生育率似乎不可避免向替代水平发展的前提下，避孕现用率是否还有意义。基于约翰·罗斯2003年所做的预测，哈耶斯认为，政府仍旧面临一个总人口增长的主要挑战。如果避孕现用率每年上浮0.5个百分点，总人口会在2015年增长5000万左右。如果同期内CPR维持不变，人口增长会少些，为4050万。如果CPR每年实际增加0.5个百分点，人口会增加3090万。实际上NFPCB希望看到CPR实现更快的增长，他们对避孕服务尚未满足的需求以及CPR大幅低于全国平均值的省区进行了认真研究。结果发现，要达到更高的CPR是可行的。如果CPR每年能够有一个百分点的增长速度，人口增量可能只有2280万，远远低于每年CPR降低0.5个百分点下的最坏预测5000万（差额达2720万）。教训是明显的。在拥有较高CPR和较低生育率的国家中，即便很小的边际变化幅度，都会对总人口以及之后的教育和医疗费用产生重大影响。

基于这个出发点，哈耶斯试图回答怎样最有效地提高CPR。换句话说，就是如何最好地满足夫妇们关于生育控制的明确需求。他的论文中概括描述了各种情景，包括短期（2004~2006年）、中期（2005~2010年）和长期（2005~2015年）。短期内优先要做的是在各地发展强有力的机构，在2001年所建立起来的分散化体系的管理下做好促进家庭计划的工作。本质上它是一个早期预警和快速反应系统，在各种避孕手段的分配发放工作的后勤保障系统中发挥作用。中期战略是识别出服务供给不足的地区、贫困地区和未提供服务的地区，提升服务质量，力争达到出生替代率水平之目标。最后，更长期内，NFPCB需要进行全面改造，改变角色，成为广义的人口政策的制定者，以及对各地政府所运作的家庭计划管理和监督体系的管理者。

很大程度上，这些设想为议会和政党的政治变换所冲击。NFPCB一直没有心思去对自己重新定位，以便卸掉过多的执行性工作和相关预算。它本是一个管理和政策实体，而实际上被转作技术机构来使用了，各种人力资源的需求和它在40年时间内所积累的资源也存在错位。类似的，在中期内关于针对贫困人口和未享受服务人群的构想中，并没有对各地政府的执行责任和中央机构的创新之间进行明确区分。与之相对的是，依仗对机构资金流动的潜在支配，它的中央机构认为自己是主要的创新者和执行者。到 2007 年，很多 NFPCB 的核心咨询专家开始怀疑这个机构是否已经变得无关紧要了。原因并不是因为出生率转变，就像卡德维尔、菲利普斯和巴卡特所说的，已经形成了趋势，而是因为，以权力下放为特征的民主转型使 NFPCB 只能非常漫无目的地去寻找新的角色和功能定位了。

1998～2000 年卫生部发起了卫生改革，并大张旗鼓地进行权力下放（Hull & Iskandar，2000；Lieberman & Marzoeki，2000），这些举措使人们信心百倍，不管以后 NFPCB 前景如何，男性和女性都可以一直享有避孕服务。毕竟，在国家家庭计划运动的发展过程中，医务人员是在有偿的或者志愿的外派工作人员的协助下，来为主体人群提供大多数基本服务的。不懈的预防保健服务为家庭计划的可持续性打下了坚实的基础，此外这种服务也能用来改善对性传播疾病、孕期疾病和孕期死亡的预防。工厂与配送渠道所形成的网络让全体印度尼西亚人都能用上各种避孕服务，这个网络是值得保留的主要实体资源。保守政治家们不失时机地提出，是否有必要在 NFPCB 中维持一项专门的家庭计划促进服务，但是社会上总体来说还是对 NFPCB 这样一个组织持欢迎态度，因为它可以为社区动员提供便利，即便一些人会对其某些具体活动存在质疑。

在集权和威权体系下滋生了一些顽固的错误，很大程度上，文化因素将很多不健康的行为固化了，而这些行为不易改变。人们对很多问题感到不满，如强制参与、服务不热心、男性参与程度或者责任度较低、缺乏足够信息、对患者不够尊重等。不满的原因常常可以追溯到性别关系、阶层关系和组织文化的问题，要解决这些问题，就算不需要好几代，也还是需要很多年（Hull 和 Hull，1997）。不过，在 1999 年，Khofifah Indar Parawansa 经瓦希德总统任命当上了妇女事务部部长，她上任伊始的头两个行动就令观察家们瞠目结舌，一是把自己的职位更名为妇女赋权部部长（Minister for Women's Empowerment），二是宣布有权监督 NFPCB。在制定生殖健康项目的发展方向方面，她明确希望直面性别和道德问题。另外，她也意欲制订一份女权日程表，确保女性在项目形成中起到积极作用，并且男性也要在避孕过程中分担责任。在她两年的任期中，主导 NFPCB 接受了新的"愿景和任务宣言"。其中愿景是"2015 年实现有生活质量的家庭"，任务是"增强和动员社区能力，建立规模而高质量的家庭"，这里所谓"小规模"并不是一个确数，而是通过宣传让人们明白，最好的生育年龄是 20~30 岁，并且还应保持健康的生育间隔。这就明确表明，如果一名女性从 20 岁开始生育，考虑到前面提到的女性会因为教育和工作原因而日趋推迟婚姻和生育，每个家庭就会只有两三个孩子。当然，在政府给妇女加强权利的同时，印度尼西亚还保持着进一步降低生育率的目标。

除了上文所述的纠错和维护家庭计划的宝贵经验之外，印度尼西亚这个政治大角斗场也喻示着别的挑战。随着报纸头条开始刊登城市街道凶杀案、比邻教派的冲突以及不可遏制的大量腐败，此时对生殖健康的讨论就被冷落下来了。个人失去自信是一个问题，而国家失去自信就成了悲剧。在这种形势下，已经没有精力讨论民众生殖健康需求之类的问题了。更坏的是，没有了共同目标，对健康目标的现实设想都被从国家意识中清除殆尽了。在东印度尼西亚和亚齐省，千禧年的"祝福"变成了分疆裂土的要求，而不是齐心协力对付艾滋病、孕产妇死亡，或者意外怀孕。年轻的失业者在大街上为了种族或者宗教上的轻慢之举而大打出手，暴力活动的投机者认为，国家统一是脆弱的，人道主义是有条件的，社会正义是有问题的，共识治理是不可能的。在那之后，亚齐省冲突的解决给了政府些许希望：在巴布亚岛（Papua）和苏拉威西岛（Sulawesi）以及教派之间的冲突可能得以解决。

对很多人来说，在潘查希拉中只剩下"对神的信仰"这一根支柱。其他四根支柱都弱化了，并且对神的信仰也可以被从各个无法预知的方向上进行操纵。没有了社会正义、人道主义以及协商一致，宗教会使褊狭成为合理。没有了国家统一，对宗教的依赖就会催生破坏。但希望仍存，印度尼西亚的前途尚有多种可能性，1945 年革命建立的五个基础是可以捍卫的，如果领导层和民众认同这些价值观，对于公民福利的承诺是可以实现的。如果这样的话，生殖健康项目就可以回到促进活动开展上来，而不是疲于应对分崩离析的威胁。

对多数印度尼西亚人来说，自打 1997 年之后他们就变得"目光短浅"了。经济危机、政治动荡、对社会紧急支持机制的顾虑，凡此种种，占据着人们的心灵。政治家的时间是用天或者周来计算的，下一次的大选就是限度。经济学家则着眼于公布出来的关键经济指标，每当评估到正增长时，他们就长舒一口气；而每当想到国家债务、银行危机和低水平的外来投资时，他们又会黯然叹息。虽然宏观经济指标是西装革履的男士们的偏好，不过，这些短期经济前景与年轻女性在生儿育女上的计划和愿望，却也存在明显联系。女孩子们若是升学不利，父母就可能赶快给找婆家结婚，当成另一种出路。工厂里的女工若是失业，就会发现最可行的选择就是待在家里做家务、养孩子。没文化没工作的女性在家里的话语权无形中也会受到削弱。在这种情况下，印度尼西亚精英们就担心贫穷的妇女会退而求其次，用生儿育女来填补生命的意义。不过，穷人可能不同意这样的观点，因为穷人仍旧希望让孩子们获得教育，他们把经济问题看作是障碍，而克服这个障碍的办法是对每个孩子重点投资，他们不会先要上一堆孩子，然后碰运气这里面会冒出几个拔尖的来。无论国家的政治和经济问题怎样发展，印度尼西亚人的思维方式变了，这种变化喻示着中低水平的生育率，人们的思维方式会随着生活和决策环境的变化而变化。对未来生育水平的预测意味着，我们要对未来社会状况做出预判。在过去的 10 年中，印度尼西亚的学生们正在做着这种努力。总的来说，接下来的 10 年，挑战仍旧不小。

**参考文献**

[1] Aidid, Hasyim. 1987. "Islamic Leaders' Attitudes towards Family Planning in Indonesia (1950's – 1980's)." Master of Arts thesis, Asian Studies, Australian National University,

Canberra.

[2] Akbar, Ali. 1959. "Birth Control di Indonesia." *Madjalah Kedoktoran Indonesia* 9 (4):198 – 215.

[3] Caldwell, John C. , James F. Phillips, and Barkat – e – Khuda, eds. 2002. "Family Planning Programs in the Twenty – First Century." *Studies in Family Planning* 33 (1) (special issue).

[4] Entwisle, Barbara. 1989. "Measuring the Components of Family Planning Program Effort." *Demography* 26 (1):53 – 76.

[5] Fathuddin, H. Usep. 1993. *The Muslim Ummah and Family Planning Movement in Indonesia.* Jakarta: National Family Planning Coordinating Board in cooperation with theDepartment of Religious Affairs. (Translation of a 1990 version entitled *Umat Islam dan Gerakan Keluarga Berencana di Indonesia.* )

[6] Freedman, Ronald, Siew – Ean Khoo, and Bondan Supraptilah. 1981. *Modern Contraceptive Use in Indonesia: A Challenge to Conventional Wisdom.* Scientific Reports 20. London: World Fertility Survey.

[7] Giridhar, G. , E. M. Sattar, and J. S. Kang. 1989. *Readings in Population Programme Management.* Singapore: International Committee on the Management of Population Programmes.

[8] Haryono, Suyono, and Merrill M. Shutt. 1989. "Strategic Planning and Management: An Indonesian Case Study." In *Strategic Management of Population Programmes*, ed. Gayl Ness and Ellen Sattar, 257 – 84. Kuala Lumpur: International Council on the Management of Population Programmes.

[9] Hayes, Adrian C. 2006. "Towards a Policy Agenda for Population and Family Planning in Indonesia 2004 – 2015." *Jurnal Kependudukan Indonesia* I (1):1 – 11.

[10] Hernandez, Donald. 1984. *Success or Failure? Family Planning Programs in the Third World.* Westport, CT: Greenwood Press.

[11] ——. 1989. "Comment." *Demography* 26 (1):77 – 80.

[12] Hugo, Graeme, Terence H. Hull, Valerie Hull, and Gavin Jones. 1987. *Demographic Dimensions of Indonesian Development.* Kuala Lumpur: Oxford University Press.

[13] Hull, Terence H. 1975. "Each Child Brings Its Own Fortune." Ph. D. thesis in demography, Australian National University, Research School of Social Science, Canberra.

[14] ——. 1987. "Fertility Decline in Indonesia: An Institutionalist Interpretation." *International Family Planning Perspectives* 13 (3):90 – 95.

[15] ——. 1991. *Reports of Coercion in the Indonesian Vasectomy Program: A Report to AIDAB.* Development Paper 1. Canberra: Australian International Development Assistance Bureau.

[16] ——. 1998. "Indonesia's Family Planning Program: Swept Aside in the Deluge?" *Development Bulletin* 46 (winter):30 – 32.

［17］ ——. 2002. "Caught in Transit: Questions about the Future of Indonesian Fertility." Paper delivered at the Expert Group Meeting on Completing the Fertility Transition, March 11 – 14, United Nations Secretariat, Department of Economic and Social Affairs, Population Division, New York. http: //www. un. org/esa/population/publications/completingfertility/RevisedHULLpaper. PDF.

［18］ Hull, Terence H. , and Valerie J. Hull. 1997. "Culture, Politics and Family Planning in Indonesia." In *The Continuing Demographic Transition*, ed. Gavin W. Jones, Robert Douglas, John C. Caldwell, and Rennie D'Souza, 383 – 421. Oxford, U. K. : Oxford University Press.

［19］ Hull, Terence H. , and Meiwita B. Iskandar. 2000. "Indonesia." In *Promoting Reproductive Health: Investing in Health for Development*, ed. Shepard Forman and Romita Ghosh, 79 – 109. London: Lynne Rienner. Lapham, Robert J. , and W. Parker Mauldin. 1985. "Contraceptive Prevalence: The Influence of Organized Family Planning Programs. *Studies in Family Planning* 16 (3): 117 – 37.

［20］ Liddle, R. W. 1985. "Soeharto's Indonesia: Personal Rule and Political Institutions." *Pacific Affairs* 58 (1): 68 – 90.

［21］ Lieberman, Samuel S. , and Puti Marzoeki. 2000. *Indonesia Health Strategy in a Post – Crisis, Decentralizing Indonesia*. Report 21318 – IND. Washington, DC: World Bank.

［22］ MacAndrews, Colin, ed. 1986. *Central Government and Local Development in Indonesia*. Singapore: Oxford University Press.

［23］ Mauldin, W. P. , and J. A. Ross. 1991. "Family Planning Programs: Efforts and Results, 1982 – 89." *Studies in Family Planning* 22 (6): 350 – 67.

［24］ McNicoll, Geoffrey. 1997. "The Governance of Fertility Transition: Reflections on the Asian Experience." In *The Continuing Demographic Transition*, ed. Gavin W. Jones, Robert

［25］ Douglas, John C. Caldwell, and Rennie D'Souza, 365 – 82. Oxford, U. K. : Oxford University Press.

［26］ Moebramsjah, J. 1983. "Management of the Family Planning Programme in Indonesia." In *Views from Three Continents*, ed. Ellen Sattar, 6 – 21. Kuala Lumpur: International Council on the Management of Population Programmes. ( Edited reprint of Moebramsjah, D' Agnes, and Tjiptorahardjo 1982) .

［27］ Moebramsjah, H. , Thomas R. D' Agnes, and Slamet Tjiptorahardjo. 1982. *The National Family Planning Program in Indonesia: A Management Approach to a Complex SocialIssue*. Jakarta: National Family Planning Coordinating Board.

［28］ Panitya Adhoc Keluarga Berentjana ( Ad Hoc Committee for Family Planning) . 1968. *Pandangan Agama terhadap Keluarga Berentjana* ( Views of Religions on Family Planning). Jakarta: Pertjetakan Hidajah.

［29］ Sadli, Mohammad. 1963. "Indonesia's Hundred Millions." *Far Eastern Economic Review* 42 (4): 21 – 23.

[30] Sinquefield, J. C. , and Bambang Sungkono. 1979. "Fertility and Family Planning Trends in Java and Bali. " *International Family Planning Perspectives* 5 (2): 43 – 58.

[31] Snodgrass, D. R. 1978. *The Integration of Population Policy into Development Planning: A Progress Report.* Development Discussion Paper. Cambridge, MA: Harvard Institute for International Development.

[32] Streatfield, Peter Kim. 1985. "A Comparison of Census and Family Planning Program Data on Contraceptive Prevalence, Indonesia. " *Studies in Family Planning* 16 (6): 342 – 50.

[33] Sumbung, Peter. 1989. "Management Information System: The Indonesian Experience. " In *Readings in Population Programme Management*, ed. G. Giridhar, E. M. Sattar, and J. S. Kang, 13 – 28. Singapore: International Council on t [34] he Management of Population Programmes.

[35] Suryadinata, Leo. 1989. *Military Ascendancy and Political Culture: A Study of Indonesia's Golkar.* Southeast Asia Series 85. Athens, OH: Ohio University, Center for International Studies.

[36] van Ufford, Philip Quarles. 1987. *Local Leadership and Programme Implementation in Indonesia.* Amsterdam: Free University Press.

[37] Warren, Carol. 1986. "Indonesian Development Policy and Community Organization in Bali. " *Contemporary Southeast Asia* 8 (3): 213 – 30.

[38] Warwick, Donald. 1986. "The Indonesian Family Planning Program: Government Influence and Client Choice. " *Population and Development Review* 12 (3): 453 – 90.

（王永华　译　郑真真　吴艳文　校）

# 第十六章
## 马来西亚的家庭计划

■ 郑鼎平

　　本章着重对马来西亚半岛进行讨论，尽管家庭计划联盟（FPA）于1963年成立于沙捞越，并于1967年成立于沙巴州，但国家家庭计划项目2003年才开始在沙巴和沙捞越运行。鉴于1984年以来家庭计划已经不再受重视，本章讨论集中对项目的早期阶段进行分析。

### 社会政治和经济背景

　　马来西亚占地332762平方公里，其中马来西亚半岛有131675平方公里，沙巴州和沙捞越有201087平方公里（前北婆罗洲）。马来西亚邦包括现在马来西亚半岛的11个州，于1957年从英国的统治中独立出来。沙巴、沙捞越和新加坡在1963年加入了联邦形成了马来西亚。2年后新加坡离开了联邦成为一个独立的国家。2000年，马来西亚总人口为2330万，其中79.6%生活在马来西亚半岛，11.2%在沙巴州，8.9%在沙捞越，其他0.3%在纳闽岛。

自独立以来，这个国家被以民族为基础的各个政党所组成的联合政府统治。代表了马来人的国民阵线在联合政府里长期执政。

马来西亚人口的特点是民族和文化的多样性。在马来西亚半岛，马来人和其他少数土著人口占全国人口的60.1%，高于1957年的50%；相应的，华人和印度人的比重分别从37%和11%下降到26.4%和9.1%。20世纪90年代以来随着外国工人的大量涌入，马来西亚半岛约有4%的人口不具有公民身份。

每个社区都会从宗教、语言、服饰和美食方面维护自己的社会文化生活方式。马来西亚的官方宗教为伊斯兰教；华人主要信奉佛教或道教；印度人主要是印度教徒；大量的华人和印度人是基督教徒。不同民族的家庭、婚姻和离婚的法律和实践不同，但大多数坚持亚洲传统以家庭纽带为主的生活方式。两个法律体系支配人们的婚姻和家庭：伊斯兰法律适用于穆斯林，另一套法律适用于非穆斯林。

多样化的民族在职业、居住地、教育水平和经济状况上也不同。传统上，马来人主要住在农村地区，主要职业为水稻种植农民、渔民和橡胶工人。华人主导贸易、商业和城市地区的活动。印度人主要的劳动力在橡胶种植园，尽管有一部分人已经涉猎贸易、商业和城市中心的专业职位（Leete，1996）。自从1970年推出新的经济政策以来，马来人的城市化水平大幅提高。1970~2000年，马来人的城市化从14.9%提高到54.2%，而华人和印度人的城市化也分别从47.4%和54.2%提高到85.9%和79.7%。

直到20世纪60年代，主要的经济活动还是生产橡胶、出口锡和多样的粮食生产。1970年，超过一半的劳动力从事农业，但到2000年已下降到15%。随着工业化和经济的快速增长，人均国内生产总值（以1995年的美元为不变价格）从1960年的950美元增加到2001年的4708美元（World Bank，2003）。马来西亚在发展中国家是一个成功的例子。1970年以来，马来西亚的发展计划由新经济政策（1970~1990年）、国家发展政策（1990~2000年）和国家愿景政策（2000~2010年）组成。这些政策旨在重组社会、消除贫困和确保收入合理分配。

马来西亚在人类发展指数方面也取得了非凡成就。预期寿命从 1960 年的 54.3 岁提高到 2001 年的 72.7 岁。小学入学率高达 95%，中学为 58%（统计局，1999）。受教育的性别差异比过去更小，女性劳动参与率一直徘徊在 47% 左右（统计局，2001）。随着社会经济的发展，结婚年龄迅速提高。女性的平均结婚年龄（基于各年龄组未婚比例的间接测量）从 1947 年的 18.5 岁提高到 2000 年的 25.1 岁。华人女性结婚大约在 27 岁，与马来人（24.8 岁）和印度人（25.4 岁）相比更晚。20 多岁和 30 多岁男性和女性的已婚比例显著降低。这些社会变化以及政策转变已经显著影响到国家家庭计划项目的实施。

## 人口趋势和模式

在 20 世纪，马来西亚半岛的人口年平均增长率超过 2.4%，从 1931 年的 380 万增加到 2000 年的 1850 万人口。"二战"前人口增长以华人和印度人的大规模移民为特征，华人被锡矿和商业的就业机会吸引，印度人则被招募为迅速扩张的橡胶工业工人。

移民停止后，自然增长率在人口增长中发挥主导作用。从 20 世纪 50 年代后期开始，马来西亚半岛因为战后婴儿潮一代开始结婚生子而迎来生育率的高峰。粗出生率却是从 20 世纪 50 年代后期的 46‰ 下降到 20 世纪 60 年代中期的 39‰，1998 年不足 25‰（统计局各年数据）。

生育率的转变在不同的民族间也是不同的，没有统一的模式。华人和印度人的总和生育率在 1967 年国家家庭计划项目开始之初已经呈现相对迅速的下降趋势。1957～1967 年，华人总和生育率从 7.2 下降到 5.0，印度人从 7.7 下降到 6.1。同期马来人的总和生育率从 6.0 缓慢下降为 5.7。2000 年，马来人的总和生育率下降到 3.5，华人和印度人为 2.4，略高于更替水平（统计局各年数据）。2005 年，华人和印度人的总和生育率水平初步估计已经降到了更替水平以下（分别为 1.7 和 1.8），马来人下降到了 2.8。

社会经济发展和综合卫生保健计划带来了死亡率的大幅度下降。粗死亡率从 1947 年的 19.4‰下降到 1990 年的不足 5‰。婴儿死亡率也迅速下降，从 1970 年的 39.4‰下降到 1998 年的 7.7‰。此外，死亡率的种族差异也一直在缩小。

### 自愿家庭计划行动

自愿家庭计划行动始于 1938 年，当时 A. E. 多拉扎米博士，一名吉隆坡的政府产科医生，组织了一个 10 人的家庭计划委员会提供家庭计划建议和服务（详见马来西亚家庭计划运动大事时间表）。第一个家庭计划协会（FPA）于 1953 年成立于吉隆坡，紧随其后是在其他不同地方的协会。1962 年，家庭计划协会在马来西亚半岛的 11 个州成立。家庭计划协会联合会（FFPA）成立于 1958 年，与政府和国际计划生育联合会保持联络。1961 年家庭计划协会联合会成为国际计划生育联合会的正式成员。家庭计划协会和家庭计划协会联合会的创始成员和支持者包括许多著名的侨民、医疗专业人员、有影响力的商人和政客的妻子，如总理夫人莎莉法赫·罗德兹是家庭计划协会联合会的首位赞助者（Lee、Ong & Smith，1973）。

| 专栏16.1 | 马来西亚家庭计划项目发展的主要事件时间表 |
|---|---|
| **年份** | **与家庭计划有关的主要事件** |
| 1938 | 自愿家庭计划行动开始 |
| 1953 | 家庭计划协会（FPA）在吉隆坡和雪兰莪州成立。 |
| 1958 | 家庭计划协会联合会（FFPA）成立。 |
| 1961 | 家庭计划协会联合会（FFPA）成为国际计划生育联合会的会员。 |
| 1962 | 家庭计划协会在马来西亚半岛的各州成立。 |
| 1962～1963 | 橡胶价格下降和失业率上升带来的经济问题促使官方改变对家庭计划的态度。 |

| 年份 | 与家庭计划有关的主要事件 |
|---|---|
| 1964 | 赫尔·约哈利领导的内阁小组成立，审查人口趋势及其影响，开始采纳家庭计划政策。 |
| 1965 | 内阁委员会接受了国家家庭计划项目的建议。 |
| 1966 | 家庭计划42号文件生效，国家家庭计划委员会成立于总理署部门。西马来西亚家庭调查为家庭计划项目的实施和评估提供依据。 |
| 1967 | 国家家庭计划委员会建立了第一所提供避孕服务的门诊。 |
| 1970 | 中央协调委员会成立，促进家庭计划与农村卫生服务的联合。 |
| 1971 | 家庭计划服务与卫生部的妇幼卫生服务、联邦土地开发署和房地产部门结合。 |
| 1973 | 人口和健康计划（1973~1978年）启动。 |
| 1974 | 主要诊所引入巴氏涂片检查。 |
| 1976 | 城市改进项目启动。东南亚国家人口计划联盟在联合国人口基金会援助下启动。 |
| 1977 | 整合计划生育与寄生虫控制的试点项目实施。 |
| 1978 | 专科和生殖健康研究中心成立。 |
| 1979 | 人口和家庭健康项目（1979~1982年）启动，成立生育门诊。 |
| 1989 | 国家人口和家庭发展委员会从总理署移到国家民族和社会事务发展部。 |
| 1996 | 内阁认为应该重新审视国家人口和家庭发展委员会的功能和作用，该组织应该被重组来反映三方面的事宜：人口、家庭发展和生殖健康。 |
| 2001 | 生殖健康项目咨询和协调委员会取代了中央协调委员会。国家人口和家庭发展委员会归属于妇女、家庭和社区发展部。 |

1962 年以来每年政府都拨款 20 万马币给家庭计划协会联合会，它们能够招募人员来扩大和加速家庭计划活动。新增和回话接受服务的人数从 1962 年的 19463 人增加到 1966 年的 182590 人（Lee、Ong & Smith，1973）。家庭计划协会联合会与其附属机构和国家人口和家庭发展委员会（NPFDB）、卫生部一直都是国家的主要家庭计划机构。家庭计划协会联合会扩大了服务范围，由医生提供巴氏涂片、乳房检查、不重要的妇科治疗和年检等服务，也在很多州的家庭计划联盟中心提供更年期、不孕不育和其他生殖健康方面的服务。

## 官员对家庭计划的态度转变：20 世纪 60 年代

直到 20 世纪 60 年代初，家庭计划还没有被纳入发展规划。人们认为是相对稀少的人口使得马来西亚没有看到人口增长对经济发展的阻碍。然而，浮现出来的经济问题和逐渐意识到人口增长对社会、经济和健康的长期影响引发了政府的关注，并促使政府改变了家庭计划的立场。

"二战"后，合成橡胶使用的增长严重影响了天然橡胶的价格。人口高生育率带来了 3.2% 的人口年增长率，人均收入在 1960～1962 年下降。政府也开始意识到不同民族的收入差距在扩大。1962 年就业、失业情况调查表明城市的失业率提高到 10%，青年人的问题更严重。1963 年经济规划部门在总理府回顾了 5 年发展计划，表达了对人口快速增长带来副作用的严重关切。福特基金会顾问莱尔·桑德斯博士，提交的一份报告认为所有可用土地将在 15 年内用尽。这份报告也提出了频繁生育对母亲和孩子的不利影响，加速了家庭计划政策的实施（Lee、Ong & Smith，1973）。1962～1965 年的农业和合作社部长，后来成为教育部长的 M. 赫尔·约哈利是第一个表示担忧人口增长问题的内阁部长。他呼吁政府采取有力而积极的措施将全国家庭计划项目纳入国家发展规划（Lee、Ong & Smith，1973）。

总理和他的内阁同僚倡导将家庭计划作为母亲和儿童健康及家庭福利的

一部分，成为一种生活方式。人们先前认为多数人信仰的宗教可能会反对家庭计划，但与此相反，宗教的反对极其微弱且主要来自天主教。政府对家庭计划协会志愿者工作的支持也没有遭到反对。此外，医学界向政府明确保证将积极支持和参与国家计划。国家的良好医疗条件和卫生设施也促进了家庭计划服务的提供（Khir Johari，1969）。

马来人对家庭计划的反对，主要是担心家庭计划是否违反了伊斯兰教的教义。为了应对这些担忧，1966 年 3 月 28 日，赫尔·约哈利在议会指出其他伊斯兰国家也采取了家庭计划政策，并向听众表示政府绝不会强迫任何人（穆斯林和非穆斯林）接受政府的家庭计划服务（Lee、Ong & Smith，1973）。

## 国家家庭计划项目启动，1965～1967 年

1964 年 11 月，内阁小组委员会成立，对人口趋势及其对国家社会经济发展的影响进行了回顾分析。该委员会提出了能够得到广泛支持的降低生育率方案，并建议采取有效实施国家家庭计划项目的整合方式。

内阁在 1965 年中期接受了小组委员会的报告。1966 年 3 月，家庭计划提案被提交给议会，作为家庭计划 1966 年 42 号文件正式生效，并得到了王室同意。文件通过后，国家家庭计划委员会（NFPB 或董事会）于 1966 年 6 月在总理署成立，作为一定程度拥有自治权的跨部门正式组织。国家家庭计划项目的三个主要目标如下：

- 通过自愿接受家庭计划来改善家庭健康和福利；
- 1966～1985 年，人均收入从 950 马币提高到 1500 马币；
- 1966～1985 年，人口增长率从 3% 下降到 2%。

Khir Johari 被任命为国家家庭计划委员会的首任主席，政府的产科医生一直是各个家庭计划协会的坚定支持者的阿里菲因·马祖奇博士被任命为首任执行主席。国家家庭计划委员会有 21 个成员，10 名代表政府各部门，11

名是非政府部门的杰出人士。国家家庭计划委员会的建立，使得与人口和家庭计划相关的具体目标、策略和规划得以制定和实施。

调查结果既表明不存在对家庭计划的强烈反对，也显示存在大量的计划生育未满足需求。家庭计划协会是家庭计划服务提供的唯一来源，而且只限于城市地区。

国家家庭计划委员会在 1967 年 5 月开办了首家诊所。项目扩展包括与政府和私人医院、诊所、私人职业医生和家庭计划协会合作，利用已有的服务设施。

国外援助在马来西亚家庭计划项目的初期发挥了重要作用。国际机构和国外基金会，如福特基金会、人口理事会、雅典国际发展合作署和联合国儿童基金会提供了各种类型的帮助。随着人口项目（1973～1978 年）、人口和家庭健康项目（1979～1982 年）的实施，联合国人口基金会和世界银行也为这些项目提供了重要的资金和技术支持（Noor Laily 等，1982）。

国家家庭计划委员会的作用和组织机构为：

国家家庭计划委员会的功能，如国家家庭计划 1966 年 42 号文件的规定所言，包括：

- 政策制订；
- 根据母亲和儿童的健康及家庭福利情况设计方法以提高家庭计划的认识和实践；
- 规划、指导、管理和协调家庭计划活动；
- 培训参与家庭计划扩展工作的人员；
- 进行家庭计划的医学研究和生物学方法研究；
- 促进社会、文化、经济和人口改变、生育率和生育模式之间的关系研究；
- 建立一套与国家目标相对应的评估体系，对项目运作的成效进行评估。

国家家庭计划委员会 1966 年开始运作时只有 6 个成员。1967 年和 1968 年分别达到了 73 人和 216 人。随后这个数字缓慢增长到 1975 年的 544 人，之后增长更加平缓，2004 年达到 750 人（国家家庭计划委员会各年份数据）。

在项目运作初期，国家家庭计划委员会由受各部门协助的主任领导。1974 年国家家庭计划委员会任命了副主任。委员会最初有 4 个部门：行政管理和财务处，研究、评价和规划处，服务供给和培训处以及资料信息处。多年来随着委员会项目的扩展和作用的变化，其组织结构也发生了改变。到1982 年，委员会由 6 个部门组成：行政、财务和供应处；人力资源培训和开发处；资料、教育和交流处；研究、评估和信息管理处；服务、专家和生物医学研究处；规划发展处。1984 年国家家庭计划委员会被重新命名为国家人口和家庭发展委员会（NPFDB）时，因为项目的改变而进行了重组，目前委员会有 3 个主干部门分别与人口、家庭发展（比如婚姻和生育咨询）和生殖健康有关。

随着项目的整体推进，国家人口和家庭发展委员会负责组织、指导、管理和协调家庭计划和有关人口的活动。自成立以来，委员会已经设立了如下所示的分委员会来协调国家家庭计划项目的实施：

- 执行委员会，包括政策制定、实施、金融和行政事务；
- 国家家庭计划委员会和小组委员会，从中央到地方层面负责服务、培训、信息、教育、交流和评价；
- 中央协调委员会，致力于整合中央、地方和农村地区的家庭计划服务；
- 医学咨询和医学研究委员会；
- 国家合作研究委员会；
- 国家宗教事务咨询委员会；
- 项目指导委员会，负责协调和监管世界银行和联合国人口基金资助的人口和家庭健康项目。

国家人口和家庭发展委员会的组织机构促使国家家庭计划项目顺利实施。它们也在与其他政府部门、国际机构和非政府组织的支持与合作中受益匪浅。私人医师也提供了家庭计划服务。

避孕服务目前由 2924 个诊所（包括 50 个国家人口和家庭发展委员会诊所、2822 个卫生部诊所、47 个家庭计划协会诊所和 5 个军队诊所）和 312 个流动诊所（包括 24 个国家人口和家庭发展委员会移动诊所、40 个卫生部移动诊所和 248 个家庭计划协会移动诊所）所组成的广泛网络提供。在城市地区，家庭计划服务可以在综合医院、地区医院、城市健康中心、工厂诊所和私人医师的诊所获得。农村地区的家庭计划服务主要由卫生部的家庭计划项目和妇幼保健中心提供。

## 国家家庭计划项目的演进，1967～1984 年

国家家庭计划项目最初采用了诊所的方法，由医药人员和受过特殊训练的家庭计划工作者提供服务和信息。1973 年以来，诊所方法慢慢转变成更强调家庭发展和家庭福利的多部门多学科的方法（Noor Laily 等，1982；Tey，1991；联合国，1987）。

国家家庭计划委员会制定了一个十年规划（1967～1976 年）对国家家庭计划项目进行分阶段实施，开始在卫生设施比较好的大都市区对那些愿意接受生育调节的夫妻提供服务。表 16.1 对计划的不同阶段进行了汇总。

表 16.1　国家家庭计划项目的实施阶段，1967～1976 年

| 阶　段 | 行　动 |
| --- | --- |
| 阶段 I(1967～1968 年) | 覆盖有产科医院的大都市、选定农村卫生中心和试点区域 |
| 阶段 II(1969 年) | 覆盖小城镇和相邻农村卫生中心 |
| 阶段 III(1970～1972 年) | 覆盖其余的卫生中心，整合家庭计划服务和卫生部的妇幼健康服务 |
| 阶段 IV(1973～1975 年) | 对相对偏远的农村地区通过移动诊所和传统接生员进行倡导提供服务 |

20 世纪 70 年代初项目扩展到了农村以后遇到了受训员工、设施和资源的短缺问题。为了解决这些问题，家庭计划服务在功能上整合进了卫生部的妇幼保健服务。中央协调委员会成立于 1970 年，目的是协调卫生部、国家

家庭计划委员会和家庭计划协会联合会与家庭计划服务提供之间的关系。联邦土地开发署、卫生部和国家家庭计划委员会在家庭计划服务和联邦土地开发署的社会项目整合方面达成了一个三方协议。在这种安排下，国家家庭计划委员会训练助产士提供家庭计划服务和土地开发规划里面的社会和健康服务。此外，私人执业医师、传统的助产士、橡胶园和工业部门都被招募参加该项工作。1976年，城市改进项目开始对那些居住在服务水平不高的城市地区的迁入居民提供服务，尤其是在那些家庭计划和卫生设施缺乏的棚户区居住的人们。

1972年，世界银行的一份评估报告建议加强家庭计划项目以及人口、营养、健康服务项目的融合，尤其是在农村人口中。随后人口项目（1973~1978年）启动，总资金为1476万美元：世界银行500万美元，联合国人口基金453万美元，马来西亚政府523万美元。后来实施的人口和家庭健康方案（1979~1982年）受到的资助有世界银行1700万美元，联合国人口基金650万美元，马来西亚政府2070万美元（NoorLaily等，1982）。

人口项目开创了一个研究人口问题的多学科方法，目的是将家庭计划项目从仅仅降低生育率扩展到家庭和社会全体福利的提高。该项目旨在加强和强化家庭计划项目、妇幼保健服务，并把家庭生活教育和人口教育纳入教育体系中。人口研究部门在马来亚大学成立，从事人口和发展相互之间关系的研究。为了实现目标，人口项目还配备了提供专业家庭计划服务的基础设施建设。包括婚姻和遗传咨询、不孕症的调查和治疗、癌症筛选和有效的追踪随访系统来促进生物医学研究。

国家家庭计划的多学科研究方法也支持了相关的社会项目和以提高生活质量为主的活动，包括提高妇女地位，并已经尝试整合家庭计划服务和其他社会服务。家庭计划和寄生虫控制的联合行动试点项目覆盖了城市的贫困地区和农村人口。还尝试了应用三管齐下的方法，以期改善环境、提高健康和社会福利服务，并促进社区更多参与改善城市贫困人口生活条件的行动（Noor Laily等，1982）。

## 国家家庭计划纳入发展规划

自国家家庭计划项目启动以来，家庭计划和人口议题就被纳入随后的发展纲要中。直到 20 世纪 70 年代后期，人口目标都是通过增加接受家庭计划的人口来降低粗出生率，从而达到降低人口增长率的目的。

第一个马来西亚计划（1966 ~ 1970 年）强调了家庭计划对经济和社会发展的重要性。该计划指出，高速增长的人口会带来挑战，每年要为新增劳动力创造就业岗位。此外，该计划还指出，原本可以用来提高人口福利水平的资源现在却被用于以现有生活标准养活新增人口。因此，该计划的目标之一就是通过制定有效的家庭计划项目为控制人口增长打下基础。人口目标是在计划期间人口粗出生率从 37.3‰ 降低到 35‰。因此号召相应要有 345350 名新增人员接受家庭计划项目。除此之外，家庭计划从孕产妇和儿童健康的角度来讲被认为是相当重要的，因此项目是和医疗机构、公共卫生中心一起联合实施的（马来西亚政府，1966）。

正如前面提到的，该计划已经向包含人口和发展协调的方向演化。虽然第一个马来西亚计划仅仅是从就业和社会成本的角度考虑高人口增长率，随后的计划则考虑到人口增长对教育、健康、住房和基本需求供给的影响。粗出生率在第二个计划期间（1971 ~ 1975 年）设定为降到 30‰，第三个计划期间（1976 ~ 1980 年）降到了 28.2‰。相对应各期新增家庭计划服务接受者分别为 53.5 万名和至少 100 万名。

第二个马来西亚计划更强调人口因素，包括人口变动趋势和人口结构分析、分学龄人口和工作年龄人口的详细的人口预测，以此作为计划的基础。在 20 世纪 70 年代，和人口增长密切联系的问题，如提高社会服务的公共支出和创造就业机会的压力仍然是计划制订者关注和思考的问题（马来西亚政府，1971）。

第三个马来西亚计划将家庭计划从单纯的健康导向和依托门诊的方法向

福利导向和社区依托方向拓展，人口教育的引入进一步论证了人口因素在社会经济发展框架内日益增长的重要性。该计划表示，除了门诊途径，家庭计划的最佳途径是创造有利于少生育社会习俗的社会、经济、文化和政治环境的强大综合项目（马来西亚政府，1976）。

第四个马来西亚计划时期（1981～1985 年）见证了家庭计划政策的重大转变。虽然这个计划继续强调人口因素的重要性，却不再提人口增长对经济增长和社会经济基础设施的不利影响。相反，强调劳动资源规划和提高劳动力的质量和生产率以作为社会经济发展的关键性投入。鉴于那个时期经济发展的乐观前景、人口和劳动力增长的预期减速，该计划还设想到失业率会下降，担心可能会发生新增劳动力短缺问题（马来西亚政府，1981）。

## 人口新政策，1984 年至今

20 世纪 70 年代末 80 年代初面临的几个发展因素引起了官方政策从反对鼓励生育到赞成鼓励生育的剧烈逆转。这些发展因素包括宗教激进主义的复苏、快速工业化引发的劳动力短缺，以及马哈蒂尔·穆罕默德博士就任国家第四任总理。

马来西亚目睹了 20 世纪 70 年代宗教激进主义的复苏，该复苏运动由国外大学回来的马来人领导，他们在国外受到了文化冲击和西方化的冲击。作为回应，政府采取了几项措施来提高伊斯兰教的形象（Leete，1996）。宗教激进主义的复苏可能导致家庭计划官方政策的改变，因为伊斯兰教被解读为是鼓励生育的。

随着经济每年以 8% 的增长率发展，各行各业都面临劳动力短缺问题，造成了 20 世纪 80 年代早期外国劳工的大量涌入。劳动力市场紧缩是政府审视人口目标的另一个重要原因。

1981 年出任总理的马哈蒂尔是一名激进的政府批评家。他彻底改变了这个国家的外交政策和国内政策，并追求快速的工业化。1982 年他在给马来联合组织大会的信中，建议马来西亚可以容纳 7000 万人口。官方政策的改变体现在马来西亚第四个计划的中期审查中，提出为工业发展需要更大的国内劳动力市场（马来西亚政府，1984）。

依据过去的人口趋势，预测 2050 年马来西亚会稳定在 4000 万人口。因此，为了达到 7000 万人口需要重新制定家庭计划政策和人口目标。国家家庭计划委员会成立了一个特别委员会来审查为了达到 7000 万人口目标而制订的各种方案，以及这些方案的社会经济意义，并建议生育率下降的速度减缓，即总和生育率每 5 年下降 0.1，这样到 2070 年将达到更替水平。采取新政策以后，国家家庭计划委员会更名为国家人口和家庭发展委员会。随后，重点不再是家庭计划，而是转向家庭发展和生殖健康。知识、教育和交流项目也被撤销了。项目推动力的变化引起了家庭计划接受程度的暂时性下降。然而，新人口政策对生育率的影响也只表现在马来人身上，而且只有大约 5 年的时间。社会变革的力量，包括婚姻的推迟，导致马来西亚生育率快速下降，即使是在伊斯兰教影响最大的吉兰丹州，情况同样如此。

国家人口和家庭发展委员会组织移出总理署部门，安置于民族团结和社会发展部之下。2001 年大选后，民族团结和社会发展部解散了，该委员会从此设置在妇女、家庭和社区发展部。

### 国家家庭计划项目的影响

国家家庭计划项目的有效性和影响可以从避孕现用率和生育率的下降中进行评估。除了提供避孕服务，国家家庭计划委员会在让大众了解避孕和家庭计划的好处方面也起了重要作用，这些促进了家庭计划的实施。表 16.2 显示了大众接受避孕知识和实践的变化趋势。

**表 16.2　家庭计划知识和实践（15～49 岁已婚妇女的比例）**

| 年份 | 知道如何使用至少一种避孕方法 | 曾经用过避孕方法 | 目前使用避孕方法 | |
|---|---|---|---|---|
| | | | 任何方法 | 现代方法 |
| 1966 | 22 | 14 | 8 | 8 |
| 1970 | 85 | 27 | 16 | 16 |
| 1974 | 92 | 53 | 38 | 30 |
| 1984 | 99 | 77 | 62 | 35 |
| 1994 | — | 73 | 55 | 39 |
| 2004 | — | 68 | 49 | 41 |

注：一为数据不可得。

资料来源：Chander 等，1977；Hamid 等，1988；国家家庭计划委员会，1967。作者根据 1994 年和 2004 年人口和家庭调查制表。

## 家庭计划知识

在项目开始时，已婚育龄妇女中的 22% 知道怎样使用一种或几种方法实施避孕（见表 16.2）。知道如何使用一种避孕方法的女性比例在农村为 13%，城市为 45%，而且在不同民族间表现出巨大的差异（马来妇女的比例为 10%，印度人为 12%，华人为 47%）。

信息、教育和交流活动的有效性以及大众传媒的运用引起了家庭计划知识的快速传播。1970 年的项目质量调查中，85% 的已婚育龄妇女知道如何使用至少一种避孕方法。教育水平的提高也促进了家庭计划知识的传播，1984 年以后这些知识已经普及。

### 对家庭计划的态度

1966 年西马来西亚的家庭调查发现，70% 的受访者赞成家庭计划，这一比例在农村妇女中为 68%，大都市地区为 73%，小城镇为 77%。35～44 岁的女性中，赞成家庭计划的比例在印度女性中最低（49%），华人女性中

最高（73%），马来人居中（64%）

同一调查也发现，不想再生育的女性在 15~24 岁年龄组中的比例为 12%，25~34 岁年龄组的比例为 34%，35~44 岁年龄组的比例为 61%。就地理位置而言，35~44 岁年龄组中身处大都市区和小城镇的女性有 81% 不想再生育，农村地区的这一比例为 52%。这样高比例的女性想终止生育，说明家庭计划服务的需要是相当大的。

**避孕实践**

1966 年，马来西亚半岛的已婚育龄妇女中有 14% 使用一个或多个避孕方法，其中避孕药最普遍。超过半数的人第四次怀孕前使用过这种方法。很大一部分女性使用避孕方法来调节生育间隔而不是控制数量。知道如何使用避孕方法的女性有 64% 使用了一种。在国家家庭计划项目开始时，避孕现用率低的一个主要原因是知识的缺乏，人们不知道如何避孕。

随着项目的推进，已婚育龄妇女中曾经用过避孕方法的比例从 1966 年的 14% 增长到 1970 年的 27%，几乎翻了一番，1984 年更是达到峰值 77%（见表 16.2）。目前使用现代避孕方法的比例从 1974 年的 30% 提高到 2004 年的 41%，1984 年以后使用避孕方法的人口比例开始下降，可能是因为 20 世纪 80 年代早期之后官方政策不重视家庭计划的缘故。总体而言，马来西亚半岛避孕方法的普及率比其他亚洲国家要低。

国家项目启动后，扩展到农村地区的时候引起了避孕现用率的迅速提高，但是 1984 年以后有一个下降趋势。农村地区的普及率一直落后于城市地区。除此之外，表 16.3 显示华人和印度人的避孕现用率要高于马来人。马来人可能更倾向于使用传统的方法。1994 年马来西亚人口和家庭调查显示，已婚马来女性中，27.6% 使用一种现代避孕方法，18.3% 使用传统方法。在华人女性中相应比例分别为 66.5% 和 6.3%。

表 16.3　使用任何一种避孕方法的比例（15~49 岁）

| 年份 | 1974 | 1984 | 1994 | 2004 |
|---|---|---|---|---|
| 地　区 | | | | |
| 大都市 | 55 | 69 | 58 | 51 |
| 小城镇 | 48 | 69 | 67 | 57 |
| 农　村 | 32 | 56 | 49 | 40 |
| 民　族 | | | | |
| 马来人 | 26 | 51 | 46 | 40 |
| 华　人 | 55 | 74 | 73 | 65 |
| 印度人 | 49 | 76 | 64 | 51 |

资料来源：Chander 等，1977；Hamid 等，1988；国家家庭计划委员会，1967；作者根据 1994 年和 2004 年人口和家庭调查制表。

项目开始的时候，避孕药最受欢迎，每盒 1 马币（0.33 美元）的价格很容易买到。家庭计划与其他活动联合进行的时候，卫生部在农村地区免费提供避孕药。然而，家庭调查发现使用避孕药的比例在 1974 年以后的几年里下降了一半，从 50% 降到 25% 左右。很多夫妇转向用其他方法，尤其是安全期避孕（见表 16.4）。2004 年 13% 的人口选择了避孕措施。

表 16.4　已婚女性中各种避孕方法的比例

| 方　法 | 1974 年 | 1984 年 | 1994 年 | 2004 年 |
|---|---|---|---|---|
| 避孕药 | 50.7 | 23.0 | 24.3 | 27.0 |
| 宫内节育器 | 2.2 | 4.0 | 7.1 | 8.6 |
| 避孕套 | 9.1 | 15.0 | 9.8 | 14.5 |
| 其他女性避孕方法 | 0.4 | 1.0 | 1.4 | 3.2 |
| 绝育（女性和男性） | 10.6 | 15.0 | 12.6 | 12.7 |
| 安全期避孕 | 10.8 | 14.0 | 16.1 | 17.9 |
| 体外射精法 | 5.7 | 8.0 | 12.6 | 7.9 |
| 禁欲 | 4.3 | 4.0 | 2.3 | 2.4 |
| 其他传统方法 | 6.2 | 16.0 | 13.8 | 5.8 |
| 合　计 | 100.0 | 100.0 | 100.0 | 100.0 |

资料来源：Chander 等，1977；Hamid 等，1988；国家家庭计划委员会，1967。笔者根据 1994 年和 2004 年人口和家庭调查制表。

### 家庭计划的接受者

如前所述，在早期国家家庭计划项目中，一个主要目标是通过新增的避孕接受者来降低出生率。第一个马来西亚计划（1966～1970年）完成了目标数量的63%，第二个计划（1971～1975年）完成了目标数量的56%。新增接受者的数量趋势呈不稳定状态，1968年超过7万人，1970年下降到6万人以下（见表16.5）。1976～1978年新增接受者的数量每年超过7.5万名，1982年新总理呼吁改变人口政策的时候下降到了6万名左右。

表 16.5　国家家庭计划新增接受人数，1967～1983 年

| 年份 | 接受者 | 年份 | 接受者 |
|------|--------|------|--------|
| 1967 | 20726 | 1976 | 75210 |
| 1968 | 74075 | 1977 | 75774 |
| 1969 | 69416 | 1978 | 75439 |
| 1970 | 54957 | 1979 | 71263 |
| 1971 | 54033 | 1980 | 66354 |
| 1972 | 55843 | 1981 | 62297 |
| 1973 | 56902 | 1982 | 60083 |
| 1974 | 61644 | 1983 | 63467 |
| 1975 | 69344 | | |

资料来源：国家家庭计划委员会。

1967年，在总的新增避孕接受者中，家庭计划协会的新增人数最多（48.9%），其次是国家家庭计划委员会（39.8%）、橡胶园（8.7%）和其他（2.6%）。1968年国家家庭计划委员会新增最多，为57.4%，家庭计划协会下降到33.5%。1969～1972年，国家家庭计划委员会持续最高状态，占新增接受者的2/3。1967～1975年新增接受者的60%来自国家家庭计划委员会诊所里。随着该项目和妇幼保健家庭服务的联合，委员会新增人数不足10%（见表16.6）。该项目最初集中于产后妇女，1969年的第四季度新增接受者中，63.7%当年生育过一个孩子，17.5%是在1968年生育过一个孩子。1967～1969年，相对有更多的接受者愿意减少生育而不只是调节生

育间隔。但是随后几年里更多女性还是调节间隔而不是控制数量（见表16.7），且有更多人在低孕次采取措施（见表16.8）。

**表16.6　各机构的新增接受避孕人数，2000～2004年**

| 年份 | 卫生部 | 国家人口和家庭发展委员会诊所 | 家庭计划联盟诊所 | 部队诊所 | 总计 |
|------|--------|------------------------------|------------------|----------|------|
| 2000 | 33351 | 9283 | 5024 | 370 | 48028 |
| 2001 | 30850 | 7658 | 4345 | 190 | 43043 |
| 2002 | 57726 | 6864 | 11458 | 85 | 76133 |
| 2003 | 58088 | 6199 | 11019 | 165 | 75471 |
| 2004 | 65188 | 7189 | 10391 | 196 | 82964 |

资料来源：国家人口和家庭发展委员会。

**表16.7　接受避孕者的生育意愿，1967～1972年**

单位:%

| 年份 | 生育意愿 | | | 总计 |
|------|----------|----------|--------|------|
| | 不想再生育 | 想再生育 | 不确定 | |
| 1967 | 38.3 | 53.5 | 8.2 | 100 |
| 1968 | 40.8 | 50.9 | 8.3 | 100 |
| 1969 | 44.4 | 45.1 | 10.5 | 100 |
| 1970 | 48.8 | 39.1 | 12.1 | 100 |
| 1971 | 53.5 | 34.6 | 11.9 | 100 |
| 1972 | 56.5 | 31.3 | 12.2 | 100 |

资料来源：国家家庭计划委员会。

**表16.8　接受避孕者的实际生育，1967～1972年**

| 年份 | 孩子数量 | | | | | | 总计 |
|------|------|------|------|------|------|------|------|
| | 0 | 1 | 2 | 3 | 4 | 5 + | |
| 1967 | 1.0 | 12.3 | 14.0 | 13.8 | 13.4 | 45.5 | 100 |
| 1968 | 1.1 | 11.4 | 14.7 | 13.9 | 13.8 | 445.1 | 500 |
| 1969 | 1.5 | 12.7 | 16.0 | 14.2 | 13.2 | 42.4 | 100 |
| 1970 | 1.6 | 15.5 | 17.0 | 14.3 | 12.8 | 38.8 | 100 |
| 1971 | 1.6 | 18.0 | 18.1 | 14.6 | 12.2 | 35.5 | 100 |
| 1972 | 1.6 | 19.9 | 19.2 | 14.6 | 12.1 | 32.6 | 100 |

资料来源：国家家庭计划委员会。

在项目接受者中，避孕药是迄今为止最流行的方法，1967～1972 年使用这种方法的约占 90%。随后是绝育（5.4%）、避孕套（2.1%）、宫内节育器（1.8%）和其他方法（1%）。

表 16.9　分民族的马来西亚半岛年龄别生育率和总和生育率
（每千名妇女），1957～2000 年

| 分民族分年龄 | 1957 年 | 1966 年 | 1970 年 | 1975 年 | 1980 年 | 1985 年 | 1990 年 | 1995 年 | 2000 年 |
|---|---|---|---|---|---|---|---|---|---|
| 马来人 | | | | | | | | | |
| TFR | 6.04 | 5.66 | 5.06 | 4.64 | 4.45 | 4.82 | 4.11 | 3.97 | 3.52 |
| 15～19 | 163 | 97 | 71 | 60 | 40 | 32 | 23 | 19 | 11 |
| 20～24 | 342 | 266 | 243 | 212 | 187 | 185 | 152 | 144 | 107 |
| 25～29 | 279 | 266 | 257 | 242 | 248 | 269 | 231 | 234 | 222 |
| 30～34 | 208 | 251 | 222 | 200 | 207 | 235 | 201 | 197 | 185 |
| 35～39 | 146 | 158 | 148 | 149 | 143 | 169 | 147 | 136 | 125 |
| 40～44 | 55 | 75 | 57 | 57 | 59 | 67 | 66 | 57 | 49 |
| 45～49 | 16 | 20 | 15 | 9 | 7 | 7 | 3 | 3 | 5 |
| 华人 | | | | | | | | | |
| TFR | 7.33 | 4.78 | 4.61 | 3.52 | 3.11 | 2.67 | 2.25 | 2.51 | 2.45 |
| 15～19 | 38 | 20 | 25 | 24 | 22 | 12 | 9 | 10 | 10 |
| 20～24 | 280 | 193 | 190 | 141 | 148 | 107 | 75 | 80 | 72 |
| 25～29 | 412 | 261 | 280 | 231 | 217 | 198 | 164 | 193 | 173 |
| 30～34 | 355 | 241 | 222 | 170 | 151 | 145 | 135 | 149 | 156 |
| 35～39 | 239 | 152 | 136 | 97 | 63 | 60 | 58 | 59 | 68 |
| 40～44 | 117 | 71 | 59 | 37 | 19 | 11 | 10 | 10 | 12 |
| 45～49 | 26 | 18 | 11 | 5 | 2 | 1 | 0 | 0 | 1 |
| 印度人 | | | | | | | | | |
| TFR | 7.95 | 5.36 | 4.78 | 3.86 | 3.34 | 2.89 | 2.55 | 2.65 | 2.42 |
| 15～19 | 209 | 113 | 68 | 52 | 43 | 30 | 23 | 22 | 16 |
| 20～24 | 429 | 259 | 270 | 212 | 193 | 151 | 126 | 124 | 100 |
| 25～29 | 441 | 320 | 254 | 248 | 225 | 200 | 178 | 189 | 166 |
| 30～34 | 283 | 231 | 198 | 145 | 140 | 133 | 121 | 127 | 127 |
| 35～39 | 159 | 112 | 115 | 84 | 52 | 55 | 51 | 56 | 61 |
| 40～44 | 60 | 23 | 44 | 27 | 14 | 8 | 11 | 11 | 13 |
| 45～49 | 10 | 14 | 8 | 4 | 2 | 1 | 0 | 0 | 1 |

注：总和生育率为年龄别生育率相加的 5 倍。
资料来源：统计局。

## 国家家庭计划项目影响的民族差异

国家家庭计划项目对马来西亚半岛的三个民族来说不仅在接受程度还是在生育水平上都有不同的影响。项目实施后的 10 年（1966～1975 年）里，马来人的总和生育率下降了 1 为 4.6，华人下降了 1.3 为 3.5，印度人下降了 1.5 为 3.9。20 世纪 70 年代后期马来人的生育率下降有所停滞，非马来人则继续下降。马来人的生育率下降缓慢源于 25～34 岁女性的生育率略有上升，可能是受宗教激进主义的高潮影响。

在一个目标为 7000 万人的人口政策中，第三个到第五个孩子的带薪产假一直被视为鼓励生育。1984 年马来西亚人口和家庭调查发现，25% 的马来受访者表示他们会如政策一样多生孩子，但是华人和印度人中却很少会这样做（Hamid 等，1988）。格温达萨米和达凡佐（Govindasamy & Da Vanzo，1992）认为政治上占主导地位的马来人从 1971 年以后实施的新经济政策中受益，鼓励他们提升生育意愿来呼应鼓励生育的政策。

随着 20 世纪 80 年代早期鼓励生育政策的实施，1985 年马来人的总和生育率达到 4.82，1990 年为 4.115，2000 年为 3.524（见表 16.9）。1994 年和 2004 年马来西亚人口和家庭调查显示，15～49 岁的马来女性中，平均生育孩子数由 3.7 下降到 3.4，同期华人和印度人分别从 2.9 和 3.0 下降到 2.7。80 年代尽管官方政策是鼓励生育的，但非马来人的生育率仍持续下降，90 年代略高于更替水平。最新估计表明，2005 年华人和印度人的总和生育率已经降到了更替水平以下，马来人下降到 2.8。年龄别生育率显示，随着家庭计划的普及，年轻和年长的女性生育率都下降了，而且年轻一代女性的婚龄也提高了。

## 结　论

橡胶价格下跌和失业率上升引发的经济问题，促使马来西亚政府在

1966 年实施了国家家庭计划政策。该计划旨在通过保障孕产妇和儿童健康与提高人均收入来降低出生率。在一个伊斯兰教为国教的多民族国家，官方政策的变化代表了经济和健康超越了政治而赢得了胜利。

1957 年独立以后，马来西亚主要依靠农业生产，曾有人担心可用土地会随着人口的快速增长而在 15 年内用尽。很多因素促进了国家家庭计划项目的实施。家庭计划协会指出了家庭计划的好处，认为人们有大量的家庭计划服务需求。一些社区和政治领导人，如著名的 Khir Johari，极力倡导家庭计划，而且没有遭到反对。20 世纪 70 年代早期，家庭计划服务通过和卫生部的妇幼健康项目联合而扩展到国家的每一个角落。

尽管从避孕人数或人口目标来说，国家家庭计划项目没有安全实现其宏伟的目标，但在初期受到财政、人员和设备限制的前提下已经做得很好了。作为一个法定机构，委员会能够利用很多方面（包括卫生部、家庭计划联盟和私人执业医师）的支持来推广避孕服务。

1981 年，总理马哈蒂尔·穆罕默德领导下的政府采取了更加强调工业化的不同发展战略，为大多数人和国内市场所支持。随后出现了快速的工业化和劳动力短缺。马来西亚现在是一个主要的劳工输入地，外国劳工占总劳动力的 10%。

在 1982 年政治集会的一次演讲中，总理宣布了 2100 年之前达到 7000万人口的新目标，这是在马来西亚第四个计划（1981～1985 年）的中期审核中提出来的官方政策。国家家庭计划被更名为国家人口和家庭发展计划。不再强调家庭计划，开始鼓励人口生育，更强调婚姻和生育咨询、生殖健康和性别议题。更大的重点在人力资源发展和提高女性地位方面。家庭计划被忽视后，比华人和印度人更积极响应政府政策的马来人中避孕人数大量减少。

马来西亚人口政策的推行，将家庭计划置于人口和发展的更广泛领域之中，这与世界人口和发展大会 1994 年的开罗会议上提出的行动纲领一致。经历了人口生育率快速下降的有些国家现在很难扭转这一趋势。马来西亚可以借鉴这些国家的经验以使人口和发展之间更为和谐。

## 参考文献

［1］ Chander, R. , Venugo T. Palan, Aziz Noor Laily, and Boon Ann Tan. 1977. *Malaysian Fertility and Family Survey*: *First Country Report*. Kuala Lumpur: Department of Statistics and National Family Planning Board.

［2］ Department of Statistics. 1999. *Social Statistics Bulletin*. Kuala Lumpur: Department of Statistics.

［3］ ——. 2001. *Labor Force Survey Report*. Kuala Lumpur: Department of Statistics.

［4］ ——. Various years. *Vital Statistics*. Kuala Lumpur: Department of Statistics.

［5］ Government of Malaysia. 1966. *First Malaysia Plan* ( *1966 - 70* ) . Kuala Lumpur: National Printing Department.

［6］ ——. 1971. *Second Malaysia Plan* ( *1971 - 75* ) . Kuala Lumpur: National Printing Department.

［7］ ——. 1976. *Third Malaysia Plan* ( *1976 - 80* ) . Kuala Lumpur: National Printing Department.

［8］ ——. 1981. *Fourth Malaysia Plan* ( *1981 - 85* ) . Kuala Lumpur: National Printing Department.

［9］ ——. 1984. *Midterm Review of Fourth Malaysia Plan* ( *1981 - 85* ) . Kuala Lumpur: National Printing Department.

［10］ Govindasamy, Pavalavelli, and Julie Da Vanzo. 1992. "Ethnicity and Fertility Differentials in Peninsular Malaysia: Do Policies Matter?" *Population and Development Review* 18 ( 2 ): 243 - 68.

［11］ Hamid, A. 1988. "The New Population Policy." In *Proceedings of the Seminar on Findings of Population Surveys and Policy Implications*. Kuala Lumpur: National Population and Family Development Board.

［12］ Hamid, Arshat, Boon Ann Tan, Nai Peng Tey, and Murugappa Subbiah. 1988. *Marriage Family Formation in Peninsular Malaysia*: *Analytic Report on the 1984/85 Malaysian Population and Family Survey*. Kuala Lumpur: National Population and Family Development Board.

［13］ Khir Johari, M. 1969. "Malaysia: A Bold Attack." In *Population*: *Challenging World Crisis*, ed. Bernard Berelson. Voice of America Forum Lectures. Washington, DC: Government Printing Office.

［14］ Lee, Eddy, Michael Ong, and T. E. Smith. 1973. "Family Planning in West Malaysia: The Triumph of Economics and Health over Politics." In *The Politics of Family Planning in the Third World*, ed. T. E. Smith, 256 - 90. London: George Allen & Unwin.

[15] Leete, Richard. 1996. *Malaysia's Demographic Transition: Rapid Development, Culture and Politics.* Oxford, U. K. : Oxford University Press NFPB ( National Family Planning Board) . 1967. *Report on West Malaysia Family Survey, 1966 - 1967.* Kuala Lumpur: NFBP.

[16] Noor Laily, A. , B. A. Tan, O. Ramli, and L. C. Kuan. 1982. *Facts and Figures: Malaysia National Population and Family Development Programme.* Kuala Lumpur: National Family Planning Board.

[17] NPFDB ( National Population and Family Development Board) . Various years. *Annual Report.* Kuala Lumpur: NPFDB.

[18] Tey, Nai Peng. 1991. "Population Policy Formulation, Implementation and Evaluation: The Case of Malaysia. " In *The Utilization of Demographic Knowledge in Policy Formulation and Planning*, ed. Rudolf Andorka and Raul Ursua, 389 - 432. Liege, Belgium: International Union for the Scientific Study of Population.

[19] United Nations. 1987. *Case Studies in Population Policy: Malaysia.* New York: United Nations.

[20] World Bank. 2003. *World Development Indicators.* Washington, DC: World Bank.

（刘玉博　译　郑真真　吴艳文　校）

# 第十七章

## 菲律宾家庭计划的早期进展：1967～1980 年

■ 亚历杭德罗·N. 赫林

　　20 世纪 60 年代末，菲律宾总统和国会强烈支持把家庭计划作为主要手段、通过生育率的下降来减少人口增长的政策。政府高级官员、学者和私营部门中有影响的人以及当地媒体对于人口迅速增长对发展可能产生的影响深以为虑。然而，菲律宾天主教主教会议（CBCP）所代表的社会各界对此则持不同意见，也不赞成实施人工避孕和绝育的家庭计划。

　　有许多因素促进了以生育率下降为目标的家庭计划项目的实施。首先，存在着相当广泛的卫生基础设施，包括医院、农村医疗卫生中心、儿童文化中心（由非政府机构在农村建立以及由菲律宾慈善彩票赞助的母婴保健中心，现在几乎没有了）、私人医院和诊所。这些机构都是由训练有素的医生、护士和助产士组成的。家庭计划服务的提供可以被增加到更宽泛的已有服务范围内。其次，家庭计划和服务供给的理念已经在战前时期被志愿组织、私营机构和私人医生推广了。这些，连同来自菲律宾大学医学院和卫生署的技术人员组成了一支有效的团队，为各类家庭计划服务提供者进行临床培训。最后，捐助者愿意为全国性家庭计划项目的实施提供资金支持和技术援助。

鉴于政府高层的支持和各种有利因素，对于家庭计划项目能缓和人口增长和促进社会经济发展的期望是很高的。不过，当东南亚其他国家已经取得成功时，菲律宾仍然面临人口增长和发展问题以及有关家庭计划的争论。人口一直维持着每年 2.3% 的高增长率，总和生育率维持在 3.5，并没有像其他国家一样迅速下降；在已婚夫妇中，现代家庭计划方法的使用率最高仅达到 33%。

在回顾最初看起来很有前途的家庭计划项目时，人们可以发现一些不和谐的记录。在项目层面压力已经显现出来了，项目的有利特征（多部门方式、多个机构和私营部门的参与、捐助者的支持）也包含固有的缺点。涉及众多参与者以及不同捐助者资助的活动迅速扩大，加重了负责管理和协调的人口委员会（POPCOM）的行政负担。人口委员会委员由身兼其他职责的内阁部长们组成，其结构不利于持续关注，也不利于对项目提供指导。人口委员会秘书处，最初由具有奉献精神和能承担一定任务的员工组成，不能很快发展出需要管理复杂任务和协调更大范围项目的能力。此外，人口委员会秘书处的领导经常更换，损害了其连续性。同时，很多活动的经费由不同捐赠者提供，捐赠数目的差异以及捐赠的不同任务和要求使得协调工作非常困难。随着家庭计划项目开始分散到地方，推广活动变得更加广泛，期望当地政府在它们的管辖范围内资助和执行推广活动。但是考虑到地方政府单位不同的融资能力和承担义务的能力，当地财政能否以一种持续而合适的方式提供服务是不明确的。

也许整个家庭计划项目中的主要障碍因素是来自菲律宾天主教会以及有影响力的保守派的潜在反对，这阻碍了使用现代避孕药具更强大和持续的计划的执行。事实上，当天主教高层领导人的政治影响力达到顶峰的时候，政府在 1986 年改变了降低生育的承诺。因此，20 世纪 60 年代末 70 年代初开展的一个貌似强有力的减少生育的政策实际上是一个脆弱的项目，总统办公室发出停止命令就能让其中止。

专栏 17.1 介绍了菲律宾有关家庭计划重大活动的时间表。

| 年份 | 与家庭计划有关的主要事件 |
| --- | --- |
| 1939～1948 | 由长老会、公理会和其他新教牧师个人努力逐渐传播有关控制生育的信息。 |
| 1957 | 全国教会理事会建立了家庭关系中心，它是一个咨询门诊。 |
| | 儿童医学中心基金会成立，这是母婴健康研究所的一个半自治的单位，负责将服务扩展到农村。 |
| 1964 | 菲律宾大学建立了人口研究所，承担人口研究和培训人口统计学学生的任务。 |
| 1965 | 家庭关系中心改组为菲律宾家庭计划运动。 |
| | 菲律宾成立家庭计划协会，提供教育、信息和诊所服务。 |
| | 人口理事会资助菲律宾大学人口研究所举办首届人口会议。 |
| 1967 | 总统费迪南德·马克斯和其他 17 个国家的元首签署了《联合国人口宣言》。 |
| | 依照国家经济委员会和母婴健康研究所、美国国际开发署之间的协定，母婴健康研究所设立了孕产健康服务国家培训中心。 |
| 1968 | 政府在卫生署设立了协调家庭计划活动的母婴健康项目办公室，开始参与人口和家庭计划工作。 |
| 1969 | 建立了称为人口委员会的研究小组，这个小组关注经济和社会发展，进行人口研究、制定人口政策和对项目提出建议。 |
| | 菲律宾家庭计划协会和家庭计划运动合并为菲律宾家庭计划组织。 |
| | 国会批准了一项旨在实现经济发展和社会公平基本政策的决议。这些政策包括关于人口和家庭计划的政策。 |
| | 天主教主教发表声明，不同意政府干预夫妇的生育决策，反对推广降低人口增长措施的家庭计划。 |
| | 律政司司长发布了关于批准进口避孕药具的现有规则的解释。 |

| 年份 | 与家庭计划有关的主要事件 |
|------|------------------------|
| 1970 | 总统费迪南德·马克斯在国情演讲中，表明他将推动使家庭计划成为政府官方政策。 |
| 1971 | 共和国法令6365号确立了国家人口政策，建立了负责人口事务的国家机构，也就是人口委员会（POPCOM）。 |
| | 总统费迪南德·马克斯指示卫生署将家庭计划服务添加进1400个农村卫生单位中去。到1973年，1070个农村卫生单位已经提供家庭计划服务。 |
| 1972 | 总统费迪南德·马克斯宣布《婚姻法》。 |
| | 人口中心基金会成立，旨在在政府和私营部门之间建立更强有力的伙伴关系。 |
| | 总统第79号令修订了共和国6365号法令。授权护士、助产士和医生对那些渴望亲身使用这种服务的人提供、分配和管理所有可以接受的避孕方法，只要这些卫生工作者已经过培训和经过人口委员会适当授权。 |
| | 在文化教育部下的人口教育项目成立，旨在通过培训教师开发课程教材来给小学和高中的孩子提供人口学教学。 |
| | 通用第18号令责成所有部门来推广家庭计划和负责任父母的观念。 |
| | 第74-A号通知信指导新闻和邮政署署长，通过宣传家庭计划信息来帮助实施人口委员会董事会项目。 |
| 1973 | 总统令第69号修订了国家的《内税法》，为了减少孩子的数量，从不限制孩子数量的额外税收减免改为限制四个孩子。11个人口委员会区域办事处的建立，开始了人口项目的地方分权过程。 |
| | 总统令第166号任命了两位来自私营部门的成员在人口委员会董事会就职，任期三年。 |

| 年份 | 与家庭计划有关的主要事件 |
|------|--------------------------|
| 1973 | 天主教高层发布了有关人口问题和家庭生活的牧函。该信函反对使用人工避孕药具来解决人口问题，并指出政府违背了先前不鼓励绝育的承诺。<br>司法部裁决通过允许绝育。 |
| 1974 | 总统令第 34 号豁免了避孕药具和家庭计划项目所需用品缴纳关税的义务。<br>总统令第 1202 号将带薪产假减少到四次。<br>总统令第 442 号要求私营公司为女性雇员提供家庭计划服务。 |
| 1975 | 鉴于省级试点的整体发展方式进入运行，人口项目导向转变。<br>律政司取消了口服避孕药开处方的要求，从而允许受过训练的实地工作人员通过门诊以外的渠道广泛分发避孕药。 |
| 1976 | 总统令第 965 号要求申请结婚证的人接受家庭计划和负责任生育的指导。<br>全国人口和家庭计划拓展项目启动。<br>第 433 号令授权省长和市长逐步承担涉及人口和家庭计划所有活动和项目资金成本的责任，该活动和项目经由人口委员会和在其管辖范围内的各省级官员同意。 |
| 1977 | 全国人口和家庭计划拓展项目开始实施。<br>1977～1979 年，共招募 30000 名志愿者提供避孕药具和中介服务。 |
| 1978 | 第 661 号令设立了特别委员会来审查在总体发展目标背景下的菲律宾人口项目，并为未来的政策和项目提供指导。 |

### 1967～1980 年人口政策的发展

1967 年 12 月，菲律宾总统费迪南德·马克斯和其他 17 个国家的元首签署了《联合国人口宣言》。该宣言称："从长远的国家规划来看，如果政府要实现其经济目标和人民的愿望，人口问题必须作为一个首要因素来看待。"（SCRPPP，1978，第 4 页）此事件可以看出菲律宾官方首次承认，快速的人口增长是影响国家社会经济发展的一个问题。

随后，这最终导致一系列政策的出台，包括 1971 年的共和国第 6365 号法令和 1972 年的第 79 号总统令，这些法令建立了国家人口政策，该政策涉及公共和私营部门家庭计划的国家项目，通过实施这一项目来应对人口快速增长的挑战。政府的角色后来体现在 1973 年的菲律宾《宪法》的第 10 部分第 15条，其中规定："实现和维持增进国家福利的人口水平应该是政府的责任。"

#### 立法中的政策衔接

1969 年 2 月，总统费迪南德·马克斯通过行政命令设立了一个小组来进行人口研究并给人口政策和项目提供建议，这个小组称作人口委员会（简称委员会，以区别于另一个由法律创立的实体人口委员会的简称 POPCOM，该委员会负责执行国家人口政策和家庭计划项目）。委员会的一个主要特征就是其由多部门、多机构组成。委员会董事会由来自公共部门和私营部门的 22 名成员组成，其中包括来自宗教组织的代表，如菲律宾天主教主教会议、全国教会理事会和菲律宾穆斯林协会（SCRPPP，1978）。委员会在不到一年的时间就完成了它的任务。当时已有菲律宾的大学的研究成果和各种会议的成果，从而有助于对人口各方面的研究。该委员会的建议涉及广泛的人口问题，不仅包括人口增长和家庭计划，而且关注人口的患病率、死亡率、国内迁移和空间分布。1969 年 12 月，总统费迪南德·马克斯批准了委员会关于人口政策和家庭计划项目的报告（1970 年构想）。

同时，1969 年 6 月，国会批准了联合众议院决议的一项基本方针政策，以实现经济发展和社会公正。该决议中有关人口政策的内容如下："高人口增长率会引起严重的社会和经济挑战。国家应通过积极的社会和经济措施来提高人的工作效率，以应对挑战促进经济增长，通过尊重个人宗教信仰的家庭计划项目来增加每个菲律宾人分享经济发展成果的份额。"（1970 年构想，第4 页）

总统费迪南德·马克斯在 1970 年 1 月国情演讲中提议立法，使家庭计划成为官方政策。根据费迪南德·马克斯的演讲，政府的任务是教育公众认识控制人口增长的迫切需要；传播医学认可的避孕技术知识；提供家庭计划服务，尤其是在农村地区和在贫困人群中（1970 年构想）。

1971 年 8 月，共和国第 6365 号法令确立了国家人口政策，其中规定："为推动国家进一步发展，提高每个菲律宾人分享经济进步成果的份额，应对高人口增长率带来的严重的社会和经济挑战，尊重个人宗教信仰的家庭计划全国项目应当开始执行。"（SCRPPP，1978，第 5 页）。作为政策，该法令还通过了 1969 年该委员会的建议，不仅把降低生育率，而且还把更广泛的人口问题纳入进来。该法令还设立了在总统办公室之下的政府机构人口委员会董事会，来执行该法令的宗旨和目标。

1972 年 9 月，费迪南德·马克斯宣布军事管制。三个月之后，他发布了一项总统令来加强家庭计划项目。总统令扩大了人口委员会董事会的角色，并将项目的年拨款数额从 450 万比索提高到 1500 万比索。

### 发展计划中的政策衔接

在国家的中期发展计划中也阐明了人口政策。1970 ~ 1982 年，制订了四个这样的计划。

由国家经济委员会在 1970 年 7 月批准的四年发展计划（1971 ~ 1974 财政年度）是首个国家发展计划，其中一章是人口相关内容。奇怪的是，当开始注意到全球对人口增长问题的担忧时，并没有明确表明菲律宾也有这种担忧。换句话说，计划的措辞并没有充分反映联合国人口宣言和前面提到的国会决议。一年前，天主教主教已发出牧函公开反对政府干预夫妇的生育决策，反对推广降低人口增长的限制生育措施。该计划由国家经济委员会（后为国家经济和发展委员会，即 NEDA）主任普拉西多·马帕领导制定，他是马尼拉红衣主教 Cardinal Sin 和天主教会主教们公认的人口和家庭计划保守观点的支持者。

相比之下，在 1973 年由国家经济和发展局委员会主任杰勒德赫拉尔·斯卡特领导下 NEDA 采纳的四年发展计划中（1974～1977 财政年度），强调了降低人口增长率和家庭计划。在计划的"概览"中指出，加强家庭计划项目是在《婚姻法》宣布之后重大社会经济改革之一。

1977 年 9 月，国家经济和发展委员会在经济规划部部长斯卡特的领导下，制订并采用了菲律宾 5 年发展计划（1978～1982 年）。该计划对降低人口增长率提出了有力的政策承诺，并明确采取家庭计划以便实现将人口增长率从 1978 年的 2.5% 降低到 1987 年的 2.1%、将避孕现用率从 1978 年的 27% 增长到 1987 年的 50% 这样的目标。

然而，1982 年 5 月，马帕又一次成为国家经济和发展委员会领导，并通过了菲律宾新的五年发展计划（1983～1987 年）。在发展计划提到的所有问题中，包括人口增长问题，但指出需要顺应人口增长而不是施加影响。不像早先由斯卡特通过的计划，新计划不包括人口增长、生育率降低和避孕现用率目标，健康和营养的章节没有提及家庭计划。

因此，斯卡特的计划试图贴切地反映包含在立法中的快速人口增长的消极影响，而马帕的计划更趋向于视人口增长为需要顺应的事情。此外，1983～1987 年的马帕计划将人口政策的目标从生育率和人口增长率的下降转移到个人和家庭福利的实现。一些观察家解释该计划的倾向是拓宽人口政策目标，虽然可取却潜在地拒绝了生育率下降的目标。

作为国家经济和发展委员会的领导，马帕同时也是人口委员会董事会主席。菲律宾人口政策和项目的奇特之处在于，人口委员会董事会的领导可以是并不赞成项目所有内容的人，尤其是不赞成现代避孕方法的推广。所以当官方家庭计划政策以立法的形式提出之后，家庭计划项目所有内容的实际执行依赖于人口委员会董事会的领导。实际上，在1983年，社会福利和发展部部长更加支持家庭计划项目，同时他取代马帕被任命为人口委员会董事会的新一任主席，这位同样充满活力的执行者把降低生育率这一家庭计划的目标拉回政策议程。人口委员会的目标是在2000年实现更替水平的生育率。然而这些努力是不长久的。当总统科拉松·阿基诺任命社会福利和发展议员帕尔多·德·塔维拉为新一任人口委员会董事会主席时，他是一个像马帕一样的保守者，不相信包括现代避孕方法在内的家庭计划，所以家庭计划项目在1986年的政策议程中再次消失。菲律宾一直持续着这样的模式：当主席保守时，家庭计划项目就遭受挫折，这说明高层在政策实施上缺乏连续性。

因此，在费迪南德·马克斯政府时期《宪法》和多条法律反映出来的人口政策，从1986年以来一直停留在纸面上，它的主要的直接政策措施——家庭计划项目的实施情况，在轰轰烈烈开展与转向忽视之间转换，这都取决于人口委员会董事会主席。1983年，对家庭计划目标的积极追求被人民大革命中断。随着总统阿基诺就职，政策发生重大转变，她因在人口问题上持保守观点而出名，与天主教统治阶层的观点是一致的。

### 天主教高层领导的作用

有关持续快速人口增长对发展的潜在负面影响的政策论述获得了政府高级官员、人口研究者、学者和私营部门代表之间的讨论和支持。然而，早在1969年，天主教主教们就发表了关于人口增长的公共政策的声明（CBCP，1969）。这个声明首先怀疑政府关于人口问题的存在，尤其是关于问题严重程度的分析。主教们进一步说明，即使存在这样一个问题，政府应当可以制定一系列的社会和发展政策来解决它，如提高最低结婚年龄、提高养老金来减少老年人对他们孩子的依赖。主教们称这些措施为人口控制的宏观措施，并认为政府有能力采取这些措施。

然而，主教们不同意政府干预夫妇生育决策，他强调夫妇有权决定子女数量。主教们也反对把促进家庭计划作为减缓人口增长的措施。他们认为只有在"坚决限制把减少孩子数量作为人口目标，并且最终包括堕胎和变相弒婴作为项目的必要组成部分"（CBCP，1969，第325页）时，降低人口增长的措施才是有效的。值得注意的是，当费迪南德·马克斯首次在1969年设立委员会时，在22名董事会成员中有菲律宾天主教主教会议代表。显然在当时，关于家庭计划项目的发展，政府和菲律宾天主教主教会议之间存在着某些工作关系和协议。当天主教主教会议认为政府违背了家庭计划方法中不包括绝育的承诺，被要求从董事会中退出时，这种工作关系中断了。需要注意的是，该委员会早些时候曾建议，家庭计划的方法不应该包括堕胎和绝育，费迪南德·马克斯当时也同意这一建议（1973年构想）。

1973年，菲律宾天主教高层发出关于人口问题和家庭生活的牧函。这正好呼应了在"有名望的科学家"里缺乏"资源短缺主要是由人口增长引起"的共识。根据牧函，短缺的问题主要是由世界人口之间的资源分配不公引起的，而不是由竞争资源的人口数目增加造成的。在涉及避孕时该牧函表达了强烈的情绪：

> 我国已经采用针对人口问题的基本解决方法，就是通过人工避孕方法大规模控制怀孕。这种方法因循了其他采用相同方法国家的相同发展模式。这种模式显示了从不极端到更加极端的绝育和人工流产措施的升级。不久前，司法部通过正式授予合法性，已经取消了对避孕和绝育的所有法律障碍。以前我国人口政策明确承诺不鼓励以避孕为目的绝育，现在已经没有这一保留了（菲律宾天主教主教会议，1973，第399页）。

天主教主教们的政治性影响似乎大于宗教影响。1968年、1973年、1978年和1983年的全国人口调查表现出高度接受现代家庭计划方法。主教的影响在 20 世纪 70 年代后期有可能逐渐加强，当时美国国际开发署评论道："总统、第一夫人和其他菲律宾政府高级官员已经极少明确公开强调政府不关注人口问题的严重性，大众媒体对人口问题的介绍也越来越不迫切性和频繁性。有明显迹象表明，大力参与并对人口及家庭计划项目做出承诺的政府高层领导，意识到公开推广包括绝育在内的现代避孕方法会激起教会的反抗，危及费迪南德·马克斯政府所需要的教会支持。"（USAID，1979，第26 页）。20 世纪 70 年代末 80 年代初费迪南德·马克斯政府对人口政策和的家庭计划项目的政治承诺明显减弱（几乎没有公开声明，1980 年任命马帕担任人口委员会董事会主席），似乎一方面与天主教会领导政治权力的转移有关，另一方面与费迪南德·马克斯政权的政治权力转移有关。阿基诺政府（1986～1992 年）时期，天主教会的政治权力达到了顶峰。结果，家庭计划项目和它的生育率下降目标中断。后来在 1988 年由阿尔弗雷德·本森博士领导的卫生署得到恢复，旨在促进母婴健康，但是明确拒绝人口目标（Bengzon，1992）。

## 家庭计划项目的发展

家庭计划项目根据项目影响和可利用资源的情况，对项目进行了战略和组织的改变。

### 战略突击

家庭计划项目从早期（1968～1973 年）的一个以诊所为基础的服务供应方案，发展到通过农村地区的有偿和志愿工作网络提供激励性活动和推广服务的项目，大大超越了诊所的服务范围。

### 初期：1968～1973 年

1968 年，政府在卫生署下设立了母婴健康项目办公室。负责全面管理国家的家庭计划项目，标志着菲律宾政府开始介入家庭计划活动。当时参与家庭计划项目的有自愿家庭计划协会，卫生署等国家机构，菲律宾大学人口研究所，私营机构和提供家庭计划服务、培训或支持项目研究的个体医生。美国国际开发署的资金是促使项目持续运营的基础。

项目初期的基本策略包括公共和私营部门在现有的诊所提供有关家庭计划方法的信息和服务。提供家庭计划和培训的核心机构是菲律宾家庭计划组织、母婴健康研究所、菲律宾大学医学院和卫生署。后者把家庭计划服务增加到分布在全国每一个自治区的农村卫生单位里。到 1973 年，1400 个农村卫生单位中有 1070 个已经提供家庭计划服务。直到 1970 年，财政支持主要是美国国际开发署通过母婴健康项目办公室提供，此后人口委员会董事会是政府指定的机构（SCRPPP，1978；USAID，1979）。

这些国际性组织对菲律宾家庭计划的支持包括对妇幼保健院、菲律宾家庭计划组织、菲律宾国立大学医学院以及卫生部门开展的诊所活动提供培训，借助专业性操作机构通过大众传媒和人际传播对家庭计划的信息、教育和通信进行指导，以及进行研究和评估。1972 年，教育部设立了人口教育项目，旨在帮助学生理解人口过程和培养他们对家庭规模的负责任的态度和行为（SCRPPP，1978）。

家庭计划活动的进一步政策支持包括：责令各界人士推广家庭计划和负责任父母的理念（1972）；指示新闻部部长和邮政总长宣传家庭计划信息（1972）；通过额外的税收减免来减少孩子的数量，从不限制孩子数量的减税到规定最多四个孩子（1973）。然而，这些政策对于避孕知识产生了何种程度的影响以及在多大程度上推动了家庭计划的实践仍不得而知。

1968 年，政府开始家庭计划活动，现代避孕方法普及率是 2.9%，传统避孕方法的普及率是 12.5%（见表 17.1），这反映了通过自愿组织和私营机构促进家庭计划的努力。到 1973 年，现代避孕方法的普及率上升到 10.7%，传统避孕方法的普及率是 6.7%。

**表 17.1　选择年份避孕药具使用趋势（占 15～44 岁已婚妇女的百分比）**

单位：%

| 调　　查 | 现代方法 | 传统方法 | 总数 |
|---|---|---|---|
| 1968 年全国人口调查 | 2.9 | 12.5 | 15.4 |
| 1973 年全国人口调查 | 10.7 | 6.7 | 17.4 |
| 1978 年菲律宾共和国生育率调查 | 17.2 | 21.3 | 38.5 |
| 1983 年全国人口调查 | 18.9 | 13.1 | 32.0 |

资料来源：国家统计办公室和 ORC Macro，2004。

### 过渡期：1974～1975 年

在过渡期内，政府制定了新的策略来应对不断增长的诊所无法覆盖到的家庭计划客户数量增长（SCRPPP，1978），以应对在发展的大背景下的家庭计划项目（1977 年构想）。为了解决第一个问题，护士和助产士的作用扩展到可以分发避孕药和放置宫内节育器，并在 1974 年开展了对于这些人的适当培训项目。此外，人口委员会董事会正式采用绝育作为家庭计划方法，并通过人口委员会认可的机构提供培训。

作为家庭计划方法，绝育被普遍采用。实地工作人员指出输卵管结扎手术的需求量很大，而男性绝育的需求量则很少。绝育手术可以通过医院和遍布全国的流动工作队训练有素的服务人员来获得。1976 年，除了那些给客户提供服务的实地工作人员外，项目还划拨资金补偿供应商，主要补偿药品、其他物资和运输成本费用。根据全国人口调查数据，绝育率在 1973 年时只有 1%，1978 年时上升到 5%，到 1983 年是 10%，占总避孕现用率的 30%（人口研究所，1985）。

在发展的背景下，为了满足家庭计划项目扩大的目标，1975 年，人口委员会董事会制订了综合的发展方法。这种方法包括从以诊所为基础、以医生为中心、以避孕为导向的项目向农村地区与社区发展相结合的家庭计划动机和服务转换。为了实施此方法，建立了一个基于当地政府的新机构，来整合项目、活动、各省市和社区级的服务以及在七省试点的方法；在每个省，由省长办公室的省级人口官员来领导。官员负责管理项目，包括编制全省人口计划。机构中的主要工作人员是市级人口官员，其基本职能包括协调在全市的其他机构的工作人员来组织和整合其机构的人口相关服务。市级人口官员负责组织乡村发展中心，作为在每个村的补给点和信息中心（SCRPPP，1978）。

家庭计划和发展活动相结合的构想似乎受1974年在布加勒斯特举办的国际人口与发展会议上讨论的人口和发展相结合概念的影响（1977年构想）。时任人口委员会执行董事的拉斐尔·艾斯穆是该项目的热心倡导者。然而，实施的目的、究竟该如何去整合各种活动尚不明确。在大多数情况下，整合的概念应用于该领域更多的是附加方式，例如，农技推广人员在他们平时的工作中也提倡家庭计划。同样，家庭计划领域的工作人员也期望参与到社区营养计划、健康以及其他发展活动中去，通过参与这些活动作为家庭计划活动的切入点。而整体发展方式仍在七个省份试点的同时，人口委员会董事会决定在全国范围内实施一个新项目，即国家人口和家庭计划拓展项目（以下简称拓展项目）。从操作的角度，对基层工作者而言整体发展方式是模糊的，从而导致在基层实施中缺少统一性（SRCPPP，1978）。

在过渡期内，政府出台了更多政策来支持项目运行。包括豁免避孕药具和其他家庭计划项目必需品的关税；享受带薪产假的孩子数目减少到四个；要求私人公司为企业女员工提供家庭计划服务；取消口服避孕药处方的要求，从而允许通过非诊所的受过训练的工作人员广泛分发口服避孕药。

**超越诊所：拓展项目 1976~1986 年**

认识到诊所导向的策略限制了项目能推广到更多夫妇的能力，1976年由人口委员会董事会发起拓展项目作为其执行机构。该认识是基于1973年全国人口调查的数据，数据反映了居住在诊所3公里半径外的夫妇的避孕现用率显著下降，同时在农村也远低于城市（SCRPPP，1978）。

此外，人口委员会董事会编制的服务统计数据表明，家庭计划接受者数目已经稳定（见表17.2）。因此，拓展项目要求针对所有的夫妇，不管他们离诊所远近，通过有偿外联工作人员和志愿乡村供应点的办公人员形成的网络提供家庭计划激励活动和服务。该项目成了家庭计划项目的核心活动。

**表 17.2　1972～1977 年选择的家庭计划项目指标**

| 指标＼年份 | 1972 | 1973 | 1974 | 1975 | 1976 | 1977 |
|---|---|---|---|---|---|---|
| 育龄已婚妇女的数目(千人) | 4377.9 | 4512.3 | 4650.9 | 5117.4 | 5436.5 | 5453.5 |
| 家庭计划接受者数目(千人) | 526.1 | 691.3 | 762.2 | 716.6 | 716.1 | 550.8[a] |
| 育龄已婚妇女的比例(%) | 12.0 | 15.3 | 16.4 | 14.0 | 13.2 | 10.1 |
| 家庭计划诊所的累计数目(家) | 1490 | 2042 | 2192 | 2719 | 2794 | 2956 |

注：a. 指日历年度，其他的都是财政年度。
资料来源：SCRPPP，1978。

拓展项目聘用了全职的工作者和乡村供应点办公人员。为了执行拓展项目，人口委员会董事会和当地政府签署合同，为每2000对已婚育龄夫妇提供一个专职的拓展工作人员。3000多名拓展工作人员作为信息工作者、服务提供者和社区组织者接受了培训。作为服务提供者，他们向目标人群发放药品；建立乡村服务点；发放避孕药具和宣传教育资料。到1977年，共部署了2565名全职的拓展工作者，成立了15597个乡村服务点。

拓展项目的政策支持包括1976年发布的指示书，它授权州长和市长逐步渐进地承担人口和家庭计划有关的活动和项目财政支持的责任，该活动和项目由人口委员会董事会和管辖范围内的当地官员通过。

全国范围的拓展项目的实施可能会扩大家庭计划项目从而超越诊所的影响范围。然而，它也可能会将家庭计划执行重点转移出卫生署和私营机构，这些机构可以通过秘书处给人口委员会董事会提供门诊服务，可以和当地政府单位共同执行拓展项目。该项目使得家庭计划看起来更像是被人口委员会董事会执行的一个独立的垂直项目，而不是加强家庭计划和其他健康有关活动的整合。在实地层面，存在农村卫生单位的拓展工作者和临床人员之间的协调问题（SCRPPP，1978）。因此，拓展项目可能已将家庭计划工作从与卫生部门和家庭福利理念的整合中转移出来，而作为人口与发展有效结合的一部分，同样作为应对批判尤其是天主教教会领导层的批判，这种整合是非常必要的。此外，项目的可持续性依靠当地政府的财政支持，但这是不能保证的，因为地方政府只有有限的融资能力，并且几乎没有支持项目的财政激励，因为项目收益是体现在国家而不仅仅是本地。

## 组织结构

从一开始，家庭计划项目的就设计为多部门工作并涉及多个机构。1978年，大约40个机构参与了项目的门诊服务、培训、宣传教育、研究和评估。这些机构包括各种政府直属机构、区域和地方政府机构、人口中心基金会（成立于1972年，为了在政府和私营部门之间建立强有力的伙伴关系）。人口委员会董事会的规模和组成反映了家庭计划项目的多机构参与特性。1970年，董事会由21名成员组成，其中包括内阁部长与来自私营机构和宗教组织的代表。其成员在1971年减少到12人，1972年减少到5人。随后的改变增加了成员，到1978年董事会成员共有10人。

人口委员会秘书处支持的董事会由一名行政总监领导。随着项目的扩大秘书处也扩大了，到了1978年，除了行政总监办公室外，秘书处还有六个部门（规划、临床服务、宣传教育、培训、财政和行政）。1970～1980年，秘书处有三名执行总监，除宣传教育部门外，其他部门的领导和员工也跟着改变。部分是由于和项目的其他机构（如人口中心基金会）的雇员相比，秘书处员工的工资相对较低。人口委员会董事会主席的更替以及执行总监、人口委员会秘书处核心员工的调任，影响了项目执行的连续性。

## 融资和外国捐助者的作用

最初，该项目的财政支持主要来自外国捐助者，尤其是美国国际开发署。然而，随着人口委员会董事会的设立，它有了自己的预算，并逐渐增加了对项目总的投入。

到 1973 年，外国捐助者的贡献超过了整个项目财政的 60%。1974 年外国援助的比例开始下降，1977 年下降到总开支的一半，1982 年下降到 1/3。1972 年以前，美国国际开发署几乎提供了家庭计划方案的所有资金。从 1973 年开始，美国国际开发署援助占总方案财政支出的份额逐渐下降，1977 年只占 31%，1980 年占 16%。这是由于政府的贡献和其他外国捐助者的捐款份额不断上升造成的。1969～1977 年，家庭计划项目的外国援助的另一个主要来源是联合国人口基金。其贡献的份额在 1976 年达到了总成本的 14.7%，但是在 1977 年下降到 6.2%。其他外国捐助者（如国际计划生育联合会、福特基金会、开拓者基金会、人口理事会、亚洲基金会）在 1969～1977 年的平均贡献达到了项目总支出的 10%～15%（SCRPPP，1978）。

1976 年开始实施拓展项目，需要地方政府的更多参与，包括为家庭计划项目提供财政支持。然而，1978 年，菲律宾人口项目审查特别委员会发现，大部分地方政府没有足够的当地资源来支持家庭计划项目。实际上，它们大多依靠中央政府的援助，以维持社会和经济发展项目。

虽然家庭计划项目的支出以现价比索来看是增加的，但实际上（1978 年不变价比索）它们在 20 世纪 70 年代末 80 年代初是下降的（见表 17.3）。这种下降的影响还不清楚。最有可能的是，在需求增长的情况下限制了项目的进一步发展，也就是，已婚育龄夫妇的数目是增加的。此外，实际支出的下降可能意味着对家庭计划项目已经减弱的承诺，也可从总统和高层官员越来越少地发表关于家庭计划的公开声明看出这种趋势。

**表 17. 3　1972 ~ 1983 年家庭计划项目的支出**

| 年份 | 总支出 | | 按来源分的各类支出的比例(%) | | | |
| --- | --- | --- | --- | --- | --- | --- |
| | 当前价<br>（百万比索） | 不变价<br>(1978 = 100) | 菲律宾政府 | 美国国际开发署 | 其他 | 总计 |
| 财　年 | | | | | | |
| 1972 | 54. 4 | 126. 2 | 15. 1 | 71. 1 | 13. 8 | 100. 0 |
| 1973 | 72. 5 | 144. 6 | 36. 8 | 48. 3 | 14. 9 | 100. 0 |
| 1974 | 113. 8 | 180. 1 | 51. 3 | 30. 3 | 18. 4 | 100. 0 |
| 1975 | 127. 7 | 170. 3 | 47. 6 | 32. 4 | 20. 0 | 100. 0 |
| 1976 | 113. 9 | 140. 2 | 49. 5 | 26. 2 | 24. 3 | 100. 0 |
| 1976 扩展[a] | 73. 3 | 86. 2 | 59. 8 | 32. 6 | 7. 6 | 100. 0 |
| 日历年 | | | | | | |
| 1976[b] | 130. 2 | 153. 3 | 55. 3 | 29. 8 | 14. 9 | 100. 0 |
| 1977 | 131. 6 | 140. 9 | 55. 2 | 31. 1 | 13. 7 | 100. 0 |
| 1978 | 131. 3 | 133. 3 | 74. 2 | 21. 6 | 4. 2 | 100. 0 |
| 1979 | 149. 1 | 126. 9 | 72. 5 | 18. 8 | 8. 7 | 100. 0 |
| 1980 | 163. 7 | 117. 9 | 79. 0 | 15. 9 | 5. 1 | 100. 0 |
| 1981 | 196. 6 | 125. 1 | 70. 3 | 18. 8 | 10. 9 | 100. 0 |
| 1982 | 196. 2 | 113. 3 | 67. 4 | 24. 1 | 8. 5 | 100. 0 |
| 1983 | 176. 5 | 92. 7 | 40. 2 | 37. 5 | 22. 3 | 100. 0 |
| 合计 | 1702. 6 | 1643. 8 | 59. 8 | 28. 1 | 12. 1 | 100. 0 |

注：a. 仅 1976 年 7 ~ 12 月数据。

　　b. 指的是 1976 年日历年度。估计通过为 1976 年财政年度增加一半的支出得出 1976 年扩展的数据估算。

　　资料来源：Herrin，1994。

　　融资的另一个方面是家庭计划项目完全依靠捐助的避孕药具。政府从没有花费一分钱来采购避孕药具用于分配给它的公共网点。一些观察家推测，这是因为捐助者（主要是美国国际开发署）愿意并且能够提供这些商品。其他人推测，政府认为使用政府的资金来采购避孕药具会进一步刺激天主教教会领导者对家庭计划项目的反对。

## 研究和评估

　　基础研究和政策研究支持了项目的发展。偶尔还会进行评估研究，最终1978 年由总统费迪南德·马克斯设立了一个委员会对项目开展特别审查。

## 基础研究和政策研究

各种学术和研究机构（包括菲律宾大学人口研究所）的学者们定期举办关于生育、婚姻、死亡和迁移的水平、趋势和决定因素的基础人口研究。分析是基于分别搜集的数据和国家统计局进行的出生登记和全国调查数据等官方数据。还进行了大型的跨学科研究，如关于人口、资源、环境和将来的菲律宾的研究。这项研究项目预计到 2000 年时菲律宾的自然、经济和社会的状况，包括人口预测和各种人口增长对经济和社会发展的影响，以及研究最有利于未来发展的政策行动。

有些专项研究和调查为政策和项目行动提供依据，包括 1974 年的国家避孕接受者调查，1978 年和 1980 年的社区拓展调查，这些调查为项目活动对家庭计划接受度和避孕现用率的影响提供了信息。1976 年和 1977 年进行的一项调查试图来衡量在七个省份试点的综合开发方法的决定因素和生育率下降问题。

## 审查菲律宾人口项目的特别委员会

1978 年 1 月，总统费迪南德·马克斯设立了审查菲律宾人口项目的特别委员会。该委员会的任务是"评估在国家总体发展目标背景下的人口相关的政策和项目，并进一步为未来的人口项目和政策做好准备、仔细研究和建议"（SCRPPP，1978，p. III）。委员会的报告包括从政策到项目实施的广泛关注的结果和建议，并在 1978 年 8 月得到了国家经济和发展局的批准和通过。

该委员会指出，尽管已经在人口项目（包括家庭计划外的人口其他方面的问题）和其他社会经济发展项目的结合上做出了许多努力，但在很大程度上来说，项目几乎完全集中在家庭计划。因此委员会提出以下建议：

应该在更大范围内设计菲律宾人口项目并把它完全整合到国家发

展计划中。经济、社会和制度政策应该有意识地考虑到它们对人口行为和目标的影响。总人口政策应旨在建立人口（更具体地说是生育方面）与人力资源发展和福利发展间的更紧密联系。生育和家庭计划政策及项目应在家庭福利目标的范围内制定（SCRPPP，1978，第122页）。

这项建议有几个方面。第一，应考虑到发展政策和项目对人口的影响。这需要理解发展政策和项目对人口行为的直接和间接的影响，同时出于规划的目的也需要理解衡量这些直接和间接影响的能力。第二，指的是在家庭福利背景下的委员会所称的"总人口政策"。实践上，根据委员会要求，作为一个整体的家庭和组成家庭的个人的财产状态，组成了家庭的最低需求，这些需求包括家庭的私有消费、一般由社区提供的必要服务、由就业产生的足够高的收入水平。因此，广义的人口政策概念不同于降低生育率或家庭计划的政策概念（即影响夫妇行为的政策和项目，以使他们达到自己想要生育的孩子数量和生育间隔），总人口政策应当有三个不可分割的组成部分："①人口政策影响出生率、死亡率、迁移和社会流动性；②人力资源政策确定参与经济活动的年龄限制，参与经济活动的劳动力人口比例、日工作时间和周工作时间、职业培训和就业咨询等；③福利政策影响了工资和收入、经济安全、住房条件、健康和教育服务、文化设施等。"（SCRPPP，1978，第19页）。家庭计划被看作一种提高家庭福利的方式，使得小家庭提高满足其各种需求的机会。

建议提出的时候，人口委员会董事会与国家经济和发展局都没有考虑发展项目的人口影响以及家庭福利背景下的人口、人力资源和福利政策的融合。然而，作为对建议的回应，1980年联合国人口基金资助国家经济和发展局准备人口发展规划及研究项目。该项目旨在提高决策和规划机构整合人口与发展项目的能力，此项目符合委员会的建议，与1974年人口和发展国际会议的行动纲领相一致。

### 拓展项目的评估

1978 年和 1980 年，人口委员会董事会通过菲律宾大学人口研究所开展了由美国国际开发署资助的社区拓展调研，来评估拓展项目。研究结果显示，能获得避孕药具的夫妇数量明显扩大，同时某些缺陷限制了其潜在影响。

1980 年调查中指出的缺陷包括（Laing，1981）：首先，提供更广泛避孕药具的村供应点的潜力是有限的，因此住在供应点区域的已婚妇女中，只有不到一半的人知道这些供应点的存在并且可以提供给她们避孕药和避孕套。随后 1983 年全国人口调查数据显示，现有避孕药使用者中只有 26%、避孕套使用者中只有 40% 得到了拓展工作者供给的药具，而 54% 的避孕药使用者和 30% 的避孕套使用者是从诊所获得的。

其次，提供给夫妇有关使用现代避孕药的风险信息缺少足够的细节，并且需要保持高品质服务的实际支持服务是不够的。这个结论是由不使用门诊提供的避孕方法的一个主要原因是害怕副作用的相关数据推论得出的。在目前较少使用有效避孕方法的妇女中，由于害怕副作用而拒绝使用避孕药、宫内节育器和绝育的比例分别为 87%、74% 和 61%。

最后，拓展工作人员（有偿和志愿的）的培训不够，调查显示他们对特定方法相对有效性的知识水平很低，甚至是不恰当的。

尽管存在这些不足，调查显示已经取得了一些进展。基于 1980 年调查数据的多元分析，Laing（1981）发现，控制社会经济变量和非拓展项目变量，拓展活动的几项指标明显与村一级的避孕现用率有关，并且这些指标解释了村一级普及率差异相当大的一部分。

然而，1980 年社区拓展调查数据的深入分析显示，拓展项目可能对项目范围的总体避孕现用率提高贡献较小，而对避孕用户从使用不怎么有效的方法转换到更有效的方法上贡献更多（Herrin & Pullum，1981）。基于所有方法的总体避孕现用率的数据显示，1978～1980 年并没有显著的改变；然而，在被拓展项目覆盖的区域，数据表明在家庭规模偏好上有大幅下降，该结论由已婚、未孕、多产并不再想要孩子的妇女，尤其是有三个甚至更多孩子的妇女、想要停止生育的妇女中更有效避孕方法的使用比例大大增加这一结果证明。

从项目绩效的角度来看，虽然从不怎么有效的方法向更有效方法的转换确实是可喜的进展，但是要使生育率下降得更快，就必须显著提高总体避孕，当然最好是增加更有效方法的使用。为了提高避孕现用率，拓展项目不得不扩展其全国覆盖范围和并提高效率。初步实施六年之后，该项目没有实现真正的全国覆盖：人口委员会董事会估计在 1982 年，拓展项目在马尼拉大都市区之外的已婚育龄妇女中只覆盖了 62% 。

### 反思和教训

在反思家庭计划项目的早年经验时，我们注意到国家政府机构间的政策不一致、单纯关注人口目标和一些意外的影响。

#### 政策不一致

人口项目开始于总统和立法会议员考虑到需要通过一个全国家庭计划项目来减缓快速人口增长的强烈政策承诺，该家庭计划项目涉及公共和私营部门，同时尊重夫妇的宗教和道德信念。然而，其他的政策中心，特别是人口委员会董事会与国家规划机构（最初的国家经济委员会和后来的国家经济和发展局），对这种需求发出了相互矛盾的信号，主要取决于谁是机构的负责人。1970～1982 年，政府有两套发展计划，这两套计划根据它们在发展中强调的人口增长的作用和需要强有力家庭计划的侧重点的不同而不同。当董事会主席控制项目走不同于官方立法政策的方向时，国家规划机构缺乏政策一致性的情况同样出现在人口委员会董事会中。因此，在人口和家庭计划上带有强烈私人意见的个人可能会明显地影响那些没有来自上级机关官方指导的政策和计划的制订。政策制定最高层的不一致会对基层实施家庭计划项目发出相互矛盾的信号。

政策表述中同样存在不一致和矛盾，后来明显出现在国家经济和发展局（体现在它的中期发展计划中）、人口委员会董事会和卫生署（体现在各自的政策声明中）的有关事项中，如政府解决人口快速增长的需要，实施带有生育率下降目标的家庭计划项目的需要，帮助夫妇实现他们的理想生育数量的家庭计划的需要，以及促进母婴健康的家庭计划的需要（Herrin，2002）。这种情况对于项目此后的可持续不是好兆头。

政府政策制定者和天主教教会阶层具有政治影响力的领导者在推广避孕药具和绝育上缺乏共识，在这样一个背景下，菲律宾人口政策的不一致是可以理解的（关于在政府项目的家庭计划方法中不包括人工流产但包括自然避孕法，他们已经达成了共识）。当政府违背了项目中不包括绝育的承诺时，破坏了政府和天主教主教之间的潜在共识。天主教主教产生了不信任，他们担心政府会最终批准堕胎。同时，即使政府的项目包括安全期和其他所谓的自然避孕法，但政府项目没有像普及"人工"避孕方法那样积极推广这些方法。因此，政府没有抓住和天主教教会阶层紧密合作的时机，而后者可能原本就不愿意建立这种伙伴关系以避免给人以纵容人工方法的印象。

**单独关注家庭计划目标**

早期对人口快速增长的关注自然将家庭计划项目的目标集中在降低生育率以减缓人口增长。降低生育率，从而减缓人口增长，是一个有效的政策目标，但家庭计划项目也能帮助夫妇实现他们的生育目标以及促进母婴健康。这些其他目标虽然提到过，却没有在项目的设计中被给予和人口目标同等的重视。其实原本可以制定分层目标，从帮助夫妇实现他们自己期望的家庭规模入手，最后实现目标本身。来自全国人口调查和其他全国调查数据显示，很多夫妇，特别是在穷人中，现有子女多于他们想要的子女数量。此外，许多夫妇想要停止生育或者间隔生育，但是并没有避孕。因此，家庭计划项目可以设计成帮助夫妇实现他们的生育目标，对他们的幸福有直接的影响。

超出意愿的出生常伴随着高风险，如由于母亲过于年轻或年长，出生间隔很短以及更高胎次的生育。因此，通过家庭计划帮助夫妇实现他们的生育目标对母婴健康有显著的作用。此外，当夫妇拥有比意愿想要的更多的孩子的时候，实现他们的意愿生育对降低总体生育率有作用，从而实现全国生育率下降和减缓人口增长目标。

考虑到目标的层次结构，家庭计划项目的设计和推广将和《世界行动纲领》的概念更为一致。对于更广泛的利益相关者，包括那些反对家庭计划项目的人也更容易接受。因此，重估多重目标的层次和内部联系，设计项目来实现这些目标可能会遭到更少的反对，达成共识的领域也会更广。帮助夫妇实现他们的生育目标不会引起重大分歧。从人权的角度来看，实现这个目标需要夫妇能够对可选方法做出知情选择，这些选择基于提供的信息包括成本、安全性和有效性以及咨询相同信仰的人士。在向夫妇提供所选择的特定避孕方法过程中，政府、私营部门和宗教组织之间可以有合作与分工。

**意想不到的效果**

部分是因为天主教主教反对家庭计划项目，尤其是推广避孕药具，部分原因是捐助的避孕药具的可获得性，菲律宾政府不把任何资金用于购买避孕药具。不用税收来采购避孕药具，政府认为可以部分转移天主教主教的公开批评。

然而，捐助的避孕药具应当被免费分配给用户。分配的范围越广，私营机构越不可能扩大自己的市场。这种做法产生的意想不到的效果是持严重依赖政府供给避孕药具，反过来，政府则越来越无力应对天主教主教的反对。如果政府采购避孕药具免费发放给穷人，而允许私营机构扩大对非贫困者的服务供应，私营机构可能会更显著扩展。扩大的、分散的私营机构可能不太会受天主教主教的政治影响，并且可以维持服务的提供。

虽然拓展项目的目的是扩大项目超越诊所范围，以这样的方式设计的拓展项目无意中承担了激励家庭计划的基本责任和卫生署提供的服务。结果，项目错过了整合家庭计划和健康以及家庭福利活动的机会。这种整合可以使政府和天主教主教之间建立更紧密的合作。

## 参考文献

[1] Bengzon, Alfredo R. A. 1992. "Health Policy Reforms: Seeing and Doing, and Moving Onto Center Stage." *Philippine Economic Journal* XXXI (72): 62 – 68.

[2] CBCP (Catholic Bishops Conference of the Philippines). 1969. "Statement of the Catholic Bishops on Public Policy Regarding Population Growth Control." In *Pastoral Letters, 1945 – 1995*, ed. Pedro C. Quitorio III, 322 – 27. Intramuros Manila: CBCP

[3] ——. 1973. "Pastoral Letter of the Catholic Hierarchy of the Philippines on the Population Problem and Family Life." In *Pastoral Letters, 1945 – 1995*, ed. Pedro C. Quitorio III, 396 – 400. Intramuros Manila: CBCP.

[4] Concepcion, Mercedes B. 1970. *The Philippines*. Country Profiles Series. New York: Population Council.

[5] ——. 1973. "Philippine Population Policy and Program." In *The Filipino Family in the Seventies: An Ecumenical Perspective*, ed. Vitaliano R. Gorospe and Richard L. Deats, 51 – 60. Quezon City, Philippines: New Day Publishers.

[6] ——. 1977. "Philippines." In *Family Planning in the Developing World: A Review of Programs*, ed. Walter B. Watson, 19 – 20. New York: Population Council.

[7] Herrin, Alejandro N. 1994, "Philippine Demographic Development and Public Policies: 1970 – 1985." In *Population, Human Resources and Development*, vol. 1, ed. A. N. Herrin, 507 – 30. Quezon City, Philippines: University of the Philippines Press.

[8] ——. 2002. "Population Policy in the Philippines, 1969 – 2002." Discussion Paper Series 2002 – 08, Philippine Institute for Development Studies, Makati, Metro Manila.

[9] Herrin, Alejandro N. , and Thomas W. Pullum. 1981. *Family Planning in the Philippines: A Preliminary Assessment of the Impact of Population Planning II*. Report prepared for the U. S. Agency for International Development, Manila.

[10] Laing, John E. 1981. *Family Planning Outreach in the Philippines: Final Report of the Community Outreach Surveys*. Quezon City, Philippines: University of the Philippines, Population Institute.

[12] National Statistics Office and ORC Macro. 2004. *National Demographic and Health Survey, 2003*. Calverton, MD: National Statistics Office and ORC Macro.

[13] Population Institute. 1985. *Philippine Population Data: An Update*. Quezon City, Philippines: University of the Philippines, Population Institute.

［14］ SCRPPP（Special Committee to Review the Philippine Population Program）. 1978. *Final Report of the Special Committee to Review the Philippine Population Program（SCRPPP）.* Manila：National Economic and Development Authority.

［15］ USAID（U. S. Agency for International Development）. 1979. "Back – up Papers for the Multi – Year Population Strategy Statement." Evaluation Report. USAID Mission to the Philippines，Manila.

（孙婷　译　郑真真　刘玉博　校）

第五部分

# 南亚

# 第十八章

## 印度国家家庭计划的出现[*]

■ 奥斯卡·哈卡维，克利须那·罗伊

　　印度关注人口压力对其食品供给及其他资源的影响，这种马尔萨斯主义的关注已经有很久的历史了。托马斯·马尔萨斯 1805～1834 年曾在英国东印度公司学院担任政治经济学教授。那时，印度人民备受周期性饥荒的折磨。托马斯·马尔萨斯认为，印度的高人口增长率是造成这种周期性饥荒的主要原因。正如考德维尔提到的（Caldwell，1986，p. 4），马尔萨斯和他的继承者们"确保了在印度的几代英格兰官员和学者以马尔萨斯主义看待这个国家社会"。

　　多年以来，印度国民也为本国人口增长所带来的严重后果深感不安。如在 1916 年，一位印度学者 Pyare Kishan Wattal 出版了一本名为《印度人口问题》（Wattal，1916）的著作，书中描绘了印度正在经历的人口增长所带来的可怕后果。1928 年，马德拉斯出现了一个新马尔萨斯主义联盟。在此五年之

\* 感谢 Jack Kantner，Timothy King，Gadde Narayana，Ronald Ridker，Warren C. Robinson 和 John A. Ross 为本文所做的评论。

前，印度首个避孕诊所在西部城市浦那开张（Visaria、Jain，1976），但是由于甘地主义①反对采取人工措施控制生育而发展受限。根据1931年全印度人口普查，1921~1932年，印度的人口增长超过了10%，增长了2770万人。在印度独立后的第一个五年计划（1952~1957年）之前，发生了一系列事情，这些事情说明了控制人口增长的紧迫性。为调查1940年饥荒及其产生的可能根源（快速的人口增长）而设立的孟加拉饥荒②咨询委员会，曾警示印度人口1945~1960年将增长1亿。该委员会建议印度政府尽快创建生育控制诊所网。1943年成立的健康调查和发展委员会（通常称为Bhore委员会），也号召采取国家家庭计划纲要来改善人口健康状态。孟加拉饥荒咨询委员会的秘书戈帕尔斯瓦米1951年出任人口普查长官，当时他计划在1981年将印度人口控制在5.2亿（实际人口数为6.9亿）。戈帕尔斯瓦米担心人口对食品供给造成的压力将导致饥荒，引发比孟加拉饥荒更严重的灾难和死亡。1951年，他督促尼赫鲁总理批准一项全国范围的输精管结扎术项目（Caldwell，1986）。

孟加拉饥荒咨询委员会及健康调查与发展委员会的研究结果，促使印度政府在1947年开始实施家庭计划纲要。1950年，政府指派卫生部部长担任人口政策委员会主席，在卫生部设立了下属的家庭计划部门。

印度首个五年计划打算分配650万卢比（约合144万美元）给卫生部，

① 印度民族解放运动领袖莫罕达斯·卡拉姆昌德·甘地（1869~1948）倡导的民族解放运动理论、纲领、策略及非暴力思想的总称，其主要内容包括：以经济正义和经济平等为支柱的农村经济思想，以及奠基于"不占有"和"财产委托制"的经济自主思想；宗教泛爱观和资产阶级人道主义真理观相结合的政治哲学；争取印度自治、独立，进而建立以村社为基础的分治联合体的政治思想；发扬民族文化、重视民族教育、致力于印度教徒和穆斯林团结、反对歧视"不可接触者"，以及和爱国主义结合在一起的小生产劳动者互助互爱的平等社会思想。甘地主义的核心是融合印度教传统与非暴力抵抗手段争取印度民族独立和社会进步，充分发动群众特别是农民群众。甘地曾发动和领导了四次声势浩大的印度人民反英斗争的非暴力不合作运动。——译者注

② 1943年，英国殖民统治的现孟加拉国和印度的西孟加拉邦地区发生严重的饥荒。日军占领孟加拉粮食主要进口地缅甸后，英国殖民统治者为士兵和战事工人大量囤积粮食，导致孟加拉地区的粮价大涨，饥荒迅速在这一地区的农村中蔓延。时任首相丘吉尔多次拒绝紧急援助孟加拉的请求，最终酿成骇人听闻的1943年孟加拉大饥荒。孟加拉国女作家慕克吉称这场饥荒是"英国殖民统治史上最黑暗的一章"。——译者注

用以对人口问题和自然家庭计划及其他避孕方法的可接受性研究。然而，实际到位的只有 145 万卢比（约 32 万美元），用以支持避孕诊所（Visaria、Jain，1976）。这种适度倡议使印度成为世界上第一个政府出台政策来控制人口增长的国家。

与邻国巴基斯坦及其他发展中国家相比，印度的人口增长率并不是特别高。1961 年，印度总体年人口增长率约为 2.2%，1971 年为 2.5%，而且在不同区域间也有较大差别。高死亡率、普遍性的寡（鳏）居及对寡妇重婚的传统禁忌，抑制了印度人口的极高增长水平。然而，印度人口的月增长仍高于 100 万人。占世界面积 2.4% 的印度，拥有世界上 15% 的人口，合计人口密度超过 300 人/平方公里（Visaria、Jain，1976）。20 世纪 60 年代后期，印度卫生部家庭计划和城市发展部的部长秘书戈文德纳拉因表达了当时政府的主流看法："庞大人口规模的高增长率造成了严重的社会经济问题，不仅给维持最低生活水平带来压力，而且使情况变得更糟。农业和工业产品的增长被人口增长吞噬了，就业、住房、教育和其他设施多管齐下的扩张基本上淹没于快速的人口增长。"（Narain，1968）专栏 18.1 显示了促使印度着手制订家庭计划纲要方面的事件和时间。

### 专栏 18.1　主要事件一览表

| 年份 | 与家庭计划有关的主要事件 |
| --- | --- |
| 1916 | Pyare Kishan Wattal 出版了《印度人口问题》，警示未加控制人口增长的可怕后果。 |
| 1921 | 十年一度的人口普查表明，连续、快速人口增长的开始正警告政治家们和知识分子。 |
| 1923 | 印度的首个避孕诊所在浦那开张。 |
| 1928 | 一个新马尔萨主义联盟在马德拉斯成立，标志着有组织采用人工方法控制人口措施的开始。 |

| 年份 | 与家庭计划有关的主要事件 |
|---|---|
| 1937 | 卫生部首个家庭计划指挥官——陆军上尉雷诺，建立了一个称为"我们的母亲社会"的孕产妇和儿童健康和家庭计划中心，免费提供医疗服务。 |
| 1940 | 为检查 19 世纪 40 年代早期发生的孟加拉饥荒产生的原因和导致的后果，成立了一个政府委员会。这个委员会警告说，1945～1960 年，印度将会有史无先例的人口增长，预期将增加 1 亿人。 |
| 1943 | 印度健康调查和发展委员会（俗称 Bhore 委员会）成立，号召采取国家家庭计划政策来改善人口健康状况。 |
| 1947 | 政府采用国家家庭计划政策。 |
| 1949 | 印度家庭计划联盟在罗摩·劳女士的领导下成立，监督第一个五年计划中分配给家庭计划诊所的资金。 |
| 1950 | 政府指定人口政策委员会，由卫生部主管。 |
| 1951 | 1951 年人口普查的指挥长戈帕尔斯瓦米提出 1981 年人口将达到 5.2 亿（实际人口数是 6.9 亿），他督促尼赫鲁总理同意一项国家范围的输精管结扎术政策。健康部部长内贾库马利·库勒邀请世界健康组织代表团帮助推进安全期避孕法。 |
| 1952～1957 | 第一个五年计划（其中包含关于人口的一章）分配了 650 万卢比（约 144 万美元）给卫生部，用作对人口问题与自然家庭计划和其他避孕方法的可接受性的研究，采取了基于避孕诊所的途径。 |
| 1955 | 福特基金会组织安排了一次专家咨询，对扩展除自然家庭计划以外的家庭计划尝试提供建议。 |
| 1961 | 据估计有 4000 个避孕诊所提供结扎手术服务及避孕药具。 |
| 1956～1961 | 第二个五年计划开展，并扩展了基于避孕诊所的家庭计划实施途径。 |

| 年份 | 与家庭计划有关的主要事件 |
|---|---|
| 1961~1966 | 印度的第三个五年计划，号召将家庭计划基金增长到以往五年计划中用于家庭计划纲要费用的 10 倍。 |
| 1962 | 1961 年人口普查表明人口增长未见降低，说明避孕诊所控制生育方法成效甚微。政府制订了一个人口增长的目标，即在 1970 年前，将粗出生率从 41‰ 缩减到 25‰。<br>甘地盖兰（Gandhigram）乡村发展和家庭计划协会的研究进一步确认了通过避孕诊所实施家庭计划的途径是无效的，建议采用其他有效措施。 |
| 1963 | 一个拓展家庭计划运动启动，包括增加教师、外科助理医师、福利工作员、辅助护士——助产士以及村级避孕药具管理者（负责保管和分发避孕药具） |
| 1965 | 印度医务委员会批准避孕环措施。 |
| 1966 | 25‰ 婴儿安全出生的粗生育率目标要尽快达到而非等到 1970 年。 |
| 1966~1967 | 确定避孕药具使用覆盖全印度的目标连同显著降低人口增长的人口学目标，导致 1962 年被称为 HITTS 的模式（健康部运作，基于激励，目标导向，时间约束和聚焦绝育）在短时期内就被证明无效。 |
| 20 世纪<br>60 年代末 | 健康部重新命名为健康与家庭计划部并包含家庭计划部门，家庭计划国家层面的部级职能部门创设。 |
| 1965 | 中央家庭计划协会成立。<br>随着国家健康与教育机构的协同参与，紧随 20 世纪 60 年代初期设立的密集农业区，中央家庭计划协会由 19 个密集的家庭计划区构成。<br>一个训练家庭计划管理者的强化项目在美国设立，由政府和福特基金会共同资助。 |

| 年份 | 与家庭计划有关的主要事件 |
|---|---|
| 1968 | 确立 1978～1979 年前 23‰ 婴儿安全出生的粗生育率目标。 |
| 1969 | 覆盖全印医院的产后项目创立。 |
| 1970～1973 | 第五个五年计划期间，医院产后项目服务 120 万产科和人口流产病人，其中不少于 18% 的病人接受生育控制方法。 |
| 1970～1977 | 输精管结扎术，连同可观的现金和实物激励，成为政府家庭计划倡议的特写。<br>输精管结扎营地成为获取大量客户的主要途径。 |
| 1971 | 卫生部部长钱德拉塞卡尔成功游说国会就人工流产立法。同年《药物中止妊娠法案》通过，人工流产合法化。 |
| 1972～1973 | 在授权医院和避孕诊所每年执行 23000 例人工流产。 |
| 1972 | 家庭计划基金设立，开始资助与国家家庭计划项目相关的高质量社会科学研究。 |
| 1974 | 家庭计划基金资助大量经费，对印度代表团参加 1974 年世界人口会议产生了重要影响。 |
| 1975 | 255 家医院注册加盟医院产后项目。<br>1956～1975 年，少生约 2000 万人口。婴儿安全出生生育率从 1960～1961 年的 42‰ 下降到 1974～1975 的 35‰。<br>英迪拉·甘地总理宣布由于经济危机国家进入紧急状态，提出一个不包括人口控制的二十点计划；但她的儿子桑贾伊·甘地却提出他自己的控制人口的四点计划。<br>各邦提高绝育目标并采用强制措施。在这场极端强制的绝育运动中，前 12 个月实施绝育的人数扩大到 826 万。 |

| 年份 | 与家庭计划有关的主要事件 |
|------|--------------------------|
| 1976 | 国家人口政策规划拟订并获得国会采纳，要求对人口问题产生正面的影响。 |
| 1977 | 国家健康管理与教育委员会和中央家庭计划协会合并组成国民健康与家庭福利协会，19 个密集的家庭计划区按比例缩减到 4 个。<br>国家人口政策令极端的绝育运动和强制措施合法化，最终导致英迪拉·甘地下台。<br>经过改进的人口政策出现。家庭计划被重新命名为家庭福利，用以促进教育和鼓励生育间隔而非降低生育率。绝育目标显著降低。政府将最低结婚年龄提高到女性 18 岁，男性 21 岁。 |

## 家庭计划纲要的第一阶段

在控制人口增长的严峻紧迫性以及甘地主义政治传统对尼赫鲁内阁绝大多数成员（尤其是卫生部部长）的压倒性影响的双重背景下，对印度独立后的首个五年计划设计师来说，要在协调两派对立立场的同时设计出一个理性而有效的家庭计划纲要，显然是一项极为艰巨的任务。

### 甘地主义思想和人口政策

当尼赫鲁总理和他的计划委员会意识到需要控制人口增长时，他们的积极性却被甘地主义依赖自然方法特别是自我避孕实施生育控制的传统思想所挫伤。当时的卫生部部长南杰库玛·里·阿姆利则·荷是已故圣雄甘地的忠实追随者，她坚决反对实施国家家庭生育计划，认为除了自然避孕法外，政府无须干预。她邀请世界健康组织（WHO）代表团帮助推进安全期避孕法。世界健康组织派遣纽约玛格丽特·桑格避孕诊所的负责人亚伯拉罕·斯通博士前往协助（Harkavy，1995）。

受推广自然避孕法这一使命的限制，斯通采纳了德里医生的建议，设计了一种由28颗珠子组成的项链，让妇女戴着它留意她们月经周期的动向。在排卵期，这些珠子是红色的，安全期则为绿色，月经期变成橙色。项链依照每个妇女的月经周期专门定制以便使她们能接受安全期避孕法。从月经的第一天开始，每个妇女把这些珠子从一边移到另外一边（Raina，1988）。这个方案后来被证明彻底失败，很多项链最终被用来装饰牛角。在印度，家庭计划的自然方法看来绝不可能成为生育控制的有效方法。

除了不切实际外，自然家庭计划的倡导者们没有认识到家庭计划不仅是健康和教育的函数，而且，社会和文化的诸多因素也是驱动家庭生育孩子特别是男孩的重要动因，尤其是印度这样一个受传统约束的国家。

### 通过生育控制诊所实施人工避孕

尼赫鲁及其计划委员会坚持以一项有效的家庭计划项目推动生育控制。他支持福特基金会在印度的代表道格拉斯·恩斯明格促进这一工作。1955年，恩斯明格通过纽约城市健康委员利昂娜·鲍姆加特纳博士及普林斯顿人口研究办公室主任富兰克·诺特斯坦成立了一个顾问专家组（Baumagartner、Notestein，1955）。他们的主要任务是劝说健康部部长内贾库马利·库勒支持成立国家家庭计划委员会，以监督全国性范围的那些可能拓展和超越自然生育计划的工作（Ensminger，1971）。

全国性控制人口的努力前景令人担忧。引用资深家庭计划官员迪派克·赫提尔的话说："如此大的一个国家，56万个村庄和3000多个城镇……本身就是问题的一部分，那些寻求将家庭计划纲要凌驾于发展之上的人们面临巨大的障碍，包括普遍存在的文盲，落后的交通，文化和语言的多样性，以及覆盖全国80%人口的农村地区大量缺乏大众传媒渠道。"（Bhatia，1969）

在印度精英阶层的资助下，生育控制诊所数量的增长仅仅是印度人口控制风景线的一部分，特别是在城市。1949 年，在早期国际计划亲子关系运动的勇敢斗士——罗摩·劳女士的领导下，印度家庭计划协会创立。这个协会负责监督第一个五年计划中拨付给卫生部用于避孕诊所的许多家庭计划资金的发放。到 1961 年，印度估计已有 4000 个这样的生育控制诊所。这些诊所负责当时避孕套、子宫帽及阴道栓等避孕药具的发放。然而，家庭计划战略家们认为，单一的开放避孕诊所和等待顾客对于快速发展的人口增长收效甚微。虽然如此，借助诊所控制生育的方法在第二个五年计划（1956～1961 年）期间仍在持续扩展。

## 家庭计划努力的第二阶段

控制人口增长的多种尝试实际上在印度独立前一段时期内就已经有所开展。印度"一五"期间努力建立起来的全国避孕诊所网络，尽管未能证明对减缓人口增长有效，但是却令生育控制获得了进一步的推动。

### 极限与目标设置：第二阶段的主要战略

1961 年的人口普查显示，通过诊所控制生育是没有用的，因为人口增长势头未见缓解，生育水平实际上还上升了。为了应对这一挑战，1962 年，印度政府设立了一个到 1970 年将粗出生率从 41‰缩减到 25‰的目标。在接下来的 20 年时间内，降低生育率成为所有人口计划的全局目标。

遗憾的是，通过一段具体时期显著降低出生率的目标设定，却未同步重视借助教育和通信来推广家庭计划。然而，值得注意的是，基于诊所的控制战略被一个新的方法所替代——家庭计划工作者挨户登门激励人们接受家庭计划的方法（Srinivasan，2006）。

在印度尝试从基于诊所的生育控制方法向基于人口的公共健康超越方法发展的过程中，出现了两个先锋人物。一个是卫生部的首个家庭计划指挥官——陆军上尉雷诺，他曾经是印度军队的一位医疗军官，一直对生育控制感兴趣。1937 年，雷诺设立了一个称为"我们的母亲社会"的孕产妇和儿童健康和家庭计划中心，通过医生、护士及社会工作者免费提供服务。玛格丽特·桑格就是其中的一位中心委员会成员。

第二位先驱当属莫伊·弗雷曼恩——一位美国公共健康医生，他于 1957 年加入福特基金会并成为一位印度职员。弗雷曼恩由约翰·霍布金斯医学院本科毕业并在哈佛大学取得社会学博士学位。最初他参与卫生系统和公厕建筑研究的促进行动，很快就因印度公共健康官僚机构的死板和缺乏创新而感到失望。但是，他发现在印度南部的甘地盖兰农村健康协会对创新性实验项目开放。于是，弗雷曼恩转到这个机构，进行有关人口家庭计划的项目尝试。这个协会的战略是响应村民的居所资助计划需求，在取得村民信任后再向他们介绍健康和家庭计划服务。这个协会后来更名为甘地盖兰农村发展和家庭计划协会，曾有报道取得较大的初步成效。在 10 万人口的示范区，生育率从 1959 年的 43‰下降到 1968 年的 28‰（McCarthy，1985）。然而，值得注意的是，协会通过对这些数据的后期分析，建议推迟示范区的结婚年龄要比家庭计划在降低生育率方面的作用更为重要（Visaria、Jain，1976）。

甘地盖兰农村发展和家庭计划协会新家庭计划方法尝试的一个重要组成部分，是对计划执行和对避孕接受影响因素进行一系列的短期研究。该协会参与了后来由联合国国际发展署（USAID）支持的大规模全球范围的生育控制实践研究。甘地盖兰农村发展和家庭计划协会的研究对通过诊所实施家庭计划的方法有效性提出质疑，并提出一个拓展性的方法。这一方法在 20 世纪 60 年代中期被印度政府采纳。不幸的是，当政府着手推动其大规模家庭计划运动时，并没有全面考虑该协会的工作效果，以审视提供服务的适应性及为项目成败提供经验参考的操作性研究结果。

### 扩展的家庭计划规划

印度第三个五年计划（1961～1966 年）呼吁在先前计划分配数量的基

础上增加10倍的专项资金用以推进家庭计划。从1963年开始，通过诊所实施家庭计划项目被"重新组织"或"拓展的"家庭计划运动所替代。家庭计划工作人员部署于全国乡村，其中包括监督拓展服务教育者、助理医师、家庭福利工作者、辅助护士——助产士和村级避孕药具贮存保管的国家和行政区家庭计划官员。村级保管员负责监督避孕药具的贮存和分发。这一运动意在实现政府将粗生育率从41‰下降到25‰的目标。

大致有15万充足的、训练有素的工作人员为这一野心勃勃的项目提供服务。虽然如此，家庭计划项目依然面临令人生畏的挑战。1968年，已有75%的工作人员配置到位，但是仅有25%的人员受过适当的训练。医生短缺，特别是妇科医生和辅助护士——助产士严重不足。政府想出各种各样的货币激励方案吸引医务人员参与其中。例如，为在毕业时愿意投身家庭计划项目的女性医科学生提供每月100卢比的薪俸。此外，几个政府主办的中心，如新德里中央家庭计划协会，负责组织区域性培训项目（Narain，1968）。

拓展家庭计划项目采纳了一些在此后几十年里仍或多或少保留的措施，政府为每个邦的项目管理提供几乎所有资金。中央政府根据方法分类为避孕接受者设定目标，然后将这些目标生搬硬套地应用于各邦、行政区、次级行政区，并最终落实到个体家庭计划工作者。

1966~1967年，全印度的目标是宫内避孕（IUD）达到233万例，绝育138万例，183万男性使用避孕套（Raina，1966）。要使目标按计划实现且每年保持增长，这显然不切实际。至1970~1971年，政府目标设定已要求宫内避孕达到1969万例、451万例绝育以及466万人使用避孕套（Raina，1966）。每个邦和行政区都要设立其人口统计学目标，而且实现这些人口目标是各行政区的责任。在一个具体的时期内必须达到这些目标。"目标点和时间表"经常出现在官方的公告中。不管印度现实各种地区存在多大社会、文化及自然环境差异，都必须遵照并实现这一目标。正如施尼瓦桑所言："这一项目变得固守于HITTS模式，即健康部运作、基于激励、目标导向、时间约束和强调绝育的项目模式。"（Srinivasan，2006，p.10）

### 政府组织的变化

为实施这一野心勃勃的规划，政府尽最大努力加强其组织结构。19 世纪 60 年代后期，卫生部重新命名为健康与家庭计划部，并在该部单独设立家庭计划部门。巴特尔上将成为该部门的首任领导，陆军上尉科罗拉尔·迪帕克·巴特尔是第二任。两人都是忠诚而又精力充沛的军队医生，都有着根深蒂固的官僚主义作风。

此后，印度继续在政府高级别层面调整家庭计划组织机构，英迪拉·甘地委任钱德拉塞卡尔为新设立的国家健康与家庭计划部部长。钱德拉塞卡尔是一位人口统计学家，曾获得纽约大学博士学位。他写过几本关于人口问题的通俗读物，是人口控制的热情拥护者。他带头发起推动生育控制的运动，并在 1971 年成功游说印度国会使人工流产合法化。他坚决反对宫内避孕，而这是印度医务委员会早在 1965 就已经批准实施了的。钱德拉塞卡尔给印度人留下最深刻印象的是根据他的计划，任何一个愿意接受输精管切除术的男子都可以获得一台半导体收音机。

### 替代方法实验

在甘地盖兰农村发展和家庭计划协会的项目之后，弗雷曼恩和雷诺与政府中的同盟者合作，着力提高政府各种生育控制尝试措施的效率。借助政府 2600 万卢比和福特基金会 1200 万卢比的资金支持，他们设计出一个雄心勃勃的合作计划：呼吁建立 19 个密集家庭计划行政区。这些行政区主要由两个新的委员会支持：一个是国家健康管理与教育委员会（NIHAE），另外一个是成立于 1965 年的中央家庭计划委员会。这些家庭计划强化区的设置参照了先前农业强化区的模式。在印度每个邦，农业强化区的指定官员可以通过示范项目，帮助农民提高他们的产量。同样，家庭计划强化区可在根据时间和四大城市划分的 15 个邦提供示范项目服务。

作为强化行政区计划的智库机构，国家健康管理与教育委员会由弗雷曼恩设计，为家庭计划管理的培训项目提供短期服务。健康教育和管理中的大学本科毕业项目，到后来甚至发展到授予博士学位。公共健康管理领域宽泛的教学是通过这一领域的课程论文获得有用的案例，从而与家庭计划建立起有关联系。

为了给家庭计划管理员增补国家健康管理与教育委员会训练，福特基金会为24位印度家庭计划官员在美国公共健康大学进修提供资助。20世纪60年代早期，美国的这些大学还没有家庭计划管理领域的有关课程，但是哈佛、北卡罗来纳等大学的一些教学人员已经在波多黎各和美国本土印第安留居地的家庭计划项目中积累了丰富的经验。相应的，来自印度的这些研究人员被送入这些相关的研究机构进行培训。同时，福特基金会在纽约的相关人口项目为这些研究机构以及密歇根大学提供数额巨大的拨款以帮助加强他们的家庭计划课程。在20世纪60年代和70年代，这些机构和大学已经成为发展中国家培训家庭计划官员的中心。

弗雷曼恩坦承，他送这些印度行政官员前往美国有关公共健康的大学学院学习是另有动机的。他希望这些接受海外训练的印度官员能够完全意识到，超越基于人口的家庭计划与目标设置，绝非早期避孕诊所实施生育控制的故态复萌。[1]

国家健康管理与教育委员会的伙伴——中央家庭计划协会，成为综合家庭计划规划的一个技术派分支，实施了从人口统计学到避孕药具临床试验的各种各样的培训和研究项目。

遗憾的是，国家健康管理与教育委员会和中央家庭计划协会从来就没有成功地在印度政府机构中站稳脚跟。1977年，这两个协会最终被并入国家健康与家庭福利协会。19个家庭计划加强区的计划遭到了健康部官方的反对并最终缩减到4个。由于政府部门的反对，即使适中的方案也从未真正实施过。政府寄希望于家庭计划强化示范区项目，通过提供服务的方法允许尝

---

[1]　源自弗雷曼恩在1990年接受奥斯卡·哈卡维采访时的谈话。

试可变通的生育控制试验，而不是像其他地方如韩国那样，采取根据具体分组人口施加激励性试验指导计划，这等于宣告印度国家家庭计划形同虚设。其生育控制过早定型，在具体应用时没有从这个国家的国情和基础出发，常常不考虑地方的意愿、地方实施条件、工作人员的胜任能力，也没有根据地方特色进行适时的调整（Freedman，1987，p. 63）。

## 家庭计划规划的第三阶段

1961 年，政府家庭计划部门和国家健康部门着手进行的大规模生育控制尝试看来成功的希望渺茫。印度人口增长率仍然居高不下，1971 年的人口普查（Srinivasan，2006）证实了这一点。政界人士对此普遍感到失望。

### 输精管结扎手术营：1970～1977 年——强制性方法出台

在受命负责 1951 年全国人口普查后，戈派尔斯瓦密出任马德拉斯的首席部长，通过计算，他认为如果连续 10 年每年执行 7‰的输精管结扎，则 1/4 甚至更高的出生次序就可避免，从而可将粗出生率降低到 25‰的水平。他的测算结果促进了印度政府对接受输精管结扎手术者进行激励方法的使用，也树立起生育控制目标设定价值的美好前景。

实际上，输精管结扎连同给予手术接受者的可观货币和实物激励，成为印度家庭计划系列倡导措施的一个生动刻画。女性绝育（输卵管结扎）也是这些尝试的一部分，但是没有像对男性对象那样具有显著的号召力。所谓的输精管结扎营成为短时期内吸引大量节育对象的主要途径。

特别是输精管结扎营，是类似于军队流动野战医院那样的初级卫生所。如在孟买中心火车站，就可看到满腔热情的医生忙着整理实施输精管结扎设备。在结扎营里，医生和辅助医务人员临时性地被指定实施绝育手术，也安置宫内避孕环。在结扎营开放之前，通常会有一些具有鼓动性的宣传活动。除了那些女性绝育者外，申请输精管结扎的男性被鼓动者带入结扎营，提供服务的医务工作人员等都被给予数额不等的货币激励。政府官员参与许多这样的结扎营，在这个过程中负责贯彻一些强制性的原则。

1970 年，在印度西南部喀拉拉邦的特里凡特琅地区，就组织安排了很多这样壮观的结扎营。这一地区负责该事务的主要政府行政官员格雷斯莱库玛，在结扎营设立前一个月就已经发动声势浩大的宣传造势运动。他组织了一个由数千人组成的拿着家庭计划旗帜的队伍来到市政厅前，这里是实行输精管结扎术的地方。激励手段包括 31 卢比的奖金，给接受手术者家庭相当于一周的食物补贴，由 CARE① 资助的 8 公斤食用粮，以及通过抽奖方式获得 5 ~ 200 卢比的额外奖金。所有激励性奖励合计，大致相当于一个接受手术者的典型家庭一个月的收入。在接下来的一年，第二个一个月周期的结扎营又出现了。两个结扎营共计对 78000 名男性和女性接受者实施了避孕手术。在大规模推进输精管结扎运动期间，在全球实行绝育的几个国家中，无论是输精管结扎术还是输卵管切除术，印度都走在前头。

在 1971 ~ 1973 年的内务部部长任期内，纳兰扬估计，接受绝育的印度人超过 460 万，差不多占到全球实施绝育者数量的一半。

### 强制和 "紧急法令"

农作物歉收和国际原油价格飙升两倍，导致印度陷入经济危机，1975 年 6 月 26 日，英迪拉·甘地总理宣布了一项紧急法令。她提出一项应对危机的二十点方案以巩固其政治地位。出人意料的是，二十点方案中并没有提及控制人口增长。然而，她的儿子——未来的政权继承人——桑贾伊·甘地却提出他自己的四点计划方案，对人口控制给予优先重点考虑。于是，他着

---

① CARE 是一个主要提供卫生保健、教育、生活生计的社会组织，在印度已经成立并运作了 60 年。主要执行大型的高质量项目，为大多数弱势群体提供正面而积极的帮助，并影响政策。妇女是该机构干预和帮助的中心，他们认为妇女一旦配置了合适的资源，就有能力帮助整个家庭乃至整个社区改变贫困。通过帮助具有潜力的妇女走向成熟，CARE 每年帮助印度数百万人面对现实，积极地改变他们的生活。Respect, Integrity, Commitment, Excellence 是该组织的核心价值观。——译者注。

手游说全国各地的政客们采取严厉措施来降低出生率。受输精管结扎营及其激励组合成功的鼓舞，绝育被视为可供选择的最佳方法，地方政府官员也积极投入其中。

### "紧急法令"的结果

印度各邦纷纷提高他们的绝育目标并开始采取强制性措施来实现这些目标。例如，在印度北部的比哈尔邦，超过三个孩子的夫妻，公共食物配给被取消。在北方邦，除了那些没有结婚和没有孩子的教师，都被要求实施绝育，否则将扣发一个月的薪水。马哈拉施特拉邦甚至通过一部法律，规定三个孩子以上的夫妇必须绝育。除了这些强迫性的政府措施外，地方公务员，如警察、铁路验票员以及那些经营政府平价商店的，每一个家庭符合条件被选中的男性成员都必须实施结扎，违者将被逮捕或者丢掉工作。当这些强制性措施被采纳用以讨好桑贾伊·甘地时，很少真正执行过（Gwatkin，1979）。

家庭计划的政府长官有相当大的权力，就像各地方邦的家庭计划行政官员一样。从1975年4月开始实施强迫性措施的12个月里，绝育人口逐步扩大到826万，超过了之前5年数字的总和，也远远高于当时世界上任何一个其他国家的绝育数（Srinivasan，2006）。

### 强制性人口控制措施的反转

桑贾伊·甘地的过于严厉的避孕运动及其强制措施，激起印度民众的强烈不满并最终导致英迪拉·甘地在1977年1月下台。尽管政府的家庭计划纲要从来没有停止过，但是印度的政客们不愿意牵涉进去。在此后10年间，印度国家家庭计划项目极度弱化。

## 家庭计划人口统计学方法的新起点

1977年，印度提出一项经过修订的人口政策。由于家庭福利和绝育目标显著降低，家庭计划被重新命名。新的政策设计用以推进教育和提升生育动机，并且直截了当地主要指向生育间隔而不是降低生育率。

甘地盖兰协会的研究证实，越来越多的印度女性因接受教育和就业而推迟结婚年龄，说明这比采用流行避孕方法更能有效降低生育率。根据这一研究成果，政府将法定最低结婚年龄提高到女性 18 周岁，男性 21 周岁。政治家们和政策制定者从残酷的经验教训中认识到，人们在育龄期如此晚才选择绝育，以至于通过绝育手术的方法根本无法达到削弱人口增长趋势的目标。

1969 年开始的全印医院产后项目是一个具有吸引力的方案并被引入政府生育控制项目体系。该项目源于霍华德·泰勒博士——哥伦比亚大学内科学和外科学的一位产科教授以及伯纳德·贝雷尔森——人口委员会的主席共同设计的一个方案。正如泰勒和贝雷尔森所认识的那样，刚经历分娩或堕胎不久的妇女，特别愿意接受生育控制方法（Ross、Mauldin，1988）。到 1975 年，印度已有 255 所医院加入产后生育控制项目。1970～1973 年，这些医院为 120 万产科和流产病人提供了服务，其中 18% 的人在医院期间就接受了生育控制方法。依照跟踪数据，其他 5% 的人在他们离开后的三个月内采取了生育控制（Visaria、Jain，1976）。

尽管基于医院的产后项目推进看来具有显著的效果，其覆盖范围却非常有限。因为在印度到医院去生孩子的人仅占极小的比例，即便在城市也是如此。在大多数农村地区根本无法获取这些产后设施及服务。通过医院产后项目实施避孕只能较好地覆盖到城市精英阶层，但是他们通常无须货币或食物刺激来实施家庭计划。

## 印度努力推进家庭计划的亮点

从来没有哪个国家像印度一样，经过长时间孜孜不倦的努力，刚从英国殖民统治下独立，在百废待兴亟待经济振兴发展之时就如此大规模、多样化地大胆推进家庭计划。

**勇敢的实践**

就其本质而言，家庭计划就像经济发展过程必定会遇到很多的挫折和障碍一样，哪怕即将成功之时，也会遇到很多问题，如此大胆的尝试还是一个鲜有国家涉足的领域。虽然如此，印度国家发展设计师们的梦想、洞察力及坚定信念引导了这一历史过程。他们想凭借这一过程令人口增长趋势放缓，使之处于国家政策和计划控制之中。尽管有过英国殖民统治期间的负面经历，印度政治领导人在寻求国际社会协作以帮助推进家庭计划时却毫不迟疑。

在担任总理后不久，尼赫鲁和他的计划委员会就认识到控制人口增长的迫切需要并允许采用人口方法控制生育。这一源自甘地主义传统的显著转向，将独立后的印度引入新的发展路径。国家早期大力推进家庭计划的基石是当选领导人进行深远决策的胆略和勇气，哪怕家庭计划会影响大多数印度人民生活的私人领域。由于没有可从其他国家借鉴的经验，印度政策制定者随时准备对时局做出判断，改变计划进程，并在需要的时候寻求建议和帮助。

尽管根本谈不上成功，印度家庭计划仍为 20 世纪早期家庭计划实践留下了难以磨灭的历史痕迹。政府家庭计划部门估计，1956～1975 年，家庭计划至少使印度少生了 2000 万人。这个基于生育干预的有效数字测算推断出印度的粗出生率从 1960～1961 年的 42‰大约降低到了 1970～1971 年的 38‰、1974～1975 年的 35‰。然而，这些不完全的重要统计数据充其量只能进行大致的生育率推断。而且，单独评估家庭计划项目对一个国家出生率的影响或者试图在项目实验与出生率下降间建立因果关系是十分困难的，即便在影响生育率的多种相关因素的充分数据可以有效获取时也是如此（Visaria、Jain，1976，p.41）。

### 社会背景

从启动家庭计划的那一天开始直至目前，印度南部和北部对家庭计划的接受存在非常显著的差异。在号称四大贫困邦的比哈尔邦、中央邦、拉贾斯坦邦和北方邦等北印地带，不仅家庭计划项目进展缓慢，而且这些地方的贫困和与发展因素相关的各方面进步都非常缓慢。

识字率是衡量发展的一个可靠指标。例如，1971 年诸如比哈尔、拉贾斯坦这样的邦，识字率仅为 18% ~ 20%。比较而言，西南部高指标的喀拉拉邦，识字率却达到 60% 以上。自 20 世纪 50 年代以来，印度整体识字率显著提高，凸显出人口增长是由文盲人口的绝对增长量引起的。如 1961 ~ 1971 这 10 年间，文盲的数量增加到 16%（Visaria、Jain，1976）。女性识字率可能是比总体识字率更能客观地体现家庭计划可接受程度的一个至关重要的前提条件。然而，在上述这些"印度地带"，妇女总体识字率平均低于 10%。实际上，包括印度东部和南部地区在内的很多省份，家庭计划难以有效开展的最关键的两个原因在于，妇女绝大多数是文盲，在经济和情感上又严重依赖她们的丈夫、父亲或者家庭成员中的年长男性。

1974 ~ 1975 年，像比哈尔邦、拉贾斯坦邦、北方邦这样的北部地区，生育三个以上孩子的已婚夫妇采取生育控制方法的比例仅 5% ~ 10%，而在识字率相对较高的古吉拉特邦、卡纳塔克邦和马哈拉施特拉邦，这一比例可达到 20% ~ 49%。

印度的经验明确验证了弗里德曼和贝雷尔森（1976）的一个分析，即家庭计划与社会背景作用力具有关联效应。社会背景中最主要的因素是识字和教育。相对于家庭的经济收入，包括家庭计划设施在内的卫生健康设施的可获得性、孩子的存活水平而言，识字和教育对妇女尤为重要。就已婚夫妇使用避孕药的比例来看，在具有较好社会背景的阶层执行强有力的家庭计划，通常会产生较好的效果。而在较差的社会背景下，脆弱的家庭计划尝试通常会带来令人失望的结果。而且，良好的社会背景有助于实现强有力的家庭计划项目，反过来也一样。这在表 18.1 中可以得到证实。

表 18.1　就社会背景和家庭计划执行力而言印度各邦

### 表 18.1　就社会背景和家庭计划执行力而言印度各邦
### 已婚夫妇受保护比例（1972~1973 年）

| 家庭计划执行力 | 社会背景 | | | | | | 平均值范围 |
|---|---|---|---|---|---|---|---|
| | 良好 | | 中等 | | 较低 | | |
| 强 | 旁遮普邦 | 23.0 | 奥里萨邦 | 17.2 | | — | 17.5 |
| | 哈里亚纳邦 | | 哈里亚纳邦 | 16.6 | | | 11.6~23.0 |
| | 喀拉拉邦 | 19.2 | 曼尼普尔邦 | 11.6 | | | |
| | 平均值 | 21.1 | 平均值 | 15.1 | | | |
| 中等 | 马哈拉施特拉 | 23.4 | | — | 中央邦 | 13.5 | 16.1 |
| | 古吉拉特邦 | 17.9 | | | 比哈尔邦 | 7.8 | 7.8~23.4 |
| | 泰米尔纳德邦 | 17.7 | | | | | |
| | 平均值 | 19.7 | | | 平均值 | 10.7 | |
| 弱 | 西孟加拉邦 | 11.6 | 阿萨姆邦 | 8.1 | 北方邦 | 7.7 | 8.4 |
| | | | 查谟-克什米尔邦 | 7.6 | 拉贾斯坦邦 | 6.8 | 6.8~11.6 |
| | 平均值 | 11.6 | 平均值 | 7.9 | 平均值 | 7.3 | |
| 平均值 | 18.8 | | 12.2 | | 9.0 | | 14.0 |
| 范围 | 11.6~23.4 | | 7.6~17.2 | | 6.8~13.5 | | 6.8~23.4 |

注："—"表示无法获得的数据。

资料来源：Freedman, Ronald, and Bernard Berelson. 1976. "The Record of Family Planning Programs". *Studies in Family Planning*, 7 (1): p. 27。

　　将资源用于妇女扫盲和教育，在农村重视农业推广服务，城市则着力提高妇女谋生能力，使她们有能力改善自己的收入水平，从而获得足够的权利和能力同家庭男性谈判，主动控制家庭规模的大小和怀孕间隔，这些都是营造良好社会背景的基本要素，是印度家庭计划可持续发展并形成小家庭规模的先决条件（Roy，1993）。

### 生育控制方法

　　除了绝育外，印度不断演进的家庭计划还采用了多种避孕方法。在开始阶段曾使用过泡沫阴道避孕片，但是对其安全存在疑虑，后来避孕用子宫帽、避孕套分发到私人和公立诊所。20 世纪 50 年代时，很多地方都可以听到同一个谣传——许多农村妇女搞错了避孕药的吃法，把本该置于阴道的口服避孕药当作口服药吞下，冒出满嘴的泡沫，因而只能遗憾地停用。

避孕套继续成为避孕组合的重要措施，其社会化的推广使用导致后来几乎遍及所有发展中国家。避孕套起源于印度，是彼得国王的创意①。根据彼得·金的推销计划，避孕套由美国国际开发署先免费提供给立顿茶和印度斯坦利华公司等在印度运营的这些大型公司，由它们负责分发。这种巧妙包装的被称为 Nirodh（印度语是"保护"的意思）的避孕套，按照最小成本分摊的原则低价销售给零售商，再由他们以三个 15 派士（每个约合 0.001 美元）的低廉价格转售给消费者。然而，随着家庭计划的发展，大量避孕套的分销渠道被用于家庭计划中心、医院和诊所，人们无须付费就可获得这种避孕套。此外，印度开始通过国有企业——M/S 印度斯坦乳胶有限公司生产自己的避孕套（Narain, 1968）。遗憾的是，人们将避孕套与私生子和婚外性行为联系起来，阻碍了婚内避孕套的使用。

1966 年初，虽然被通俗地称之为"环"的塑料宫内节育器（IUD）——利普斯（双 S 形）节育环成为印度生育控制的主要措施，但是官方回避了"IUD"这个叫法。因为在印度医学词汇中，IUD 是"胎死腹中"的常用缩略词。由于早期钢制的 IUD 落下了不好的名声，人口委员会自然要担负起新版宫内节育器作为主流避孕方法的振兴责任。1962 年，人口委员会赞助了一个有关宫内节育器的国际会议，很多著名的印度医生都出席了这次会议。美国人口理事会的谢尔登·西格尔博士以及哥伦比亚大学内科和外科学院的安娜·索瑟姆作为福特基金会 20 世纪 60 年代早期的专家顾问被派往印度。这次会议对促进他们的印度同僚进行小规模宫内节育器的临床试验起到了积极作用。不过，当时的印度卫生部部长苏希拉·纳亚尔博士极力反对采用 IUD，因为她担心其安全性。著名的约翰霍普金斯大学的产科专家、美国家庭计划联合会主席艾伦·古特马赫为此专门前往印度，向苏希拉部长确保这一方法的安全可靠。1965 年，印度医学研究理事会批准 IUD

---

① 彼得是福特基金会的一位顾问，曾担任加尔各答管理学院客座教授。

列入国家家庭计划项目（McCarthy，1985）。

正如弗雷曼恩所述的那样①，印度家庭计划官员对推广宫内节育器过于热心，以至于在指导手册印刷及提供服务的工作人员充分训练之前，就埋下了项目失败的隐患。此外，在很大程度上也忽视了对避孕对象的耐心辅导。1965～1966 年，印度安置了 80 万例宫内节育器，随后的 1966～1967 年又实施了近 100 万例。这时，有关宫内节育器有副作用的谣言迅速传播，IUD 生育控制陷入声名狼藉的尴尬境地。事实上，在接下来的几年里，取环数远远超过了上环数。宫内节育器生育控制的被动局面，被认为是对 20 世纪 70 年代初期印度政府整个家庭计划接管工作泼冷水。

避孕药从来就没有成为印度家庭计划措施的主要组成部分。医疗机构在怀疑其安全性的同时，还质疑文盲妇女在使用过程中是否能按照既定时间表服药。此外，在印度传统观念中，人们认为药是与疾病痛苦关联的东西，而怀孕和生孩子却是能给人带来快乐的事情，绝不会与疾病相关。对后续避孕药的需要及其经常性的费用开支给官方持怀疑态度的人进一步反对使用避孕药提供了借口。几个印度本土企业制造的"出生控制"药尽管随处可见，但是都没有进行过与安全及性能相关的严格测试。西格尔和索瑟姆两人如此出色努力地帮助印度建立一个世界一流水平的生殖科学家网络，其动机就是要创建和培育印度自己评估避孕药药效的机制和能力。

1971 年前，堕胎在印度一直被视为违背法理，因此它不在政府控制生育的考虑对象之列。但是有关估算显示，在 1971 年通过《药物中止妊娠法案》之前，印度每年非法堕胎的数量超过 500 万例。《药物中止妊娠法案》规定，合法流产应符合各种有关限制条件。1972～1973 年，授权医院和诊所进行了 23000 例堕胎手术（Visaria、Jain，1976）。

印度在最初几年家庭计划工作中，几乎很少进行有关避孕方式采用的调查。在 20 世纪 60 年代和 70 年代，政府家庭计划部门的登记总监办公室和

---

① 源自弗雷曼恩在 1990 年接受奥斯卡·哈卡维采访时的谈话。

一些独立调查机构才组织实施一些相关的调查，但是它们的调查结果和研究数据有非常大的差异。1970 年，独立调查机构发现，印度全国有 13.6% 的夫妇实行了家庭计划，其中仅 9.7% 的夫妇使用由官方家庭计划项目提供的方法：绝育（6.3%）、避孕套（2.6%）、宫内节育器（0.7%）和其他常规方法（0.1%）。另外 4% 的受访者报告说，他们以不过性生活和禁欲避孕（Visaria、Jainm，1976）。尽管绝育通常是育龄晚期夫妇青睐的方法，但是与年轻夫妇采用的间隔生育方法相比，绝育方法对总体生育控制的效果，远远小于其本应达到的作用，以至于三胎以上的夫妇在印度曾经非常普遍。

### 宣传运动

自印度早期家庭计划开始，鼓励避孕的宣传运动就一直与避孕药的提供同步进行。在这些宣传活动中，值得一提的是"红三角"和"四张脸"。"红三角"是指一个倒立的等边红色三角形。在印度的广告牌、岩石上及建筑物的两侧，到处可见这种被视为家庭计划标志的符号。与"红三角"同时出现的还有一句口号："有两个或三个孩子，这就够了。""红三角"经常用明亮的黄色背景来衬托，里面通常有微笑着的父亲、母亲、儿子和女儿——四张笑脸。这个最初设计源自家庭计划部门负责媒体的助理教授 T. K. 塔吉以及福特基金会家庭计划通信顾问弗兰克·怀特。塔吉因他的一头名叫拉尔·吉洪（"红三角"）的大象而出名。蕾娜（1988，205～206）一直热衷于家庭计划项目的推进，她高度称赞塔吉为"献身于红三角事业的独一无二的人"，并对拉尔·吉洪的出现作了如下描述：当遇到一位失业的大象饲养员，塔吉发动一小群支持者资助和设计了一个以大象和"红三角"为特征的可为赞助者穿戴的标志。在他们的资金支持下，大象以"红三角"装饰起来，从一个地方到另一个地方流动分发传单和避孕套。塔吉为拉尔·吉洪所做的最后的贡献是在它死后，在它的葬礼上播放它最喜欢的家庭计划歌曲，并将拉尔·吉洪的标志撒落在它的身上。

为了加强"红三角"运动，有关家庭计划的信息通过广播、电视、木偶戏甚至是民谣广为传播。演员和明星也加入其中，他们采用巡回演出的方式前往农村地区介绍家庭计划（Narain，1968）。印度公众习惯于通过木偶戏、民谣、流行戏剧等方式获得重要的健康信息。传统印度家庭对塔吉（Tyagi）的生育控制战略并不陌生，人们感到奇怪的是一个家庭只能有一对儿女的这一想法。由于女儿出嫁必须提供嫁妆，生一个女儿看起来似乎还算合理。但是如果只有一个儿子那就是很糟糕的事情。因为如果只有一个儿子，家庭就没有足够的劳动力，以后养老就会缺乏经济保障，更重要的是延续家庭种姓。考虑到较高的婴儿死亡率，尤其是在农村地区，一个家庭两个孩子看起来很荒谬。由于没有当地工作人员参与，更不用说外国的技术支持人员，人们反对这一宣传运动似乎早在他们的预料之中。

### 冲击测度与信息反馈

像印度这样一个极具多样性和国土广袤的国家，有关生育控制的探索仍非常不足。生育控制的冲击测度，特别是来自目标人口的反馈，不可或缺。遗憾的是，相关研究甚少。

20 世纪 60 年代早期，各种各样的研究中心开始系统地尝试测度和分析公众对家庭计划的了解、态度和实践。就像在其他发展中国家一样，印度有关调查结果显示，部分受访者对家庭计划的了解正在不断加深，在那些主动提出限制家庭规模的群体中，家庭计划的观念甚至有了令人振奋的转变。但是不容乐观的是，大多数被调查者实际上并没有采用有效的避孕方法。尽管在有意控制生育的人和实际进行避孕的人之间存在较大比例的差别，但是家庭计划官员认为，基于大范围调查结果显示，绝大多数印度人对家庭计划还是持欢迎态度的。有关调查显示的积极结果极大地鼓舞了印度政治家们的士气，增加了对政府控制生育计划的财政金融支持。

作为家庭计划尝试的一部分，政府对各种人口统计学和沟通行动研究项目提供支持，中央家庭计划协会，一个由政府资助的独立机构，则负责这些项目的协调工作。联合国在印度设立的人口统计培训和研究中心（后更名为国际研究所人口研究中心）就是开展这类项目研究的一个知名度很高的中心，同时它也提供人口学领域的各类培训（Narain，1968，p.9）。

在整个 20 世纪 60 年代和 70 年代，除甘地盖兰协会外，印度大学的科研院所和独立研究机构的社会科学家们很大程度上都不愿意从事家庭计划的研究。1971 年，一些资深的社会科学家在接受采访时谈到，家庭计划实施应交给医生，政府高级公务员则应负责设定有关的政策，两者都不是社会科学家特别感兴趣并投身研究的领域。阿肖克·麦卓是印度计划委员会的领导，他自己就是一位杰出的社会科学家。他曾懊恼地提到，政府习惯于把学者视为麻烦制造者。正因为这样，学术院所的社会科学家都尽量避免涉及国家家庭计划项目，而将这个研究领域让给那些正式负责实施家庭计划和受雇于卫生部与家庭计划的人。

### 社会科学研究

社会科学对人口问题的研究随着印度人口基金会（最初称为"家庭计划基金会"）的成立而得以大大加强。1970 年，该基金会由 J. R. D. 塔塔领导的一批致力于家庭计划事业的企业家和人口活动家创立。塔塔担任基金会主席直至 1993 年离世，他是印度一位知名的实业家。早在 1951 年，J. R. D. 塔塔就提议成立一个民间性的人口协会。20 年后，他的理想实现了，塔塔成为首任基金会主席，社会工作教授 J. C. 凯沃厘则担任董事。塔塔未能说服其他富有的个人支持家庭计划基金会。福特基金会的 10 万美元赠款成为该基金会的首笔捐赠。印度人口基金会先后资助了一大批与国家家庭计划直接相关的高质量社会科学研究项目，其中包括阿肖克·麦卓撰写的一篇关于人口增长后果的论文以及印度著名人类学家 M. N. Srinivas 主持的一项关于家庭计划战略调研的课题。家庭计划基金会在 20 世纪 70 年代初还资助出版了一部题为《印度发展中的人口》的著作——一本由有关人口及其对发展影响的论文集。这本书影响了 1974 年参加罗马尼亚布加勒斯特世界人口会议的印度代表团。印度发言人在大会上发表了著名的《发展是最好的避孕药》。这一主张表明印度政府对依靠自上而下设定目标和激励来实施绝育这一生育控制方法开始有了清醒的认识。绝育政策方法的失败导致印度政府将孕产妇和儿童健康首次纳入人口与家庭计划工作。由于这一提法合理又合法，加之备受社会各界欢迎，印度健康与家庭计划部被重新命名为健康与家庭福利部。这标志着印度国家家庭计划政策的战略转型[①]。

## 国际援助

在家庭计划初期，印度领导层认为家庭计划领域的国际技术援助是新的技术殖民主义，是对刚刚摆脱的政治殖民主义的替代。这两种殖民主义方式都没有充分尊重影响绝大多数印度人的传统文化，特别是 80% 生活在农村的印度人。两种殖民主义方式也不愿意让印度处于与他们自己主权平等的位置。下面分段讨论一些主要的外国援助者。

### 福特基金会

在印度家庭计划工作初期，福特基金会率先协助。在尼赫鲁总理的鼓励下，基金会的代表恩斯明格带头开展了很多有关的援助。此外，恩斯明格还以个人名义邀请美国专家给他们的印度伙伴提供技术援助，为印度早期人口与家庭计划工作的开展做出了很大的贡献（Ensminger，1971）。

当如上所述的弗雷曼恩、西格尔、索瑟姆和怀特等人在积极施展拳脚的时候，恩斯明格从美国邀请而来的其他一些技术协助人士却没能在印度找到他们的用武之地。20 世纪 60 年代末，随着一系列紧锣密鼓的家庭计划项目宣告失败，这些没有印度同行帮忙的外国专家只得在他们工作的那些地方招聘人员工作。具有讽刺意味的是，在这些印度同行中，竟然还有一些是福特

---

① 与 Ronald Ridker 2006 年的私人通信。

基金会的海外研究员。国家健康管理与教育委员会和中央家庭计划协会在早期还缺乏足够的办公场地，福特基金会的专家顾问只好花大量的时间帮助这些机构建设新德里总部，而不是与这些印度同事进行富有成效的家庭计划交流。而且，外国顾问在扮演提供各种各样家庭计划建议的专家角色时，他们倾向于阻止印度本国自行实施这一类型的项目。

### 美国国际开发署

美国国际开发署在 1968 年也发起了援助印度家庭计划纲要的活动。1965～1966 年，印度历史上有名的反常热带季风引发了对未来 10 年大规模饥饿的恐慌。1966 年，来自美国国际开发署总部的代表团提出建议，中止该机构提供支持的三个健康项目，改为帮助开展家庭计划。1968 年，美国国际开发署为印度提供 770 万美元援助家庭福利计划，其中一部分卢比由美国国际开发署控制专项用于缓解粮食危机（即《480 号公共法案》[①]）。

美国国际开发署人口办公室的执行主任雷玛特对贷款和《480 号公共法案》的卢比援助的有效性提出质疑。鉴于此，他敦促美国国际开发署批准 5000 万美元用于印度政府购买车辆、避孕药具以及对政府家庭计划项目的支持。雷玛特最终成功募得 2000 万美元用于建立初级保健中心，资助印度将辅助护士、助产士等家庭计划雇用人数增加一倍。最终，美国国际开发署成为印度最大的家庭计划捐助机构，其派遣的 74 位美国顾问也被列入该项计划。尽管美国国际开发署在协助印度家庭计划的技术援助人员上超过了福特基金会，但是实际来印的人数远远少于 74 位。正如美国国际开发署的印度分会主任约翰·刘易斯所叙述的那样："华盛顿迫使我们推动协助，然后又作为交易随意改变撤销项目。"（Minkler，1975，p. 245）

---

① 指美国于 1954 年通过的《480 号公共法案》（*Public Law 480*），也称为"粮食换和平"计划，即通过为发展中国家提供粮食援助以取得这些国家选择"民主"道路。这个计划和美国"二战"后针对欧洲实施的"马歇尔计划"和针对拉丁美洲国家的"第四点计划"异曲同工。——译者注。

1973 年，美印关系变僵，其他联系也随之停止。美国将南亚外交重心移至印度邻国巴基斯坦。结果，美国国际开发署对印度家庭计划的援助节奏被突然打乱，最终美国国际开发署放弃了相关援助。英迪拉·甘地着手自力更生开展家庭计划纲要，从而影响了福特基金会在印度项目的运作，也影响了印度健康与家庭计划部部长 K. K. 达斯，他取消了与基金会援助顾问的咨询安排，并拒绝与基金会官员会面。

### 其他捐赠者

世界银行国际开发协会和瑞典国际开发合作署之间的伙伴机构成为印度 1973 年第二大援助组织。当时，它们在卡纳塔克邦和北方邦花费了3200 万美元开展了一项雄心勃勃的示范项目，目的是为了测试政府家庭计划可替代的方案，特别是"将家庭计划服务与增加营养项目连接起来"，通过关注分娩不久的产妇、发挥服务人员的机动性更好地提供激励和服务以及提供更好的培训和监督这三种途径来实现其目标（Visaria、Jain，1976，p. 34）。

多年来，联合国人口基金，丹麦、日本和挪威的援助机构也为印度各种家庭计划相关的各类活动进行过小额捐款。这些捐助由于能较好地理解印度传统价值观与印度人口的文化特征，资助额度与涉及范围相称，因此效果也较好。

### 经验教训

在没有充分考虑本国极为复杂的社会背景和区域差异的情况下，印度政府就在全国掀起大范围的生育控制运动，家庭计划项目难免遭遇滑铁卢。虽然政府从 20 世纪 50 年代初期采取基于避孕诊所的生育控制方法灵活地调整到 60 年代早期实施基于公共健康的目标生育控制，采纳的避孕模式绝大部分都有所应用，但绝非万全之策。尽管家庭计划政策推行了几十年，但是如何针对特定人群采取各种不同的避孕方法，印度还几乎没有经验可言。此外，征聘成千上万的家庭计划工作人员但是却没有足够的训练或监督。在农村地区，这些工作人员进入分配给他们的乡村，经常面临很大的障碍。5 英里的徒步跋涉不是件容易应付的事情。由于难以送达，许多人的工资被长期拖欠。弗里德曼（1987）特别分析了比印度经验更为成功的韩国家庭计划模式。韩国先进行小范围的试验，在积累了一定经验的基础上再向国家推广。然而，说实在的，印度广阔的国土和社会复杂性，使得其家庭计划比东南亚地区其他国家更难以开展。

从印度家庭计划政策的演变来看，其家庭计划工作的实施和推广，具有三个显著特征。

第一，中央计划命令的作用，政府为每一种主要生育控制方法的实施设定完成时限和目标，再由全国官僚行政链上的家庭计划工作人员负责落实上级命令与目标。目标设置有几个问题。如果发现目标不切实际，家庭计划工作人员往往敷衍了事。这些目标很不容易用在绝育上，因为绝育主要是关注那些想结束生育能力的夫妇，比起处于生育高峰期的那些年轻夫妻采用的间隔生育方法来说，绝育对总和生育率的下降几乎没有多大作用。许多国际援助机构认识到这一点后，转变了他们的援助方式：从帮助政府控制人口增长转向关注妇女个体和她们家庭的生殖健康与福利。印度 20 世纪 60 年代到 70 年代的家庭计划模式，成为全国性家庭计划项目发生问题的典型案例。

第二，采用较大数额的现金或实物激励来推行绝育。这项鼓励政策与目标设置一道，在印度国内外广受批评。批评者认为，这种政策行为很大程度上就是准胁迫，为 1975～1977 年"紧急状态"期间政府公开采取强迫措施开了一个很不好的头（紧随其后，中国和印度尼西亚也采取了强硬措施控制生育）。相关的国际援助机构据此而放弃了帮助印度降低人口增长的努力，甚至是放弃了对撒哈拉沙漠以南的非洲、部分中东和南亚那些人口压力仍对人民福利产生较大负面影响的国家进行援助。

第三，外国尤其是美国的技术援助人员在塑造印度新兴的家庭计划模式中发挥了非常重要的作用。他们中的很多人并没有充分地了解和判断印度当地的社会文化及地域环境。许多人做出了重要的贡献，随着家庭计划项目的推进，其他一些人则显得多余。此外，外国专家往往倾向于在项目执行之前获得相关的主动权。结果，东道国不愿采纳这些专家的建议。作为一种经验教训，福特基金会大幅调整和改变它在发展中国家的项目运营方法。福特基金会的印度代表，恩斯明格的继任者威廉·哈利，将直接支持家庭计划调整为向印度有关人口协会和研究所提供补贴，支持它们参与项目研究和训练。在恩斯明格的领导下，福特基金会 80% 的援助经费用于支持美国技术援助人员参与咨询和实施的家庭计划项目，其余 20% 则提供给了印度的有关人口协会和研究所。威廉则反其道而行之。威廉的援助方法成为今天福特基金会援助海外发展中国家的典型模式。

到了 20 世纪 80 年代，即使在绝大多数仍深受传统观念约束的农村地区，也出现了一些成功执行家庭计划项目的例子。"家庭计划社区行动项目"就是其中较为典型的一个。在该项目覆盖的卡纳塔克邦，超过 154 个乡村参与其中。80 年代中期，项目执行地区 43% 的夫妇进行了家庭计划，高于全国 14 个百分点。该项目的成功归功于其对妇女地位的有效促进和提升，项目吸引妇女参与其中，帮助和准许她们积极改变在生活社区的地位。特别值得注意的是，项目设身处地地帮助妇女消除她们根深蒂固的女性处于次要和从属地位的观念，而不是一味地降低生育率。

尽管印度家庭计划项目在执行中有不少缺陷，但是印度家庭计划的主动性有了显著增强，并且在政府最高层面给予强有力的支持，表明政治意愿在促进这一全国性事业上的重要性。在其他国家，由于缺乏这样的意愿，很多的家庭计划努力一直遭遇各种障碍。在印度那些有着较好社会背景的邦，现代避孕方法的接受程度相当可观。

## 参考文献

［1］ Bhatia, Dipak. 1969. "India: A Gigantic Task." In *Family Planning Programs: An International Survey*, ed. B. Berelson, 73 – 88. New York: Basic Books.

［2］ Baumgartner, Leona, and Frank W. Notestein. 1955. *Suggestions for a Practical Program of Family Planning and Child Care*. Population Council Report, New York.

［3］ Caldwell, John, and Pat Caldwell. 1986. *Limiting Population Growth and the Ford Foundation Contribution*. London: Frances Pinter.

［4］ Ensminger, Douglas. 1971. "The Ford Foundation's Relations with the Planning Commission." Oral history. Ford Foundation Archives, New York.

［5］ Freedman, Ronald. 1987. "The Contribution of Social Science Research to Population Policy and Family Planning Program Effectiveness." *Studies in Family Planning* 18 (2): 57 – 82.

［6］ Freedman, Ronald, and Bernard Berelson. 1976. "The Record of Family Planning Programs." *Studies in Family Planning* 7 (1): 1 – 40.

［7］ Gwatkin, Davidson R. 1979. "Political Will and Family Planning: The Implications of India's Emergency Experience." *Population and Development Review* 5 (2): 32, 44 – 45.

［8］ Harkavy, Oscar. 1995. "India Faces Its Population Problems." In *Curbing Population Growth: An Insider's Perspective on the Population Movement*, 129 – 61. New York: Plenum Press.

［9］ McCarthy, Kathleen D. 1985. *The Ford Foundation's Population Programs in India, Pakistan and Bangladesh, 1959 – 1981*. Archive Report 011011. New York: Ford Foundation.

［10］ Minkler, Meredith. 1975. "Role Conflict and Role Shock: American and Indian Perspectives on the Role of U. S. Family Planning Advisors in India." Unpublished doctoral dissertation, University of California (Berkeley).

［11］ Narain, Govind. 1968. "India: The Family Planning Program since 1965." *Studies in Family Planning* 1 (35): 1, 5, 7 – 9.

［12］ Raina, B. L. 1966. "India." In *Family Planning and Population Programs*, ed. Bernard erelson, Richmond K. Anderson, Oscar Harkavy, John Maier, W. Parker Mauldin, and heldon Segal, 111 – 42. Chicago: University of Chicago Press.

［13］ ——. 1988. "A Quest for a Small Family." Unpublished manuscript.

［14］ Ross, John, and W. Parker Mauldin, eds. 1988. *Berelson on Population*. New York: Springer – Verlag.

［15］ Roy, Krishna. 1993. "Critical Links: Women, Population, Environment, and Sustainable Development." In *Proceedings of the Inter – Regional Workshop on the Role of Women in nvironmentally Sound and Sustainable Development*, 83 – 93. New York: United

Nations Institute for Training and Research on Women.

[16] Srinivasan, K. 1995. *Regulating Reproduction in India's Population: Efforts, Results and Recommendations*. New Delhi: Sage.

[17] ——. 2006. "Population and Family Planning Programmes in India: A Review and Recommendations." Lecture at the Fifth Dr. C. Chandrasekaran Memorial Lecture Series, February 3, Indian Institute of Population Studies, Deonar, Mumbai.

[18] Visaria, Pravin, and Anrudh K. Jain. 1976. *India*. Country Profiles Series. New York: Population Council.

[19] Wattal, Pyare Kishan. 1916. *The Population Problem in India: A Census Study*. Bombay: Bennett, Coleman and Company.

（彭伟斌　译　陈晓慧　刘玉博校）

全球家庭计划革命：人口政策和项目 30 年

# 第十九章
## 孟加拉国和巴基斯坦的家庭计划与政策

■ 沃伦·C. 罗宾逊

　　孟加拉国和巴基斯坦在印度独立前是未分裂的英属印度殖民地的两翼：东巴基斯坦和西巴基斯坦，皆于 1947 年独立为国。东西两翼沿袭了殖民时期的行政管理体系，但不久之后都确立了本国的政治和经济体制，并开始着手制订本国的发展计划和项目。两翼因共同的宗教——伊斯兰教而相互联结，但语言和其他文化差异从一开始就引发了内部的紧张态势。

　　尽管如此，东巴基斯坦和西巴基斯坦共享了社会和经济的发展。直到 1970 年，政治上的争端引发了内战，印度趁机干预，1971 年新的孟加拉共和国宣告建立。

　　巴基斯坦（含两翼）是一个以农村和农业为主的贫穷国家，人均收入水平低下，社会基础设施缺乏，工业生产能力实际为零。西巴基斯坦的拉合尔，曾经是旁遮普（印度西北部）的文化中心，但它的主要支持地区现在大多在印度。东巴基斯坦与其地理学上的首都，也就是现在已归属印度的加尔各答脱离。东巴基斯坦和西巴基斯坦位于印度次大陆的边缘，有着边境地域的区位优势：向印度北部和中部的经济中心提供原材料，然后从这些中心获得大部分的加工产品与技术服务。这种经济边缘性在巴基斯坦的社会和人口统计学特征中得到了反映：1947年与印度相比，巴基斯坦人均识字率低，死亡率高，生育率水平高，避孕实践水平低。

1955年，巴基斯坦开始发布正式的经济计划，第一个五年计划（1955~1959年）出台。第二个五年计划（1960~1964年）指出，当前人口快速增长将威胁到国民经济的未来，并指派卫生部采用适度的政策与项目进行干预。当时，巴基斯坦获得大量来自福特基金会、哈佛开发咨询服务及其他国际捐赠组织的技术支持。这些组织对人口膨胀越来越关注和重视。人口理事会，以及其他一些国际组织，在那时已开始进行人口统计学研究，尤其关注生育和增长这两个方面。

到第三个五年计划（1965~1969年），人口政策成为一个主要目标和优先考虑的项目。总统穆罕默德·阿尤布·汗成为控制人口的坚定支持者。适用于两翼的详细实施方案得以形成，并任命高层行政官员来执行这一任务。从此，家庭计划项目进入"快车道"。此时，包括美国国际开发署在内的一些捐赠组织，很快就深度参与项目的金融和技术方面，但明确项目必须由巴基斯坦来管理。项目主管恩维尔·阿迪尔总喜欢说，他只听命于总统。大部分认识他的人相信这是事实：他当然没有受捐赠者的指挥。

保守的伊斯兰教派难以接受家庭计划观念。尽管表面看来这没有对项目的任何活动造成严重阻碍，但它是一个恒常的背景因素，可能影响到一些政策的决议。项目的反对意见在西巴基斯坦可能大于东巴基斯坦，但这一分歧并非导致1971年东西两翼分裂的持续争辩之因。

在1965~1970年最初的关键几年里，东巴基斯坦和西巴基斯坦有着共同的人口政策和项目结构。虽然实际上有些差异，但大体上所采用的方法是一样的，家庭计划的实践经历也相同。然而，到计划期末，所取得的成就与付出的努力相比，无论哪一翼都乏善可陈。避孕实施水平没有显著提高，生育率也没有下降。孟加拉国的独立建国也未能改变这种状况。虽然两个国家延续了家庭计划这一政策和项目，但项目日渐衰败。为什么家庭计划项目在落后的发展中国家显得如此无望和尴尬？这两个国家貌似为此问题提供了极好的研究案例。

　　大多数评论员热衷于分析家庭计划失败的原因，却未关注在 20 世纪 80 年代中期，情况已在逐渐改观。孟加拉国和巴基斯坦开始呈现具有显著差异的人口统计学路径。孟加拉国的避孕现用率上升，生育率下降，虽然缓慢却都很稳定。而巴基斯坦的避孕现用率持续在低位，生育率竟然在增长。专栏 19.1 提供了两个国家与家庭计划有关的主要事件时间表。

**专栏 19.1　孟加拉国和巴基斯坦政策与项目进展时间表**

| 年份 | 与家庭计划有关的主要事件 |
| --- | --- |
| 1947 | 巴基斯坦取得独立，包括被印度分割的东巴基斯坦和西巴基斯坦。 |
| 1960 | 第二个五年计划（1960～1964 年）提出家庭计划项目。福特基金会、人口理事会和瑞典国际发展合作机构都启动了技术援助与示范项目。 |
| 1965 | 第三个五年计划（1965～1969 年）创立了全国家庭计划委员会。Enver Adil 被任命为家庭计划项目的专员。该项目得到强有力的政治支持，一年之内席卷全国。 |
| 1968～1969 | 第一次全国性调查，即影响力调查，显示项目未取得任何成效。阿迪尔作为项目负责人被替换。 |
| 1970 | 启动持续推动方案。项目的政治支持减弱。 |
| 1971 | 因为选举争端，内战在东巴基斯坦爆发。印度进行干涉。孟加拉国成立。 |
| 1973～1975 | 为支持持续推动方案，在美国国际开发署指导下，巴基斯坦启动避孕药具投放计划。<br>在卫生部和家庭计划强有力的政治支持下，孟加拉国整顿了家庭计划项目。 |

| 年份 | 与家庭计划有关的主要事件 |
|------|--------------------------|
| 1975 | 巴基斯坦生育率调查显示生育率略有增长。<br>孟加拉国非政府组织在提高避孕现用率中发挥着带头作用。<br>调查显示生育率有所下降。 |
| 1978~2000 | 巴基斯坦项目经历了几次改编,开展社会营销项目(1986年),维持了短暂的部级地位(1990年),依靠多次调查建立起更好的评估资料库。避孕现用率上升,生育率下降。 |

## 巴基斯坦

在巴基斯坦刚刚取得独立的那个时期,几乎所有重要的政府活动和在西部成立的一些机构都以卡拉奇为中心。为避免印度旁遮普省在政治和经济上的领先地位控制本国,巴基斯坦在设置首都时,刻意绕开了拉合尔这座更大更具世界性的城市。卡拉奇在英属印度时期是一个相对次要的港口,现在却成了首都。

### 项目和政策:1965~1969 年

巴基斯坦政府于 1965 年启动家庭计划项目,这是一个发展中国家政府强烈地信奉发展计划的时代。许多慷慨的国际机构和私人捐赠者对这些项目都给予支持,而且怀着无尽的热情和乐观主义精神。只有少数持异议者提出质疑,这样一个基于宏观经济模型的计划,作为一系列计划的代表,能否成为扭转巴基斯坦如此不景气的传统经济的一条正确道路(Lewis,1969)。安斯莉·科尔和埃德加·胡佛阐明了人口因素为何能成为这项计划的一部分。他们的模型在巴基斯坦得到了应用(Hoover & Perlman,1967)。

由此，家庭计划项目倡议获得来自顶层政治和管理上的支持，它以最可行的专业性建议为基础，并由"人口快速增长将威胁到国家的未来"这一信念所推动。这表示此传统观念并未经过多方严格论证。家庭计划被确信是一种新的推动力，虽有一些风险，但捐赠方和政府都一致认为这是一个必不可少的项目，值得去尝试。

卫生领域既然已经开展过消除疟疾和天花这样一些大规模的干预行动，为什么家庭计划就不可以呢？持此观点，即认为家庭计划需要有全面的规划、强有力的领导和充足的资源。

让我们回想一下家庭计划在 1965 年意味着什么。在避孕技术上重要的新发展——口服避孕药和宫内节育器是颇具争议的新事物。当时谈论较多的是家庭计划的自选方式。它意味着有多种避孕方式可供受众选择。官方列出的五种可行方式是：①外科手术避孕（或绝育），男女均可；②宫内节育器；③口服避孕药；④女性阴道隔膜避孕和杀精法；⑤避孕套。前两种在巴基斯坦和其他地方被认为是临床上的方法，需要合适的医疗设施才能正确地使用，并且它们通常局限在城区诊所。此外，相对而言，宫内节育器是一种新的方法。1965 年，在巴基斯坦和其他一些地方，负责任的医学观点是反对由护理人员或实习生安装宫内节育器的。口服避孕药仍然是第一代，副作用很常见。微剂量的品种尚未研发出来。许多经过培训的医务人员都对这种新型强劲的激素介入持极大的怀疑。传统的隔膜方法被证明对于农村妇女而言很难有效地使用。因为她们没有隐私，缺乏正确的关于人体自身解剖学的知识，所以，这种方法从未普及。这种状况意味着，1965 年巴基斯坦项目为大多数农村夫妇提供避孕套。积极性高的夫妇可以获得一个宫内节育器或口服避孕药。但随后的并发症或跟踪补给却是不稳定的。外科手术避孕需要当事人付出更大的努力，并且对于许多人而言，这涉及健康风险。

所有前面提到需要考虑的因素都必须通过建设一个供应网络来解决。1965 年，大多数外界观察员都一致认为存在着避孕药具的潜在需求。在东巴基斯坦的库米拉和西巴基斯坦的莉莲，早期的实地测试和行动研究项目为这种观点提供了适当的支持。在这些地方，精心设计的实验项目在农村妇女的避孕实践中达到了相当的水准。资料库无疑很薄弱，但当时能得到的就是这些。1965 年，在调查数据的收集方法、数据处理和结果的及时公布方面远没有出现重大变革。项目的独立评价需要投入专门的努力和相当多的时间与财力。

### 1965 年项目的主要特点

在第三个五年计划主导之下，家庭计划项目提出构建一个新的行政实体——家庭计划委员会，并列出了详细的方案提纲，以覆盖西巴基斯坦 36 个地区和东巴基斯坦 16 个地区的 2 亿对夫妇，并设置了到 1970 年生育率水平降低 20% 的目标。方案的执行主要通过当时政府的行政机构设置——省、地区、塔纳斯（东巴基斯坦为泰拉克哈斯，两者都相当于县）和农村联合委员会，给每一级指派家庭计划工作人员或增加家庭计划的职能功能。该项方案以全国性覆盖为目标，就绝大部分而言，表示要努力通过农村接生婆和其他当地代理人发放常规避孕药具。渴望临床方法的顾客都提到诊所，大部分诊所都建在当时的城市医院和农村健康中心，但方案明确不是以诊所为导向的。日常的监督管理和控制是分散的。关键人物是地区执行官员和县一级家庭计划管理者。宣传由省一级负责，只有评价、研究和培训是中央政府的功能（Robinson，1966）。

启动这项计划的日程安排表极具雄心壮志，但确实得到了实现。来自人口理事会的侨民工作人员、福特基金会、美国国际开发署、瑞典国际发展合作处（SIDA）和其他捐赠者为早期的工作人员培训做了许多工作。到 1966 年，项目开始运行，并明显取得实质性进展。这项计划和在埃及、印度、中国台湾及其他一两个地方开展的政府家庭计划同属第一批。来自其他国家的参观者源源不断，以了解何谓示范性项目。不少文章阐述为什么家庭计划在巴基斯坦取得成功，在印度却以失败告终（Finkle，1971）。由此也产生了大量的优秀研究成果。威谢克发明了著名的男女－保护年数指数①测量这一巴基斯坦项目的评价工具（Wishik & Chen，1973）。巴基斯坦成为一个高产的培训基地，其"毕业生"成为许多国际家庭计划组织的骨干。

### 第一个项目的成果

政府统计数据显示，项目取得了实质性的成功：避孕药具得以分发，男女－保护年数指数的数据稳定上升。然而，没有开展关于普及率或生育率的独立调查来证实这些表面上的成就，以及对实际中慢慢产生的成效给予关注和提出质疑。最终于1968～1969年，项目自身在该国东西两翼皆发起了一项国民影响力调查。调查结果确凿地显示，当时已婚妇女的避孕现用率只有6%，生育率没有变化。好消息是大多数妇女听说过家庭计划，知道至少一种避孕方法并表示认同。坏消息是当时很少有妇女使用任何一种方法避孕。城市地区的避孕现用率仅仅高出一点点，这令人颇为沮丧。

看上去，项目在东巴基斯坦取得的成效比在西巴基斯坦要好一些。尤其值得一提的是，临床方法的使用达两倍之多，虽然项目从未强调过外科手术避孕法，但事实证明，其在东巴基斯坦比在西巴基斯坦更受欢迎。

1969年，项目的最高领导人被替换，并进行了许多深刻反思。1965～1970年的败局使项目在其他政府部门变得声名狼藉，也使家庭计划全体人员及许多援助者意志消沉。新部长明智地指出使用村庄接生婆作为兼职实习生的做法成效不大，并宣布了一种新的对策——持续推动方案。专任的男、女性团队（都是高校毕业生，而且通常希望是已婚夫妇）由此将被派往指定地区。团队将在所有潜在避孕对象中不断巡视，以敦促他们实施家庭计划并为之提供避孕药具。项目的其他方面大多数都像以前一样予以保留。由于东巴基斯坦爆发国内战争以及随后印度战争的全面爆发，该方案几乎没有启

---

① 男女－保护年数指数（couple-years-of-protection，简称CYP），是一个关于人数－时间的合成计量单位，计量在某时段内（通常以一年为周期）全体避孕者获得的包括免费分发和购买的所有避孕药具的总保护量。——译者注

动。战争导致巴基斯坦东西两翼的所有项目活动几乎完全中断。1971 年，东西两翼分裂为两个独立的国家。

**1972 年以后的项目**

1971～1972 年事件之后，政治改变随之而来。Khan 在巴基斯坦被罢免。新的领导阶层对项目漠不关心。但人口政策维持原状，如同持续推动方案组织所做的一样。

美国国际开发署，尤其是强悍的人口办公室主任雷玛特·T. 雷文霍尔特，不愿承认此前的努力全然失败。他坚决认为，项目只是没有足够强硬和足够长久地推进，结果成了难逃厄运的洪水项目。这个洪水式方法的逻辑是，1965～1970 年的计划只是因为出师不利——未能在全国所有潜在避孕对象中持续提供避孕药具。如果这项任务完成，成功定然势在必得。因此需要更多经销店和更多的物资补给，以便使方案得以扩展，农村避孕药具真正如洪水般泛滥。项目必定带来回报的固执想法所导致的失败是众所周知的，尽管进口和分发了成千上万的避孕套与避孕药，但实际的普及率和生育率却依然维持原状。作为世界生育调查的一部分，1974～1975 年巴基斯坦的生育调查显示，平均每个妇女的总和生育率接近 7.0，稍高于 1968～1969 年影响力调查的估计。避孕现用率仍然不到 10%，仅有适度的省际差异和城乡差异。

1978 年的项目曾从家庭计划理事会短暂地转至卫生部旗下。1981 年，又转回至家庭计划和发展部。在这里，家庭计划成为人口福利部门的一个组成部分，并产生了新的策略。新成立的人口福利部承担多目标家庭福利中心的网络运营。福利中心不仅负责家庭计划的推动和分发物资，还关注母亲和孩童健康、营养教育、女性就业培训和其他"善事"。卫生部继续负责通过诊所推进避孕。因为大多数诊所都是围绕城市医院和健康中心而建的。这种新的策略和框架采纳了来自国内外 20 多位首席专家组成的工作团队的建议。此方案强调采用全盘的、多部门的方法来坚定地加以推行，并按照与当时社会文化和意识形态相一致的原则来架构，因而有望成为一个"新的起点"。这种新的方法看来反映了当时在国际援助界颇为流行的人口与发展模式。通过 1985 年成立的非政府组织协调委员会和 1986 年在私营领域制定的避孕药具社会销售项目，这一新开端在更大程度上也对非政府组织和私营部门给予正式的认可（Robinson，1987）。

家庭福利部在 1990 年被赋予独立的部级身份，但这一制度安排和在 20 世纪 80 年代及 90 年代其他各种组织上的变化并没有给项目方法和结构带来任何重要的改变。随着时间推移，家庭福利中心的数量在增长，实习生的数量也同步扩容。避孕药具社会销售项目终于开始担当重任，政府和非政府组织之间的关系也得以改善。然而不久，一些伊斯兰背景的非政府组织政治化使得在与之共事时，产生了新的问题。由于宗教态势整体趋紧，项目开始变得低调，并在传统的批判中处于守势。

自 1972 年开始，给予项目的政治支持起起落落，从穆罕默德将军齐亚·哈克政权（1977～1988 年）的截然冷漠到纳瓦兹·谢里夫（1991～1992 年）的温暖支持，再到贝娜齐尔·布托（1988～1991 年，1993～1996 年）的举棋不定。来自外国捐赠者的资金和技术支持在项目的第一个 10 年中扮演了重要的角色。此时援助仍在继续，但规模有很大缩减。受诸如苏联入侵阿富汗、巴基斯坦殖民地的核武器问题、印巴关系（Conly 和 Rosen，1996）和最近的 2001 年 9 月 11 日发生在美国的恐怖袭击以及美国卷入阿富汗和伊拉克等很多政治事件的影响，美国国际开发署的援助更是时涨时落。

### 外国捐赠者的角色

巴基斯坦项目是首批大规模的国家级项目之一，在联合国人口基金会成立以及世界银行和其他主要多方援助机构参与家庭计划之前就已启动。美国国际开发署深度参与其中，实际上可能还领先于它自身获得合法授权前一两步。在 20 世纪 60 年代早期，通过家庭计划项目提供的技术和资金援助都是以健康的名义操作的，直到 1967 年美国国际开发署人口办公室成立。美国国际开发署在巴基斯坦立即唱起了主角，自此以后，在绝大多数情况下一直担当重任。早期其他重要的援助机构还有福特基金会、人口理事会和瑞典国际开发署（SIDA）。

巴基斯坦与美国国际开发署保持密切关系长达几十年，特别是在有关家庭计划方面。美国国际开发署支付了第一个和第二个项目所有的非当地开支（也包括一些当地花费），供养了一大批常驻咨询人员。毫不夸张地说，巴基斯坦充当了美国国际开发署在随后其他国家开展项目的培训基地。同样，巴基斯坦纲领性的行动自然成为其他国家的模板。美国国际开发署仿佛的确将巴基斯坦实践中的一些重要成果予以采纳并将其制度化。

第一，巴基斯坦项目落入了以供给为导向的俗套。这在洪水方案中得到了体现（onaldson，1990）。在20世纪70年代，通过不懈的努力使持续推动方案得以成功。事后看来，这可能被认为不过是一种偏执，或者是美国国际开发署高层领导的一个错误决定被一个忠诚的基层工作人员顽固地加以执行所导致的。但这种解释可能并不正确。洪水方案是美国国际开发署实现其人口控制根本哲学与策略的最纯也是最好的示范。Ravenholt（1969a，p. 124）用简明的语言写道："在任何人口计划和控制项目中，就人口的所有要素而言，主要的因素最初应当是家庭计划信息和方法的扩展。"对项目管理者而言，生育控制的需求是显而易见的，所以，他们相信这对于潜在的避孕对象而言也是同样鲜明的。在随后的二三十年中，这一不言而喻的假设主导了美国国际开发署的许多规划（Ravenholt，1969b）。

第二，美国国际开发署取得了巴基斯坦全国性的或至少极大规模项目与规划的优先权。其中一些是完全注重实效的：小金额花费有时可能与花费大金额一样困难，而美国国际开发署通常都是花费大金额。同时，管理和监督许多小项目远比管理几个大项目要困难和费时。虽然一时有利，但大规模方法并不总是富有成效。因为有限的吸收能力常常使得大规模援助者的努力弄巧成拙。洪水模式对大规模进取的偏爱无疑误导了美国国际开发署在20世纪90年代所贯彻的大国人口策略。

第三，美国国际开发署也学会要处理好被习惯性和传统行政机构所分割的人口与家庭计划机构的关系。它倾向于能起引领作用的新机构，尽管这意味着舍弃现存有用的机构和重复性建制。华盛顿施加给代表团的成果压力是一个挥之不去的因素，一个新的部处或部门之间的委员会可以使美国国际开发署在展示其努力业绩时有话可说。

第四，巴基斯坦项目从未看到私营部门——包括非政府组织和私营商务部门的重要性。就美国国际开发署的大部分历史而言，其人口事务走的是同样的路线。美国国际开发署通常不在官方机构以外开展工作。有时这是应东道国政府的要求。但在其他情形下，美国国际开发署的审计员坚持认为只有处理机构团体事务，才能满足麻烦的财务报告程序的要求。而这是超出许多本地非政府组织能力范围的。平心而论，美国国际开发署代表团在一些国家确实成功找到了资助当地非政府组织的创新思路。孟加拉国的确就是这样一个例外。

当美国国际开发署将国际非政府组织和私人志愿团体组织纳入运作中时，就像承包人管理正在进行中的美国国际开发署项目，严格遵循通常否认他们非政府身份优势的规则。同样的道理，多年以来，美国国际开发署在私营商务部门上所做出的成绩也是忽略已有的市场和物资，而支持新生的被资助的社会销售项目以分发物资、承担教育和提供工作场所的服务。

总而言之，美国国际开发署对巴基斯坦早期家庭计划有着强大的影响，但共有的经历可能对美国国际开发署随后几十年的人口策略与规划产生更为深远的影响。

福特基金会、人口理事会和瑞典国际开发署在 20 世纪 60 年代直接与政府合作，提供重要的技术援助、培训、研究和机构建设方面的支持。福特基金会在项目、技术和咨询援助的服务传递方面扮演着更为重要的角色；而人口理事会则更多专注于构建人口统计学数据库和培育当地开发利用这些数据的研究能力。两者都采用短期和长期的培训设施，促进研究从项目走向国际学术界。瑞典国际开发署（和其他一些援助者）接受福特基金会和人口理事会的领导，或是更慎重地着力于融合研究与培训的规划性服务项目。这些援助者之间合作良好，并且都更看重小型示范性项目的开发。由此，服务传递方法能得以检测、评价和向上呈报。在东巴基斯坦的戈梅拉和西巴基斯坦的莉莲，开展的行动研究项目虽然不是唯一的，但却是有关这种方法的最好示范。

利用小规模研究课题引出国家级项目申请成为人口理事会多年得出的一种标准模式，某种程度上，现在仍然在使用中。福特基金会此后采取一条不同的路线。在巴基斯坦（和印度；见第18章）实践的10年中，它不再注重直接的实地研究和项目介入，取而代之的是更多强调长期培训、机构建设和与小型非政府组织的合作（Harkavy、Saunders & Southam，1968）。瑞典国际开发署几乎放弃了支持家庭计划项目，而致力于妇女权益（教育、就业与协作）和其他方面的斡旋。据推测，巴基斯坦的实践向这些捐赠者们阐明：在一个缺乏广阔资源、需要给国家项目以支持的国家，其比较优势来源于培训、研究和私营部门的发展。对所有相关者来说，巴基斯坦是一种学习经历。

**现状与未来展望**

过去30年中，巴基斯坦在1968～1969年，1975年，1979年，1984～1985年，1990～1991年，1994～1995年，2001年和2003年开展了多次全国性的避孕现用率和生育率调查。调查显示，在20世纪80年代，避孕现用率没有明显的改变。然而，最终出现了一个突破。1995年的调查显示，避孕现用率达到了24%，是1990年的两倍多。最近的调查显示（2003年），避孕现用率达到32%，80%的被调查者知道好几种现代避孕方法，被调查者中未满足需求的达到33%。

2003年数据中释放的另一个令人鼓舞的信号是，地区之间和不同社会经济阶层的人口之间呈现明显的差异。避孕现用率在最大的城市达到36%，城市整体水平为32%。在旁遮普，巴基斯坦社会经济状况最为发达的4个省，其避孕现用率为20%。与之相比，西北边境和信德省只有15%，俾路支省（Balochistan）只有4%。受过中学教育和高等教育的被调查者避孕现用率达 40% 。小学的避孕现用率为 26% ，高出全国平均水平（人口福利部，1996）。由此，如生育率下降所表明的，避孕状况显示稳定的苗头：最近的估计认为平均每个妇女的总和生育率在 5.0 以下。巴基斯坦终于出现转机（Conly & Rosen，1996；Sathar，1993；Sathar & Casterline，1998；世界银行，1994）。

## 孟加拉国

孟加拉国的独立战争在人员生命和基础设施方面付出了沉重代价。如 Cleland 和其他人（1994，p. 107）所提到的那样："战争的破坏尤其削弱了政府的卫生和社会服务部门。政府机构崩溃，大学和培训机构大肆减少，许多急需的卫生设施被破坏，基础的交通通信被扰乱，进一步组织有效政府的应变能力……（和）周边地区与复杂任务相配套以使家庭计划服务生效的机制荡然无存。"

孟加拉国的首任总统谢赫·穆吉布·拉赫曼·汗（1971 ~ 1975 年），对家庭计划犹豫不决。但他的继任者，Ziaur Rahman 上将（1975 ~ 1981 年）和 H. M. 艾尔沙德上将（1982 ~ 1990 年）却是满腔热情的支持者。新成立的国家在第一个五年计划（1973 ~ 1977 年）中，给予人口高度优先考虑。政府行动迅速，更换缺岗的职员，恢复组织和场所设施。重建项目由卫生与家庭计划部主持，由此淘汰以前隔离的家庭计划委员会的框架。计划也提出雄心勃勃的多部门路径，将家庭计划的职能和责任分配给 8 个不同的部门。到 1975 年，项目启动并再次运行。

孟加拉国项目曾在一段时间内遵循与巴基斯坦项目相似的进程。在 1975 ~ 1985 年，项目充其量取得缓慢进展。在几个部门中开展家庭计划的机构存在着重叠和平行设置，导致官僚间关于经费预算的暗战。卫生部特别反对新方法或是由捐赠者推荐并在非政府组织中已采用的这一领域的组织架构。他们在 20 世纪 80 年代仍沿袭 1965 年制定的陈旧规程与操作条例，而没有质疑其有效性。然而，避孕现用率仍有所增长，从 1975 年的 8% 上升至 1979 年的 13%，1981 年的 18%，到 1983 年为 19%（Cleland 等，1994）。[①]

奇怪的是，正当孟加拉国的成功开始清晰可见时，项目受到了多方的恶毒攻击。一些批评家声称，家庭计划是一项强迫性的项目，是外来者，也就是外国人（Warwick，1982）对无助农民的逼迫。项目持续使用的激励性补贴手段被指为贿赂，起重要作用的手术避孕法被指为如同阉割。此外，就像同样激进的宗教团体反对任何一种形式的生育控制一样（O'Reilly，1985），国际上激进的女权运动把孟加拉国由男性主导的家庭计划当作一个诱人的靶子（Hartmann & Standing，1985）。在 20 世纪 80 年代早期的一段时间内，项目曾一度处于戒备状态，在国际援助界尤其如此。

同时，几个重要的积极因素使项目得以逐渐加强并为其指明了正确的方向。就在独立之前，达卡有一家较大的国际流行病学研究中心，后来被命名为巴基斯坦－东南亚条约组织霍乱研究实验室。这家实验室在达卡南部农村的曼特拉布·塔纳运作了一个流行病学监测区，以收集出生、死亡及发病率的统计数据。独立之后，实验室作为国际腹泻疾病研究中心得以重建，于 1975 年开始运作，并使用该试验区和合适的研究人员开展一系列经过认真设计的，包括家庭计划在内的流行病学介入和试验。在人口理事会和美国国际开发署的支持下，这些研究引出了大量的高水准研究项目，而且几乎所有都与项目进展高度相关。这项研究令人信服地说明，当服务以高质量的形式传递，农村环境中的避孕现用率会迅速上升而生育率则得以下降。从 1983 年开始，这项工作扩展到孟加拉国其他几个农村地区，以用于考察常规的政府机构，当其职员经过再教育以提供高质量服务后，同样的方法和项目是否能产生相同的效果（这就是所谓的扩展计划，直至今天仍以不同的形式在继续）。对这种新的假定问题，回答是响当当

---

① 孟加拉国在 20 世纪 80 年代和 90 年代有一系列可信度较高的关于生育率和避孕现用率的调查。

的"是"。当家庭计划服务得以恰当的提供，孟加拉国似乎随处都可找到服务对象。

孟加拉国项目第二个值得称道的外因是大量非政府组织在农村地区的运作。大约 7000 个这样的组织在社会福利部注册登记，并参与从农业改良到妇女教育及就业的事务中来。大约有 400 个 NGO 专注于家庭计划及母亲与儿童健康活动，通常与探路者国际、亚洲基金会和福特基金会等这些国际捐赠组织保持联系并获得资助。其他一些大的农村发展组织，比如孟加拉国农村促进委员会和格莱珉银行，随着时间的推移，也在它们的项目中融入家庭计划以及其他社会福利的成分（Cleland & others，1994）。大部分这样的非政府组织都着眼于妇女教育、就业等权益的项目及工薪阶层计划协力开展家庭计划活动。

结果到 20 世纪 80 年代中期，意义深远、日益显明的非政府家庭计划的成功故事在孟加拉国出现。这造就了 1/4 的避孕现用率，而且是高度的本轻利厚。就像前面所提到的，许多这样的非政府组织致力于整体改善妇女的状况，这些项目的成功与避孕药具的投放努力有着相互影响的共生关系。为此，政府增加了高效的避孕药具社会销售项目，通过成千上万的私营经销店分发避孕套和口服避孕药。虽然经过政府批准，但社会销售项目在业务运营方面是完全独立的，并贡献了整个避孕现用率的另一个 1/4。

卫生部官员对这些非官方成功故事的最初反应是不予理睬，甚至试图诋毁它们。因为非官方的成功就暗含着对官方项目不言而喻的批判。到 20 世纪 80 年代中期，这一幕后的战争达到白热化。卫生部企图接管所有非政府组织的业务营运并使之合法化。这意味着所有的预算经费和行政控制都将置于卫生部的手中。有着捐赠者强力支持的非政府组织抵抗这一行动。捐赠者为孟加拉国所有发展活动的巨大利益付出了代价，对官方项目的进展一度表示不满。当时，捐赠者的咨询团体，在联合国发展计划的主持下，委托发布了关于这一状况的自身的评论，提出了一套笼统的应对变化的建议，就是所谓的 1983 年捐赠者计划。其中若干建议将推动官方项目朝非政府组织业已执行的方向迈进。

如大多数当地开展的调查所揭示的那样，20 世纪 80 年代中期，避孕现用率已经开始迅速上升，1986 年为 25%，1989 年为 30%，到 1991 年达到 40%，非官方成分在整个项目组合中的重要性由此得以提升。卫生部官员开始认识到，争斗难以取得成功，通过方法与体系上的协作与共建带来的成就无可辩驳，是最有利于各方的。

当然，生育率也有相当大的改变。一份最近的权威刊物中的资料阐明："下降可能开始于 20 世纪 70 年代晚期，80 年代中期提速……1975 年总和生育率大约为平均每个妇女生育 7 个孩子。到 1988 年，下降为平均每个妇女生 5 个孩子，相当于下降了 30%……（和）1990 年，生育率几近下降到 5.0 以下。"（Cleland 等，1994，p. 131）这份评论中也指出，生育率的下降具有普遍性，波及几乎所有的社会经济阶层和该国所有的地理区域。

## 吸取的经验教训

两个国家所走的道路各不相同，但每一个国家的经历中都有值得学习的重要经验教训。虽然两国最终在政策和项目中都取得了相当的成功，但东区显然比西区要迅速得多。

### 巴基斯坦失败中的经验教训

当 1965 年巴基斯坦项目生效之时，孟加拉国尚未从该国分裂出来。从项目中可以获得一些现实的经验教训。列举如下：

● 项目野心太大。提出一个全国性的合适的新项目在行政上是个不错的想法，但落实起来却像一场噩梦。从以大都市为中心的地区开始，然后分阶段推进以使 5 年能延伸到大多数地区，这也许是可以做到的。但 Adil 以政治上不能接受为由拒绝了这一渐进式方法。

● 将家庭计划这样一个新的行政项目从中心往外推进的决定使其与已在

实施的省区健康项目相冲突。这一决定给予家庭计划以优先考虑，允许其绕开现存的卫生机构。这在当时的情境下是可以理解的。因为当时巴基斯坦卫生部官员全是以前的印度军医，他们几乎不信任公共卫生可行，更不用说家庭计划。避开他们应该比与之争斗要容易一些。然而，这意味着，项目从一开始就审慎地明确不是一个与卫生相关的事业。因为项目几乎不能支配那些供应给诊所实施避孕的设备装置，所以它将自身限制在主要为非诊所的方法。这种状况也造成两种项目之间持久的敌对，使得新方法上线更加困难。尽管这些方法先进，而且为满足顾客的实际需求，除了用于末期避孕，更主要是（仍将是）用于长期避孕。

● 项目对资讯、教育及沟通交流关注不够。即使在 1965 年，收音机还是巴基斯坦主要的通信工具，电视机是在第一个五年计划结束之前出现的。太多的注意力集中于小册子和张贴海报，这给参观者留下了很深的印象，对农村目不识丁的妇女而言却毫无意义。这一定程度上是遵从了项目应保持低调这一没有公开申明的决议。

● 项目对成果的评价和详细的监测没有给予足够的关注。现在的人口统计学技术可以快速地反馈卫生调查的信息，但这在当时显然是无法实现的。为了检验政府部门统计数据的真实性以及项目顾问和行政官员的乐观精神，即使是小规模的本地调查也应着手开展。由于领导不力和职员难以胜任，依附于项目中央秘书处的全国家庭计划研究协会想要承担这些任务，却都未能实现。省一级也成立了许多培训和研究中心，但它们也很快就失去了主导优势。具有讽刺意味的是，项目人员处于劣势的一个诱因是，当一些国际代理机构全球性地进军家庭计划时，不断有项目的核心职员流失至这些机构。

● 项目没有充分利用私营部门开展任何有意义的事情。一些私人医生对项目一无所知。那些对项目有所了解的医生认识到它不是医学项目，由此而深表怀疑。项目既未能与非政府组织结为充分的伙伴，也没有将它们的经验引入到项目策略中来。政府倾向于相信只有项目才能成其大事，而私营部门只不过是些障碍。

● 项目与工会委员会、行政区等政治治理组织联系，这就意味着它得面对满足政治支持与捐赠的正当需求而带来的不可避免的压力。而且，在民众对权力结构持有怀疑的情况下，项目与政治权力机构打成一片可能是个错误。强有力的政治支持可能是把"双刃剑"。

### 孟加拉国的成功之道

迟至 20 世纪 80 年代早期，两个国家的项目都仍然在官僚与行政的泥潭中挣扎，但几个结构上的转变好像把孟加拉国引向了早期的成功。包括以下这些：

● 家庭计划成为一个健康项目。这很重要，因为卫生行政部门不再感到威胁，反而承认其合法性。当卫生系统壮大时，家庭计划网络也得以成长。反之亦然。

● 项目被积极地加以讨论。当地关于什么方法有效、什么方法无效的研究越来越多。随着时间的推移，这使得项目没有造成庞大的供应网络，而采纳更多务实的方法。这种讨论是公开的，使得家庭计划即使在农村地区也被更广泛地接受。

● 非政府组织快速发展，并成为项目改良的先锋。政府尽管不太情愿，但也逐渐认可并向它们学习。

● 无论双边的还是多边的国际援助机构，都被许可在技术资助和资金支持上发挥重要作用。这给予项目寻求改变和批判回顾的又一推动力。

孟加拉国家庭计划现在要取得全面的成功还面临着不确定性。来自各方的焦虑不断增多：生育率的下降可能减慢，可能在更替水平上停滞（Bongaarts，2005）。避孕知识和实践得以广泛传播，许多夫妇生育两个以上孩子的意愿是否强烈，以及如何在顾客的需求下配备可行方法组合的问题尚不清楚。

# 参考文献

［1］ Bongaarts, John. 2005. "Are Family Planning Programs Plateauing?" Research Division Working Paper, Population Council, New York.

［2］ Cleland, John, James F. Phillips, Sajeda Amin, and G. M. Kamal. 1994. *The Determinants of Reproductive Change in Bangladesh*：*Success in a Challenging Environment*. Regional and Sector Studies. Washington, DC：World Bank.

［3］ Conly, Shanti R., and James E. Rosen. 1996. *Pakistan's Population Program*：*The Challenge Ahead*. Country Study Series 3. Washington, DC：Population Action International.

［4］ Donaldson, Peter. 1990. *Nature against Us*：*The United States and the World Population Crisis*. Chapel Hill, NC：University of North Carolina Press.

［5］ Finkle, Jason. 1971. "Policies, Development Strategies and Family Planning Programmes in India and Pakistan." *Journal of Comparative Administration* 3：135 – 52.

［6］ Harkavy, Oscar, Lyle Saunders, and Anna Southam. 1968. "An Overview of the Ford Foundation's Strategy for Population Work." *Demography* 5 (2)：541 – 52.

［7］ Hartmann, Betsy, and Hilary Standing. 1985. *Food, Saris, and Sterilization*. London：The Bangladesh Action Group.

［8］ Hoover, Edgar M., and Mark Perlman. 1967. "Measuring the Effects of Population Control on Economic Development." *Pakistan Development Review* 6 (4)：541 – 66.

［9］ Lewis, Stephen R., Jr. 1969. *Economic Policy and Industrial Growth in Pakistan*. London：George Allen and Unwin.

［10］ Ministry of Population Welfare (with the Population Council). 1996. *Pakistan Contraceptive Prevalence Survey, 1994 – 95, Basic Findings*. Islamabad：Government of Pakistan.

［11］ Notestein, F. W. 1968. "The Population Council and the Demographic Crisis of the Less Developed World." *Demography* 5 (2)：553 – 60.

［12］ O'Reilly, W. M. 1985. *The Deadly Neo – Colonialism*. Washington, DC：Human Life International. Ravenholt, R. H. 1969a. "AID's Family Planning Strategy." *Science* 163 (January)：124 – 25.

［13］ ——. 1969b. "The A. I. D. Population and Family Planning Program：Goals, Scope and Progress." *Demography* 3 (2)：561 – 73.

［14］ Robinson, Warren C. 1966, "Family Planning in Pakistan's Third Five – Year Plan." *Pakistan Development Review* 6 (2)：255 – 81.

［15］ ——. 1978. "Family Planning in Pakistan, 1955 – 1977：A Review." *Pakistan*

*Development Review* 17（2）：233 – 47.

[16] ——. 1987. "The 'New Beginning' in Pakistan's Family Planning Programme." *Pakistan Development Review* 26（1）：107 – 18.

[17] ——. 2001. "Common Beginnings but Different Outcomes： The Family Planning Programmes of Pakistan and Bangladesh." In *Fertility Transitions in South Asia*, ed. Zeba Sathar and James Phillips, 347 – 63. Oxford, U. K.： Oxford University Press.

[18] Sathar, Zeba. 1993. "The Much Awaited Fertility Decline in Pakistan： Wishful Thinking or Reality?" *International Family Planning Perspectives* 19（4）：142 – 46.

[19] Sathar, Zeba, and John B. Casterline. 1998. "The Onset of Fertility Transition in Pakistan." *Population and Development Review* 24（4）：773 – 96.

[20] Sathar, Zeba, and James Phillips. eds. 2001. *Fertility Transition in South Asia*. Oxford： Oxford University Press.

[21] Warwick, Donald P. 1982. *Bitter Pills*. New York： Cambridge University Press.

[22] Wishik, Samuel, and Kwan – Hwa Chen. 1973. *Couple – Years of Protection： A Measure of Family Planning Program Output*. Family Planning and Population Program Manuals 7. New York： Columbia University, International Institute for the Study of Human Reproduction.

[23] World Bank. 1994. *Staff Appraisal Report, Islamic Republic of Pakistan, Social Action Program Project*. Report 12588 – PAK. Washington, DC： South Asia Region, Country Department III, Population and Human Resources Division.

（陈晓慧　译　彭伟斌　吴艳文　校）

# 第二十章

## 斯里兰卡早期的家庭计划尝试

■ 尼古拉斯·H. 赖特[*]

    像西方国家一样，锡兰[①]的早期家庭计划尝试始于关注儿童健康的女权主义运动及优生学。1932 年，玛丽·拉特曼博士注意到，在锡兰社会服务联盟的婴儿哺育中心，越来越多的婴儿都出现营养不良的情况，于是建议普及家庭计划知识。然而，锡兰卫生医疗委员会拒绝了拉特曼博士将生育控制及优生学添加到锡兰医疗学校课程表中的计划。1937 年，拉特曼以锡兰社会服务联盟的名义，在克朗波开设了一个家庭生育诊所。但是，随着锡兰

---

[*]  这一报道归功于 E. C. （Sylvia）Fernando 的记忆爱好。他与 Goesta Nycander——我的瑞典同事以及 Soma Weeratunga 一道创建了锡兰计生协会。尽管我不太赞同 Goesta Nycander，但是他从开始就一直关注锡兰妇女的地位并为之而持续奋斗。在 Goesta Nycander 家里，我从广播中听到了 1969 年阿波罗 11 号登陆月球的报道。他毫不犹豫地以全新的目光关注瑞典锡兰联合项目培训活动领域的结果，并酌情进行评论。1970 年后，Soma Weeratunga 主管卫生服务，后来他成为斯里兰卡驻苏联大使。Weeratunga 认识到他在康提的办公室之外，有着更为广阔的需求世界，于是投身帮助改变卫生部外勤工作人员工作状态的事业。这些人致力于改善斯里兰卡每一个族裔群体家庭的健康状况并进行政治游说。他们早期强有力的呼声值得永久铭记。

[①]  官方在 1972 将其更名为斯里兰卡。

1939 年成为英联邦对抗日军入侵印度洋的前哨站，联邦军队占用了这家诊所，私人家庭计划活动也被搁置在一边。直到 1949 年，也就是锡兰独立的那一年，诊所才得以重新开张。

锡兰独立的那一年，E. C. 费尔南多①当时还是一名出席斯德哥尔摩（Stockholm）东方女性学术研讨会的锡兰代表团成员，这个会议旨在展示瑞士的经济发展模式，也就是一种既非资本主义也非社会主义的"中间模式"。伊莉斯·奥特森·延森当时是一名家庭计划活动的先驱者。他在这次学术会议上发表了演讲，并倡议在锡兰建立一个家庭计划协会，以便更好地获得援助。不久之后，另一位家庭计划学开拓者，亚伯拉罕·斯通博士，应锡兰农业部部长达德利·森纳那亚克邀请，访问了锡兰。斯通曾于 1951 年在世界卫生组织的赞助下参访过印度，并一直在印度Mysore 指导自然避孕法。1952 年，斯通第二次访问锡兰，与玛格丽特·桑格一起参加了在孟买举行的一次会议。在那次会议上，玛格丽特·桑格也强烈建议组建一个家庭计划协会。1953 年 1 月，这一呼吁得以实现，紧接着一个家庭计划协会和国际家庭计划联盟也在 1954 年组建起来。家庭计划开拓者基金会的创始人克拉伦斯·甘布尔博士提供了早期的避孕药，并为在科伦坡的德德·索伊萨妇产科医院首家诊所的三名工作人员支付工资。到 1958 年，锡兰家庭计划协会（FPA）在科伦坡及全国其他城市经营着 23 个诊所，并为政府提供一些培训、指导和避孕用品，私人医生也愿意在政府机构或其办事处提供服务。1958 年，锡兰政府开始每年向家庭计划协会拨款 75000 锡兰币（SL Rs）。此外，政府还为几家诊所的运营提供场地及人员支持。1966 年，家庭计划协会已经拥有 109 个家庭计划诊所，其中大多数分布在城市地区（Abhayaratne、Jayewardene，1968）。

---

① E. C. 费尔南多是锡兰家庭计划协会的创立者之一。

## 政府和人口政策：1948～1959年

有别于其他发展中国家的是，锡兰有着非常良好的人口普查传统。最早可追溯到1871年。此外，卫生统计登记在1948年锡兰独立前就已基本完成。政府敏感地察觉到，人口的急剧增长，紧随而来的是1946～1947年死亡率下降了30%。死亡率快速下降的原因引来众多争议，从喷洒滴滴涕（DDT）控制疟疾到孕产妇和儿童保健服务的加速拓展，包括仿效英国国民健康服务加强婴儿母乳喂养（Meegama，1967；Newman，1965）。1943～1945年死亡率在各个年龄组别中都略有上升，这使得上述分析变得更为复杂。也许是食品匮乏，战后随着锡兰正常食品的进口恢复即得到了缓解（Frederiksen，1961）。在那个时期，锡兰食物无法自给。

第一个公开讨论新的人口统计状况的政府官员是独立后政府的首任卫生部部长S. W. R. D. 班达拉奈克。他不仅在锡兰，而且在1949年6月罗马举行的第二届世界卫生会议上即发表了如下声明：

> 我想看到的另一个值得给予关注的议题是，一直以来，我们各自埋头苦干。生育控制问题的关注越来越需要构建一个国际性的平台。你们是否意识到，我们正在做着同样的卫生工作，正让生育控制问题变得愈加紧迫？在这次会议上，我并不请求达成一个决议，但是我强烈建议，在联合国专业机构的帮助下，在必要统计和数据资料的准备上应迈出第一步，以便以后，甚至就在下一年，我们能够考虑这个正成为全球最为紧迫的问题。（Bandaranaike，1963，p. 176）

1969年，作者采访了1949年的卫生署署长W. G. 维克勒马辛哈博士。他曾陪同班达拉奈克到罗马。维克勒马辛哈说班达拉奈克的言论是出人意料，是一时兴起，也可能是对皇家委员会最近发布的英国人口报告做出的回应。

他提到在罗马会议上，美国代表团对此演说异常恼怒。维克勒马辛哈博士支持班达拉奈克在一个主要委员会议上促进孕产妇和儿童健康（MCH）的观点，认为哪怕是更多控制生育的方法裹足不前，家庭规模的大小应在考虑健康的基础上限制在四个孩子之内。①

回到科伦坡后，许多证据表明，班达拉奈克着力推动卫生部更好地发挥其职能，其兴趣也表现为教授现有家庭计划方法以及为妇女提供良好的产后环境。但是在其任期内，在他的位置上，全面性的政府支持并非唾手可得。锡兰的第三任总理（1952～1956年）约翰·科特拉瓦先生曾于1949年告诉笔者，班达拉奈克1949年的言论是"反常的"，在20世纪50年代初期，政府对人口问题是没有兴趣的。②

然而，1956年，班达拉奈克作为总理回到政府部门，有关传闻表明家庭计划仍主要掌控在他手中。例如1958年，他在科伦坡一次与世界卫生组织总干事莫里斯·坎多博士的私人会晤中，有关生育控制的演讲超过了两小时。莫里斯·坎多博士是一位对家庭计划包容而坦率的反对者③。那一年后，紧接着与瑞典大使阿尔瓦·米尔达在科伦坡商讨，锡兰政府与瑞典政府就支持家庭计划活动实验签署了双边协议。大约在同一时间，瑞典政府开始参与在巴基斯坦的生育控制尝试。这些是对家庭计划双边援助的两个例子。

专栏20.1列出了这个国家有关家庭计划的主要事件时间表。

1959年，锡兰国家计划委员会发布了10年发展计划（1959年中至1969年中），其中大篇幅提到快速人口增长不利于经济发展。作为那个时代一个复杂的文献资料，这篇报告排除了马尔萨斯的解决方法，提出是否"出生率的过程可能会受到由社会政策所引发的精心设计的实验影响，而同时排除一切形式的强迫"？讨论得出的结论认为："虽然在意识决定领域之外存在其他影响已婚夫妇生育率的因素，事实是有意识地决定限制生育在其

---

① 1969年11月13日与 W. G. Wickremasinghe 的私人通信。
② 1969年12月13日与 John Kotelawa 的私人通信。
③ 1969年11月10日与 J. Padley 的私人通信。

他地方对缩小家庭规模一直起着关键作用。由此带来的问题是，是否这种决定可被政策积极地加以影响。答案可能（确实）出现肯定的情况。"（National Planning Council，1959，p. 16）

**专栏20.1　主要事件时间表**

| 年份 | 与家庭计划有关的主要事件 |
|------|--------------------------|
| 1932 | 首次出现私人家庭计划倡议。 |
| 1949 | 班达拉奈克出席在罗马的世界卫生大会。 |
| 1958 | 瑞典、锡兰家庭计划项目启动。 |
| 1959 | 国家计划委员会10年发展计划（1959年中至1969年中），包括控制生育的一份声明。 |
| 1963 | 人口理事会资助由锡兰大学和FPA进行的人口研究。 |
| 1965 | 选举之后，政府决定构建一项国家人口政策。 |
| 1966 | 福特基金会为国家家庭计划项目评价提供支持。 |
| 1968 | 成立家庭计划局。 |
| 1969 | 早期证据表明，家庭计划与孕产妇和儿童健康的整合进展不如预期。 |
| 1970 | 项目活动在选举前放缓，导致受众数量下降。<br>政府对考虑组织医院产后家庭计划项目的可选择方法显得不情愿。<br>敞开国门，继续接受外来援助，人口理事会撤回其评价顾问。<br>联合国人口基金派遣首批应需评估代表团。 |
| 1971 | 公共助产士领域的一项行为调查揭示在国家计划中存在严重缺陷。 |
| 1972 | 政府放弃人口指标。<br>家庭健康局替换为家庭计划局。 |

| 年份 | 与家庭计划有关的主要事件 |
|------|------------------------|
| 1973 | 联合国人口基金开始支持项目，包括为执行自愿绝育的医院提供支持。 |
| 1976 | 项目活动因又一次选举临近而减速。 |
| 1977 | 新政府决定通过医疗部门提高家庭计划的有效性。<br>由于宣传及补贴医务人员与输卵管结扎术和输精管结扎术的受众，自愿绝育数急剧上升。 |
| 1980 | 联合国人口基金派遣第二批需要评估代表团。 |
| 1987 | 一项普遍性的调查显示，62％的已婚育龄妇女正在实践家庭计划方法，其中30％采用输卵管结扎术或输精管结扎术避孕。39％的所有已婚育龄妇女正在使用一种现代的避孕方法。 |
| 2006 | 净生育率为2.0。 |

## 政策背景

1948年之前，历届英国殖民地政府的政策一直偏袒锡兰泰米尔少数民族。这一政策传统，以及这个国家人口占绝大多数的人所使用的语言未能被政府作为官方语言来使用，连同独立后法院特别强调增强僧伽罗人在绝大多数人口的占比，激起了人民的不满。班达拉奈克出任总理时，种族问题在1956年选举期间成为国家政治舞台的一部分。1956年通过的《官方语言法案》使得僧伽罗语成为官方语言。该法案条款规定，泰米尔语言只能在这个国家泰米尔人聚居的规定地方使用。其他种族问题在1957年的协议中也作了规定。但是在右翼僧伽罗派，包括大量佛教僧侣的强大压力下，这一协议在1958年被推翻。

就在同一年，锡兰爆发了严重的骚乱。政府宣布国家进入紧急状态，骚乱暂时得以平息，但是政府显然无法控制局面。在这样困难的政治环境下，可能是因为在内阁中有私仇，班达拉奈克在1959年被暗杀。证据表明一些佛教僧伽成员（佛教僧侣或和尚）曾长期卷入其中（Manor，1989）。在接下来的多年时间内，出台的其他清除措施旨在有利于僧伽罗人，与僧伽罗人和泰米尔人之间周期性发生的暴力行为如出一辙。

虽然僧伽罗民族主义而非小乘佛教的宗旨是导致这场动荡的最重要的因素，但在锡兰总是有这样一种意识，锡兰及其小乘佛教流派是一种独特而更为原汁原味的古老宗教（Ryan，1954；世界佛教徒联谊会，1969）。同时，一位知识渊博的观察员也有着同样的宗教情怀，结果1956年在政治上被利用。经济发展无法跟上现代需要造成巨大的压力，人口高速增长（Vittachi，1958）。这些民族情结在20世纪60年代仍然存在，在民族主义僧伽罗人和部分僧伽间直接带来了更为广泛的诉求，政府和独立评论员几乎无法解决，家庭计划对僧伽罗族的存在构成了威胁。族裔群体在生育和家庭计划接受方面尚未发布的数据表明，没有这回事，也与那些事件无关，这些几乎完全被忽略掉了。更少数强烈反对者也有来自天主教的少数人，其中既有僧伽罗人，也包括其他族裔的群体。由于所有这些原因，政府中很多人需要一个低调的家庭计划项目。

虽然远离评论，但另一个主要的人口问题也激怒着僧伽罗民族主义者。由于离开了印度，又没有任何类型的证件，居住在锡兰的那些没有国籍的印度泰米尔人以及他们的后代估计有百万之多。这些人在19世纪和20世纪初由英国人带入锡兰，在茶叶行业工作。经过大量的谈判，1964年锡兰总理西里马·班达拉奈克——S. W. R. D. 班达拉奈克的遗孀，与印度总理拉尔·夏斯特里签署了所谓的"西里马–夏斯特里协议"，即在未来的10~20年，印度将接受525000位被遣返的印度泰米尔人，锡兰也会给325000印度泰米尔人授予公民权。在后来班达拉奈克与英迪拉·甘地达成的1974年协议中，再次进行了平衡处理。这种大规模的准移民无疑扫除了一些在20世纪60年代由于人口迅速增长所带来的紧急情况。

### 瑞典－锡兰家庭计划项目

根据 1958 年的协议，家庭计划项目的实施由于内乱而延迟几个月，锡兰和瑞典政府同意在两个或多个锡兰的农村地区联合促进和推动一项涉及社区的家庭计划实验项目，旨在全国范围的此类活动拓展则取决于实验结果（Wahren，1968）。通过与卫生部和 FPA 合作，项目官员选定了两个领域：一个是靠近科伦坡的班达拉贾纳，该地区有 7000 人口，主要由僧伽罗佛教徒组成，从事培养水稻、橡胶、椰子等工作，其中约有 20% 是文盲；另一个被选定的地方是迪亚贾纳，是一个约有 7000 名印度泰米尔人的内地茶树种植园地区，大多是印度教徒，从事茶叶行业，约 75% 的人不识字。

项目围绕村级细分，这是国家卫生服务系统中最小的行政单位。普查被看作是对多孩夫妇的知识和态度的调查。家庭福利中心开设了提供产前和产后护理服务以及良好的儿童诊所。家庭计划方法提供了免费的避孕服务，包括阴道泡沫片、避孕套以及自然避孕法的指导，也给那些不育的夫妇提供数量有限的咨询和服务。一项活动想要发挥重要的心理作用，与生育控制服务的认可有关。即使项目从开始就有一个驻地的瑞典顾问，通过探访咨询在必要时提供帮助，但其活动也要尽可能立足于现有锡兰卫生人员寻求协助。培训活动既包括医疗及辅助医疗人员，也包括项目地区之内和之外的工作人员。1962～1963 年，项目扩大到两个新的和更大的地区：佩德罗角——在贾夫纳半岛上的锡兰泰米尔人，以及波隆纳鲁沃·马塔莱，这一地区有种族混合，但还是以僧伽罗人为主（Greenberg，1962；Kinch，1966）。

到 1965 年 5 月，瑞典国际发展合作署提供的一份报告称，在班达拉贾纳（Bandaragama）项目执行区，粗出生率已经有所下降，且"35 岁左右"的妇女生育出现最为显著的下降（Tornberg，1965）。同一报告还指出，到 1964 年，771 个被游说的项目家庭中，76% 对家庭计划做出了正面评价，较 1961 年 679 个项目家庭中的 65% 有所上升（1959 年 539 个项目家庭中有

52%肯定家庭计划）。虽然没有数据报告流行的避孕措施，据说避孕套是最为普遍的方法。1964 年，新的塑料宫内节育器就已经被引入，在那一年年底，实施了 263 例上环手术。这一数据到 1967 年中上升到 2009 例，清楚地显示了诊所的活动正在吸引来自直接目标区域之外的群众参与（Aramugam，1968）。在班达拉贾纳和迪亚贾纳地区进行了一个更为正式的人口统计学变化分析，但是因为不完全出生登记、大规模的人口流动以及其他数据问题，1963～1965 年的小型观测变化不能归咎于家庭计划项目活动（Hyrenius、Ahs，1968）。

### 早期人口分析：1963～1968 年

1963 年，在人口理事会到锡兰大学及与 FPA 的合作下，一系列人口研究得以进行，并在 1967～1968 年期间完成（Abhayaratne & Jayewardene，1967，1968）。除进行一项历史重要数据的全面回顾外，研究者们还着手进行了一个乡村调查。结果表明，微弱多数的受访者声称他们了解家庭计划的知识，但奇怪的是，其中大约仅有 1/3 的人认可采用那些避孕方法。强烈反对的理由是避孕法的使用"违反"宗教，估计主要是部分天主教徒和保守的佛教徒。多大比例的受访者曾经使用过或是正在使用一种避孕方法很难从已发布的数据来确定，但传统方法如体外射精和安全期避孕法，就像避孕套一样，则具有较好的代表性。那些曾使用避孕以及也报告了输卵管结扎手术的比例根据区域差异在 1%～3% 之间（Abhayaratne、Jayewardene，1967）。

### 国家家庭计划项目的起点：1965～1969 年

1965 年 3 月选举后不久，新政府内阁长官，现任总理森纳那亚克决定在全国范围内拓展家庭计划，与瑞典政府续签协议三年至 1968 年 8 月。协议强调继续与国家家庭计划有关训练活动的合作，主要是在班达拉贾纳和佩德罗角两个地区提供所需的避孕药具。

1966 年 2 月，卫生部部长任命一个咨询委员会制订详细的行动计划。委员会在 1966 年 8 月发表报告，声明家庭计划项目将是卫生服务部门的一项例行工作，并将与孕产妇和儿童健康紧密结合来实施（Advisory Committee，1966）。服务的引进在接下来的三年按区域错开进行。目标是在 8~10 年之内，将活产婴儿出生率从 33‰慢慢降低到 25‰。假设一个不变的粗死亡率，人口增长率预计到 1976 年达到 1.6%。报告估计到 1976 年，550000 对或每年约 55000 对夫妇将会被说服实行家庭计划，从而可避免 110000 例出生。另外一项在那时流传的初步分析估计，为达到总目标，必须少生 176200 人，这反过来又要求 881300 人避孕，或者 1976 年大约 45%的夫妇使用避孕药具（Kinch，未注明出版日期）。两套测算估计大约每五个采取避孕措施的人中将会少生一胎，但两者都没有考虑各种方法的混合运用以及它们隐含的有效使用比率。事实上，在那个时候，以可靠的当地有关数据来检验这一问题是难以实现的。

对不同避孕方法，官方随意确定的可接受的目标是实现 60%的宫内避孕，避孕药使用比例达到 25%，5%的绝育，以及 10%的其他避孕措施。宫内节育器的放置是免费的。口服避孕药是每月一包约合成本 1.5 锡兰卢比（SL Rs），避孕套和泡沫片成本每个 0.05 锡兰卢比（SL Rs）（Advisory Committee，1966）。在内阁决定发动一个家庭计划项目之后的一年多时间，1966 年 11 月发布了卫生人员的必要指导（卫生部，1966）。

尽管对卫生工作人员的即时培训和再培训需求令人生畏，但乐观的理由很充分。斯里兰卡公共卫生和医疗保健系统已免费运行超过 15 年。这些服务在减少疟疾发生及其严重性、通过改善产前和产科护理的方式（1965 年医院出生比例约为 65%）降低婴儿和孕产妇死亡率、通过免疫接种和儿童喂养方案降低儿童死亡率等方面已经发挥了重要作用。不同于其他几乎所有的亚洲国家，这些实验深入到 75%的斯里兰卡人居住的偏远农村地区，且看起来颇为有效。此外，自"二战"后不久至今，家庭计划也采用了大米、基本食品及大额补贴等第三层面的措施，教育一直是免费的。同时，这些补贴也困扰着政府预算，特别是朝鲜战争之后，经济繁荣终结，橡胶出口减少。锡兰经济主要依赖于茶叶、橡胶和可可出口，受此影响当时经济低迷。尽管如此，这些补贴在政治上是不能取消的。20世纪50年代和进入60年代后，锡兰是享受着亚洲人类发展最高水平的国家之一。

卫生部部长后的"二把手"是卫生部的常任秘书长，排在第三位的是卫生局局长。后者主持家庭计划咨询委员会的工作，负责制定政策建议。"二把手"的位置有四名副署长，分别负责公共卫生服务、医疗服务、实验室服务和行政管理。公共卫生服务的副秘书长有一位负责孕产妇和儿童健康的助理局长，他同时负责将家庭计划融入母子健康系统。公共卫生服务署副署长有助理署长，负责妇幼保健人将家庭计划服务融入妇幼保健系统。位于全国各地卫生服务（SHS）的15位负责人则负责管理预防和治疗（医院和卫生中心）这两项在各自领域的服务，并直接向在科伦坡的卫生服务副署长报告。

在覆盖全国的所有95个区，不包括由地方政府控制的几个城市地区，负责孕产妇和儿童健康、学校健康项目、疟疾和丝虫病除灭及环境卫生设施（包括安全水和生活垃圾的处置）的卫生医务官员（MOOH），就人数而言，这些地区有80000~200000人。卫生医务官员一般是年轻医生，通过执行其强制性的两年政府服务以换取他们的教育费用。在那时，如同可能从锡兰传统医学学校课程中理应学到的那样，他们首要关注的是治疗而不是预防工作。在卫生医务官员框架下大约有2000名公共卫生助产士（PHMs）提供服务，或是大概每区20人，每人服务覆盖约5000人口，包括700对左右的育龄期夫妇以及孩子。最新的公共卫生助产士人员有10年的正式教育（而不是过去的8年），再加上在特别培训医院为期一年的理论和实践训练以及在监督巡视下的6个月的实地经验。一个公共卫生助产士的服务范围在1~10平方英里不等，她可能需要步行或是骑自行车。在她的服务小区，每年大约有175人出生，她会把20~25人送至家中，其余的被送至医院或是较小的产科医院。无论送达的地方可能出现在哪里，在送达前后，公共卫生助产士应在她的区域为所有孕妇提供协助和咨询服务。在规定的几天时间内，她们还必须在孕产妇和儿童健康门诊诊所协助卫生医务官员和公共卫生护士。家庭计划现在纳入公共卫生助产士的职责后，随之而来的是 9 天的专门培训。

锡兰公共卫生领域体系中还包括约 1000 个公共卫生巡视员（PHI），每人负责大致相当于两个或四个公共卫生助产士小区面积左右的范围。国家家庭计划项目的最初设想是，公共卫生巡视员，尤其是男性，起到一个激励的作用，从而对每个卫生服务健康教育工作者的活动发挥互补作用。20 世纪 60 年代末，约有 60% 的公共卫生巡视员在家庭计划中接受了培训。

尽管最初实验关注家庭计划与孕产妇和儿童健康领域基础设施的融合，但是，医院显然也要发挥其作用，尤其是在产后绝育服务方面。锡兰有 11 家专门提供妇产科服务的省级医院、2 家专业产科医院、12 家有产科专家的小型医院、近 300 个小型外围医院和留产院，其中一些大多有内科医生。几乎没有几个发展中国家能像锡兰一样令医疗服务达到这样的覆盖密度。20 世纪 60 年代中期，锡兰 65% 的新生儿是在这些公立医院里出生的，而在家庭出生的差不多超过 20% 是在公共卫生助产士的直接监督下进行的。

随着国内形势慢慢朝着有利于国家家庭计划项目的方向发展，1966 年 10 月，应福特基金会一位职员邀请的曼谷之行，促成了锡兰政府与福特基金会达成了一项协定。由福特基金会提供人口委员会一笔资助，卫生部和计划与经济公共事务部设置一位评价顾问，由人口理事会提名并经政府批准，并从 1967 年 10 月开始在锡兰上任。根据协定，福特基金会同时还须为卫生部工作人员提供短期外国学习和培训，并提供医疗设备、计生用品及研究所需的经费资助。

## 项目执行评估： 1967 ~ 1969 年

一个紧迫的也是政府 1967 年后半期和 1968 年关注的问题是，1953 ~ 1963 年观测到的粗出生率已经下降了 12.2%，因此 1976 年的目标也许无须额外推动家庭计划（或许是政治运气）就可达到。一个在私下交谈中经常触及的根本问题是锡兰深层次的种族冲突。这类问题有时以歇斯底里的、充满仇恨的形式广泛充斥于报端。至少是在 1965 年，作为国家家庭计划项目步入正轨的一个方案，种族问题直到 1970 年仍在影响选举。人们担心人口占多数的僧伽罗族——当时约占人口总数的 70%，继续政治统治地位。

速览锡兰数据即可发现，独立于婚内任何实际生育率的下降，至少有两大人口统计学因素对 1953～1963 年的家庭计划产生了重要影响：第一个是结婚年龄的显著推迟，尤其是 25 岁以下已婚妇女比例的下降（见表 20.1）；此外，由于 20 世纪 30 年代中期严重的疟疾流行，可以看到 1934～1935 年死亡数超过了出生数。1953～1963 年，锡兰育龄期年轻妇女相对不足。

1953～1963 年，锡兰的粗出生率从每 1000 人活产婴儿数 39.4 降低到 34.6，下降了 12.2%。延迟控制的结婚年龄仅仅下降了 5.3%（锡兰那时几乎全是婚内生育）。15～49 岁妇女年龄分布的变化也可差不多完全解释观察到的 1953～1963 年出生率的下降，即有一定比例的已婚妇女和她们的年龄分布在 1953 年后没有变化，粗出生率因而也将不会降低（Wright，1968）。

就像预期可能出现的那样，过去一段时间推算和显示的 20～39 岁妇女婚姻生育率，要占到总生育的 90%，她们的生育变化一直非常小。这一信息表明，1953～1963 年，婚内生育没有出现整体减少的情况。而已婚有配偶的妇女所占的比例进一步下降则值得推敲。年轻男性面临的就业困难和挤压效应，即女性期望的大自己 5 岁的结婚对象（社会性倾向）相对不足，可能导致粗出生率的进一步下降。然而，由于死亡率的快速下降已经出现，到 1947 年，育龄期妇女的数量很可能从 20 世纪 60 年代后期快速上升并使 1976 年宣布的粗出生率目标更难以达到。虽然 1963 年后这些对立性因素影响的平衡难以达到预期，但看来争取更多婚姻生育率下降以满足所期望的人口出生率目标的做法还是审慎为妥。

表 20.1　1953 年、1963 年锡兰 15～49 岁已婚有配偶和已婚妇女占比

单位：%

| 年龄别 | 已婚有配偶 | | 已婚 | |
|---|---|---|---|---|
| | 1953 年 | 1963 年 | 1953 年 | 1963 年 |
| 15～19 岁 | 23.7 | 15.0 | 24.3 | 15.3 |
| 20～24 岁 | 65.8 | 57.4 | 67.5 | 58.5 |
| 25～29 岁 | 84.4 | 80.9 | 87.2 | 82.7 |
| 30～34 岁 | 87.7 | 89.1 | 92.5 | 92.2 |
| 35～39 岁 | 86.5 | 89.9 | 94.6 | 95.1 |
| 40～44 岁 | 80.7 | 86.1 | 95.0 | 95.8 |
| 45～49 岁 | 66.9 | 81.7 | 95.6 | 96.1 |

资料来源：人口普查和统计数据。

经卫生部批准，在普查与统计部门的全力支持下，家庭计划统计信息反馈系统建立并于 1968 年开始运行。在福特基金会的捐助下，人口委员会聘用 3 名评估和研究助理开始巡视卫生医务官员覆盖的地区和医院以介绍最新的报告形式。巡查期间，助理们注意到，卫生医务官员以及其他公共卫生领域的工作人员经常离岗，或是新近被换岗而又未及时落实顶替人选。很多其他工作人员则抱怨他们缺乏新家庭计划活动的专业训练。助理们也开始帮助他们进行避孕实施后展期时间的研究，以便可以确定采用避孕措施的效果。

全国家庭计划项目早些年从服务统计系统中获得的数据并不可靠（见表 20.2）。

显然，1968 年年底前，由于受众不足，避孕实验者的招募达不到预定数量，且避孕使用效果比率也低于预期，尤其是在口服避孕药的实验者中。先前设置的目标也将达不到 1976 年所期望的出生率水平。家庭计划咨询委员会下辖的小组委员会建议确立一个更现实的目标——到 1975 年年底 100 万群众实现避孕。由于已经招募了约 10 万名避孕实验者，而且更可望从私营部门征集到 20 万～25 万名实验对象，小组委员会认为，1969～1975 年早期需要通过公共部门招募到 70 万名甚至更多的应征者，或是每年约 11 万人。

**表 20.2   按避孕措施采用新家庭计划方法的接受者：1966～1969 年**

| 年份 | 总计[a] | 宫内节育器 | 避孕药 | 传统避孕及其他方法[b] | 绝育[c] |
|---|---|---|---|---|---|
| 1966[d] | 15000 | 10000 | 1000 | 1000 | 3000 |
| 1967[e] | 36695 | 18506 | 8892 | 5601 | 3616 |
| 1968[f] | 48164 | 20615 | 16014 | 6325 | 5210 |
| 1969[g] | 60000 | 20000 | 28000 | 6000 | 6000 |

注：a. 总计包括 1967～1969 年 FPA 数字。

b. 数字包括避孕套、泡沫片、子宫帽、避孕胶囊，以及安全期避孕法。

c. 绝育几乎全是女性。1968 年的绝育数字及 1969 年的估算取自专项问卷调查。

d. 都是粗略的估计数字。

e. 数字来自专项问卷调查。

f. 数字源于卫生部的家庭计划服务统计。由于考虑了漏报，实际绝育数高于官方报告。

g. 1969 年的估计基于 1969 年 6 月通过快速反馈报告，以及 1969 年 10 月为摸清漏报绝育数所做的专项问卷调查（UNFPA，1980）。

然后，这些指标按卫生医务官员的区域划分并由政府采纳（小组委员会评价，1968）。此外，许多诊所压根就没有报告家庭计划开展的情况，375 个在医药和健康中心的家庭计划诊所中到底有多少在实质性发挥作用很难确定。来自这些医院的绝育报告也不完全和不规范，为获得更为可靠的数字，有必要进行专项调查。一个快速反馈系统改变不了这一局面。1966 年的全国目标难以实现。1969 年基于评估单位实施的五个后续调查估计显示，1966～1969 年，16 万名新征集的避孕对象中，大约只有 9.9 万人到 1969 年底仍在坚持使用最初的避孕方法，其中大约只有 5.5% 的已婚夫妇（妻子年龄在 15～49 岁）在采取先前的避孕措施。这远远低于 1976 年必须要达到（隐含）45% 的目标（Wright，1970b）。

尤其令人失望的是，尽管 1968 年和 1969 年采用口服避孕方法的人数大幅上升，口服避孕药的使用却并没有获得快速普及。考虑到 2000 个公共卫生助产士的存在，这一新的避孕群众数字意味着每位公共卫生助产士每月尚未达到两个征集指标。虽然 1968 年的政策调整减少了采用避孕药避孕的障碍：售价减半（每周期约合 0.75 锡兰卢比），接受避孕的过程也"去医疗化"，在没有卫生医务官员（卫生服务局长，1968）最初医学检查的情况下允许公共卫生助产士开处药方和分发避孕药（这样的情况在以前时有发生）。然而，1969年在所有避孕法中持续服用避孕药的比率仍然如此显著地维持在低位，这表明主要问题在于，实施中的避孕监督和新政策没有得到及时矫正（Wright、Perera，1973）。

由于1968年暂定的粗出生率是每1000人32个活产婴儿，高于1967年的目标，官方关注到了这一情况，并在1963~1968年的一项新分析中进行了人口因素和婚姻生育能力的影响评估。新的分析结果显示，结婚年龄推迟在此期间继续得以强化，然而与此同时，育龄期妇女的人数也正在增加。这两个因素的综合作用效应为负，但不能解释自1963年以来所有观测到的粗出生率下降现象。这表明存在婚姻生育率下降的可能性。其间特定年龄婚姻生育率的估计也表明，除最年轻的妇女组外，15~49岁所有年龄组妇女的生育率都呈现下降趋势，30岁以上妇女中生育率下降幅度显著高于30岁以下的妇女（Wright，1970a）。此后一项关于1963~1969年生育率的分析显示，观测到的粗生育率下降的80%是由人口因素造成的（Fernando，1972）。

随着1970年的选举临近，考虑到各层面都缺乏政治支持，家庭计划项目的拓展远远低于预期，甚至可能逆转到1969年的水平。1969年后期一项针对95个有卫生医务官员的地区的21个抽样调查得出的详细行政报告，非常清楚地阐明了家庭计划的总体形势（Wijesooriya，1971），21个地区代表大约250万人口。除公共卫生助产士之外，解决了5%的职位空缺和家庭计划中25%未经培训的问题，此后家庭计划岗位少有空缺，专业培训也大致完成。考虑到21个有卫生医务官员的地区的102家核准实施家庭计划的诊所和它们执行家庭计划的频率，一个诊所每周可期望的合理受众数为35000~40000人。尽管没有提供数据，但报告中说："得到的印象是相当多的门诊对象被遗漏了，主要原因显然是卫生人员不在岗或是因其他紧急公务而离开，从而使门诊对象得不到应有的服务。"（Wijesooriya，1971，p.19）尽管卫生部试图扭转这些普遍存在的现象，以及解决低效的行政管理及态度问题，1970年避孕数将低于1969年看来似成定局。

### 1970 年选举的影响

1970 年 5 月的选举为谢里莫夫·班达拉奈克为首的左倾民族主义政党提供了强有力的统治。政府开始花时间组织家庭计划，并且很快就可清楚地看出政府不会放弃家庭计划；然而，政府不再设定人口目标，并在 1968 年成立了家庭计划局，将家庭计划纳入一直存在的更为传统的公共卫生助产士服务，重新命名为"孕产妇和儿童保健局"，后来又更名为"家庭健康局"。新领导团队把加强妇幼保健的责任承担和使这一领域的项目执行变得更为切实有效放在突出的位置。对这一领域的参观和视察也增加了，对已查明的不足之处有时现场就以罚款并责令整改的形式进行惩罚。①

1970 年，避孕领域中有关公共卫生助产士大量研究的最终结果提交给新政府并在接下来的一年出版发行（Nycander，1971）。研究的主要目标是当他们考察母亲接受家庭计划的动机及其后续行为时，观察和评估公共卫生助产士的工作行为，查看这种统一的工作行为是否符合预期和业务上设定的标准，确定受到的公共卫生助产士训练是否足以应对这一领域的情形，查找可能影响公共卫生助产士绩效的其他因素，以及这些因素在新的政策决策中能否得到改进和更为有效地推进项目的管理。训练有素的社会工作者执行这些特定领域的观测。尽管研究设计的采样问题和 1971 年的民间动乱使得研究只保留了部分跟踪，但公共卫生助产士同样在他们工作的领域赢得了赞赏和尊敬。他们熟知自己的目标群众并能取得他们的信任。他们积极地推动家庭计划向前发展，但往往混淆什么是对他们的期望，而且更重要的是，他们作为家庭计划的促进者应该如何积极主动。令人沮丧的结论是，与目标期望背道而驰，公共卫生助产士很少将口服避孕药融入他们的工作范畴以便避孕接受者能开始立即服用或是先前的群众能够继续服用，宫内节育器尝试同样

---

① 2006 年与 M. Stiernborg 的私人交流。

也未能进入他们的工作视野，以便令潜在的群众达到预期的避孕效果。他们所给的信息往往是不完整的，而且他们没有可以对抗媒体负面报道的工具——无论这些报道是真实的还是传闻。他们很少检查潜在群众服药的禁忌征候。很明显，他们并不认为家庭计划与他们更为传统的工作同等重要。知识渊博的观察员们认为，问题主要出在卫生医务官员的官员们。在他们的工作区域，经常令那些极少数倾向于预防的年轻医生们感到困惑的是，如果不是害怕种族问题而受到威胁，夸张的新闻报道以及有时完全是政治干预，对他们的工作带来了极大的影响（Nycander，1971）。

同时，看来不只是家庭计划受到了积重难返的斯里兰卡卫生系统预防部门的影响。由卫生部、CARE 和美国疾病控制中心资助的 1975～1976 年所做的一项全国营养调查显示，斯里兰卡 6 岁以下的儿童中 6.6% 极度营养不良。在一个地区，这一比例接近 9.0%。调查还显示，27% 的孕妇贫血（Potts，1978）。迟至 1981～1982 年，对家庭健康的影响调查证明了基本儿童免疫接种的水平，政府在这一领域的作为令人失望（家庭健康局，1984）。20 世纪 80年代，进一步的调查工作关注了妇女怀孕期间所接受到的护理问题。当破伤风类毒素疫苗接种普及时，调查证实这一重要的母亲群体却从未接受过疫苗接种（儿童基金会，1986），而大多数母亲已光顾过产前诊所，很多诊所具有这样的基本接种功能，如血压检查和糖尿测试，但是一直没有实施。最后，公共卫生助产士在其服务分区所做的家庭访问仅仅覆盖到大约一半的孕妇，其中大多数人家庭条件相对较好。此外，这些家庭访问所做的，对增加诊所探访、推进破伤风类毒素接种或是帮助孕妇移离未经训练的助产士似乎没有起到任何作用。因此，从资源中获得健康实践方面的知识和信息，包括家庭计划，看来比公共卫生助产士更为有效。另据报道，在调查中大约1/3的母亲没有以初乳喂养孩子（UNICEF，1986）。世界卫生组织（1978）的一项报告也指出了这些困难和不足，并支持这一结论：早期乐观主义认为将家庭计划纳入据说能有效预防孕产妇和儿童健康服务的前景被证明是不切实际的。

1970 年，联合国特派团访问了锡兰并起草了一个有关几个家庭健康项目的实施计划。在联合国人口基金会的资助下,世界卫生组织成为三个项目的执行机构,其中一项特别重视加强和提升与诊所分娩和避孕服务相关的医疗机构(计划执行部和三角形研究所)。这项工作于1973年开始启动。除了在较大的教学和省级医院扩大与改善绝育服务外,也为较小的医院提供新的医疗器械和为绝育领域的非专业医务人员进行培训(家庭健康局,1984)。

表20.3清楚地显示了1970年选举对家庭计划项目效果带来的负面影响。更为重要的是,证据表明1973年医疗部门,正如可提出证据加以证明的那样,斯里兰卡卫生系统的许多职能部门通过为自愿避孕的妇女(住院病人)和男性绝育者(门诊病人)提供服务已开始更为全面地支持国家家庭计划项目。同期,宫内节育器和口服避孕药接受者适度增长,趋于稳定,继而下降。项目继续跟随选举周期,到贾亚瓦德纳当选总理的右倾政府上台前一年的1976年,家庭计划再次进入另一个低迷期。

**表20.3　按避孕措施采用新家庭计划方法的接受者:1970~1985年**

| 年份 | 总计 | 宫内节育器 | 避孕药 | 避孕针 | 传统避孕法[a] | 其他避孕法 | 绝育 男性 | 绝育 女性 |
|------|------|------------|--------|--------|----------------|------------|------|------|
| 1970 | 55269 | 15799 | 26889 | 0 | 6924 | 686 | 4971[b] | |
| 1971 | 49323 | 11446 | 25828 | 0 | 7306 | 408 | 245 | 4090 |
| 1972 | 71137 | 18599 | 32300 | 0 | 9662 | — | 498 | 9078 |
| 1973 | 82020 | 27558 | 34214 | 0 | — | — | 1850 | 18398 |
| 1974 | 107851 | 29693 | 35924 | 0 | — | — | 7292 | 34942 |
| 1975 | 109639 | 32755 | 37720 | 0 | — | — | 6034 | 33130 |
| 1976 | 88215 | 27030 | 25597 | 0 | — | — | 2924 | 32664 |
| 1977 | 67889 | 21321 | 27514 | 0 | — | — | 1302 | 17752 |
| 1978 | 79226 | 23085 | 31146 | 3046 | — | — | 2325 | 19264 |
| 1979 | 92156 | 20187 | 30394 | 5932 | — | — | 5640 | 30003 |
| 1980 | 171159 | 19232 | 29296 | 9705 | — | — | 51284 | 61642 |
| 1981 | 121797 | 14833 | 22189 | 8142 | — | — | 30333 | 46300 |
| 1982 | 114481 | 16115 | 26231 | 10211 | — | — | 13048 | 48876 |

| 年份 | 总计 | 宫内节育器 | 避孕药 | 避孕针 | 传统避孕法[a] | 其他避孕法 | 绝育 | |
|------|------|-----------|--------|--------|-------------|-----------|------|------|
| | | | | | | | 男性 | 女性 |
| 1983 | 173197 | 16328 | 33821 | 11271 | — | — | 44979 | 64798 |
| 1984 | 160023 | 16140 | 32895 | 9660 | — | — | 37542 | 63786 |
| 1985 | 122758 | 12588 | 31990 | 16375 | — | — | 16724 | 45081 |

注:"—"表示无法获得。国际人口服务始于 1973 年的私人部门所提供的社会市场项目,其发放的口服避孕药和避孕套数据不予考虑。如果假设避孕者平均每人购买 100 个避孕套或 13 盒口服避孕药,那么 1975 年、1976 年大约有 4 万名受众,1977 年增加约 6 万名人(Potts,1978)。这一项目 1980 年前被转换为 FPA。

a. 数据包括避孕套和泡沫避孕片。1972 年后,来自家庭健康局的这些避孕措施的受众数据无法获得。

b. 数据资料未区分男性和女性绝育。

资料来源:家庭健康局,评价单位数据。1981 年数据取自健康部 1985 年、1974 年和 1975 年的避孕药数据,总计系估计而得出。

## 绝育:1977～1985 年

1977 年选举后经过两年时间的恢复期,作为将手术实施者和接受者都纳入激励方案的反应,绝育执行数,特别是输精管切除手术以有序放大的速度增长。尽管每月以最高结扎补贴水平(500 锡兰卢比)所带来的绝育数随着时间的推移逐渐减弱,表 20.4 显示人们的响应仍非常强烈。在科伦坡的调查建议,对那些属于低收入阶层并已拥有大家庭规模的接受输精管结扎术的男性群体,应当将结扎补贴提到更高层次(de Silva 等,1988)。

在即将实施结扎手术之前,必须满足下列条件:男性结扎者必须小于 50 岁,女性结扎者在手术之日必须小于 45 岁;他们必须是合法婚姻或普通法意义上的婚姻,且在手术之日至少已有两个存活的孩子。心理咨询系统也投入使用以确保知情同意(计划执行部,1983)。笔者在 1983 年审查了这一激励项目,并在 1985 年再次仔细检查以确保这一项目是真正自愿性的。1985 年也对这一计划的医疗质量进行了评估。作者从未发现有关强迫的证据。

表 20.4  按补贴类别划分的自愿绝育趋势：1978～1985 年

| 补贴类型及金额 | | 绝育总数 | 平均每月绝育数 |
|---|---|---|---|
| 无(1978 年 1 月～1979 年 4 月) | | 29929 | 1871 |
| 对医疗组补贴(1979 年 5 月～10 月 a) | | 27670 | 3459 |
| 医疗队补贴加上对接受手术者的额外现金支付 | | | |
| 1980 年 1～9 月 | 100 锡兰币 | 46178 | 5130 |
| 1980 年 10 月～1981 年 3 月 | 500 锡兰币 | 103557 | 20712 |
| 1981 年 3～10 月 | 200 锡兰币 | 39819 | 3982 |
| 1983 年 1～5 月 b | 300 锡兰币 | 87259 | 5133 |
| 1983 年 6～10 月 | 500 锡兰币 | 84442 | 12063 |
| 1984 年 1～10 月 | 500 锡兰币 | 101328 | 8444 |
| 1985 年 1～10 月 | 500 锡兰币 | 61805 | 5150 |

资料来源：改编自家庭健康局，1984；计划执行部，1983。

a. 按上述每月约定的绝育数执行团队执行输卵管切除术的团队，给予每台手术 65 锡兰币的补贴在团队内部分配。对于手术接受者，若达到上述每月 5 个的最低绝育数，团队可按每台手术补贴 33.50 锡兰币。从 1983 年 6 月 1 日起，外科团队所做的所有输卵管结扎手术都会获得补贴。

b. 数字是暂定性的。

所有的女性手术接受者都接受了采访，一些手术后仍留在医院里的妇女充分肯定政府提供的服务非常到位。许多结扎者的女性亲戚也已做了手术。有一个妇女，当问她是否明白绝育意味着不能再生育时，她犹豫一会后通过翻译说："那就是他们告诉我的，我正希望那样。"如果考虑当时私人开支的范围，所获得的补贴看来好像不合情理。尽管没有任何严重并发症或是手术后48 小时内死亡的报告，在一些较小的医院与诊所，所实施的输精管结扎手术表明，仍需要做直接的、主动的监测努力（Wright，1984，1985）。

正如新首相 J. R. 贾亚瓦德纳在就职演说时铿锵有力地表达的那样，1977 年当选的新政府比以前任何一届政府都更强调家庭保健项目，包括家庭计划。直接向总理报告的新计划执行部负责制定和实施国家人口政策。1980 年，正当联合国人口基金第二届需要评估团来访时，政府公开重申并承诺通过提供家庭计划服务控制人口增长，正如使用财政奖赏激励医疗队执行绝育以及包括杂费、旅费及因接受绝育而失去的收入等在内的群众进行补贴奖励的那样。最后，政府计划修订税法，限制与孩子数相关的减扣项目（计划执行部和西屋卫生系统，1983）。正值需要评估团访问之际，政府举办了一个题为"家庭计划高于党派政治"的研讨会（计划执行部，1980）。为推动这些政策得以落实，政府成立了25个地区人口委员会，由区政府主管领导，其成员代表有关部委和部门，包括外勤人员，以监督人口政策的实施（计划执行部、西屋资源发展研究所，1988）

## 完成人口转变：1966 年至今

1966 年制定并于 1970～1971 年放弃的最初人口目标在 1977 年也未能得以实现。1976 年的粗出生率为每 1000 人 27.8 例活产婴儿，而不是 25.0 例；粗死亡率为 7.8‰而非 9.0‰；人口自然增长率为 2.0% 而不是 1.6%。出生率从 1966 年的 32.3‰缓慢下降至 1976 年的 27.8‰。但正如前所述，出生率受到结婚年龄的影响，从而在这一时期仍保持了增长。

研究人员进行了一系列横断面研究，以确定 1975～1987 年已婚育龄妇女（MWRA）流行的避孕方法（见表 20.5）。因为问卷设计对传统方法的问题不同，最后一栏的数字是不稳定的，因而总使用量的数字也是不稳定的。然而，现代避孕方法的使用呈现如下规律性的趋势，具体到每种避孕方法也是如此。

如前所述，流行避孕方法的采用首次估计是在 1969 年进行的，项目接受者及其后续跟踪调查数据表明，目前现代避孕法的使用比率为 5%～6%。在公共部门除避孕套外，采用传统避孕方法诸如安全期避孕或是体外射精等方面的可靠数据在那时无法获得（Wright，1970b）。1987 年，不到 20 年后，斯里兰卡显然已成为一个避孕流行的社会，39% 的已婚育龄妇女采用现代方法（其中 30% 已结扎），另外 23% 的已婚育龄妇女仍通过传统方法避孕。已婚育龄妇女总数中 30% 或是她们的配偶采用绝育避孕，这与服务统计数

**表 20.5　流行避孕法、选择年份已婚妇女百分比或她们的配偶每种避孕方法的使用情况**

| 年份 | 总计 | 现代避孕法 | 绝育 | | 避孕药 | 宫内节育器 | 避孕针 | 其他传统避孕法[a] |
|---|---|---|---|---|---|---|---|---|
| | | | 男性 | 女性 | | | | |
| 1975[a] | 43 | 18 | 8 | 1 | 2 | 6 | 0 | 26 |
| 1975[b] | 34 | 18 | 10 | 1 | 2 | 5 | 0 | 16 |
| 1977 | 41 | 20 | 12 | 2 | 2 | 4 | 0 | 21 |
| 1981 | 43 | 28 | 18 | 4 | 2 | 3 | 1 | 14 |
| 1982 | 58 | 29 | 22[b] | 22[b] | 3 | 3 | 1 | 29 |
| 1987[c] | 62 | 39 | 25 | 5 | 4 | 2 | 3 | 23 |

注：1975 年，1981 年及 1987 年，已婚妇女年龄为 15～49 岁。其他年份，她们的年龄为 15～44 岁。

a. 传统方法主要的避孕措施包括安全期避孕、避孕套、体外受精，在调查中呈现多样化，这些统计数与使用传统方法的总计结果不一致，也与避孕法采用的总数有别。

b. 数字是男性和女性的汇总。

c. 由于内战两个北方地区没有取样。

资料来源：家庭卫生局，1984 年；计划执行部与西屋卫生系统，1983 年；计划执行部与西屋资源开发研究所，1988；Ross 及其他人，1988。

据一致。避孕药和宫内节育器的使用比例仍然很低，反映长期存在的问题，即这些方法的推广在家庭计划项目中一直处于边缘位置，或许是因为斯里兰卡妇女普遍的看法，口服避孕药的使用被不恰当地认为与严重的健康风险有关（Thapa 等，1988）。这一问题意味着，至少是对避孕药而言，社会营销项目也许还达不到它在 20 世纪 70 年代中期的广泛程度。

尽管到 1976 年项目未能达到其受众与人口目标，有证据表明先前 10 年的婚内生育还是下降了。在此期间人工流产是非法的，后来由于小家庭经济压力加大和促进家庭计划获得批准可能已经上升（Potts，1978）。在这个问题上，无法获得直接的信息，但医院的发病率和死亡率数据可提供某些启示。例如，1970～1985 年因人工流产导致的并发症住院治疗数增加超过了30%。幸运的是，在此期间与这些因素有关的住院死亡率下降了（卫生部，1985）。阿贝亚拉特纳和贾亚瓦德纳（1967）指出，传统避孕措施的采用很可能远远超出想象的数字。在一定程度上，这是真的。它们可能在保持低于预期的历史性粗生育率中已经发挥了重要作用，也可能对 20 世纪 60 年代末 70 年代初的早婚生育率下降发挥了作用（Caldwell 等，1987）。

2006 年，人口资料局（2006）报告斯里兰卡的粗出生率为每 1000 人 19 例活产婴儿，粗死亡率为 6‰，人口增长率为 13‰或 1.3%。总和生育率为 2.0，稍低于更替水平。15～49 岁的已婚育龄妇女中，估计有 70% 采用一种家庭计划方法，50% 正在使用一种现代化避孕方法。婴儿死亡率为 11.2‰，出生预期寿命为 73 岁。估计的人口数是 1990 万人，几乎两倍于 1963 年的人口普查数。1964 年以后数年中在没有遣返大量印度泰米尔人和 1983 年后并没有许多斯里兰卡泰米尔人离开以逃离种族冲突的情况下，总人口数本来应该更高些。

## 吸取的经验教训

虽然许多斯里兰卡政治领导人表示早就关注人口迅速增长，并在 1958 年开始作为发展中国家首个双边家庭计划试点项目的国家接受瑞典援助，但对国家人口政策的推进却显得缓慢而不情愿，也难以作为继续家庭计划革命进程的一个样板。即便是在家庭计划上获得了一致的认同，以亚洲标准来看，斯里兰卡具有极其优越的发展环境：对男女都开放的免费教育系统说明家庭计划具有广泛的基础；有一个全国性的卫生系统；通过补贴粮食，当时的民族政治仍在继续拓展家庭计划工作。由于许多关于家庭计划的歇斯底里式的声明，以及担心僧伽罗种族的灭绝从来没有在任何官方层面上产生冲突，清晰的决策以及在这一领域延伸性的家庭计划进程，在 1965 年到 20 世纪 70 年代中期经常性地处于停滞状态。

将家庭计划纳入现有妇幼保健领域网络的说法都很好，但不幸的是，这一系统没有工作效率，即便是长期接受和争议较少的妇幼保健活动也是如此。家庭计划表现出特殊的问题，因为种族政治冲突，因为在该领域的专业领导仅仅是未受重视地予以预防，因为服务过度医疗化。当针对特殊病人朝医学处理及人群大规模预防方向解决问题时，引导医生进行传统训练的困难不是斯里兰卡所独有的。这一领域的问题在进入20世纪80年代后依然存在。

传统避孕方法的广泛使用并没有被充分认识到，出于政治考虑，如果这些方法获得允许，它们可能更应该得到强有力的推广和普及。

随着1965年医院出生率接近70%，在当时的政治环境下，一个产后家庭计划项目本来应该已经在有效地提供服务，并在医院范围内保持安全性服务。然而，由于1970年的选举周期，这个前景无限的战略就这样出局了。

1977~1980年，当政府决定以提供更好的服务和对手术工作人员及群众给予补贴奖励来促进自愿绝育时，家庭计划项目实践终于开始果断向前迈进。就这样，最终卫生部医疗部门充分调动了多方积极性来支持家庭计划项目。此外，为了实现将家庭计划置于种族政治之上，政府也做出了极大的努力。20世纪50年代后，随着经济环境的恶化，就像许多人认为的那样，家庭计划项目向前发展受阻，可能已经对广大家庭施加了巨大压力。随着家庭规模偏好开始发生变化，人工流产的水平几乎可以肯定会上升，而且1965~1985年众多家庭仍在为处理意外怀孕而挣扎。

## 参考文献

[1] Abhayaratne, O. E. R., and C. H. S. Jayewardene. 1967. *Fertility Trends in Ceylon*. Colombo: Colombo Apothecaries Company, Ltd.

[2] ——. 1968. *Family Planning in Ceylon*. Colombo: Colombo Apothecaries Company, Ltd. Advisory Committee. 1966. "Plan and Programme for National Family Planning Project," unpublished report, Advisory Committee, Colombo.

[3] Aramugam, L. G. 1968. "The Introduction of Intra – Uterine Contraceptives in a Rural Area: Bandaragama." Address to the Association of Obstetricians and Gynecologists of Ceylon, February 21, Colombo.

[4] Bandaranaike, S. W. R. D. 1963. *Speeches and Writings*. Colombo: Government Publishing House.

[5] Caldwell, Jack, K. W. H. Gamminiraten, P. Caldwell, B. Caldwell, N. Weeraratne, and P. Silva. 1987. "The Role of Traditional Fertility Regulation in Sri Lanka." *Studies in Family Planning* 18 (1): 1 – 21.

[ 6 ] De Silva, V. , S. Thapa, L. R. Wiilens, M. G. Farr, K. Jayanaghe, and M. J. Mahan. 1988.

[ 7 ] "Compensatory Payments and Vasectomy Acceptance in Urban Sri Lanka." *Journal of Biosocial Science* 20 (2): 143 – 56.

[ 8 ] Director of Health Services. 1968. Circular My No. PB44/66 to the Superintendents of Health Services (SHS), April 7, 1968.

[ 9 ] Evaluation Subcommittee. 1968. "Targets for Ceylon's National Family Planning Program," Report to the Family Planning Advisory Committee, unpublished report, Evaluation Subcommittee, Colombo.

[ 10 ] Family Health Bureau. 1984. *Family Health Impact Survey, Sri Lanka, 1981 – 2.* Colombo: Ministry of Health.

[ 11 ] Fernando, Dallas F. S. 1972. "Recent Fertility Decline in Ceylon." *Population Studies* 26 (3): 445 – 53.

[ 12 ] Frederiksen, Harald 1961. "Determinants and Consequences of Mortality Trends in Ceylon." *Public Health Reports* 76 (August): 659 – 63.

[ 13 ] Greenberg, D. S. 1962. "Birth Control: Swedish Government Has Ambitious Program to Offer Help to Underdeveloped Nations." *Science*, September 28. Reprinted in *PopulationBulletin* 19 (1): 19 – 23.

[ 14 ] Hyrenius, Hannes, and Ulla Ahs. 1968. *The Sweden – Ceylon Family Planning Pilot Project.* Report 6. Goteborg, Sweden: University of Goteborg, Demographic Institute.

[ 15 ] Kinch, Arne. N. d. (but probably end of 1965). "Provisional Scheme for a Nationwide Family Planning program in Ceylon: 1966 – 1976." Unpublished report, Colombo.

[ 16 ] ——. 1966. "Ceylon." In *Family Planning and Population Programs*, ed. Bernard Berelson, Richmond K. Anderson, Oscar Harkavy, John Maier, W. Parker Mauldin, and Sheldon Segal, 105 – 10. Chicago: University of Chicago Press.

[ 17 ] Manor, James. 1989. *The Expedient Utopian: Bandaranaike and Ceylon.* Cambridge, U. K. : Cambridge University Press.

[ 18 ] Meegama, S. A. 1967. "Malaria Eradication and Its Effect on Mortality Levels." *Population Studies* 21 (November): 207 – 37.

[ 19 ] Ministry of Health. 1985. *Annual Health Bulletin, Sri Lanka.* Colombo: Ministry of Health. Ministry of Plan Implementation. 1980. *Family Planning Above Party Politics: Proceedings of a Seminar on Population and Development.* Colombo: Ministry of Plan Implementation.

[ 20 ] ——. 1983. *Voluntary Sterilization Programme in Sri Lanka.* Colombo: Population Division.

[ 21 ] Ministry of Plan Implementation and Research Triangle Institute. N. d. *A Study of the Cost Effectiveness of the National Family Planning Programme in Sri Lanka, 1975 – 1981.* Research Triangle Park, NC: Ministry of Plan Implementation, Population Division.

[22] Ministry of Plan Implementation and Westinghouse Health Systems. 1983. *Sri Lanka Contraceptive Prevalence Survey Report, 1982*. Colombo: Ministry of Plan Implementation, Department of Census and Statistics.

[23] Ministry of Plan Implementation and Westinghouse Institute for Resource Development. 1988. *Sri Lanka, Demographic and Health Survey, 1987*. Colombo: Ministry of Plan Implementation, Department of Census and Statistics.

[24] National Planning Council. 1959. *The Ten Year Plan*. Colombo: Government Press. Newman, Peter. 1965. *Malaria Eradication and Population Growth, with Special Reference to Ceylon and British Guiana*. Research Series 10. Ann Arbor: University of Michigan, School of Public Health.

[25] Nycander, Gunnel. 1971. "Family Planning in the Field: Standardized Observations of Field Midwives' Working Behavior and Analysis of Factors Affecting the Quality and Outcome of the Ceylonese Field Programme." Report prepared for the Swedish International Development Cooperation Agency, Colombo.

[26] Population Reference Bureau. 2006. *Data Sheet*. Washington, DC: Population ReferenceBureau.

[27] Potts, Malcolm. 1978. *Review of Population and Family Planning Activities in Sri Lanka*. Colombo: Overseas Development Agency and Ministry of Plan Implementation.

[28] Ross, John A., Marjorie Rich, Janet Molzan, and Michael Pensak. 1988. *Family Planning and Child Survival*. New York: Columbia University, Center for Population and Family Health.

[29] Ryan, Bruce. 1954. "Hinayana Buddhism and Family Planning in Ceylon." In *The Interrelations of Demographic, Economic, and Social Problems*, 90 – 102. New York: Milbank Memorial Fund.

[30] Thapa, S., M. Salgado, J. Fortney, Gary Grubb, and V. De Silva. 1988. "Women's Perceptions of the Pill's Potential Health Risks in Sri Lanka." *Asia – Pacific Population Journal* 2 (3): 39 – 56.

[31] Tornberg, G. 1965. *Some Findings from a Family Planning Pilot Project in One Rural Area*. Report prepared for the Swedish International Development Cooperation Agency.

[32] UNFPA (United Nations Population Fund). 1980. *Sri Lanka: Report of a Mission on NeedsAssessment for Population Assistance*. Report 36. New York: UNFPA.

[33] UNICEF (United Nations Children's Fund). 1986. *Perinatal and Neonatal Mortality: Some Aspects of Maternal and Child Health in Sri Lanka*. Action Research Series, Monograph 1. Colombo: UNICEF and Department of Census and Statistics.

[34] Vittachi, Tarzie. 1958. *Emergency 58, The Story of the Ceylon Race Riots*. London: Andre Deutsch.

[35] Wahren, Carl. 1968. "The Role of Family Planning in Sweden's Development Assistance Program." Paper prepared for the U. S. Information Service.

[36] Wijesooriya, N. G. 1971. "Report on Some Aspects of the Family Planning Program in

21 Health Areas." In *Family Planning in the Field*, ed. Gunnel Nycander, appendix 6, 1 – 9.

[37] Report prepared for the Swedish International Development Cooperation Agency, Colombo.

[38] World Fellowship of Buddhists. 1969. "Family Planning" (editorial). *News Bulletin*, April 13, pp. 43 – 45.

[39] World Health Organization. 1978. *Terminal Report on Family Health Project, 1973 – 77*.

[40] Geneva: World Health Organization.

[41] Wright, Nicholas H. 1968. "Recent Fertility Change in Ceylon and Prospects for the National Family Program." *Demography* 5 (2): 745 – 56.

[42] ——. 1970a. "Ceylon: The Relationship of Demographic Factors and Marital Fertility to the Recent Fertility Decline." *Studies in Family Planning* 1 (59): 17 – 20.

[43] ——. 1970b. "Status of the Family Planning Program, End of 1969." Memorandum to C. Balasingham, Permanent Secretary, Ministry of Health.

[44] ——. 1984. *Report on the Sri Lankan Incentive Program for Voluntary Sterilization*. New York: Association for Voluntary Sterilization.

[45] ——. 1985. *Observations and Recommendations on Voluntarism and Medical Quality in Sri Lanka's Surgical Contraception Program*. Report 85 – 26 – 014. Colombia: U. S. Agency for International Development and Ministry of Plan Implementation, Office of Population.

[46] Wright, Nicholas H. , and Terrence Perera 1973. "Ceylon: Continuing Practice of Contraception by Acceptors of Oral Contraception and Intrauterine Devices in a Field Program." *Bulletin of the World Health Organization* 48 (6): 639 – 47.

（彭伟斌　译　陈晓慧　吴艳文　校）

# 第二十一章
## 尼泊尔家庭计划的出现与发展

■ 贾亚恩蒂·M. 图兰德

与邻国相比，尼泊尔是一个相对较小的国家，其领土北接中国，南连印度，呈现山地、丘陵和平原三个显著的生态区。这三大区域不仅气候条件有所不同，在人口密度、生活条件、生产方式和经济状况上也存在差异。该国大部分为农村地区，国民主要是农民，分属于超过 75 个种姓和族裔群体。

由于地理环境恶劣，山区欠发达，交通不变及通信设施落后，人口流动及农产品市场化受到制约，全国仅有7%的人口居住在山区。丘陵地区则相对较为发达，全国所有发展前沿都位于这一地区，人口约占全国的44%。尼泊尔有一些肥沃的山谷和有意思的地方，这些地方能吸引外国游客并为国家带来收入。几乎有一半的人口（49%）生活在平原地区，大约占总国土面积的23%，也是这个国家最肥沃的一部分。根除疟疾后这一地区变得宜居，许多人从山区搬下来定居。就交通和通信设施而言，平原地带要优于其他两大地区，并吸引了投资者前来投资设厂。

从 1971 年的 1160 万人至 2001 年的 2320 万人，该国的人口翻了一番。若按目前的人口增长率（2001 年年均 2.3%）增长，到 2031 年尼泊尔人口很可能将再次翻番。由于内部迁移，城市人口比一般人口以更快的速度增加。根据 2001 年人口普查，城市人口占到总人口的 14%（见表 21.1）。

**表 21.1　选定年份的选择性人口指标**

| 分　类 | | 1971 年 | 1981 年 | 1991 年 | 2001 年 |
|---|---|---|---|---|---|
| 人口（百万人） | | 11.6 | 15.0 | 18.5 | 23.2 |
| 按年龄组别人口的百分比（%） | 0 ~ 14 岁 | 40.5 | 41.4 | 42.4 | — |
| | 15 ~ 64 岁 | 56.4 | 55.4 | 54.1 | — |
| | 65 岁以上 | 3.1 | 3.2 | 3.5 | — |
| 人口密度（人/每平方公里） | | 79 | 102 | 126 | 158 |
| 人口居住在城市地区的百分比（%） | | 4.0 | 6.4 | 9.2 | 14.2 |
| 粗出生率（每千人口活产婴儿数） | | 42 | 44 | 42 | 34 |
| 总和生育率（每个妇女生育数） | | 6.3 | 6.3 | 5.6 | 4.1 |
| 婴儿死亡率（每千名活产婴儿死亡数） | | 172 | 117 | 97 | 64 |
| 平均预期寿命（年） | 男性 | 42.0 | 50.9 | 55.0 | — |
| | 女性 | 40.0 | 48.1 | 53.5 | — |
| 平均结婚年龄（岁） | 男性 | 20.8 | 20.7 | 21.4 | — |
| | 女性 | 16.8 | 17.2 | 18.2 | — |

注："—"表示数据无法获得。
资料来源：中央统计局，1995，2001。

## 家庭计划的出现：1959 ~ 1975 年

家庭计划在公共（政府）部门和私营部门都出现了。以下小节依次对此进行讨论。

### 公共部门

1965 年，政府开始提供家庭计划服务。不久之后，马亨德拉国王①在国会中演讲，支持第三个"五年计划"（1965 ~ 1970 年）。他说："为了带来

---

① 尼泊尔国会于 2008 年 5 月 28 日宣布废除君主制，结束了 280 多年的沙阿王朝，成立尼泊尔联邦民主共和国，是目前世界上最年轻的共和国。——译者注

人口增长与国家经济产出之间的平衡，我国政府已采取了家庭计划政策。"家庭计划项目在加德满都开始提供服务，然后作为由卫生部（DHS）实施的孕产妇和儿童保健项目的一部分，扩展并覆盖整个加德满都谷地。专栏21.1展示了尼泊尔有关家庭计划的主要事件时间表。

| 专栏21.1 | 主要事件时间表 |
|---|---|
| **年份** | **与家庭计划有关的主要事件** |
| 1959 | 尼泊尔家庭计划协会成立。 |
| 1965 | 政府开始提供家庭计划服务。 |
| 1968 | 国家计划加速。随着卫生部长主管的家庭计划和孕产妇及儿童健康委员会的成立，国家项目加速推进。美国国际开发署开始提供援助。 |
| 1968~1969 | 开始为宫内避孕和绝育提供者及因绝育而耽误工作时间的受众付费。 |
| 1969 | 25个区级家庭计划办公室成立。 |
| 1970 | 综合社区卫生服务发展项目创建，借助综合性方法提供包括家庭计划在内的卫生服务。 |
| 1972 | 增加到30多个县家庭计划办公室。 |
| 1973 | 再次增加40多个县家庭计划办公室。 |
| 20世纪70年代中期 | 家庭计划及孕产妇和儿童保健项目采用移动避孕营和入户造访的形式，启动绝育及提供其他服务。对避孕领域替代性的方法进行实验测试。 |
| 1975 | 第五个五年计划（1975~1980年）设定目标，在此期间拟将妇女总生育率从6.3降低到5.8，婴儿死亡率从200‰下降到150‰。 |
| 1976 | 联合国人口基金会开始提供援助，其他援助紧随而来。第一个具有全国代表性的统计调查是根据世界生育率调查系列进行的。随后的调查每五年开展一次。 |

| 年份 | 与家庭计划有关的主要事件 |
|------|------------------------|
| 1978 | 尼泊尔避孕零售销售公司通过药店和一般商店启动避孕套和避孕药的社会营销。 |
| 1980 | 第六个五年计划（1980～1985年）旨在到1985年人口增长率降低到2.6%，到2000年降低到1.2%，妇女总和生育率从1985年的5.4降低到1990年的4.0、2000年的2.5。 |
| 1982 | 家庭计划协会开始健康、农业发展和农村促进领域的小规模综合性项目。 |
| 1987 | 政府决定，所有卫生保健服务，包括家庭计划，必须整合于所有75个县。<br>卫生部重组。 |
| 1993 | 1987年的改变呈现大的逆转。 |

　　1968年，随着一个半自治委员会——由卫生部长主管的尼泊尔家庭计划与孕产妇和儿童健康（家庭计划与孕产妇和儿童健康）委员会成立，家庭计划项目加速推进。这个委员会所承担的主要任务是让家庭计划与孕产妇和儿童健康服务和信息在整个国家都可获得。委员会很快就被改组，健康服务的总干事成为主席，卫生、财政及教育部各有一名代表作为成员，并且尼泊尔家庭计划与孕产妇和儿童健康项目的最高领导作为当然的大臣人选。委员会负责制定自己的项目政策，包括有关的人力资源和活动。委员会的政策贯彻和活动通过尼泊尔家庭计划与孕产妇和儿童健康项目来实行。家庭计划与孕产妇和儿童健康项目与委员会的自治性不一样，但在行政上隶属于卫生部管理。

　　家庭计划项目的扩张逐渐推进，1969年在加德满都谷地以外成立了25个县级家庭计划办公室，1972年又增加到了30多个，1973年再次增加了40多个，以便通过它为一些家庭计划与孕产妇和儿童健康中心提供信息和服务。

当区级办公室关注项目管理时，家庭计划与孕产妇和儿童健康中心和诊所则提供服务，根据工作人员的可效性，除了开展孕产妇和儿童保健活动（优生优育）外，典型的家庭计划与孕产妇和儿童健康门诊会安置宫内节育器（避孕环），分发避孕药和避孕套，并帮助病人准备输精管切除术。诊所之外，健康助手们是该项目的主要工作人员，他们进行家访以便跟踪家庭计划接受者并满足他们的需求。健康助手为当地年龄在 20 岁或以上的妇女，至少在学校念过 8 年书，且接受过为期 6 周的辅助医务训练（Taylor、Thapa，1972）。

20 世纪 70 年代中期，尼泊尔家庭计划与孕产妇和儿童健康项目开始通过移动营，特别是绝育（尼泊尔家庭计划与孕产妇和儿童健康项目，1976），以及通过挨户登门的方式提供服务。70 年代前期以来，挨户登门是通过潘查亚特①（Panchayat）的卫生工作者进行的（尼泊尔家庭计划与孕产妇和儿童健康项目，1988）。

20 世纪 70 年代，家庭计划与孕产妇和儿童健康项目还试验过用各种方法在农村地区提供家庭计划服务。有关试验项目主要如下（Gubahju 等，1975）：

• 调动乡村兼负多重责任的实地工作人员；

• 吸收夫妻团队和老年妇女作为家庭计划工作者参与；

• 在大众传播媒介和教育宣传的支持下，利用其他政府延伸部门工作人员和女性志愿者密集调动人员参与；

• 借助商业网点分发避孕药具；

• 在由于地形导致通信困难的地区，采用家庭计划与孕产妇和儿童健康服务配送的方法。

一个特别有意义的实践性探索是采取了一体化方式。家庭计划项目自创立之初就以一种整合孕产妇和儿童保健服务的理念来开展工作。采用这一方

---

① 在所讨论的大部分时期，尼泊尔按地理划分为达 4000 多个潘查亚特（即乡村五人长老会），每个潘查亚特由九个区组成，每个区由一个或多个村庄构成。潘查亚特系统也具有一定的政治性，因而这个术语长期拒绝加以改变。

法部分原因在于尼泊尔儿童的高死亡率，这反过来又导致更为重视和关注为当前儿童提供服务，而不是减少未来的儿童数（Taylor 和 Thapa，1972）。

因此，当家庭计划工作在 20 世纪 60 年代和 70 年代受到特别关注时，政府还致力于采用综合性的方法在社区层面提供包括家庭计划在内的基本医疗卫生服务。① 作为一项试验，根据巴拉和卡斯基两个地区将所有垂直项目一体化的理念，政府开始通过卫生部的社区卫生和一体化部门提供家庭计划服务以及其他服务。之所以采用这样一种办法是为了尽可能压缩开销和服务成本，以更具成本效益的方式在农村地区提供服务（司法部，1989）。该试点项目由国际捐助机构设计并资助。

在卡斯基区，选择了 3 个卫生站来试点疟疾工作人员能否执行其他一些任务，其中包括在家访期间提供家庭计划方面的信息。在巴拉区的 11 个卫生站，按照平均 5000 人的标准将每个卫生站划分为 3～7 个服务点。每个地方点设置一位乡村卫生人员，他们需要经过为期 6 周的基本卫生培训，并负责提供流动医疗服务，包括家庭计划信息和服务、基本孕产妇保健信息和服务（产前护理、分娩及产后护理）。每个卫生站还配有一名辅助助产士，在卫生站和家庭探访期间提供家庭计划与孕产妇和儿童健康服务。

尽管评估发现这一试点项目在观念和实施中都存在某些问题（司法部，1989），1975 年，一体化服务的进程还是扩展到了另外 4 个地区，然后在 1986/1987 年度的财政支持下普及到全国 75 个行政区中的 23 个（家庭计划与孕产妇和儿童健康项目仅在 52 个行政区实施）。

## 私人部门

尼泊尔家庭计划协会是一个非政府组织，成立于 1959 年，主要负责家

---

① 基本医疗卫生服务是通过区级医院和农村医疗站提供的，范围涵盖免疫接种，妇女怀孕和分娩期的协助，产后护理及儿童健康服务，避孕咨询与服务，充足、安全而可获得的饮用水供应，卫生和传染控制，健康和营养教育，简单疾病的诊断和治疗，急救和紧急治疗及设备分发等（司法部，1989）。

庭计划的开拓性工作，目前仍然是尼泊尔提供信息和服务并与政府紧密合作的最大的非政府组织之一。1982年，尼泊尔家庭计划协会开始实施一些小规模的综合性项目。这些项目在选定的地区提供家庭计划信息和服务，以及执行健康、农业发展和农村促进项目等方面的工作。

其他非营利的非政府组织，无论是地方性的还是国际性的，如母亲俱乐部、退伍军人组织、尼泊尔红十字会、美国拯救儿童基金、英国儿童救助会等，也都在该国运行。所有这些组织在特定的领域运行，以小目标人群为试点项目，主要关注家庭计划的教育和激励、提供避孕药具（避孕药和避孕套）发放等方面的有限服务。

此外，成立于1978年的尼泊尔避孕药具零售销售公司——一个非营利性的社会营销组织，通过现有的零售网点，如药店和一般的商店，以名义成本的价格分发避孕套和药丸（Hamal，1986）。经过4年的经营，其产品在60个行政区的1万家零售店铺都可买到。

### 国家家庭计划工作的目标

家庭计划项目被纳入平衡人口增长与经济增长的目标（Tuladhar，1989）。每个五年计划包含有具体目标。项目开始时，目标是将人口维持在1600万到2200万之间（尼泊尔家庭计划与孕产妇和儿童健康，未注明出版日期）。人口目标在第五个五年计划（1975~1980年）设立，目的是五年内将粗出生率从40‰降低到38‰，婴儿死亡率从20%下降到15%。总和生育率目标被确定为在同一期间从6.3减少到5.8。

第六个五年计划期间（1980~1985年），目标是将年度人口增长率稳定在每年2.6%的水平。作为对计划的完善，政府也提出了长期目标：到2000年，人口增长率下降到1.2%，妇女总生育率从1985年的5.4降低到1990年的4.0和2000年的2.5（Pant，1983）。

后来，政府调整了总和生育率2000年达到2.5的长期目标，转变为关注新家庭计划接受者的数量，具体目标是，到 1982～1983 年，综合性避孕措施的采用要达到：避孕药（须占所有避孕使用者的 15%）；避孕套（64%）；绝育（20%）；宫内节育器（0.4%）；避孕针（0.9%）。除了可能降低比例的避孕套外，所有措施的采用人数在此期间平均每年都应有所增长（Tuladhar，1989）。

随着时间的推移，长期目标发生了一些额外的变化。1997～2017 年，政府的第二个长期保健计划（卫生部，1999）提到如下目标：将总和生育率降低到 3.05，粗出生率减少到 26.6‰，夫妇避孕的使用比例增加到 58.2%。

## 达到目标的政策和战略

在家庭计划项目初期，1970～1975 年的五年计划期间，尼泊尔所确定的战略是发展基础设施，诸如医疗设备建设，创建区级行政中心，培训医务人员，开发供应系统，收集项目评价数据。家庭计划与孕产妇和儿童健康委员会采取了以下五个基本的策略来使人们获得服务（尼泊尔家庭计划与孕产妇和儿童健康，未注明出版日期）：

- 在所有的服务提供点将孕产妇和儿童保健服务与家庭计划整合起来；
- 对参与提供家庭计划服务的兼职医疗和辅助医务工作人员给予经济奖励；
- 在具备条件的地方以成本价销售避孕药具；
- 通过商业渠道分发非临床性避孕药具（避孕套）；
- 利用流动医疗队在偏远地区按需提供家庭计划服务。

这个项目对避孕实施者和接受者都提供了激励。对绝育手术实施者及 1968～1969 年开始的宫内避孕设置手术接受者给予现金奖励。同时，还为因进行绝育或因绝育而耽误了工作时间的接受者提供经济补偿。

随着家庭计划工作开始走向成熟并保持良好发展势头，家庭计划政策开始成为尼泊尔发展计划的组成部分，重点鼓励通过教育和就业项目推动家庭规模小型化（即作为长期关注的目标来对待）。教育和就业项目的意图是要提高妇女的地位和降低婴儿死亡率。

## 项目援助

1966 年家庭计划项目开始时仅有 3000 美元的预算，1970 年为 369000 美元，到 1974 年财政拨款为 639000 美元，1975 年财政支持达到 1.04 亿美元（Tuladhar & Stoeckel，1977）。早在 1968 年，政府最初启动的项目就受到来自美国国际开发署提供的资金和技术支持。同时，联合国人口基金从 1976 年之前就开始提供资金援助。世界卫生组织为面向一体化卫生服务的家庭计划提供了技术支持。随后，如世界银行等一些多边合作者也提供了援助，也有如德国技术合作公司、英国国际发展部和日本国际协力事业团等这样的双边伙伴。国际非政府组织也积极参与其中，为项目提供技术以及资金方面的支持。

## 组织结构和职能

如前所述，尼泊尔的家庭计划与孕产妇和儿童健康项目是在家庭计划与孕产妇和儿童健康委员会半自治性组织下进行的，该委员会负责提供家庭计划服务和可获得的信息，并执行家庭计划项目的研究和培训及管理所有所需投入。尽管委员会把持着家庭计划项目的方向，但是在行政上仍然隶属于卫生部管辖并根据其组织架构来实施项目。因而，其组织结构细分为四级系统，具体包括：①项目中央办公室；②5 个区域办事处；③服务 75 个县 40 个地区办事处；④258 家诊所和 2596 个基于潘查亚特的卫生中心。

在 52 个行政区，家庭计划与孕产妇和儿童健康项目通过它的诊所提供信息和家庭计划服务，这些诊所附属于各种既有的已配备潘查亚特工作人员的医疗机构。除了利用本地居民作为医疗卫生机构的工作人员外，家庭计划与孕产妇和儿童健康项目还指派最少两名全职人员根据家庭计划与孕产妇和儿童健康的项目活动提供信息和服务（Tuladhar，1989 年）。

每个家庭计划与孕产妇和儿童健康诊所分发避孕套和避孕药，并给那些来到诊所的人提供信息。与此同时，这些诊所提供孕产妇和儿童保健服务，包括营养和卫生方面的教育服务。

有些诊所附属于医院，根据设备和医生的专业情况提供诸如绝育、宫内节育器放置及避孕针等额外一些服务。大多数参与服务提供活动的工作人员还在用户家中提供一些跟踪服务，也发动他们为在诊所方圆3英里范围内的潜在避孕对象提供服务。选定的家庭计划与孕产妇和儿童健康诊所，特别是那些附属于医院的诊所，还在其周围地区开设分诊所，提供有关家庭计划与孕产妇和儿童健康的信息及分发避孕药和避孕套。

潘查亚特卫生中心由潘查亚特的卫生工作人员负责运行，挨户提供服务和信息，也负责以下事务（Tuladhar，1989）：

• 负责避孕接受者在潘查亚特的病房登记与身份确定，落实接受避孕日期以及接受者所希望采用的避孕方法；

• 提供有关家庭计划的信息、激励及教育；

• 分发避孕套和避孕药；

• 分发口服补液以治疗因腹泻而造成的脱水，也为产妇发放钙片；

• 提供有关卫生保健教育；

• 负责将生病的产妇和儿童送至卫生站、卫生中心或医院；

• 宣传有关自愿绝育营的信息。

潘查亚特卫生工作人员项目是家庭计划与孕产妇和儿童健康项目独一无二的特征。最初作为一个试点启动，它的成功主要得力于每个潘查亚特委任一名工作人员，通过高层工作人员进行常规性监督，定期培训和再培训，并有一个强有力的监控系统。在试点成功后，这一项目得以推广，以满足与潜在避孕对象密切相关的增长性服务需求。潘查亚特的卫生工作人员在当地招募，由潘查亚特头领进行推荐并签订为期一年的合同，他们接受直接隶属于区家庭计划办公室的被称为中级巡视员的监督。

尼泊尔75个行政区中，有20个行政区的家庭计划项目是由成立于

1969 年的卫生部社区卫生和一体化项目部负责落实的。1970 年，这一项目被转到卫生部建立的一体化委员会名下。

一体化的任务十分复杂，涉及一系列政府和非政府机构。当项目开展及资源从一个组织转移至另一个组织时，需要各种不同的协调机制。1987 年政府决定，所有的医疗服务，包括家庭计划，将通过合并所有 75 个区的垂直性项目来提供。卫生部也进行了重组，以便在垂直性项目架构中能容纳更多的工作人员。

通过这一重组，综合性社区卫生服务发展项目部被取消并入公共卫生部。所有其他的垂直项目在 1990 年停止了以独立项目的名义运作。综合卫生服务，包括家庭计划，已通过区公共卫生办事处来提供。任何家庭计划项目都必须在区域卫生主管办公室和公共卫生部的管理下由区公共卫生办事处来实施。

在卫生部新的组织框架下，家庭计划与孕产妇和儿童健康项目在家庭计划实施中被赋予新的职责。基于潘查亚特的卫生工作者被逐渐淘汰并由乡村卫生工作者所替代，负责提供包括家庭计划及孕产妇和儿童健康在内的所有基本医疗卫生服务。家庭计划与孕产妇和儿童健康项目限于如下任务（尼泊尔家庭计划与孕产妇和儿童健康项目，1988）：

- 为家庭计划活动制定政策和项目；
- 贯彻中央层面家庭计划工作的监督和监测；
- 帮助执行单位建立监督和监测系统；
- 与项目援助的机构进行谈判；
- 协助地方官员设立区级家庭计划目标和方案；
- 为区公共卫生办事处和区域卫生主管办公室提供金融和后勤支持；
- 协助发展实施项目所需的训练有素的人力资源；
- 提供信息、教育和通信支持；
- 为区公共卫生办事处和区域卫生主管办公室提供技术支持；
- 评估家庭计划项目。

### 现行医疗服务框架下的家庭计划

在1993年，1987年所做的改变在很大程度上出现了逆转。卫生部现在的职责包括实施、监测和监督各项预防性、促进性、恢复性的医疗健康项目。这些职责是通过公共卫生部之下的有关职能部门、中心、区域卫生主管机构及区卫生办公室来加以落实的。

作为生殖健康八项必不可少的内容之一，家庭计划项目已经被完全归入卫生部名下（卫生部，1998）。卫生部的后勤管理部门负责包括家庭计划用品在内的生殖健康商品的采购、仓储和分销。

卫生部负责在全国各地提供生殖保健服务，递送预防和治疗保健服务，包括有关的促销活动。次级卫生点是为基本医疗护理及转诊服务而设置的第一个联络点。在实践中，它也是传统接生员、女性社区卫生志愿者和诸如免疫与初级卫生保健等社区性活动的转诊中心。次级卫生点以上的每个层面，是一个设置用来确保提供基本医疗卫生服务，让监测治疗容易获取并能负担得起的分层网络。后勤、财务、监督和技术支持由上至下提供给各个更低的层面。

2001~2002年，参与提供基本医疗卫生服务的机构包括78家医院，188个初级保健中心或卫生中心，608个卫生服务点，以及3129个次级卫生点。在社区层面上，尼泊尔有48307名女性社区卫生志愿者，15553位传统接生员和14769个初级卫生保健外延诊所。所有这些都在一定程度上参与了提供家庭计划信息、服务，或是两者都同时提供给需要它的人们。

### 家庭计划项目的成效

过去40年来，尼泊尔家庭计划项目经历了许多挑战，通过尝试不同的服务提供形式、扩大项目覆盖面及提升服务质量，其中许多挑战得以解决。尼泊尔还进行了各种研究，并已通过诸如国家生育率和家庭计划调查等途径收集了大量数据。以下小节简要回顾了基于国家调查的项目成效。第一个是在 1976 年进行的尼泊尔家庭计划与孕产妇和儿童健康项目调查，该项目当时是作为全球生育率调查系列的一个部分来实施的。随后，这种类型的调查每五年进行一次，如避孕现用率调查（1981 年）；尼泊尔生育率和家庭计划调查（1986 年）；人口与健康调查（1991 年、1996 年、2001 年、2006 年）。

### 知识

知识是改变态度和行为的一个先决条件，并像其他国家项目一样，尼泊尔的家庭计划项目从一开始就关注信息、教育和沟通活动。表 21.2 列出 1976～2001 年在已婚妇女中有关各种家庭计划方法的知识信息。1976 年，仅有 21.3% 的已婚妇女知道至少一种家庭计划措施。到 1981 年，这个数字显著增加到 50% 以上，到 2001 年更是达到了 99%。有关暂时性和永久性家庭计划措施的知识在此期间也增加了。1986 年和 1991 年之间增加的百分比最大。这表明在此期间信息、教育和沟通活动更频繁也更为有效。在现代方法中，对绝育（男性和女性），紧接着是对避孕针、避孕药和避孕套，人们现在有了很好的了解。尽管宫内节育器作为最早一批引入家庭计划项目中的现代避孕措施，已婚妇女们对此却知之甚少。

表 21.2　家庭计划方法的知识：选定年份了解每种现代避孕方法的已婚妇女百分比

| 现代避孕方法 ＼ 年份 | 1976 | 1981 | 1986 | 1991 | 1996 | 2001 |
|---|---|---|---|---|---|---|
| 任何现代方法 | 21.3 | 51.9 | 55.9 | 92.7 | 98.3 | 99.5 |
| 女性绝育 | 13.0 | 44.4 | 51.2 | 88.8 | 96.3 | 99.1 |
| 男性绝育 | 15.7 | 38.1 | 43.1 | 85.3 | 89.7 | 98.2 |
| Pill | 12.0 | 25.1 | 27.8 | 65.8 | 80.5 | 93.4 |
| 宫内节育器 | 6.0 | 8.4 | 6.7 | 24.1 | 35.9 | 54.7 |
| 避孕针 | — | 9.0 | 13.5 | 64.7 | 85.0 | 97.3 |
| 避孕套 | 4.8 | 13.6 | 16.8 | 51.6 | 75.3 | 91.0 |
| 皮下埋入 | — | — | — | 34.6 | 57.3 | 79.8 |
| 避孕隔膜、泡沫、胶囊 | — | — | — | 19.0 | 28.3 | 40.2 |

注：“—”表示不适用。

资料来源：1976～1996：1996 年尼泊尔家庭健康调查（表 4.2）；2001：2001 年尼泊尔人口与健康调查（表 5.1）。

## 目前使用状况

1976～2001 年，已婚妇女现代避孕药具的使用比例从 2.9% 增加到 38.9%（见表 21.3），平均每年增加 1.44 个百分点，与国际经验比较而言这是一个相当显眼的速度。女性绝育继续受到青睐，位居首位。在项目初期，已婚夫妻只有五种现代避孕方法：女性绝育、男性绝育、避孕药、宫内节育器和避孕套。从那时起，避孕针开始显著增加。皮下埋入也可采用，然而宫内节育器的使用仍然在低位徘徊。截至 2001 年，使用最广泛避孕方法是女性绝育（16.5%）、避孕针（9.3%）以及男性绝育（7.0%）。传统避孕方法在尼泊尔并不流行。

**表 21.3　现代避孕方法的使用：选定年份已婚妇女使用现代避孕方法的百分比**

| 现代避孕方法　　年份 | 1976 | 1981 | 1986 | 1991 | 1996 | 2001 |
|---|---|---|---|---|---|---|
| 任何现代方法 | 2.9 | 7.6 | 15.1 | 24.1 | 28.8 | 38.9 |
| 女性绝育 | 0.1 | 2.6 | 6.8 | 12.1 | 13.3 | 16.5 |
| 男性绝育 | 1.9 | 3.2 | 6.2 | 7.5 | 6.0 | 7.0 |
| 宫内节育器 | 0.1 | 0.1 | 0.1 | 0.2 | 0.3 | 0.4 |
| 避孕药 | 0.5 | 1.2 | 0.9 | 1.1 | 1.5 | 1.8 |
| 避孕针 | 0.0 | 0.1 | 0.5 | 2.3 | 5.0 | 9.3 |
| 避孕套 | 0.3 | 0.4 | 0.6 | 0.6 | 2.1 | 3.2 |
| 皮下埋入 | — | — | — | 0.3 | 0.5 | 0.7 |

注："—"表示数据无法获得。
资料来源：卫生部、《新时代》和 2002 宏观舆论研究中心。

## 绝育反悔和护理质量

绝育一直并继续成为家庭计划项目的主要推动力。全国各地每年都会组织移动绝育营，那些接受绝育的人可以获得一定的经济补偿。几乎 2/3 的避孕使用者（60%）正在采用绝育（男或女）。由于选择绝育而反悔的程度可作为衡量项目提供服务护理质量的一个标志（知情选择、选择的方法、咨询以及提供优质服务）程序提供的质量指标。那些已经绝育或她们丈夫绝育的已婚妇女，根据 2001 年的调查，后悔绝育的总体比例大约为 8%。1996 年的比例略高一些（9%）（更早一些的国际研究已经表明，后悔绝育的比例范围为 7%～17%。[①]）1996 年和 2001 年的调查都显示，绝育反悔是由于手术后的副作用，尽管很小，但表明在此期间护理的质量本来应该有所提高。家庭计划的使用者很大程度上有赖于公共部门提供的服务和供给（见表 21.4），因为在 1996 年和 2001 年之间的副作用，虽然不多，但建议期间，可能会略有改善护理质量。家庭计划受众在很大程度上依赖于公共部门提供的服务和避孕用品。1996～2001 年，除避孕药、避孕套及皮下埋入之外，从公共部门获得服务和药具的使用者比例仅有细微的变化。

**表 21.4　现代避孕法采用者服务与用品供应来源：1996 年和 2001 年**

**现代避孕方法采用者百分比**

| 避　孕　法 | 公共部门 | | 私人医生 | | 其他私人部门 | |
|---|---|---|---|---|---|---|
| | 1996 年 | 2001 年 | 1996 年 | 2001 年 | 1996 年 | 2001 年 |
| 女性绝育 | 87.7 | 85.8 | 9.1 | 6.8 | 3.1 | 7.3 |
| 男性绝育 | 85.2 | 84.6 | 11.1 | 11.7 | 3.8 | 3.7 |
| 避孕药 | 39.7 | 55.3 | 36.4 | 7.6 | 23.9 | 37.2 |
| 宫内节育器 | 60.8 | 65.4 | 29.2 | 11.2 | 10.0 | 23.4 |
| 避孕针 | 85.9 | 86.0 | 13.5 | 5.1 | 0.6 | 9.0 |
| 避孕套 | 34.1 | 46.0 | 38.3 | 4.2 | 27.7 | 49.8 |
| 皮下埋入 | 87.6 | 51.5 | 12.4 | 42.3 | — | 6.2 |

注："—"表示数据无法获得。
资料来源：1996 年和 2001 年人口与健康调查。

### 可得性和可达性

避孕服务的提供和获取由于卫生机构的扩张，以及一些分发避孕用品，特别是避孕套和避孕药的女性社区卫生志愿者增加，避孕覆盖面随着时间的

---

[①]　要想获得这些研究，请链接 http：//www. engenderhealth. org/res/offc/steril/factbook/pdf/chapter_ 5. pdf#search = %22Philliber%20and%20Philliber%2C%201985%22。

推移得以提高。根据现有资料，1976 年半数已婚妇女表示从卫生站获得避孕服务要花一天多的时间。1991 年服务获取的时间效率提高到 2 个多小时，到 2001 年时仅需 30 分钟（Thapa & Pandey，1994）。

### 未满足的需求

基于目前采用避孕的水平，加上未满足的需求，家庭计划的需求相当高。"未满足的需要"是指那些不想再要更多孩子或是他们在要另一个孩子之前等待两年或两年以上的时间但没有采用避孕措施。在 2001 年的调查中，家庭计划的未满足需求约为 28%，间距为 11%，那些不想要更多孩子的为 16%。同时调查结果显示，在理想总和生育率（每个妇女生育 2.5 个孩子）和实际总和生育率（每个妇女生育 4.1 个孩子）之间存在一个显著的差距。这意味着，尼泊尔妇女想要的孩子数要少于目前的生育数。通过更为积极的家庭计划项目可避免更多的意外怀孕。

### 结　论

带着降低生育率的使命，尼泊尔家庭计划项目已成为这个国家五年经济计划的一个组成部分。当结婚年龄或采用人工流产发生明显变化的时候，家庭计划的重点一直放在婚内生育和避孕使用上。随着公众意识增强及家庭计划服务可达性的提高，尽管项目带来的影响难以评估，但国家一直在致力于降低生育率和增加避孕药具使用，这些相关的服务很大程度上是由政府的卫生机构来提供的。2006 年的全国调查显示家庭计划有显著的进展：总和生育率从 2001 年的 4.1 下降到 2006 年的 3.1，44% 的已婚妇女采用现代措施避孕，比例从 1996 年的 26% 上升至 2001 年的 35%。虽然如此，但是避孕需求和未满足的需求仍然很高，家庭计划服务需要进一步拓展并更为有效地进一步降低非意愿妊娠的发生。

应吸取的一些教训如下：

● 早期的项目决策重点放在发展诸如物质设施和人力资源等基础设施上，在随后的几年里帮助加速了服务实施。

● 早期发起的大量试点项目有助于探索有效机制以提高家庭计划的成效。

● 在 20 世纪 70 年代，一体化的家庭计划纳入更为广泛的卫生保健服务，尽管有其理论创新之处，但是在实施后不久，由于人力资源的不足反而可能阻碍了该方案的进一步实施。

● 私人部门和非政府组织参与不够，直到 1990 年才有所改观，在此之前也许是因为缺乏一个较好的政治与经济环境（直到 1990 年尼泊尔才建立起一个多党制民主政体）。

## 参考文献

［1］ Central Bureau of Statistics. 1995. *Population Monograph of Nepal*. Kathmandu：Central Bureau of Statistics.

［2］ ——. 2001. *Population Census 2001 of Nepal*. Provisional Population Report 2001.

［3］ Kathmandu：Central Bureau of Statistics.

［4］ DHS（Department of Health Services）. 1998. *National Reproductive Health Strategy*.

［5］ Kathmandu：Family Health Division of Department of Health Services，Ministry of Health.

［6］ Gubahju, B. , B. R. Pande, J. Tuladhar, and J. Stoeckel. 1975. "Experimental Family Planning Program in Nepal." Paper presented at the "Seminar on Population, Family Planning and Development in Nepal," University of California, Berkeley, September 24 – 29.

［7］ Hamal, Hem B. 1986. *Marketing Family Planning in Nepal：A Study of Consumers and Retailers*. Kathmandu：Nepal Contraceptive Retail Sales Company.

［8］ Justice, Judith. 1989. *Policies, Plans and People—Foreign Aid and Health Development：Comparative Studies of Health Systems and Medical Care*. Berkeley, CA：University of California Press.

［9］ Ministry of Health. 1999. "Executive Summary." In *Second Long – Term Health Plan：1997 – 2017*. Kathmandu：Ministry of Health.

[10] Ministry of Health, New ERA, and ORC Macro. 2002. *Nepal Demographic and Health Survey 2001*. Calverton, MD: Ministry of Health, Family Health Division; New ERA; and ORC Macro.

[11] Nepal FP/MCH (Family Planning/Maternal and Child Health) Project. 1976. *Annual Report: 1975 – 76*. Kathmandu: His Majesty's Government, Ministry of Health.

[12] ——. 1988. *Workplan for Family Planning Activities*. Kathmandu: His Majesty's Government, Ministry of Health.

[13] ——. N. d. "Draft of Fourth Five – Year Plan." Monograph, His Majesty's Government, Kathmandu.

[14] Pant, Yadav P. 1983. *Population Growth and Employment Opportunities in Nepal*. New Delhi: Oxford University Press and IBH Publishing.

[15] Taylor, Daniel, and Rita Thapa. 1972. *Nepal*. Country Profiles Series. New York: Population Council.

[16] Thapa, Shyam, and Kalyan R. Pandey. 1994. "Family Planning in Nepal: An Update." *Journal of the Nepal Medical Association* 32 (111): 131 – 43.

[17] Tuladhar, Jayanti Man. 1989. *The Persistence of High Fertility in Nepal*. New Delhi: Inter-India Publications.

[18] Tuladhar, Jayanti Man, and John Stoeckel. 1977. "Nepal." In *Family Planning in the Developing World: A Review of Programs*, ed. Walter B. Watson. New York: Population Council, 35.

（彭伟斌　译　陈晓慧　刘玉博　校）

第六部分

# 撒哈拉沙漠
# 以南非洲

# 第二十二章

## 加纳的家庭计划

■ 约翰·考德威尔， 弗兰德·赛

在发展中国家的所有地区中，生育率下降和家庭计划最终都在撒哈拉沙漠以南非洲发生了，并有充足的理由来解释这一现象。实际上，19 世纪 60 年代这些国家极度贫困，大多数人持鼓励生育的态度，而且这些国家大多数刚刚独立，因此基金会和政府以及相应的技术援助项目对该地区引进家庭计划项目提出了质疑。

人口委员会在加纳的初期项目纯属偶然，然而加纳却让这种偶然变成了幸运的开端。加纳是撒哈拉沙漠以南非洲地区的欧洲殖民地最早赢得独立的国家，并在 1957 年建国。加纳资源丰富，出口大量的可可、黄金、铝矾土、工业钻石和非洲桃花心木。20 世纪 60 年代初，加纳的教育经费占国民收入的比例是全世界最高的。加纳并没有因为严重的种族冲突或需求而变得四分五裂。最重要的是，克瓦米·恩克鲁玛总统及其后的政权使得现代化非常普遍。诚然，恩克鲁玛的社会主义信念导致他反对家庭计划项目，但这并不意味着家庭计划项目需要人口研究。

加纳是英属殖民地，与比利时、法国、葡萄牙和西班牙的殖民地相比，英属殖民地并没有官方鼓励生育或是试图阻止避孕药具销售的历史（Caldwell，1966）。事实上，工作或居住在加纳的欧洲官员和商界人士在 Nkrumah 的政策干预之前一直都能自由地购买避孕套、子宫帽、避孕胶冻和阴道发泡片。此外，当时家庭计划的提议主要来自以英语为母语的国家，这说明以英语为官方语言是有益的。不但最初的人口理事会或美国国际开发署的工作人员，而且探路者基金和国际计划生育联合会的早期代表也更愿意去以英语为母语的国家。

与此同时，还有来自相反方向的一系列因素进行平衡（Caldwell，1968a，1968b；Oppong，1977；Salway，1994）。非洲家庭（至少是在农村地区）倾向于大家庭：家庭是农业生产的基本单位，而把儿童看作是老年的一种财富和保障。强调女性的生育能力，把儿童看作是后代的保障，并可能是祖先的转世。新独立的非洲国家在发展和促进本国经济和人口增长方面充满热情。实际上，直到 1960 年，撒哈拉沙漠以南非洲国家关于人口趋势的知识非常缺乏（Brass 等，1968；Gaisie，1969，1975；Gaisie 和 Jones，1970）。加纳于 1948 年已经实施了人口普查，但仍怀疑低估了人口数量。像非洲的大多数国家一样，加纳没有综合的重要统计数据。

在这种情况下，应优先考虑人口统计知识的需求。因此，国际人口运动只能选择强调人口统计而不是家庭计划。回过头看，这是一个明智之举，因为它使加纳人熟悉了人口问题。当体制发生改变的时候，人口知识像专业知识一样广泛传播。

专栏 22.1 列出了加纳家庭计划主要事件的大事年表。

| 专栏22.1 | 加纳家庭计划主要事件大事年表 |
| --- | --- |
| 年份 | 与家庭计划有关的主要事件 |
| 1957 | 加纳从英国获得独立，成为撒哈拉沙漠以南非洲国家首个独立的国家。 |

| 年份 | 与家庭计划有关的主要事件 |
|------|------------------------|
| 1959 | 圣克莱尔·德雷克拜访恩克鲁玛总统并鼓励创立人口项目，1960～1969 年由人口委员会为居民提供咨询。 |
| 20 世纪 50 年代后期 | 恩克鲁玛总统决定应当把加纳纳入联合国发起的 1960 年的人口普查项目。 |
| 1962 | 人口普查数据可用于政策发展和人口指导的分析。 |
| 1964 | 七年发展规划（1964～1970 年）指出，国家人口增长可能会过快。 |
| 1965 | 加纳参加了两个重要的国际会议，一个是由人口委员会和福特基金会主办的在日内瓦召开的会议，另一个是由联合国及人口科学研究国际联盟主办的在贝尔格莱德召开的会议。 |
| 1965～1966 | 开始与国际计划生育联合会和其他国际机构的代表定期接触。 |
| 1966 | 加纳代表参加了在尼日利亚的伊巴丹举行的第一次非洲人口大会。估计总和生育率高达每个妇女生育 7.0 个孩子，人口增长率达每年 3%。<br>2 月份发生的一场军事政变结束了恩克鲁玛政府。 |
| 1967 | 加纳家庭计划协会旨在以游说国家家庭计划政策和项目为目标而成立。<br>加纳成为撒哈拉沙漠以南非洲第一个签署关于人口的世界各国领导人宣言的国家。 |
| 1968 | 发布了两年发展计划（1968～1970 年），并有望形成国家人口政策。 |
| 1969 | 发布了有利于国家进步的人口规划的政策文件，这一文件概括了一系列人口和社会目标，包括为希望扩大生育间隔或限制生育的夫妇提供建议和帮助的项目。 |
| 1970 | 新的家庭计划管理机构开始运行。在撒哈拉沙漠以南非洲地区以前只有肯尼亚建立了这样的机构。 |

| 年份 | 与家庭计划有关的主要事件 |
|---|---|
| 20 世纪 70 年代初 | 在正式的秘书处下形成了国家家庭计划项目，这个秘书处旨在参与和协调各个部门（包括卫生部）的工作。但协调只发挥了部分作用。 |
| 1972 | 与加州大学洛杉矶分校合作的 Danfa 健康和家庭计划项目扩展到测试四个备选实际项目的实验设计。 |
| 1974 | 在布加勒斯特召开了人口国际会议，鼓励推广国家家庭计划项目到已婚妇女以外人员。 |
| 1985 | 放宽了堕胎法，但并没有很好地宣传，因此堕胎导致的孕产妇死亡率仍很高。 |
| 1986 | HIV/AIDS 开始在加纳传播。 |
| 1998 | 总和生育率下降到每名妇女生育 4.4 个孩子，并将在此后的 5 年中稳定在这一水平。 |
| 2003 | 一项代表性的全国调查显示，25% 已婚妇女正在使用避孕方法，而其中 19% 使用的是现代避孕方法。<br>除了避孕药具的使用和生育率在南北地区存在差异外，城乡生育率存在较大的差异。就全国而言，生育率已大幅度下降。 |

### 开始阶段：1959 ~ 1966 年

加纳家庭计划的第一步是恩克鲁玛总统决定接受联合国关于加纳应当在 1960 年左右进行全国人口普查的建议。这个建议符合现代化观点。总统已经下定决心要在加纳进行非洲第一例现代人口普查。最初负责人口普查工作并在后来担任家庭计划项目领导工作的埃马纽埃尔恩·奥马博是一名经济学研究生，他的工作使得家庭计划项目变得更加易行。此外，联合国还提供了一位人口普查方面的专家——从以色列统计服务部门休假的本杰明·吉尔博士。吉尔博士能够应对这个挑战并且使人口普查工作顺利进行。如果加纳大学人口研究项目的成员追求学术独立的过程，尤其是如果他们的研究旨在测试普查的精确性，吉尔会倾向认为他们是不可靠的，与此同时，如果数据从1962 年后逐步成为有用的，那么这些人口普查数据对于教育项目来说是无价的。不幸的是，复杂的人口普查事后质量抽查与人口普查本身不一致，并且抽查结果直到 1971 年才可用于分析研究。

在阿克拉市郊莱贡的加纳大学人口委员会项目某种程度上是出于偶然。身为著名研究《黑众大都市》（*Black Metropolis*）（Drake & others，1993）作者之一的芝加哥罗斯福大学的杰出非裔美国社会学教授圣克莱尔·德雷克在1959 年拜访了恩克鲁玛总统。教授当时正在研究西非的电影业，并且拜访了他当年在美国大学的室友——恩克鲁玛总统。恩克鲁玛吹嘘正在筹备一流的人口普查，德雷克提出了大学需要人口学家来分析这些人口数据并建议加强加纳在这个学科方面的培训。回美国后，德雷克拜访了纽约的人口理事会以寻求人员招聘和资金方面的帮助。人口理事会同意提供部分帮助是因为在华盛顿特区的美国大学工作并和普林斯顿大学人口研究所相关的弗兰克·洛里默一直要求人口理事会送他去非洲进行预调查，这些预调查后来就是热带非洲人口（Brass 等，1968）的普林斯顿 – 非洲项目。

1960 ~ 1966 年，人口理事会曾先后派四名人口统计学家到加纳大学进行教学。他们送研究生到人口理事会的海外大学研究生学位奖学金的大学（最初在普林斯顿大学、伦敦政治经济学院和澳大利亚国立大学）。四个人口统计学家分别是来自澳大利亚国立大学的约翰·考德威尔、洛里默，伦敦政治经济学院的多夫·弗里德兰德和毕业于澳大利亚国立大学的伊恩·普尔博士。在另外三个人等待普查数据并进行实地调查、把这项研究当作课堂项目来规划和雇用人口学的学生作为实地工作者的时候，洛里默则专注于已计划好的普林斯顿项目（Pool，1970）。

考德威尔还有两个另外的任务。第一个是联合国要求帮助它们建立一个联合国英文人口培训中心（当吸引了大量加纳大学项目的培训者后几年就开始了）。第二个要求是参与当代加纳研究（Birmingham、Neustadt & Omaboe，1967）。当代加纳研究项目是由加纳科学院发起，福特基金会资助的，并受到恩克鲁玛总统高度重视。当代加纳研究的第一卷集中在经济问题，而第二卷关注加纳社会。第二卷中超过3/4的内容关注人口统计，并在很大程度上由人口理事会调查项目的课堂作业的分析数据和早期的人口普查数据所组成。这项研究是非常重要的，因为参与这项研究的许多学生后来都成了加纳家庭计划项目的主要工作人员，也因为这项研究被广泛用于国家家庭计划项目的筹备文本中（加纳政府，1969）。

许多参与研究的人员也参加了1966年在尼日利亚的伊巴丹举行的第一次非洲人口会议，并在会后的论文集中发表了他们的论文（Caldwell & Okonjo，1968）。其他重要影响因素包括国际计划生育联合会和开拓者基金会领导们的访问，以及1965年举办的两个国际会议：一个是由人口理事会和福特基金会发起在日内瓦召开的关于家庭计划和人口项目的会议（Berelson等，1966），另一个是由联合国和人口科学研究国际联盟发起在贝尔格莱德召开的国际人口会议（Smith，1968）。

要求考德威尔（1966，1968b）准备会议报告，而且为了搜集人口政策方面的信息，考德威尔还要给所有非洲国家的领导人写信。恩克鲁玛总统成立了一个以奥马博为主席的委员会以满足考德威尔的要求。委员会进行了短暂的会面，并且声明加纳政府不打算实行家庭计划项目，但是人口增长可能太高这一观点会被记录在案，并在当代加纳研究（Birmingham、Neustadt & Omaboe，1967）的第一稿和政府的七年发展规划（1964~1970年）（加纳政府，1964）中表明了这一观点。当时，恩克鲁玛总统禁止进口所有避孕药具，并且医生不能私下提供避孕药具。

在恩克鲁玛政府垮台后，委员会进行了及时更新，对于家庭计划有截然不同的诠释。当代加纳研究、全球生育率调查及其他调查（Gaisie，1969）和联合国发布的人口预测历史数据都得出了相似的人口统计结论——至少到 20 世纪 60 年代,加纳的总和生育率是每个妇女生育 7.0 个孩子,而加纳的人口增长率已达到每年 3%。1966 年 2 月的一场军事政变推翻了恩克鲁玛政权,并且由民族解放委员会取代了恩克鲁玛政权。

### 政治和政策制定:1967 ~ 1970 年

虽然这场政变是由军队领导的,并且民族解放委员会的主席是约瑟夫·安克鲁,行政管理人员包括很多普通人,并由奥马博负责经济方面的工作。在恩克鲁玛垮台之前,由马·邦诺博士组织的一小群加纳人一直默默致力于建立一个自愿家庭计划协会。1957 年成立了加纳家庭计划协会。加纳家庭计划协会的目标是为加纳家庭计划政策和项目游说。奥马博不需要令人信服。

1967 年,加纳政府成为撒哈拉沙漠以南非洲国家中第一个签署关于人口的世界领导人宣言的国家。1968 年,加纳发布了承诺国家人口政策的两年发展计划。加纳的民族解放委员会不仅是一个现代化的主体,也是一个致力于经济衰退问题并且决定建立一套严格理性政策的处理危机的机构。建立了一个在奥马博领导下的新委员会,起草国家家庭计划项目。福特基金会指定了一个短期顾问——弗朗西斯·萨顿和一个长期顾问——阿斯·大卫,他们都隶属于加纳大学(Harkavy,1995)。福特基金会也通过莱尔·桑德斯和戈登·帕金向委员会和建立国家家庭计划项目提供帮助。当把该项目作为一个长期任务公布后,戈登·帕金直接和委员会一起工作。加纳大学医学院社会和预防医学教授弗兰德国 T. 赛在委员会中是作为加纳家庭计划协会的代表。

1969 年 3 月,加纳颁布了有利于国家进步的人口规划的政策性文件,这是由后来的平民政府推行的,并且从 1970 年开始家庭计划管理工作。在独立的撒哈拉沙漠以南非洲国家中,以前只有肯尼亚出台了类似的文件。1970 年,民族解放委员会将权力移交给经民主选举出来的政府,但是作为一个全国性的公共机构，家庭计划的行政机构和所有的后续工作都在家庭计划项目中保留了下来，且其存在是毋庸置疑的。不幸的是，这个项目得以成功所需要的有强有力的、能自由表达自己观点的政治领导人并没有在任何机构中出现过（Armar，1975；Armar 和 David，1977；Gaisie、Addo 和 Jones，1975；加纳政府，1969；Hollander，1995；Jones，1972；Stanback 和 Twum - Baah，2001；联合国人口基金会，1985）。

加纳的人口政策因其全面和有力而受到广泛的国际赞誉，美国国际开发署将其作为许多国家的典范。

## 政策要素

加纳政府的政策文件的基本要素总结如下（Armar & David，1977：Gaisie & Jones，1970）：

- 家庭计划政策和项目是社会和经济计划及发展活动的主要组成部分。
- 降低高发病率和死亡率的有力工作方式是人口政策和项目的重要方面。
- 具体的和数量性的人口目标建立在可靠的人口统计数据和确定的人口趋势基础上。
- 政府鼓励并参与为希望安全、有效地扩大生育间隔或限制生育的夫妇提供信息、建议和帮助的项目。
- 政府试图鼓励并提出有效的有利于妇女就业、增加女孩入学和完成学业的比例、形成更广泛的非家务型的女性职业领域，并检查政府额外津贴和福利结构，如有必要，通过这种方法来最小化鼓励生育者的影响并最大化其反对者的影响。
- 政府将采取政策并建立相应的项目以引导和规范符合发展进步利益的国内人口流动及对人口空间分布的影响，同时也为了国家福利而减少移民的规模和比例。

•政府将通过强化国际公共和私人组织的关系来关心人口问题，以建立和维护与其他全球人口项目的日常关系。

## 项目结构

由于撒哈拉沙漠以南非洲国家比亚洲和北非国家引入家庭计划政策更晚，以及民族解放委员会有条不紊的计划，加纳的家庭计划项目综合了许多别处的经验。该项目有一个总委员会——国家家庭计划委员会，并由来自所有和家庭计划相关的主要领导机构和公民社会组织的高级代表组成。该项目的一个特征是每一个来自相关机构的高层官员会定期与秘书处交流以确保该机构能履行其相应的功能。委员会为国家家庭计划秘书处提供政策指导和监督。委员会成员也应该确保通过的政策和项目能被实施并得到他们所代表的机构的支持。日常活动都处于秘书处的掌握之中（Armar & David，1977）。秘书处的主要活动包括计划、协调、评估和资金保障。这种结构需要秘书处愿意承担相应的责任并采取相应的措施。不幸的是，在资金不充足的情况下，秘书处常优先考虑其他活动，并不总是追求家庭计划活动的成功。秘书处经常过于有野心，没有在所有情况下将实施从协调中区分开来，这种情况引起一些不必要的冲突。因此，这种结构在实践中只能发挥部分作用。

财政部及经济计划部门在国家家庭计划项目的原始结构中处于主导地位。并试图将卫生部纳入其中，但仅取得了部分效果。旨在通过来自政府和私人机构代表的国家家庭计划委员会建议建立一个专门的国家家庭计划项目以把所有政府部门和私人机构组织在一起。

最初，该项目将避孕药具分配给三个机构：政府医院和医疗中心、私人家庭计划诊所和加纳国际贸易公司的网点，这个公司以前是希腊人所拥有的泛非零售网络的国家化 Leventis 商店。其目标首先是防止自然人口增长率上升，随后是降低这个比率。由于死亡率下降，这将是一场艰苦的斗争，但是1970 年人口自然增长率可能低于 2.5%（Agyei‐Mensah、Aase & Awusabo‐

Asare，2003；Agyei－Mensah & Casterline，2003；中央统计局，1983；加纳统计服务、Noguchi 医学研究纪念馆和 ORC Macro，2004；Tabutin & Schoumaker，2001；美国人口普查局，1997）。然而，随着总和生育率从 1970 年的平均每位妇女生育 7.0 个孩子下降到 1998 年的 4.4 个孩子，生育率下降了，但此后似乎停滞了，因为 2003 的生育率数据和 1998 年的大致相同。此外，和大部分西非国家相比，加纳的城乡生育率都在下降。到 2003 年，加纳的农村总和生育率下降到了每个妇女生育 5.6 个孩子，而在首都阿克拉，总和生育率则低于 3.0。然而，生育率在城乡之间的差异是很明显的，特别是在不同教育水平上的差异更明显。2003 年，在加纳首都那些受过良好教育的城市精英的总和生育率已经下降到低于替代水平。几十年来，这群人一直担心大家庭的教育成本很高，20 世纪 60 年代的许多研究显示，他们正努力限制家庭的规模（Agyei－Mensah、Aase & Awusabo－Asare，2003；Caldwell，1968a；Oppong，1977；Pool，1970）。

同时，也进行了项目的评估工作。许多内部观察家认为，考虑到环境和资源的可利用性，该项目还是很成功的。其他人（主要是外部观察家）认为，已经为将来的成功奠定了良好的基础。也许这些评估依据观察者是否单独看待生育率下降，或者是公众观点的变化和其他比生育率下降更重要的因素。项目初期生育率没有显著下降不是因为项目的失误，很大程度上归咎于尽管缓慢增长但很有限的需求。几乎可以肯定的是，如果人们在 20 世纪 70 年代还不熟悉避孕技术，那么后期的生育率显著下降就不会发生。在有力的政治支持下，项目的沟通和服务提供这两方面可以做得更好。该项目已经频繁受到好评，并且在开始已经指出会引起财务预算和其他约束条件的限制。当项目试图吸收更多私人医生、护士、助产士和零售商进入项目时，项目仍保持基本模式不变。

20 世纪 60 年代的国家家庭计划项目从其他国家的经验中学到不少。比如，为与项目有关的所有人制定了相应的培训课程。其他两点也与这方面有关联。第一，当前该项目指出家庭计划不仅仅是健康服务，因此它不应当由

全球家庭计划革命：人口政策和项目 30 年

卫生部来实施。这个决定允许其他部门来提供信息和服务。而且，这同时意味着卫生部并没有把政府医疗工作人员（特别是医生）的工作看作是家庭计划活动，并作为个人评估（特别是升迁）的重要参考。因此，当遇到家庭计划活动时，大部分政府卫生工作人员总是很不情愿。

第二，即使该项目旨在强调信息提供和避孕服务，然而一般认为政府是提供服务而不是施加关于人口问题的道德压力来使人们接受政府的主张。实际上，在项目的初期阶段，在该项目有伤风化并有可能鼓励未婚人群甚至是已婚妇女不道德的性行为的抗议后，撤回了媒体（特别是广播和电视）关于避孕药具的广告。公共服务和其他机构并没有像亚洲国家一样将避孕看作是国家的责任。大部分加纳家庭计划协会和各种基督教团体的私人诊所比政府的诊所数量少很多，但是这些诊所的规模更大，并主要在城市地区，结果是这些私人诊所得到家庭计划项目的支持，并提供了近一半的服务。

## 项目的反对意见

尽管加纳不是人种一元化的国家，但在许多非洲国家中，加纳并没有出现意识形态和文化的分裂。家庭计划的唯一真正存在于意识形态上的反对是恩克鲁玛政权时期的社会主义意识形态。加纳人口中，几乎 66% 是基督教新教徒（包括非洲教会福音派），仅有 14% 的天主教徒和 16% 的穆斯林。在非洲，国家的宗教成分是非常重要的，很高比例的新教徒使得家庭计划项目更容易被人接受。反对的声音主要来自保守派，他们对家庭计划会引起不道德的性行为有着莫名的恐惧，但是反对派一直没有产生很大的影响。

## 技术援助

外国机构在加纳家庭计划项目中一直很受欢迎并扮演着重要的角色。在恩克鲁玛政权时期，人口理事会的人口统计项目是最重要的。后来，人口理事会还支持了凯普柯斯特大学的人口培训和研究工作。联合国的建议和支持对加纳 1960 年的人口普查也非常重要。随着国家家庭计划工作的开展，福特基金会提供了直接和间接的援助，人口理事会派出了一名医疗顾问。随后，美国国际开发署和联合国人口基金会也扮演了重要角色，而且在所有情况下，资金和避孕药具的供给是非常重要的。国际计划生育联合会也通过加纳家庭计划协会培训和拨款来提供帮助。加纳本身也拥有大量的专业知识。

## 经验教训

加纳的家庭计划项目有很好的计划。或许没有把卫生部当作平等的合作伙伴是一个错误，但是总体而言，卫生部的方法在很大程度上和采纳的整体政策相一致。不幸的是，秘书处超越了其委托和承担的应属于卫生部的作用。总的来说，虽然该项目有很好的计划，而角色分工（尤其是合作与任务执行之间）使得秘书处和主要部门之间的关系不明确。

项目伊始，就使用了一些避孕方法。来自其他国家（尤其是南非）的证据表明，更多地强调血管注射剂是有用的。1985 年，加纳的堕胎法律自由化，并且扩展了免责条款的基本内容。不幸的是，由于医生、律师和普通民众不知道这些免责条款，许多妇女死于不安全堕胎。加纳目前承认更自由的堕胎方式，在法律允许的范围内扩大安全堕胎服务的努力正在付诸行动。此外，或许需要更多的努力，并应该尽早反对关于家庭计划服务只针对已婚人群（特别是已婚妇女）的观点。

随着家庭计划项目的进展，位于阿克拉市柯尔布的新的医学院也随之发展，在新医学院 Sai 和加州大学洛杉矶分校公共卫生学院合作构思和实施 Danfa 健康和家庭计划综合项目。这个项目的主要目的是为了考察加纳实行全面健康家庭计划综合方法是否比垂直方法更成功。这些发现将被纳入国家家庭计划项目中。Danfa 项目的一份早期评估（Ampofo 等，1976；Belcher 等，1978）表明，听说过家庭计划的加纳人比实践的人多很多。1976 年的报告（美国国际开发署，1976）认为，家庭计划的实地考察者需要探视家庭，因为每个诊所服务的人群基本都在方圆 5 英里以内；然而，这个发现可能低估了人们的流动性。随着政府的成功，更严重的问题是国家和临床两个层面的避孕拨款严重短缺（Monteith，1981）。

加纳较早的独立且相对较高的教育水平很重要。加纳的精英阶层及某种程度上全部加纳人把加纳看作是非洲现代化的开路先锋。该项目主要展示的是降低撒哈拉沙漠以南非洲国家生育率的尝试不容易。国家家庭计划项目在经过不断的经济动荡而稳定的国家组织得很好，然而这个国家仍花费了几十年才使生育率水平显著下降。这需要耐心及不断提供经费。

## 结　论

撒哈拉沙漠以南非洲国家的生育控制是目前为止国际家庭计划运动所面临的最大挑战。到 21 世纪末，伴随着自然资源的有限性，特别是肥沃土壤的缺乏，这一地区的人口可能将增加 3 倍。除了那些以城镇获得主要收入的南部非洲地区，以及中部肯尼亚的商业农业区外，生育控制对农村、低教育水平和生存线上挣扎的人口并未显示出它的优势。死亡率和生育率下降的驱动力是城市化、教育和从农耕到商业经济的转换，所有这些都依赖于经济的持续增长。

从地域的角度来看加纳的情况，在不到 30 年的时间里，加纳的总和生育率从每名妇女生育 7.0 个孩子减少到 4.4 个孩子，应被当作一个成功的典范。总和生育率下降 2.5 比 19 世纪末 20 世纪初大多数西欧国家所取得的成就更大，也比 20 世纪末印度所取得的成绩更显著。撒哈拉沙漠以南非洲国家最大的问题在于其初始生育率极高。

尽管有大的局限性，加纳的家庭计划项目的成功仍然是显著的。虽然总和生育率尚未低于每名妇女生育 4.4 个孩子，而且近年来似乎总和生育率已停止下降，但生育率差别指向了有希望的方向。与北部地区 7.0 的总和生育率和农村地区 5.6 的总和生育率相比，城市和大阿克拉地区的总和生育率已经分别降到了 3.1 和 2.9。在一个 1/4 的女性至少受过中学教育的国家，这些女性的总和生育率是 3.5，而在具有中等或高等学历的女性中，总和生育率是 2.5。

截至 2003 年，生育率的下降反映了当代已婚妇女（18.7%）和所有避孕药具（25.2%）的使用呈上升趋势。充其量只达到了工业国家实现生育替代水平的四分之一。尽管没有哪一种避孕方法占主导，但有三种方法使用的比率相当，并占避孕药具使用的很大比例，即避孕药、血管注射剂和避孕套。血管注射剂使用的相对增加表明这种方法对于实现更低的生育率更重要。

这些限制条件包括已婚女性的平均年龄仅有 20 岁，自从项目开始以来增加了不到 2 岁。婴儿的死亡率是每 1000 名新生儿有 65 例死亡，5 岁以下儿童的死亡率是每 1000 名新生儿有 110 例死亡。和 20 世纪初西方国家相比，这一婴儿死亡率水平已经很低了，在随后的 4 年里，无论是加纳还是整个撒哈拉沙漠以南非洲国家的死亡率都高了很多。

加纳南部高水平的生育控制和北部的低水平形成鲜明对比，南部强调低儿童死亡率、高教育水平和多样化经济在鼓励使用避孕药具中的重要性。加纳的家庭计划项目是西非地区最成功的项目，实际上也是林波波河北部撒哈拉沙漠以南非洲国家中最成功的。然而，每年 2.7% 的人口增长率不低于西非的平均水平，对经济的持续增长依然存在威胁。

1986 年，HIV/AIDS 在加纳的出现带来了另一个生殖健康问题。目前，该项目由一个类似于国家家庭计划项目的机构管理，但是应该投入适当的资金以利于其充分发挥协调作用。国家人口委员会的协调活动仍在继续。国家家庭计划项目的福利包括增加避孕套使用、强调青年和青春期教育及男性角色。在生殖健康领域，HIV/AIDS 项目的主要经验一般是可见、可闻及连贯的政治领导以确保可靠的经费资助。和国家家庭计划项目不同，HIV/AIDS 项目需要具备所有这些要素。

注意到不安全堕胎和降低孕产妇死亡率有助于家庭计划重新定位，使其成为国家优先发展的项目。综合考虑各种要素，加纳可能准备做出更大的努力来降低其生育率以使其低于比过去任何时期。

## 参考文献

[1] Agyei – Mensah, Samuel, Asbjorn Aase, and Kofi Awusabo – Asare. 2003. "Social Setting, Birth Timing and Subsequent Fertility in the Ghanaian South." In *Reproduction and Social Context in Sub – Saharan Africa*, ed. Samuel Agyei – Mensah and John B. Casterline, 89 – 108.

[2] Westport, CT: Greenwood Press.

[3] Agyei – Mensah, Samuel, and John B. Casterline, eds. 2003. *Reproduction and Social Context in Sub – Saharan Africa*. Westport, CT: Greenwood Press.

[4] Ampofo, Daniel A., David D. Nicholas, S. Ofosu – Amaah, Stewart Blumenfield, and Alfred K.

[5] Neumann. 1976. "The Danfa Family Planning Program in Rural Ghana." *Studies in Family Planning* 7 (10): 266 – 74.

[6] Armar, A. A. 1975. "Ghana." In *Family Planning Programs: World Review 1974*, ed. Hervé Gauthier and George F. Brown, 283 – 86. *Studies in Family Planning* 6 (8) (suppl.).

[7] Armar, A. A. and A. S. David. 1977. *Ghana*. Country Profiles Series. New York: Population Council.

[8] Belcher, D. W., A. K. Neumann, S. Ofosu – Amaah, D. D. Nicholas, and S. N. Blumenfield.

[9] 1978. "Attitudes towards Family Size and Family Planning in Rural Ghana – Danfa Project: 1972 Survey Findings." *Journal of Biosocial Science* 10 (1): 59 – 79.

[10] Berelson, Bernard, Richmond K. Anderson, Oscar Harkavy, John Maier, W. Parker Mauldin, and Sheldon Segal. 1966. *Family Planning and Population Programs*. Chicago: University of Chicago Press.

[11] Birmingham, Walter, Ilya Neustadt, and Emmanuel N. Omaboe. 1967. *A Study of Contemporary Ghana*, 2 vols. London: Allen and Unwin.

[12] Brass, William, Ansley J. Coale, P. Demeny, D. F. Heisel, F. Lorimer, A. Romaniuk, and E. van de Walle, eds. 1968. *The Demography of Tropical Africa*. Princeton, NJ: Princeton University Press.

[13] Caldwell, John C. 1966. "Africa." In *Family Planning and Population Programs: A Review of World Developments*, ed. Bernard Berelson, Richmond K. Anderson, Oscar Harkavy, John Maier, W. Parker Mauldin, and Sheldon Segal, 163 – 81. Chicago: University of Chicago Press.

[14] ——. 1968a. *Population Growth and Family Change in Africa: The New Urban Elite in Ghana*. Canberra: Australian National University Press.

[15] ——. 1968b. "Population Policy: A Survey of Commonwealth Africa." In *The Population of Tropical Africa*, ed. John C. Caldwell and Chukuka Okonjo, 368 – 75. London: Longmans.

[16] Caldwell, John C., and Chukuka Okonjo, eds. 1968. *The Population of Tropical Africa*. London: Longmans.

[17] Central Bureau of Statistics with the collaboration of the World Fertility Survey. 1983. *Ghana Fertility Survey, 1979 – 80*. Accra: Central Bureau of Statistics.

[18] Drake, St. Clair, Horace R. Cayton, William J. Wilson, and Richard Wright. 1993. *Black Metropolis*. Chicago: University of Chicago Press.

[19] Gaisie, S. K. 1969. "Estimation of Vital Rates for Ghana." *Population Studies* 23 (1): 21 – 42.

[20] ——. 1975. "Ghana: Fertility Trends and Differentials" and "Ghana: Population Growth and Its Components." In *Population Growth and Socioeconomics in West Africa*, ed.

[21] John C. Caldwell, 339 – 67. New York: Columbia University Press.

[22] Gaisie, S. K., N. O. Addo, and S. B. Jones. 1975. "Ghana: Population Policy and Its Implementation." In *Population Growth and Socioeconomics in West Africa*, ed. John C.

[23] Caldwell, 408 – 24. New York: Columbia University Press.

[24] Gaisie, S. K., and S. B. Jones. 1970. *Ghana*. Country Profiles Series. New York: Population Council.

[25] Ghana Statistical Service, Noguchi Memorial Institute for Medical Research, and ORC Macro. 2004. *Ghana Demographic and Health Survey 2003*. Calverton, MD: ORC Macro.

[26] Government of Ghana. 1964. *Seven Year Development Plan, 1963 – 1964 to 1969 – 1970*. Accra: Government Printing Department.

[27] ——. 1969. "Ghana: Official Policy Statement." *Studies in Family Planning* 1 (44): 1 – 7.

[28] Harkavy, Oscar. 1995. *Curbing Population Growth: An Insider's Perspective on the Population Movement*. New York: Plenum.

[29] Hollander, D. 1995. "Despite Desire for Smaller Families, Few Ghanaians Practice Contraception." *International Family Planning Perspectives* 21 (3): 121 – 23.

[30] Jones, S. B. 1972. "Population Policies and Family Planning Programs." In *Population Growth and Economic Development in Africa*, ed. S. H. Ominde and C. N. Ejiogu, 369 – 73. London: Heinemann.

[31] Monteith, Richard S. 1981. "Evaluation of the Ghana Family Planning Program." Unpublished report, Washington, DC.

[32] Oppong, Christine. 1977. "A Note from Ghana on Chains of Change in Family System and Family Size." *Journal of Marriage and the Family* 39 (3): 615–21.

[33] Pool, Ian D. 1970. "Social Change and Interest in Family Planning in Ghana: An Exploratory Analysis." *Canadian Journal of African Studies* 4 (2): 207–27.

[34] Salway, Sarah. 1994. "How Attitudes toward Family Planning and Discussion between Wives and Husbands Affect Contraceptive Use in Ghana." *International Family Planning Perspectives* 20 (2): 44–47, 74.

[35] Smith, T. E. 1968. "Africa and the World Population Conference." In *The Population of Tropical Africa*, ed. John C. Caldwell and Chukuka Okonjo, 345–50. London: Longmans.

[36] Stanback, John, and K. A. Twum–Baah. 2001. "Why Do Family Planning Providers Restrict Access to Services? An Examination in Ghana." *International Family Planning Perspectives* 27 (1): 37–41.

[37] Tabutin, Dominique, and Bruno Schoumaker. 2001. "Une analyse régionale des transitione de fécondité en Afrique sub–saharienne." Paper presented at the 24th International Union for the Scientific Study of Population General Population Conference, August 18–24, Salvador, Brazil.

[38] UNFPA (United Nations Population Fund). 1985. "Ghana." In *Inventory of Population Projects in Developing Countries around the World, 1984/85*, 197–98. New York: United Nations.

[39] USAID (U. S. Agency for International Development). 1976. Ghana Office unpublished report on population program support. USAID Ghana Office, Accra, Ghana.

[40] U. S. Bureau of the Census. 1997. *Ghana*. Country Demographic Profiles 5. Washington, DC: U. S. Bureau of the Census.

（谢珺 译 吴艳文 彭伟斌 校）

# 第二十三章

## 20 世纪 60 ~ 70 年代肯尼亚的家庭计划

■ 唐纳德·F. 黑赛尔

20 世纪 60 年代，希望降低人口自然增长率使肯尼亚成为撒哈拉沙漠以南非洲国家中首个正式采用家庭计划项目的国家。然而，在实施家庭计划政策十几年之后，肯尼亚被认为是世界上总和生育率最高的国家，平均每个妇女生育 8 个孩子，因此肯尼亚人口年增长率约 4%。

虽然肯尼亚家庭计划项目获得较多国际捐赠，但是普遍认为这些捐助不够且无效（Lapham & Mauldin，1984；Mauldin & Berelson，1978），在实施家庭计划项目 10 年后，肯尼亚的生育率开始下降（Kelley & Nobbe，1990；Robinson，1992）。几年后，改进了家庭计划项目，并得到肯尼亚最高政治领导人和国际捐赠机构的支持。到 20 世纪末，肯尼亚总和生育率下降了 35% ~ 40%，平均每个妇女生育 5 个孩子，生育率出现明显转变。

专栏 23.1 是肯尼亚人口和家庭计划大事年表。

| 年份 | 与家庭计划有关的主要事件 |
| --- | --- |
| 1958 | 地方家庭计划协会收到开拓者基金会的国际援助。 |
| 1960 | 地方家庭计划协会为内罗毕和蒙巴萨多个民族的人口提供临床服务。 |
| 1962 | 肯尼亚家庭计划协会成立，并成为国际计划生育联合会成员。 |
| | 肯尼亚独立后第一次人口普查表明，肯尼亚人口增长率极高。 |
| 1965 | 颁布了重要的经济规划文件（会议第 10 号文件），要求调整人口增长速度。 |
| | 政府请人口理事会派遣人口政策咨询代表团。 |
| | 人口理事会组成代表团并推荐由卫生部负责国家家庭计划项目。 |
| 1966 | 卫生部向省和地区医务官员发出通告，要求建立国家家庭计划项目。 |
| 1967 | 卫生部发出关于家庭计划规定的第二个通告，要求培训家庭计划服务人员，并免费提供家庭计划服务。 |
| 1971 | 政府要求世界银行帮助制订扩大的国家家庭计划方案。 |
| 1975 | 总预算 3900 万美元的五年期（1975～1979 年）扩大国家家庭计划项目开始实施。 |
| 1979 | 新普查数据显示，肯尼亚人口年增长率达到 4%。 |

## 政治、经济和社会背景

1963 年 12 月，肯尼亚获得独立，随后议会主要权力从占人口少数的白人转到占多数的黑人。从形式上来看，像以前撒哈拉沙漠以南非洲其他英国、法国殖民地国家一样，肯尼亚权力转移和国家独立是通过合法程序有序进行的。然而，肯尼亚权力转移之前就在 20 世纪 50 年代发生了激烈的革命，也就是称作"紧急状态"的茅茅革命，战争几乎遍布最大部落基库尤人以及两个相邻部落恩布和梅鲁占领的区域。1952 年开始叛乱，直到 1960 年才正式结束，据估计，有 12000 ～ 15000 人在战争中丧生（Kyle，1999；Maloba，1993）。传统上分散居住在农村的整个 Kikuyu 部落根据政府命令被安置在配有武装力量的新乡村定居——这是土地改革的一个极端版本。

肯尼亚独立初期很少对茅茅革命有争议。战争不仅发生在基库尤人、恩布和梅鲁部落以及伴有帝国主义和殖民地武装力量的白人定居者之间，也发生在茅茅、远离争斗或政府支持的其他基库尤人、恩布和梅鲁人之间。实际上，用来镇压茅茅的大部分"保卫家园"的武装力量和其他军事、准军事武装力量常是来自基库尤人部落。因此，肯尼亚人感觉围绕叛乱的事件错综复杂且盘根错节，不可能轻易弄明白，几乎都要求忘记过去、继续发展。

茅茅运动的一个重要结果是封乔莫·肯雅塔为国父。从 20 世纪 40 年代中期开始，肯雅塔（Kenyatta）是肯尼亚国家运动的领导者，在这之前的 14 年，他主要在英国本土进行活动。1952 ～ 1953 年，英国当局试图以他是茅茅高层领导人定其有罪（现在认为这很可疑）。他因是"紧急状态"幸存者而被拘留了。随着肯尼亚取得独立并按非洲规则方向发展，1961 年肯雅塔获释，当选为肯尼亚新总统，并在 1978 年逝世前一直担任肯尼亚总统。他英勇奋战的历史意味着很难挑战他的权威，20 世纪 60 ～ 70 年代，他阐述了肯尼亚的基本问题并确立了政府职能的优先顺序。人口快速增长和生育率极高显然不在他呼吁采取紧急行动的问题之列（Holmberg 等，1984）。当时，内罗毕内幕新闻的说法是总统认为家庭计划是愚蠢的，符合一些年轻人的利益，但仍无须认真对待。然而，据 Chimbweteàà、Zulu 和 Watkins（2003）描述，在人口增长和家庭计划重要性问题上，不同观察家对肯雅塔观点有不同看法。

同时，肯雅塔给经历政治变革和武装冲突的肯尼亚带来了稳定。他努力平息部族间的敌对状态，也努力向欧洲和亚洲少数民族人民保证，他们到肯尼亚来是受欢迎且安全的，而后者非常重要，因为肯雅塔当选总统的时候，肯尼亚以种族为界的社会和经济分割非常严重。当时已经存在高效的现代部门，主要集中在农产品出口以及规模较小但不断增长的工业部门，而这两个部门大部分是由白人移民拥有和管理的。全国范围蓬勃发展的贸易网络主要由亚洲人掌管。然而，欧洲人和亚洲人（以及居住在海岸线的少量阿拉伯人）只占总人口的不到5%。同时，80%的人口是非洲农村自给小农。其他非洲人包括少量受过高等教育的精英、经营着商业农场的少量（但数量在不断增加）土地所有者、大量熟练和非熟练工人、农村劳动力和不断增加的失业人员。

宏观经济方面，20世纪60~70年代，肯尼亚经济继续以令人满意的速度增长，没有受到这一时期发生的政治改革的干扰。估计1960年人均国内生产总值为750美元（Maddison，2003），1970年超过900美元，1980年超过1000美元。肯尼亚的增长是相对稳定的，偶尔也会出现逆转，如20世纪70年代中期第一次石油危机。经济的稳定增长减弱了除人口专家外的人们对人口增长问题的焦虑感。

经济问题中不断增加的失业和不平等也使人产生紧迫感，也就是说有增长无发展。1970~1977年，虽然高工资部门员工增加了4.8%，但这些部门仅吸纳了新增劳动力总量的17%。其他的新增劳动力则进入低生产率的传统部门和非正规部门。到20世纪70年代末，30%的肯尼亚家庭陷入绝对贫困，70%的穷人是处在温饱线的农民（Faruqee，1980）。

当时，内罗毕的发展专家喜欢将肯尼亚和坦桑尼亚进行比较，而坦桑尼亚更注重收入平等，采用共产主义式的方法对发展进行计划。对很多人来说，坦桑尼亚总统朱利叶斯·尼雷尔（曾是一名教师）是撒哈拉沙漠以南非洲最受人尊敬的领导人。

肯尼亚经济计划部签署的一系列权威文件阐明了肯尼亚的发展方针。这包括会议第10号文件（肯尼亚共和国，1965）及从1966~1978年的连续3个五年发展计划。这个会议文件提供了20世纪60~70年代乃至以后指导肯尼亚的基本发展战略，几乎反映了当时经济计划与发展部部长汤姆·姆博的思想（Ajayo & Kekovole，1998），汤姆·姆博是肯尼亚独立初期最出色的政治家。这份文件阐明了发展政策的主要目标：物质上丰富、远离疾病、消除无知和消灭剥削。而实现这些目标的手段就是经济增长、混合经济模式和自力更生（Faruqee，1980）。这份文件也明确要求采取相应措施来降低人口增长率。

在实施混合经济模式的同时，会议提出一个比大多数非洲邻国更保守的经济发展道路。确保私人土地和其他资本品的所有权（Leys，1974），同时在肯尼亚发展中赋予中央政府领导权。政府及捐赠机构的发展专家一致认为国民政府是实现国家发展目标的唯一有效机构。大部分人是穷人，他们有大量未满足的医疗卫生需求，没有受过教育，直到现在还被殖民地主剥削。占人口大多数的农民似乎没有能力提供国家发展所需的资源和企业家。欧洲和亚洲少数民族拥有大量资源和管理技能，但是普遍认为他们不会用自己的资源和技能为肯尼亚谋最大利益。最终，肯尼亚独立的 10 年也成了国内和国际发展专家都认为自己有足够能力设计强大政府成功实施、以使肯尼亚经济快速增长的经济计划时期。

肯尼亚发展战略计划中最关键的文件是连续五年计划。20 世纪 60～70 年代发展计划优先顺序的变化很有意思（Ghai、Godfrey & Lisk，1979）。第一个五年发展计划（1966～1970 年）强调支持现代部门的增长。第二个五年计划（1970～1974 年）时日益认识到只有现代部门无法创造足够的工作岗位，此后重点转向更基础的产业（如农业）。第三个五年计划（1974～1978 年）论证了日渐扩大的收入不平等问题，提出需要更加基础性的战略。因此，计划向更强调基本需求的方向变化。

连续五年计划暗含着承认肯尼亚很高且不断增加的人口增长率对经济发展的影响（Henin，1986）。也许由于其他文件已经处理了这个问题，五年计划没有为人口增长或高生育率提出相应解决办法。而且没有明确提及人口和发展以及创造更多工作岗位之间的联系。提出为了配合家庭计划项目，强调由国家政府掌控中央计划行动。

肯尼亚仍是一个以农业为主的国家。20世纪60年代初，大约7.5%人口居住在城市，而居住在首都内罗毕的人口占城市人口的33%。到1980年，城市人口比重增加到16%，城市增长速度适度，但是城市化水平依然较低。由于肯尼亚主要是一个农业国，至少从20世纪20年代以来，欧洲人和非洲人获得土地的问题一直是公众议题，并且普遍认为这个问题越来越严重。

20世纪60~70年代，政府出台了两项非常重要的政策以着手解决土地使用权问题。第一个是巩固和登记小块土地所有权，这个项目从殖民时期开始（Leys，1974；Maloba，1993），目的是形成拥有小块土地的所有者阶层。随着强制村有化结束，这个计划在基库尤人部落居住的地区获得很大推进。为了实现农村土地从传统依靠血统到个人家庭所有转换的目标，巩固和登记成为所有农村土地所有者的政策目标。第二个政策是买走白人移民的不动产（用英国政府提供的资金），分他们的土地和政府的土地，用来安置非洲小佃农，如果他们安定下来而且好好经营，就给他们所有权。鉴于殖民时期富饶地区的土地所有权和租赁权只限于白人，这个过程是革命性的。登记土地所有权后，鼓励新土地所有者生产包括咖啡、茶叶、除虫菊在内的经济作物以及其他更有价值的作物。这也是某种革命过程：殖民时期曾禁止非洲农民种植或买卖咖啡等经济作物。

这两项政策不仅提供了经济机会，反过来也吸纳了大量新增人口。两项政策的确对提高非洲农民生活水平产生了积极作用，国家也因此受益，而且也有可能产生一些心理作用。在允许非洲农民生产和买卖经济作物以前，大规模商业化生产者（殖民者和跨国公司）担心非洲佃农无法满足肯尼亚在世界市场上带来价格溢价的高质量的咖啡。然而，非洲生产者进入市场，他们的产品品质优良，非洲佃农满足国际商业化生产者设定标准的能力为所有关注他们的人做出了保证。

土地改革虽有积极作用，但也存在很多问题。第一，在一些案例中评论家注意到，实施重新安置计划导致部落间争夺安置土地。土地需求远远超过可用土地供给，这意味着必须在部落申请者中进行选择。第二，重新安置过程中出售了大量土地，那些没有获得足够信用贷款或者没有足够储蓄购买土地的非洲人面临很大的失地风险。第三，安置过程很容易产生腐败。第四，不管是通过重新安置还是通过登记得到的土地，几乎都是以男性户主名字签署，这对生活在这片土地以农业收入为主要收入来源的妇女很不利。

因此，就像麦克尼科尔（2006）近期评论的那样，如果土地改革是生育率下降的先决条件，肯尼亚在20世纪60~70年代就迈出了重要一步。尽管这个过程还没有完成，传统的土地世袭所有制系统观念对人们思想影响仍然很大，但是土地改革已提上公共议程，并发生了一些变化。

像撒哈拉沙漠以南非洲其他国家一样，肯尼亚仍是一个多种族社会。像前面提到的，独立时期，肯尼亚有一小部分但经济实力很强的欧洲人、亚洲人（几乎全部来自印度）和阿拉伯人。超过95%的人口是非洲部落的人。最大的部落是基库尤人部落，占肯尼亚总人口的20%。其次是卢希亚人和罗族人（每个约占总人口的13%）；基库尤人和卡伦津人（每个约占总人口的11%）；梅鲁、恩布和古西（每个约占总人口的7%），以及大量小部落。总之，肯尼亚由70多个不同部落组成。

种族异质性的重要后果是语言多样性。每个部落都有自己的语言，语言间或多或少存在不能相互理解的部分。实际上，肯尼亚的非洲语言可以分为三个不同的语言体系，他们结构各异，历史上没有关联，就像英语和阿拉伯语没有关联一样。而且，很多土著语言没有书面语，甚至在一些较大的部落，现存的书面文字也很少。

肯尼亚试图用一种共同的语言（英语或斯瓦希里语）来克服语言障碍。对大多数肯尼亚人来说，学习英语要靠正规教育。肯尼亚对正规教育投入较大：1965年，超过半数的小孩入读小学，但只有约4%能进入初中（Kelley & Nobbe，1990）。此外，识字率仍不高，1976年，15岁及以上只有不到一半的人口识字（Bunyi，2006）。

斯瓦希里语有口语优势。许多肯尼亚人（特别是生活在城市的人）都使用一些斯瓦希里语。尽管很大程度上过度依赖从英语出版物翻译的材料，报纸也是用斯瓦希里语。斯瓦希里语有一个非常重要的优点：现代书写形式纯粹是拉丁字母。会说斯瓦希里语的任何人只需要几天时间就能基本识字。斯瓦希里语是主要沿着印度洋海岸线生活的少数人的母语，根源于班图语系（包括 Kikuyu、Luhya、Embu、Meru 等）和阿拉伯语系。

然而，广泛使用斯瓦希里语面临两个约束条件：第一，对于许多内地部落，斯瓦希里语有负面政治影响。历史上它与奴隶贸易有关，20 世纪上半叶甚至与殖民主义和白人殖民者有关。据说一些白人殖民者强烈意识到所有白人都应该学习基本的斯瓦希里语，应该只用斯瓦希里语和非洲人交往，避免非洲人学习大量英语而挑战白人的权威。第二，而且更重要的约束条件是，很少有人能流利使用斯瓦希里语。实际上，在偏远村庄（特别是肯尼亚西部），大多数人既不说英语，也不讲斯瓦希里语。沃特金斯（2000）描述，20 世纪 90 年代罗部落很多人不能用斯瓦希里语交谈。此外，沃特金斯认为用斯瓦希里语印刷的家庭计划海报中的避孕图像与罗部落传统不符。

20 世纪 60 ~ 70 年代，肯尼亚语言和教育环境的发展有两个重要成就。第一，为实现某种意义上的统一的国家身份，并使大多数人能收到任何一种信息，政府必须大量投资正规教育和非正规教育。肯尼亚已经进行了这方面的投资。20 世纪 70 年代初，教育投资占 GNP 的比重是卫生投资的 2.7 倍（Kelley & Nobbe，1990）。实际上，艾杰约和克科沃里（1998）表明肯尼亚卫生状况相当差。第二，几乎所有书面信息和教育使用的是对每个人来说都是第二语言的斯瓦希里语或英语。很难准确地说语言多样性给家庭计划带来多大困难，但肯定没有帮助。

肯尼亚社会另一个显著特点是传统家庭结构阻碍了生育率变化。在一篇广泛讨论的文章中，弗兰克（Frank）和 McNicoll（1987）认为那些设计家庭计划项目的人很大程度上忽略了传统家庭组织的独特性，这反过来成为高生育率的重要因素。

弗兰克和麦克尼科尔描述，传统的肯尼亚农村核心家庭，丈夫和妻子是不平等的。家族制度的核心是男性血统。家族的男性成员有权得到长辈分给他的土地，当他结婚后就可以让妻子劳动，土地就会有产出。丈夫通过支付彩礼获得控制妻子劳动及她生育的孩子的权力。妻子并不因婚姻而成为丈夫家族的成员，她永远是她出生家族的成员。然而，她的孩子属于丈夫家族。因此，从妇女角度来看，多生育一个孩子有三个明显好处：第一，孩子最终会增加家庭的农业劳动力；第二，通过给丈夫家族中多增加一个成员，巩固了她在家庭中的权利；第三，一旦她成为寡妇，她的孩子虽是父亲家族的成员，也会支持她。

此外，传统体制下的母亲首先抵消喂养孩子的成本。男人一般从事农场的艰苦体力劳动，例如给临时性农田犁地。随着经济日益商业化，更多男人试图离开土地从事有偿劳动。父亲需要给上学的孩子提供学费，支付税收，当孩子到结婚年龄时帮助支付儿子的彩礼费用，但是家庭责任的划分不是丈夫和妻子共同决定抚养孩子。大部分丈夫把养育孩子看作是妻子的责任，而不是自己的责任。孩子获得土地是丈夫家族的责任并完全不受妻子控制。类似的，教育费用则不是妻子的责任。

因此，本来高生育率的压力会使父母共同决定降低生育率，但肯尼亚传统家庭结构几乎不能起到这样的杠杆作用，这个结构可能对维持肯尼亚高生育率做出了贡献。同时，作为巩固和登记政策及重新安置项目的结果，肯尼亚的土地所有权制度在 20 世纪 60 年代经历了深刻变化，70 年代这种变化仍在持续。基于血统的土地所有权制度继续扮演着重要角色，特别是在许多人思想中这是处理家庭事务的正当途径，但它也受到强大的经济和法律法则约束。像其他社会机构一样，19 世纪中期以来，肯尼亚家庭经历着深刻变化。限制生育的文化障碍逐渐弱化。

肯尼亚在"紧急状态"后获得独立，其社会、政治和经济动荡的速度和强度导致 20 世纪 60 年代产生了乐观主义环境，人们强烈要求改变的愿望营造了探讨人口问题的氛围。

## 人口政策和家庭计划

肯尼亚基本人口信息可以从 1948 年、1962 年、1969 年和 1979 年进行的一系列人口普查中获得。1989 年人口普查报告总结了 1962 年、1969 年和 1979 年人口普查信息（中央统计局，1996）。1948 年人口普查登记显示肯尼亚总人口约 540 万，1962 年上升至 860 万，1969 年为 1090 万，1979 年为 1530 万。早期人口普查（特别是 1948 年）很可能低估了人口数量。联合国人口司根据现在的人口数据用向后估算的方法估计，1950 年所有国家的人口数显示肯尼亚 1948 年人口大约低估了 10%（联合国，2004）。

人口普查结果对形成国家人口政策产生了很大影响。20 世纪 60 年代初肯尼亚获得独立，世界银行对肯尼亚经济做了全面评估（Leavey 等，1962）。当时世界银行还没有拿到 1962 年人口普查结果，报告只能基于 1948 年普查数据，大致估计肯尼亚人口年增长率为 2.25%。这意味着国家经济能满足不断增长的人口需要。世界银行后来的评价却越来越悲观。

巴罗斯（1975）对肯尼亚经济的全面评论是，肯尼亚经济增长很好且政府为持续经济增长提供了必要的政治稳定环境，但肯尼亚收入分配不合理，许多人没有分享到发展成果，失业人数和贫困人口不断增加，土地所有权陷入这样一种状态，"在许多人口稠密地区，为了找到工作，男人常迁往其他农村地区或城市中心，整个家庭可能陷入困境"（第 455 页）。报告进一步建议，发展的首要目标应该从宏观经济增长转向农业发展（对应 20 世纪 70 年代初政府五年计划）和创造更多工作机会。

巴罗斯的报告明确指出，人口增长恶化了国家发展问题。他利用 1969 年人口普查数据描绘了肯尼亚人口情况：人口年自然增长率为 3.5%，城市人口年增长 7%，同时也详细描述了肯尼亚家庭计划项目的组织和目标。这份报告没有提到世界银行对项目的积极作用。报告结尾"出现的问题和选择"一章中说明了不提及的原因：

最后来谈谈人口增长。报告说往前推 10 年，人口增长率不是一个重要参数，因为这 10 年我们提供的所有劳动力已经在家庭和耕地上从事劳动了。任何能想到的人口控制方法都不会显著地影响我们的主要结论。但是如果向前推 80 年，我们正进入一个有效控制人口增长的时期，并开始对人们产生真正影响。与其他事情相比，20 世纪 70 年代实施的降低人口增长政策到 20 世纪末将缓解农村土地压力，提高农村居民收入（Burrows，1975，49～50 页）。

这段文字不仅清楚说明作者赞成人口增长非常重要，而且说明人口增长是发展专家们普遍关注的焦点问题。肯尼亚的例子中，人口问题在所有情况下都是至关重要的，而且专家的密切关注是完全合理的。

世界银行 1980 年出版了一份报告，该报告仔细考察了肯尼亚人口和社会经济发展的因果关系（Faruqee，1980）。利用 1979 年人口普查数据和 1977～1978 年的生育率调查数据，论证肯尼亚拥有世界上最高的总和生育率和人口自然增长率——总和生育率是每个妇女生育 8 个孩子，人口增长率是每年增长约 4%。

报告完整地总结了肯尼亚的人口状况以及 20 世纪 60～70 年代家庭计划项目的经历，并提出一系列人口方案，到 20 世纪末，持续的高生育率或生育率下降将产生的社会经济后果。报告认为肯尼亚家庭计划项目执行不到位，并从需求和供给两个方面指出了存在的问题。

供给方面存在三个约束条件：第一，经过培训的医务人员数量严重不足；第二，项目管理机构严重缺乏组织和管理能力；第三，医疗设施不足（特别是在农村地区），大量医疗卫生需求不能得到满足，使得提供预防性和促进性服务（尤其是家庭计划）极端困难。

肯尼亚对家庭计划服务的需求很少（特别是在农村地区）。同时，就像前面研究所证实的（Dow，1967；Heisel，1968；Molnos，1972）并被生育率调查所证实（Lightbourne，1985）的那样，肯尼亚家庭对孩子的需求很大，这一点也被持续高的总和生育率所证实。对孩子的需求可归结于旧时代养老经济保障的需要、孩子成为农业劳动力的需要以及低教育成本。在其他方面，家庭计划项目中信息和教育缺乏也是小孩需求持续不变的原因。

报告就降低生育率提出了大量政策建议。首先，必须改进家庭计划服务。其次，项目应该采用激励和惩罚措施，建议从当时亚洲经验中吸取教训。最后，应该优先发展社会经济，这不仅是人们自己的权利，也会促使大家采用小规模家庭。

世界银行在人口方面的角色从开始的旁观者转变为国际捐赠者的领导者。

## 发起家庭计划项目

20 世纪 50 年代以前，肯尼亚人可通过私人医生和药房购买避孕套，这使家庭计划成为可能（Chimbweteàà、Zulu & Watkins，2003；Gachuhi，1972）。然而，实施家庭计划仅限于欧洲人和亚洲人，很少有非洲人去看私人医生或去药房。

20 世纪 50 年代，内罗毕和蒙巴萨成立了向非洲人提供服务的家庭计划联合会。家庭计划联合会领导层由非洲人、亚洲人和欧洲人组成。1958 年，家庭计划联合会从开拓者基金会获得外部经济援助。1962 年正式成立肯尼亚家庭计划联合会（FPAK），后来肯尼亚家庭计划联合会成为国际计划生育联合会成员。

随着 1962 年人口普查数据的公布，家庭计划获得有力的推动。就像前面提到的，会议文件的起草者清楚地认识到，对经济发展而言快速人口增长是个紧迫的问题。将人口问题写进会议文件的主要支持者是姆博亚（经济计划与发展部部长）、姆瓦伊·齐贝吉（当时的另一个高级官员，现任肯尼亚总统）以及两个国际专家约翰·布莱克（指导 1962 年人口普查数据的分析）和埃德加·爱德华兹（福特基金会高级经济顾问）。所有迹象表明，姆博亚和齐贝吉亲自参与当中，极想通过家庭计划降低肯尼亚人口增长率过高的目标。因此，家庭计划最初的想法来自考虑经济增长和人口问题的专家，家庭计划的想法符合著名的新马尔萨斯主义。

除了会议文件中的讨论，姆博亚明显是致函人口理事会请求派遣专家代表团来肯尼亚调查、建议政府做以下事情的主要力量：

- 多高的人口增长率是理想的；
- 政府应该采用什么项目实现理想的人口增长率；
- 如何管理人口项目；
- 如何获得完成项目所需要的技术援助。

1965 年 4 月提交了这一请求，同年 6 月人口理事会向肯尼亚派遣代表团。随后几十年，人口理事会代表团的报告（经济计划与发展部，1967）成为肯尼亚许多人口政策的基础。

代表团成员有人口理事会技术援助司主管理查德·安德森（主席）、普林斯顿大学人口研究办公室主任阿什利·约翰森·科勒、福特基金会人口项目官员莱昂·桑德拉以及哥伦比亚大学妇产科系主任霍华德·泰勒。在肯尼亚的三周时间里，代表团成员与经济计划和发展部、卫生部、信息与广播部、教育部、劳工部、合作与社会服务部的高级官员面谈。此外，他们还和肯尼亚家庭计划联合会、私人和公共医学团体、地方医疗卫生部门以及肯尼亚七个省中六个省的代表会面。并专门同经济计划与发展部的姆博亚和齐贝吉、卫生部医疗服务中心主任里克迈利医生进行讨论。

代表团回顾了布莱克使用 1962 年人口普查结果进行的人口估算和预测。估计肯尼亚的粗出生率大约为每千人 50 个活产婴儿，粗死亡率为每千人死亡 20 个人，因此，肯尼亚的年人口增长率约为 3%。布莱克的预测表明，如果生育率不变，到 2000 年肯尼亚人口将达到 3000 万人。联合国估计的 2000 年肯尼亚中位人口数是 3700 万人（联合国，2004）。布莱克还预测，如果未来 15 年生育率减少 50%，2000 年的人口大约是 1900 万人。他还阐述了不同生育水平对教育、劳动力、个人收入的潜在影响。例如，如果生育率不变且学校容纳人数以教育部计划的速度增加，到 1990 年，肯尼亚将有 159 万名 6～12 岁的儿童不能入学。如果未来 15 年生育率降低 50%，所有 6～12 岁的儿童将都能入学。他对进入劳动年龄的人数也做了类似的计算。此外，他表明如果到 21 世纪末生育率降低更多，预期人均收入将增加 40%～50%。

代表团估计，预防出生的成本与政府为抚养小孩付出的成本相比是很小的。政府要为小孩支付的成本包括出生时的医疗成本、平均每个小孩 3 年半的教育成本以及为他们提供工作机会的投资成本。

最后，代表团总结了家庭计划项目的理论基础：由于扩大孩子间隔，且避免意外生育，在医疗保健方面母亲和孩子都会受益。代表团进一步得出结论：与表面现象完全不同，肯尼亚不是荒无人烟，肥沃土地上的人口已经非常稠密了。

因此，赞同国家家庭计划项目的讨论本质上已经在人口学和经济学（新马尔萨斯主义者）接受的框架内。他们明显受到世界其他地区（特别是东亚地区）经验的影响。代表团基于以下主要原则提出人口项目目标：

- 人口项目应该与国家发展规划相结合；
- 家庭计划项目应与总体健康项目直接相关；
- 参与家庭计划项目的夫妇应该是完全自愿的，并尊重他们的意愿和宗教信仰。

代表团实际上拒绝将理想的人口增长率作为目标，怀疑理想的人口增长率是否可能，认为更好的目标是降低死亡率和生育率，使每个孩子都是想要生育的孩子。并以乐观的态度认为，如果所有孩子都是想生育的孩子，生育率可能在 10～15 年内降低 50%。

代表团继续就家庭计划项目的实施提出了详细建议，主要包括以下观点：

- 政府应该采取比会议文件中列出的更具体的措施来降低人口增长率；
- 政府应该提供必要经费而且也应该包含所有相关部门；
- 应该采用宫内节育器避孕；

● 将知识、态度、实际调查、宫内节育器使用和可接受性的现场测试作为研究的第一步；

● 政府应该加强家庭计划分娩服务人员的培训；

● 政府应该确保家庭计划供给的可得性；

● 政府应该发起家庭计划公共教育项目；

● 政府应该在提供家庭计划上起主要作用，肯尼亚家庭计划联合会起支配作用；

● 政府应该加强国家统计数据（特别是关键统计数据）的收集和编辑整理工作；

● 要求各政治团体支持该项目；

● 可以利用国外专家来帮助完成项目。

政府部门呼吁经济计划与发展部、财政部、教育部、合作与社会服务部、信息与广播部支持卫生部在家庭计划项目中的领导地位。由国家家庭计划委员会同经济计划与发展部及卫生部协调各部门的工作。除这些部门外，七个省级政府部门也要参与其中。

代表团认为作为家庭计划项目的基础，肯尼亚首先应该有能力提供可利用的医疗资源。肯尼亚当时有 800 名医生，但只有 20% 在农村地区，而且只有 10% 的医生是非洲人。肯尼亚有 159 个公立和私立（包括代表团建立的）医院、160 家卫生中心、400 家医疗所。很明显，卫生中心和医疗所是提供家庭计划的主要机构。根据计划，每个卫生中心由一名受过 10 年基础教育、3 年护理培训、1 年医学和公共卫生培训的医疗助理领导。卫生中心的辅助人员应该受过至少 2 年的正规卫生培训。代表团建议每个中心增加一名专职家庭计划工作人员负责培训进行宫内节育器手术的医务助理或助产士。

代表团建议，肯尼亚家庭计划联合会应发挥积极的支持作用，且认为这个机构太弱难以起到领导作用。因此建议肯尼亚家庭计划联合会在所有诊所提供家庭计划服务。

代表团也建议政府从一开始就利用已有的医疗卫生设施发起家庭计划信

息和教育项目，并且政府其他成人教育项目也把家庭计划纳入它们的课程体系。最后，政府应谨慎利用大众媒体，因为家庭计划在肯尼亚仍然是敏感问题。

尽管在人力和物力资源有限的情况下完成家庭计划项目很困难，代表团仍有信心建立项目。它们认为，在内罗毕和蒙巴萨这样的大都市区以及肯尼亚家庭计划联合会的经验已经证明，肯尼亚人接受避孕方法。

至于成本，代表团估计，如果从一开始就利用已有的卫生部门人员，则项目第一年需要承担约 30 万美元的额外支出，随后五年上升至每年 50 万美元。假定外部资金可以弥补初期大部分额外成本，政府应该能承担第一个五年的支出。代表团建议外部资金来源可以从人口理事会、福特基金会和洛克菲勒基金会、国际计划生育联合会、瑞典国际发展合作机构、英国海外发展部等机构获得。并补充说，从某种意义上来说，美国国际开发署也愿意提供支持。

政府接受代表团的报告，并正式采用家庭计划项目，虽没有进行公开宣传，但卫生部发了一个正式通知给省和地方医务官员宣称建立家庭计划项目（Henin，1986）。肯尼亚因此有了正式的人口政策和家庭计划项目纲要。通知表明了卫生部的目的：家庭计划是卫生服务的重要组成部分，不久将为家庭计划培训医生。1967 年，卫生部给所有政府医务官员、地方政府、代表团所属的医院发了第二个通知：表明应为所有公众提供家庭计划服务，要求培训家庭计划服务人员，并提供免费家庭计划服务。卫生部与肯尼亚家庭计划联合会达成了工作协议，提供家庭计划服务的工作留给卫生部，而肯尼亚家庭计划联合会重点做好动员和招募避孕参与者的 50 人田野调查工作（Gachuhi，1972）。除卫生部这些活动外，20 世纪 60 年代末其他部门没有与家庭计划或人口增长有关的活动。

显然存在少数对人口政策的公开反对者。Chimbwete à à、Zulu 和 Watkins（2003）报告，1967 年肯尼亚副总统奥金加·奥廷加公开反对家庭计划，公开宣称家庭计划是白人种族主义者灭绝非洲人的阴谋。然而在当时，奥廷加正要从肯尼亚非洲国家联盟国家党辞职，组建一个肯尼亚人民联盟的反对党。冷战时期，奥廷加推动肯尼亚人民联盟与苏联保持密切联系（Kyle，1999），而肯尼亚非洲国家联盟则是亲西方的。奥廷加可能已经预见到1974年世界人口会议上提出的"发展是最好的避孕药"这样的观点。奥廷加的反对也反映了地方政治动态：如果肯尼亚非洲国家联盟支持某项政策，那么肯尼亚人民联盟就挑战这项政策。

相比之下，奥廷加（1972）描述的家庭计划项目的反对观点则可以忽略。他认为反对者主要考虑肯尼亚人口稀少这一错误观念。他注意到天主教不反对家庭计划，天主教医院会给那些要求家庭计划的非天主教徒提供家庭计划服务，肯尼亚家庭计划联合会也得到了穆斯林领导者的支持，部队也支持家庭计划项目。实际上，20世纪60年代末在内罗毕与知识分子和其他人的非正式谈话中知道，最常见的反对家庭计划的原因是认为它鼓励不道德行为，如果妇女能够控制她们的生育，她们更有可能有婚外情。

根据加丘希（1972）和埃宁（1986）的报告，肯尼亚卫生部的医疗服务主管全面负责家庭计划项目，并将产妇分娩和小孩健康服务紧密联系起来。由卫生部流行病部门收集和发布家庭计划项目统计数据，而卫生部教育部门负责人员培训。很少提及信息和教育活动。

20世纪60年代末70年代初，项目获得零散的国际援助。人口理事会向卫生部提供医疗咨询，并派一名人口统计学家到内罗毕大学；瑞典国际发展合作机构资助卫生部一位行政顾问，提供家庭计划项目使用的避孕药和宫内节育器所需的资金；福特基金会提供培训和旅行成本；国际计划生育联合会支持肯尼亚家庭计划联合会，提供家庭计划服务流动小组的支出；荷兰政府派出两名妇产科医生、两名护士或助产士、一名细胞学者、一名人口统计学家和一名统计学家；挪威政府为50家诊所提供临床设备；美国国际开发署派健康教育专家并提供视听设备；联合国粮农组织资助包括家庭计划在内的家庭生活培训项目；家庭健康国际发起了避孕药具社会市场营销项目（Ajayo & Kekovole，1998）。

表23.1显示了项目开始以来家庭计划临床活动。如表23.1所示，最初几年项目发展很快，然后进入稳定状态，大约每年新增5万家庭计划接受

者。1976～1978 年新增接受者数目再次增加，20 世纪 70 年代末 80 年代初达到最高。考虑到最初对家庭计划有很高期望，这一时期每年实际出生人数比期望出生人数多 50 万人甚至更多，这个结果无疑是令人沮丧和失望的。

**表 23.1  1967～1982 年家庭计划门诊情况**

| 年份 | 首次访问者 | | 多次访问者 | | 接受者 | |
|---|---|---|---|---|---|---|
| | 人数（千人） | 变化百分比（%） | 人数（千人） | 变化百分比（%） | 人数（千人） | 变化百分比（%） |
| 1967 | 6.4 | — | 13.9 | — | — | — |
| 1968 | 13.1 | 106 | 28.8 | 108 | — | — |
| 1969 | 29.8 | 127 | 72.9 | 153 | — | — |
| 1970 | 35.1 | 18 | 113.7 | 56 | — | — |
| 1971 | 41.1 | 17 | 138.7 | 22 | — | — |
| 1972 | 45.2 | 10 | 172.3 | 24 | — | — |
| 1973 | 50.1 | 11 | 211.2 | 23 | 47.3 | — |
| 1974 | 51.4 | 3 | 236.4 | 12 | 48.5 | 2 |
| 1975 | 53.5 | 4 | 244.2 | 3 | 51 | 5 |
| 1976 | 61.2 | 14 | 271.5 | 11 | 52.5 | 3 |
| 1977 | 72.6 | 19 | 283.7 | 4 | 71.4 | 36 |
| 1978 | 74.7 | 3 | 302.8 | 7 | 74.7 | 5 |
| 1979 | 64.8 | −13 | 308.3 | 2 | 63.8 | −15 |
| 1980 | 65.4 | 1 | 350.4 | 14 | 53.2 | −17 |
| 1981 | 58.7 | −10 | 296.9 | −15 | 57.7 | 8 |
| 1982 | 54.5 | −7 | 296.9 | 0 | 54.1 | −6 |

注："—"表示数据不可得。

资料来源：财政和计划部（Ministry of Finance and Planning），1984。

## 尝试振兴项目

初期的知识、态度和实践调查（Dow，1967；Heisel，1968）及后来的生育率调查（这个调查是世界生育率调查的一部分）（Lightbourne，1985）有关理想家庭规模的问题中，肯尼亚妇女的回答显然是多个孩子（约 6

个），很明显，肯尼亚妇女很难成功降低生育率。

20 世纪 70 年代初，国家家庭计划项目执行不力，1969 年人口普查显示肯尼亚的高人口增长率和高生育率，这刺激政府和捐赠人振兴项目。1971年，政府正式请求世界银行帮助恢复和扩大项目（Faruqee，1980；Henin，1986；Holmberg 等，1984；联合国人口基金会，1979）。主要集中在培训支持项目的医务人员，加强信息和教育，改善项目管理，或更好地贯彻人口理事会早先提出的建议，而不是改变这些建议。

政府制订了 1975～1979 年五年计划，预算经费为 3900 万美元，政府提供32% 的资金，其余的由国际多边、双边、非国际组织捐赠者捐助。世界银行国际开发协会提供 1200 万美元资金，其他主要捐赠者包括瑞典国际发展合作机构（540 万美元）、联合国人口基金会（350 万美元）、美国国际开发署（180 万美元）、联邦德国政府（180 万美元）和英国海外发展部（90 万美元）。国际开发协会的资金用于基本建设：包括 8 个社区护士培训学校、30 个新的农村卫生中心、一栋国家家庭福利中心大楼和一家健康教育中心（Faruqee，1980）。

除了基本建设外，1975～1979 年的主要项目是建立国家家庭福利中心，以便为家庭计划项目提供全面管理。家庭福利中心主任是卫生部医疗服务中心副主任。家庭福利中心的职责包括管理和计划编制、临床服务、培训、信息和教育、评估和研究。

1975～1979 年计划的其他目标包括：大规模增加家庭计划服务工作站数量（特别是农村地区）；大规模增加注册护士和助产士数目；招募和培训新实地工作者、家庭健康领域的教育者；提供车辆及其他交通工具。

### 家庭计划项目的问题和困难

多渠道资金支持为实施项目做出了贡献，但也存在很多问题。联合国人口基金会（1979）的评估报告指出，总共有 24 个国际机构积极参与了肯尼亚 20 世纪 70 年代中期的家庭计划项目，1977 年瑞典国际发展合作机构

（SIDA）评估团注意到国际捐赠者之间缺乏协调，并认为应以不削弱卫生部领导权威的方式进行协调（Holmberg 等，1984）。

除了捐赠者之间较少协调外，还确认了其他导致项目失败的因素。埃宁（1986）列举了国家家庭健康中心高级管理岗位招聘时的问题，指出直到1982 年才任命了第一个全职主管，这已是 1975～1979 年五年计划开始后的第 8 年。国家家庭健康中心每个部门都遇到类似的问题。例如，从来没有落实效率控制和评估系统。统计服务也仅是从新接受者收集到的有限信息，随后，这些信息又不完整地报告给国家家庭健康中心项目管理中心。反过来，五年计划时期，国家家庭健康中心评估和研究部没有配备足够的专家对收集的数据进行充分分析和报告。类似的，信息和教育部无效以致瑞典国际发展合作机构于 20 世纪 70 年代中期终止了资助。

最后，埃宁（1986，第 38 页）悲观地描述了交通工具情况：中心 1977年共有 23 辆车，其中 12 辆坏了。1982 年 7 月当局才下令修理余下的车。然而，五年计划时计划提供 87 辆车。

相比之下，法如克（1980）引用了一些在操作层面的成就。这个时期增加了约 300 个服务工作站；招聘到目标数量的护士、助产士以及实地工作者；招募和培训了 300 个家庭健康实地教育者并把他们安排到合适的地方。最后，就像表 23.1 所显示的那样，20 世纪 70 年代末，家庭计划项目为超过 600 万新接受者提供了服务。

法如克同时指出，优秀的工作人员必须是好脾气。此后人口理事会（1992）的报告显示，那些接受过妇女和儿童健康以及家庭计划培训的卫生部人员中，仅有不到一半的人在 1972～1989 年间实际上提供了相关服务。不管相关记录是否遗漏了这些人，对所有卫生部工作人员来说，只能猜测有多少人提供了服务。

1975～1979 年计划提出的数量目标是：招募 70 万名新接受者，避免 15万新生儿出生。如果计划成功，1999 年总和生育率将减少到每个妇女生育4.7 个孩子（Henin，1986）。就像前面提到的，联合国（2004）估计 1999

年肯尼亚总和生育率是每个妇女生育 5 个孩子。也就是说,肯尼亚实现了 1974 年设定的 7% 以内的目标,这是显著的成绩。

20 世纪 70 年代末的评估显示,大家对实现长期目标没有多少信心,且悲观失望。20 世纪 70 年代进行的各种评估都认为国家家庭计划项目表现不佳,且出现严重差错（Henin,1986；Holmberg 等,1984；联合国人口基金会,1979）。总的来说,早期评估倾向于集中在具体操作方面的不足而不是项目本身的有效性。最明显的不足是工作人员供给不足、项目管理不善及增加家庭计划的需求（特别是农村地区）。

评论表明,缺乏经过培训的工作人员严重阻碍了项目实施。从某种意义上来说,第一个五年计划期间,卫生部意识到医生短缺（某种程度上因为外国工作人员退休以及"肯尼亚化"）,因此做出准许护士、医生助理、助产士分发避孕药具（包括植入宫内节育器）（Gachuhi,1972）,医生负责监督管理。

普遍能看到的问题是对即时医疗服务的巨大需求,这使得工作人员几乎没有时间提供包括家庭计划在内的预防性服务。即使很多人清楚地知道,长期来看最根本的是降低人口增长率和生育水平。但医疗专家广泛共识是:不可能为了实现人口目标,让病人继续受苦,而且病人可能面临死亡威胁。

不能满足的现实需求使肯尼亚逐渐没有了独立初的乐观主义态度,卫生和其他发展领域不能满足大家的需求,而且还增加了沮丧感。国家在"紧急状态"后取得独立,经济繁荣,乐观主义盛行。但 20 世纪 70 年代初,大多数人要求获得以前从未提供过甚至没有想到过的服务。在某些方面,肯尼亚的医疗服务需求增长太快,远远超过大多数国家的情况（无论发达国家还是发展中国家）。然而,肯尼亚家庭计划过程是从极低水平开始的。例如 20 世纪 50 年代肯尼亚婴儿死亡率是每 1000 人死亡 150 个婴儿,到 20 世纪 70 年代初才降至 100 个以下。

在大多数被要求支持家庭计划的其他领域也存在类似情况。例如,在农业领域,很多专家（包括国外顾问、项目管理人和现场指导者）充分认识到需要应对人口过快增长，欢迎家庭计划项目。然而，他们首先关注自己的专业领域。他们关心的是提高农田的生产力，并很乐意将家庭计划留给卫生部去做。尽管迫切需要肯尼亚人广泛接受降低人口增长率的思想，但对农业专家来说，今年和明年的粮食丰收才是最重要的——那些已出生的人需要食物供养。类似的情况在教育等其他领域也很多。

除了缺乏其他机构和专家积极支持外，家庭计划还存在很多不足。最主要的问题是卫生部工作人员不知道为什么提供这些方面的培训。对20世纪60年代末70年代初的医疗专家来说，这些主题在他们的培训中只占很少一部分。弥补培训中存在的不足需要其他方面的资源，而卫生部只能勉强满足最基本的医疗需求。

评估中发现的另一个不足是关于项目的全面管理。很长一段时间高级管理职位空缺；不能及时做出决定；专家们经常发现，由于被迫做项目管理者的事情，他们很少能利用自己的专业技能；现场人员的监督和管理严重不足；忽略了保证临床的持续补给（特别是在农村和次中心）这样的行政任务；缺乏维持系统正常运转所需要的大量高技能专业管理者。如不出意外，临床上的项目结果显然不能满足预期目标。

同时，20世纪60年代肯尼亚人对服务的需求不断增加，对政府有很高期望，并很快出现了期望公民参与服务的肯尼亚化。一旦在肯尼亚外发现工作机会，许多外国移民迅速选择离开。很显然，他们的长期职业机会不会因为肯尼亚近来的政治变化而增加。同时，20世纪60年代末70年代初是英国经济较快增长时期，而澳大利亚、加拿大、美国增长更快，所以这些外国移民很容易在其他国家找到工作。当然并不是所有人都想离开，一些欧洲血统的人继续为新肯尼亚做出贡献，并成为多种族社会的一部分。许多人在工作上确实很突出，但这些人数量很少。

此外，肯尼亚人意识到必须快速本土化。如果政府工作人员仍然高度依赖于外国移民，新国家就感到不安全。本土化过程面临两个挑战：第一，可供选择的候选人不足以填补外国人离开留下的空位，以及满足人们对公共服务需求增加所需要的新岗位；第二，本土化的高水平政府服务要求迅速把肯尼亚人提拔到高级职位。在很多例子中，做起来没有什么困难，然而在另一些例子中，被提拔的人几乎没有机会获得管理经验和自信，有些人根本不能胜任他们新职位的工作。

可获得的技术援助使政府工作人员满足管理的需要。作为支持项目和计划的一部分，外国捐赠机构一般愿意派驻专家在肯尼亚工作，人口理事会代表团推荐国际专家参与肯尼亚国家家庭计划项目。因此，外国技术顾问在实施和管理家庭计划项目中发挥重要作用。大部分外国专家专注于工作并做出了杰出贡献；然而，大量使用外国专家也产生了一些特有的问题。首先，这些外国专家驻肯尼亚的时间一般是固定的，并且比较短（一般是 2～3 年）。高级职位人员频繁转换无疑不能达到最好效果。其次，大部分专家是由国际机构招募并派驻肯尼亚的。这某种程度上意味着这些外国专家要考虑两个机构的要求：一个是当地政府，一个是国际机构。

多年以来，家庭计划需求的信息和教育项目的重要性不断增加。项目开始实施的几年里，新接受者大量增加（见表 23.1），并迅速达到平稳时期。许多评论家意识到问题不仅仅是简单地增加新服务点。

项目初期主要集中在提供直接避孕服务，这项工作由卫生部负责。肯尼亚家庭计划联合会负责动员和招募新的家庭计划接受者。同内罗毕和蒙巴萨市政当局合作，在现有诊所提供家庭计划服务。

埃宁（1986）报告说，20 世纪 60 年代末 70 年代初肯尼亚家庭计划联合会为家庭计划项目的成功做出了重要贡献。肯尼亚家庭计划联合会流动工作小组招募了约 1/3 的首次和多次家庭计划临床接受者，这对总体执行情况不好的项目来说是相当大的贡献。

20 世纪 70 年代，卫生部和肯尼亚家庭计划联合会的分工并不是很严格。两个部门都提供直接避孕服务，而且都承担一些信息和教育活动。然而，总体上在发动大家参与活动方面比较薄弱。几乎每个评估报告都显示信息和教育项目的执行不足。例如，瑞典国际发展机构评估显示，1974～1975

年信息项目预算中只有 40%、教育项目预算中只有 60% 实际用于项目执行（Holmberg 等，1984）。

肯尼亚家庭计划联合会的管理和项目实施存在不足。20 世纪 70 年代初面临管理和责任问题，1981 年，作为肯尼亚家庭计划联合会主要资金来源的国际计划生育联合会发现，必须直接监管肯尼亚家庭计划联合会几年时间（Holmberg 等，1984）。

卫生部和肯尼亚家庭计划联合会在信息和教育项目上缺乏效率，大家也逐渐认识到创造家庭计划需求是一件不容易的事。不像在世界其他地区，没有证据显示肯尼亚有未满足的避孕服务需求。很多评论家建议，肯尼亚应该探讨增加家庭计划需求的方法。

常提到三个增加家庭计划需求的方法。第一，通过对其他领域专家（如教师、社会工作者、农业推广代理商）提供家庭计划和人口教育方面的培训，补充家庭计划动员和教育方面的工作。第二，有可能减少孩子需求的方法应该优先于总体发展计划。因此，采用的农业或教育政策的标准不仅要影响农业产量或教育成果，也要考虑其对生育率的影响。第三，有些评论家建议应该采用各种直接激励和惩罚措施。然而，所有建议都只停留在讨论阶段，并没有进一步行动。

随着时间推移，开始出现针对项目存在的根本缺陷的批评。强调的重点不是项目实施不充分，而是着眼于项目最初设计时的缺陷。主要有两个观点：第一，1965 年人口理事会代表团设计的项目中对结果太过乐观（Ajayo 和 Kekovole，1998）。结果，只要质疑肯尼亚家庭计划的必要性和适当性，家庭计划就遭到批评。这个观点某种程度上是正确的。20 世纪 60 年代中期确实是肯尼亚非常乐观的时期。像其他非洲殖民地一样，不仅在人口领域而且在其他领域，独立初的过度乐观没有达到撒哈拉沙漠以南非洲人们的预期。

第二，最初的政策设计没有充分考虑肯尼亚制度的独特性，这是根本性的缺陷（Chimbwete àà、Zulu & Watkins，2003；Frank & McNicoll，1987）。反过来导致项目失败，并使得政策易受批评甚至遭到反对。一些评论家认为这是国际顾问没有考虑肯尼亚实际而采用"一刀切"政策建议在方法上的缺陷。国际顾问给肯尼亚的建议大部分来自当时可以获得的亚洲国家人口项目的经验。专家经常充当推动一个国家向其他有成功经验国家学习这个角色,不管结果好坏都会引起争论。

有些人说肯尼亚人口政策采用国际专家的建议,缺乏议会、学术界或者其他领域的内部讨论,几乎不能适应肯尼亚实际特有的需要。而且,迅速采纳家庭计划国际化项目是由于对高人口增长率的紧迫感,其实这根本就是政府无根据的信息(而这一点事后才明白),相信其采用技术办法实现社会经济发展。这个过程使政策后来更易遭到批评。

一些批评家认为,家庭计划项目存在缺陷的一个重要原因是卫生部某些部门的故意拖延(Chimbweteàà、Zulu & Watkins,2003)。这些批评家认为高级主管反对家庭计划的许多方面,他们接受国际援助,但有效地阻止了实施他们认为存在潜在问题的条目。很难说故意拖延是否是家庭计划总体不足的重要因素,但像许多其他部门一样,在人口领域确实出现了很多问题。

## 第一阶段政策和项目的总结

20 世纪 70 年代末,发生了三件重要的事情。第一,1978 年肯雅塔总统去世,丹尼尔·阿拉普·莫伊出任新总统,齐贝吉任副总统。人口项目进入一个缺乏强有力领导的时代(肯雅塔没了兴趣,姆博亚 1969 年被暗杀)。丹尼尔·阿拉普·莫伊总统和齐贝吉副总统清楚地认识到应对肯尼亚极高人口增长率的紧迫性,并把这看作经济社会发展的严重障碍。20 世纪 80 年代,他们公开这个问题并把它作为政府工作人员和国家政治领导优先解决的问题。

第二,肯尼亚的宏观经济增长达到平稳状态,20 世纪 70 年代末 80 年代初陷入停滞。经济增长没有明显惠及每个人,新增就业岗位显然不能满足劳动力的增长。

第三，1979 年人口普查显示肯尼亚人口增长率仍处在较高水平，并存在巨大的潜在人口动量。1969～1979 年，肯尼亚总人口增长超过 40%，达到 1500 多万人。生育率如此高（总和生育率为每个妇女生 8 个孩子），以至不可能再高了。而且没有明确的证据表明生育率开始下降。这些结论使所有人关注人口增长，就像关注肯尼亚正在经历不容忽视的发展问题一样。忽视人口问题会影响到其他发展目标的实现。

像 20 世纪 60 年代末人口专家对于肯尼亚家庭计划过于乐观一样，20 世纪 70 年代则过度悲观。然而，尽管存在诸多缺陷和不足，肯尼亚家庭计划项目的最初 10 年建立了便于国家生育率转变的制度基础。随后 25 年肯尼亚总和生育率下降了 38%。

## 参考文献

[1] Ajayo, Ayorinde, and John Kekovole. 1998. "Kenya's Population Policy: From Apathy to Effectiveness." In *Do Population Policies Matter? Fertility and Politics in Egypt, India, Kenya, and Mexico*, ed. Anrudh Jain, 113 – 56. New York: Population Council.

[2] Bunyi, Grace. 2006. "Real Options for Literacy Policy and Practice in Kenya." Paper commissioned for the Education Foundation for Africa, Nairobi, Kenya.

[3] Burrows, John. 1975. *Kenya: Into the Second Decade*. Baltimore, MD: Johns Hopkins University Press.

[4] Central Bureau of Statistics. 1996. *Kenya Population Census, 1989*. Nairobi: Central Bureau of Statistics, Office of the Vice President, and Ministry of Planning and National Development.

[5] Chimbweteàà, Chiweni, Eliya Zulu, and Susan Cotts Watkins. 2003. "The Evolution of Population Policies in Kenya and Malawi." Working Paper 27, African Population and Health Research Center, Nairobi. http://www.aphrc.org.

[6] Dow, Thomas, Jr. 1967. "Attitudes toward Family Size and Family Planning in Nairobi." *Demography* 4 (2): 780 – 97.

[7] Faruqee, Rashid. 1980. *Kenya: Population and Development*. Washington, DC: World Bank.

[8] Frank, Odile, and Geoffrey McNicoll. 1987. "An Interpretation of Fertility and

Population Policy in Kenya." *Population and Development Review* 13 (2): 209 – 43.

[9] Gachuhi, J. Mugo. 1972. "Family Planning in Kenya: Program and Problems." Paper presented at the United Nations Educational, Scientific, and Cultural Organization and World Health Organization Consultation on Communication and Education in Family Planning, December 12, New Delhi.

[10] Ghai, Dharam, Martin Godfrey, and Franklyn Lisk. 1979. *Planning for Basic Needs in Kenya: Performance, Policies and Prospects*. Geneva: International Labour Office.

[11] Heisel, Donald. 1968. "Attitudes and Practice of Contraception in Kenya." *Demography* 5 (2): 632 – 41.

[12] Henin, Roushdi. 1986. *Kenya's Population Program 1965 – 1985: An Evaluation*. Nairobi: Population Council.

[13] Holmberg, Ingvar and others. 1984. *Evaluation of Swedish Assistance for Family Planning in Kenya*. Stockholm: Swedish International Development Cooperation Agency.

[14] Kelley, Allen, and Charles Nobbe. 1990. "Kenya at the Demographic Turning Point?

[15] Hypotheses and a Proposed Research Agenda." Discussion Paper 107, World Bank, Washington, DC.

[16] Kyle, Keith. 1999. *The Politics of the Independence of Kenya*. New York: Palgrave.

[17] Lapham, Robert, and W. Parker Mauldin. 1984. "Family Planning Program Effort and Birth Rate Decline." *International Family Planning Perspectives* 10 (4): 109 – 18.

[18] Leavey, Edmond and others. 1962. *The Economic Development of Kenya*. Baltimore, MD: Johns Hopkins University Press.

[19] Leys, Colin. 1974. *Underdevelopment in Kenya: The Political Economy of Neo – Colonialism, 1964 – 1971*. Berkeley and Los Angeles: University of California Press.

[20] Lightbourne, Robert E. 1985. "Individual Preferences and Fertility Behaviour." In *Reproductive Change in Developing Countries: Insights from the World Fertility Survey*, ed. John Cleland and John Hobcraff, Oxford, U. K.: Oxford University Press, 838 – 61.

[21] Maddison, Angus. 2003. *The World Economy: Historical Statistics*. Paris: Organisation for Economic Co – operation and Development.

[22] Maloba, Wunyabari, 1993. *Mau Mau and Kenya: An Analysis of a Peasant Revolt*. Bloomington and Indianapolis: Indiana University Press.

[23] Mauldin, W. Parker, and Bernard Berelson. 1978. "Conditions of Fertility Decline in Developing Countries, 1965 – 1975." *Studies in Family Planning* 9 (5): 89 – 147.

[24] McNicoll, Geoffrey. 2006. "Policy Lessons of the East Asian Demographic Transition." *Population and Development Review* 32 (1): 57 – 74.

[25] Ministry of Economic Planning and Development. 1967. *Family Planning in Kenya: A Report Submitted to the Government of Kenya by an Advisory Mission of the Population Council of the United States of America*. Nairobi: Ministry of Economic Planning and Development.

[26] Ministry of Finance and Planning. 1984. *1984 Economic Survey*. Nairobi: Central Bureau of Statistics.

[27] Molnos, Angela, ed. 1972. *Cultural Source Materials for Population Planning in East Africa.* Nairobi: East African Publishing House.

[28] Population Council. 1992. *Kenya: Evaluation, MOH In – Service Training. Final Report ( Condensed ).*

[29] African Operations Research and Technical Assistance Project. Nairobi: Population Council.

[30] Republic of Kenya. 1965. *Sessional Paper No. 10: African Socialism and Its Application to Planning in Kenya.* Nairobi: Government Printer.

[31] Robinson, Warren. 1992. "Kenya Enters the Fertility Transition." *Population Studies* 46 (2): 235 – 54.

[32] UNFPA ( United Nations Population Fund ). 1979. *Kenya: Report of Mission on Needs Assessment for Population Assistance.* Report 15. New York: UNFPA.

[33] United Nations. 2004. *World Population Prospects: The 2004 Revision.* New York: United Nations, Department of Economic and Social Affairs, Population Division. http://esa. un. org/unpp.

[33] Watkins, Susan Cotts. 2000. "Local and Foreign Models of Reproduction in Nyanza Province, Kenya." *Population and Development Review* 26 (4): 725 – 59.

（袁瑞娟　译　彭伟斌　陈晓慧　校）

第七部分

# 结论及教训

# 第二十四章

## 家庭计划：无声的革命

■ 沃伦·C. 罗宾逊，　约翰·A. 罗斯

1960 年，在发展中国家中很少有人使用避孕。15 年后，避孕药具的使用则很常见，现在大多数夫妇使用避孕方法。在此期间之初，悄然出现了一项社会创新：在全国范围内官方实施国家家庭计划项目。这项创新迅速遍及其他许多发展中国家，成了决定生育率新的因素，并为逆转传统的鼓励生育的观点发挥了很大作用。这项革命应该重新进行考察研究，就像这本书这样。

这里呈现的 23 个案例是最早开展全国范围家庭计划项目的国家。虽然已经有关于家庭计划运动史的精彩报告（Donaldson & Tsui，1988；Mason，2001；Seltzer，1998；Watson，1977），但是早期国家家庭计划研究和分析的资源已大多被遗忘（例如 Bogue，1968；Bulatao，1993；Freedman 和 Berelson，1976；Mauldin，1978；Mauldin 和 Berelson，1978；Nortman，1969；Watson，1977）。建立国家家庭计划项目背后的很多历史背景已经消失，而且，进入这一领域的年轻人几乎没有意识到这一点。与之相关的生殖健康项目的设计者们，也无意去获取早期国家主导的家庭计划尝试中所取得的经验教训。因此，提供这些经验的报告及其对当前问题的启示，可以填补

这段空白。

本书选择的家庭计划项目涉及三大洲和各种历史环境、社会经济背景和不同效果。各章的作者们也是曾亲身经历过这些项目的老一辈专家；令人遗憾的是，囿于当时的性别偏见，大多数作者是男性。所有作者独立形成他们自己的报告，注重政策的起源、项目的结构、涉及的捐赠者、面临的困难、获得的经验教训以及对其他国家和项目的意义。由于国家环境和项目类型丰富多样，各章自然因项目的不同历史、分析及个人思考而不同。

我们得出的结论是，大多数情况下，家庭计划是的"试验"是成功的：过去 30 年里发展中国家发生的避孕使用增加和生育率下降的革命很大程度上是政策和项目干预的结果。获得这些成果并非易事，而且各个案例也不尽相同。在一些案例中，项目支持者开始时都太乐观，但是在几乎所有的案例中，项目反对者开始时都太悲观了。尽管像一些人预测的那样，社会经济现代化几乎和家庭计划项目一样重要，但鼓励生育的文化和传统价值观并不是项目成功难以逾越的障碍。最后一章中，我们的任务是梳理并简化复杂的国别研究，并为将来的项目规划者和管理者提供指导。

## "政策 – 项目 – 结果" 框架

没有框架能勾画出国家项目中出现的错综复杂的过程，但是表 24. 1 至少简要列出了一些基本要素。政策通常体现了政府部门对一个问题所持的正式立场，政策指导行动并试图改变未来。根据政策形成主体工作，并产生一系列可监测的结果。尽管在现实中，这个过程不总是线形性的、有序的或可预测的。除项目自身的结构性特征外，也受背景因素的影响，并受环境中的积极和消极因素影响而产生不同的结果。通过简化这些复杂过程，我们能从 23 个案例研究中提炼出一个框架。

表 24.1　影响政策和结果的基本要素

| | I. 环境 | |
|---|---|---|
| 采纳政策的积极因素<br>● 经济必要性<br>● 公众支持<br>● 政治领导人的支持<br>● 非政府组织有良好基础<br>● 意识到流产或孕产妇及儿童健康问题 | 一般因素<br>● 社会经济因素<br>● 通信设施<br>● 交通设施<br>● 死亡率<br>● 婚姻模式 | 反对政策的消极因素<br>● 传统主义<br>● 宗教方面的障碍<br>● 政治障碍 |
| | II. 政策类型 | |
| | 独裁主义<br>一致同意<br>非正式的 | |
| | III. 实施 | |
| 具体实施系统<br>● 卫生部或非政府组织的诊所或医院的设施<br>● 卫生工作者或健康服务系统<br>● 混合的方法<br>● 信息、教育和交流/行为变化交流系统[a] | 中央的能力<br>● 项目领导者<br>● 管理结构<br>● 工作力度 | 可利用的资源<br>● 避孕技术<br>● 卫生部的基础设施<br>● 卫生部工作人员<br>● 国外和国内资金<br>● 技术援助<br>● 统计能力 |

资料来源：作者。

a. 文献中互换地使用这两个术语。

## 政　策

通常，"政策-项目-结果"进程的第一步是定义和通过"政策"，但是这个术语在不同环境下有着不同的意义，因此我们必须明确如何解释这一术语。

### 政策的含义

政策通常是指政府的政策，也就是说，政府对重大问题的立场，并有意影响到将来的事件。政府一般通过颁布法律、设立实施机构并动用公共资源来实施政策（Demeny，2003；May，2005；Roberts，1990；联合国，1973）。

这个概念可以扩展，因为政府也可能很好地整合了非政府机构的立场，并应用到政府的实践过程中。此外，政策起源于广泛的基础上，现实社会中大众的感情要求采取的行动都会影响到政策（最近几个作者称这为隐含政策。见 Johanssen，1991；Posner，2001）。因此，这些案例研究中政策采取多种形式，并在不同程度地实施了。

**采纳政策的积极因素**

第二次世界大战后，非洲和亚洲的殖民、半殖民地区发生了大规模政治剧变，建立了几十个新的国家。这些国家在成立后不久就面临着一个问题，即在死亡率下降的同时人口增速很快，这很大程度上挫败了他们提高生活水平的希望（即所谓提升期望的革命），国际机构也极愿在这方面给予支持。新独立国家的许多政治领导人和技术精英在西方国家受过良好的教育，接触过马尔萨斯和古典经济学家有关人口增长的观点。人口增长需要人们改变其行为的观点使问题又回到了 19 世纪中期英国和其他地方的反马尔萨斯联盟，他们在当时发起了现代家庭计划（生育控制）运动。国际非政府组织也已经在殖民地区开展了多年工作，并已经意识到战后人口增加问题。另一个因素是代表当前科技发展水平的最著名的寇尔－胡佛宏观经济模型（Coale & Hoover，1958），认为快速人口增长是实现人力资本投资增加和提高人均收入的巨大障碍。正如在第一章中所说的，大多数政府经济计划者认为这个模型是正确的。

另外，由于出现不安全的非法流产导致孕产妇死亡率上升，也有观点认为计划生育更为人道。意外生育意味着育龄妇女在育龄期的最高年龄和最低年龄有很多的出生，这对于母亲和婴儿来说都是高风险的。一般认为母婴死亡率的上升趋势是高生育率及意外怀孕堕胎的副产品。即使在项目启动后，非法和合法堕胎继续影响着很多。

这些影响生育率下降因素的相对重要性不断变化，而且一些国家把中央经济计划作为生育率下降的推动力（孟加拉国、印度、印度尼西亚、韩国、巴基斯坦、泰国）。而在其他国家，把高生育率和堕胎、孕产妇死亡率等健康相关问题之间关系作为主要的论题（智利、哥伦比亚、危地马拉、牙买加、马来西亚）。几乎所有的国家都有私人的自愿控制生育协会，一些有影响力的成员已经形成了前瞻性的政策。人道主义要素和宏观经济模型共同为降低生育率的政策提供了有力的支持。积极的人口政策看起来是很明智的行动路线，并在20世纪60年代中期开始被广泛采纳。

**反对政策的消极因素**

在所有的传统文化中，家庭是社会系统的核心，而且高生育率有效防止高死亡率，并为劳动力和老年经济安全提供保障（Leibenstein，1954）。生育率和死亡率之间的平衡使这种价值观稳定地植根在这个系统中。当死亡率大幅下降时，系统完全紊乱，导致人口自然增长迅速。此外，随着经济转型，人口流入城市，而城市的孩子抚养成本更高，孩子的作用更小。然而，这些价值观念不可能一夜之间改变，传统上对大家庭的偏好是生育控制政策的障碍。

宗教保守主义，特别是天主教，阻碍了拉丁美洲和法语非洲国家的政策发展，并使一些卫生部谨小慎微（智利、危地马拉）。然而在像哥伦比亚等其他拉丁美洲国家，尽管教会的势力很强大，家庭计划项目仍然很成功。在其他地方，穆斯林反对绝育（印度尼西亚）和家庭计划（早期的伊朗和摩洛哥）对项目无益，但其他伊斯兰国家一直在政策的最前沿（阿拉伯埃及共和国、马来西亚和突尼斯）。佛教对家庭计划一般是采取容忍或中立态度（泰国和除斯里兰卡外的印度次大陆）。

面对这些真实的或潜在的反对，就可以理解那些政治上的顾虑。第二次世界大战后的一段时期，本研究几乎所有项目都在事实上含有或正式承认从宗教上和道德上鼓励生育的政策，往往是对避孕药具和信息加以法律限制（大多数欧洲国家和美国的许多州也这样做）。在一些项目中，家庭计划政策也在早期受到地缘政治和军事上的反对，认为人口众多意味着国家权力和影响力很大。一些来自左翼政治团体的强烈反对，认为美国资助的企图是削弱发展中国家的自主和影响。这种观点和传统的、消极的、马克思主义的家庭计划观点相结合的势力在拉丁美洲和加勒比海地区特别强大（如危地马拉，智利、哥伦比亚和牙买加则强度相对较低）。

尽管北非的摩洛哥和突尼斯没有这个问题，但政治上的顾虑也是法语撒哈拉沙漠以南非洲地区存在的问题。在撒哈拉沙漠以南非洲地区，法语系政府行动上的失败在很大程度上可以解释他们没有在我们这里的 23 个早期项目中。

### 采纳政策的决定

每一个案例中设立家庭计划政策的决定表明积极因素和消极因素的平衡。这是一个政治上的决定，在许多案例中，国家公开采取的政策是有争议的，需要很大的政治勇气。有些地区总是存在敌意，并存在一些政治风险。

采纳家庭计划政策的实际决策有几种方式。第一，在一些案例中，决定反映了强有力的、独裁的国家领导人的判断，他们命令实施政策而没有适当关注公众舆论。在这些独裁案例中，政治领袖逐渐认识到人口快速增长的风险，并形成了一个新的政策和计划。这表现在本书中讨论的 9 个项目案例中：埃及（贾迈德·阿卜杜·纳赛尔）、印度尼西亚（苏哈托）、巴基斯坦（穆罕默德·阿尤布·汗）、菲律宾（费迪南德·马科斯）、新加坡（李光耀）和突尼斯（哈比卜·布尔吉巴），此外，伊朗、摩洛哥和尼泊尔的项目领导人是皇室统治者或皇家的顾问。这些项目是属于"独裁的"或"有远见卓识的"，取决于各人的不同观点。

第二，另一些政府在采取行动的时候即使没有得到广大群众的支持，也是得到政治和社会精英的广泛支持的，我们把其看作是共识政策。这体现在 10 个项目中：孟加拉国、哥伦比亚、中国香港、印度、肯尼亚、韩国、马来西亚、斯里兰卡、泰国和土耳其。在这些案例中，有些是由私人团体和有影响力的个人带头，组织全国研讨会、写论文并发动足够的社会力量和公众支持，导致采取一个正式的政府政策和项目。政府的主要领导人经常不声张地参与私人团体工作。随着时间的推移，一些独裁政策变成共识政策。

第三，有时私营部门的团体或机构能筹集足够的资源，并能产生一定的影响，甚至在缺乏政府正式支持的情况下能做出决定。在几乎所有的项目中，私人家庭计划组织都起到一定的作用，而且在其中 4 个项目中处于支配地位：智利、加纳、危地马拉和牙买加。因此，我们可以称其在官方机构之外建立了非正式的政策和项目。在智利、加纳和牙买加，10 年内出现政府政策，但是在危地马拉，40 年过去后政府才采取行动。

## 项　目

大规模的项目包含着影响其有效性的基本特征。现在我们依次讨论这几个特点，尤其关注为改进项目提供指导的经验。

### 强大和一致的领导

要求政治领导批准一项政策，但强大的行政领导是项目成功实施的关键。本书的各章节强调强大的、有效的领导扮演的重要角色以及由于缺乏强大领导所带来的问题。早期的大部分成功项目是和主要项目主任的名字紧密联系在一起的：中国香港（Ellen Li）、印度尼西亚（HaryonoSuyono）、韩国（Taek Il Kim）、新加坡（Wan Foo Kee）和泰国（Somboon）。在其他项目中，即便最终证明项目是成功的，频繁更换主要人员对项目是无益的（埃及、巴基斯坦、菲律宾）。领导力差常常影响了项目成果。

### 项目管理结构

大型项目通常都是在卫生部控制下进行的，但是在 20 世纪 60 年代开始的一些项目大部分是非政府组织活动（哥伦比亚、中国香港、马来西亚和新加坡）。然而，随着项目的推进，非政府组织不能继续维持项目，随后卫生部门开始承担起主要任务。私人团体保留一些功能（公开信息、研究、论证项目和制定标准），而卫生部负责服务的主体部分，形成了一种混合性的结构（中国香港和韩国）。无论何种情况，向卫生部过渡的过程参差不齐，哥伦比亚的项目仅仅保留了原先的一部分内容，而危地马拉的则更不顺利。

卫生部内部也存在一些矛盾。由于卫生部通常是内阁中最弱的部门，占有的资源很少，而且政治影响力也很小。在健康问题很严重的国家，许多医学专家没有把家庭计划看作是首要问题。此外，"人口控制"在经济计划者中比在卫生部工作人员中更受欢迎，在一些案例中，卫生部工作人员认为自己只是被当作降低生育率的工具。

在探索时期，完全不清楚做什么或如何做。项目所设想的那么大规模的公共卫生干预是史无前例的。有人把家庭计划项目看作是类似世界卫生组织成功根除天花和鼠疫的项目，但是作为一次性速成项目，它们无法为长期家庭计划生育项目提供指导。主要的"现代"避孕方法都是新出现的，宫内节育器和避孕药在实际中比临床实验预测的停用率更高。贝雷尔森（Berelson，1974）认为项目必须满足可接受性、可行性和有效性三个标准，这一规则对项目没有实际指导，因为这些标准仅能用试错法，并且错误的成本很高。

考虑到人口问题的紧迫性和卫生部的局限，一些家庭计划生育倡导者认为需要引入新管理结构，因此组建了家庭计划委员会或人口委员会，旨在破除常规的部门界限，通过垂直结构来管理、监督和协调所有家庭计划活动（埃及、加纳、印度、伊朗、牙买加、马来西亚、尼泊尔、巴基斯坦、菲律宾）。在一些案例中，委员会仅仅是没有多少实际权力的协调机构，服务提供仍是卫生部门的职责（伊朗、牙买加、菲律宾），但在其他案例中，家庭计划委员会直接监督实际工作者并控制后勤工作、宣传教育工作（IEC），以及评估工作（埃及、印度尼西亚和尼泊尔）。还有一些家庭计划机构建立在现有的非政府组织基础上，并受政府和非政府组织共同监管（哥伦比亚、牙买加、马来西亚）。独立的人口和家庭计划委员会的优势是在人员和财务方面可以超越部门常规，因此项目领导者具有更多的灵活性。不利方面是这种模式会强调对家庭计划的态度，即家庭计划不仅是一个健康问题，而且是一个经济或社会政治问题，从而弱化了卫生部门的作用。

**提供服务的结构**

无论项目的整体结构如何，必须提供相应的服务。这些项目逐步形成了单独或混合的服务方法，即：

● 卫生部或非政府组织实施的临床服务。医院和城市诊所提供健康服务这种方式占主导（智利、中国香港、印度、牙买加、摩洛哥、新加坡、突尼斯）。

● 政府或非政府组织利用基层工作网络提供服务（伊朗、肯尼亚、韩国、巴基斯坦）。这通常包括基于社区的药具发放工作和私营部门的发放方案。

● 以上方式兼有并与各种其他要素相结合。

大多数项目难以延伸到农村地区，很多临床方法（宫内节育器和绝育）是采取流动卫生队的方式把门诊带到农村提供服务（埃及、韩国、突尼斯、土耳其），或周期性地把设施运到农村地区（印度、尼泊尔）。由于维护费用问题，流动卫生队费用很高；后者则需要当地工作人员周期性地召集服务对象，给了他们很大压力，因此不受欢迎。农村地区更加有效的方法是培养当地工作人员提供服务，如放置宫内节育器（泰国），处理避孕副作用（孟加拉国），并设立服务分站。提供服务常常要求"去医疗化"，降低医疗官僚机构的权力。

避孕药具的供给有时候也由政府的综合农村发展项目（包括教育、卫生和妇女的就业机会）（加纳、伊朗和土耳其）和私人商业部门，包括医生、药店和商店（智利和伊朗的整体项目的重要组成部分）来提供。同时，实施了政府对避孕药具分配项目的补贴，也就是社会营销方案（印度、巴基斯坦和菲律宾）。所有这些方法都是对基本服务的补充。实际上，常常同时采用两种或更多种办法，并拓宽了服务的内容，增加了新的渠道。为了项目成功，不会一直使用单一方法。

每个项目也必须选择公共信息策略，最初被称为宣传教育工作，后来被称为行为改变交流。主要的类型包括：

●与当地工作人员的人际交流，通常以小组座谈会的方式开展，往往还同时发放药具；

●社区教育包括乡村及其邻里活动，常和多目标发展项目相联系；

●运用海报、宣传单和其他的印刷媒体，在诊所、医院等地方进行宣传；

●使用广播、电影和电视等大众电子传媒。

有些国家考虑到现实中可能出现的反对力量，认为在项目初期低调开展项目最为安全，因此没有采取任何宣传策略，如早期的埃及、危地马拉、伊朗、摩洛哥、尼泊尔、巴基斯坦和菲律宾。

在大多数案例中，同时采用了以上多种宣传教育策略。

**项目可利用的资源**

以上所列的结构和策略表明，这些国家可以在众多的选项中自由选择。实际上，大多数国家面临严格限制，只能根据可支配资源来选择工作方式。大多数卫生部和非政府组织是在设施和人员都比较集中的城市诊所和医院提供健康服务。在一些案例中，服务设施和人员极度缺乏，这给文盲率很高的贫穷国家带来困难。缺乏基础设施限制了所有项目的发展，包括卫生、教育或农业，在农村地区尤其突出。

至少在一段时期内，项目初期的资源短缺严重限制了项目的可行性，特别是地理上难以接近的地区，要将服务伸展到农村需要付出加倍的努力。尼泊尔是一个极端的例子，而且常见的问题是小村庄很分散（加纳、危地马拉、肯尼亚、土耳其），相关后勤问题很突出。许多农村人口几乎接触不到任何物资，包括避孕药具。随着时间推移，改善了国内基础设施，尤其是道路和通信系统，但在很多国家仍存在这些问题。社会动荡和缺乏安全也阻碍了在某些农村地区实施项目（危地马拉、加纳、尼泊尔、菲律宾部分地区）。

**技术援助**

在最初的探索时期，家庭计划项目寻求可行的方式，捐助机构和技术顾问常常起到重要作用。他们不仅提供资金，而且也带来了其他国家的经验和应用研究成果。最初，这些援助很多是来自私人研究部门和人道主义团体，项目通过它们获得避孕技术、宣传教育材料以及管理技巧。随着实际工作的推进，主要的基金会、国家援助机构和多边机构开始扮演起主要角色。

然而，捐赠者倾向于支持按捐助者偏好的模式组织力量使用这些资金的国家，但这种做法并不总是有利于受援国。福特基金会偏好纵向管理的、独立的理事会或委员会，其工作人员在项目当地鼓励这种方式。人口理事会开始是一个研究型团体，支持研究与具有推广价值的示范项目相结合。世界银行的资助处于初期阶段，强调建立诊所、医院及相应的服务提供模式。美国国际开发署常常支持独立的委员会和大规模提供避孕药具项目。美国国际开发署的内部政治变动要求项目能很快产生效果，并且常常忽视项目的接受性问题（巴基斯坦是一个反面教训）。在项目最初 20 年，美国国际开发署资助的家庭计划工作还不是 20 世纪 80～90 年代爆发的国内政治激辩的目标。当保守党右翼和女权主义左翼严重地、有组织地抵抗美国政府参与家庭计划时，美国政府增加了许多如何使用基金的新规则。这降低了美国资助的可用性（Critchlow，1996）。在本书所关注的大部分时期，资金可用性还没有被削弱。总的来说，在一些项目中捐助者的紧密合作影响着项目设计者的选择，而他们提供的基金和技术援助大大增强了行动的可行性。

值得注意的是，1975 年以前，提供给大多数国家的技术支持和经济援助大部分是来自国际组织和非政府组织。尽管现代避孕方法代表了历史性的进步，但并不理想，因而产生了巨大的服务需求。流动小组仅能给部分农村地区提供宫内节育器这种临床服务，可利用的大剂量避孕药受到医学限制，避孕针剂具有导致癌症和不孕的嫌疑。就剩下绝育和避孕套两种避孕措施，而这两种都有自己的缺点。在一些案例中，在未经本地试用而且服务提供者未接受足够培训的情况下，把宫内节育器和避孕药提供给一些人。即使能逐渐解决这些问题，也可能会在短期内导致服务对象的反感。

最后，以今天的标准来看，为项目研究和评估收集数据和统计分析的能力是基础。当时缺乏具有定量分析技能的工作人员，也缺乏硬件设施。美国国际开发署对发展中国家的主要贡献，是与美国人口普查局合作建立了实施普查、调查数据收集和统计分析的中央统计机构。20 年以后，美国国际开发署资助过的世界生育率调查和仍在持续的人口和健康调查项目，是对项目的最直接的贡献。如果没有这些工作，很难认识到错误并进行相应的纠正。落实这些工作需要花时间，而且很多局限不同意在短期内克服。

**工作力度**

最后一个特征是项目的实际工作力度。项目管理者对可用资源的实际利用可能有效也可能无效，因而工作力度和工作方式都值得关注。我们先介绍对工作力度的现有测量，下节将结合工作力度分析项目结果。

项目工作力度测量指标自 1972 年研究出来以后，定期应用于发展中国家（Ross 和 Stover，2001；Ross、Stover 和 Adelaja，待发表）。在这些研究中，独立的、了解情况的观察者对项目的 30 项特征评分，不包括生育率变化或避孕使用这些结果。初始测量分级为从 0 到 4，然后转化为百分比。由于研究从 1972 年才开始，对我们的研究目的来说多少有些晚，不过还是能在很大程度上阐明项目至 1972 年以及此后的累积发展能力。

根据 1972 年的总分，将 23 个项目分为三组（见表 24. 2、图 24. 1）。随后的跟踪仍沿用 1972 年的分组。图 24. 1 表明，低分组在 1972 年的分值确实很低，平均只有最大值的 18%，但到 1989 年有显著改善。中间组的平均分值要高得多，为最大值的 43%，而且到 1989 年也有显著提高。高分组在 1972 年得分就已经很高，为最大值的 69%，并且基本保持在这个水平，仅上升到 71%，随后在 1999 年下降到 66%，下降的一部分原因与指标设置有关，因为有几个最高分国家的控制生育政策发生了逆转。随着时间推移，得分显著收敛，低分组与中分组和高分组趋同。值得注意的是，尽管分组是按照期初的避孕和生育水平，但按照总分的分组在这段时期基本没有变化。

表 24.2　1972 年的小组和项目评分均值

| 低 | 中 | 高 |
|---|---|---|
| 孟加拉国 | 智利 | 哥伦比亚 |
| 埃及 | 危地马拉 | 中国香港 |
| 加纳 | 印度尼西亚 | 印度 |
| 肯尼亚 | 伊朗 | 牙买加 |
| 摩洛哥 | 菲律宾 | 韩国 |
| 尼泊尔 | 斯里兰卡 | 马来西亚 |
| 巴基斯坦 | 泰国 | 新加坡 |
| 土耳其 | 突尼斯 | |
| 平均分 | | |
| 18% | 43% | 69% |

资料来源：Ross 和 Stover，2001。

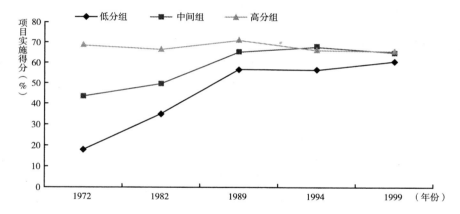

图 24.1　1972～1999 年以 1972 年组为基础的项目评分趋势

注：每一条线都是根据 1972 年定义的组。X 轴没有按比例，仅为分类用。
资料来源：作者整理。

就单个项目而言，表现最好的稳定在最大值的 80% 左右，而在 1999 年，其他项目得分则在 60%～75% 之间变动。以 80% 为上限，他们在 "最大力度" 的 75%（60%/80%）到 93%（75%/80%）之间变动[①]。和它们

①　整个系列大概包括 85 个国家的数据，每一个系列的总分平均都在增加，并持续增加到 2004 年。在 85 个国家中，最高分者已趋于平稳，但均值随着最低分者的改善而提高。

已经付出的努力相比，这个百分比仅代表部分成绩，而令人鼓舞的是得分最低的项目加快提升，了和最好成绩之间的差距。开始时，最高分和最低分之间的差距是77分，随后减少到68分，直到最后差距缩小到36分。

得到高分值的方式明显不同。总分由下面四个部分组成：

- 政策和阶段设定；
- 服务及服务安排；
- 评估及信息的管理使用；
- 避孕药具的可得性和安全流产。

例如，1982年，官方政策立场得分最高的是东亚国家和印度、印度尼西亚及斯里兰卡，而得分低的国家包括非洲的加纳、肯尼亚和摩洛哥以及得分最低的伊朗（但是到1999年，伊朗的得分极高）。服务分数只有部分类似：孟加拉国和哥伦比亚的服务很强，而尼泊尔、巴基斯坦、土耳其的服务得分很低。哥伦比亚的评估得分很高，东亚国家的评估分数也很高，而评估分数最低的包括埃及、加纳、伊朗、肯尼亚和土耳其。在向全民提供服务方面，结论也是相当一致，大多数项目在服务上得分高低与其他内容得分的水平一致。中间组得分变化取决于各部分的变化。

1989年以后，发生了许多变化，有些项目政策刻意朝鼓励生育的方向逆转，像韩国和新加坡。这类因在降低生育率方面"过于成功"而引起的变化值得关注。许多发达国家的例子中，生育率降低无法精准控制，普遍现代化产生了超越项目作用的低生育惯性。


## 项目结果

项目成就取决于实施措施，但在考察项目结果时，必须考虑项目是在一定社会经济背景下形成的。

### 影响项目结果的背景特征

所有项目都产生在当时的社会经济背景之下，这些社会经济作用也对避孕使用和生育率产生影响。在所有案例中，环境变化一直在本质上发挥着作用，其中大部分是对项目有益的。过去几十年发生在欧洲的死亡率缓慢下降的过程在发展中国家的主要案例中已经大大缩短，特别是婴儿死亡率急剧下降，以至于家庭不再需要生育大量孩子以保证生存下来的孩子数量。也许更重要的还是婚姻模式的变化。结婚年龄推迟有重要的长期效应，而且还意味着，在转变时期，一孩出生以及更高孩次的出生都会推迟。在这期间，比正常出生的人数更少，这表明生育率在降低。甚至在转变之后，拉长的代际意味着每年的粗出生率更低。

尽管无法分离出生育率下降和城市生活、女性受教育水平更高、劳动参与率更高以及西方媒体的世俗化影响之间的特定联系，但其他环境因素一直在起作用。这些因素共同构成了社会经济背景（SES）。在政府确定政策和实施项目以前，所有这些因素已经在起作用，这对解释后面列出的三组国家在避孕实践和生育率水平上最初为什么不同有所帮助。国家的现代化和基础设施改善起到了重要的积极作用，有助于国家采取的行动，加速交流并促进项目的运转。

**避孕药具的使用**

早期家庭计划研究中最流行的评价范式是知识、态度和实践框架。也就是说，项目旨在提供避孕知识，改变公众使用避孕药具的态度，增加避孕的使用。早期的宣传教育主要集中在知识和态度要素，但是项目的成果主要是通过实践来进行判断，即增加的避孕实践。

过去几年的研究表明，新项目启动之后通常出现避孕实践的开始或加速。大多数收入本书的案例自20世纪60年代中期都出现避孕使用的增加。然而，开始水平不同，模式也不同，图24.2显示了1970年的三个使用水平的相应结果（1965年的数据缺乏，无法估计当时的水平）。这张图显示了三组国家五年平均避孕现用率的上升趋势。平均来说，项目开始时避孕水平低的国家仍保持在最低水平，但在随后几年三组国家的避孕使用都稳定增加。

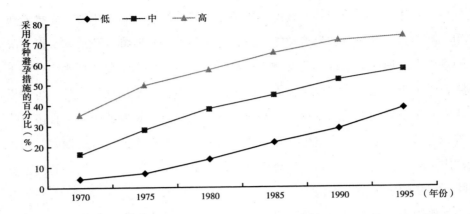

**图 24.2 根据 1970 年避孕普及水平分组的 1970～1985 年的避孕现用率变化趋势**

注：每条线都是根据 1970 年的定义分组。
资料来源：作者整理。

案例研究也非常有趣，但是由于太详细而不能单独列出。开始几年，几乎每个地方的避孕使用都在增加，但并不均衡。表现最好的国家总的避孕现用率最终稳定在 75%～80%（没有 100% 的女性避孕，因为一些人认为自己是不育的，一些人是性生活不活跃，一些人是怀孕的，还有一些人是希望怀孕的）。在每一个案例中，一旦避孕使用开始增加，就是持续增加，几乎没有例外（不过最新的调查显示，肯尼亚达到了稳定水平）。我们所关注的项目初期，避孕现用率增加。东亚国家开始增加的最早并已升至最高水平。总的来说，撒哈拉沙漠以南非洲国家的案例表明，这些地区最不容易改变。

项目选择推广的避孕方法差别很大，项目的选择和公众的反应相结合，导致最常用方法的不同。20 世纪 60 年代中期，当宫内节育器第一次出现时，推广这个方法是因为它是使用惰性材料生产的步骤简单、可逆、便宜的方法，这可以说是历史性的技术突破。然而，由于续用率不如临床试验的结果，再加上其他原因，使这种方法与其他方法相比没有优势，在撒哈拉沙漠以南非洲国家从未推广过。不过，宫内节育器在埃及、土耳其等许多国家的使用仍在继续增加。绝育在亚洲和拉丁美洲国家中发挥着重要作用，但在中东和北非国家则几乎不起作用，在这些国家宫内节育器和避孕药的使用情况特别好。亚洲和拉丁美洲国家使用绝育的比例在缓慢增加，但每年的使用率一直很低。然而，总使用量不断增加是因为开始绝育的平均年龄仅 30 岁左右，使得妇女在很长一段时间一直使用这种方法。同样，在项目初期就引入绝育，这有更长时间来积累用户数量。

一些项目提供了几种避孕方法，而有些只提供一种方法。尽管印度和尼泊尔提供的避孕方法很少，但包括绝育，而哥伦比亚和泰国则提供了多种选择。避孕方法的总使用量和可用方法的数量一致，因为每一种方法满足一种特殊人群的需要。印度尼西亚是唯一皮下埋植方法的特别案例。该国在补贴私营部门的做法上也具有独特性。在大多数国家，私营部门提供避孕药具的比例不会受公共部门采取的行动所影响，私营部门仅靠自己发展。

在很多情况下，医学上终止妊娠或人工流产是一个重要方法，但基本上不公开提及也缺乏统计。东亚国家家庭计划的特点是普遍可获得人工流产服务，包括（但不限于）中国香港、韩国、新加坡和泰国。尽管法律上不鼓励人工流产，但一般来说都是安全而廉价的。在孟加拉国，手动式真空吸宫器或按当地说法成为月经调节的使用十分普遍，由于还未证实怀孕，所以能合法地有别于人工流产，因此允许月经调节。在其他国家，堕胎是非法的，也不那么普及。堕胎一般是隐秘的，在拉丁美洲国家，不安全流产导致的严重健康问题成为开展国家项目的主要理由，如智利和哥伦比亚。有趣的是，突尼斯和土耳其官方提供有限的人工流产服务，并且有预算覆盖这部分费用。

### 生育率趋势

大多数项目中，家庭计划政策和项目旨在通过增加避孕药具的使用来达到减少生育的目的，从而减缓人口增长。尽管在一些例子中生育率下降是一个隐性的而不是一个明确的目标。关键问题就是多年来生育率发生了哪些变化，而且生育率变化与这些项目之间的关系如何。不过，首先要讨论的问题是避孕使用水平增加和生育率下降之间的紧密联系。这种联系在 23 个案例中都很明显（见图 24.3）。总的来说，25 年来避孕现用率几乎翻了三倍，而生育率几乎减少了一半（关于避孕和生育率之间关系的概括论述，参见 Bongaarts & Potter，1983）。

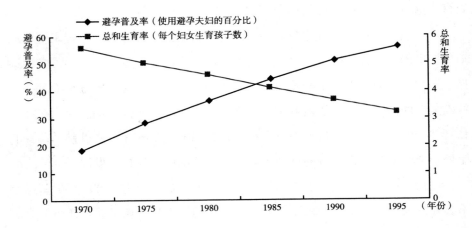

**图 24.3　1970~1995 年 23 个案例总和生育率和避孕现用率的平均值**

资料来源：作者整理。

我们可以根据联合国列出的五年平均总和生育率（联合国，2005）数据追踪长期生育率变化，从战后至 1995~2000 年这段时间。我们利用这套数据是因其具有一致性和完整性；每一章引用的调查数据与联合国估计的数据普遍一致。综合起来，23 个案例的生育率转型从 1960~1965 年开始，平均总和生育率从 6.3 下降到 1995~2000 年的 3.1，下降了超过一半。

图 24.4 中把这 23 个案例分成了三组，根据期初生育率水平分组。总和生育率直到 1960~1965 年才有一些变化。随后三组国家的总和生育率都开始下降，并且下降持续了几十年。开始时总和生育率最低的那组国家，其总和生育率下降幅度最大，到 1995~2000 年下降到平均每个妇女生育 2 个孩子。其他两组国家的总和生育率也跌至 3.5，并以比第一组国家更快的速度

继续下降，最终下降趋于稳定（正如前面提到的，联合国的总和生育率的数据只给出了五年期的数据）。

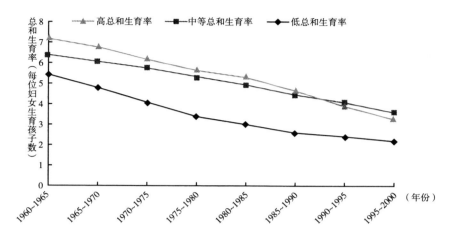

**图 24.4　根据 1955～1960 年生育率水平分组的总和生育率变化，1960～1965 年到 1995～2000 年**

注：每一条线代表着 1955～1960 年定义的那组国家。
资料来源：作者整理。

由于战后婴儿潮、营养改善和其他因素，从一开始生育率在有些地方实际有所上升，但到 1965～1970 年，案例中几乎每一个国家（或地区）都显示生育率下降，这可部分归因于项目的影响，但肯定也有其他因素的影响。几乎在每一个地方，随后的生育率下降都是急剧而连续的。开始下降最晚的是 1985～1990 年的加纳、危地马拉、伊朗和巴基斯坦，一旦开始下降，就会持续，伊朗是所有国家中生育率下降最快的。东亚国家总和生育率期初水平最低，是下跌幅度最大且最快的国家，至1975～1980 年或 1980～1985 年下降到替代水平并继续下降。这些国家或地区包括：中国香港、韩国、新加坡和泰国。总和生育率高的国家包括加纳、危地马拉、肯尼亚和巴基斯坦。其他 15 个国家的总和生育率下降得较为缓慢，比较分散，但所有国家的最终总和生育率都远低于其最初的总和生育率。

关于项目本身对生育率下降的影响是否远大于社会环境改善的贡献，已有大量文献对此进行了讨论。表 24.3 表明了 23 个案例的工作力度、社会环境和生育率之间的关系。此处的社会环境是一个包括社会和经济发展的六维综合指标（见 Freedman & Berelson，1976，他们也综述了项目对生育率下降的影响份额的讨论）。每个单元格列出总和生育率，最后一栏是总和生育率均值。强工作力度组的总和生育率均值仅 3.7，和中工作力度组的总和生育率均值在 65.2，与弱工作力度组的总和生育率均值 6.4 形成对比。社会环境呈现类似的梯度，因为最后一行的均值表明，总和生育率均值从高社会环境时的 3.7 变化到中社会环境时的 5.4 到低社会环境时的 6.3。剧烈的梯度变化也出现在对角线上。生育率水平在相同社会环境下因工作力度不同而变化，这是个非常重要的特点。在中间列，社会经济环境是一样的，总和生育率均值在中工作力度时是 5.2，但在弱工作力度时更高，达到 5.8。在第三列，总和生育率均值在中工作力度时是 5.7，在弱工作力度时是 6.5。这些模式是非常惊人的，并且可由此推断，工作力度产生了独立于社会环境的影响。

**表 24.3　1970 ~ 1975 年按社会环境和工作力度分组的估计总和生育率**

| | 高社会环境 | | 中社会环境 | | 低社会环境 | | 均值 |
|---|---|---|---|---|---|---|---|
| 强工作力度 | 牙买加<br>韩国<br>中国香港<br>新加坡<br>均值 | 5.0<br>4.3<br>2.9<br>2.6<br>3.7 | | | | | 3.7 |
| 中工作力度 | 智利<br><br><br><br><br><br>均值 | 3.6<br><br><br><br><br><br>3.6 | 突尼斯<br>菲律宾<br>马来西亚<br>哥伦比亚<br>泰国<br>斯里兰卡<br>均值 | 6.2<br>6.0<br>5.2<br>5.0<br>5.0<br>4.1<br>5.2 | 伊朗<br>印度<br>印度尼西亚<br><br><br><br>均值 | 6.4<br>5.4<br>5.2<br><br><br><br>5.7 | 5.2 |

| | 高社会环境 | | 中社会环境 | | 低社会环境 | | 均值 |
|---|---|---|---|---|---|---|---|
| 弱工作力度 | | | 危地马拉<br>土耳其 | 6.2<br>5.3 | 肯尼亚<br>摩洛哥<br>加纳<br>巴基斯坦<br>孟加拉国<br>尼泊尔<br>埃及 | 8.0<br>6.9<br>6.7<br>6.6<br>6.2<br>5.8<br>5.7 | 6.4 |
| | | | 均值 | 5.8 | 均值 | 6.5 | |
| 均值 | | 3.7 | | 5.4 | | 6.3 | 5.4 |

资料来源：改编自弗里德曼和贝雷尔森 1976 的分析。

　　表 24.4 对这种方法进行了调整，使得不同社会经济环境下的工作力度和生育率变化相关。这个模式非常明显：总和生育率均值在强工作力度下降了 32%，而在中工作力度下降了 17%，在弱工作力度下降了 6%。在社会环境相同情况下，从高社会环境时的 32% 下降到中社会环境时的 17% 及低社会环境时的 6%。从对角线来看，从 32% 下降到了 5%。

**表 24.4　1960~1965 年到 1970~1975 年间分社会环境和工作力度的
总和生育率下降的百分比**

| | 高社会环境 | | 中社会环境 | | 低社会环境 | | 均值 |
|---|---|---|---|---|---|---|---|
| 强工作力度 | 中国香港<br>新加坡<br>韩国<br>牙买加<br>均值 | 47<br>46<br>24<br>11<br>32 | | | | | 32 |
| 中工作力度 | 智利 | 33 | 哥伦比亚<br>马来西亚<br>泰国<br>斯里兰卡<br>突尼斯<br>菲律宾 | 26<br>23<br>22<br>20<br>14<br>12 | 伊朗<br>印度<br>印度尼西亚 | 9<br>7<br>4 | 17 |
| | 均值 | 33 | 均值 | 20 | 均值 | 7 | |

| | 高社会环境 | | 中社会环境 | | 低社会环境 | | 均值 |
|---|---|---|---|---|---|---|---|
| 弱工作力度 | | | 土耳其 | 14 | 埃及 | 19 | 6 |
| | | | 危地马拉 | 5 | 孟加拉国 | 10 | |
| | | | | | 摩洛哥 | 4 | |
| | | | | | 尼泊尔 | 4 | |
| | | | | | 肯尼亚 | 1 | |
| | | | | | 加纳 | 0 | |
| | | | | | 巴基斯坦 | 0 | |
| | | | 均值 | 10 | 均值 | 5 | |
| 均值 | 32 | | 17 | | 6 | | 15 |

资料来源：改编自弗里德曼和贝雷尔森，1976 的分析。

像这样的交叉表格和多元回归分析清楚地表明，生育率和生育率下降随着社会环境和项目设计而变动，而且每个都有独立的影响。最大的影响出现在最有利的社会环境和最弱的计划工作或两者都不利的情况。在给定社会环境的情况下，较好的项目计划工作意味着较低的生育率（见 Freedman & Freedman，1992，参考这里和后面讨论的各种方法）。

把国家作为分析单元的宏观研究表明社会环境和工作力度共同影响生育率下降，但除了联合效应外每一个因素都有独立的影响。在控制社会经济条件后，多层次分析已经论证了在国家内和国家间的工作力度对避孕使用的影响。此外，工作力度看起来削弱了社会经济对避孕使用差异的影响。案例研究表明，项目中引入新的避孕方法后其使用会猛增。在特别案例中的研究（像孟加拉国的 Matlab 地区和肯尼亚的 Chogoria 地区）表明，项目甚至在极其不利的环境下产生了效果。在个别国家内，在控制了社会经济差异后，一些工作力度很强的小区域内出现了更好的效果。邦嘎茨、莫尔丁和菲利普斯（1990）估计，如果没有家庭计划项目的影响，发展中国家的生育率在1980～1985 年可能会下降到每名妇女生育 5.4 个孩子而不是实际的 4.2 个。这些项目效果反映的是前些年项目积聚的力量。

像这样的交叉表格还有多元回归分析都清楚地表明，生育率和生育率下降随着社会环境和工作力度而变动，而且每个因素都有独立的影响。社会环境和工作力度都有利时影响最大，两者都不利时影响最小。在特定社会环境下，较强的工作力度意味着较低的生育率（关于此处和下文讨论的各种方法，详见 Freedman & Freedman，1992）。这些实例的重大意义，在于证实了计划生育项目在降低生育率方面的作用，总的来说是叠加在社会经济变化的作用之上的。当然，一些项目比其他项目强，并且项目指标变化也比较大，然而随着最弱的项目逐渐增强力度，并与更先进的项目趋同，较强项目的提升速度逐渐放慢了。

**取得成就的时间**

通过案例研究，可以区分早期取得进展、中期取得进展以及数年后才真正有进展的三种情况。研究这三组的不同条件，对于了解项目初期更为有效的做法至关重要。根据避孕现用率上升和总和生育率下降的时间，结合案例研究的证据，我们把这 23 个案例分成三组。7 个案例落入生育率下降较早的一组，包括哥伦比亚、中国香港、韩国、马来西亚、新加坡、斯里兰卡和泰国。11 个案例属于生育率下降中间的一组，它们的生育率下降几乎是在 10 年后才出现，这些案例包括孟加拉国、智利、埃及、印度、印度尼西亚、伊朗、牙买加、肯尼亚、摩洛哥、突尼斯和土耳其。5 个案例归于生育率下降较晚的一组，包括加纳、危地马拉、尼泊尔、巴基斯坦和菲律宾。

在社会经济环境不变的情况下，比较三组国家的项目特点，附录的表 A24.1 在表 24.1 结构的基础上，根据社会经济环境和 7 个项目的特征对这些国家进行了分类，显示了实现项目成果的时间。利用这些信息，表 24.5 总结了三类成就组项目的特点和社会经济状态。

表 24.5　项目的特点和结果的时间

| 项目的特点 | 数　　量 | | | 合计 |
|---|---|---|---|---|
| | 早期成就 | 中期成就 | 延期成就 | |
| 案例数 | 7 | 11 | 5 | 23 |
| 采纳政策的背景 | | | | |
| 　主要是正面的 | 5 | 2 | 0 | 7 |
| 　主要是负面的 | 0 | 2 | 3 | 5 |
| 　两者都不是主导的 | 2 | 7 | 2 | 11 |
| 采纳政策的过程 | | | | |
| 　独裁 | 1 | 5 | 3 | 9 |
| 　共识 | 6 | 4 | 0 | 10 |
| 　非正式 | 0 | 2 | 2 | 4 |
| 管理整体项目的机构 | | | | |
| 　卫生部 | 5 | 6 | 0 | 11 |
| 　垂直的家庭计划委员会 | 1 | 5 | 4 | 10 |
| 　非政府机构 | 1 | 0 | 1 | 2 |
| 很强的项目领导 | | | | |
| 　是 | 7 | 6 | 1 | 14 |
| 　否 | 0 | 5 | 4 | 9 |
| 项目提供服务的结构 | | | | |
| 　基于诊所或医院 | 4 | 2 | 0 | 6 |
| 　基层工作者或卫生服务站点 | 0 | 5 | 3 | 8 |
| 　不止一种结构 | 3 | 4 | 2 | 9 |
| 宣传教育策略 | | | | |
| 　采用 | 7 | 7 | 2 | 16 |
| 　不采用 | 0 | 4 | 3 | 7 |
| 项目开始时的工作力度得分 | | | | |
| 　高 | 5 | 1 | 1 | 7 |
| 　中 | 2 | 5 | 1 | 8 |
| 　低 | 0 | 5 | 3 | 8 |
| 项目开始时资源可得性 | | | | |
| 　经济来源充足 | 7 | 11 | 5 | 23 |
| 　卫生人员、基础设施和其他可得 | 6 | 2 | 1 | 9 |
| 　不可得 | 1 | 9 | 4 | 14 |
| 　技术援助可得 | 7 | 11 | 5 | 23 |
| 统计数据和研究能力 | | | | |
| 　有 | 7 | 2 | 0 | 9 |
| 　没有 | 0 | 9 | 5 | 14 |
| 教育、现代化和社会基础等支持环境 | | | | |
| 　SES 分类1(高) | 3 | 2 | 0 | 5 |
| 　SES 分类2(中) | 4 | 2 | 2 | 8 |
| 　SES 分类3(低) | 0 | 7 | 3 | 10 |

资料来源：作者整理。

没有一个项目和社会环境要素的特殊模式适合所有早期取得成绩的国家，但一般模式却很明显。大多数这类项目都在开始时有较好的社会经济背景（SES 分类 1），有强力的政策支持，很好的项目领导，能利用现有的医疗设施和人员，并把家庭计划项目看成是卫生系统的一部分。这样的环境能很好地预测高工作力度得分和加速实现最终成果。持续的强项目领导出现在 2/3 的好项目中，而在其他项目中则都没有。

项目成功较迟的国家不具有以上所有特征。最初面临强烈反对的项目，几乎花了整整 10 年或更多时间来应对这些反对，最终使项目产生效果。而与更开放的政策采纳方式相比，独裁政权没有对项目后来的进展产生明显的影响。然而，在一些案例中（如在印度尼西亚）采用独裁的方法容易产生强大的项目领导。在印度的案例中，高度中央集权的（但不是独裁的）行政管理模式可能推迟了项目的成果。大多数项目取得早期成效的国家能利用现有卫生系统相对完善的设施、人员和后勤系统。在缺乏这些要素情况下，家庭计划更难实施，产生效果需要的时间更长。面对早期令人失望的结果仍能坚持工作，在中后期取得效果的国家中是非常重要的。

最后，更好的教育水平、更高的妇女地位和现代交通及通信设施更发达的国家开始的状态更好，比那些缺乏这些现代要素的国家取得进步更快。这些社会经济结构变化使得抑制生育的服务需求增加，也使项目提供的服务更为有效。

同样，负面因素在较晚取得成效的国家中也很明显，避孕使用略有增加与总和生育率下降，在采用政策或启动项目数十年后才出现的。五个较晚取得成就的国家都没有强大的广泛的政策支持；没有在政策上取得广泛共识；五个国家中有四个国家的项目领导很弱（另一个有很强的领导，但持续时间很短）；五个国家中有四个国家的家庭计划项目是在卫生部的体系外进行的，几乎无权使用卫生部的设施、人员或研究和评估能力。最后，所有项目都不在 SES 分类 1 中，或都没从妇女受教育水平和就业改善中获益。总之，项目开始的环境因素和项目特征都是负面的。

由卫生部控制项目会比其他结构取得更好的结果，特别是比垂直委员会或董事会结构更好。实际实施中，通过医院或诊所提供服务或分散化基层工作人员的办法或两者兼用，以及其他创新方法效果更都很好。工作效果在更大程度上取决于对资源和设施的利用，而不拘泥于不同结构的固有优势。非政府组织也是一个很好的服务结构。所有的项目都没有因资金短缺而受到限制，部分是因为外国援助，尽管援助不包括像工作人员薪水和管理费用等预算。

另一个影响项目早期成绩的是福特基金会、洛克菲勒基金会、人口理事会、开拓者基金会和国际计划生育联合会等非政府组织的援助。1958 年，瑞典国际发展合作署成为巴基斯坦和斯里兰卡家庭计划项目的第一个官方双边捐赠机构。紧随其后的是更大量的美国国际开发署、联合国人口基金会、世界银行和一些欧洲机构的捐赠。像项目领导者一样，各种国际顾问也逐步建立他们遵循的规则，并不是所有的资助者建议都是有用的。尽管从整体来看大多数捐赠的影响是正面的，这些额外资助起到了重要作用，但在一些案例中，捐赠者的教条和固执则起到了反面作用。同样，并非所有国家都准备好了大量使用捐赠，主要是因为他们的基础设施还很薄弱，或他们认为承担大规模家庭计划还存在一定风险。在随后的几十年里，机构援助仍是国家家庭计划项目和项目管理的重要组成部分。在几个实现了低生育率和高避孕现用率的更先进的国家，大部分捐助机构已经撤出。

在取得成就的时间上，地区差异是很明显的。几乎所有早期取得成就的国家（7 个国家中的 6 个）是东亚和东南亚国家。然而，较晚取得效果的国家则遍布全球（撒哈拉沙漠以南非洲地区的加纳、拉丁美洲的危地马拉、南亚的尼泊尔和巴基斯坦、东亚的菲律宾）。余下的 11 个中间国家也分布在所有地区。平均来说，东亚和东南亚的项目开始时的社会经济环境比其他地区的好。在 5 个较晚取得效果的国家中，有 3 个是 SES 分类 3 的国家（加纳、尼泊尔和巴基斯坦）。

有趣的是，地区内出现很明显的异常。印度尼西亚尽管在分类时属于 SES 分类 3 并且开始时的卫生服务较差，但它是较早取得效果的国家。菲律宾尽管分类属于 SES 分类 2 且有相对较好的医疗基础设施，但其却是亚洲国家中唯一一个较晚取得效果的国家。在拉丁美洲，哥伦比亚和危地马拉开始处于大致相同的 SES 水平，而且两个国家都采用了非正式政策和项目的策略来应对反对，但是哥伦比亚比危地马拉的项目要更成功。哥伦比亚和印度尼西亚的强大且持续的项目领导能部分解释这种不同。撒哈拉沙漠以南非洲国家最早实施家庭计划项目的是加纳，但这似乎也无法克服其开始处在 SES 的低水平、强烈的反对，并缺乏有力的领导，最终被肯尼亚和几个北非国家超越。在南亚，尽管其 SES 水平和基础设施类似，但巴基斯坦落后于孟加拉国（及其所有邻邦）。在这个比较中，孟加拉国非政府组织所起的作用特别重要，而且决策是通过中央行政机构而不是垂直的独立的委员会进行的。印度是最早开始家庭计划的项目，但不是较早取得成效的国家，它一开始就犯了几个策略和组织上的错误，在提供服务方面长期存在固执的医疗偏见，在组织结构上在差异巨大的人口中推行单一的中央指导模式。在接下来的几十年里，印度修改其政策，通过各邦与中央共同管理，处理国内各邦之间巨大的差异。

影响变化步伐的是两方面因素。尽管环境不利，项目最初拥有良好的基础设施、很好的领导和强大的工作力度能使项目做得很好。同样，在现代化的社会经济背景下，弱的、低效的项目可能会显示出一些正面的结果。如果两方面因素都是有利的，则项目实现得更早，也会有更强的正面结果。项目本身也促进了社会经济变化和现代化进程。

### 延迟生育率下降的影响

考虑到到 20 世纪 90 年代末所有项目基本上都是成功的，它们产生效果的确切时间真的重要吗？答案是肯定的，和延迟的项目结果相比，早期的项目进展具有重大的意义。延迟 20～30 年的高生育率和快速的人口增长最终产生了更大的人口规模。例如，1970 年，孟加拉国比巴基斯坦多 500 万人口，但是由于巴基斯坦的总和生育率持续多年比孟加拉国高 50%，到 2005

年，孟加拉国反而比巴基斯坦少1600万人（见图24.5）。这一差距将来会继续扩大。类似因生育率下降的延迟而产生的对人口增长的不利影响时常发生。因此，项目早期的努力是极其重要的。

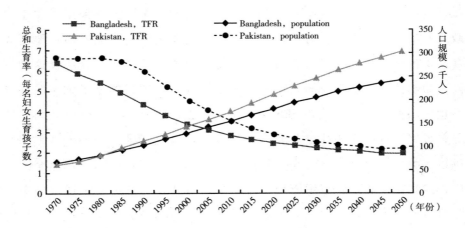

图 24.5　1970～2050 年孟加拉国和巴基斯坦的总和生育率和总人口

资料来源：Cleleand 等，2006。

## 供未来项目借鉴的经验

大多数发展中国家旨在降低生育率的政策和项目具有真正开拓性的工作，是大规模改变公共服务和寻求保健模式。尽管短期结果喜忧参半，但从长远来看，大部分项目已经相对成功。当国家和国际组织构建新的政策和项目干预以应对新出现的公共卫生要求和挑战时，这段历史的重要启示是什么呢？

● 采纳政策是一个连续的过程。各种渠道的信息使得亚洲和非洲新独立的国家和地区的领导人和专业人士得出"人口增长是一个威胁"的结论。经济、政治和健康因素常交织在一起，1994 年开罗会议充分证明了形势依然如此。尽管官方政策可能保持不变，政策的实施会忽冷忽热，这从目前的艾滋病项目可以得到证明。耐心和持久至关重要。

●不存在采纳政策的最好途径。家庭计划政策采纳的机制不是关键：独裁共识和非正式（基于非政府组织）方式都有成功也有失败。国家领导人的公开支持使得家庭计划合法化，但不能保证家庭计划能成功，在一些案例中压抑这种支持也不失为一种有效的临时战略。

●不应该为每一个新问题建立新的管理结构。捐助者和热心的当地领导人频繁地为家庭计划在现有卫生机构外建立新的管理结构，绕过了复杂的规则并利用多个行政部门。这些委员会或董事会有时有一些缺点，因为这种做法造成权利重叠、引起分裂的竞争，分散了本来就很缺乏的技术人员，也模糊了责任界限。在大多数例子中，卫生系统是管理家庭计划的工具，建立一个垂直而不是整合结构的主张威胁到卫生系统的预算和人员，造成了诸多不满，并逐渐削弱卫生工作人员的责任心。然而也出现一些例外的情况；随着时间的流逝和项目的成熟，早期强调的垂直结构也带来更充分的整合。

●应急项目会带来危险。大多数严重的卫生问题是建立在行为基础上，并和其他健康问题相互交织在一起。垂直结构似乎对经典的疟疾和根除天花有用，这些项目希望在短期有限的时间内消除特定疾病。在家庭计划例子中，垂直结构通常是对现有的卫生系统进行某种程度的修改。然而，一些项目仅局限于关注一个结果并花很大精力去取得这一结果。卫生机构内不容易解决工作重点和工作活力之间的平衡，像在艾滋病和其他新出现的疾病中都存在这个问题。按照应急模式形成的项目服务提供中出现的问题包括：忽视服务质量、未经足够测试就匆忙使用新方法、配额手段以及偶然出现的强制性措施。如果误导的话，在这种情况下会确信就问题的紧迫性而采取极端措施是合理的。

●开始的 SES 水平对规划项目是一个很好的指导。非政府组织最容易找到的服务对象通常是居住在城市、受过良好的教育、从事非农经济活动的群体。公共部门早期的项目发现，诊所和医院自然是早期提供服务的机构。

然而，良好运转的项目是向农村和受教育很少的人群提供服务，它们会发现更年长的、生孩子较多的妇女对项目更感兴趣，一旦工作在她们当中展开，有效的项目就可以延伸到更年轻的、生孩子较少的妇女组。这种扩张可能随着教育和其他社会服务的改善而加速。

- 项目开始的规模必须是切实可行的。一些家庭计划项目过早在全国铺开，采取了大胆的赌博方式，建立了一个新的、相对复杂的干预人类行为的模式，以迅速在分散、文盲、农村人口中实现其目标。如此大规模尝试通常超过现有的卫生保健系统的承载能力，并造成工作人员缺乏而且负担过重。在另一些案例中，不足之处是规划不够和缺乏领导力，导致项目缺乏活力，难以推广。

- 财政资源不是成功的保证。当项目缺乏资金的时候，资金是非常重要的。但这里列出的案例中没有因为获得物资、设备和工作人员的财政支持不足而导致项目失败的。主要的障碍在于：基础设施落后、设备不够、培训不足和管理薄弱。更完备的人力、物力和体制结构的获得和到位都需要花时间，资金不能解决所有问题。短期内，项目的吸纳能力是有限的。

- 项目领导的持续性和方向是非常重要的。有很多案例都介绍了一些重要人物的故事，他们为项目的领导和可持续做出了贡献。虽然不能讲项目成功完全归功于他们，但却不禁要问，是否没有他们项目就不能成功或仅成功一半？在那些不太成功的案例中，是否更好的领导或更一致的方向能产生更好的结果？

- 没有一种普遍使用的家庭计划方法。因环境不同，还有层出不穷的某种程度上的最佳实践，没有任何项目是完全相同的。捐赠者压力的变化，而项目设计者正确地质疑捐赠者的方案。现在正在发生的巨大变化是服务的分散化，艾滋病流行、难民运动和武装冲突的干扰及资助前景不明确，这意味着国家项目应当根据当地情况和未来不可避免的重心转移而周密设计。

项目成功的最好模式是通过各种渠道向全民提供种类齐全的避孕方法，同时还要提供这些方法的公开信息和尽可能高质量的服务。

# 结　语

总的来说，发展中国家开展避孕服务的早期尝试形成了这一开创性的社会成就。项目进展速度和成功的时机不但依赖于项目的力量及其领导，也依赖于社会经济环境，这从一开始就很明确。许多作者仍怀疑家庭计划项目的影响（Demeny，2001；McNicoll，2006；Watkins，2000），但是本书的案例研究表明这些怀疑是没有根据的。实际上，没有人相信政策和项目能使生育率在一夜之间下降或产生奇迹。有些项目从一开始就明显意识到会比其他项目花费更多时间才能看到效果（Berelson，1978；Cassen，1970；Glass，1966；Robinson，1969），有些还有失败的风险。然而，这些项目最终加速了人口向低生育率的转型，并减少了数以百万计的人口规模。

40 年前，在早期家庭计划全球会议的总结性发言中，当时的人口理事会主席诺特斯坦以其精彩的预言，预见到刚起步的家庭计划项目的未来，并生动地表达了他希望这些项目有可能产生的作用。

> 我想冒昧猜测，20 年内我们将有办法解决人口增长相关的主要问题……我们有政策、兴趣和技术，并正在完善组织。我们有资格希望，人口增长不会再对经济发展是个障碍，我们近几年才发现这个问题。我并不是说这项工作已经完成，它才刚刚开始。但是我们知道要做什么，而且大概知道要怎么做。如果我们曾经学习过去的经验，就有理由假设在将来我们会学到更多。所以，经历了人类历史上最残酷战争的这一代人，将有可能创建一个人人都能享有教育、健康、个人机会的前所未有的世界，以此实现自我救赎（Notestein，1966，pp. 829 - 830）。

# 附件：按社会经济水平分组的主要的项目社会经济特征

### 表 A24.1　开始的社会背景和项目特征

| 项目特征 | 社会经济分类1(高) | 社会经济分类2(中) | 社会经济分类3(低) |
|---|---|---|---|
| 案例数 | 5 | 8 | 10 |
| **政策背景** | | | |
| 　强反对 | 智利 | **危地马拉；菲律宾** | **加纳；伊朗** |
| 　强支持 | 中国香港；韩国；新加坡 | 哥伦比亚；马来西亚；斯里兰卡；泰国；突尼斯；土耳其 | 印度；印度尼西亚 |
| 　不支持不反对 | 牙买加 | 没有国家 | 孟加拉国；埃及；肯尼亚；摩洛哥；*尼泊尔；巴基斯坦* |
| **采用的政策** | | | |
| 　独裁 | 新加坡 | | 埃及；印度尼西亚；伊朗；摩洛哥；尼泊尔；巴基斯坦 |
| 　共识 | 中国香港；韩国 | **菲律宾**；突尼斯 | 孟加拉国；*加纳*；印度；肯尼亚 |
| 　非正式 | 智利；牙买加 | 哥伦比亚；马来西亚；斯里兰卡；泰国；土耳其；**危地马拉** | |
| **强项目领导** | | | |
| 　是 | 智利；中国香港；牙买加；韩国；新加坡 | 哥伦比亚；马来西亚；泰国；突尼斯；土耳其 | 孟加拉国；印度；印度尼西亚；*巴基斯坦* |
| 　否 | 没有国家 | **危地马拉；菲律宾**；斯里兰卡 | 埃及；*加纳*；伊朗；肯尼亚；摩洛哥；*尼泊尔* |
| **管理结构** | | | |
| 　卫生部 | 智利；韩国；新加坡 | 斯里兰卡；泰国；突尼斯；土耳其 | 孟加拉国；埃及；*加纳*；伊朗；肯尼亚；摩洛哥 |
| 　垂直委员会 | 牙买加 | 马来西亚；**菲律宾** | 印度；印度尼西亚；*尼泊尔；巴基斯坦* |
| 　非政府组织 | 中国香港 | 哥伦比亚；**危地马拉** | 没有国家 |
| **服务方式** | | | |
| 　门诊 | 智利；新加坡 | 马来西亚；斯里兰卡；突尼斯 | 没有国家 |
| 　基层工作者 | 没有国家 | **危地马拉** | 孟加拉国；*加纳*；印度尼西亚；伊朗；肯尼亚；摩洛哥；*巴基斯坦* |
| 　不止一种方式 | 中国香港；牙买加；韩国 | 哥伦比亚；**菲律宾**；泰国；土耳其 | 埃及；印度；*尼泊尔* |

| 项目特征 | 社会经济系统1(高) | 社会经济系统2(中) | 社会经济系统3(低) |
|---|---|---|---|
| 项目开始可利用的资源 | | | |
| 经济支持和技术援助 | 智利;中国香港;<u>牙买加</u>;韩国;新加坡 | 哥伦比亚;危地马拉;马来西亚;菲律宾;斯里兰卡;泰国;<u>突尼斯</u>;土耳其 | <u>孟加拉国</u>;<u>埃及</u>;加纳;<u>印度</u>;印度尼西亚;伊朗;肯尼亚;摩洛哥;尼泊尔;巴基斯坦 |
| 卫生人员、设施 | | | |
| 有 | 智利;中国香港;韩国;新加坡 | 马来西亚;**菲律宾**;斯里兰卡;泰国;突尼斯 | 没有国家 |
| 无 | <u>牙买加</u> | 哥伦比亚;**危地马拉**;土耳其 | <u>孟加拉国</u>;<u>埃及</u>;**加纳**;<u>印度</u>;印度尼西亚;伊朗;肯尼亚;摩洛哥;**尼泊尔**;**巴基斯坦** |
| 统计研究能力 | | | |
| 有 | 智利;中国香港;韩国;新加坡 | 哥伦比亚;马来西亚;**菲律宾**;斯里兰卡;泰国;突尼斯 | <u>孟加拉国</u>;印度尼西亚 |
| 无 | <u>牙买加</u> | **危地马拉**;土耳其 | <u>埃及</u>;**加纳**;印度;伊朗;肯尼亚;摩洛哥;**尼泊尔**;**巴基斯坦** |
| 采用宣传教育策略 | | | |
| 是 | 中国香港;<u>牙买加</u>;韩国;新加坡 | 哥伦比亚;马来西亚;斯里兰卡;泰国;**突尼斯**;土耳其 | <u>孟加拉国</u>;印度;印度尼西亚;<u>伊朗</u>;**尼泊尔**;**巴基斯坦** |
| 否 | <u>智利</u> | **危地马拉**;**菲律宾** | <u>埃及</u>;**加纳**;肯尼亚;摩洛哥 |

注：早期成就者为常规字体，中期成就标有下划线，晚期成就者为加黑斜体。

资料来源：作者基于国别章节的分析。

## 参考文献

[1] Berelson, Bernard. 1974. "An Evaluation of the Effects of Population Control Programs." *Studies in Family Planning* 5 (1): 1–12.

[2] ——. 1978. "Programs and Prospects for Fertility Reduction." *Population and Development*

*Review* 4 (4): 579 – 616.

[3] Bogue, Donald J., ed. 1968. "Progress and Problems of Fertility Control around the World" (special issue). *Demography*: 5 (3).

[4] Bongaarts, John, W. Parker Mauldin, and James F. Phillips. 1990. "The Demographic Impact of Family Planning Programs." *Studies in Family Planning* 21 (6): 299 – 310.

[5] Bongaarts, John, and Robert G. Potter. 1983. *Fertility, Biology, and Behavior*. New York: Academic Press.

[6] Bulatao, Rodolfo A. 1993. *Effective Family Planning Programs*. Washington, DC: World Bank.

[7] Cassen, Robert. 1978. "Current Trends in Population Change and Their Causes." *Population and Development Review* 4 (2): 331 – 53.

[8] Cleland, John, Stan Bernstein, Alex Ezeh, Annibal Faundes, Anna Glaser, and Jolene Innis. 2006. "Family Planning: The Unfinished Agenda." *Lancet* (October): 44 – 64.

[9] Coale, Ansley J., and Edgar M. Hoover. 1958. *Population Growth and Economic Development in Low – Income Countries: A Case Study of India's Prospects*. Princeton, NJ: Princeton University Press.

[10] Critchlow, Donald T., ed. 1996. *The Politics of Abortion and Birth Control in Historical Perspective*. University Park, PA: Pennsylvania State University Press.

[11] Demeny, Paul. 2001. "Intellectual Origins of Past – World War II Population Policies in South Asia." *Fertility Transition in South Asia*, ed. Zeba A. Sathar and James Phillips, 34 – 46, Oxford: Oxford University Press.

[12] Demeny, Paul. 2003. "Population Policy." In *Encyclopedia of Population*, vol. II, ed. Paul Demeny and Geoffrey McNicoll, 752 – 57. New York: Macmillan.

[13] Donaldson, Peter, and Amy Tsui. 1988. *The International Family Planning Movement*. Washington, DC: Population Reference Bureau.

[14] Freedman, Ronald, and Bernard Berelson. 1976. "The Record of Family Planning Programs." Studies in Family Planning 7 (1): 1 – 40.

[15] Freedman, Ronald, and Deborah Freedman. 1992. "The Role of Family Planning Programmes as a Fertility Determinant." In *Family Planning Programmes and Fertility*, ed. James F.

[16] Phillips and John A. Ross, 10 – 27. Oxford, U. K.: Oxford University Press. Glass, David V. 1966. "Population Growth and Population Policy." In *Public Health and Population Change*, ed. M. Sheps and J. C. Ridley, 2 – 25. Pittsburgh, PA: University of Pittsburgh Press.

[17] Johanssen, S. R. 1991. "Implicit Policy and Fertility Change during Development" *Population and Development Review* 17 (3): 388 – 414.

[18] Liebenstein, Harvey M. 1954. *A Theory of Economic – Demographic Development*. Princeton: Princeton University Press.

[19] Mason, A., ed. 2001. *Population Policies and Programs in East Asia*. Occasional Paper 123.

Honolulu, HI: East – West Center.

[20] Mauldin, W. Parker. 1978. "Patterns of Fertility Decline in Developing Countries, 1965 – 75." *Studies in Family Planning* 9 (4): 75 – 84.

[21] Mauldin, W. Parker, Bernard Berelson, and Zenas Sykes. 1978. "Conditions of Fertility Decline in Developing Countries, 1965 – 75." *Studies in Family Planning* 9 (5): 89 – 147.

[22] May, John F. 2005. "Population Policy." In *The Handbook of Population*, ed. D. Poston and M. Micklin, 827 – 52. New York: Kluwer.

[23] McNicoll, Geoffrey. 2006. "Policy Lessons of the East Asian Fertility Transition." Working Paper 21, Population Council, New York.

[24] Nortman, Dorothy. 1969. *Family Planning and Population Fact Book*. New York: Population Council.

[25] Notestein, Frank W. 1966. "Closing Remarks." In *Family Planning and Population Programs: A Review of World Developments*, eds. B. Berelson, R. K. Anderson, O. Harkavy, J. Maier, W. P. Mauldin, and S. J. Segal, 827 – 30. Chicago: University of Chicago Press.

[26] Posner, E. A. 2001. *Laws and Social Norms*. Cambridge, MA: Harvard University Press.

[27] Roberts, Geoffrey, ed. 1990. *Population Policy*. New York: Greenwood Press.

[28] Robinson, Warren C. 1969. "Population Control and Development Strategy." *Journal of Development Studies* 5 (2): 104 – 117.

[29] Ross, John A., and John Stover. 2001. "The Family Planning Program Effort Index: 1999 Cycle." *International Family Planning Perspectives* 27 (3): 119 – 29.

[30] Ross, John A., John Stover, and Demi Adelaja. Forthcoming. "Family Planning Programs in 2004: Efforts, Justifications, Influences, and Special Populations of Interest." *International Family Planning Perspectives*. Sathar, Zeba, and James F. Phillips, eds. 2001. *Fertility Transition in South Asia*. Oxford: Oxford University Press.

[31] Seltzer, Judith. 1998. *The Origins and Evolution of Family Planning Programs in Developing Countries*. Santa Monica, CA: RAND Corporation.

[32] UN (United Nations). 1973. *The Determinants and Consequences of Population Trends*. Population Studies 50. New York: United Nations.

[33] ——. 2005. *World Population Prospects: The 2004 Revision*, vol. 1, *Comprehensive Tables*. New York: United Nations, Population Division.

[34] Watkins, Susan C. 2000. "Local and Foreign Models of Reproduction in Nyanza Province, Kenya." *Population and Development Review* 26 (4): 725 – 59.

[35] Watson, Walter B. 1977. "Historical Overview." In *Family Planning in the Developing World: A Review of Programs*, ed. Walter B. Watson, 1 – 9. New York: Population Council.

（彭伟斌　吴艳文　译　郑真真　吴艳文　校）

# 后　记

　　本书的翻译出版缘于我在上海社会科学院学习期间参与的一项全国哲学社会科学重大招标项目。那是左学金研究员主持的 2009 年"中国人口老龄化与经济社会发展对策研究"项目。当时，总课题下设的子课题"国际社会应对人口老龄化的经验借鉴和 21 世纪中国人口政策的选择"由梁中堂研究员负责实施，参与人员包括社会科学院人口所的老师、在读博士生和几位年轻的博士。梁中堂研究员一直致力于人口政策学领域的研究，在他的影响、启发和指导下，大家分头查找和阅读各国有关人口政策学和人口老龄化的外文资料，并不定期地举行小型学术讨论会。梁老师不仅每次都来参加，而且有时还带头交流和分享文献综述与专题研究中的一些重要发现和最新观点。在 2011 年 3 月的一次交流中，王永华博士给大家推荐了本书的英文电子版。透过这一文献，我们清晰地看到了 23 个国家家庭计划项目形成与演进的历史过程，以及由此而形成的家庭计划国别特色和所带来经验教训。梁老师建议我们组成一个翻译小组，联系版权和出版社，争取把这本书介绍给国内的读者。经过 4 年多的努力，才有了读者手上的这本书。

　　国家家庭计划项目的背景是这样的：第二次世界大战后，亚非拉许多殖民地国家纷纷走上民族独立和自主发展的道路，与此同时，这些国家的人口也空前增长，凭借国家家庭计划项目的实施令人口增长趋势放缓，使之处于国家政策和计划控制之中，成为许多发展中国家政府的强烈愿望，甚至被视为国家走向现代化进程中跨越人口障碍的最佳路径。基于这样的认识，一些国家把家庭计划项目看作解决人口爆炸问题的十万火急的事情，由此带来了人类历史上第一次全球范围的大规模家庭计划运动。一度令西方发达国家担忧的发展中国家的人口出生率，经过长达 30 多年的"家庭计划革命"，逐渐回落到替代率水平。这一"革命"的过程是痛苦的，对政府来说，要面临各种艰难的政治博弈；对人民来说，也要经历观念上的剧烈转变，这种转变引导人们从偏好大家庭逐渐转向喜欢小家庭。这一"革命"的后果也是始料不及的，一些过去热衷于推进家庭计划的国家，如韩国、马来西亚等在经历了人口生育率的快速下降后，迅速步入老龄化，即使出台了鼓励生育的政策，至今也未能有效扭转人口下降的趋势。在生育率似乎不可避免地向替代率水平发展的前提下，如何重新审视和及时调整生育政策，这是全球家庭计划革命 30 多年后那些曾经担忧人口过多的国家出现的新问题，特别是在生育率加速下降的情况下避孕措施的推广是否还有存在的意义。实际上，生育率的影响因素是多元的，家庭计划是催化剂而非导致生育率转变的主要推动机制。人口趋势的性质和人口政策的挑战必须根据家庭计划的历史来进行理解。对家庭计划的未来发展分析和政策选择取向，应该深入各个国家的政治、社会、经济、文化、宗教等领域的发展趋势和细节中去考察。

尽管世界各国实行的家庭计划项目千差万别，但是教训是可以取长补短的。过去，我们对家庭计划项目的关注视角大多放在国内，对其他国家家庭计划的发展，尤其是全球家庭计划革命 30 多年的历史，缺乏国别比较和全面了解，甚至进入了根深蒂固的认识误区。比如说，很多人至今仍坚持，如果不实施强制性的计划生育政策，人口生育率就不可能降下来。然而，从其他发展中国家家庭计划不同的推进方式与效果来看，即使是在一些宗教影响较大的国家，在没有采取任何强迫性措施的情况下，家庭计划也取得了显著的成效，原因不仅在于家庭计划遵循了自愿、负责以及道义的原则，而且还在保障妇女权利、提高受教育水平、鼓励小规模家庭、关注生殖健康、提升服务质量、运用市场化手段推广避孕、加强部门之间的管理协调等一系列相关的政策和法律层面进行了大胆的制度创新和管理创新。一些国家在实施家庭计划项目过程中还形成了开明且综合性的人口发展政策，不仅有效控制了人口快速增长，而且推动了社会与经济领域的全面发展。

国内外家庭计划政策推进及观念与认识上的巨大差异，促使我们考虑将本书翻译成中文。吴艳文博士与原文编者 Warren C. Robinson 及 John A. Ross 联系，获得他们的大力支持。随后大家迅速组成了翻译团队并进行了详细分工：第一章、第二章、第三章和第二十四章由彭伟斌和吴艳文博士共同翻译，第四章、第五章和第六章则由吴艳文博士单独翻译，王美凤博士担任第七章、第八章的翻译工作，第九章由王宏博士负责，第十章交给西南财经大学的严予若博士，上海社会科学院经济所的张启新副研究员负责翻译第十一章，浙江海洋学院的张莹莹博士翻译第十三章，复旦大学中国保险与社会安全研究中心王永华博士主动承担了第十四章和第十五章的任务，上海社会科学院经济所刘玉博博士翻译第十六章，第十七章由经济所孙婷博士完成，第十八章、第二十章和第二十一章由彭伟斌负责翻译，第十九章由杭州师范大学的陈晓慧老师翻译，第二十二章由上海社会科学院经济所的谢珺翻译，浙江理工大学经管学院的袁瑞娟副教授负责翻译第十二章和第二十三章。彭伟斌最终完成全书的统稿工作，前期校对由吴艳文、刘玉博、陈晓慧和彭伟斌共同完成。特别需要感谢的是，吴艳文博士为本书的出版做出了卓有成效的贡献，在她的建议下翻译团队成立了 QQ 群，以便大家及时交流翻译中遇到的困难。团队中很多人身负教学、科研及社会服务等大量工作，有的还需要照顾幼小的孩子甚至还处于孕期，但是忙碌之余，还是腾出宝贵时间投入翻译工作，四次校稿，四次试读，再次校稿，再进行润饰，其间还专门进行了两次专题讨论和交流。四年多的时间里，一步一步地推进翻译工作，终于使中文译本面世。因而本书是集体智慧的结晶。社会科学文献出版社的张景增、蔡莎莎和陈凤玲编辑高度认真负责，对本书的翻译和校对提出了许多宝贵意见。由于是首次尝试翻译，译者水平有限，文中难免有与原文有出入之处，敬请读者谅解。

本书的顺利出版，得力于上海社会科学院梁中堂研究员和中国社会科学院人口与劳动经济研究所郑真真研究员的推荐。上海市政协委员、上海社会科学院常务副院长左学金研究员百忙之中为本书作序。郑真真研究员不仅为本书作序，还在百忙之中承担了第一至第十章，第十五至第十七章，以及第二十四章的最终审校工作，在此谨致无尽的敬意。顾宝昌教授对本书的具体翻译提出了许多宝贵的建议。这些专家的积极参与和热心支持令本书大为增色。在此对他们的辛勤劳动和教育指导致以最诚挚的感谢。教育部人文社会科学青年基金和杭州师范大学人文社会科学振兴计划攀登工程"应用经济学平台建设与特色培育"项目为本书的出版提供了资助，在此一并感谢。在本书出版之际，《中共中央关于全面深化改革若干重大问题的决定》启动实施"一方是独生子女的夫妇可生育两个孩子"的政策，各省区市在2014年已相继执行此生育新政，相信本书的出版，能为我国人口政策研究与计划生育调整提供一个新的视角。

彭伟斌

2015 年 3 月 20 日

**图书在版编目（CIP）数据**

全球家庭计划革命：人口政策和项目 30 年/（美）罗宾逊，（美）罗斯主编；彭伟斌等译.—北京：社会科学文献出版社，2015.6

ISBN 978 - 7 - 5097 - 5261 - 6

Ⅰ.①全… Ⅱ.①罗… ②罗… ③彭… Ⅲ.人口政策 - 研究 - 世界 Ⅳ.①C924.1

中国版本图书馆 CIP 数据核字（2013）第 265179 号

**全球家庭计划革命：人口政策和项目 30 年**

主　　编 / 〔美〕沃伦·C.罗宾逊　　〔美〕约翰·A.罗斯
译　　者 / 彭伟斌　吴艳文 等
校　　者 / 吴艳文　刘玉博　陈晓慧 等

出 版 人 / 谢寿光
项目统筹 / 恽　薇　陈凤玲
责任编辑 / 陈凤玲　张景增

出　　版 / 社会科学文献出版社·经济与管理出版分社（010）59367226
　　　　　　地址：北京市北三环中路甲 29 号院华龙大厦　邮编：100029
　　　　　　网址：www.ssap.com.cn
发　　行 / 市场营销中心（010）59367081　　59367090
　　　　　　读者服务中心（010）59367028
印　　装 / 三河市尚艺印装有限公司

规　　格 / 开　本：787mm × 1092mm　1/16
　　　　　　印　张：36.25　字　数：522 千字
版　　次 / 2015 年 6 月第 1 版　2015 年 6 月第 1 次印刷
书　　号 / ISBN 978 - 7 - 5097 - 5261 - 6
著作权合同
登 记 号 / 图字 01 - 2013 - 6690 号
定　　价 / 158.00 元